K-IFRS

중급회계 I

김정호 저

Korean International
Financial Reporting Standards

會經社

[제7판]
머리말

Materiality & Substance over form Approach

회계학은 결코 어려운 학문이 아니다. 다만, 인내와 성실성을 요구하는 학문이다. 쉬운 일은 아니지만, 이 책을 3회독 정도한다면 회계학의 흐름 및 개념을 파악할 수 있으리라 본다. 욕심을 부린다면, 저자는 일반적으로 강학용 교재를 5회독 정도하여야 그 책의 내용을 자기의 지식으로 만들 수 있다고 본다. 원가회계에서 다루는 학습곡선이 적용된다면 3회독은 그리 많은 시간이 투입되지 않는다. 그러므로 3회독 내지 5회독은 충분히 도전할 수 있으리라 생각한다. 이해가 잘 되지 않은 내용은 후일을 기약(?)하면서 skip하면서 계속 진도를 나간다. 그렇게 하여 습득된 회계지식이 skip한 내용의 이해를 향상시킬 수 있다. 교재의 앞 쪽만 수 십 번 보지 말고, skip도 좋으니 책의 마지막 쪽에도 독자의 지문이 남기를 더 나아가 영광의 dog-ear 표시가 책에 많이 남아 있기를 바란다. 책을 취득하는 데 지출된 금액이 당기비용이 아니라, 유형자산 아니면 투자자산으로 처리되어야 하지 않을까? 중도에 포기하여 자산 처리된 책값이 감액손실처리되는 일은 없어야 할 것이다.

회계학은 수학과 유사한 점이 있다. 수학은 눈으로 보는 학문이 아니다. 마찬가지로 회계학은 회계상의 거래를 분개로 표시하고 때로는 계산기를 사용하여 숫자를 가감하는 등 손의 부지런함을 요구하는 학문이다. 약간의 고비를 넘지 못해 중도 회계학을 포기하는 낙오자가 되지 않기를 바란다. 처음에는 기본단원(1장~19장)을 중점적으로 학습하고 그다음에 특수회계단원을 공부하는 것이 따분한 회계학을 정복하는 좋은 전략으로 본다. 한편, 특수회계부문은 상당한 시간을 투입하여도 이해하기 어려운 내용이 많다. 따라서 특수회계부문도 완벽하게 cover 하겠다는 과욕은 금물이고, 핵심적인 내용만 이해하는 수준으로, 즉 제한적으로 학습하는 것이 중요하다.

저자의 생각으로는 회계학의 저변에 흐르는 기본개념은 실질우선(substance over form)의 원칙과 중요성(materiality)이라고 생각한다. 이 책도 실질과 중요성의 관점에서 쓰이도록 노력하였다.

이 책은 다음과 같은 특징을 가지고 있다.

첫째, 이 책은 중급회계Ⅰ과 중급회계Ⅱ로 구분되어 있다. 중급회계Ⅰ에서는 재무회계의 기본개념(1장~5장), 자산회계(6장~13장), 부채와 자본회계(14장~17장)로 구성되어 있다. 중급회계Ⅱ에서는 수익회계(18장~19장), 투자지분회계(20장~23장), 특수회계(24장~35장), 재무보고와 분석(36장~42장)으로 구성되어 있다. 타 책보다 장을 더 세분화하여 구성하였다. 통상 중급회계에서 다루지 않은 외화환산회계와 파생상품회계를 이 책은 포함하고 있다.

외화표시재무제표의 환산과 통화선도의 회계처리 등의 회계처리는 중급회계에서 학습이 가능하리라 본다.

둘째, 이 책은 한국채택국제회계기준(K-IFRS)을 중심으로 설명되어 있다. 국제회계기준의 도입은 왕이 바뀐 것이 아니라 왕조가 바뀐 것(예 고려왕조 → 조선왕조)과 비견할 만하므로, 기존 중급회계 책을 수정하지 않고 판을 새롭게 다시 짜서 책을 저술하였다. K-IFRS는 현행 회계실무에 적용될 지침이므로 회계실무에서 준수해야 할 규범이다. 또한, 자격시험에서 차지하는 K-IFRS의 비중은 크다. 따라서 기업회계기준서 중심의 회계처리를 학습하는 접근은 실무능력향상에 도움을 줄 뿐만 아니라, 시험대비에 유용하리라 확신한다.

셋째, 이 책에 표시된 기업회계기준서의 내용은 반드시 관련 K-IFRS와 문단을 표시하였다. 예를 들어, (KIFRS1001-96)이란 기업회계기준서 제1101호의 문단 96의 내용을 의미한다. 책의 내용이 K-IFRS, 아니면 이론적인 내용인지 또는 저자의 해석인지를 구분하는 것은 그 내용을 학습 및 활용에 있어 매우 유용하리라 본다.

넷째, 시간부족, 실력부족 또는 고급문제 등의 이유로 독자들이 연습문제를 풀지 않는 현실을 감안하여, 각 장의 연습문제는 기본문제와 약간 응용된 문제들로 구성하였으며, 책의 분량을 축소하기 위하여 각 장별 4개 내외의 문제로 구성되어 있다.

다섯째, 회계사(CPA), 세무사(CTA), 감정평가사(APP) 및 관세사(CCB)시험에 출제된 바가 있는 이론형 문제 중 중요한 내용을 선별하여 해당 문단 아래에 표시하여 핵심내용을 파악할 수 있게 하였다. 중요 이론에 선택과 집중을 할 수 있어 효율적으로 학습 및 시험대비를 가능케 하리라 본다.

여섯째, 자본화할 금융비용의 계산, 현금주의에서 발생주의로 전환, 영업활동에서 유입된 현금계산 등에서 다른 책과 다른 독창적이고 실전적인 풀이방법(Powerful Method) 또는 한풀(한 줄 풀이)을 제시하여 실전에서 시간부족 문제를 해결하려고 노력하였다.

일곱째, 이 책은 상대적으로 풍부한 도표와 요약을 표시하여 설명된 내용을 쉽게 이해하고, 체계적으로 정리할 수 있게 하였다. 이러한 도표와 요약을 충분히 활용하기를 바란다.

저자의 미천한 지식으로 이 책을 출간하게 되어 두려움이 앞선다. 이 책은 부족한 부분이 많고 오류가 있을 수 있다고 생각된다. 이 책의 미비점에 대하여 계속하여 수정·보완해 나갈 것을 약속드리며, 독자 제현의 비판과 충고를 바란다. 독자 제현이 문의와 비판을 저자의 E-mail 주소인 "gaapgaap@hanmail.net" 또는 다음카페 'kimgaap'로 하시면 성심껏 답변을 드리고 보완할 사항을 책에 반영토록 노력하겠다. 독자 여러분의 건승을 기원한다.

본서와 관련된 정오표나 개정사항에 대한 수정 추록은 다음카페 'kimgaap' 또는 '회경사' 또는 '한성학원' 사이트에서 다운로드 받을 수 있을 것이다.

필자가 강의시간에 강조하는 한자성어를 소개하고자 한다.

불한불성 (不汗不成) 땀을 흘리지 않고는 이루지 못한다.
불광불급 (不狂不及) 미치지 않고는 얻을 수 없다.

이 책이 출간되기까지 많은 수고를 아끼지 않은 회경사의 이진근 사장님과 편집실 여러분에게 진심으로 감사드린다.

2016년 4월
저자 김 정 호

4

차 례

제 3 장　회계처리절차

제 8 장   재고자산

제 9 장　유형자산

제 10 장　무형자산

제 11 장　투자부동산

제 12 장   차입원가

제 13 장   자산손상

제 14 장　금융부채

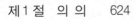

제 15 장   충당부채

제 16 장　지분상품(자본)

제 17 장　복합금융상품

제01장 | 회계환경과 회계원칙

제1절 재무회계의 본질

1. 재무회계의 본질

회계(accounting)는 다음과 같이 크게 수탁책임적 관점과 정보적 관점에서 각각 정의되어 진다.

① 수탁책임적 관점 : 경영자는 위탁받은 자원을 보전하고 효율적으로 운용하여 수익을 창출할 책임인 이른바 수탁책임(stewardship responsibility)을 지니고 있으며, 또한 이러한 수탁책임의 이행성과를 측정하고 보고할 회계책임(accountability)이 있다. 수탁책임적 관점은 경영자가 수탁책임의 이행성과를 측정하고 보고하는 것을 회계의 주된 기능으로 본다. 이 관점은 회계정보의 생산측면을 강조하는 전통적인 회계의 입장이다.

② 정보적 관점 : 정보이용자들에게 그들의 경제적 의사결정에 유용한 정보(useful information)를 제공하는 것이 회계의 주된 기능으로 본다. 이 관점은 정보의 활용측면을 강조하는 현행 회계의 입장이다. 이 관점은 수탁책임적 관점을 포괄하는 개념이다.

따라서 현대적 의미로 회계를 정의하면 다음과 같다.

> 회계(accounting)는 정보이용자의 합리적인 의사결정을 위하여 회계실체에 관한 재무적 정보를 식별, 측정 및 전달하는 과정이다.

회계는 정보이용자의 유형에 따라 다음과 같이 재무회계(financial accounting)와 관리회계(managerial accounting)로 구분된다.

> 정보이용자 ┌ 외부이용자 : 재무회계
>   └ 내부이용자 : 관리회계

재무회계와 관리회계를 비교하면 다음과 같다.

구 분	재무회계	관리회계
구분기준 : 정보이용자	외부이용자[1]	내부이용자(경영자)
적용되는 원칙	일반적으로 인정된 회계원칙	없음
정보전달수단	재무보고서	특수목적보고서
회계정보의 성격	과거정보 위주	미래 정보도 포함
강조되는 질적특성	적정성(정밀성)	적시성(목적적합성)
회계보고주기	정기(1년, 분기, 반기)	수시(월별, 분기별, 1년 등)

재무회계의 목적은 외부정보이용자가 특정 회계실체에 관한 의사결정에 유용한 정보를 제공하는데 있다. 재무회계는 다양한 외부정보이용자 중 투자자와 채권자를 주된 정보이용자로 간주한다. 그 이유는 투자자와 채권자가 기업실체의 가장 직접적인 이해관계자이기 때문이다. 재무회계란 기업실체의 재무상태 및 영업활동의 성과를 보여주는 재무제표라고 하는 보고서에 중심을 두고 있는 회계의 한 영역이라고 할 수 있다.

2. 재무정보의 특성과 한계

재무회계, 재무보고서, 재무적 정보라는 용어에서 재무(financial)의 의미는 화폐단위로 측정하여 정보를 보고하는 것을 말한다. 또한, 재무정보(financial information)는 회계정보(accounting information)와 동일한 의미로 사용되며, 화폐단위로 측정되어 보고되는 정보를 말한다. 재무보고에서 제공되는 정보인 재무정보 또는 회계정보는 다음과 같은 특성 및 한계를 지닌다.

① 재무보고에서 제공되는 정보는 재무적인 성격을 갖는다. 즉, 회계정보는 화폐단위로 측정되어 재무제표에 표시된다. 따라서 종업원수 또는 생산수량과 같은 비재무적 정보는 재무보고의 대상이 아니다.

② 재무보고에서 제공되는 정보는 산업 또는 경제전반에 관한 것이 아니라 특정 경제실체인 회계실체에 관한 것이다.

③ 재무보고에서 제공되는 정보는 정확한 추정치라기보다는 개략적인 추정치에 주로 의존하고 있다.

④ 재무보고에서 제공되는 정보는 주로 이미 발생한 거래나 사건으로 인한 재무적 영향(financial effects)을 나타낸다.

⑤ 재무보고에서 제공되는 정보를 제공 및 이용하는 데에는 비용이 발생하며, 정보를 제공함으로써 얻는 효익이 정보의 생산원가보다 클 것으로 기대된다.[2]

---

1) 재무제표는 기업의 외부이용자뿐만 아니라 기업내부의 경영자에게도 중요한 재무정보의 원천이 될 수 있다.

2) 이를 "효익대 비용의 균형"이라고 하며, 정보제공에 있어 포괄적인 제약이 된다.

제 2 절 일반적으로 인정된 회계원칙

1. 의 의

  기업(회계실체)의 이해관계자들은 다양한 집단(주주, 채권자, 정부기관 등)으로 구성되어 있고 이들이 요구하는 정보가 다양하므로 이들의 정보욕구를 모두 충족시키는 것은 불가능하다. 따라서 다양한 이해관계자들이 일반적으로 많이 요구하는 정보라고 판단되는 정보를 제공하는 것이 재무회계의 입장이며, 이에 따라 외부이용자들에게 전달하는 회계보고서를 일반목적 재무제표(general purpose financial statements)라고 한다. 일반목적 재무제표는 간단하게 재무제표라고 부른다. 따라서 우리가 통상 지칭하는 재무제표는 일반목적 재무제표를 의미하게 된다. K-IFRS(한국채택국제회계기준) 1001호에 의하면 일반목적 재무제표를 다음과 같이 정의하고 있다.

> 일반목적 재무제표는 특정 필요에 따른 특수보고서의 작성을 기업에 요구할 수 있는 위치에 있지 아니한 재무제표이용자의 정보요구를 충족시키기 위해 작성되는 재무제표를 말한다.

  재무제표 작성시 발생할 수 있는 ① 오류나 편기를 최소화하고, ② 기업간 또는 기간별 비교가능성을 제고하며, ③ 재무제표의 이해가능성을 제고하기 위하여 재무제표작성 및 보고에 통일된 원칙인 일반적으로 인정된 회계원칙이 제정되었다. 일반적으로 인정된 회계원칙(GAAP : Generally Accepted Accounting Principles)은 보편타당성(일반적인 수용성, general acceptance)을 가지고, 다수의 권위있는 회계전문가의 지지(Substantial authoritative support)를 받은 회계원칙을 말한다. 우리나라의 일반적으로 인정된 회계원칙은 법적회계기준제정기관이 제정한 기업회계기준서, 기업회계기준해석서, 기업회계기준적용사례, 기업회계기준적용의견서, 질의회신 등으로 구성된다.
  일반적으로 인정된 회계원칙이 지닌 성격을 요약하면 다음과 같다.

- 회계실무에서 준수해야 할 지침
- 회계실무를 이끌어 가는 지도원리(규범성)
- 환경의 변화에 따라 변화(가변성)
- 보편타당성
- 이해관계자간의 이해조정적 역할(타협의 산물)

2. 회계원칙제정의 주체

  회계원칙의 제정에 대하여 규제가 필요한 가에 대하여 자유시장접근법과 규제접근법의 주장이 대립되어 있다. 이 주장들은 회계정보에 대한 개념차이, 즉 회계정보를 사유재로 볼 것인가 아니면 공공재로 볼 것인가에서 출발한다.

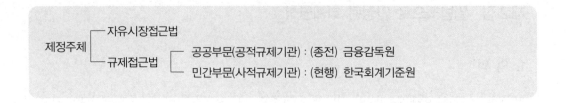

(1) 자유시장접근법

자유시장접근법(free-market approach)에서는 회계정보를 사유재(private goods)3)로 본다. 사유재는 배제성의 원칙4)(exclusive principle)이 적용된다. 사유재는 그 대가를 지불한 사람만이 그 재화를 소비할 수 있다. 사유재는 수요와 공급의 균형에 의하여 회계정보의 균형가격이 형성되어 생산비용을 회수할 수 있으므로 시장에서 회계정보는 공급된다. 따라서 정부 등이 특별히 규제할 필요가 없다는 입장이다.

| if 회계정보
=사유재 | → | 가 격
형성됨 | → | 생산자는
생산비용 회수 | → | 회계정보
공 급 됨 | → | 규 제
불필요 |

(2) 규제접근법

규제접근법(regulatory approach)에서는 회계정보를 공공재(public goods)5)로 본다. 즉, 정보이용자가 비용부담 없이 정보를 요구하면 시장의 실패(market failure)6)를 초래하기 때문에 필요한 회계정보가 공급되지 않을 수 있으므로 회계정보가 공급되기 위하여 규제기관이 필요하다는 입장이다.

[CTA 1995]

회계규제의 이론적 근거는 <u>정부실패의 방지</u>이다. (×)

| if 회계정보
=공공재 | → | 무임승차
(free-rider) | → | 생산자는 생산비용
회수 못함 | → | 회계정보
공급 안 됨 | → | 정보공급
토록 규제 |

---

3) 사유재라 함은 소비자가 재화를 조달받기 위하여 이에 상응하는 대가를 지불할 용의가 있는 재화를 말한다. 사유재는 경제재(economic goods)라고도 한다.

4) 반면, 공공재는 비배제원성의 원칙이 적용된다. 즉 공공재의 대가를 지불하지 않은 사람도 공공재의 소비로부터 배제되지 않는다.

5) 공공재라 함은 소비자가 재화를 소비함에 있어 대가를 지불하기를 꺼려하는 재화를 말한다. 기업이 이윤을 추구하기에는 공공재는 적합한 재화가 아니다.

6) 시장의 실패란 시장메커니즘으로 자원의 효율적인 배분이 어려운 상황을 말하며, 공공재의 공급자는 수지를 맞출 수가 없어 재화의 공급이 어렵게 된다(규제×→정보이용자가 정보를 구입×→회계정보공급×). 반면, 정부의 실패란 정부가 시장에 개입하여 자원배분의 효율성을 저해하여 시장가격을 왜곡하는 상황을 말한다.

오늘날 회계정보를 공공재로 보고 규제기관에서 제정하는 것이 일반적인 추세이다. 이러한 규제기관에는 공공부문과 민간부문이 있다. 공공부문에서 회계정보를 제정하는 경우에 장·단점을 정리하면 다음과 같다.

○ **장 점**
- 공공성이 유지된다.
- 강력한 회계규제가 가능하다.
- 압력기관의 압력을 감소시켜 객관적인 회계원칙을 제정할 수 있다.

○ **단 점**
- 전문성이 결여될 수 있다.
- 관료제도의 폐해가 발생할 수 있다.
- 지나친 정부규제로 흐를 수 있다.

3. 회계원칙의 연구방법

회계원칙은 여타 학문과 마찬가지로 연역적 방법이나 귀납적 방법에 의하여 제정될 수 있다.

(1) 연역적 방법

연역적 방법(deductive approach)은 일반사항(the general)에서 특수사항(the particular)으로 이동되는 추론(reasoning)과정으로 말한다. 연역적 방법은 현실세계에의 여러 사상으로부터 추상화된 일단의 기본명제(basic propositions)를 설정하고 이로부터 논리적인 추론에 의하여 구체적인 결론을 유도하는 방법이다.

> 기본명제 → 논리적 추론 → 원리

이 방법은 관찰을 요하지 아니하고 순수한 사유에 의해 논리를 유도하는 방법으로 그 전형은 3단논법(syllogism)이다. 3단 논법의 예를 들면 "사람은 모두 죽는다" "소크라테스는 사람이다" "따라서 소크라테스는 죽는다"고 하는 결론을 도출하는 논법이다. 연역적 방법의 핵심은 다음의 2단계이다.

- 1단계─기본명제 설정 : 기본명제는 일단 타당한 것으로 인정되는 명제이다. 기본명제는 논리적 추론의 출발점이므로 타당한 명제가 도출되기 위해서는 적절하게 설정되어야 한다.
- 2단계─논리적 추론 과정 : 추론의 논리적 규칙(logical rules)을 사용하여 이들 기본명제에서 다른 명제들을 유도한다.

회계학에 접목된 연역적 방법은 회계목적 및 기본가정에서 출발하여 논리적 추론(reasoning)에 의하여 회계원칙을 제정하는 방법이다. 연역적 방법은 다음과 같은 체계를 지닌다.

> 회계목적 → 회계공준(재무제표의 기본가정) → 회계원칙 → 회계실무

기본가정을 회계이론에서는 회계공준(accounting postulates)이라는 용어로 사용하고, 재무회계개념체계에서는 회계공준을 재무제표의 기본가정(underlying assumptions)이라는 용어로 사용하고 있다. 회계공준은 연역적 방법에 의하여 회계원칙을 유도하기 위한 기본가정을 의미한다. 회계환경으로부터 귀납적으로 도출된다고 하여 환경공준이라고도 한다.

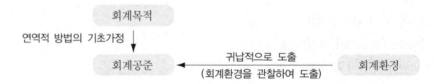

[CPA 1999]

회계공준은 환경으로부터 연역적으로 도출된다. (×)

[CPA 2001]

회계의 공준은 재무제표를 작성·공시하는데 기초가 되는 기본전제로서 회계정보의 질적 특성에서 도출된다. (×)

이러한 회계공준의 성격을 정리하면 다음과 같다.

- 논의 이전의 자명한 명제(self-evident proposition)
- 연역적 방법의 기본가정
- 선험적(a priori)[7]이다.
- 가변성 : 지식의 발전, 환경변화에 따라 재검토될 필요가 있다.
- 공준은 가설 또는 가정이지 사실이나 영원불변한 철칙은 아니다.

연역적 방법의 장단점을 정리하면 다음과 같다.

○ 장 점
- 수미일관된 회계원칙이 제정된다.
- 제정된 원칙이 규범적이고 이상적인 것이어서 회계실무의 발전과 개선을 위한 지침이 될 수 있다.

---

7) 경험에 앞서 선천적으로 있거나 이루어지는 것, 경험하지 않고 오직 이성으로 알 수 있는 것.

○ **단 점**

- 제정된 회계원칙이 실무와 괴리되거나 실무에 쉽게 적용되지 못할 수 있다.
- 논리전개의 전제로 사용된 회계목적이나 회계공준 등이 회계현상을 설명하는데 부적합한 것으로 판명된다면 여기서 도출된 회계원칙도 타당성이 결여된다.

(2) 귀납적 방법

귀납적 방법(inductive approach)은 특수사항(the particular)에서 일반사항(the general)으로 이동되어진다. 이 방법은 구체적인 사실을 관찰하여 이로부터 공통적인 속성을 추출하여 이를 일반화(generalization)하는 논리의 과정이다. 회계학에 접목된 귀납적 방법은 회계실무에서 사용되는 회계처리 방법들을 관찰하여 이들을 체계적으로 분석하고 분류하여 회계원칙을 제정하는 방법이다. 귀납적 방법의 장단점을 정리하면 다음과 같다.

○ **장 점**

- 회계실무에 쉽게 적용될 수 있고 회계변경의 영향을 최소화할 수 있다.
- 관찰대상을 자유롭게 선택할 수 있기 때문에 새로운 현상이 나타날 때는 이를 관찰하여 쉽게 환경에 신속히 대응할 수 있다.

○ **단 점**

- 제정된 회계원칙 간에 논리적 일관성이 결여될 수 있다.
- 관찰대상을 선택하는 데 어려움이 있고, 현상간의 관계를 확인하는데 있어 관찰자의 편견이 개입될 수 있어서 이로부터 유도된 일반화를 전적으로 신뢰하기 어렵다. 특히 측정에 있어서는 더욱 그렇다.
- 회계현상 중에서 관찰할 수 없는 것도 있다. 예를 들어 건물의 용역잠재력이 점차로 소멸될 때 그 소멸되고 있다는 사실은 관찰의 대상이 되기 어렵다. 이 경우 개략적으로 입증될 수밖에 없다.

연역적 접근방법과 귀납적 접근방법을 도표로 나타내면 다음과 같다.

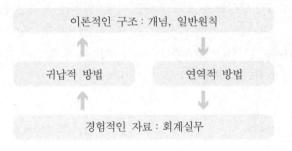

지금까지 설명한 연역적 접근방법과 귀납적 접근방법을 비교하여 정리하면 다음 표와 같다.

표 1-1 ● 연역적 접근방법과 귀납적 접근방법의 비교

구 분	연역적 접근방법	귀납적 접근방법
(1) 의의	특정 명제를 논리적으로 추론하여 다른 명제를 도출함으로써 이론적인 체계를 형성하는 방법.	구체적인 경험적 현상을 관찰·측정하여 여기서 발견된 사실들로부터 일반적인 원리를 도출하는 방법(경험→이론)
(2) 절차	① 회계목적의 설정 → ② 회계공준의 제시 → ③ 회계원칙의 유도 → ④ 회계절차의 유도 → ⑤ 회계실무의 정립	① 회계실무의 관찰 → ② 회계절차의 제정 → ③ 회계원칙의 도출
(3) 장점	수미일관된 논리체계를 구성하게 된다.	회계변경에 따른 영향을 최소화한다.
(4) 단점	① 현행실무와 괴리 가능성이 있다. ② 새로운 회계환경에 즉각 대응하기 어렵다.	논리의 일관성이 결여되기 쉽다.
(5) 특징	규범적인 성격	기술적인 성격

보론 1-1

규범적 회계원칙과 기술적 회계원칙

1. 규범적 회계원칙

연역적 방법에 의해서 형성된 회계원칙을 규범적 회계원칙(normative accounting principles)이라고 한다. 규범적 회계원칙은 회계목적으로부터 연역적 추론 과정을 통하여 형성되는 것으로 보고 있다. 회계목적이 일단 설정되면 회계공준을 전제로 하여 그것을 달성하기 위한 이론 규범으로서의 회계원칙이 모색되어지는 것이다. 이러한 회계원칙은 실제로 기업회계의 실무를 개선하는 이상적(당위적)인 형태를 취하게 되고 회계실무가 지향해야 할 방향제시를 행하게 되는 것이다. 규범적 회계원칙의 속성을 정리하면 다음과 같다.

• 규범적 회계원칙은 회계실무가 이루어져야 할 당위성을 강조하는 규범적 이론의 성격을 갖는다.
• 규범적 회계원칙은 관습으로부터 발달한 현행의 회계실무와는 별도로, 순전히 회계가 궁극적으로 지향하는 목표를 달성할 수 있도록 하는 이상적인 내용을 갖는 원칙이다. 즉, 목표지향성을 강조한다.
• 규범적 회계원칙은 간접적으로 회계실무가 이루어져야 할 방향을 제시하고 현행의 회계실무를 개선하는 이상적 형태를 취한다.[8]

---

8) 韓國 企業會計制度의 發達과 그 展望(금융감독원, 2002.4) 정리

2. 기술적 회계원칙

귀납적 방법에 의해서 형성된 회계원칙을 기술적 회계원칙(descriptive accounting principles) 이라고 한다. 기술적 회계원칙은 한 국가의 회계실무로부터 발달한 것을 일정한 회계원칙의 설정목적에 비추어 공정타당하다고 인정되는 바를 선택하여 체계화한 것이다. 규범적 회계원칙의 속성을 징리하면 다음과 같다.

- 회계실무의 저변에 흐르고 있는 기본원리를 충실하게 기술하여 귀납적으로 체계화하는 것뿐만 아니라, 일반적으로 인정되는 바를 요약한 사회적 합의(social consensus)인 것이다.
- 기술적 회계원칙은 현행의 회계실무로부터 발달하여 일반적으로 인정된 것을 체계화한 것으로서, 이는 기술적 이론의 성격을 갖는다.
- 기술적 회계원칙의 극단적인 형태는 현행의 회계실무를 그대로 체계화한 것이라 할 수 있다.[9]
- 기술적 회계원칙은 일정시점에 있어서 기업의 회계처리행위나 보고행위를 지도하고 또 회계감사시에 있어서 이 원칙을 따르게 된다.[10]

4. 회계의 경제적 영향과 정치적 과정

회계기준이 제정 및 개정되면 이의 적용을 받는 각종 이해관계자들에게 많은 경제적 영향(economic consequences)을 미치게 된다. 경제적 영향의 예를 들면 다음과 같다.

- 금융리스 이용자는 리스자산과 리스부채를 기록하여야 한다는 회계기준이 제정되면 리스이용자가 금융리스를 기피하여 이러한 회계기준이 리스산업에 영향을 미친다.
- 연구개발비를 전액 비용으로 처리하는 회계원칙이 제정되면 연구개발에 대한 투자가 기피된다.
- 탐사원가에 대한 회계처리방법을 전부원가법에서 성공원가법으로 개정한다면 관련 업계에서 경영성과가 불리하게 표시된다는 이유로 심하게 반발할 것이다.

회계기준이 이해관계자들에게 영향을 미치는 반면에, 이해관계자들이 회계기준 제정 및 개정에 영향을 미치기도 한다. 후자를 정치적 과정이라고 한다. 회계기준과 이해관계자 간의 상호 영향관계를 표시하면 다음과 같다.

- 회계(회계기준) → 이해관계자 : 회계의 경제적 영향
- 이해관계자 → 회계(회계기준) : 회계의 정치적 과정

정치적 과정(political process)이란 이해관계집단이 회계기준의 재정 및 개정시 제정기관에 압력을 행

---

9) 미국의 회계실무를 지도하고 있는 '일반적으로 인정된 회계원칙'(generally accepted accounting principles)은 이 유형에 속한다.

10) 韓國 企業會計制度의 發達과 그 展望(금융감독원, 2002.4) 정리

사하는 과정을 말한다. 압력단체 또는 이해관계자로는 상장사협의회, 전경련, 회계학회, 한국공인회계사회 등이 있다. 이러한 압력단체 또는 이해관계자들의 의견을 수렴하여 다수간의 합의에 의하여 회계기준이 제정되는 것이 현실이다. 따라서 회계기준은 정치적 타협의 산물이라고 말할 수 있다. 우리나라 기업회계기준 개정과정에 있어 정치적 과정의 폐단의 예를 외화환산손실의 회계처리에서 찾을 수 있다. 외화환산손실은 당연히 당기비용으로 처리하여야 함에도 불구하고 환율인상으로 인하여 당기손익이 악화된 외화부채의 많은 기업이 회계제정기구에 압력을 행사하여 외화환산손실을 당기비용에서 자본항목으로 다시 자본항목에서 자산으로 회계처리를 변경하게 되었다.

○ **정치적 과정의 예 : 외화화산손실에 대한 회계처리기준의 변경과정**

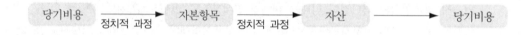

이러한 정치적 과정의 긍정적인 면과 부정적인 면을 정리하면 다음과 같다.

○ **긍정적인 면**

① 회계원칙은 실무에서의 수용가능성이 있어야 함을 상기시켜준다. 회계처리기준이 일반적으로 인정된 회계원칙이 되기 위해서는 회계처리기준에 의해 영향을 받는 집단에 의한 수용이 전제되어야 한다.

② 회계기준의 선택도 사회적 선택(social choice)이며, 다양한 이해관계자들의 이해관계를 종합적으로 고려하여 타협에 의하여 회계기준을 선택하면 부작용을 최소화할 수 있다.

○ **부정적인 면**

① 회계기준의 선택은 독립적이고 공정한 입장에서 전문적인 연구결과에 의하여 결정되어야지 타협의 산물이 아니다.

② 타협에 의하여 회계기준을 선택하면 전문성이 약화될 수 있다.

③ 이해관계자들의 소모적인 논쟁만 불러일으키고, 결과적으로 회계발전을 저해하는 요인이 될 수 있다.

[CTA 2006]

일정한 요건을 충족하는 리스에 대해 자산과 부채로 기록하도록 하는 회계처리기준이 제정·공표된다면 리스이용자들이 금융리스 기피현상을 초래하여 리스산업에 영향을 미칠 수 있는데 이러한 현상을 정치적 과정이라고 한다. (×) : 회계의 경제적 영향에 대한 설명이다.

5. 우리나라 회계원칙

사단법인 한국회계기준원(KAI : Korea Accounting Institute)은 「주식회사의외부감사에관한법률」 제13조와 동법 시행령 제7조의2의 규정에 따라 2000년 7월 27일부터 기업회계기준의 제정, 개정, 해석 과 질의회신 업무를 금융감독위원회로부터 위탁받았다(외감법시행령 제7조의2)[11]. 한국회계기준원은 정관의 규정에 따라 회계기준위원회(KASB : Korea Accounting Standards Board)를 설치하고, 동 위 원회의 심의·의결을 통하여 상기 업무를 수행하고 있다.

기업회계기준은 주식회사의외부감사에관한법률 제13조제1항과 기타의 법령[12]으로부터 위탁받아 회 계기준위원회가 「기업회계기준서」, 「기업회계기준해석서」의 형태로 제정·공표하며, 실무 적용상의 지 침을 제공하기 위하여 한국회계기준원이 「회계기준적용의견서」 및 「질의회신요약」을 발표한다.

「기업회계기준서」는 관련 회계 주제의 회계처리방법, 표시 및 공시에 대한 포괄적인 지침을 제공할 뿐 만 아니라 가능한 한 실무적용에 필요한 구체적인 방법까지 제시한다. 동시에 기업회계기준서의 각 문단 은 회계규범적인 성격을 갖고 있으므로 회계 이론에 바탕을 두고 논리 정연하게 서술한다. 기업회계기준 서는 국제회계기준과의 정합성을 높이고 실무 적용상의 편의를 제공하기 위하여 문단식(statement)[13]의 구조를 채택한다.

「기업회계기준해석서」는 기업회계기준서에서 다루지 못한 세부 실행 지침을 기술하고 기술적인 문제 등을 사례를 중심으로 해답하거나 기업회계기준서의 적용에 필요한 실무 지침을 제공한다. 「회계기준 적용의견서」는 기업회계기준을 실무에 적용하는 과정에서 제기되는 다양한 질의에 대한 회신 중 일반 적인 적용이 필요한 부분으로 구성한다.

기업회계기준을 포함한 우리나라 회계원칙은 외부감사대상회사[14]에 적용한다. 외부감사대상회사 이 외 기업의 회계처리에 이를 준용할 수 있다. 따라서 기업회계기준은 모든 회계실체에 적용된다.

제 3 절 한국채택국제회계기준

1. 국제회계기준

국제회계기준위원회(IASB : International Accounting Standard Board)에서 제정한 국제회계기준 은 국제증권감독자기구의 지지를 받고 있으며 회원국이 국제회계기준을 적용해 작성된 재무제표를 회 원국의 증권시장에 상장할 경우 이를 승인하도록 강제화하고 있다.[15]

---

11) 과거에는 우리나라 기업회계기준의 제정 권한이 증권관리위원회나 금융감독위원회 등 정부 부처에 있었기 때문에 정부 의 정책 목적에 영향을 받아 일관성이나 국제적 정합성이 다소 결여되었다는 평가를 받았다.

12) ⑩ 기업구조조정투자회사법 제24조제5항 및 동법시행령 제15조

13) 종전의 기업회계기준은 법조문식이었다.

14) 외부감사대상이란 직전사업년도말 자산총액이 120억원 이상인 주식회사를 말한다.

국제회계기준은 런던에 소재한 민간기구인 국제회계기준위원회가 국제자본시장의 요구(globalized capital market needs)를 충족시키기 위하여 제정한 고품질의 '단일 글로벌 회계기준'이다.

국제회계기준은 원칙중심의 회계기준(a principle based standards)이다. 원칙 중심기준과 대립되는 규칙중심기준의 예를 들면 다음과 같다.

원칙중심기준의 예	규칙중심기준의 예
감가상각비는 유형자산의 내용연수동안 해당 자산의 경제적 가치 감소분을 인식하여야 한다.	감가상각비는 유형자산의 내용연수동안 매년 취득원가의 10%를 인식한다.

원칙중심의 기준은 환경변화에 신축성있게 적응하는 장점이 있는 반면에 자의적 적용가능성이 상대적으로 큰 단점이 있다.

따라서 국제회계기준위원회는 원칙중심의 국제회계기준을 제정하기 위해 다음과 같은 제정 원칙을 표방하고 있다[16].

- 회계기준의 복잡성을 줄이기 위해 기준 내에서 예외 규정을 지양한다(No exceptions).
- 회계기준 내에서 목적과 핵심원칙(Core principles)을 명확하게 기술한다.
- 회계기준서간 일관성을 유지한다(No inconsistencies among Standards). 단, 시차는 있을 수 있다.
- 개념체계에 근거하여 규정한다(Tied to conceptual framework). 개념체계와 다른 규정을 포함하는 경우에는 결론도출근거에서 설명한다.
- 규정에 대한 해석은 전문가의 판단에 의존한다(Relies on Judgement). 판단하고 선택한 방법과 이유에 대해 주석으로 공시할 필요가 있다.
- 지침은 꼭 필요한 경우에 한하여 최소한으로 제공한다(Minimum guidance).

2. 국제회계기준 채택

기업활동의 범위가 국제적으로 점차 확대됨에 따라 기업의 경제활동에 대한 인식·측정·보고라는 회계의 기본기능도 국제적 시각에서 이해할 수 있도록 하는, 이른바 기업회계기준의 국제화가 추진되고 있다. 기업활동의 세계화가 추진되면서 우리나라도 경제개발협력기구(OECD[17])에 가입하여 금융·자본시장이 자유화됨에 따라 관련시장의 개방이 불가피하게 가속화되고 있다. 이에 따라 우리나라의 기업회계기준도 국제화의 추세에 맞추어 회계기준의 통일화 및 조화의 방향으로 발전시키지 않으면 안 된다. 이와 같은 기본시각에서 민간 회계기준 제정기구인 회계기준원은 국제회계기준(IFRS : International

---

15) 韓國 企業會計制度의 發達과 그 展望(금융감독원, 2002.4) 정리

16) IASB Chairman David Tweedie(2007)

17) Organization for Economic Cooperation and Development

Finacial Reporting Standard) 등을 반영하여 기준서를 제정하고 기존의 기업회계기준을 대체하였다.

국제회계기준과의 정합성(global standard)[18] 측면에서 현행 기업회계기준의 제정실태는 다음과 같이 평가되었다.

- 국제회계기준을 일괄도입 방식이 아니라 단계적으로 수용
- 수용과정에서 일부 내용을 국내현실에 맞게 수정·반영
- 국제사회에서 국제회계기준과 다른 회계기준을 사용하는 나라로 분류

다음과 같은 필요성에 의해 국제회계기준을 채택하게 되었다.

- 국제회계기준이 글로벌 스탠더드로 정착되는 추세(100여개국이 도입 또는 허용)
- 독자적 회계기준 유지에 따른 대외 신뢰도 불리
- 회계기준 국제정합성 확보를 통한 회계정보 신뢰성의 제고

3. 한국채택국제회계기준

국제회계기준에 근거하여 제정된 한국채택국제회계기준(K-IFRS : Korean International Financial Reporting Standards)은 다음과 같은 의미를 갖는다.

- 국내기업이 준수하여야 하는 회계처리기준으로서, 국내 법체계상 효력을 갖추기 위해, 법적 권위있는 기관이 공식적인 정규절차를 거쳐 한국에서 적용되는 회계기준으로 채택된 국제회계기준이다.
- 한국채택국제회계기준은 국제회계기준과 동일하다. 다만, 한국의 법체계에 맞추어 형식을 다소 변경하여 기준서/해석서 번호, 적용범위, 경과규정 등 형식적 차이만 존재한다.
- 각 기준서에서 당해 한국채택국제회계기준서를 준수하면 대응되는 국제회계기준을 준수하는 것이라고 명시하고 있다. 한국채택국제회계기준을 준수하여 작성된 재무제표는 국제회계기준을 준수하여 작성된 재무제표임을 주석으로 공시할 수 있다(KIFRS1001-한16.1).

본서에서는 이후 기업회계기준을 다음과 같이 구분하여 사용한다.

- 현행기업회계기준 : K-GAAP
- 한국채택국제회계기준 : K-IFRS

한국채택국제회계기준(K-IFRS)과 현행 기업회계기준(K-GAAP)의 주요차이를 표시하면 다음과 같다.

---

18) 논리적 무모순성(convergence, alignment), 이론 내부에 모순이 없는 것을 말한다.

표 1-2 ● K-IFRS와 K-GAAP의 주요 차이

구분	K-IFRS	K-GAAP	관련항목
공시체계 차이	연결재무제표를 기본으로 함	개별재무제표를 기본으로 함	연결재무제표 작성범위 지분법 분반기연결F/S
자산·부채 평가방법차이	원칙적으로 공정가치 평가	객관적 평가가 어려운 항목들은 취득원가 평가	투자부동산, 퇴직급여채무 금융부채, 유형자산 등
법률·정책적 목적에 따른 차이	거래의 실질에 맞는 회계처리 규정	목적에 따라 일부 항목에 대해 특정 회계 처리 요구	대손충당금설정 개별재무제표 우선공시 자산유동화 매각판단 등

회계처리기준은 실무적용가능성, 기업 간 비교가능성, 실무 혼란 등을 감안하여 이원체제(2 Tier System)로 운영된다. 즉, 상장기업은 국제회계기준, 비상장 일반기업은 별도 일반기업회계기준(local gaap)을 적용한다. 한국채택국제회계기준은 2011년부터 모든 상장기업이 의무적으로 적용하며, 2009년부터는 선택적용이 허용된다. 한국의 회계기준 운영체계를 표시하면 다음과 같다.

표 1-3 ● 한국의 회계기준 운영체계

구분	2008년까지	2009년~2010년	2011년 이후
국제회계기준 선택기업			K-IFRS
상장기업	K-GAAP		
비상장기업			일반기업회계기준

한국채택국제회계기준을 포함한 기업회계기준의 종류별 번호체계는 다음과 같다.

표 1-4 ● 기업회계기준 전체 번호체계

구분	기업회계기준서		기업회계기준해석서	
국제회계기준	IAS	IFRS	SIC Interpretation	IFRIC Interpretation
한국채택국제회계기준	1001~1099	1101~1999	2001~2099	2101~2999
비상장기업 회계기준	3001~3999		4001~4999	
특수분야 회계기준[1]	5001~5999		6001~6999	

[1]. 관계법령 등의 물음이나 한국에 고유한 거래나 기업환경 등의 차이를 반영하기 위하여 회계기준위원회가 제정하는 회계기준을 말한다.

개별기준서의 Appendix(부록)의 K-IFRS 포함 여부는 다음과 같다.

K-IFRS포함	K-IFRS제외
Defined Terms : 용어정의	Basis for Conclusions(BC) : 결론도출근거
Application Guidance(AG) : 적용지침	Illustrative Example(IE) : 적용사례
Application Supplement(AS) : 적용보충기준	Implemention Guidance(IG) : 실무적용지침

한국채택국제회계기준을 근거되는 국제회계기준과 비교하여 제정현황을 표시하면 다음과 같다.

[한국채택국제회계기준 제정현황]

Ⅰ. 개념체계

한국채택국제회계기준(K-IFRS)	국제회계기준(IFRS)
재무보고를 위한 개념체계	Framework for the Preparation and Presentation of Financial Reporting

Ⅱ. 기업회계기준서

한국채택국제회계기준(K-IFRS)		국제회계기준(IFRS)	
제1001호	재무제표 표시	IAS 1	Presentation of Financial Statements
제1002호	재고자산	IAS 2	Inventories
제1007호	현금흐름표	IAS 7	Statement of Cash Flows
제1008호	회계정책, 회계추정의 변경 및 오류	IAS 8	Accounting Policies, Changes in Accounting Estimates and Errors
제1010호	보고기간후사건	IAS 10	Events after the Reporting Period
제1011호	건설계약	IAS 11	Construction Contracts
제1012호	법인세	IAS 12	Income Taxes
제1016호	유형자산	IAS 16	Property, Plant and Equipment
제1017호	리스	IAS 17	Leases
제1018호	수익	IAS 18	Revenue
제1019호	종업원급여	IAS 19	Employee Benefits
제1020호	정부보조금의 회계처리와 정부지원의 공시	IAS 20	Accounting for Government Grants and Disclosure of Government Assistance
제1021호	환율변동효과	IAS 21	The Effects of Changes in Foreign Exchange Rates

제1장

한국채택국제회계기준(K-IFRS)		국제회계기준(IFRS)	
제1023호	차입원가	IAS 23	Borrowing Costs
제1024호	특수관계자공시	IAS 24	Related Party Disclosures
제1026호	퇴직급여제도에 의한 회계처리와 보고	IAS 26	Accounting and Reporting by Retirement Benefit Plans
제1027호	별도재무제표	IAS 27	Separate Financial Statements
제1028호	관계기업과 투자공동기업에 대한 투자	IAS 28	Investments in Associates and Joint Ventures
제1029호	초인플레이션경제에서의 재무보고	IAS 29	Financial Reporting in Hyperinflationary Economies
제1032호	금융상품 : 표시	IAS 32	Financial Instruments : Presentation
제1033호	주당이익	IAS 33	Earnings per Share
제1034호	중간재무보고	IAS 34	Interim Financial Reporting
제1036호	자산손상	IAS 36	Impairment of Assets
제1037호	충당부채, 우발부채 및 우발자산	IAS 37	Provisions, Contingent Liabilities and Contingent Assets
제1038호	무형자산	IAS 38	Intangible Assets
제1039호	금융상품 : 인식과 측정	IAS 39	Financial Instruments : Recognition and Measurement
제1040호	투자부동산	IAS 40	Investment Property
제1041호	농림어업	IAS 41	Agriculture
제1101호	한국채택국제회계기준의 최초채택	IFRS 1	First-time Adoption of International Financial Reporting Standards
제1102호	주식기준보상	IFRS 2	Share-based Payment
제1103호	사업결합	IFRS 3	Business Combinations
제1104호	보험계약	IFRS 4	Insurance Contracts
제1105호	매각예정비유동자산과 중단영업	IFRS 5	Non-current Assets Held for Sale and Discontinued Operations
제1106호	광물자원의 탐사와 평가	IFRS 6	Exploration for and Evaluation of Mineral Resources
제1107호	금융상품 : 공시	IFRS 7	Financial Instruments : Disclosures
제1108호	영업부문	IFRS 8	Operating Segments
제1110호	연결재무제표	IFRS 10	Consolidated Financial Statements
제1111호	공동약정	IFRS 11	Joint Arrangements
제1112호	타기업에 대한 지분공시	IFRS 12	Disclosure of Interests in Other Entities
제1113호	공정가치측정	IFRS 13	Fair Value Measurements
제1114호	규제이연계정	IFRS 14	Regulatory deferral accounts

Ⅲ. 기업회계기준해석서

제1장

한국채택국제회계기준(K-IFRS)		국제회계기준(IFRS)	
—	해당사항 없음	SIC-7	Introduction of the Euro
제2010호	정부지원 : 영업활동과 특정한 관련이 없는 경우	SIC-10	Government Assistance-No Specific Relation to Operating Activities
제2012호	연결 : 특수목적기업	SIC-12	Consolidation-Special Purpose Entities
제2015호	운용리스 : 인센티브	SIC-15	Operating Leases-Incentives
제2021호	법인세 : 재평가된 비상각 자산의 회수	SIC-21	Income Taxes-Recovery of Revalued Non Depreciable Assets
제2025호	법인세 : 기업이나 주주의 납세지위 변동	SIC-25	Income Taxes-Changes in the Tax Status of an Entity or its Shareholders
제2027호	법적 형식상의 리스를 포함하는 거래의 실질에 대한 평가	SIC-27	Evaluating the Substance of Transactions Involving the Legal Form of a Lease
제2029호	민간투자사업 : 공시	SIC-29	Service Concession Arrangements : Disclosures
제2031호	수익 : 광고용역의 교환거래	SIC-31	Revenue-Barter Transactions Involving Advertising Services
제2032호	무형자산 : 웹 사이트 원가	SIC-32	Intangible Assets-Web Site Costs
제2101호	사후처리 및 복구관련 충당부채의 변경	IFRIC 1	Changes in Existing Decommissioning, Restoration and Similar Liabilities
제2102호	조합원 지분과 유사 지분	IFRIC 2	Members' Shares in Co-operative Entities and Similar Instruments
제2104호	약정에 리스가 포함되어 있는지의 결정	IFRIC 4	Determining whether an Arrangement contains a Lease
제2105호	사후처리, 복구 및 환경정화를 위한 기금의 지분에 대한 권리	IFRIC 5	Rights to Interests arising from Decommissioning, Restoration and Environmental Rehabilitation Funds
제2106호	특정 시장에 참여함에 따라 발생하는 부채 : 폐전기 · 전자제품	IFRIC 6	Liabilities arising from Participating in a Specific Market-Waste Electrical and Electronic Equipment
제2107호	기업회계기준서 제1029호 '초인플레이션 경제에서의 재무보고'에서의 재작성방법의적용	IFRIC 7	Applying the Restatement Approach under IAS 29
제2108호	기업회계기준서 제1102호의 적용 범위	IFRIC 8	Scope of IFRS 2

한국채택국제회계기준(K-IFRS)		국제회계기준(IFRS)	
제2109호	내재파생상품의 재검토	IFRIC 9	Reassessment of Embedded Derivatives
제2110호	중간재무보고와 손상	IFRIC 10	Interim Financial Reporting and Impairment
제2111호	주식기준보상 : 연결실체주식 거래 및 자기주식거래	IFRIC 11	IFRS 2-Group and Treasury Share Transactions
제2112호	민간투자사업	IFRIC 12	Service Concession Arrangements
제2113호	고객충성제도	IFRIC 13	Customer Loyalty Programmes
제2114호	기업회계기준서 제1019호 : 확정급여자산한도, 최소적립요건 및 그 상호작용	IFRIC 14	IAS 19-The Limit on a Defined Benefit Asset, Minimum Funding Requirements and their Interaction
제2115호	부동산건설약정	IFRIC 15	Agreements for the Construction of Real Estate
제2116호	해외사업장순투자의 위험회피	IFRIC 16	Hedges of a Net Investment in a Foreign Operation
제2117호	소유주에 대한 비현금자산의 분배	IFRIC 17	Distributions of Non-cash Assets to Owners
제2118호	고객으로부터의 자산이전	IFRIC 18	Transfers of Assets from Customers
제2119호	지분상품에 의한 금융부채의 소멸	IFRIC 19	Extinguishing Financial Liabilities with Equity Instruments
제2120호	노천광산 생산단계의 박토원가	IFRIC 20	Stripping costs in the production phase of a surface mine
제2121호	부담금	IFRIC 21	Levies

제4절 회계주체이론

　재무회계는 한 경제실체의 자산, 부채, 자본 및 이익을 측정하여 외부이용자에게 전달하는 기능을 수행한다. 자산, 부채, 자본 및 이익을 측정하여 보고함에 있어서 어떤 정보이용자의 입장에서, 또는 어떤 정보이용자의 이해관계를 중심으로 이들을 측정하고 보고할 것이냐 하는 문제가 발생한다. 다시 말하여 "누구를 회계주체로 하여 회계를 할 것인가"하는 문제이다. 같은 경제현상이라도 회계주체에 따라 재무제표의 내용과 각 측정치가 달라질 수 있다. 재무회계에 있어서 이와 같이 누구의 입장이나 이해관계를 중시하느냐 하는 문제를 설명하는 이론이 회계주체이론이다. 즉, 회계주체이론은 어느 대상을 주체로 하여 회계행위를 수행해야 하는 가를 규명하는 이론이다. 또한, 회계주체이론은 경제적 실체의 소유주지분에 대한 본질을 설명하고, 회계행위의 입장과 범위를 결정해 주는 회계실체의 공준과 관련된 이론이다. 회계주체이론에는 자본주이론, 기업실체이론, 잔여지분이론, 자금이론, 기업체이론 및 관리자이론 등이 있다. 이러한 회계주체이론 중에서 자본주이론과 기업실체이론이 서로 대립되면서 기업회계에 지배적으로 영향을 미친다. 단, 연결회계에서는 기업실체이론과 대립되는 회계주체이론을 자본주이론이라고 하지 아니하고, 지배회사이론(parent company theory)이라고 한다.

1. 자본주이론

자본주이론(proprietary theory)은 자본주(소유주)가 회계의 중심이며 판단의 주체가 된다는 이론이다. 이 이론은 원래 개인기업이나 조합기업이 지배적이었던 사회에서 나온 것이다. 당시에는 기업과 자본주와 인적 관계가 긴밀하게 유지되었던 까닭에 기업을 자본주의 소유물로 보고 모든 회계상의 개념이나 절차를 자본주의 가치를 측정하고 보고하는 것과 관련시키게 되었다. 따라서 자본주이론은 소유권이 분산되어 있는 현행 주식회사제도 하에서는 적용에 한계가 있으며, 개인기업이나 조합 등 인적 기업형태에 적합한 이론이다. 자본주이론을 회계등식으로 표시하면 다음과 같다.

> 자산(assets) − 부채(liabilities) = 자본주지분(proprietorship)

자본주이론과 관련된 개념 및 회계처리방법을 정리하면 다음과 같다.

① 자본주의 부(wealth)인 자본을 중심으로 모든 회계상의 판단을 한다. 즉, 기업의 자산은 바로 자본주의 자산이고 기업의 부채는 자본주가 직접 상환해야 할 의무라고 본다. 그리고 자본주의 부는 자산과 부채의 차액으로 파악한다. 부채는 이와 같이 자산을 감소시켜 자본주의 부의 가치를 감소시키는 것이기 때문에 부(負)의 자산(negative asset)으로 설명한다.
② 자본주의 지분변동의 파악에 중점을 두므로 **재무상태표를 중시한다.**
③ 자본주의 부를 정확하게 평가하기 위하여 **자산을 현행가치로 평가**한다.
④ 수익은 자본주의 부를 증가시키고, 비용은 자본주의 부를 감소시킨다고 본다. 따라서 순이익은 **자본주의 부의 증가로 보아 자본주에 직접 귀속되는 것으로 처리한다.**

표 1-5 ● 자본주이론의 기본요소 등에 대한 해석

⑤ 순이익이 자본주에 직접 귀속되는 것으로 보기 때문에 현금배당은 주주의 이익이 아니라 **자본의 인출 또는 자본의 환원**으로 본다. 또한, 주식배당은 자본주의 부에 아무런 변동을 주지 않으므로 자본주의 이익이 아니며, 자본주에 이미 귀속된 지분의 명목상의 대체로 본다.

⑥ 지급이자와 법인세는 자본주의 부를 감소시키기 때문에 자본주가 부담할 **비용**이다.

⑦ 순이익은 자본거래를 제외하고 순자산에 영향을 미치는 모든 항목을 포함시키는 **자본유지접근법**에 따른 **포괄주의**를 지지한다.

2. 기업실체이론

기업실체이론(entity theory)은 기업을 소유주와는 구분된 독자적인 법인격을 지닌 별개의 독립된 실체로 파악하는 이론이다. 이 이론은 기업은 **권리주체로서의** 실질을 가지는 사회적 실체라고 보는 법인실재설에서 원용된 것이다. 따라서 회계의 주체는 소유주가 아닌 **기업 그 자체**이다. 기업실체이론을 회계등식으로 표시하면 다음과 같다.

> 자산(assets) = 지분(equities) = 채권자지분 + 자본주지분

기업실체이론과 관련된 개념 및 회계처리방법을 정리하면 다음과 같다.

① 기업의 목적은 기업 자체의 부를 극대화하는 것으로 보기 때문에 기업의 수익력을 표시하는 **손익계산서를 중시**한다.

② 손익계산서를 중시하므로 거래접근법에 의한 **당기업적주의 이익개념**을 지지한다.

③ 이익은 수익이 비용을 초과하는 부분이며 주주가 아닌 **기업 자체에 귀속**된다.

④ 수익은 기업이 창출한 성과이며, 비용은 수익의 창출을 위하여 희생된 원가이다.

⑤ 회계보고의 대상은 기업을 둘러싼 광범위한 일반 다수 이해관계자이다.

⑥ 현금배당은 이익의 **처분(이익의 배분)**이다. 즉, 현금배당은 **주주의 이익**이 된다.

⑦ 주식배당은 **주주의 이익이 아니며**, 지분의 **재분류에 불과**하다. 참고로, 주식배당을 주주이익으로 보는 견해가 일부 있으나 지배적인 견해는 아니다.

⑧ 채권자를 주주와 동등하게 지분소유자로 간주한다. 따라서 지급이자는 주주에 대한 배당과 동일하게 채권자에게 배당한 것이므로 지급이자는 이익의 처분(이익의 배분)으로 본다. 기업입장에서의 이익의 배분은 이익을 받은 채권자의 입장에서는 이익을 의미한다. 따라서 지급이자는 **채권자 이익**이 된다.

⑨ 법인세는 이익을 기준으로 산출하기 때문에 **이익의 처분(이익의 배분)**으로 본다. 따라서 법인세는 정부입장에서 정부의 이익이 된다. 법인세의 기간배분은 법인세의 본질을 비용인 법인세비용으로 간주하고 있으므로, 법인세를 비용으로 보는 자본주이론에서는 정당화되지만, 법인세를 이익으로 보는 기업실체이론에서는 인정되지 않는 방법이다. 이러한 견해에 의하면, 조세제도상 법인의 순

이익에 법인세를 부과하고 그 잔여를 주주에게 배당할 때 그 배당소득에 대해 다시 소득세를 부과하는 것은 이중과세가 아니라는 논리가 성립될 수 있다.

자본주의 : 세전이익 − 법인세 = 세후이익 ⇒ 현금배당 ⇒ 소득세
이중과세임

기업실체이론 : 세전이익 ⇒ 현금배당 ⇒ 소득세
이중과세 아님

⑩ 연결재무제표는 지배기업이나 종속기업을 모두 동일한 경제적 실체로 보고 작성하게 되므로 외부주주지분 또한 연결실체의 자본을 구성한다.

⑪ 자산은 회계책임을 명확히 할 수 있는 **역사적원가**로 평가한다.

⑫ 투자자순이익 개념이다.

표 1-6 ● **기업실체이론의 기본요소 등에 대한 해석**

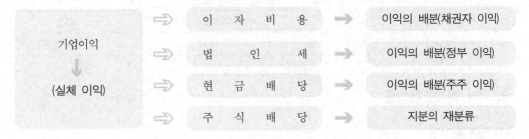

표 1-7 ● **자본주이론과 기업실체이론의 비교**

구 분	자본주이론	기업실체이론
회계주체	자본주(＝소유주＝주주)	기업자체(＝기업실체)
기업의 목적	자본주의 부의 극대화	기업가치의 극대화
회계목적	주주지분의 상태 및 변동액 파악 및 보고	주주와 채권자가 위탁한 자산의 운용 결과 파악 및 보고
중심 재무제표	재무상태표(정태론)	손익계산서(동태론)
회계등식	자산 − 부채＝자본주지분	자산＝지분 　　＝채권자지분 ＋ 주주지분
자산평가	현행원가 또는 시가	역사적 원가
외부주주지분의 성격	부채	자본
이익개념	포괄주의	당기업적주의
이익측정	자본유지접근법	거래접근법
보고이익	주주순이익	투자자순이익
적용분야	인적관계가 긴밀한 개인기업 또는 조합기업에 적합하다	물적관계가 중심이 되는 주식회사 등의 대기업에 적합하다

표 1-8 • 재무제표요소에 대한 견해비교

구 분	기업실체이론	자본주이론
기업이익	실체의 이익	자본주의 이익
지급이자	이익의 배분(채권자의 이익)	비용
법 인 세	이익의 배분(정부의 이익)[1]	비용
현금배당	이익의 배분(주주의 이익)	자본의 인출(자본의 환급)
주식배당	지분의 재분류	지분의 명목상 대체

[1]. 실체이론의 수혜자에 정부가 포함(일반적인견해)된다면 법인세는 이익의 배분에 해당된다.

표 1-9 • 이익의 배분과 비용의 구분

구 분	기업실체이론	자본주이론	잔여지분이론
수혜자(주인)	주주, 채권자	주주	보통주주
지급이자	이익의 배분	비용	비용
우선주배당금	이익의 배분	자본의 인출	비용
보통주배당금	이익의 배분	자본의 인출	자본의 인출

3. 기타 회계주체이론

(1) 잔여지분이론

잔여지분이론(residual equity theory)은 회사에 대한 최종적인 위험을 부담하는 보통주주를 중심으로 하는 이론이다. 잔여지분이론을 회계등식으로 표시하면 다음과 같다.

> 자산 − 특정지분(채권자지분 + 우선주지분) = 잔여지분(= 보통주주지분)

- 이자지급액, 법인세비용 뿐만 아니라 우선주배당도 비용이다.
- 손익계산서와 이익잉여금처분계산서는 잔여지분 소유주인 보통주주에 대한 배당가능이익을 표시할 수 있도록 작성되어야 한다.
- 재무상태표에서는 보통주의 지분이 다른 지분과 별도로 구분되어 표시되어야 한다.
- 기업회계기준의 주당순이익(보통주 1주에 귀속되는 순이익)은 잔여지분이론에 입각하여 보통주순이익을 기초로 하여 주당순이익을 계산하고 있다.

(2) 자금이론

자산을 어떤 용도에 사용하도록 제약을 하고 있을 때 이 제약을 받고 있는 자산을 자금이라 한다.

자금이론(fund theory)은 자금을 회계의 기초가 되는 활동단위로 보고 기업의 존재 및 활동을 자금단위로 파악한다. 자금이론을 회계등식으로 표시하면 다음과 같다.

$$자산(assets) = 사용이\ 지정된\ 자산(restricted\ assets)$$

재무제표 중에서 현금흐름표를 중시하며, 자산의 용도와 이에 대한 제약을 강조하기 때문에 비영리법인, 정부회계를 특별기금 중심으로 설명하는데 적합한 개념이다.

(3) 기업체이론

기업체이론(enterprise theory)은 기업은 사회적 목적을 수행하는 **사회조직**(私的조직이 아니라)으로 보는 이론이다. 종업원, 고객, 소비자 등을 보고대상으로 하며, 사회조직으로서 사회에 기여한 이익이 얼마인가를 알기 위하여 사회에 창출한 이익인 부가가치이익이 보고된다. 기업체이론은 상장기업 또는 일반 다수의 대중이 주식을 소유한 기업에 한하여 적용가능하다. 시가로 평가한다.

(4) 관리자이론(명령자이론)

관리자이론(명령자이론 : commander theory)은 기업의 관리자 입장에서 회계를 이해하는 이론이다. 관리자이론은 경영자의 수탁기능을 강조하며, 경영자의 수탁책임에 관한 보고형태를 중시한다.

문제 1-1   재무제표

1. 재무보고와 재무제표의 차이에 대하여 비교 설명하시오.
2. 일반목적 재무제표란 무엇인가?
3. 일반적으로 인정된 회계원칙이란 무엇이며, 그 필요성에 대하여 설명하시오.

 해답

1. 재무보고와 재무제표의 차이

① 재무보고는 재무제표를 포괄하는 광범위한 개념으로서, 재무제표 이외에 영업보고서와 같은 비재무제표정보도 전달된다.

② 재무제표는 기업내부의 과거지향적 정보를 제한된 표준화된 양식으로 제공하는 데 반면에, 재무보고는 재무예측 등 미래지향적인 정보와 기업외부의 환경적인 정보도 포함하며, 보고양식에는 아무런 제약이 없다.

2. 일반목적 재무제표

일반목적 재무제표는 기업실체와 관련된 정보이용자들의 다양한 정보 중 일반적으로 많이 요구되는 정보를 제공하는 것을 목적으로 하는 재무제표를 말한다. 일반목적 재무제표는 주로 일반투자자들의 정보욕구를 충족하는 데 중점을 두고 있다.

3. 일반적으로 인정된 회계원칙

일반적으로 인정된 회계원칙은 다수의 권위있는 회계전문가의 지지를 받은 회계원칙을 말한다. 우리나라의 일반적으로 인정된 회계원칙에는 기업회계기준, 준칙 및 해석이 있다. 재무제표를 작성함에 있어서의 발생할 수 있는 오류나 편기를 최소화하고, 기업간 또는 기간별 비교가능성을 제고시키기 위하여 재무제표작성 및 보고에 통일된 원칙인 일반적으로 인정된 회계원칙의 제정이 필요하게 된다.

문제 1-2 일반적으로 인정된 회계원칙

1. 회계원칙의 제정주체에 따라 자유시장접근법과 규제접근법으로 구분된다.
   (1) 각 접근법에서의 회계정보를 어떻게 간주하는지 설명하시오.
   (2) 규제접근법의 장·단점에 대하여 설명하시오.
2. 연역적 접근방법과 귀납적 접근방법에 대하여 설명하시오.

해답

1. 제정주체

(1) 회계정보에 대한 견해

자유시장적 접근법에서는 회계정보를 자유재(경제재)로 보는 반면에, 규제접근법에서는 회계정보를 공공재로 본다.

(2) 규제접근법의 장점과 단점

1) 장 점
① 공공성이 유지된다.
② 강력한 회계규제가 가능하다.
③ 압력기관의 압력을 감소시켜 객관적인 회계원칙이 제정가능하다.

2) 단 점
① 전문성이 결여된다.
② 관료제도의 폐해가 발생한다.
③ 지나친 정부규제가 될 수 있다.

2. 접근방법

(1) 연역적 접근방법

회계목적 및 기본가정에서 출발하여 논리적 추론에 의하여 회계원칙을 제정하는 방법이다. 수미일관된 회계원칙이 제정되는 장점이 있는 반면에 제정된 회계원칙이 실무와 괴리되거나 실무에 쉽게 적용되지 못하는 단점이 있다.

(2) 귀납적 접근방법

실무에서 사용되는 회계처리방법들을 관찰하여 이들을 체계적으로 분석하고 분류하여 회계원칙을 제정하는 방법이다. 회계변경의 영향을 최소화할 수 있는 장점이 있는 반면에 제정된 회계원칙간에 논리적 일관성이 결여될 수 있는 단점이 있다.

문제 1-3   회계규제^(행정고시 2003년)

오늘날 세계 각국은 다양한 형태의 회계규제를 하고 있다. 대표적인 것이 소위 회계기준을 제정하여 준수하도록 하는 것이다. 그러나 규제를 하지 않아도 된다는 이론적 주장도 제시되고 있다.

≪물음≫

1. 회계를 규제해야 한다는 주장에 대하여 이론적 근거를 설명하시오.
2. 회계규제를 하지 않아도 된다는 주장의 이론적 근거에 대하여 설명하시오.
3. 규제와 관련하여 "회계기준은 정치적 산물"이라는 표현의 의미를 설명하시오.

해답

1. 회계규제의 이론적 근거

① 회계정보는 공공재의 성격을 지니고 있어 시장의 실패가 초래되기 때문에 정부가 규제하지 않으면 필요한 회계정보가 공급되지 않을 수 있으므로 회계정보가 공급되기 위하여 규제기관이 필요하다.

② 기업실체는 경쟁상의 이유, 과도한 정보노출에 따른 불이익 등의 이유로 정보제공을 꺼리는 유인이 있어 규제기관이 규제하지 않는다면 유용하고 필요한 정보가 과소 제공되는 문제점이 있다.

③ 기업실체는 자신에게 유리한 정보만을 제공하고 불리한 정보는 제공하지 않으려는 속성이 있으므로 규제기관이 규제하지 않는다면 공정한 정보제공을 기대할 수 없다.

④ 이러한 내부이용자와 외부이용자간의 정보불균형(information asymmetry) 문제를 해소하기 위하여 규제기관의 규제가 필요하다.

2. 회계규제에 반대하는 이론적 근거

① 회계정보는 경제재의 성격을 지니고 있어 시장에서 수요와 공급의 균형에 의하여 회계정보가 균형가격이 형성되므로 규제기관이 특별히 규제할 필요가 없다.

② 기업실체가 자발적이고 적극적인 공시를 하게 되면 신뢰성이 제고되어 미래 불확실성이 감소되고 이는 자본비용을 감소시켜 기업가치가 상승된다. 따라서 기업실체는 규제가 없더라도 회계정보를 제공할 것이다.

③ 금융기관이나 증권시장 등이 규제기관을 대신하여 회계정보를 요구하는 경우도 있으므로 규제기관이 불필요하다.

3. 회계기준의 정치적 산물

회계기준이 제정되면 이의 적용을 받는 각종 이해관계자들에게 많은 경제적 영향(economic consequences)을 미치게 된다. 정치적 과정(political process)이란 이해관계집단이 회계기준의 제정 및 개정 시 제정기관에 압력을 행사하는 과정을 말한다. 압력단체 또는 이해관계자로는 상장사협의회, 전경련, 회계학회, 한국공인회계사회 등이 있다. 이러한 압력단체 또는 이해관계자들의 의견을 수렴하여 다수간의 합의에 의하여 회계기준이 제정되는 것이 현실이다. 따라서 회계기준은 정치적 타협의 산물이라고 말할 수 있다.

이러한 정치적 과정의 긍정적인 면을 정리하면 다음과 같다.

① 회계원칙은 실무에서의 수용가능성이 있어야 함을 상기시켜준다.
② 회계기준의 선택도 사회적 선택(social choice)이며, 다양한 이해관계자들의 이해관계를 종합적으로 고려하여 타협에 의하여 회계기준을 선택하면 부작용을 최소화할 수 있다.

이와 반대로 정치적 과정의 부정적인 면을 정리하면 다음과 같다.

① 회계기준의 선택은 독립적이고 공정한 입장에서 전문적인 연구결과에 의하여 결정되어야지 타협의 산물이 아니다.
② 타협에 의하여 회계기준을 선택하면 전문성이 약화될 수 있다.
③ 이해관계자들의 소모적인 논쟁만 불러일으키고, 결과적으로 회계발전을 저해하는 요인이 될 수 있다.

제 02 장 | 개념체계

제1절 의 의

1. 목적과 위상

이 '개념체계(conceptual framework)'는 외부이용자를 위한 재무제표(재무보고가 아님에 유의)의 작성과 표시에 있어 기초가 되는 개념을 정립한다. '개념체계'의 목적은 다음과 같다.

① 한국회계기준위원회(Korea Accounting Standard Board : KASB, 이하 '회계기준위원회'라 한다)가 향후 새로운 한국채택국제회계기준을 제정하고 기존의 한국채택국제회계기준의 개정을 검토할 때에 도움을 준다.

② 한국채택국제회계기준에서 허용하고 있는 대체적인 회계처리방법의 수를 축소하기 위한 근거를 제공하여 회계기준위원회가 재무제표의 표시와 관련되는 법규, 회계기준 및 절차의 조화를 촉진시킬 수 있도록 도움을 준다.

③ 재무제표의 작성자가 한국채택국제회계기준을 적용하고 한국채택국제회계기준이 미비한 주제에 대한 회계처리를 하는 데 도움을 준다.

④ 재무제표가 한국채택국제회계기준을 따르고 있는지에 대해 감사인이 의견을 형성하는 데 도움을 준다.

⑤ 한국채택국제회계기준에 따라 작성된 재무제표에 포함된 정보를 재무제표의 이용자가 해석하는 데 도움을 준다.

⑥ 회계기준위원회의 업무활동에 관심 있는 이해관계자에게 한국채택국제회계기준을 제정하는 데 사용한 접근방법에 대한 정보를 제공한다.

이 '개념체계'는 한국채택국제회계기준이 아니므로 특정한 측정과 공시 문제에 관한 기준을 정하지 아니한다. 따라서 이 '개념체계'는 어떤 경우에도 특정 한국채택국제회계기준에 우선하지 아니한다.

[CTA 2005]

개념체계가 특정 회계기준과 상충되는 경우에는 개념체계는 특정회계기준에 우선한다. (×)

[CTA 2015]

재무보고를 위한 개념체계는 외부 이용자를 위한 재무보고의 기초가 되는 개념으로 한국채택국제회계기준이다. (×)

이 '개념체계'는 회계기준위원회가 관련 업무를 통해 축적한 경험을 기초로 수시로 개정될 것이다.

2. 적용범위

이 개념체계는 다음의 사항을 다룬다.

① 재무보고의 목적
② 유용한 재무정보의 질적 특성
③ 재무제표를 구성하는 요소의 정의, 인식 및 측정
④ 자본 및 자본유지의 개념

제 2 절   일반목적재무보고의 목적

일반목적재무보고의 목적은 '개념체계'의 기초를 형성한다. '개념체계'의 다른 측면들—보고기업 개념, 유용한 재무정보의 질적 특성과 제약요인, 재무제표의 요소, 인식, 측정, 표시와 공시—은 그 목적으로부터 논리적으로 전개된다(개념체계-OB1).

경제적 의사결정에 유용한 정보를 제공한다는 목적으로 작성되는 재무제표는 대부분의 정보이용자의 공통적인 수요를 충족시킨다. 그 이유는 거의 모든 정보이용자가 다음의 예와 같은 경제적 의사결정을 하기 때문이다.

① 지분투자에 대한 매수, 보유 또는 매도 시기를 결정한다.
② 경영진의 수탁책임이나 회계책임을 평가한다.
③ 기업이 종업원에게 급여를 지급하고 그 밖의 복리후생을 제공하는 능력을 평가한다.
④ 기업에 대여한 금액에 대한 안전성을 평가한다.
⑤ 조세 정책을 결정한다.
⑥ 분배가능한 이익과 배당을 결정한다.
⑦ 국민소득통계를 집계하고 이용한다.
⑧ 기업 활동에 대해 감독한다.

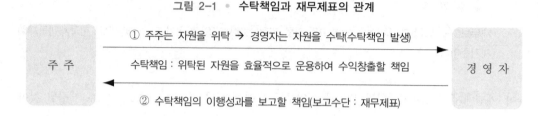

그림 2-1 • 수탁책임과 재무제표의 관계

1. 일반목적재무보고의 목적, 유용성 및 한계

일반목적재무보고[1]의 목적은 현재 및 잠재적 투자자, 대여자 및 기타 채권자가 기업에 자원을 제공하는 것에 대한 의사결정을 할 때 유용한 보고기업 재무정보를 제공하는 것이다. 그 의사결정은 지분상품 및 채무상품을 매수, 매도 또는 보유하는 것과 대여 및 기타 형태의 신용을 제공 또는 결제하는 것을 포함한다(개념체계-OB2).

지분상품 및 채무상품을 매수, 매도 또는 보유하는 것에 대한 현재 및 잠재적 투자자의 의사결정은 그 금융상품 투자에서 그들이 기대하는 수익, 예를 들어, 배당, 원금 및 이자의 지급 또는 시장가격의 상승에 의존한다. 마찬가지로 대여 및 기타 형태의 신용을 제공 또는 결제하는 것에 대한 현재 및 잠재적 대여자 및 기타 채권자의 의사결정은 그들이 기대하는 원금 및 이자의 지급이나 그 밖의 수익에 의존한다. 투자자, 대여자 및 기타 채권자의 수익에 대한 기대는 기업에 유입될 미래 순현금유입의 금액, 시기 및 불확실성 (전망)에 대한 그들의 평가에 달려 있다. 따라서 현재 및 잠재적 투자자, 대여자 및 기타 채권자는 기업에 유입될 미래 순현금유입에 대한 전망을 평가하는 데 도움을 주는 정보를 필요로 한다(개념체계-OB3).

현재 및 잠재적 투자자, 대여자 및 기타 채권자는 미래 순현금유입에 대한 기업의 전망을 평가하기 위하여 기업의 자원, 기업에 대한 청구권, 그리고 기업의 경영진 및 이사회[2]가 기업의 자원을 사용하는 그들의 책임을 얼마나 효율적이고 효과적으로 이행해 왔는지에 대한 정보를 필요로 한다. 그러한 책임의 예로는 가격 변동이나 기술적 변화와 같은 경제적 요인의 불리한 영향으로부터 기업의 자원을 보호하는 것과 해당 법, 규정 및 계약 조항을 기업이 반드시 준수하도록 하는 것이 있다. 경영진의 책임 이행에 대한 정보는 경영진의 행동에 대해 의결권을 가지거나 다른 방법으로 영향력을 행사하는 현재 투자자, 대여자 및 기타 채권자의 의사결정에도 유용하다(개념체계-OB4).

많은 현재 및 잠재적 투자자, 대여자 및 기타 채권자는 그들에게 직접 정보를 제공하도록 보고기업에 요구할 수 없고, 그들이 필요로 하는 재무정보의 많은 부분을 일반목적재무보고서에 의존해야만 한다. 따라서 그들은 일반목적재무보고서가 대상으로 하는 주요 이용자이다(개념체계-OB5).

그러나 일반목적재무보고서는 현재 및 잠재적 투자자, 대여자 및 기타 채권자가 필요로 하는 모든

---

1) 특정하여 달리 언급하지 않는 한, 이 '개념체계' 전반에 걸쳐 재무보고서 및 재무보고는 각각 일반목적재무보고서 및 일반목적재무보고를 말한다.

2) 특정하여 달리 언급하지 않는 한, 이 '개념체계' 전반에 걸쳐 경영진이라는 용어는 기업의 경영진 및 이사회를 말한다.

정보를 제공하지는 않으며 제공할 수도 없다. 그 정보이용자들은, 예를 들어, 일반 경제적 상황 및 기대, 정치적 사건과 정치 풍토, 산업 및 기업 전망과 같은 다른 원천에서 입수한 관련 정보를 고려할 필요가 있다(개념체계-OB6).

일반목적재무보고서는 보고기업의 가치를 보여주기 위해 고안된 것이 아니다. 그러나 그것은 현재 및 잠재적 투자자, 대여자 및 기타 채권자가 보고기업의 가치를 추정하는 데 도움이 되는 정보를 제공한다(개념체계-OB7).

> **[APP 2016]**
>
> 일반목적재무보고서는 보고기업의 가치를 보여주기 위해 고안된 것이다. 따라서 그 보고서는 현재 및 잠재적인 정보이용자가 보고기업의 가치를 추정하는데 도움이 되는 정보를 제공한다. (×)

각 주요 이용자들의 정보 수요 및 욕구는 다르고 상충되기도 한다. 회계기준위원회는 재무보고기준을 제정할 때 주요 이용자 최대 다수의 수요를 충족하는 정보를 제공하기 위해 노력할 것이다. 그러나 공통된 정보 수요에 초점을 맞춘다고 해서 보고기업으로 하여금 주요 이용자의 특정한 일부에게 가장 유용한 추가적인 정보를 포함하지 못하게 하는 것은 아니다(개념체계-OB8).

보고기업의 경영진도 해당 기업에 대한 재무정보에 관심이 있다. 그러나 경영진은 그들이 필요로 하는 재무정보를 내부에서 구할 수 있기 때문에 일반목적재무보고서에 의존할 필요가 없다(개념체계-OB9).

> **[CPA 2016]**
>
> 보고기업의 경영진도 해당 기업에 대한 재무정보에 관심이 있기 때문에 일반목적재무보고서에 의존할 필요가 있다. (×)

기타 당사자들, 예를 들어 감독당국 그리고 (투자자, 대여자 및 기타 채권자가 아닌) 일반대중도 일반목적재무보고서가 유용하다고 여길 수 있다. 그렇더라도 일반목적재무보고서는 이러한 기타 집단을 주요 대상으로 한 것이 아니다(개념체계-OB10).

재무보고서는 정확한 서술보다는 상당 부분 추정, 판단 및 모형에 근거한다. '개념체계'는 그 추정, 판단 및 모형의 기초가 되는 개념을 정한다. 그 개념은 회계기준위원회와 재무보고서의 작성자가 노력을 기울이는 목표이다. 대부분의 목표가 그러한 것처럼 이상적 재무보고에 대한 '개념체계'의 비전은 적어도 단기간 내에 완전히 달성될 가능성은 낮다. 왜냐하면 거래와 그 밖의 사건을 분석하는 새로운 방식을 이해하고, 수용하며, 실행하는 데 시간이 걸릴 것이기 때문이다. 그렇지만 재무보고가 그 유용성을 개선하기 위해 발전해야 한다면 지향할 목표를 수립하는 것은 필수적이다(개념체계-OB11).

2. 보고기업의 경제적 자원, 청구권 그리고 자원 및 청구권의 변동에 관한 정보

일반목적재무보고서는 보고기업의 재무상태에 관한 정보, 즉 기업의 경제적 자원과 보고기업에 대한 청구권3)에 관한 정보를 제공한다. 재무보고서는 보고기업의 경제적 자원과 청구권을 변동시키는 거래와 그 밖의 사건의 영향에 대한 정보도 제공한다. 이 두 유형의 정보는 기업에 대한 자원 제공 관련 의사결정에 유용한 투입요소를 제공한다(개념체계-OB12).

(1) 경제적 자원과 청구권

보고기업의 경제적 자원과 청구권의 성격 및 금액에 대한 정보는 정보이용자가 보고기업의 재무적 강점과 약점을 식별하는 데 도움을 줄 수 있다. 그 정보는 정보이용자가 보고기업의 유동성(liquidity)과 지급능력(solvency), 추가적인 자금 조달의 필요성 및 그 자금 조달이 얼마나 성공적일지를 평가하는 데 도움을 줄 수 있다. 현재 청구권의 우선순위와 지급 요구사항에 대한 정보는 정보이용자가 보고기업에 청구권이 있는 자들 간에 미래 현금흐름이 어떻게 분배될 것인지를 예상하는 데 도움이 된다(개념체계-OB13).

다른 유형의 경제적 자원은 미래 현금흐름에 대한 보고기업의 전망에 관한 정보이용자의 평가에 다르게 영향을 미친다. 어떤 미래 현금흐름은 수취채권과 같은 현재의 경제적 자원에서 직접적으로 발생한다. 다른 현금흐름은 재화 또는 용역을 생산하고 고객에게 판매하기 위해 몇 가지 자원을 결합하여 사용하는 데에서 발생한다. 비록 그 현금흐름을 개별적인 경제적 자원 (또는 청구권)과 관련지을 수는 없을지라도 재무보고서의 이용자는 보고기업의 영업에 이용가능한 자원의 성격과 금액을 알 필요가 있다(개념체계-OB14).

(2) 경제적 자원 및 청구권의 변동

보고기업의 경제적 자원과 청구권의 변동은 그 기업의 재무성과(문단 OB17~OB20 참조), 그리고 채무상품 또는 지분상품의 발행과 같은 그 밖의 사건 또는 거래(문단 OB21 참조)에서 발생한다. 보고기업의 미래 현금흐름에 대한 전망을 올바르게 평가하기 위하여 정보이용자는 이 두 변동을 구별할 수 있는 능력이 필요하다(개념체계-OB15).

보고기업의 재무성과에 대한 정보는 그 기업의 경제적 자원에서 해당 기업이 창출한 수익을 정보이용자가 이해하는 데 도움을 준다. 기업이 창출한 수익에 대한 정보는 경영진이 보고기업의 자원을 효율적이고 효과적으로 사용해야 하는 책임을 얼마나 잘 이행하였는지를 보여준다. 특히 미래 현금흐름의 불확실성을 평가하는 데 있어서는 그 수익의 변동성 및 구성요소에 대한 정보도 역시 중요하다. 보고기업의 과거 재무성과와 그 경영진이 책임을 어떻게 이행했는지에 대한 정보는 기업의 경제적 자원에서 발생하는 미래 수익을 예측하는 데 일반적으로 도움이 된다(개념체계-OB16).

---

3) 기업의 재무상태를 논의하는 과정에서 공개초안은 경제적 자원과 이에 대한 청구권을 언급하고 있다. 제1장에서는 보고기업의 경제적 자원과 보고기업에 대한 청구권이라는 문구를 사용하고 있다(문단 OB12 참조). 이와 같이 달라진 이유는 기업에 대한 청구권은 많은 경우에 특정 자원에 대한 청구권이 아니기 때문이다. 게다가 많은 청구권은 미래 순현금유입에 기인하는 자원을 사용하여 충족될 수 있을 것이다. 이와 같이 모든 청구권은 기업에 대한 청구권인 반면, 모든 청구권이 기업의 현재 자원에 대한 청구권은 아니다(개념체계-BC1.33).

(3) 발생기준 회계가 반영된 재무성과

발생기준 회계는 거래와 그 밖의 사건 및 상황이 보고기업의 경제적 자원과 청구권에 미치는 영향을, 비록 그 결과로 발생하는 현금의 수취와 지급이 다른 기간에 이루어지더라도, 그 영향이 발생한 기간에 보여준다. 이것이 중요한 이유는, 보고기업의 경제적 자원과 청구권 그리고 기간 중 그 변동에 관한 정보는 그 기간 동안의 현금 수취와 지급만의 정보보다 기업의 과거 및 미래 성과를 평가하는 데 더 나은 근거를 제공하기 때문이다(개념체계-OB17).

투자자와 채권자에게서 직접 추가적인 자원을 획득(문단 OB21 참조)한 것이 아닌 경제적 자원과 청구권의 변동이 반영된, 한 기간의 보고기업의 재무성과에 대한 정보는 기업의 과거 및 미래 순현금유입 창출 능력을 평가하는 데 유용하다. 그 정보는 보고기업이 이용가능한 경제직 자원을 증가시켜온 정도, 그리고 그 결과로 투자자와 채권자에게서 직접 추가적인 자원을 획득하지 않고 영업을 통하여 순현금유입을 창출할 수 있는 능력을 증가시켜온 정도를 보여준다(개념체계-OB18).

어느 한 기간의 보고기업의 재무성과에 대한 정보는 시장가격 또는 이자율의 변동과 같은 사건이 기업의 경제적 자원과 청구권을 증가시키거나 감소시켜 기업의 순현금유입 창출 능력에 영향을 미친 정도도 보여줄 수 있다(개념체계-OB19).

(4) 과거 현금흐름이 반영된 재무성과

어느 한 기간의 보고기업의 현금흐름에 대한 정보도 정보이용자가 기업의 미래 순현금유입 창출 능력을 평가하는 데에 도움이 된다. 이는, 채무의 차입과 상환, 현금 배당 등 투자자에 대한 현금 분배 그리고 기업의 유동성이나 지급능력에 영향을 미치는 그 밖의 요인에 대한 정보를 포함하여, 보고기업이 어떻게 현금을 획득하고 사용하는지 보여준다. 현금흐름에 대한 정보는 정보이용자가 보고기업의 영업을 이해하고, 재무활동과 투자활동을 평가하며, 유동성이나 지급능력을 평가하고, 재무성과에 대한 그 밖의 정보를 해석하는 데 도움이 된다(개념체계-OB20).

(5) 재무성과에 기인하지 않은 경제적 자원 및 청구권의 변동

보고기업의 경제적 자원과 청구권은 추가적인 소유지분 발행과 같이 재무성과 외의 사유로도 변동될 수 있다. 이러한 유형의 변동에 관한 정보는 보고기업의 경제적 자원과 청구권이 변동된 이유와 그 변동이 미래 재무성과에 주는 의미를 정보이용자가 완전히 이해하는 데 필요하다(개념체계-OB21).

3. 기본가정

(1) 계속기업(going concern)

재무제표는 일반적으로 기업이 계속기업이며 예상가능한 기간 동안 영업을 계속할 것이라는 가정 하에 작성된다. 따라서 기업은 그 경영활동을 청산하거나 중요하게 축소할 의도나 필요성을 갖고 있지 않다는 가정을 적용하며, 만약 이러한 의도나 필요성이 있다면 재무제표는 계속기업을 가정한 기준과는 다른 기준을 적용하여 작성하는 것이 타당할 수 있으며 이때 적용한 기준은 별도로 공시하여야 한다(개념체계-4.1).

> **[CCB 2010]**
>
> 기업이 그 경영활동을 청산할 의도가 있더라도 재무제표는 계속기업을 가정한 기준을 적용하여 작성해야 한다. (×)

제 3 절   유용한 재무정보의 질적 특성

1. 의 의

유용한 재무정보의 질적 특성(qualitative characteristics)은 재무보고서에 포함된 정보(재무정보)에 근거하여 보고기업에 대한 의사결정을 할 때 현재 및 잠재적 투자자, 대여자 및 기타 채권자에게 가장 유용할 정보의 유형을 식별하는 것이다(개념체계-QC1).

재무보고서는 보고기업의 경제적 자원, 보고기업에 대한 청구권 그리고 그 자원 및 청구권에 변동을 일으키는 거래와 그 밖의 사건 및 상황의 영향에 대한 정보를 제공한다. (이 정보는 '개념체계' 안에서 '경제적 현상에 대한 정보'라 한다.) 일부 재무보고서는 보고기업에 대한 경영진의 기대 및 전략과 기타 유형의 미래전망 정보에 대한 설명 자료도 포함하고 있다(개념체계-QC2).

유용한 재무정보의 질적 특성[4]은 재무제표에서 제공되는 재무정보에도 적용되며, 그 밖의 방법으로 제공되는 재무정보에도 적용된다. 보고기업의 유용한 재무정보 제공 능력에 대한 포괄적 제약요인인 원가도 이와 마찬가지로 적용된다. 그러나 질적 특성과 원가 제약요인 적용시의 고려 사항은 정보의 유형별로 달라질 수 있다. 예를 들어, 미래전망 정보에 이를 적용하는 것은 현재의 경제적 자원 및 청구권에 관한 정보와 그 자원 및 청구권의 변동에 적용하는 것과 다를 수 있다(개념체계-QC3).

2. 유용한 재무정보의 질적 특성

재무정보가 유용하기 위해서는 목적적합해야 하고 나타내고자 하는 바를 충실하게 표현해야 한다. 재무정보가 비교가능하고, 검증가능하며, 적시성 있고, 이해가능한 경우 그 재무정보의 유용성은 보강된다(개념체계-QC4).

> • 유용한 재무정보의 질적 특성
>   (1) 근본적 질적 특성 : 목적적합성, 충실한 표현
>   (2) 보강적 질적 특성 : 비교가능성, 검증가능성, 적시성, 이해가능성

---

4) 이 '개념체계'의 전반에 걸쳐 질적 특성과 제약요인이라는 용어는 유용한 재무정보의 질적 특성과 유용한 재무정보에 대한 제약요인을 말한다.

3. 근본적 질적 특성

근본적 질적 특성은 목적적합성과 충실한 표현이다(개념체계-QC5).

(1) 목적적합성(relevance)

목적적합한 재무정보는 정보이용자의 의사결정에 차이가 나도록 할 수 있다. 정보는 일부 정보이용자가 이를 이용하지 않기로 선택하거나 다른 원천을 통하여 이미 이를 알고 있다고 할지라도 의사결정에 차이가 나도록 할 수 있다(개념체계-QC6).

재무정보에 예측가치, 확인가치 또는 이 둘 모두가 있다면 그 재무정보는 의사결정에 차이가 나도록 할 수 있다(개념체계-QC7).

정보이용자들이 미래 결과를 예측하기 위해 사용하는 절차의 투입요소로 재무정보가 사용될 수 있다면, 그 재무정보는 예측가치를 갖는다. 재무정보가 예측가치를 갖기 위해서 그 자체가 예측치 또는 예상치일 필요는 없다. 예측가치를 갖는 재무정보는 정보이용자 자신이 예측하는 데 사용된다(개념체계-QC8).

재무정보가 과거 평가에 대해 피드백을 제공한다면 (과거 평가를 확인하거나 변경시킨다면) 확인가치를 갖는다(개념체계-QC9).

재무정보의 예측가치와 확인가치는 상호 연관되어 있다. 예측가치를 갖는 정보는 확인가치도 갖는 경우가 많다. 예를 들어, 미래 연도 수익의 예측 근거로 사용할 수 있는 당해 연도 수익 정보를 과거 연도에 행한 당해 연도 수익 예측치와 비교할 수 있다. 그 비교 결과는 정보이용자가 그 과거 예측에 사용한 절차를 수정하고 개선하는 데 도움을 줄 수 있다(개념체계-QC10).

[CPA 2000]

회계정보의 신뢰성에는 과거의 의사결정을 확인 또는 수정하도록 해줌으로써 유사한 미래에 대한 의사결정에 도움을 주는 속성이 포함된다. (×) : 목적적합성인 확인역할(피드백가치)에 대한 설명이다.

[CTA 2003]

결산재무제표에 나타난 당기순이익정보는 분기ㆍ반기재무제표에 근거하여 투자자가 가지고 있던 기업가치에 대한 전망이나, 기대를 확인ㆍ강화시켜준다는 측면에서 예측역할(예측가치)을 지닌다. (×) : 확인역할(피드백가치)에 대한 설명이다.

[CPA 2007]

특정 회사의 투자자가 그 회사의 당해 연도 이익실적치를 분석하고 그 다음 연도에 대한 자신의 당초 이익예측치를 확인한 후 종전의 예측치를 수정없이 그대로 유지하기로 결정하였다면 회사의 당해 연도 이익실적치는 확인역할(피드백가치)을 갖지 않는다. (×) : 당초 예측치를 확인하는 것도 확인역할(피드백가치)을 가진다.

(2) 중요성(materiality)

정보가 누락(omission)되거나 잘못 기재(misstatement)된 경우 특정 보고기업의 재무정보에 근거한 정보이용자의 의사결정에 영향을 줄 수 있다면 그 정보는 중요한 것이다. 즉, 중요성은 개별 기업 재무보고서 관점에서 해당 정보와 관련된 항목의 성격이나 규모 또는 이 둘 모두에 근거하여 해당 기업에 특유한 측면의 목적적합성을 의미한다. 따라서 회계기준위원회는 중요성에 대한 획일적인 계량 임계치를 정하거나 특정한 상황에서 무엇이 중요한 것인지를 미리 결정할 수 없다(개념체계-QC11).

(3) 충실한 표현(faithful presentation)

재무보고서는 경제적 현상을 글과 숫자로 나타내는 것이다. 재무정보가 유용하기 위해서는 목적적합한 현상을 표현하는 것뿐만 아니라 나타내고자 하는 현상을 충실하게 표현해야 한다. 완벽하게 충실한 표현을 하기 위해서는 서술에 세 가지의 특성이 있어야 할 것이다. 서술은 완전하고, 중립적이며, 오류가 없어야 할 것이다. 물론 완벽함은 달성하기 어렵다. 회계기준위원회의 목적은 가능한 정도까지 그 특성을 극대화하는 것이다(개념체계-QC12).

① 완전한 서술 : 완전한 서술은 필요한 기술과 설명을 포함하여 정보이용자가 서술되는 현상을 이해하는 데 필요한 모든 정보를 포함하는 것이다. 예를 들어, 자산 집합의 완전한 서술은 적어도 집합 내 자산의 특성에 대한 기술과 집합 내 모든 자산의 수량적 서술, 그러한 수량적 서술이 표현하고 있는 기술 내용(예 : 최초 원가, 조정 원가 또는 공정가치)을 포함한다. 일부 항목의 경우 완전한 서술은 항목의 질 및 성격, 그 항목의 질 및 성격에 영향을 줄 수 있는 요인과 상황, 그리고 수량적 서술을 결정하는 데 사용된 절차에 대한 유의적인 사실의 설명을 수반할 수도 있다(개념체계-QC13).

② 중립적 서술 : 중립적 서술은 재무정보의 선택이나 표시에 편의가 없는 것이다. 중립적 서술은, 정보이용자가 재무정보를 유리하게 또는 불리하게 받아들일 가능성을 높이기 위해 편파적이 되거나, 편중되거나, 강조되거나, 경시되거나 그 밖의 방식으로 조작되지 않는다. 중립적 정보는 목적이 없거나 행동에 대한 영향력이 없는 정보를 의미하지 않는다. 오히려 목적적합한 재무정보는 정의상 정보이용자의 의사결정에 차이가 나도록 할 수 있는 정보이다(개념체계-QC14).

③ 오류가 없는 서술 : 충실한 표현은 모든 면에서 정확한 것을 의미하지는 않는다. 오류가 없다는 것은 현상의 기술에 오류나 누락이 없고, 보고 정보를 생산하는 데 사용되는 절차의 선택과 적용 시 절차 상 오류가 없음을 의미한다. 이 맥락에서 오류가 없다는 것은 모든 면에서 완벽하게 정확하다는 것을 의미하지는 않는다. 예를 들어, 관측가능하지 않은 가격이나 가치의 추정치는 정확한지 또는 부정확한지 결정할 수 없다. 그러나 추정치로서 금액을 명확하고 정확하게 기술하고, 추정 절차의 성격과 한계를 설명하며, 그 추정치를 도출하기 위한 적절한 절차를 선택하고 적용하는 데 오류가 없다면 그 추정치의 표현은 충실하다고 할 수 있다(개념체계-QC15).

[CCB 2014]

오류가 없는 서술이란 현상의 기술에 오류나 누락이 없고, 서술의 모든 면이 완벽하게 정확하다는 것을 의미한다. (×)

충실한 표현 그 자체가 반드시 유용한 정보를 만들어 내는 것은 아니다. 예를 들어, 보고기업은 정부보조금으로 유형자산을 받을 수 있다. 기업이 아무런 대가 없이 자산을 취득했다고 보고한다면 그 원가를 충실히 표현한 것은 분명하지만 그 정보는 아마도 매우 유용하지는 않을 것이다. 좀 더 미묘한 사례는 자산의 장부금액이 자산 가치의 손상을 반영하여 조정되어야 하는 금액의 추정치인 경우이다. 보고기업이 적절한 절차를 올바르게 적용하였고, 추정치를 올바로 기술했으며, 추정치에 유의적으로 영향을 미칠 수 있는 불확실성을 기술하였다면, 그 추정치는 충실한 표현이 될 수 있다. 그러나 그러한 추정치에 불확실성의 수준이 충분히 크다면, 그 추정치가 별로 유용하지는 못할 것이다. 즉, 충실히 표현된 자산이라도 목적적합성이 의문스럽다는 것이다. 더 충실한 다른 표현을 할 수 없다면, 그 추정치가 최선의 이용가능한 정보를 제공하는 것일 수는 있다(개념체계-QC16).

(4) 근본적 질적 특성의 적용

정보가 유용하기 위해서는 목적적합하고 충실하게 표현되어야 한다. 목적적합하지 않은 현상에 대한 충실한 표현과 목적적합한 현상에 대한 충실하지 못한 표현 모두 정보이용자가 좋은 결정을 내리는 데 도움이 되지 않는다(개념체계-QC17).

근본적 질적 특성을 적용하기 위한 가장 효율적이고 효과적인 절차는 일반적으로 다음과 같다(보강적 특성과 원가 제약요인의 영향을 받지만 이 사례에서는 고려하지 않음). 첫째, 보고기업의 재무정보 이용자에게 유용할 수 있는 경제적 현상을 식별한다. 둘째, 이용가능하고 충실히 표현될 수 있다면 가장 목적적합하게 될, 그 현상에 대한 정보의 유형을 식별한다. 셋째, 그 정보가 이용가능하고 충실하게 표현될 수 있는지 결정한다. 만약 그러하다면, 근본적 질적 특성의 충족 절차는 그 시점에 끝난다. 만약 그러하지 않다면, 차선의 목적적합한 유형의 정보에 대해 그 절차를 반복한다(개념체계-QC18).

4. 보강적 질적 특성

비교가능성, 검증가능성, 적시성 및 이해가능성은 목적적합하고 충실하게 표현된 정보의 유용성을 보강시키는 질적 특성이다. 보강적 질적 특성은 만일 어떤 두 가지 방법이 현상을 동일하게 목적적합하고 충실하게 표현하는 것이라면 이 두 가지 방법 가운데 어느 방법을 현상의 서술에 사용해야 할지를 결정하는 데에도 도움을 줄 수 있다(개념체계-QC19).

[CTA 2012]

목적적합하고 충실하게 표현된 정보의 유용성을 보강시키는 질적 특성으로는 비교가능성, 검증가능성, 중립성 및 이해가능성이 있다. (×)

[APP 2012]

보강적 질적 특성에는 비교가능성, 검증가능성, 적시성 및 충실한 표현이 있다. (×)

(1) 비교가능성(comparability)

정보이용자의 의사결정은, 예를 들어, 투자자산을 매도할지 또는 보유할지, 어느 보고기업에 투자할지를 선택하는 것과 같이 대안들 중에서 선택을 하는 것이다. 따라서 보고기업에 대한 정보는 다른 기업에 대한 유사한 정보 및 해당 기업에 대한 다른 기간이나 다른 일자의 유사한 정보와 비교할 수 있다면 더욱 유용하다(개념체계-QC20).

비교가능성은 정보이용자가 항목 간의 유사점과 차이점을 식별하고 이해할 수 있게 하는 질적 특성이다. 다른 질적 특성과 달리 비교가능성은 단 하나의 항목에 관련된 것이 아니다. 비교하려면 최소한 두 항목이 필요하다(개념체계-QC21).

일관성은 비교가능성과 관련은 되어 있지만 동일하지는 않다. 일관성('통일성'이아님에 유의)은 한 보고기업 내에서 기간 간 또는 같은 기간 동안에 기업 간, 동일한 항목에 대해 동일한 방법을 적용하는 것을 말한다. 비교가능성은 목표이고 일관성은 그 목표를 달성하는 데 도움을 준다(개념체계-QC22).

[CTA 2014]

일관성은 한 보고기업 내에서 기간 간 또는 같은 기간 동안에 기업 간, 동일한 항목에 대해 동일한 방법을 적용하는 것을 의미하므로 비교가능성과 동일한 의미로 사용된다. (×)

비교가능성은 통일성이 아니다. 정보가 비교가능하기 위해서는 비슷한 것은 비슷하게 보여야 하고 다른 것은 다르게 보여야 한다. 재무정보의 비교가능성은 비슷한 것을 달리 보이게 하여 보강되지 않는 것처럼, 비슷하지 않은 것을 비슷하게 보이게 한다고 해서 보강되지 않는다(개념체계-QC23).

[CTA 2014]

재무정보의 비교가능성은 정보이용자가 항목 간의 차이점을 식별하고 이해할 수 있게 하는 질적 특성으로 비슷한 것을 달리 보이에 함으로써 보강된다. (×)

근본적 질적 특성을 충족하면 어느 정도의 비교가능성은 달성될 수 있을 것이다. 목적적합한 경제적 현상에 대한 충실한 표현은 다른 보고기업의 유사한 목적적합한 경제적 현상에 대한 충실한 표현과 어느 정도의 비교가능성을 자연히 가져야 한다(개념체계-QC24).

단 하나의 경제적 현상을 충실하게 표현하는 데 여러 방법이 있을 수 있으나 동일한 경제적 현상에 대해 대체적인 회계처리방법을 허용하면 비교가능성이 감소한다(개념체계-QC25).

(2) 검증가능성

검증가능성은 정보가 나타내고자 하는 경제적 현상을 충실히 표현하는지를 정보이용자가 확인하는 데 도움을 준다. 검증가능성은 합리적인 판단력이 있고 독립적인 서로 다른 관찰자가 어떤 서술이 충실한 표현이라는 데, 비록 반드시 완전히 일치하지는 못하더라도, 의견이 일치할 수 있다는 것을 의미한다. 계량화된 정보가 검증가능하기 위해서 단일 점추정치이어야 할 필요는 없다. 가능한 금액의 범위 및 관련된 확률도 검증될 수 있다(개념체계-QC26).

검증은 직접적 또는 간접적으로 이루어질 수 있다. 직접 검증은, 예를 들어, 현금을 세는 것과 같이, 직접적인 관찰을 통하여 금액이나 그 밖의 표현을 검증하는 것을 의미한다. 간접 검증은 모형, 공식 또는 그 밖의 기법에의 투입요소를 확인하고 같은 방법을 사용하여 그 결과를 재계산하는 것을 의미한다. 예를 들어, 투입요소(수량과 원가)를 확인하고 같은 원가흐름가정을 사용(예: 선입선출법 사용)하여 기말 재고자산을 재계산하여 재고자산의 장부금액을 검증하는 것이다(개념체계-QC27).

어느 미래 기간 전까지는 어떤 설명과 미래전망 재무정보를 검증하는 것이 전혀 가능하지 않을 수 있다. 정보이용자가 그 정보의 이용 여부를 결정하는 데 도움을 주기 위해서는 일반적으로 기초가 된 가정, 정보의 작성 방법과 정보를 뒷받침하는 그 밖의 요인 및 상황을 공시하는 것이 필요하다(개념체계-QC28).

(3) 적시성(timeliness)

적시성은 의사결정에 영향을 미칠 수 있도록 의사결정자가 정보를 제때에 이용가능하게 하는 것을 의미한다. 일반적으로 정보는 오래될수록 유용성이 낮아진다. 그러나 일부 정보는 보고기간 말 후에도 오랫동안 적시성이 있을 수 있다. 예를 들어, 일부 정보이용자는 추세를 식별하고 평가할 필요가 있을 수 있기 때문이다(개념체계-QC29).

(4) 이해가능성(understandability)

정보를 명확하고 간결하게 분류하고, 특징지으며, 표시하면 이해가능하게 된다(개념체계-QC30).

일부 현상은 본질적으로 복잡하여 이해하기 쉽게 할 수 없다. 그 현상에 대한 정보를 재무보고서에서 제외하면 그 재무보고서의 정보를 더 이해하기 쉽게 할 수 있다. 그러나 그 보고서는 불완전하여 잠재적으로 오도할 수 있다(개념체계-QC31).

재무보고서는 사업활동과 경제활동에 대해 합리적인 지식(reasonable knowledge)이 있고, 부지런히 정보를 검토하고 분석하는 정보이용자를 위해 작성된다. 때로는 박식하고 부지런한 정보이용자도 복잡한 경제적 현상에 대한 정보를 이해하기 위해 자문가의 도움을 받는 것이 필요할 수 있다(개념체계-QC32).

```
                 ┌─ 정보의 고유속성 : 이해가능한 상태(understandable fashion)로 전달
  이해가능성 ─────┤                    ┌─ 사업활동·경제활동과 회계에 대한 합리적인 지식
                 └─ 정보이용자 속성 ───┤
                                       └─ 부지런히 정보를 검토하고 분석
```

[CTA 2011]

이해가능성은 재무제표 이용자가 경영 및 경제활동과 회계에 대한 합리적인 지식을 갖고 있지 않아도 재무제표를 이해할 수 있도록 작성하여야 한다는 것이다. (×)

(5) 보강적 질적 특성의 적용

보강적 질적 특성은 가능한 한 극대화되어야 한다. 그러나 보강적 질적 특성은, 정보가 목적적합하지 않거나 충실하게 표현되지 않으면, 개별적으로든 집단적으로든 그 정보를 유용하게 할 수 없다(개념체계 -QC33).

보강적 질적 특성을 적용하는 것은 어떤 규정된 순서를 따르지 않는 반복적인 과정이다. 때로는 하나의 보강적 질적 특성이 다른 질적 특성의 극대화를 위해 감소되어야 할 수도 있다. 예를 들어, 새로운 재무보고기준의 전진 적용으로 인한 비교가능성의 일시적 감소는 장기적으로 목적적합성이나 충실한 표현을 향상시키기 위해 감수할 수도 있다. 적절한 공시는 비교가능성의 미비를 부분적으로 보완할 수 있다(개념체계-QC34).

5. 유용한 재무보고에 대한 원가 제약

원가는 재무보고로 제공될 수 있는 정보에 대한 포괄적 제약요인이다. 재무정보의 보고에는 원가가 소요되고, 해당 정보 보고의 효익이 그 원가를 정당화한다는 것이 중요하다. 고려해야 할 몇 가지 유형의 원가와 효익이 있다(개념체계-QC35).

재무정보의 제공자는 재무정보의 수집, 처리, 검증 및 전파에 대부분의 노력을 기울인다. 그러나 정보이용자는 궁극적으로 수익 감소의 형태로 그 원가를 부담한다. 재무정보의 이용자에게도 제공된 정보를 분석하고 해석하는 데 원가가 발생한다. 필요한 정보가 제공되지 않으면, 그 정보를 다른 곳에서 얻거나 그것을 추정하기 위한 추가적인 원가가 정보이용자에게 발생한다(개념체계-QC36).

목적적합하고 나타내고자 하는 바가 충실하게 표현된 재무정보를 보고하는 것은 정보이용자가 더 확신을 가지고 의사결정하는 데 도움이 된다. 이것은 자본시장이 더 효율적으로 기능하도록 하고, 경제 전반적으로 자본비용을 감소시킨다. 개별 투자자, 대여자 및 기타 채권자도 더 많은 정보에 근거한 의사결정을 함으로써 효익을 얻는다. 그러나 정보이용자 각자가 목적적합하다고 보는 모든 정보를 일반목적재무보고서에서 제공하는 것은 가능하지 않다(개념체계-QC37).

원가 제약요인을 적용함에 있어서, 회계기준위원회는 특정 정보를 보고하는 효익이 그 정보를 제공하고 사용하는 데 발생한 원가를 정당화할 수 있을 것인지 평가한다. 제안된 재무보고기준을 제정하는 과정에 원가 제약요인을 적용할 때, 회계기준위원회는 그 기준의 예상되는 효익과 원가의 성격 및 양에 대하여 재무정보의 제공자, 정보이용자, 외부감사인, 학계 등에서 정보를 구한다. 대부분의 상황에서 평가는 양적 그리고 질적 정보의 조합에 근거한다(개념체계-QC38).

본질적인 주관성 때문에, 재무정보의 특정 항목 보고의 원가 및 효익에 대한 평가는 개인마다 달라진다. 따라서 회계기준위원회는 단지 개별 보고기업과 관련된 것이 아닌, 재무보고 전반적으로 원가와 효익을 고려하려고 노력하고 있다. 그렇다고 원가와 효익의 평가가 동일한 보고 요구사항을 모든 기업에 대해 언제나 정당화한다는 것을 의미하는 것은 아니다 기업 규모의 차이, 자본 조달 방법(공모 또는 사모)의 차이, 정보이용자 요구의 차이, 그 밖의 다른 요인 때문에 달리하는 것이 적절할 수 있다(개념체계-QC39).

제 4 절 재무제표의 요소

재무제표는 거래나 그 밖의 사건의 재무적 영향을 경제적 특성에 따라 대분류하여 나타낸다. 이러한 대분류를 재무제표의 요소(Elements of Financial Statements)로 정의한다. 재무상태표에서 재무상태의 측정과 직접 관련된 요소는 자산, 부채 및 자본이다. 그리고 포괄손익계산서에서 성과의 측정과 직접 관련된 요소는 수익과 비용이다. 재무상태변동표는 일반적으로 재무상태표 요소의 변동과 포괄손익계산서 요소를 반영하므로 개념체계에서는 재무상태변동표의 고유한 요소에 대해 별도로 식별하지 아니한다[5] (개념체계-4.2).

재무제표의 요소가 재무상태표와 포괄손익계산서에 표시될 때 소분류의 과정을 거친다. 예를 들면, 자산과 부채는 기업이 영위하는 사업에서의 해당 항목의 성격이나 기능에 따라 이용자의 경제적 의사결정 목적에 가장 유용하도록 당해 정보를 나타내는 방법으로 분류할 수 있다(개념체계-4.3).

1. 재무상태

재무상태의 측정에 직접 관련되는 요소는 자산, 부채 및 자본이다. 이러한 요소의 정의는 다음과 같다(개념체계-4.4).

① 자산은 과거 사건의 결과로 기업이 통제하고 있고 미래경제적 효익이 기업에 유입될 것으로 기대되는 자원이다.

② 부채는 과거 사건에 의하여 발생하였으며 경제적 효익이 내재된 자원이 기업으로부터 유출됨으로써 이행될 것으로 기대되는 현재의무이다[6].

③ 자본은 기업의 자산에서 모든 부채를 차감한 후의 잔여지분이다.

앞에서 기술한 자산과 부채의 정의는 그 본질적 특성을 식별하기 위한 것이지, 재무상태표에 인식하기 위해 충족될 필요가 있는 기준을 정하는 것은 아니다. 따라서 이러한 정의는 인식기준을 충족하지 못하여 재무상태표에 자산 또는 부채로 인식되지 못한 항목을 포괄한다. 특히 자산 또는 부채를 인식하기 전에 문단 83에 규정된 확률 기준을 충족하려면 미래경제적 효익이 기업에 유입되거나 기업에서 유출될 것이라는 기대가 충분히 확실해야 한다(개념체계-4.5).

특정 항목이 자산, 부채 또는 자본의 정의를 충족하는지를 판단할 때에 단순한 법률적 형식이 아닌 거래의 실질과 경제적 현실을 고려하여야 한다. 예를 들면, 금융리스 거래의 실질과 경제적 현실은 리스이용자가 리스자산의 공정가치 상당액과 관련 금융비용을 지급하는 의무를 부담하는 대가로서 내용연

---

[5] 종전 개념체계는 자본변동표와 현금흐름표의 구성요소도 정의하고 있으나 한국채택국제회계기준 개념체계는 재무상태변동표(현금흐름표, 자금흐름표 등 여러 가지 형태로 작성될 수 있음)의 구성요소를 언급하고 있지 않다.

[6] 일부 부채는 상당한 정도의 추정을 해야만 측정이 가능할 수 있다. 이러한 부채는 충당부채라고도 한다. 부채 정의는 광의의 접근법에 따른 것이다. 따라서 어떤 충당부채가 현재의무를 수반하며 부채의 나머지 정의를 충족한다면 금액을 추정해야 하더라도 부채이다. 그러한 예로는 제품보증에 따른 충당부채와 연금지급의무에 대한 충당부채가 있다(개념체계-4.19).

수의 대부분 기간 동안 리스자산의 사용에 따른 경제적 효익을 향유하는 것이다. 따라서 금융리스는 자산과 부채의 정의를 충족하는 항목을 발생시키며 리스이용자의 재무상태표에 관련 자산과 부채로 인식된다(개념체계-4.6).

현행 한국채택국제회계기준에 따라 작성되는 재무상태표에는 자산 또는 부채의 정의를 충족하지 못하면서 자본으로 표시되지 않는 항목이 있을 수 있다. 그러나 정의는 현행 한국채택국제회계기준의 개정을 검토하거나 향후 새로운 기준을 제정할 때 기초가 될 것이다(개념체계-4.7).

표 2-1 • 자산과 부채의 정의 비교

자산의 정의	부채의 정의
ⓐ 과거 사건의 결과	ⓐ 과거 사건의 결과
ⓑ 통제	ⓑ 현재의무
ⓒ 미래경제적 효익의 유입	ⓒ 미래경제적 효익의 희생

(1) 자 산

1) 미래경제적 효익(future economic benefits)의 유입

자산에 내재된 미래경제적 효익이란 직접으로 또는 간접으로 미래 현금 및 현금성자산의 기업에의 유입에 기여하게 될 잠재력을 말한다. 이 잠재력은 기업의 영업활동의 일부인 생산과 관련될 수 있다. 또한, 현금이나 현금성자산으로의 전환 능력의 형태이거나 대체적인 제조과정의 도입으로 생산원가가 절감되는 경우와 같이 현금유출을 감소시키는 능력일 수도 있다(개념체계-4.8).

기업은 일반적으로 고객의 요구를 충족시킬 수 있는 재화나 용역의 생산에 자산을 이용한다. 고객은 재화나 용역의 제공에 따른 요구충족의 대가를 지불할 것이므로 이로 인해 기업의 현금흐름이 창출된다. 현금은 그 밖의 자원에 대한 구매력을 가지므로 그 자체로 기업에 효익을 제공한다(개념체계-4.9).

자산에 내재된 미래경제적 효익은 다양한 형태로 기업에 유입될 수 있다. 예를 들면, 다음과 같다(개념체계-4.10).

① 자산은 기업이 판매하는 재화나 용역의 생산에 개별적으로 또는 그 밖의 자산과 복합적으로 사용된다.
② 자산은 다른 자산과 교환된다.
③ 자산은 부채를 상환하는 데 사용된다.
④ 자산은 기업의 소유주에게 배분된다.

2) 통제(control)[7]

유형자산을 포함한 많은 종류의 자산은 물리적 형태를 가지고 있다. 그러나 자산의 존재를 판단하기

---

[7] 기업회계기준서 제1038호에서 통제를 다음과 같이 정의한다. 기초가 되는 자원에서 유입되는 미래 경제적 효익을 확보할 수 있고 그 효익에 대한 제3자의 접근을 제한할 수 있다면 기업이 자산을 통제하고 있는 것이다(KIFRS1038-13).

위해서 물리적 형태가 필수적인 것은 아니다. 예를 들면, 특허권과 저작권도 미래에 그로부터 경제적 효익이 창출되어 기업에 귀속되고 기업이 통제한다면 자산이다(개념체계-4.11).

수취채권과 부동산을 포함한 많은 종류의 자산은 소유권 등 법률적 권리와 관련되어 있다. 그러나 소유권이 자산의 존재를 판단함에 있어 필수적인 것은 아니다. 예를 들면, 기업이 리스계약에 따라 점유하고 있는 부동산에서 기대되는 경제적 효익을 통제할 수 있다면 그 부동산은 기업의 자산이다. 일반적으로는 경제적 효익에 대한 통제력은 법률적 권리의 결과이지만 경우에 따라서는 법률적 통제가 없어도 자산의 정의를 충족시킬 수 있다. 예를 들면, 기업이 개발활동에서 습득한 핵심지식은 이를 독점적으로 보유함으로써 그로부터 유입될 것으로 기대되는 효익을 통제한다면 자산의 정의를 충족할 수 있다(개념체계-4.12).

3) 과거사건의 결과(result of past events)

기업의 자산은 과거의 거래나 그 밖의 사건에서 창출된다. 기업은 일반적으로 구매나 생산을 통하여 자산을 획득하지만 다른 거래나 사건도 자산을 창출할 수 있다. 그러한 예로는 지역의 경제성장을 장려하기 위한 정부의 프로그램에 따라 증여받은 자산이나 매장된 광물의 발견 등이 포함된다. 미래에 발생할 것으로 예상되는 거래나 사건 자체만으로는 자산이 창출되지 아니한다. 예를 들면, 재고자산을 구입하고자 하는 의도 그 자체는 자산의 정의를 충족하지 못한다(개념체계-4.13).

일반적으로 지출의 발생과 자산의 취득은 밀접하게 관련되어 있으나 다음과 같이 양자가 반드시 일치하는 것은 아니다(개념체계-4.14).

① 기업이 지출을 한 경우 이는 미래경제적 효익을 추구했다는 증거가 될 수는 있지만 자산의 정의를 충족시키는 어떤 항목을 취득했다는 확정적인 증거는 될 수 없다.
② 반면, 관련된 지출이 없더라도 특정 항목이 자산의 정의를 충족할 경우 재무상태표의 인식대상이 되는 것을 배제하지는 못한다. 예를 들면, 증여받은 재화는 자산의 정의를 충족할 수 있다.

[CPA 2010]

일반적으로 지출의 발생과 자산의 취득은 밀접하게 관련되어 있다. 따라서 무상으로 증여받은 자산은 자산의 정의를 충족할 수 없다. (×)

[CTA 2010]

자산의 취득은 지출의 발생과 밀접한 관련이 있으므로 취득 시 지출이 발생하지 않은 증여받은 재화는 자산의 정의를 충족하지 않는다. (×)

[APP 2016]

증여받은 재화는 관련된 지출이 없으므로 자산으로 인식할 수 없다.(×)

(2) 부 채

1) 현재의무(present obligation)

부채의 본질적 특성은 기업이 현재의무를 갖고 있다는 것이다. 의무란 특정 방법으로 실행하거나 수행할 책무 또는 책임을 말한다. 의무는 구속력 있는 계약이나 법규에 따라 법률적 강제력이 있을 수 있다. 제공받은 재화와 용역에 대한 미지급채무가 일반적인 예이다. 의무는 정상적인 거래실무, 관행 또는 원활한 거래관계를 유지하거나 공평한 거래를 하려는 의도에서 발생할 수도 있다. 만일 어떤 기업이 보증기간이 명백히 경과한 후에 발생하는 제품하자에 대해서도 수리해 주기로 방침을 정한 경우에 이미 판매된 제품과 관련하여 지출될 것으로 예상되는 금액은 부채이다(개념체계-4.15).

현재의무와 미래의 약속은 구별되어야 한다. 미래에 특정 자산을 취득하겠다는 경영진의 의사결정 그 자체만으로는 현재의무가 발생하지 아니한다. 의무는 일반적으로 그 자산이 인도되는 때 또는 기업이 자산획득을 위한 취소불능약정을 체결하는 때 발생한다. 후자의 경우에 속하는 취소불능약정은 예를 들면, 의무불이행의 결과에 따른 상당한 위약금 때문에 거래상대방에 대한 자원의 유출을 회피할 여지가 거의 없는 약정을 말한다(개념체계-4.16).

2) 미래경제적 효익(future economic benefits)의 희생

기업이 거래상대방의 요구에 따라 현재의무를 이행하기 위해서는 일반적으로 미래경제적 효익이 내재된 자원을 희생하게 된다. 현재의무는 다양한 방법으로 이행될 수 있는 데 그 예는 다음과 같다(개념체계-4.17).

① 현금 지급
② 다른 자산의 이전
③ 용역의 제공
④ 다른 의무로 대체
⑤ 부채의 자본 전환

의무는 채권자의 권리포기나 권리상실 등 다른 방법에 의해서 소멸되기도 한다.

3) 과거사건의 결과(result of past events)

부채는 과거의 거래나 그 밖의 사건에서 발생한다. 예를 들면, 재화를 구입하거나 용역을 제공받는 경우 매입채무가 발생하며(선급 또는 인도와 동시에 지급이 이루어지지 아니한 경우), 은행대출을 받은 경우에는 상환의무가 발생한다. 또한 기업이 고객의 연간 매입액에 따라 미래에 지급할 환불액을 부채로 인식할 경우 고객에 대한 과거의 매출이 부채를 발생시키는 거래가 된다(개념체계-4.18).

(3) 자 본

자본은 잔여지분(residual interest)으로 정의되지만 재무상태표에는 소분류하여 표시할 수 있다. 예를 들면, 주식회사의 경우 소유주가 출연한 자본, 이익잉여금, 이익잉여금 처분에 의한 적립금, 자본유지조정을 나타내는 적립금 등으로 구분하여 표시할 수 있다. 이러한 분류는 자본의 배당이나 그 밖의 활용에 대한 기업능력의 법률적 또는 기타의 제한을 표시함으로써 재무제표 이용자의 의사결정 목적에 적합할 수 있다. 또한 이러한 분류는 배당금 수령이나 자본의 환급과 관련하여 기업의 각 지분보유자들이 상이한 권리를 갖는다는 사실을 반영할 수도 있다(개념체계-4.20).

때로는 손실의 영향으로부터 기업과 그 채권자를 보호하기 위한 추가 조치로서 정관이나 법규에서 적립금의 설정을 요구하는 경우가 있다. 또는 특정 적립금으로 전입되는 금액에 대해 세법상 면세 또는 감세혜택이 부여되는 경우에 해당 적립금이 설정될 수도 있다. 법률, 정관 그리고 세무 목적에 따라 설정되는 적립금의 존재와 규모에 대한 정보는 이용자의 의사결정 목적에 적합한 정보이다. 이와 같은 적립금으로 전입되는 금액은 비용이 아니라 이익잉여금의 처분에 해당한다(개념체계-4.21).

재무상태표에 표시되는 자본의 금액은 자산과 부채 금액의 측정에 따라 결정된다. 일반적으로 자본총액은 그 기업이 발행한 주식의 시가총액, 또는 순자산을 나누어서 처분하거나 계속기업을 전제로 기업 전체를 처분할 때 받을 수 있는 총액과 우연한 경우에만 일치한다(개념체계-4.22).

[APP 2013]

자본은 소유주 지분의 공정가치로 측정하여 재무상태표에 인식한다. (×)

상업, 산업, 사업 활동이 때로는 개인사업, 파트너십, 신탁, 다양한 정부사업 등의 실체 형태로 수행된다. 이와 같은 실체에 적용되는 법률 및 감독 체계는 통상 일반 주식회사에 적용하는 체계와는 다르다. 예를 들면, 자본에 포함된 금액을 소유주나 그 밖의 수익자에게 분배하는 데 제한이 거의 없을 수 있다. 그럼에도 불구하고 자본의 정의와 자본을 다루는 개념체계의 다른 관점들은 이들 실체에 적합하다(개념체계-4.23).

2. 성 과

이익은 흔히 성과의 측정치로 사용되거나 투자수익률이나 주당이익과 같은 측정치의 기초로 사용된다. 이익의 측정과 직접 관련된 요소는 수익과 비용이다. 수익과 비용의 인식과 측정, 그리고 그에 따른 이익은 부분적으로는 기업의 재무제표 작성에 적용된 자본과 자본유지개념에 의존한다(개념체계-4.24).

수익과 비용은 다음과 같이 정의한다(개념체계-4.25).

① 수익은 자산의 유입이나 증가 또는 부채의 감소에 따라 자본의 증가를 초래하는 특정 회계기간 동안에 발생한 경제적 효익의 증가로서, 지분참여자에 의한 출연과 관련된 것은 제외한다.
② 비용은 자산의 유출이나 소멸 또는 부채의 증가에 따라 자본의 감소를 초래하는 특정 회계기간 동안에 발생한 경제적 효익의 감소로서, 지분참여자에 대한 분배와 관련된 것은 제외한다.

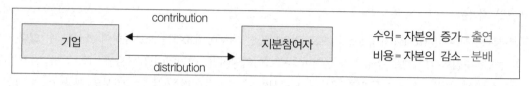

구분	개념체계 4.25	KIFRS 1001 문단9
contribution	출연	출자
distribution	분배	배분

앞에서 기술한 수익과 비용의 정의는 그 본질적 특성을 식별하기 위한 것이지, 포괄손익계산서에 인식하기 위해 충족될 필요가 있는 기준을 정하는 것은 아니다(개념체계-4.26).

경제적 의사결정에 목적적합한 정보를 제공하기 위하여 포괄손익계산서에 수익과 비용을 다양한 방법으로 표시할 수 있다. 예를 들면, 기업의 정상영업활동(ordinary activities)의 일환으로 발생하는 수익과 비용 항목 및 그렇지 않은 수익과 비용 항목을 구분하여 표시하는 것이 보통이다. 이와 같은 구분은 수익과 비용 항목의 원천이 기업의 미래 현금 및 현금성자산의 창출능력을 평가하는 데 목적적합한 정보라는 점에 근거한 것이다. 예를 들면, 장기투자자산의 처분과 같은 부수적인 활동은 일상적으로 반복될 가능성이 낮을 것이다. 수익과 비용 항목을 이와 같이 원천별로 구분할 때에는 기업과 그 경영활동의 성격을 고려할 필요가 있다. 어떤 기업에는 정상영업활동에서 발생하는 항목이 다른 기업에는 정상영업활동 이외에서 발생하는 항목일 수 있다(개념체계-4.27).

수익과 비용 항목을 구분하거나 다양하게 결합하면 기업의 성과를 여러 가지 측정치로 표시할 수 있다. 결과적으로 이 같은 측정치는 포괄하는 범위가 서로 다르다. 예를 들면, 포괄손익계산서는 매출총이익, 세전정상영업손익, 세후정상영업손익과 당기순손익으로 구분 표시될 수 있다(개념체계-4.28).

(1) 수익(income)

광의의 수익의 정의에는 수익과 차익이 모두 포함된다. 수익은 기업의 정상영업활동의 일환으로 발생하며 매출액, 수수료수익, 이자수익, 배당수익, 로열티수익 및 임대료수익 등 다양한 명칭으로 구분된다(개념체계-4.29). 차익은 광의의 수익의 정의를 충족하는 그 밖의 항목으로 기업의 정상영업활동의 일환이나 그 이외의 활동에서 발생할 수 있다. 차익도 경제적 효익의 증가를 나타내므로 본질적으로 수익과 차이가 없다. 따라서 개념체계에서는 차익을 별개의 요소로 보지 아니한다[8](개념체계-4.30).

예를 들면, 차익은 비유동자산의 처분에서 발생한다. 또한 광의의 수익의 정의는 시장성있는 유가증권의 재평가나 장기성 자산의 장부금액 증가로 인한 미실현이익을 포함한다. 차익을 포괄손익계산서에 표시하는 경우 일반적으로 구분 표시하는 데 의사결정자가 이를 알면 경제적 의사결정에 도움이 되기

---

8) 종전 개념체계는 수익(revenue)에서 차익(gains)을 비용(expenses)에서 차손(losses)을 분리하여 표시할 가능성만을 언급하여 차익과 차손을 별도의 재무제표 요소로 볼 수 있었다. 반면, 한국채택국제회계기준 개념체계는 광의의 수익(income)에 차익(gains)을 포함하고 비용(expenses)에 차손(losses)을 포함하여 개념을 정의함으로써 차익과 차손을 포괄손익계산서에 구분하여 표시하더라도 별개의 재무제표 요소로 볼 수 없다.

때문이다. 차익은 흔히 관련 비용을 차감한 금액으로 보고된다(개념체계-4.31).

수익의 발생에 따라 다양한 자산이 수취되거나 증가될 수 있는데, 제공하는 재화나 용역의 대가로 받은 현금, 수취채권 및 재화나 용역이 그 예이다. 수익은 또한 부채의 상환에 따라 발생할 수도 있는데 예를 들면, 기업이 차입금의 상환의무를 이행하기 위해 대여자에게 재화나 용역을 제공하는 경우가 이에 해당한다(개념체계-4.32).

(2) 비용(expenses)

광의의 비용의 정의에는 기업의 정상영업활동의 일환으로 발생하는 비용뿐만 아니라 차손도 포함된다. 기업의 정상영업활동의 일환으로 발생하는 비용은 예를 들면, 매출원가, 급여 및 감가상각비 등이다. 비용은 일반적으로 현금 및 현금성자산, 재고자산 또는 유형자산과 같은 자산의 유출이나 소모의 형태로 나타난다(개념체계-4.33).

차손은 비용의 정의를 충족하는 그 밖의 항목으로 기업의 정상영업활동(ordinary activities)의 일환이나 그 이외의 활동에서 발생할 수 있다. 차손도 경제적 효익의 감소를 나타내므로 본질적으로 다른 비용과 차이가 없다. 따라서 개념체계에서는 차손을 별개의 요소로 보지 아니한다(개념체계-4.34).

예를 들면, 차손은 화재나 홍수와 같은 자연재해 또는 비유동자산의 처분에서 발생한다. 또한 비용의 정의는 미실현손실(unrealised losses)도 포함하는데, 예를 들면 기업의 외화차입금에 관련된 환율상승의 영향으로 발생하는 미실현손실이다. 차손을 포괄손익계산서에 표시하는 경우 일반적으로 구분 표시하는데 의사결정자가 이를 알면 경제적 의사결정에 도움이 되기 때문이다. 차손은 흔히 관련 수익을 차감한 금액으로 보고된다(개념체계-4.35).

3. 자본유지조정

자산과 부채에 대한 재평가 또는 재작성은 자본의 증가나 감소를 초래한다. 이와 같은 자본의 증가 또는 감소는 수익과 비용의 정의에는 부합[9]하지만, 이 항목들은 특정 자본유지개념에 따라 포괄손익계산서에는 포함하지 아니한다. 그 대신 자본유지조정 또는 재평가적립금으로 자본에 포함한다(개념체계-4.36). 자본유지의 개념에 대해서는 제6절에서 설명한다.

제 5 절 재무제표 요소의 인식

1. 인식기준

인식(recognition)은 재무제표 요소의 정의에 부합하고 인식기준을 충족하는 항목을 재무상태표나 포괄

---

9) 수익과 비용을 재무상태의 관점에서 정의하고 있다.

손익계산서에 반영하는 과정을 말한다. 이 과정은 해당 항목을 서술하는 계정명칭과 화폐금액으로 기술하고 그 금액을 재무상태표 또는 포괄손익계산서 총계에 산입하는 것을 포함한다. 인식기준을 충족하는 항목은 재무상태표나 포괄손익계산서에 인식되어야 한다. 관련된 회계정책의 공시, 주석 또는 설명 자료만으로는 그러한 항목의 인식누락을 정당화할 수 없다(개념체계-4.37).

재무제표 요소의 정의에 부합하는 항목이 다음 기준을 모두 충족한다면 재무제표에 인식되어야 한다 (개념체계-4.38).

① 확률기준 : 그 항목과 관련된 미래경제적 효익이 기업에 유입되거나 기업으로부터 유출될 가능성이 높다.

② 측정기준 : 그 항목의 원가 또는 가치를 신뢰성 있게 측정할 수 있다.

KIFRS에서 사용하는 가능성의 확률표시

(1) 높다 : 확률 50% 초과(probable, more likely than not) 대부분 KIFRS
(2) 매우 높다 : 확률 80% 이상(highly probable) (매각예정분류조건, KIFRS1105-7)

어떤 항목이 이러한 기준을 충족하여 재무제표에 인식해야 하는지를 평가할 때 중요성을 고려할 필요가 있다. 재무제표의 요소 간 상호연관성은 특정 요소의 정의 및 인식기준을 충족하는 항목 예를 들면, 자산을 인식하는 경우 수익이나 부채 같은 다른 요소가 자동적으로 인식되어야 하는 것을 의미한다(개념체계-4.39).

(1) 미래경제적 효익의 발생가능성

인식기준에는 특정 항목과 관련된 미래경제적 효익이 기업에 유입되거나 기업에서 유출될 불확실성의 정도를 의미하는 확률의 개념이 사용된다. 이 확률개념은 영업활동이 수행되는 기업환경의 특성을 반영하는 불확실성을 고려하고자 하는 것이다. 미래경제적 효익의 유입과 유출에 대한 불확실성 정도의 평가는 재무제표를 작성할 때 이용가능한 증거에 기초하여야 한다. 예를 들면, 기업이 보유하는 특정 매출채권과 관련하여 대손가능성에 대한 증거가 없고 회수가능성이 높다면 해당 매출채권을 자산으로 인식하는 것이 정당화된다. 그러나 다수의 매출거래처가 존재한다면 어느 정도 대손이 발생할 가능성이 높은 것이 일반적이므로 예상되는 경제적 효익의 감소를 나타내는 비용을 인식하여야 한다(개념체계-4.40).

(2) 측정의 신뢰성

어떤 항목의 인식을 위한 두 번째 기준은 신뢰성 있는 측정이 가능한 원가 또는 가치를 갖고 있어야 한다는 것이다. 많은 경우에 원가 또는 가치가 추정되어야 하는데 이 경우 재무제표를 작성할 때 합리적인 추정(reasonable estimates)을 사용해야 하며 합리적 추정이 신뢰성을 훼손하지는 않는다. 그러나 합리적인 추정을 할 수 없는 경우 해당 항목은 재무상태표나 포괄손익계산서에 인식될 수 없다. 예를 들면, 소송으로부터 예상되는 배상금이 자산과 수익의 정의에 부합하고 인식을 위한 확률기준을 충족한다 하더라도 그 금액을 신뢰성 있게 측정할 수 없는 경우에는 이를 자산이나 수익으로 인식할 수 없다. 그러나 이와 같은 배상금의 존재는 주석, 설명 자료 또는 부속명세서에 공시될 수 있다(개념체계-4.41).

특정 시점에서는 인식기준을 충족하지 못하는 항목이더라도 그 후에 후속 상황이나 사건의 결과에 따라 인식기준을 충족할 수도 있다(개념체계-4.42).

어떤 항목이 재무제표 요소에 부합하는 본질적 성격을 가지고 있으나 인식기준을 충족하지 못하는 경우에도 해당 항목은 주석, 설명 자료 또는 부속명세서에 공시될 수 있다. 이러한 공시는 재무제표의 이용자가 기업의 재무상태, 성과 및 재무상태변동을 평가할 때 해당 항목에 대한 정보가 목적적합하다고 판단되는 경우에 적절하다(개념체계-4.43).

2. 재무제표 요소별 인식기준

(1) 자산의 인식

자산은 미래경제적 효익이 기업에 유입될 가능성이 높고 해당 항목의 원가 또는 가치를 신뢰성 있게 측정할 수 있을 때 재무상태표에 인식한다(개념체계-4.44).

지출이 발생하였으나 당해 회계기간 후에는 관련된 경제적 효익이 기업에 유입될 가능성이 높지 않다고 판단되는 경우에는 재무상태표에 자산으로 인식하지 아니한다. 대신에 그러한 거래는 포괄손익계산서에 비용으로 인식한다. 이와 같은 회계처리는 경영진이 그 지출과 관련하여 미래경제적 효익을 창출하려는 의도가 없었거나 의사결정이 잘못되었다는 것을 의미하지는 않는다. 이는 단지 당해 회계기간 후 관련된 경제적 효익이 기업에 유입될 가능성의 정도가 자산의 인식을 정당화하기에는 불충분하다는 것을 의미할 뿐이다(개념체계-4.45).

> **[CPA 2012]**
>
> 지출이 발생하였으나 당해 회계기간 후에는 관련된 경제적효익이 기업에 유입될 가능성이 높지 않다고 판단되는 경우에도 재무상태표에 자산으로 인식할 수 있다. (×)

(2) 부채의 인식

부채는 현재 의무의 이행에 따라 경제적 효익이 내재된 자원의 유출 가능성이 높고 결제될 금액에 대해 신뢰성 있게 측정할 수 있을 때 재무상태표에 인식한다. 실무에서는 주문 후 아직 인도되지 않은 재고자산에 대한 부채와 같이 동일한 비율로 미이행된 계약상의 의무는 일반적으로 재무제표에 부채로 인식하지 아니한다. 그러나 그러한 의무도 때로는 부채의 정의에 부합할 수 있으며 특정한 상황에서 인식기준이 충족된다면 재무제표에 인식될 수 있다. 이와 같은 상황에서는 부채의 인식과 동시에 관련 자산이나 비용도 인식된다(개념체계-4.46).

(3) 수익의 인식

수익은 자산의 증가나 부채의 감소와 관련하여 미래경제적 효익이 증가하고 이를 신뢰성 있게 측정할 수 있을 때 포괄손익계산서에 인식한다. 이는 실제로 수익의 인식이 자산의 증가나 부채의 감소에 대한 인식과 동시에 이루어짐을 의미한다. 예를 들면, 재화나 용역의 매출에 따라 자산의 순증가가 인식되며 미지급채무의 면제에 따라 부채의 감소가 인식된다(개념체계-4.47).

실무에서 일반적으로 사용하는 수익인식의 절차, 예를 들면, 수익이 가득되어야 한다는 요건은 개념체계에서 제시하는 인식기준을 적용한 것이다. 그러한 절차는 일반적으로 신뢰성 있는 측정이 가능하고 충분히 확실한 항목들만을 한정하여 수익을 인식하기 위한 것이다(개념체계-4.48).

(4) 비용의 인식

비용은 자산의 감소나 부채의 증가와 관련하여 미래경제적 효익이 감소하고 이를 신뢰성 있게 측정할 수 있을 때 포괄손익계산서에 인식한다. 이는 실제로 비용의 인식이 부채의 증가나 자산의 감소에 대한 인식과 동시에 이루어짐을 의미한다. 예를 들면, 종업원급여의 발생에 따라 부채의 증가가 인식되며 설비의 감가상각에 따라 자산의 감소가 인식된다(개념체계-4.49). 제품보증에 따라 부채가 발생하는 경우와 같이 자산의 인식을 수반하지 않는 부채가 발생하는 경우에는 포괄손익계산서에 비용을 동시에 인식한다(개념체계-4.43). 비용은 대응원칙(matching principle)에 따라 다음과 같이 인식한다.

1) 직접대응

비용은 발생된 원가와 특정 수익항목의 가득 간에 존재하는 직접적인 관련성을 기준으로 포괄손익계산서에 인식한다. 수익에 원가를 대응시키는 과정에는 동일한 거래나 그 밖의 사건에 따라 직접 그리고 공통으로 발생하는 수익과 비용을 동시에 또는 통합하여 인식하는 것이 포함된다. 재화의 판매에 따라 수익이 발생됨과 동시에 매출원가를 구성하는 다양한 비용요소가 인식되는 것이 그 예이다. 그러나 개념체계 하에서 대응개념을 적용한다 하더라도 자산이나 부채의 정의를 충족하지 못하는 항목을 재무상태표에 인식하는 것은 허용되지 아니한다(개념체계-4.50).

2) 기간배분

경제적 효익이 여러 회계기간에 걸쳐 발생할 것으로 기대되고 수익과의 관련성이 단지 포괄적으로 또는 간접적으로만 결정될 수 있는 경우 비용은 체계적이고 합리적인 배분절차를 기준으로 포괄손익계산서에 인식된다. 이러한 비용 인식 절차는 유형자산, 영업권, 특허권과 상표권 같은 자산의 사용과 관련된 비용을 인식하기 위하여 자주 필요하다. 이러한 경우에 관련된 비용은 감가상각비 또는 상각비로 표시된다. 이 배분절차는 해당 항목과 관련된 경제적 효익이 소비되거나 소멸되는 회계기간에 비용을 인식하는 것을 목적으로 한다(개념체계-4.51).

3) 즉시인식

미래경제적 효익이 기대되지 않는 지출이거나, 미래경제적 효익이 기대되더라도 재무상태표에 자산으로 인식되기 위한 조건을 원래 충족하지 못하거나 더 이상 충족하지 못하는 부분은 즉시 포괄손익계산서에 비용으로 인식되어야 한다(개념체계-4.52).

제 6 절 재무제표 요소의 측정

1. 측 정

측정(measurement)은 재무상태표와 포괄손익계산서에 인식되고 평가되어야 할 재무제표 요소의 화폐금액을 결정하는 과정이다. 측정은 특정 측정기준의 선택과정을 포함한다(개념체계-4.54).

2. 측정기준의 종류

재무제표를 작성하기 위해서는 다수의 측정기준이 다양한 방법으로 결합되어 사용된다. 그러한 측정기준(measurement basis)의 예는 역사적 원가, 현행원가, 실현가능(이행)가치 및 현재가치가 있다(개념체계-4.55).

(1) 역사적 원가(HC : Historical Cost)

- 자산의 역사적 원가는 취득의 대가로 취득 당시에 지급한 현금 또는 현금성자산이나 그 밖의 대가의 공정가치를 말한다.
- 부채의 역사적 원가¹⁰)는 부담하는 의무의 대가로 수취한 금액을 말한다. 어떤 경우(예 법인세)에는 정상적인 영업과정에서 그 부채를 이행하기 위해 지급할 것으로 기대되는 현금이나 현금성자산의 금액으로 기록할 수도 있다.

(2) 현행원가(CC : Current Cost)

- 자산의 현행원가는 동일하거나 또는 동등한 자산을 현재시점에서 취득할 경우에 그 대가로 지불하여야 할 현금이나 현금성자산의 금액을 말한다.
- 부채의 현행원가는 현재시점에서 그 의무를 이행하는데 필요한 현금이나 현금성자산의 할인하지 아니한 금액을 말한다.

(3) 실현가능가치(RV : Realizable Value)와 이행가치(SV : Settlement Value¹¹))

- 자산은 실현가능가치로 부채는 이행가치로 평가한다.
- 실현가능가치는 정상적으로 처분(청산이 아님에 유의)하는 경우 수취할 것으로 예상되는 현금이나 현금성자산의 금액을 말한다.

---

10) 종전 개념체계에서는 부채의 경우 '역사적 현금수취액'이라는 용어를 사용하였다.

11) Settlement : 결제, Settlement Value : 결제가치, Settlement Option : 결제옵션(KIFRS1032-26)

- 이행가치는 정상적인 영업과정에서 부채를 상환하기 위해 지급될 것으로 예상되는 현금이나 현금성자산의 할인하지 아니한 금액을 말한다.

[CTA 2012]

자산의 실현가능가치는 정상적으로 처분하는 경우, 수취할 것으로 예상되는 현금이나 현금성자산을 현재가치로 환산한 가액을 말한다. (×)

(4) 현재가치(PV : Present Value)

- 자산의 현재가치는 정상적인 영업과정에서 그 자산이 창출할 것으로 기대되는 미래 순현금유입액의 현재할인가치를 말한다.
- 부채의 현재가치는 정상적인 영업과정에서 그 부채를 상환할 때 필요할 것으로 예상되는 미래 순현금유출액의 현재할인가치를 말한다.
- 여기서 부채의 현행원가와 이행가치는 할인하지 아니한 금액임에 유의하여야 한다.

측정기준을 정리하면 다음과 같다.

구 분	자산	부채
유입가치(~ 원가) (자산의 취득)	역사적원가	역사적원가
	현행원가[2]	현행원가[1]
유출가치(~ 가치) (자산의 사용 또는 처분)	실현가능가치[3]	이행가치[1]
	현재가치	현재가치

[1]. 할인하지 아니한 금액   [2]. 실물자본유지개념의 측정기준
[3]. 정상적인 처분(청산이 아님)시 현금유입액

3. 측정기준의 선택

재무제표를 작성할 때 기업이 가장 보편적으로 채택하고 있는 측정기준은 역사적 원가이다. 역사적 원가는 일반적으로 다른 측정 기준과 함께 사용된다. 예를 들면, 재고자산은 통상 역사적 원가와 순실현가능가치를 비교하여 저가로 평가되고, 시장성 있는 유가증권은 시가로 평가되기도 하며 연금부채는 현재가치로 평가된다. 일부 기업은 비화폐성자산에 대한 가격변동효과를 반영하지 못하는 역사적 원가모형에 대한 대응책으로 현행원가기준을 사용하기도 한다(개념체계-4.56).

[CTA 2011]

재무제표를 작성할 때 기업이 가장 보편적으로 채택하고 있는 측정기준은 공정가치이다. 재고자산은 시가로 평가하는 것이 이에 대한 적절한 예가 될 수 있다. (×)

제 7 절   자본과 자본유지의 개념

1. 자본의 개념

대부분의 기업은 자본의 재무직 개념에 기초하여 재무제표를 작성한다. 자본은 다음과 같이 재무적 개념 또는 실물적 개념하에 정의된다(개념체계-4.57).

- 재무적 개념의 자본(a financial concept of capital) : 자본을 투자된 화폐액(invested money) 또는 투자된 구매력(invested purchasing power)으로 보며, 자본은 기업의 순자산이나 지분과 동의어로 사용된다.
- 실물적 개념의 자본(a physical concept of capital) : 자본을 조업능력으로 보며, 자본은 예를 들면, 1일 생산수량과 같은 기업의 생산능력(productive capacity)으로 간주된다.

기업은 재무제표 이용자의 정보요구에 기초하여 적절한 자본개념을 선택하여야 한다. 따라서 재무제표의 이용자가 주로 명목상의 투하자본이나 투하자본의 구매력 유지에 관심이 있다면 재무적 개념의 자본을 채택하여야 한다. 그러나 이용자의 주된 관심이 기업의 조업능력 유지에 있다면 실물적 개념의 자본을 사용하여야 한다. 비록 자본개념을 실무적으로 적용하는 데는 측정의 어려움이 있을 수 있지만 선택된 자본개념에 따라 이익의 결정 목표가 무엇인지 알 수 있게 된다(개념체계-4.58).

2. 자본유지개념과 이익의 결정

(1) 이익의 결정

자본유지개념은 기업이 유지하려고 하는 자본을 어떻게 정의하는지와 관련된다. 자본유지개념은 이익이 측정되는 준거기준을 제공함으로써 자본개념과 이익개념 사이의 연결고리를 제공한다. 자본유지개념은 기업의 자본에 대한 투자수익(return on capital)과 투자회수(return of capital)를 구분하기 위한 필수요건이다. 자본유지를 위해 필요한 금액을 초과하는 자산의 유입액만이 이익으로 간주될 수 있고 결과적으로 자본의 투자수익이 된다. 따라서 이익은 수익에서 비용(필요한 경우 자본유지조정액을 포함)을 차감한 후의 잔여액이다. 만일 비용이 수익을 초과한다면 그 초과액은 손실이다(개념체계 -4.60).

참고   2-1   불변구매력단위＝불변화폐단위

불변구매력단위는 물가변동을 조정하여 일정한 구매력으로 표시한 것으로 불변화폐단위 (constant dollar value)라고도 한다. 예를 들어, 기초에 취득한 A자산의 금액이 ₩5,000인데 기말에 계속 보유하고 있으며 당기 일반물가가 10% 상승하였다고 하면, A자산의 기말금액을 명목화폐단위로 표시하면 ₩5,000이며, 불변구매력단위로 표시하면 ₩5,500(＝₩5,000×

1.1)이 된다. 여기서 기초에 ₩5,000으로 취득할 수 있는 구매력과 동일한 구매력을 유지하려면 기말에 ₩5,500이 필요하다는 것이다. 즉, 기초의 ₩5,000과 기말의 ₩5,500은 구매력등가이다.

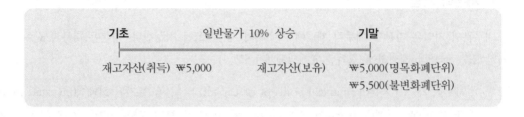

참고   2-2   전사자 보상금(동아일보, 2011.10.18)

정부는 현행 군인연금법을 개정하기보다는 군인연금법 적용 대상이 아닌 1962년 이전 전사자들에 대한 보상금 지급액의 환산기준을 마련할 방침인 것으로 전해졌다. 이들에 대해서는 옛 군인사망급여금 규정에 따라 5만 환을 지급하도록 돼 있다. 1962년 10환을 1원으로 바꾸는 화폐개혁이 이뤄졌기 때문에 단순 환산하면 5,000원이 된다. 정부는 물가지수나 쌀값 금값의 변동 등을 반영해 환산하는 방법도 가능하다고 보고 있다. 금값 변동을 기준으로 하면 당시 5만 환은 현재 가치로 약 380만 원, 쌀값을 기준으로 하면 160만 원, 물가지수 상승을 감안하면 76만 원에 해당한다. 여기에 법정이자의 반영 여부, 사망한 군인에 대한 보상금과의 형평성 등을 종합적으로 고려해 현실적인 사망보상금 지급 방안을 결정할 계획이다

---

(2) 자본유지개념의 종류

자본개념에 따라 다음과 같은 자본유지개념이 도출된다(개념체계-4.59).

투자이익 = 기말자본 − 기초자본 − 자본거래	명목화폐	불변구매력	보유자산가격변동
① 화폐액으로 측정	적용가능	적용가능	이익을 구성
② 실물생산능력으로 측정	적용가능	적용가능	자본 조정항목

1) 재무자본유지(financial capital maintenance)

재무자본유지 개념 하에서 이익은 해당 기간 동안 소유주에게 배분하거나 소유주가 출연한 부분을 제외하고 기말 순자산의 재무적 측정금액(화폐금액)이 기초 순자산의 재무적 측정금액(화폐금액)을 초

과하는 경우에만 발생한다. 재무자본유지는 명목화폐단위(nominal monetary units) 또는 불변구매력단위 (units of constant purchasing power)를 이용하여 측정할 수 있다.

2) 실물자본유지(physical capital maintenance)

실물자본유지개념 하에서 이익은 해당 기간 동안 소유주에게 배분하거나 소유주가 출연한 부분을 제 외하고 기업의 기말 실물생산능력이나 조업능력(또는 그러한 생산능력을 갖추기 위해 필요한 자원이나 기금)이 기초 실물생산능력을 초과하는 경우에만 발생한다.

(3) 측정기준

실물자본유지개념을 사용하기 위해서는 현행원가기준에 따라 측정해야 한다. 그러나 재무자본유지개 념은 특정한 측정기준의 적용을 요구하지 아니한다(역사적원가기준이 아님에 유의). 재무자본유지개념 하 에서 측정기준의 선택은 기업이 유지하려는 재무자본의 유형과 관련이 있다(개념체계-4.61).

> **[CPA 2011]**
>
> 실물자본유지개념을 사용하기 위해서는 현행원가기준에 따라 측정해야 하는 반면 재무자본유지개 념을 사용하기 위해서는 역사적 원가기준에 따라 측정해야 한다. (×)

(4) 자산과 부채에 대한 가격변동 영향의 처리

재무자본유지개념과 실물자본유지개념의 주된 차이는 기업의 자산과 부채에 대한 가격변동 영향 의 처리방법에 있다. 일반적으로 기초에 가지고 있던 자본만큼을 기말에도 가지고 있다면 이 기업 의 자본은 유지된 것이며, 기초 자본을 유지하기 위해 필요한 부분을 초과하는 금액이 이익이다(개 념체계-4.62). 자본유지개념에 따른 이익과 보유 자산과 부채에 대한 가격변동의 처리는 다음과 같다.

- 자본을 명목화폐단위로 정의한 재무자본유지개념 하에서 이익은 해당 기간 중 명목화폐자본의 증가액을 의미한다. 따라서 기간 중 보유한 자산가격의 증가 부분, 즉 보유이익은 개념적으로 이 익에 속한다. 그러나 보유이익은 자산이 교환거래에 따라 처분되기 전에는 이익으로 인식되지 않을 것이다(개념체계-4.63).
- 자본을 불변구매력 단위로 정의한 재무자본유개념 하에서는 이익은 해당 기간 중 투자된 구매력 의 증가를 의미하게 된다. 따라서 일반물가수준에 따른 가격상승을 초과하는 자산가격의 증가 부 분만이 이익으로 간주되며, 그 이외의 가격증가 부분은 자본의 일부인 자본유지조정으로 처리 된다(개념체계-4.63).
- 자본을 실물생산능력으로 정의한 실물자본유지개념 하에서 이익은 해당 기간 중 실물생산능력 의 증가를 의미한다. 기업의 자산과 부채에 영향을 미치는 모든 가격변동은 해당 기업의 실물생산 능력에 대한 측정치의 변동으로 간주되어 이익이 아니라 자본의 일부인 자본유지조정으로 처리된 다(개념체계-4.64).

위의 내용을 예를 들어 설명한다. ㈜다빈이 5년 전에 ₩30,000에 취득한 토지의 현재가격은 ₩100,000이라고 한다. 5년간 일반물가는 100% 상승하였다. 보유자산의 가격변동 ₩70,000(=100,000−30,000)은 자본유지관점별도 다음과 같이 처리한다.

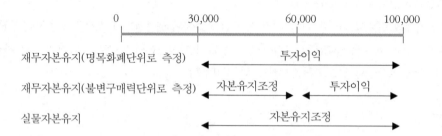

자본유지개념에 따른 이익과 보유 자산과 부채에 대한 가격변동의 처리를 그림으로 표시하면 다음과 같다.

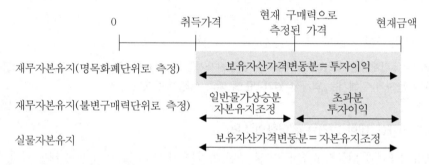

[CTA 2006]

보유 자산·부채의 가격변동 효과는 명목화폐재무자본유지개념 하에서는 투자이익으로, 불변구매력 재무자본유지개념 하에서는 자본의 조정항목으로 처리된다. (×)

(5) 자본유지개념의 선택

측정기준과 자본유지개념의 선택에 따라 재무제표의 작성에 있어 사용되는 회계모형이 결정된다. 각각의 회계모형은 상이한 목적적합성과 신뢰성을 나타내며, 경영진은 다른 경우와 마찬가지로 목적적합성과 신뢰성 간에 균형을 추구하여야 한다. 개념체계는 다양한 회계모형에 적용가능하며 선택된 모형 하에서 재무제표의 작성과 표시에 대한 지침을 제공한다. 현재 한국회계기준위원회는 초인플레이션 하에 있는 통화로 보고해야 하는 기업의 경우와 같은 예외적 상황을 제외하고는, 특정한 모형의 사용을 규정하려는 의도를 가지고 있지는 않다(명목화폐단위로 정의한 재무자본유지개념이 아님에 유의). 그러나 이러한 의도는 사회의 발전에 따라 재고될 것이다(개념체계-4.65).

개념체계에서 특정하지 않은 내용이 2가지가 있는데, 이를 정리하면 다음과 같다.

- 재무자본유지개념의 측정기준 : 실물자본유지개념을 사용하기 위해서는 현행원가기준에 따라 측정해야 한다. 그러나 재무자본유지개념은 특정한 측정기준의 적용을 요구하지 아니한다(역사적원가기준이 아님에 유의)(개념체계-4.61).
- 자본유지개념과 측정기준의 선택 : 현재 한국회계기준위원회는 초인플레이션 하에 있는 통화로 보고해야 하는 기업의 경우와 같은 예외적 상황을 제외하고는, 특정한 모형의 사용을 규정하려는 의도를 가지고 있지는 않다(명목화폐단위로 정의한 재무자본유지개념이 아님에 유의). 그러나 이러한 의도는 사회의 발전에 따라 재고될 것이다(개념체계-4.65).

 예제 2-1 자본유지개념

㈜다인은 20×1년 초 취득자산의 금액은 ₩200,000이고, 20×1년 말 취득자산의 금액이 ₩300,000이다. 20×1년의 일반물가상승률은 10%이다.

≪물음≫

다음 각 자본유지개념하에서 ㈜다인이 이익계산을 위한 20×1년 말의 유지해야 할 자본 및 20×1년에 인식할 이익을 각각 계산하시오. 단, ㈜다인의 부채는 없다고 가정한다.

① 명목화폐재무자본유지개념
② 불변구매력재무자본유지개념
③ 실물자본유지개념

해답

1. 유지해야 할 자본
(1) 명목화폐재무자본유지개념 = 200,000
(2) 불변구매력재무자본유지개념 = 200,000 × 110% = 220,000
(3) 실물자본유지개념 = 300,000

2. 이익계산
(1) 명목화폐재무자본유지개념하의 이익 = 300,000 − 200,000 = 100,000
(2) 불변구매력재무자본유지개념하의 이익 = 300,000 − 220,000 = 80,000
(3) 실물자본유지개념하의 이익 = 300,000 − 300,000 = 0

[정리]

구 분	기말자본	투자회수	투자이익
명목화폐재무자본유지개념	300,000	200,000	100,000
불변구매력재무자본유지개념	300,000	220,000	80,000
실물자본유지개념	300,000	300,000	―

구 분	가벽변동	투자이익	자본유지조정
명목화폐재무자본유지개념	100,000	100,000	—
불변구매력재무자본유지개념	100,000	80,000	20,000
실물자본유지개념	100,000	—	—

참 고   2-3   자본유지개념 비교

구 분	재무자본유지개념		실물자본유지개념
	명목화폐재무자본유지	불변구매력재무자본유지	
측정단위	명목화폐	불변구매력	명목화폐 or 불변구매력
투자이익 계산식	기말명목화폐자본 − 기초명목화폐자본 ± 자본거래	기말불변구매력자본 − 기초불변구매력자본 ± 자본거래	기말실물생산능력 − 기초실물생산능력 ± 자본거래
자산·부채의 가격변동 효과	투자이익○	투자이익○	투자이익×자본조정항목)
회계시스템	역사적 원가회계(현행회계)	일반물가수준회계	현행원가회계
개념체계 채택여부	○	×	×

연습문제

문제 2-1   인식과 측정

재무제표 요소의 인식과 측정에 관한 개념체계에 근거하여 다음 물음에 답하시오.

≪물음≫

1. 인식과 측정의 개념에 대하여 약술하시오.
2. 재무제표 요소의 정의에 부합된 항목이 재무제표에 인식되기 위하여 충족해야 할 조건 2가지를 기술하시오.
3. 자산, 부채, 수익 및 비용 각각에 대하여 인식기준을 기술하시오.
4. 실현가능가치와 이행가치에 대하여 약술하시오.

해답

1.

(1) 인식(recognition)은 재무제표 요소의 정의에 부합하고 인식기준을 충족하는 항목을 재무상태표나 포괄손익계산서에 반영하는 과정을 말한다.
(2) 측정(measurement)은 재무상태표와 포괄손익계산서에 인식되고 평가되어야 할 재무제표 요소의 화폐금액을 결정하는 과정이다. 측정은 특정 측정기준의 선택과정을 포함한다.

2.

(1) 그 항목과 관련된 미래경제적 효익이 기업에 유입되거나 기업으로부터 유출될 가능성이 높다.
(2) 그 항목의 원가 또는 가치를 신뢰성 있게 측정할 수 있다.

3.

(1) 자산은 미래경제적 효익이 기업에 유입될 가능성이 높고 해당 항목의 원가 또는 가치를 신뢰성 있게 측정할 수 있을 때 재무상태표에 인식한다.
(2) 부채는 현재 의무의 이행에 따라 경제적 효익이 내재된 자원의 유출 가능성이 높고 결제될 금액에 대해 신뢰성 있게 측정할 수 있을 때 재무상태표에 인식한다.
(3) 수익은 자산의 증가나 부채의 감소와 관련하여 미래경제적 효익이 증가하고 이를 신뢰성 있게 측정할 수 있을 때 포괄손익계산서에 인식한다.

(4) 비용은 자산의 감소나 부채의 증가와 관련하여 미래경제적 효익이 감소하고 이를 신뢰성 있게 측정할 수 있을 때 포괄손익계산서에 인식한다.

4.

(1) 실현가능가치는 정상적으로 처분하는 경우 수취할 것으로 예상되는 현금이나 현금성자산의 금액을 말한다.

(2) 이행가치는 정상적인 영업과정에서 부채를 상환하기 위해 지급될 것으로 예상되는 현금이나 현금성자산의 할인하지 아니한 금액을 말한다.

문제 2-2   자본유지개념

> 자본유지개념은 기업이 유지하려고 하는 자본을 어떻게 정의하는 지와 관련된다. 이러한 자본은 재무적 개념 또는 실물적 개념하에 정의된다. 개념체계에 근거하여 다음 물음에 답하시오.

≪물음≫

1. 재무적 개념하의 자본과 실물적 개념하의 자본에 대하여 약술하시오.
2. 자본유지개념이 필요한 이유에 대하여 약술하시오.
3. 실물자본유지개념에서 사용되는 측정기준은 무엇이며, 그 측정기준에 대하여 약술하시오.
4. 다음의 자본유지개념에 따른 이익과 보유자산과 부채에 대한 가격변동의 처리에 대하여 약수하시오.
   (1) 명목화폐단위로 정의한 재무자본유지개념
   (2) 불변구매력 단위로 정의한 재무자본유개념
   (3) 실물생산능력으로 정의한 실물자본유지개념

해답

1.

(1) 재무적 개념의 자본(a financial concept of capital)에서는 자본을 투자된 화폐액(invested money) 또는 투자된 구매력(invested purchasing power)으로 보며, 자본은 기업의 순자산이나 지분과 동의어로 사용된다.

(2) 실물적 개념의 자본(a physical concept of capital)에서는 자본을 조업능력으로 보며, 자본은 예를 들면, 1일 생산수량과 같은 기업의 생산능력(productive capacity)으로 간주된다.

2. 자본유지개념은 기업의 자본에 대한 투자수익과 투자회수를 구분하기 위한 필수요건이다. 자본유지를 위해 필요한 금액을 초과하는 자산의 유입액만이 이익으로 간주될 수 있고 결과적으로 자본의 투자수익이 된다.

3.

(1) 현행원가

(2) 자산의 현행원가는 동일하거나 또는 동등한 자산을 현재시점에서 취득할 경우에 그 대가로 지불하여야 할 현금이나 현금성자산의 금액을 말한다. 반면, 부채의 현행원가는 현재시점에서 그 의무를 이행하는데 필요한 현금이나 현금성자산의 할인하지 아니한 금액을 말한다.

4.

(1) 자본을 명목화폐단위로 정의한 재무자본유지개념 하에서 이익은 해당 기간 중 명목화폐자본의 증가액을 의미한다. 따라서 기간 중 보유한 자산가격의 증가 부분, 즉 보유이익은 개념적으로 이익에 속한다.

(2) 자본을 불변구매력 단위로 정의한 재무자본유개념 하에서는 이익은 해당 기간 중 투자된 구매력의 증가를 의미하게 된다. 따라서 일반물가수준에 따른 가격상승을 초과하는 자산가격의 증가 부분만이 이익으로 간주되며, 그 이외의 가격증가 부분은 자본의 일부인 자본유지조정으로 처리된다.

(3) 자본을 실물생산능력으로 정의한 실물자본유지개념 하에서 이익은 해당 기간 중 실물생산능력의 증가를 의미한다. 기업의 자산과 부채에 영향을 미치는 모든 가격변동은 해당 기업의 실물생산능력에 대한 측정치의 변동으로 간주되어 이익이 아니라 자본의 일부인 자본유지조정으로 처리된다.

문제 2-3 현행원가와 현행유출가치 ※학습지침 참고

㈜다빈은 20×1년 1월 1일부터 12월 31일로 종료되는 기간에 다음과 같은 상품거래를 하였다.

- 1월 1일 : 상품 30단위를 단위당 ₩5,000에 구입하였다.
- 9월 1일 : 상품 20단위를 단위당 ₩8,500에 판매하였다.

취득한 상품의 현행원가와 판매가격의 변동은 다음과 같다.

일 자	단위당 현행원가	단위당 판매가격
1월 1일	₩5,000	₩6,000
9월 1일	7,000	8,500
12월 31일	8,000	10,000

≪물음≫

1. 현행원가, 현행유출가치 각각의 측정기준에 따라 측정시 1월 1일, 9월 1일 및 12월 31일의 회계처리(분개)를 하시오.
2. 현행원가, 현행유출가치 각각의 측정기준에 따라 측정시 당기순이익을 계산하시오.

해답

1.

(1) 현행원가로 측정시

일자	차변		대변	
취득(1월 1일)	재고자산	150,000	현 금	150,000
판매(9월 1일)	재고자산	60,000	보유이득	60,000*1
	현 금	170,000	매 출	170,000
	매출원가	140,000*2		
기말(12월 31일)	재고자산	10,000	보유이득	10,000*3

*1. $(7,000 - 5,000) \times 30 = 60,000$
*2. $7,000 \times 20 = 140,000$
*3. $(8,000 - 7,000) \times 10 = 10,000$

(2) 현행유출가치로 측정시

일자	차변		대변	
취득(1월 1일)	재고자산	180,000	현 금	150,000
			자산취득이익	30,000
판매(9월 1일)	재고자산	75,000	보유이득	75,000*1
	현 금	170,000	재고자산	170,000
기말(12월 31일)	재고자산	15,000	보유이득	15,000*2

*1. $(8,500 - 6,000) \times 30 = 75,000$
*2. $(10,000 - 8,500) \times 10 = 15,000$

2. 당기순이익계산

현행원가 손익계산서		현행유출가치 손익계산서	
매 출	₩170,000	자산취득이익	₩30,000
매출원가	140,000		
현행영업이익	₩30,000	보유이득	90,000
보유이득	70,000		
당기순이익	₩100,000	당기순이익	₩120,000

[학습지침] 본 문제는 출제가능성이 낮으므로 참고용으로 사용하시고, skip가능하다.

제 3 장 　 회계처리절차

제1절 복식부기제도

회계상의 거래가 발생하면 이를 기록하는 수단이 복식부기(double-entry bookkeeping)이다. 복식부기란 회계적사건 또는 거래를 차변과 대변으로 나누어서 기입하는 회계처리를 말한다.

(차변) 계정과목	금액	(대변) 계정과목	금액

거래를 체계적으로 기록·분류·요약하기 위하여 실무에서 사용되는 단위가 계정(account)이다. 계정은 크게 자산계정, 부채계정, 자본계정, 수익계정, 비용계정 등으로 구분된다. 계정은 다음과 같이 **실질계정**(영구계정, permanent account)과 **명목계정**(임시계정, temporary account)으로 구분[1]된다.

계정 ─ 실질계정(영구계정) : 재무상태표 계정
　　 └ 명목계정(임시계정) : 손익계산서 계정(수익,비용), 배당금계정, 집합손익계정

계정의 왼쪽을 차변(debit), 계정의 오른쪽을 대변(credit)이라고 한다.

모든 계정	
차변	대변
(항상 왼쪽)	(항상 오른쪽)

계정에 금액이 나타나도록 적어 넣는 것을 기입한다(marking entries)라고 말한다. 계정의 왼쪽에 기입하는 것을 차변기입(debit entry), 계정의 오른쪽에 기입하는 것을 대변기입(credit entry)이라고 한

---

1) 영구계정과 임시계정의 구분은 수정분개와 장부마감에서 중요하게 사용된다.

다. 계정에 기입되는 금액은 기초잔액, 당기증가, 당기감소 및 기말잔액으로 구성된다. 자산과 비용계정은 차변에 증가가 기록되고, 대변에 감소가 기록된다. 반면 부채, 자본 및 수익계정은 대변에 증가가 기록되고, 차변에 감소가 기록된다.

계정의 평상잔액(normal balance)은 특정일자까지 잔액의 총 증가액이 총 감소액을 초과하는 부분을 말한다. 모든 계정의 평상잔액은 증가가 기록되는 차변 또는 대변에 표시된다. 즉, 자산과 비용의 평상잔액은 차변에 나타나고, 부채, 자본 및 수익의 평상잔액은 대변에 나타난다. 평상잔액은 **역분개**와 기업회계기준에 따른 **대손회계**에서 사용되는 개념이다.

그림 3-1 ● 자산, 부채, 자본, 수익, 비용 계정과목

자산계정	
차변 : 증가(+)	대변 : 감소(−)
평상잔액	

부채계정	
차변 : 감소(−)	대변 : 증가(+)
	평상잔액

비용계정	
차변 : 증가(+)	대변 : 감소(−)
평상잔액	

자본계정	
차변 : 감소(−)	대변 : 증가(+)
	평상잔액

수익계정	
차변 : 감소(−)	대변 : 증가(+)
	평상잔액

모든 계정은 하나의 장부에 모아지게 되는데, 이렇게 모든 계정을 집합시킨 장부를 총계정원장(general ledger)이라고 한다.

복식부기의 핵심은 거래의 이중성(duality of transactions)으로 이는 모든 거래는 차변항목과 대변항목을 모두 갖는다는 성질을 말한다. 즉, 하나의 거래는 항상 차변항목과 대변항목을 가지며 따라서 두 개 이상의 계정에 영향을 미친다. 이러한 복식부기의 기본원리 때문에 항상 차변잔액합계와 대변잔액합계는 일치하게 되어 대차평균의 원리 또는 회계등식(재무상태표등식)이 성립된다. 거래가 기록될 때마다 회계등식이 적용되어 회계등식은 항상 성립된다. 이를 표시하면 다음과 같다.

> 회계등식(대차균형의 원리, 재무상태표등식) ; 자산＝부채 + 자본

회계에서 순(net)이라는 용어는 한 계정에서 다른 계정을 차감한 후의 금액인 **차감잔액**을 나타낸다. "순"이 사용된 회계용어를 정리하면 다음과 같다.

구　분	계산식
순　자　산	자산 - 부채
순　이　익	수익 - 비용
순운전자본	유동자산 - 유동부채
순현재가치	현금유입의 현가 - 현금유출의 현가
순실현가치	판매금액 - 판매부대비용
순실현가능가치	예상 판매가격 - (예상 추가 완성원가 + 판매비용)

제 2 절　회계순환과정

회계순환과정(accounting cycle)이란 회계거래를 장부에 처음 기록하는 것에서부터 재무제표를 작성하여 보고하기까지의 일련의 회계처리과정(회계절차, accounting process)을 말한다. 회계순환과정은 다음과 같이 다섯 단계로 구분될 수 있다.

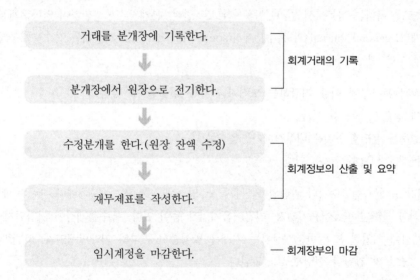

회계순환과정은 다음과 같이 필수적 절차와 임의적 절차로 구분된다.

시 점	필수적 절차	임의적 절차
기 중	① 거래의 식별 ② 분개 ③ 전기	
결산시 (=기말, 재무상태표일)	④ 수정분개 ⑤ 재무제표작성 ⑥ 장부마감	⬅ 수정전시산표 작성 ⬅ 수정후시산표 작성 (또는 정산표작성) ⬅ 마감 후(이월)시산표 작성
차기 개시일		⬅ 역분개

1. 분개와 전기

분개(journalizing)는 회계고유의 거래를 기록하는 방법으로서 분개장(journal)에 기입된다. 분개장은 거래를 최초로 기록하는 장부로서 원시기입장이라고도 한다. 분개장[2]을 분할하여 일반분개장(보통분개장, 고유분개장, general journal)과 특수분개장(special journal)으로 사용하는 복수분개장제도를 이용하면 다음과 같은 장점이 있다.

① 분개장과 보조부에 이중 기장하는 노력과 시간을 절약할 수 있다.
② 원장에 총괄전기할 수 있다.
③ 기장업무를 분담함으로써 내부견제가능을 갖는다.
④ 책임한계를 명확히 할 수 있다.

특수분개장 등에는 현금수지와 관련된 현금출납장, 당좌예금출납장, 상품매매와 관련된 매입장, 매출장, 어음거래와 관련된 받을어음기입장, 지급어음기입장 등이 있다. 특수분개장에 기입되지 않은 거래는 일반분개장에 기입된다. 일반분개장에는 거래를 발생순서에 따라 거래발생일자, 차변항목과 금액, 대변항목과 금액 및 간단한 설명으로 기록된다.

분개장에 기입된 내용을 총계정원장으로 전기(posting)한다. 분개장의 차변에 기록된 내용은 해당계정의 차변으로 전기되고, 대변에 기록된 내용은 해당계정의 대변으로 전기된다. 분개장의 원면과 총계정원장의 분면에 의해 분개장과 총계정원장은 상호조회(cross reference)를 할 수 있다.

---

2) 현행 실무에서는 회계전표가 분개장을 대신한다.

2. 시산표의 작성

시산표는 공식적인 재무제표가 아니고 재무제표를 작성하기 위한 예비수단이지만 실무에서 재무제표를 작성하기 전에 그 편리성 때문에 일반적으로 시산표를 작성한다. **시산표**(TB : Trial Balance)란 재무제표를 작성하기 위해 원장의 각 계정잔액을 한 곳에 모아 둔 표를 말한다. 총계정원장의 차변총계와 대변총계가 일치여부를 검증하고, 수정분개 또는 재무제표작성을 수월하게 하기 위하여 시산표가 작성된다. 일반적으로 원장의 각 계정들은 원장에 나타난 순서대로 시산표에 기록된다. 평상잔액이 차변인 계정들은 시산표의 왼편에, 평상잔액이 대변인 계정들은 시산표의 오른편에 표시된다. 예를 들면 대손충당금과 감가상각누계액은 오른편에 표시된다. 시산표상의 차변총액과 대변총액이 일치한다고 하여 오류가 없다고 할 수는 없다. 시산표에서 발견할 수 있는 오류유형은 다음과 같다.

① 분개장의 차변(대변)기입을 원장의 대변(차변)으로 전기하는 오류.
② 원장의 잔액에 대한 계산상의 오류.
③ 원장잔액을 시산표에 요약할 때 차변과 대변이 혼동되었거나 숫자를 잘못 기록하는 오류.
④ 시산표의 합계를 계산할 때의 계산상의 오류.

그러나 다음과 같은 오류는 시산표의 대차가 일치할 경우에도 시산표에서 발견되지 않는 오류이다.

① 특정거래를 완전히 누락시킨 오류
② 계정분류상의 오류
③ 차변과 대변의 계정과목을 정반대로 전기한 오류
④ 다른 계정과목에 전기한 오류
⑤ 2개의 오류가 우연히 서로 상계되는 경우
⑥ 대차 쌍방을 이중으로 전기한 경우(이중전기)
⑦ 전기를 모두 누락시킨 경우

3. 수정분개

(1) 의 의

수정분개는 평상시의 거래기록과정에서 적정하게 측정되지 못한 수익과 비용항목들을 발생주의 개념에 맞게 수정하기 위한 분개이다. 따라서 현금주의회계에서는 수정분개가 필요하지 않다. 수정분개는 회계기간의 공준(또는 기간별 보고의 가정)에 의해 생긴 절차이다. 특정회계기간의 수익 또는 비용에만 영향을 미치는 거래는 수정분개를 하지 않고 두 회계기간의 수익 또는 비용에 영향을 미치는 거래는 수정분개가 필요하다. 수정분개는 실질계정(재무상태표계정)과 명목계정(손익계산서계정)에 동시에 영향을 미친다. 즉, 수정분개는 반드시 수익계정 또는 비용계정을 증가 또는 감소시키고 상대계정으로 자산 또는 부채계정의 증가 또는 감소를 수반한다.

구분	차변		대변		수정분개해당여부
(1)	재무상태표계정	×××	손익계산서계정	×××	○
(2)	손익계산서계정	×××	재무상태표계정	×××	○
(3)	재무상태표계정	×××	재무상태표계정	×××	×
(4)	손익계산서계정	×××	손익계산서계정	×××	×

(2) 수정분개의 대상항목

수정분개의 대상은 다음과 같이 이연항목, 발생항목 및 추정항목으로 구분된다.

구 분		관련 과목	수익 또는 비용
① 이연항목	선급비용	선급임차료, 선급보험료	감소
	선수수익	선수임대수익, 선수용역수익	감소
② 발생항목	미지급비용	미지급급여, 미지급광고비	증가
	미수수익	미수이자수익, 미수임대수익	증가
③ 추정항목		감가상각비, 대손상각비, 추정제품보증비용	증가

이연항목은 수익 또는 비용을 감소시키며, 발생항목과 추정항목은 수익 또는 비용을 증가시킨다. 이런 의미에서, 발생항목에 추정항목을 포함하여 이연항목과 발생항목으로 양분하기도 한다.[3]

(3) 이연항목의 대체적인 기록방법

비용을 선급하거나 수익을 선수하는 시점에서는 전액을 자산(선급비용 등) 또는 부채(선수수익 등)로 처리하는 방법과 비용 또는 수익으로 처리하는 방법 등 2가지 방법이 있다. 각 방법은 결산일에 서로 다른 수정분개가 발생한다.

 예제 3-1   이연항목의 대체적 회계처리

㈜다인은 20×1년 9월 1일에 1년치 보험료 ₩12,000을 납부하였다. 20×1년 9월 1일과 12월 31일의 관련 분개를 표시하면 다음과 같다.

일자	1법(비용처리)				2법(자산처리)			
	차변		대변		차변		대변	
9월 1일	보 험 료	12,000	현 금	12,000	선급보험료	12,000	현 금	12,000
12월 31일	선급보험료	8,000	보 험 료	8,000	보 험 료	4,000	선급보험료	4,000

---

3) [암기] 이연항목 : 선~, 발생항목 : 미~

보험료를 납부하는 시점에서 대변에 현금을 기입하면 되고, 차변에 올 수 있는 계정은 두 가지가 있다. 즉, 보험료(비용계정) 아니면 선급보험료(자산계정)를 차변에 기입할 수 있다. 보험료를 차변에 인식하면 기말수정분개시점에서 보험료의 일부를 선급보험료로 대체하는 분개를 하여야 하며, 선급보험료를 차변에 인식하면 기말수정분개시점에서 선급보험료의 일부를 보험료로 대체하는 분개를 하여야 한다. 2가지 방법 모두 결과(선급보험료 ₩4,000과 보험료 ₩8,000)는 동일하다. 실무에서 2가지 모두 선택적으로 사용할 수 있다.

4. 정산표의 작성

수정 및 재무제표작성절차를 단순화하고 오류를 방지하기 위해 **정산표**(Worksheet)를 작성한다. 정산표는 공식적인 재무제표(회계장부)가 아니고 임시적인 보조수단이다. 정산표를 이용하면 계정잔액의 수정분개, 재무제표작성, 마감분개 항목의 파악 등을 쉽게 할 수 있고, 원장계정의 차변총계와 대변총계의 일치여부를 검증하는 수단으로 활용된다. 정산표상의 재무상태표의 차변합계와 재무상태표상의 자산합계는 일치하지 않는다. 그 이유는 대손충당금, 감가상각누계액 등의 자산차감표시계정이 정산표에서 재무상태표의 대변에 표시되기 때문이다. 다음과 같이 수정전시산표, 수정분개, 수정후시산표, 손익계산서, 재무상태표가 각각 차변과 대변란으로 구성된 정산표를 10위식 정산표(10 column worksheet)라고 한다.

〈10위식 정산표〉

과목	정산표									
	수정전시산표		수정분개		수정후시산표		손익계산서		재무상태표	
	차변	대변	차변	대변	차변	대변	차변	대변	차변	대변
매출채권	×××				×××				×××	
대손충당금		×××		×××		×××			(×××)	
당기순이익							×××			×××

5. 장부의 마감

(1) 임시계정의 마감

수익, 비용, 집합손익 및 배당금계정은 이익잉여금의 변동내역을 보다 상세히 나타내기 위하여 임시적으로 존재(1회계연도)하는 임시계정이다. 이익잉여금은 임시계정이 아님에 유의하여야 한다. 임시계정은 그 잔액을 이익잉여금계정으로 대체함으로써 마감된다. 재무제표가 완성되면 당기의 임시계정의 역할은 완료되며, 차기의 임시계정과 관련된 거래를 새롭게 기록하기 위해 임시계정의 잔액을 0으로 만드는 절차가 임시계정의 마감절차(closing procedures)다. 임시계정의 평상잔액이 남아있는 반대편에 그 잔액만큼 기입하여 계정잔액을 0으로 만들고, 같은 금액을 이익잉여금계정에 대체한다. 임시계정을 마감시킨 후 모든 차변총액과 대변총액이 일치되는 지 확인하기 위해 마감후 시산표(after-closing trial balance)를 작성한다. 마감후 시산표는 이월시산표라고도 한다. 마감후 시산표에는 임시계정(손익계산서계정)의 잔액이 "0"이 되어, 재무상태표에 관련된 자산, 부채 및 자본계정만이 표시된다. 따라서 임시계정은 수정전 시산표와 수정후 시산표에는 표시되지만, 마감 후 시산표에는 표시되지 않는다.

(2) 영구계정의 마감

영구계정(재무상태표계정)은 잔액을 차기이월하여 장부를 마감한다. 예를 들어 현금계정은 차변잔액이므로 대변에 잔액만큼을 대변에 차기이월로 기록하여 차변합계와 대변합계를 일치하게 하여 장부를 마감한다. 한편, 차기이월 금액만큼은 다음 회계기간의 개시일에 차기이월이 기록된 반대편에 전기이월로 기록한다.

현 금

전기이월	3,000	감소	6,000
증가	4,000	차기이월	1,000
합계	7,000	합계	7,000
전기이월	1,000		

6. 집합손익계정

집합손익계정은 한 회계기간동안에 발생한 수익과 비용을 집합시킨 계정이다. 집합손익의 차변에는 비용, 대변에는 수익이 표시된다. 수익과 비용계정은 집합손익계정을 거쳐 최종적으로 이익잉여금에 대체된다.

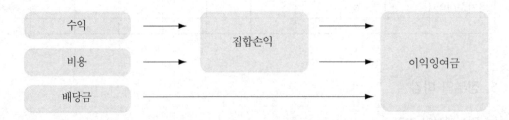

집합손익계정(income summary)은 마감단계에서만 일시적으로 나타나는 임시계정이다. 수익계정은 평상잔액만큼 차변기입하여 수익계정을 0으로 만들고, 모든 수익계정의 합계액만큼 집합손익계정의 대변에 기입한다. 비용계정은 평상잔액만큼 대변기입하여 비용계정을 0으로 만들고 모든 비용계정의 합계액만큼 집합손익계정의 차변에 기입한다. 수익과 비용계정이 마감된 후 집합손익계정에 나타난 잔액은 순이익 또는 순손실을 의미한다. 집합손익의 차변잔액은 순손실을, 대변잔액은 순이익을 의미한다.

구 분	순이익 발생				순손실 발생			
집합손익 계정	집합손익				집합손익			
	비용	80	수익	100	비용	100	수익	80
	이월이익잉여금	20					이월이익잉여금	20
	집합손익 대변잔액(순이익) = 20				집합손익 차변잔액(순손실) = 20			
마감분개	(차)집합손익 20 (대)이익잉여금 20				(차)이익잉여금 20 (대)집합손익 20			

7. 역분개

역분개(reversing entries)는 차기 개시일에 발생항목에 대한 분개의 차변과 대변을 바꾸어서 실시한다. 역분개는 필수적인 절차는 아니지만, 차기의 회계기록을 위해 역분개를 하면 다음 회계연도에 발생하는 현금 수입이나 지출에 대한 회계처리를 간편하게 할 수 있어 실무에서 많이 이용된다. 발생항목에 대하여 역분개를 하면, 현금의 지출 또는 수입되기 전까지 역분개된 손익계정이 비평상잔액을 갖는다. 아래 예제에서 20×1년 1월 1일부터 급여지급일인 1월 10일까지 평상잔액이 차변잔액인 급여계정이 대변잔액(비평상잔액) ₩100을 갖는 것을 확인할 수 있다.

 예제 3-2 역분개

다음은 ㈜다인에서 발생한 거래내역이다.

1. 20×1년 12월 31일 현재 발생하였으나 지급하지 아니한 급여 ₩100이 있다.
2. 20×2년 1월 1일 20×1년말 미지급급여에 대한 역분개를 하였다.
3. 20×2년 1월 10일 미지급급여를 포함하여 급여로 ₩300을 지급하였다.

위의 거래에 대하여 역분개를 실시한 경우와 역분개를 실시하지 않은 경우로 비교하여 분개를 표시하면 다음과 같다.

일자	역분개를 실시한 경우				역분개를 실시하지 않은 경우			
	차변		대변		차변		대변	
20×1.12.31	급 여	100	미지급급여	100	급 여	100	미지급급여	100
20×2. 1. 1	미지급급여	100	급 여	100	분개 없음			
20×2. 1. 10	급 여[1]	300	현 금	300	미지급급여	100	현 금	300
					급 여	200		

1) 급여지급액(₩300) 중 미지급급여에 해당하는 금액(₩100)을 파악할 필요 없이 전액 비용(급여)으로 처리할 수 있어 편리하다.

위 예제의 계정기입을 T계정에 표시하면 다음과 같다.

① 역분개를 실시한 경우

급여					미지급급여			
1. 10	300	1. 1	100		1. 1	100	전기이월	100

② 역분개를 실시하지 않은 경우

급여			미지급급여			
1. 10	200		1. 10	100	전기이월	100

비용계정인 급여는 평상잔액이 차변이지만, 역분개를 실시한 영향으로 1월 10일에 현금이 지급될 때까지 급여계정의 잔액은 대변잔액인 비평상잔액을 갖는다. 1월 10일에 현금이 지급되면 급여계정은 역분개를 실시하지 않은 경우와 동일하게 차변잔액 ₩200을 갖게 된다.

재무제표 작성

㈜SDU는 20×1년 11월 1일에 설립된 회사이다. 다음은 20×1년의 거래 내역이다.

〈기중거래내역〉

- 11월 1일 : 자본금 ₩50,000을 납입하여 회사를 설립하였다.
- 12월 1일 : 현금 매출 ₩20,000이 발생하였다.
- 12월 10일 : 11월 급여 ₩7,000이 지급되었다(해당월 급여를 익월 10일에 지급함).

1. 기중거래분개

구분	차변		대변	
11/1	현 금	50,000	자 본 금	50,000
12/1	현 금	20,000	매 출 액	20,000
12/10	급 여	7,000	현 금	7,000

2. T계정 표시(전기, posting)

현금					자본금		
11/1	50,000	12/10	7,000			11/1	50,000
12/1	20,000						

급여					매출액		
12/10	7,000					12/1	20,000

* 12.31 현재 현금계정은 ₩63,000의 차변잔액을 갖는다.

3. 수정전 시산표 작성

잔액시산표			
현 금	₩63,000	자 본 금	₩50,000
급 여	7,000	매 출 액	20,000
총 계	₩70,000	총 계	₩70,000

〈결산정리내역〉

• 12월 급여 ₩7,000이 미지급되었다.

4. 결산정리분개

구분	차변		대변	
12/31	급 여	7,000	미지급급여	7,000

5. T계정 표시

현금			
11/1	50,000	12/10	7,000
12/1	20,000		

자본금			
		11/1	50,000

급여	
12/10	7,000
12/31	7,000

매출액			
		12/1	20,000

미지급급여			
		12/31	7,000

6. 수정 후 시산표 작성

잔액시산표

현 금	₩63,000	미지급급여	₩7,000
급 여	14,000	자 본 금	50,000
		매 출 액	20,000
총 계	₩77,000	총 계	₩77,000

7. 재무상태표 작성

재무상태표

현 금	₩63,000	미지급급여	₩7,000
		자 본 금	50,000
		미처분이익잉여금	6,000
총 계	₩63,000	총 계	₩63,000

8. 손익계산서 작성

손익계산서

수 익	₩20,000
비 용	14,000
당기순이익	₩6,000

9. 임시계정 마감분개

구분	차변		대변	
11/1	매 출 액	20,000	급 여	14,000
			미처분이익잉여금	6,000

10. 장부마감

현금

11/1	50,000	12/10	7,000
12/1	20,000	이월	63,000
이월	63,000		

자본금

이월	50,000	11/1	50,000
		이월	50,000

급여

12/10	7,000		
12/31	7,000	집합	14,000

매출액

집합	20,000	12/1	20,000

제3장

미지급급여			
이월 7,000		12/31	7,000
		이월	7,000

집합손익			
급여	14,000	매출	20,000
잉여금	6,000		

미처분이익잉여금			
이월 6,000		집합	6,000
		이월	6,000

11. 마감후 시산표(이월 시산표) 작성

잔액시산표			
현 금	₩63,000	미지급급여	₩7,000
		자 본 금	50,000
		미처분이익잉여금	6,000
총 계	₩63,000	총 계	₩63,000

연습문제

문제 3-1 수정분개^(APP1차 1991)

> 수정분개전의 당기순이익은 ₩200,000이었다. 당기순이익을 계산할 때 선수수익이 ₩15,000, 선급비용이 ₩12,000이 포함되었고, 미지급비용 ₩20,000과 미수수익 ₩7,000은 고려되지 않았다. 이를 수정분개하여 결산을 하였다면 당기순이익은 얼마가 되겠는가?

해답

당기순이익 = 200,000(수정전순이익) − 15,000(선수수익) + 12,000(선급비용)

   − 20,000(미지급비용) + 7,000(미수수익)

= ₩184,000

[해설]

수정전 당기순이익 ₩200,000에 다음의 결산분개를 추가하게 되면 당기순이익은 ₩184,000이 된다.

(차)	수 익	15,000	(대)	선수수익	15,000
(차)	선급비용	12,000	(대)	비 용	12,000
(차)	비 용	20,000	(대)	미지급비용	20,000
(차)	미수수익	7,000	(대)	수 익	7,000

[other method]

(차)	선급비용	12,000	(대)	선수수익	15,000
	미수수익	7,000		미지급비용	20,000
	순 이 익	16,000			

수정 후 순이익 = 200,000 − 16,000 = 184,000

문제 3-2 이연항목의 대체적 처리(CPA1차 1995)

한 해 동안의 보험료 1년치를 11월 1일에 ₩2,160,000을 지급했으며 수정전 시산표상 선급보험료 계정잔액은 ₩54,000이며 보험료계정잔액은 ₩2,646,000일 때 수정 후 선급보험료와 보험료는?

해답

1. 결산정리분개 :

   기초선급보험료 비용대체 : (차) 보험료 54,000 (대) 선급보험료 54,000

   기말선급보험료 인식 : 선급보험료 1,800,000 보 험 료 1,800,000

2. 보험료계산 : 보험료 = 2,646,000 + 54,000 − 1,800,000 = ₩900,000
3. 선급보험료계산 : 선급보험료 = 2,160,000 × 10/12 = ₩1,800,000

[해설]

이연항목(선급비용, 선수수익 등)의 대체적인 회계처리방법에 대한 문제이다. 문제의 핵심은 보험료 지급시 비용(보험료)처리하였나 아니면 자산(선급보험료)처리하였나를 파악하는 것이다.

문제 3-3 결산수정분개추정(NTS수정)

다음 결산수정 전 잔액시산표와 결산 후 작성된 재무상태표에 의해서 결산정리 분개를 추정하고 간략한 손익계산서를 작성하시오. 단, 잔액시산표의 자산, 부채, 자본항목과 재무상태표의 계정들을 비교하여 결산정리분개를 통한 변화내용을 추정한다. 이익잉여금의 변화는 당기순손익이다.

잔액시산표

현 금	₩400,000	차 입 금	₩200,000
매출채권	550,000	자 본 금	500,000
소 모 품	100,000	이익잉여금	200,000
비 품	300,000	용역매출	700,000
급 여	200,000		
광고선전비	20,000		
이자비용	30,000		
총 계	₩1,600,000	총 계	₩1,600,000

재무상태표

현 금	₩400,000	차 입 금	₩200,000
매출채권	650,000	미지급이자비용	10,000
소 모 품	30,000	미지급급여	50,000
선급광고선전비	10,000	미지급임차료	200,000
비 품	270,000	자 본 금	500,000
		이익잉여금	400,000
총 계	₩1,360,000	총 계	₩1,360,000

해답

1. 수정분개

차 변		대 변	
매출채권(순액)	100,000	대손충당금환입	100,000[1]
소모품비	70,000[2]	소 모 품	70,000
감가상각비	30,000[3]	비품(순액)	30,000
선급광고선전비	10,000	광고선전비	10,000[4]
이자비용	10,000	미지급이자	10,000
급 여	50,000	미지급급여	50,000
임 차 료	200,000	미지급임차료	200,000

[1] 650,000 − 550,000 = 100,000
[2] 100,000 − 30,000 = 70,000
[3] 300,000 − 270,000 = 30,000
[4] 20,000 − 10,000 = 10,000

2. 손익계산서

손익계산서

수익 :		₩800,000
용역매출액	700,000	
대손충당금환입	100,000	
비용 :		600,00
급여	250,000	
소모품비	70,000	
감가상각비	30,000	
광고선전비	10,000	
임차료	200,000	
이자비용	40,000	
당기순이익		₩200,000

문제 3-4 수정분개 및 재무제표작성

㈜다인의 20×1년 12월 31일 현재 수정 전 시산표잔액은 다음과 같다.

시 산 표

과목	차변	대변
현금및현금성자산	₩36,000	
매출채권	90,000	
대손충당금		₩1,400
선급보험료	2,400	
재고자산	81,000	
토　지	80,000	
건　물	88,000	
감가상각누계액 − 건물		8,800
비　품	75,000	
감가상각누계액 − 기계장치		15,000
매입채무		36,000
단기차입금		50,000
장기차입금		80,000
자 본 금		100,000
이월이익잉여금		84,800
매　출		320,000
매　입	184,000	
급　여	30,000	
광 고 비	18,000	
통 신 비	2,000	
잡　비	800	
이자수익		3,000
매출할인	3,000	
이자비용	8,800	
합　계	699,000	699,000

㈜다인　　　　　　　　20×1년 12월 31일 현재　　　　　　　　(단위 : 원)

〈추가정보〉

① 대손추산액은 매출채권잔액의 5%이다.
② 감가상각은 내용연수 5년간 정액법으로 상각하며, 잔존가치는 없으며, 당기 중에 취득한 건물과 비품은 없다.
③ 시산표상 선급보험료는 20×0년 말 현재 잔액이다.
④ 광고비 중 40% 선급한 것이다.
⑤ 20×1년 7월 1일에 차입한 장기차입금의 경우 이자는 연 12%로 20×2년 6월 31일에 지급된다.
⑥ 12월 급여 ₩3,000은 20×2년 1월 5일에 지급된다.
⑦ 미수이자 발생액은 ₩1,000이다.
⑧ 회사는 실지재고조사법으로 수량을 기록을 기록하고 있으며, 기말재고실사액은 ₩79,000이다.
⑨ 회사는 20×2년 3월 27일 주주총회에서 현금배당 ₩20,000을 지급할 예정이다.

≪물음≫

법인세는 무시하고 다음에 답하시오.

1. 수정분개를 하시오.
2. 재무상태표와 손익계산서를 작성하시오.
3. 마감분개를 하시오.
4. 회사는 역분개를 실시한다. 20×2년 초에 실시할 역분개를 하시오.

해답

1. 수정분개

구분	차변		대변	
1. 대손상각비	대손상각비	3,100[1)]	대손충당금	3,100
2. 감가상각비	감가상각비	32,600	감가상각누계액 - 건물	17,600[2)]
			감가상각누계액 - 비품	15,000[3)]
3. 선급보험료	보 험 료	2,400	선급보험료	2,400
4. 선급광고비	선급광고비	7,200[4)]	광 고 비	7,200
5. 미지급이자	이자비용	4,800	미지급이자	4,800[5)]
6. 미지급급여	급 여	3,000	미지급급여	3,000
7. 미수이자	미수이자	1,000	이자수익	1,000

1) $90,000 \times 5\% - 2,400 = 2,100$
2) $88,000 \div 5 = 17,600$
3) $75,000 \div 5 = 15,000$
4) $18,000 \times 40\% = 7,200$
5) $80,000 \times 12\% \times 6/12 = 4,800$

2. 재무상태표와 손익계산서 작성

재 무 상 태 표

㈜다인   20×1년 12월 31일 현재   (단위 : 원)

과목	금액	과목	금액
현금및현금성자산	₩36,000	매입채무	₩36,000
매출채권	90,000	미지급급여	3,000
대손충당금	(4,500)	미지급이자	4,800
선급광고비	7,200	단기차입금	50,000
미수이자	1,000	장기차입금	80,000
재고자산	79,000	부채총계	₩173,800
토 지	80,000		
건 물	88,000		
감가상각누계액	(26,400)	자 본 금	₩100,000
비 품	75,000	이월이익잉여금	121,500
감가상각누계액	(30,000)	자본총계	221,500
자산총계	₩395,300	부채와자본총계	₩395,300

손익계산서

㈜다인   20×1년 1월 1일부터 20×1년 12월 31일까지   (단위 : 원)

과목	금액	
매 출 액		₩317,000
매출원가		
기초재고	₩81,000	
당기매입액	184,000	
기말재고액	(79,000)	186,000
매출총이익		₩131,000
판매비와관리비		86,700
급 여	₩33,000	
광 고 비	10,800	
통 신 비	2,000	
대손상각비	3,100	
감가상각비	32,600	
보 험 료	2,400	
잡 비	800	
영업이익		₩46,300
영업외수익		4,000
이자수익	4,000	
영업외비용		13,600
이자비용	13,600	
당기순이익		₩36,700

3. 마감분개

구분	차변		대변	
(1) 수익계정의 마감	매 출	320,000	매출할인	3,000
	이자수익	4,000	집합손익	321,000
(2) 매출원가 관련계정의 마감	재고자산(기말)	79,000	재고자산(기초)	81,000
	집합손익	186,000	매 입	184,000
(3) 비용계정의 마감	집합손익	98,300	급 여	33,000
			광 고 비	10,800
			통 신 비	2,000
			잡 비	800
			이자비용	13,600
			대손상각비	3,100
			감가상각비	32,600
			보 험 료	2,400
(4) 집합손익계정의 마감	집합손익	36,700	이월이익잉여금	36,700

4. 역분개(20×2년 초)

(차) 미지급급여	3,000	(대) 급 여	3,000
미지급이자	4,800	이자비용	4,800
이자수익	1,000	미수이자	1,000

제4장 현재가치회계 및 이익의 측정

제1절 현재가치회계

자산의 가치는 그 자산이 미래에 창출하여 유입되는 현금흐름을 일정한 할인율로 할인하여 계산된다. 즉, 자산의 본질가치는 미래현금흐름의 현재가치로 평가된다. 현재가치의 기초개념인 화폐의 시간가치 개념에 대하여 먼저 살펴보자

1. 화폐의 시간가치

화폐는 동일한 금액이라 할지라도 시점에 따라 그 가치가 다르게 된다. 즉 현재의 ₩100이 1년 후의 ₩100보다 그 가치가 더 크다. 이처럼 인간은 미래의 현금보다는 동일한 크기의 현재 금액을 선호하는데 이를 유동성선호(liquidity preference)[1]라고 한다. 이와 같이 화폐는 시간이 지남에 따라 그 가치가 감소하므로 현금흐름이 미래에 발생하는 경우에는 **화폐의 시간가치**(time value of money)를 고려하여야 한다. 화폐의 시간가치를 결정하는 요소는 기간과 할인율이다. 투자수익률이 10%인 경우 현재의 ₩1,000의 1년 후 미래가치는 ₩1,100이 되고 1년 후 ₩1,100의 현재가치는 ₩1,000이 된다. 이를 그림으로 표시하면 다음과 같다.

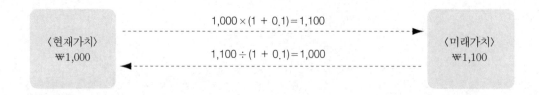

〈현재가치〉 ₩1,000

1,000 × (1 + 0.1)=1,100

1,100 ÷ (1 + 0.1)=1,000

〈미래가치〉 ₩1,100

2. 현재가치의 계산

현재가치란 미래의 현금흐름을 적절한 이자율로 할인한 금액이다. 현재가치는 기본적으로 다음의 세

---

1) 유동성선호는 시간선호성, 투자기회의 존재, 인플레이션위험, 미래의 불확실성에 의하여 발생한다.

가지 요소에 의하여 결정된다.

① 미래 현금흐름(cash flow)
② 현금이 유입되는 기간(period)
③ 투자자가 요구하는 수익률, 즉 할인율(discount rate)

(1) 현금흐름의 유형

현재가치(present value : PV)는 미래의 현금흐름을 고려하여야 하는데, 현금흐름의 유형은 단일금액(single sum)과 연금(annuity)으로 구분될 수 있다. 연금이란 동일한 금액이 일정한 기간동안 주기적으로 반복하여 발생하는 현금흐름을 말한다. 일반적인 연금은 1년 후부터 현금흐름이 발생한다. 반면에 현재시점부터 현금흐름이 발생하는 연금이 있을 수 있는데 이를 구분하기 위하여 1년 후부터 현금흐름이 발생하는 연금을 정상연금이라고, 현재시점부터 현금흐름이 발생하는 연금을 이상연금이라고 한다. 현금흐름의 유형을 정리하면 다음과 같다.

구 분		내 용
단일금액		미래 일정시점에 단 한 번의 현금흐름이 발생
연 금	정상연금	현금흐름이 1년후부터 또는 매년말에 주기적으로 발생
	이상연금	현금흐름이 현재시점부터 또는 기초에 주기적으로 발생

※ 사채는 단일금액과 연금 형태의 현금흐름이 모두 나타난다.

① 단일금액

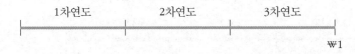

② 정상연금

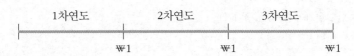

③ 이상연금

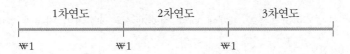

이상연금의 경우 현재의 현금흐름을 제외한 나머지 미래 현금흐름은 정상연금현금흐름이 된다. 즉, n번의 이상연금의 현금흐름은 현재 1회의 연금을 제외한 (n−1)회의 연금은 정상연금의 현금흐름이 된다.

(2) 현가계수 적용

현재가치계산시 현가표를 이용하면 편리하다. 현금흐름의 유형에 따라 서로 다른 현가계수를 적용하게 되는데, 그 내용은 다음과 같다.

현금흐름의 유형		1원의 현가계수
단일금액		n년 후의 단일금액 현가계수
연　　금	정상연금	n년 간의 연금현가계수
	이상연금	$1+(n-1)$ 년간 연금현가계수

연금현가표는 정상연금을 기준으로 작성되기 때문에 이상연금인 경우에는 정상연금표를 조정하여 적용하여야 한다.

〈예시〉 현금흐름유형별 현재가치계산

할인율을 r, 기간을 n이라고 할 때 다음과 같이 현가계수를 사용하고자 한다.

- 단일현가계수(r, n)
- 연금현가계수(r, n)

할인율 : 연 10%(가정)

ⅰ) 단일금액 현가

3년 후 ₩10,000의 현금흐름의 현재가치를 계산하면 다음과 같다.

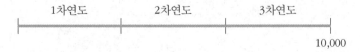

$$PV = 10,000 \div \{(1 + 0.1)^3\}$$
$$= 10,000 \times 단일현가계수(10\%, 3기간)$$
$$= 10,000 \times 0.7513 = 7,513$$

ⅱ) 정상연금 현가

매년말 ₩10,000씩 3년간 현금흐름의 합계에 대한 현재가치를 계산하면 다음과 같다.

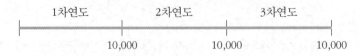

$$PV = 10,000 \times 연금현가계수(10\%, 3기간)$$
$$= 10,000 \times 2.4868 = 24,868$$

iii) 이상연금 현가

매년초 ₩10,000씩 3년간 현금흐름의 합계에 대한 현재가치를 계산하면 다음과 같다.

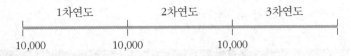

PV = 10,000 × 1 + 10,000 × 연금현가계수(10%, 2기간)
   = 10,000 × {1 + 연금현가계수(10%, 2기간)}
   = 10,000 × (1 + 1.7355) = 27,355

⇒ 연금현가계수(r, n)에서 n의 정확한 의미는 연수가 아니라 현금흐름의 횟수이다.

iv) 정상연금(1년에 2회) 현가

매년 6월말과 12월말 ₩5,000씩 6회에 걸친 현금흐름의 합계에 대한 현재가치를 계산하면 다음과 같다.

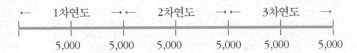

PV = 5,000 × 연금현가계수(3 × 2, 10%/2)
   = 5,000 × 5.0757 = 25,378.5

한편, 단일금액현가계수와 연금현가계수간에 다음과 같은 식이 성립된다.

> **n년 후 단일금액현가계수 = n연간연금현가계수 − (n−1) 연간연금현가계수**

위의 식이 성립됨을 다음과 같은 과정에서 알 수 있다.

연금현가계수(10%, 3기간)
= 단일현가계수(10%, 1기간) + 단일현가계수(10%, 2기간) + 단일현가계수(10%, 3기간)
= 연금현가계수(10%, 2기간) + 단일현가계수(10%, 3기간)

단일현가계수(10%, 3기간) = 연금현가계수(10%, 3기간) − 연금현가계수(10%, 2기간)
⇒ 단일현가계수(r, n) = 연금현가계수(r, n) − 연금현가계수(r, n − 1)

다음의 값은 현가계산표에서 구한 것이다.

단일현가계수(10%, 3기간) = 0.7513 ·· ①
연금현가계수(10%, 3기간) = 2.4868 ·· ②
연금현가계수(10%, 2기간) = 1.7355 ·· ③

②식에 − ③식을 차감하면

연금현가계수(10%, 3기간) − 연금현가계수(10%, 2기간) = 2.4868 − 1.7355 = 0.7513

위의 값은 단일현가계수(10%, 3기간)와 일치한다.

 예제 4-1 현재가치계산

현재가치에 적용될 현가계수는 다음과 같다.

기간	단일현가		연금현가	
	5%	10%	5%	10%
1	0.9524	0.9091	0.9524	0.9091
2	0.9070	0.8264	1.8594	1.7355
3	0.8638	0.7513	2.7232	2.4868
4	0.8227	0.6830	3.5460	3.1699
5	0.7835	0.6209	4.3295	3.7908
10	0.6139	0.3855	7.7217	6.1446

㈜SDU에 적용되는 할인율은 연 10%이다.

≪물음≫

다음 각각의 경우 현재가치를 계산하시오.

1. ㈜SDU는 장부금액이 ₩700,000인 비품을 처분하고 만기가 5년 후인 액면금액이 ₩1,000,000인 무이자부어음을 수취하였다. 동 무이자부어음의 현재가치를 계산하시오.
2. ㈜SDU는 판매대금을 판매시점 1년 후부터 5년간 ₩200,000씩 회수하는 조건으로 제품을 판매하였다. 회수할 금액의 현재가치를 계산하시오.
3. ㈜SDU는 이자율 6%, 5년 만기, 이자지급일 매년말, 액면금액 ₩1,000,000인 회사채를 발행하였다. 동 회사채의 현재가치를 계산하시오.
4. ㈜SDU는 상품을 판매하고 판매시점(20×1.1.1)을 포함하여 1년마다 ₩100,000씩 5회에 걸쳐 회수한다. 즉 최종회수일은 20×4.12.31이다. 동 상품판매와 관련한 상품대금의 현재가치를 계산하시오.
5. ㈜SDU는 다빈리스와 리스계약을 체결하였는데, 리스료 지급은 6개월마다 ₩100,000씩 5년간 지급하기로 되어있다. 1회 지급은 리스계약일로부터 6개월 경과시점이다. ㈜SDU가 지급할 리스료총액(₩1,000,000)의 현재가치를 계산하시오.
6. ㈜SDU는 이자율 6%, 5년 만기, 이자지급일 6개월마다 액면금액 ₩1,000,000인 회사채를 발행하였다. 첫 이자지급일은 발행일로부터 6개월 경과시점이다. 동 회사채의 현재가치를 계산하시오.

해답

1. 단일금액의 현재가치

현재가치 = 1,000,000 × 단일현가계수(10%, 5년) = 1,000,000 × 0.6209 = 620,900

2. 정상연금의 현재가치

현재가치 = 200,000 × 연금현가계수(10%, 5년) = 200,000 × 3.7908 = 758,160

3. 단일금액의 현재가치와 정상연금의 현재가치 합계

이자의 현재가치	1,000,000 × 6% × 3.7908 =	227,448
액면의 현재가치	1,000,000 × 0.6209 =	620,900
합계		848,348

4. 이상연금의 현재가치

현재가치 = 100,000 × 이상연금현가계수(10%, 5년)

= 100,000 × [1 + 정상연금현가계수(10%, 4년)]

= 100,000 × (1 + 3.1699) = 416,990

5. 1년에 현금흐름이 2번 발생하는 정상연금의 현재가치

현재가치 = 100,000 × 연금현가계수(5%, 10년)

= 100,000 × 7.7217 = 772,170

6. 1년에 현금흐름이 2번 발생하는 정상연금의 현재가치와 단일금액 현재가치 합계

이자의 현재가치	1,000,000 × 3% × 7.7217* =	231,651
액면의 현재가치	1,000,000 × 0.6139** =	613,900
합계		845,551

* 연금현가계수(5%, 10년) = 7.7217
** 단일현가계수(5%, 10년) = 0.6139
(⇒ 단일현가계수(10%, 5년)을 사용하면 안 된다. 단일현가계수와 연금현가계수는 동일하게 "5%, 10년"을 적용하여 일관성을 유지하여야 한다.

3. 현재가치의 적용

현재가치는 당해 채권·채무로 인하여 미래에 수취하거나 지급할 총금액을 적정한 이자율로 할인한 금액으로 한다.

(1) 현재가치평가대상

금융자산·금융부채로서 명목금액과 공정가치(현재가치)의 차이가 중요한 경우에는 현재가치로 평가한다. 장기금융자산·장기금융부채의 경우에는 일반적으로 공정가치(현재가치)와 명목금액의 차이는 중요하며, 장기금융자산·장기금융부채에 대하여 현재가치로 평가하고, 그 이후의 기간에 이자수익과 이자비용을 인식하는 회계처리를 하여야 기간손익(매매손익, 이자수익, 이자비용)이 적정하게 표시된다. 또한, 현재가치평가에 적용될 이자율은 유효이자율(내재이자율)이다. 여기서 유효이자율은 금융상품의 기대기간이나 적절하다면 더 짧은 기간에 예상되는 미래 현금 유출과 유입의 현재가치를 금융자산 또는 금융부채의 순장부금액과 정확히 일치시키는 이자율이다.

(2) 현재가치평가제외항목

다음 항목은 현재가치평가대상에서 제외된다.

구분	과목	현재가치평가제외 이유
① 물품채권·채무	장기의 선수금, 장기의 선급금	현재가치는 미래현금흐름을 할인하는 것인데 선수금 및 선급금은 현금흐름이 발생하지 않는다. 선수금 및 선급금은 재화 또는 용역으로 채권과 채무를 소멸시키는 비화폐성자산 또는 비화폐성부채이다. 현재가치의 대상은 화폐성항목이다.
② 이연법인세자산·부채	이연법인세자산·부채 (KIFRS1012-53)	일시적차이의 소멸시기(미래과세소득의 발생시기), 소멸되는 금액(과세소득 금액의 크기) 및 적정이자율을 신뢰성있게 추정하기가 실무적으로 곤란하다.

(3) 현재가치할인차금상각

채권·채무를 현재가치로 평가하게 되면 현재가치할인차금이 인식되는데, 이러한 현재가치할인차금은 채권·채무의 만기까지 이자수익(채권인 경우) 또는 이자비용(채무인 경우)으로 소멸된다. 즉, 장기채권의 현재가치할인차금상각액은 이자수익으로, 장기채무의 현재가치할인차금상각액은 이자비용으로 인식된다. 현재가치할인차금은 유효이자율법을 적용하여 상각 또는 환입하고, 이를 이자비용 또는 이자수익의 과목으로 계상한다. 따라서 현재가치할인차금상각에는 유효이자율법만 적용되고 정액법은 적용되지 아니한다.

제 2 절 이익의 측정

1. 손익측정방법(자본유지접근법과 거래접근법)

(1) 자본유지접근법

자본유지접근법(capital maintenance approach)은 기초와 기말의 자본을 비교하여 기말의 자본이 기초의 자본을 초과한 금액을 이익으로 보고, 미달하는 금액을 손실로 보는 방법이다. 이는 경제학적이익개념에 기초한 방법이다.

"기말자본=기초자본 + 유상증자 − 현금배당 + 순이익"을 정리하면 다음과 같은 순이익계산식을 얻을 수 있다.

> 기말자본= 기초자본 + 유상증자 − 현금배당 + 순이익
> 기말자본 − 기초자본=유상증자 − 현금배당 + 순이익
> 자본변동* = 유상증자** − 현금배당** + 순이익
>
> * 자본변동= 기말자본 − 기초자본= 자산의 증가 − 부채의 증가
> ** 주식배당과 무상증자는 자본변동에 영향을 미치지 않으므로 조정하지 않음.

T계정으로 자본을 표시하면 다음과 같다.

자 본			
현금배당	×××	기초	×××
		유상증자	×××
기말	×××	당기순이익	×××
	×××		×××

 예제 4-2 자본유지접근법

㈜다빈자동차의 20×1년도의 자산증가액은 ₩250,000이고, 부채증가액은 ₩100,000이다. 20×1년중에 신주 100주를 주당 ₩800(주당액면 ₩500)에 납입받는 유상증자를 실시하였다. 20×1년 중 현금배당액은 ₩60,000이고, 주식배당액은 ₩40,000이다. 20×1년 중 이익준비금 설정액은 ₩10,000이고, 감채적립금이입액은 ₩20,000이다.

≪물음≫

상기 자료를 이용하여 20×1년도의 ㈜다빈자동차의 순이익을 계산하시오.

해답

1. 자본의 증가＝자산의 증가 － 부채의 증가

   ＝₩250,000 － ₩100,000＝₩150,000

2. 자본의 증가＝순이익 ＋ 유상증자 － 현금배당

   ₩150,000＝순이익 ＋ 100주×₩800 － ₩60,000

   순이익＝₩130,000

※ 주식배당과 이익준비금설정액은 자본변동이 없으므로 순이익계산시 고려하지 않는다.

(2) 거래접근법

거래접근법(transaction approach)은 일정기간동안의 순자산의 변동에 영향을 미치는 손익거래로 이익을 측정하는 방법이다. 거래접근법은 현행회계가 채택한 방법으로서, 수익(이득포함)에서 비용(손실포함)을 차감하여 순이익을 인식한다. 수익은 수익인식기준에 의하여 인식되고, 비용은 수익비용대응원칙에 따라 인식한다. 거래접근법에 의하면 이익이 구분손익(매출총이익, 영업이익, 경상이익, 순이익)으로 표시됨에 따라 이익의 질에 대한 정보가 제공되는 장점이 있다.

순이익＝수익 － 비용 ＋ 이득 － 손실

2. 손익보고의 접근방법(당기업적주의와 포괄주의)

(1) 당기업적주의

당기업적주의(current operating performance concept)는 정상적인 영업활동에서 발생한 경상적이고 반복적인 항목만 손익계산서에 표시하고 비경상적이고 비반복적인 항목(특별항목이라고 함)은 자본계정에 표시하는 손익보고방법이다. 당기업적주의 주장근거는 다음과 같다.

① 특별항목은 정상적인 미래현금흐름창출능력을 나타내지 못하는 항목이므로 손익에 계상하지 말고 자본계정에 계상하여야 한다.
② 경상항목과 특별항목의 구분능력이 부족한 정보이용자는 이익정보를 잘못 해석하여 그릇된 의사결정을 할 위험이 있다.
③ 동일 기준에서의 이익에 관한 기간별·기업간 비교분석이 용이하다.
④ 경영자의 기업능력측정 및 평가에 유용하다.

A기업과 B기업의 경영성과가 포괄주의에 따라 다음과 같이 나타났다고 가정하자.

과 목	A기업	B기업
경상이익(손실)	100	-100
특별이익	0	200
세전이익	100	100

포괄주의에 따라 특별이익이 손익계산서에 반영되면, A기업과 B기업의 경영성과가 동일하게 표시되어 재무제표이용자가 기업평가를 그릇되게 할 가능성이 있으므로 특별이익은 제외되어야 한다.

당기업적주의는 비교, 예측, 평가 및 분석에 유용한 반면에 이익조작가능성이 높은 단점을 지닌다.

(2) 포괄주의

포괄주의(all-inclusive concept)는 경상적이고 반복적인 항목뿐만 아니라 특별항목도 손익계산서에 표시하는 손익보고방법이다. 포괄주의의 주장근거는 다음과 같다.

① 특별항목도 장기적인 이익창출능력을 반영하는 손익이므로 손익계산서에 표시되어야 한다는 주장이다. 다만, 경상항목과 특별항목을 구분하여 표시하면 이용자가 이익의 질에 대하여 적절히 판단할 수 있을 것이다.

② 경상항목과 비경상항목의 구분이 애매한 경우에 구분조작으로 이익조작가능성을 배제하기 위해서라도 모두 손익에 포함시키는 것이 바람직하다고 본다.

③ 회계실체가 존속하는 동안 매기간 순이익을 합계한 금액과 존속기간을 하나의 기간으로 하여 측정된 순이익이 일치하여야 한다. 그렇게 하기 위해서는 순이익에 특별항목이 포함되어야 한다. 포괄주의는 장기이익개념인 반면에 당기업적주의 단기이익개념이다.

앞서 살펴본 내용을 정리하여 당기업적주의와 포괄주의를 비교표시하면 다음과 같다.

표 4-1 • 당기업적주의와 포괄주의 비교

구 분	당기업적주의	포괄주의
개 념	손익계산시 특별항목 등을 제외함	손익계산시 특별항목 등도 포함함
특 징	• 실체이론 • 손익계산서 접근법(손익 · 동태론) • 단기이익개념 • 반복적 · 예측가능이익	• 자본주이론 • 재무상태표 접근법(재산법 · 정태론) • 장기이익개념 • 배당가능이익개념
장 점	• 미래수익력 예측에 유용 • 기간별 · 기업간 비교가능성 유지 • 단기적 이익평가에 유용 • 경영능력평가에 용이	• 이익조작가능성 배제 • 장기적 이익창출능력 평가에 유용 • 배당가능이익 계산에 유용 • 이익계산이 간편함
단 점	• 특별항목 판단시 이익조작가능함 • 경상항목과 특별항목의 구분이 모호함에 따른 적용상의 불편	• 특별항목에 대한 정보이용자의 이해 부족으로 잘못된 판단이 가능함 • 기간별 · 기업간 비교가능성 저하

제4장

제 3 절 발생주의와 현금주의

1. 의 의

발생주의는 현금의 유입과 유출에 관계없이 발생의 사실에 기초하여 수익과 비용을 인식하는 방법으로 현행회계에서 채택하고 있는 방법이다. 수입과 지급은 현금주의회계에서 사용되는 과목명이므로 발생주의회계에서 사용하는 적절하지 못하다. 따라서 발생주의회계를 채택한 현행회계에서는 과목명에 수입과 지출을 삭제하거나 수익, 비용 등으로 변경하여야 한다. 이를 정리하면 다음과 같다.

현금주의 과목명		발생주의 과목명
지급이자	→	이자비용
수입이자	→	이자수익
지급수수료	→	수수료
수입배당금	→	배당금수익
지급임차료	→	임차료
수입임대료	→	임대료

발생주의에 의한 회계처리의 예를 들면 다음과 같다.

- 매출채권에 대한 대손충당금을 계상함
- 상품의 인도시점에서 상품매출액을 인식함
- 종업원에 대한 퇴직급여충당부채를 계상함
- 건물에 대한 감가상각비를 계상함

반면에 현금주의는 현금의 유입과 유출의 시기에 수익(수입)과 비용(지출)을 계상하는 방법인데, 현금주의가 수익과 비용이 적절히 대응되지 못하여, 기간손익을 적절히 측정하지 못하는 단점 때문에 현행회계에서는 채택하고 있지 않는다. 현금흐름표를 제외한 재무제표는 발생주의에 따라 작성된다. 현금주의 순이익과 발생주의 순이익간의 상호관계와 관련하여, 전환문제와 현금흐름표작성문제가 있는데 이를 나타내면 다음과 같다.

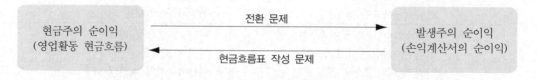

위의 관계에서 보듯이 전환문제와 현금흐름표작성문제는 동전의 앞뒷면의 관계이다. 따라서 전환문제의 이해는 현금흐름표작성에 도움이 된다. 전환문제란 현금주의 순이익이 주어지는 경우에 기타자료를 이용하여 발생주의 순이익을 계산하는 문제이다.

전환문제를 해결하는 방법에는 다음과 같이 가감법, T계정법 및 분개법이 있다.

(1) 가감법 ── 개별과목별증감법
　　　　　　└ 순자산증감법 : 발생주의 이익 = 현금주의 이익 + 순자산증가
(2) T계정법 ── 특정계정과 관련된 계정을 T계정으로 표시하여 계산
(3) 분개법 ── 관련 분개를 표시하여 계산

제4장

가감법은 발생주의 순이익을 계산하는 경우에 유용하고, T계정법과 분개법은 특정계정의 수익 또는 비용을 계산하는 경우에 유용하게 사용될 수 있다.

2. 가감법

현금주의 순이익에서 발생주의 순이익를 계산하는 식을 아래의 예를 통하여 살펴보자
현금매출 ₩60과 외상매출 ₩40이 발생하면 관련분개는 다음과 같다.

(차) 현　　금	60	(대) 매 출 액	100
매출채권	40		

위 분개에서 다음과 같은 식이 유도된다.

$$\underset{₩100}{\underline{발생주의\ 순이익}} = \underset{₩60}{\underline{현금주의\ 이익}} + \underset{₩40}{\underline{자산증가}} \quad \cdots ①식$$

급여 ₩50 중 현금으로 ₩40을 지급하고 나머지 ₩10은 미지급하면 관련분개는 다음과 같다.

(차) 급　　여	50	(대) 현　　금	40
		미지급비용	10

위 분개에서 다음과 같은 식이 유도된다.

$$\underset{-₩50}{\underline{발생주의\ 순이익}} = \underset{-₩40}{\underline{현금주의\ 순이익}} - \underset{₩10}{\underline{부채증가}} \quad \cdots ②식$$

위 두 식(①식과 ②식)을 결합하면 다음과 같다.

발생주의 순이익 = 현금주의 순이익 + 자산증가 - 부채증가
　　　　　　　 = 현금주의 순이익 + 순자산증가

가감법은 현금주의 순이익에 자산과 부채의 증감 또는 순자산의 증감을 가감하여 발생주의 순이익을 계산하는 방법이다. 매출채권이 증가할 경우 발생주의 순이익이 현금주의 순이익보다 더 커진다는 사실을 이용하면, 발생주의 순이익은 현금주의 순이익에 매출채권과 같은 자산의 증가액을 가산하여 계산할 수 있다. 마찬가지로 매입채무가 증가할 경우 발생주의 순이익이 현금주의 순이익보다 더 작아진다는 사실을 이용하면, 발생주의 순이익은 현금주의 순이익에 매입채무 같은 부채의 증가액을 차감하여 계산할 수 있다.

이러한 원리에 따라 다음의 표와 같은 계산식이 유도된다.

구 분	분 개		발생주의 이익과 현금주의 이익
	차변	대변	
매출채권 증가	현금 ××× 매출채권 ×××	매출 ×××	발생주의 수익(매출) > 현금주의 수익(현금수취) 발생주의 수익 = 현금주의 수익 + 매출채권증가 발생주의 이익 = 현금주의 이익 + 매출채권증가
매입채무 증가	매출원가[1] ××× 1) 매입액이 전액 판매된다고 가정	현금 ××× 매입채무 ×××	발생주의 비용 > 현금주의 비용 (매출원가) (현금지급) 발생주의 비용 = 현금주의 비용 + 매입채무증가 발생주의 이익 = 현금주의 이익 − 매입채무증가

정리 4-1   가감법 계산방법

(1) 개별과목별 증감이용

현금주의 순이익	±	+ 자산증가(−감소)[1] − 부채증가(+감소)[1]	=	발생주의 순이익

(2) 순자산증감이용

현금주의 순이익	+	순자산증가(−감소)	=	발생주의 순이익

[1] 4개의 가감항목을 암기하기 보다는 "자산은 같은 방향, 부채는 반대방향"으로 이해하는 것이 암기하기 쉽다. 즉, 발생주의 순이익계산시 자산의 증가는 현금주의 순이익의 가산요소이고, 부채의 증가는 현금주의 순이익의 차감요소이기 때문에 자산의 증가 → 가산(같은 방향), 부채의 증가 → 차감(반대 방향)된다. 결국 순자산과 같은 방향으로 정리될 수 있다. 즉, 순자산이 증가(자산의 증가, 부채의 감소)하면 가산하고, 순자산이 감소(자산의 감소, 부채의 증가)하면 차감된다. 이것은 순자산증감법의 계산식과 일치됨을 알 수 있다.

영업활동과 관련된 자산·부채의 증감만 고려하여야 한다. 즉, 토지의 증감 등은 고려해서는 안 된다는 점에 유의하여야 한다.

순자산증감법은 기초순자산과 기말순자산을 각각 계산하고, 양 금액의 차이에 의하여 순자산의 증감을 계산한 후에 순자산증감액을 현금주의 순이익에 가감하여 발생주의 순이익을 계산하는 방법으로서, 자산·부채의 과목수가 많은 경우(다음 예제처럼)에는 순자산증감법을 이용하는 것이 개별과목별증감법보다 더 효율적이다.

예제 4-3 전환문제

㈜다빈의 20×1년 현금주의 순이익은 ₩400,000이다. 20×1년 ㈜다빈의 계정과목의 증감자료는 다음과 같다.

구 분	기초잔액	기말잔액
매출채권	₩80,000	₩90,000
재고자산	30,000	50,000
매입채무	70,000	60,000
미지급비용	20,000	30,000

≪물음≫

상기 자료를 이용하여 ㈜다빈의 20×1년 발생주의 순이익을 계산하시오.

해답

〈방법 1〉 순자산증감법 이용

구 분	기초잔액ⓐ	기말잔액ⓑ	증감액ⓑ − ⓐ
매출채권	₩80,000	₩90,000	
재고자산	30,000	50,000	
매입채무	(70,000)	(60,000)	
미지급비용	(20,000)	(30,000)	
순자산	₩20,000	₩50,000	₩30,000

현금주의 순이익	₩400,000
순자산 증가	30,000
발생주의 순이익	₩430,000

〈방법 2〉 계정과목별 증감법

현금주의 순이익	₩400,000
매출채권증가	10,000
재고자산증가	20,000
매입채무감소	10,000
미지급비용증가	(−)10,000
발생주의 순이익	₩430,000

제4장

3. T계정법

관련된 과목들을 모두 T계정으로 표시하면 현금주의와 발생주의 손익이 T계정에 모두 표시되어 간단하게 손익을 구할 수 있다. 이 방법은 단일 과목(예 매입 또는 매출 등)의 현금주의에서 발생주의로 전환에 사용되면 효율적이다. 반면에 여러 과목의 전환문제는 순자산증감법으로 처리하는 것이 효율적이다.

① 매출(발생주의)과 매출채권회수(현금주의)

매출채권

기초	×××	현금(현금주의)	×××
		제거	×××
매출(발생주의)	(계산)	기말	×××
	×××		×××

• 계산식

> 매출 = 매출채권회수액 + 대손처리액 + 기말매출채권 − 기초매출채권
>
> = 매출채권회수액 + 대손처리액 + 매출채권증가

② 매출원가(발생주의)와 매입채무지급액(현금주의)

매입채무

현금(현금주의)	×××	기초	×××
기말	×××	매입	×××
	×××		×××

재고자산

기초	×××	매출원가(발생주의)	(계산)
매입	×××	기말	×××
	×××		×××

매입채무T계정과 재고자산T계정을 합하여 단일T계정(간편법)으로 표시하면 다음과 같다.

매입채무 · 재고자산

기초재고자산	×××	기초매입채무	×××
현금(현금주의)	×××	매출원가(발생주의)	(계산)
기말매입채무	×××	기말재고자산	×××
	×××		×××

• 계산식

> 매출원가 = 매입채무지급액 + 기말매입채무 − 기초매입채무 − 기말재고자산 + 기초재고자산
>
> = 매입채무지급액 + 매입채무증가 − 재고자산증가

또는, 매입채무지급액을 (−)으로 표시하여 정리하면 다음과 같은 계산식이 도출된다.

> 매출원가=(−)매입채무지급액 − 매입채무증가 + 재고자산증가
> 　　　　=(−)×××　(⇒ 여기서 "−"는 비용을 의미한다.

만일, 자산과 부채의 증감이 주어지는 경우에는 기초란을 삭제하고 기말란에 증가를 표시하면 된다. 매출원가의 경우를 표시하면 다음과 같다.

매입채무 · 재고자산

현금(현금주의)	×××	매출원가(발생주의)	(계산)
매입채무증가	×××	재고자산증가	×××[1]
	×××		×××

1) 감소인 경우 "−금액"으로 표시한다.

③ 기타수익과 기타비용

단일T계정(간편법)으로 표시하면 다음과 같다.

선급비용 · 미지급비용　　　　　　　　**미수수익 · 선수수익**

기초선급비용	×××	기초미지급비용	×××	기초미수수익	×××	기초선수수익	×××
현금(현금주의)	×××	비용(발생주의) (계산)		수익(발생주의) (계산)		현금(현금주의)	×××
기말미지급비용	×××	기말선급비용	×××	기말선수수익	×××	기말미수수익	×××
	×××		×××		×××		×××

만일, 자산과 부채의 증감이 주어지는 경우에는 기초란을 삭제하고 기말란에 증가를 표시하면 된다. 이를 표시하면 다음과 같다.

선급비용 · 미지급비용　　　　　　　　**미수수익 · 선수수익**

현금(현금주의)	×××	비용(발생주의) (계산)		수익(발생주의) (계산)		현금(현금주의)	×××
미지급비용증가	×××	선급비용증가	×××	선수수익증가	×××	미수수익증가	×××
	×××		×××		×××		×××

• 계산식

> 비용=현금지급액 + 기초선급비용 − 기말선급비용 − 기초미지급비용 + 기말미지급비용
> 　　=현금지급액 − 선급비용증가 + 미지급비용증가

> 수익=현금수취액 + 기초선수수익 − 기말선수수익 − 기초미수수익 + 기말미수수익
> 　　=현금수취액 − 선수수익증가 + 미수수익증가

예제 4-4 전환문제

㈜다빈의 20×1년의 현금주의에 의한 매입지출은 ₩70,000이었다. 재고자산의 감소는 ₩10,000이고, 매입채무의 증가는 ₩20,000이다.

≪물음≫

발생주의에 의한 비용을 계산하시오.

해답

매입채무				재고자산		
현금*1	70,000					매출원가*2 (계산)
증가	20,000	매입	90,000	매입*3	90,000	감소 −10,000
	90,000		90,000		90,000	90,000

*1. 현금주의 지출
*2. 발생주의 비용
*3. 매입채무의 매입에서 이기됨

따라서 발생주의에 의한 비용(매출원가)은 ₩100,000이다.

[별해]
매출원가 = (−)매입채무지급액 + 재고자산증가 − 매입채무감소
= −70,000 − 10,000 − 20,000 = (−)100,000

4. 분개법

분개법은 관련 계정의 분개를 통하여 계산하는 방법으로 이해하기는 쉬우나 해결시간이 타 방법에 비하여 상대적으로 더 많이 소요되는 단점이 있다. 매출의 경우를 예로 하여 설명하여 보자. 먼저 기초매출채권을 대기하여 소멸시킨 후 기말매출채권을 차기하여 재무상태표에 인식하는 분개를 한다. 마찬가지로, 기초대손충당금을 차기하여 소멸시킨 후 기말대손충당금을 대기하여 재무상태표에 인식하는 분개를 한다. 다음에는 대손상각비와 매출채권회수액을 차기표시한다. 마지막으로 대차를 일치시키는 금액으로 대변잔액을 계산하면 이 금액이 매출액이 된다.

구분	차변		대변	
매출/매출채권회수 →	기말매출채권	×××	기초매출채권	×××
	기초대손충당금	×××	기말대손충당금	×××
	대손상각비	×××	**매 출 액**	**(계산)**
	현　금	×××		
매입/매입채무지급 →	기말재고자산	×××	기초재고자산	×××
	기초매입채무	×××	기말매입채무	×××
	매출원가	**(계산)**	현　금	×××
기타비용/현금지급 →	기말선급비용	×××	기초선급비용	×××
	기초미지급비용	×××	기말미지급비용	×××
	비　용	**(계산)**	현　금	×××
기타수익/현금수취 →	기말미수수익	×××	기초미수수익	×××
	기초선수수익	×××	기말선수수익	×××
	현　금	×××	**수　익**	**(계산)**

위의 분개에서 관련 자산 및 부채의 기초잔액과 기말잔액을 각각 표시하는 것보다는 다음과 같이 관련 자산 및 부채의 증가(감소는 반대표시 또는 −금액으로 표시하면 된다)로 표시하면 더 간단하게 해결할 수 있다.

구분	차변		대변	
매출/매출채권회수 →	매출채권(증가)	×××	대손충당금(증가)	×××
	대손상각비	×××	**매 출 액**	**(계산)**
	현　금	×××		
매입/매입채무지급 →	재고자산(증가)	×××	매입채무(증가)	×××
	매출원가	**(계산)**	현　금	×××
기타비용/현금지급 →	선급비용(증가)	×××	미지급비용(증가)	×××
	비　용	**(계산)**	현　금	×××
기타수익/현금수취 →	미수수익(증가)	×××	선수수익(증가)	×××
	현　금	×××	**수　익**	**(계산)**

예제 4-5 전환문제(CPA1차 2000)

㈜다인의 20×1년도 현금주의 당기순이익은 ₩80,000이다. 다음은 전기말에 비하여 증감된 자산 · 부채와 당기에 발생된 비용이다.

매입채무	₩5,000 증가	매출채권	₩25,000 감소
선급비용	₩3,000 증가	미지급비용	₩4,000 감소
		감가상각비	₩5,000 발생

≪물음≫

20×1년 발생주의 당기순이익을 계산하시오.

해답

(방법 1)

현금주의 순이익	₩80,000
매입채무 증가	(5,000)
매출채권 감소	(25,000)
선급비용 증가	3,000
미지급비용 감소	4,000
감가상각비 발생	(5,000)
발생주의 순이익	₩52,000

[참고] 발생주의 순이익 = 현금주의 순이익 + 순자산증가

(방법2) 분개로 해결

(차) 현금	80,000	(대) 매입채무	5,000
선급비용	3,000	매출채권	25,000
미지급비용	4,000	감가상각누계액*	5,000
		당기순이익	?
	87,000		87,000

* 감가상각비가 아닌 재무상태표계정인 감가상각누계액을 기표한다.
따라서 당기순이익 = 87,000 − 5,000 − 25,000 − 5,000 = 52,000

연습문제

문제 4-1 현재가치계산

㈜다인은 20×1년 1월 1일 다음과 같은 조건의 회사채를 발행하였다.

- 액면금액   ₩1,000,000
- 액면이자율   연 10%
- 시장이자율   연 12%
- 만기일(5년 후)   20×5년 12월 31일
- 이자지급일   6월 30월 12년 31일 (1년에 2회)

연금현가계수는 다음과 같다.

기간 \ 할인율	6%	12%
4년	3.47	3.03
5년	4.21	3.60
9년	6.80	5.33
10년	7.36	5.65

≪물음≫

20×1년 1월 1일 현재 발행된 회사채의 현재가치를 계산하시오.

해답

현재가치 = 1,000,000 × 5% × 연금현가계수(6%, 10년) + 1,000,000 × 단일현가계수(6%, 10년)

= 1,000,000 × 5% × 7.36 + 1,000,000 × 0.56

= 368,000 + 560,000

= 928,000

[참고] 회사채의 현재가치가 회사채의 발행금액이 된다.

문제 4-2   자본유지접근법^(CTA1차 2001)

㈜다빈은 20×1년도 말 장부마감 후 다음과 같은 주요 재무상태 변동이 2001년 중에 발생하였음을 알게 되었다.

- 자산   ₩576,000(증가)
- 부채   ₩178,000(증가)

㈜다빈의 자본은 자본금과 이익잉여금만으로 구성되어 있으며, 주당 액면금액은 ₩10이다. 20×1년 중 회사가 ₩100,000의 신주를 액면으로 발행하였고, 현금배당 없이 5%의 주식배당만을 하였다.

≪물음≫

20×1년도 ㈜다빈의 순이익을 계산하시오.

해답

순자산증가＝유상증자 ＋ 당기순이익 － 현금배당
576,000 － 178,000＝100,000 ＋ 당기순이익 － 0
당기순이익＝₩298,000

문제 4-3   발생주의와 현금주의^(CTA 1997)

다음 자료는 20×1년 ㈜다빈의 재무제표에서 추출한 자료이다.

매 출 액	: ₩267,000 (현금매출액과 외상매출액 모두 포함)			
매출원가	: ₩130,000			
현 금	: 기초잔액	₩60,000	기말잔액	₩65,000
매출채권	: 기초잔액	80,000	기말잔액	73,000
재고자산	: 기초잔액	110,000	기말잔액	125,000
매입채무	: 기초잔액	75,000	기말잔액	88,000

감가상각비는 ₩10,000이며, 선수금 ₩20,000과 선급비용 ₩10,000이 각각 증가하였다.

≪물음≫

20×1년 ㈜다빈의 현금주의 당기순이익을 계산하시오.

해답

현금주의 순이익＝순이익 − 자산증가(＋ 감소) + 부채증가(−감소)

$$= (₩267,000 − ₩130,000 − ₩10,000) + ₩7,000 − ₩15,000$$
$$+ ₩13,000 + ₩20,000 − ₩10,000 + ₩10,000(감가상각비)$$
$$= ₩127,000 + ₩25,000 = ₩152,000$$

[해설] 감가상각비 처리

현금주의 순이익＝발생주의 순이익 − 순자산증가

발생주의 순이익＝수익 − 비용＝매출액 − 매출원가 − 감가상각비

$$= 267,000 − 130,000 − 10,000 = 127,000$$

순자산증가＝ − 매출채권감소 + 재고자산증가 − 매입채무증가

$$− 감가상각누계액증가(감가상각비발생) − 선수금증가 + 선급비용증가$$
$$= −7,000 + 15,000 − 13,000 − 10,000 − 20,000 + 10,000$$
$$= (−)25,000$$

발생주의 순이익＝127,000 + 25,000 = ₩152,000

문제 4-4 발생주의와 현금주의

㈜다빈은 내부보고시에는 현금주의로, 외부보고시에는 발생주의로 순이익을 계산한다. 회사는 현금주의에 의하여 20×1년 순이익 ₩5,000,000을 보고하였다. 20×1년 관련과목의 기초잔액과 기말잔액은 다음과 같다.

과 목	20×1년 1월 1일(기초)	20×1년 12월 31일(기말)
매출채권	₩2,000,000	₩2,300,000
매입채무	1,500,000	1,900,000
재고자산	800,000	1,000,000
선급비용	200,000	300,000
미지급비용	400,000	200,000
감가상각누계액㈜	600,000	800,000

㈜ 20×1년에 처분한 유형자산은 없다.

≪물음≫

20×1년 ㈜다빈의 발생주의 당기순이익을 계산하시오.

해답

과 목	20×1년 1월 1일(기초)	20×1년 12월 31일(기말)
매출채권	₩2,000,000	₩2,300,000
매입채무	(1,500,000)	(1,900,000)
재고자산	800,000	1,000,000
선급비용	200,000	300,000
미지급비용	(400,000)	(200,000)
감가상각누계액	(600,000)	(800,000)
순자산	₩500,000	₩700,000

순자산증가＝₩700,000 － ₩500,000＝₩200,000

발생주의 순이익＝현금주의 순이익 ＋ 순자산증가

＝₩5,000,000 ＋ ₩200,000＝₩5,200,000

[해답] 감가상각누계액 증가액 ₩200,000은 감가상각비를 의미한다.

⇒ [other method] 분개

(차) 매출채권	300,000	(대) 매입채무	400,000
재고자산	200,000	감가상각누계액	200,000
선급비용	100,000	순 이 익	?
미지급비용	200,000		
현 금	5,000,000		
	5,800,000		5,800,000

따라서 순이익＝₩5,200,000

제 5장 | 재무제표 표시

제1절 의 의

기업회계기준서 제1001호 '재무제표 표시(Presentation of Financial Statements)'(이하 '기준서'라한다)는 재무제표의 표시에 관한 전반적인 요구사항, 재무제표의 구조에 대한 지침과 재무제표의 내용에 대한 최소한의 요구사항을 규정한다. 반면, 구체적인 거래나 그 밖의 사건에 대한 인식, 측정 및공시에 대한 요구사항은 다른 한국채택국제회계기준서에서 정한다(KIFRS1001-3). 이 기준서는 과거기간의 재무제표나 다른 기업의 재무제표와 비교가능하도록 일반목적 재무제표[1]의 표시에 관한 기준을정한다(KIFRS1001-1,3).

이 기준서의 적용범위는 다음과 같다.

- 주권상장법인의 회계처리(KIFRS1001-한2.1)
- 한국채택국제회계기준의 적용을 선택한 기업의 회계처리
- 일반목적 재무제표(KIFRS1001-2)
- 연결재무제표나 별도재무제표를 보고하는 기업을 포함한 모든 기업의 회계처리(KIFRS1001-4).

다만, 이 기준서는 기업회계기준서 제1034호 '중간재무보고'에 따라 작성되는 요약중간재무제표[2]의구조와 내용에는 적용하지 아니한다(KIFRS1001-4).

---

1) 일반목적 재무제표(이하 '재무제표'라 한다)는 특정 필요에 따른 특수보고서의 작성을 기업에 요구할 수 있는 위치에 있지아니한 재무제표이용자의 정보요구를 충족시키기 위해 작성되는 재무제표를 말한다(KIFRS1001-7)

2) K-GAAP 제21호에서는 중간재무제표 작성시 연차재무제표와 동일한 양식으로 하되 계정과목의 요약 등 특별한 사항을기준서 제2호에서 정하고 있으나, 이 기준서에서는 전체 재무제표와 요약중간재무제표 둘 중 하나를 선택하도록 하고있다.

제2절 재무제표

1. 재무제표의 목적

재무제표(Financial Statements)는 기업(entity)[3]의 재무상태와 재무성과를 체계적으로 표현한 것이다. 재무제표의 목적은 광범위한 정보이용자의 경제적 의사결정에 유용한 기업의 재무상태, 재무성과와 재무상태변동에 관한 정보를 제공하는 것이다. 또한 재무제표는 위탁받은 자원에 대한 경영진의 수탁책임 결과도 보여준다. 이러한 목적을 충족하기 위하여 재무제표는 다음과 같은 기업 정보를 제공한다(KIFRS1001-9).

① 자산
② 부채
③ 자본
④ 차익과 차손을 포함한 광의의 수익과 비용
⑤ 소유주[4]로서의 자격을 행사하는 소유주에 의한 출자와 소유주에 대한 배분
⑥ 현금흐름

이러한 정보는 주석에서 제공되는 정보와 함께 재무제표이용자가 기업의 미래현금흐름, 특히 그 시기와 확실성을 예측하는 데 도움을 준다.

2. 전체 재무제표

전체 재무제표[5]는 다음을 모두 포함[6]하여야 한다[7](KIFRS1001-10).

① 기말 재무상태표   ② 기간 손익과기타포괄손익계산서
③ 기간 자본변동표   ④ 기간 현금흐름표

---

3) K-GAAP에서는 회사로 표현한 것을 KIFRS에서는 기업으로 표현하고 있다. 이는 기업실체에서 실체를 생략한 것으로 판단된다(저자주). 지배기업, 종속기업, 관계기업, 공동지배기업 등 기업이라는 용어를 사용한다.

4) 소유주는 자본으로 분류되는 금융상품의 보유자를 말한다(KIFRS1001-7)

5) 종전의 기업회계기준서 제21호에서는 재무제표는 재무상태표, 손익계산서, 이익잉여금처분계산서(또는 결손금처리계산서), 현금흐름표, 자본변동표로 구성되며 주석을 포함하나, 이 기준서에서 재무제표는 재무상태표, 포괄손익계산서, 현금흐름표, 자본변동표 및 주석으로 구성되며 회계정책을 소급하여 적용하거나 재무제표의 항목을 소급하여 재작성하는 경우에 전기 기초 재무상태표를 작성해야 한다. 이 기준서에서는 재무제표에 포괄손익계산서를 포함하며 이익잉여금처분계산서(또는 결손금처리계산서)를 포함하지 않고 있다.

6) 재무제표의 명칭은 상기 재무제표의 명칭이 아닌 다른 명칭을 사용할 수 있다. 예를 들어, '손익과기타포괄손익계산서'라는 명칭 대신에 '포괄손익계산서'라는 명칭을 사용할 수 있다(KIFRS1001-10).

7) 문단 10에도 불구하고 재무제표의 명칭은 '주식회사의 외부감사에 관한 법률'제1조의2에 따른다. 따라서, 이 기준서의 문단 10 이외의 다른 문단과 기업회계기준서 제1034호 '중간재무보고'의 문단 5 이외의 다른 문단 및 다른 기준서에서 '손익과기타포괄손익계산서'라는 명칭은 사용하지 않고 '포괄손익계산서'라는 명칭만을 사용한다(KIFRS1001-한10.1).

⑤ 주석(유의적인 회계정책의 요약 및 그 밖의 설명으로 구성)

⑥ 전기에 관한 비교정보

⑦ 회계정책을 소급하여 적용하거나, 재무제표의 항목을 소급하여 재작성 또는 재분류하는 경우 전기 기초 재무상태표

20×2.12.31	20×1.12.31	20×1.1.1
회계정책변경	재작성	재작성

각각의 재무제표는 전체 재무제표에서 동등한 비중으로 표시[8]한다(KIFRS1001-11).

쉬어가기...

[속담] 열 손가락 깨물어 안 아픈 손가락이 없다.
혈육은 다 귀하고 소중함을 비유적으로 이르는 말.

경영진의 재무검토보고서, 환경보고서나 부가가치보고서는 재무제표의 범위에서 제외된다(KIFRS1001-13,14).

3. 일반사항

(1) 공정한 표시(fair presentation)와 한국채택국제회계기준의 준수

1) 의 의

재무제표는 기업의 재무상태, 재무성과 및 현금흐름을 공정하게 표시해야 한다. 공정한 표시를 위해서는 개념체계에서 정한 자산, 부채, 수익 및 비용에 대한 정의와 인식요건에 따라 거래, 그 밖의 사건과 상황의 효과를 충실하게 표현해야 한다. 한국채택국제회계기준에 따라 작성된 재무제표(필요에 따라 추가공시한 경우 포함)는 공정하게 표시된 재무제표로 본다(KIFRS1001-15).

한국채택국제회계기준을 준수하여 재무제표를 작성하는 기업은 그러한 준수 사실을 주석에 명시적이고 제한없이 기재한다. 재무제표가 한국채택국제회계기준의 요구사항을 모두 충족한 경우가 아니라면 한국채택국제회계기준을 준수하여 작성되었다고 기재하여서는 아니 된다(KIFRS1001-16).

한국채택국제회계기준을 준수하여 작성된 재무제표는 국제회계기준을 준수하여 작성된 재무제표임을 주석으로 공시할 수 있다(KIFRS1001-한16.1).

거의 모든 상황에서 공정한 표시는 관련 한국채택국제회계기준을 준수함으로써 달성된다. 또한 공정

---

8) 기업의 재무성과는 재무제표의 모든 측면이 고려되고 전체적으로 이해되어진 후에 평가될 수 있다. 따라서 재무제표이용자가 기업의 재무성과를 포괄적으로 이해하는 데 도움을 주기 위하여 각각의 재무제표는 전체 재무제표에서 동등한 비중으로 표시되어야 한다(KIFRS1001-BC22).

한 표시를 위해 다음과 같은 사항이 준수되어야 한다(KIFRS1001-17).

① 기업회계기준서 제1008호 '회계정책, 회계추정의 변경 및 오류'를 준수하여 회계정책을 선택하고 적용한다. 기업회계기준서 제1008호는 구체적으로 적용할 한국채택국제회계기준이 없는 경우 경영진이 고려할 관련 기준의 우선순위를 규정하고 있다.

② 회계정책을 포함하여 목적적합하고, 신뢰할 수 있고, 비교가능하며 이해가능한 정보9)를 표시한다.

③ 한국채택국제회계기준의 구체적인 요구사항을 준수하더라도 특정거래, 그 밖의 사건 및 상태가 기업의 재무상태와 재무성과에 미치는 영향을 재무제표이용자가 이해하기에 충분하지 않은 경우 추가공시를 제공한다.

부적절한 회계정책은 이에 대하여 공시나 주석 또는 보충 자료를 통해 설명하더라도 정당화될 수 없다 (KIFRS1001-18).

> **[APP 2014]**
>
> 부적절한 회계정책은 이에 대하여 공시나 주석 또는 보충 자료를 통해 설명함으로써 정당화될 수 있다. (×)

2) 일탈(departure)인정

극히 드문 상황으로서 한국채택국제회계기준의 요구사항을 준수하는 것이 오히려 개념체계에서 정하고 있는 재무제표의 목적과 상충되어 재무제표이용자의 오해를 유발할 수 있다고 경영진이 결론을 내리는 경우에는, 관련 감독체계가 이러한 요구사항으로부터의 일탈을 의무화하거나 금지하지 않는다면, 요구사항을 달리 적용한다10). 이와 같이 요구사항을 달리 적용하는 경우 다음 모든 항목을 공시한다 (KIFRS1001-19,20).

① 재무제표가 기업의 재무상태, 재무성과 및 현금흐름을 공정하게 표시하고 있다고 경영진이 결론을 내렸다는 사실

② 공정한 표시를 위해 특정 요구사항을 달리 적용하는 것을 제외하고는 한국채택국제회계기준을 준수했다는 사실

③ 기업이 달리 적용하는 해당 한국채택국제회계기준의 제목, 그 한국채택국제회계기준에서 요구하는 회계처리의 방법과 이에 대한 일탈의 내용, 그러한 회계처리가 해당 상황에서 재무제표이용자의 오해를 유발할 수 있어 개념체계에서 정한 재무제표의 목적과 상충되는 이유, 그리고 실제로 적용한 회계처리방법

④ 표시된 각 회계기간에 대해, 한국채택국제회계기준 요구사항으로부터의 일탈이 이를 준수하였다면 보고되었을 재무제표의 각 항목에 미치는 재무적 영향

---

9) 개념체계의 주요 질적특성을 갖춘 정보를 말한다.

10) 어떠한 경우에라도 한국채택국제회계기준의 요구사항을 달리 적용할 수 없다.(틀림)

과거기간에 한국채택국제회계기준의 요구사항을 달리 적용한 결과 그러한 일탈이 당기 재무제표의 인식 금액에 영향을 미친 경우, 문단 20(3)과 (4)의 항목을 공시한다(KIFRS1001-21). 예를 들어, 과거기간에 자산이나 부채의 측정에 대해 한국채택국제회계기준의 요구사항을 달리 적용하여 그러한 일탈이 당기 재무제표에 인식된 자산과 부채의 변동금액 측정에 영향을 미치는 경우에는 문단 21을 적용한다 (KIFRS1001-22).

3) 일탈금지

극히 드문 상황으로서 한국채택국제회계기준의 요구사항을 준수하는 것이 개념체계에서 정한 재무제표의 목적과 상충되어 재무제표이용자의 오해를 유발할 수 있다고 경영진이 결론을 내렸지만, 관련 감독체계가 요구사항으로부터의 일탈을 금지하는 경우에는, 기업은 다음 사항을 공시하여 오해를 유발할 수 있는 가능성을 최대한으로 줄여야 한다(KIFRS1001-23).

① 의문의 여지가 있는 한국채택국제회계기준의 제목, 요구사항의 성격, 요구사항을 준수하는 것이 해당 상황에서 재무제표이용자의 오해를 유발하여 개념체계에서 정한 재무제표의 목적과 상충된다고 경영진이 결론을 내린 이유
② 표시된 각 회계기간에 대해, 공정한 표시를 위해 필요하다고 경영진이 결론을 내린 재무제표의 각 항목에 대한 조정내용

문단 19~23과 관련하여, 제공된 정보가 표시하려고 의도하거나 표시할 것이라고 합리적으로 기대되는 거래, 그 밖의 사건 및 상태를 충실히 표현하지 못하여, 결과적으로 재무제표이용자의 경제적 의사결정에 영향을 미칠 가능성이 높은 경우, 그러한 정보는 재무제표의 목적과 상충될 것이다. 한국채택국제회계기준의 특정 요구사항을 준수하면, 개념체계에서 정한 재무제표의 목적과 상충될 정도로 재무제표이용자의 오해를 유발할 수 있는지를 평가할 때에는 경영진은 다음 사항을 모두 고려한다(KIFRS1001-24).

① 특정상황에서 재무제표의 목적이 달성되지 못하는 이유
② 당해 기업의 상황이 요구사항을 준수하고 있는 다른 기업의 상황과 다를 경우 그 내용. 비슷한 상황에 있는 다른 기업이 요구사항을 준수하고 있다면, 당해 기업이 요구사항을 준수하는 것이 개념체계에서 정하고 있는 재무제표의 목적과 상충할 정도로 재무제표이용자의 오해를 유발하는 것이 아닐 수도 있다는 반증이 된다.

(2) 계속기업(going concern)

경영진은 재무제표를 작성할 때 계속기업으로서의 존속가능성을 평가해야 한다. 경영진이 기업을 청산하거나 경영활동을 중단할 의도를 가지고 있지 않거나, 청산 또는 경영활동의 중단 외에 다른 현실적 대안이 없는 경우가 아니면 계속기업을 전제로 재무제표를 작성한다. 계속기업으로서의 존속능력에 중대한 의문이 제기될 수 있는 사건이나 상황과 관련된 중요한 불확실성을 알게 된 경우, 경영진은 그러한 불확실성을 공시하여야 한다. 재무제표가 계속기업의 기준하에 작성되지 않는 경우에는 그

사실과 함께 재무제표가 작성된 기준 및 그 기업을 계속기업으로 보지 않는 이유를 공시하여야 한다 (KIFRS1001-25).

　계속기업의 가정이 적절한지의 여부를 평가할 때 경영진은 적어도 보고기간말로부터 향후 12개월 기간에 대하여 이용가능한 모든 정보를 고려한다. 각 상황의 사실내용에 따라 고려의 정도를 결정한다. 기업이 상당 기간 계속 사업이익을 보고하였고, 보고기간말 현재 경영에 필요한 재무자원을 확보하고 있는 경우에는 자세한 분석이 없이도 계속기업을 전제로 한 회계처리가 적절하다는 결론을 내릴 수 있다. 그렇지 않은 경우 경영진은 계속기업의 전제가 적절하다고 판단하기 전에, 현재와 미래의 기대 수익성, 부채상환계획 및 대체적 자본조달의 잠재적 원천과 관련된 다양한 요소를 고려할 필요가 있다(KIFRS1001-26).

> **[APP 2011]**
>
> 계속기업의 가정이 적절한지의 여부를 평가할 때 경영진은 적어도 보고기간말로부터 향후 6개월 기간에 대하여 이용가능한 모든 정보를 고려해야 한다. (×)

(3) 발생기준 회계(accrual basis of accounting)

기업은 현금흐름 정보를 제외[11]하고는 발생기준 회계를 사용하여 재무제표를 작성한다(KIFRS1001-27).

① 기업은 현금흐름 정보를 제외하고는 발생기준 회계를 사용하여 재무제표를 작성한다. (○)
② 기업은 발생기준 회계를 사용하여 재무제표를 작성한다. (×)
③ 기업은 발생기준 회계를 사용하여 모든 재무제표를 작성한다. (×)

발생기준 회계를 사용하는 경우, 각 항목이 개념체계의 정의와 인식요건을 충족할 때 자산, 부채, 자본, 광의의 수익 및 비용(재무제표의 요소)으로 인식한다(KIFRS1001-28).

(4) 중요성과 통합표시(materiality and aggregation)

　어떠한 항목의 누락이나 왜곡표시가 개별적으로 또는 집합적으로 재무제표에 기초한 재무제표이용자의 경제적 의사결정에 영향을 미치는 경우 그 항목의 누락이나 왜곡표시는 중요하다. 중요성은 관련 상황을 고려하여 누락이나 왜곡표시의 크기와 성격에 따라 결정된다. 그 항목의 크기나 성격 또는 두 요소의 결합이 결정요소가 될 수 있다. 누락이나 왜곡표시가 재무제표이용자의 경제적 의사결정에 미치는 영향이 중요한지 여부를 평가할 때에는 재무제표이용자의 특성을 고려[12]해야 한다(KIFRS1001-7).

　유사한 항목은 중요성 분류에 따라 재무제표에 구분하여 표시한다. 상이한 성격이나 기능을 가진 항목은 구분하여 표시한다. 다만 중요하지 않은 항목은 성격이나 기능이 유사한 항목과 통합하여 표시할

---

11) 따라서 현금흐름표는 현금기준으로 나머지 재무제표는 발생기준으로 작성된다.

12) 재무제표의 작성과 표시를 위한 개념체계(이하 '개념체계'라 한다)에서는 '이용자는 경영 및 경제활동과 회계에 대한 합리적인 지식을 가지고 있으며 관련 정보를 분석하기 위하여 합리적인 노력을 기울일 의지가 있는 것으로 가정한다'라고 규정하고 있다. 따라서 위와 같은 재무제표이용자가 경제적 의사결정을 할 때 받을 영향을 합리적으로 예상하여 중요성 평가에 고려하여야 한다(KIFRS1001-7).

수 있다(KIFRS1001-29).

수많은 거래와 그 밖의 사건은 성격이나 기능에 따라 범주별로 통합되어 재무제표에 표시된다. 통합 및 분류의 마지막 단계는 재무제표에 각 개별 항목으로 나타내기 위하여 관련 자료를 요약하고 분류하여 표시하는 것이다. 개별적으로 중요하지 않은 항목은 재무제표나 주석의 다른 항목과 통합한다. 재무제표에는 중요하지 않아 구분하여 표시하지 않은 항목이라도 주석에서는 구분 표시해야 할 만큼 충분히 중요할 수 있다(KIFRS1001-30). 즉 구분 및 통합 표시에 관한 재무제표의 중요성과 주석의 중요성은 일관되게 적용되지 않는다.

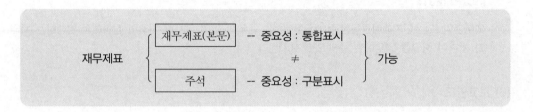

중요하지 않은 정보일 경우 한국채택국제회계기준에서 요구하는 특정 공시를 제공할 필요는 없다(KIFRS1001-31).

(5) 상계(offsetting)

한국채택국제회계기준에서 요구하거나 허용하지 않는 한 자산과 부채 그리고 수익과 비용은 상계하지 아니한다(KIFRS1001-32).

다만, 재고자산에 대한 재고자산평가충당금과 매출채권에 대한 대손충당금과 같은 평가충당금을 차감하여 관련 자산을 순액으로 측정하는 것은 상계표시에 해당하지 아니한다(KIFRS1001-33).

[CTA 2014]

재고자산에 대한 재고자산평가충당금과 매출채권에 대한 대손충당금과 같은 평가충당금을 차감하여 관련 자산을 순액으로 측정하는 것은 상계표시에 해당한다. (×)

동일 거래에서 발생하는 수익과 관련비용의 상계표시가 거래나 그 밖의 사건의 실질을 반영한다면 그러한 거래의 결과는 상계하여 표시한다. 예를 들면 다음과 같다(KIFRS1001-34).

① 투자자산 및 영업용자산을 포함한 비유동자산의 처분손익은 처분대금에서 그 자산의 장부금액과 관련처분비용을 차감하여 표시한다.
② 충당부채와 관련된 지출을 제3자와의 계약관계(예 공급자의 보증약정)에 따라 보전 받는 경우, 당해 지출과 보전받는 금액은 상계하여 표시할 수 있다.

[APP 2014]

비유동자산의 처분손익을 처분대금에서 그 자산의 장부금액과 관련처분비용을 차감하여 표시하는 것은 총액주의에 위배되므로 허용되지 아니한다. (×)

또한 외환손익 또는 단기매매 금융상품에서 발생하는 손익과 같이 유사한 거래의 집합에서 발생하는 차익과 차손은 순액으로 표시한다. 그러나 그러한 차익과 차손이 중요한 경우에는 구분하여 표시한다 (KIFRS1001-35).

[CCB 2014]

외환손익 또는 단기매매금융상품에서 발생하는 손익과 같이 유사한 거래의 집합에서 발생하는 차익과 차손이 중요한 경우에는 순액으로 표시한다. (×)

(6) 보고빈도

전체 재무제표(비교정보를 포함)는 적어도 1년마다 작성한다. 보고기간종료일을 변경하여 재무제표의 보고기간이 1년을 초과하거나 미달하는 경우 재무제표 해당 기간뿐만 아니라 다음 사항을 추가로 공시한다(KIFRS1001-36).

① 보고기간이 1년을 초과하거나 미달하게 된 이유
② 재무제표에 표시된 금액이 완전하게 비교가능하지는 않다는 사실

일반적으로 재무제표는 일관성 있게 1년 단위로 작성한다. 그러나 실무적 이유로 어떤 기업이 52주의 보고기간(a 52-week period)을 선호한다면, 이 기준서는 이러한 보고관행을 금지하지 않는다(KIFRS1001-37).

(7) 비교정보(comparative information)

1) 최소한의 비교정보

한국채택국제회계기준이 허용하거나 달리 요구하는 경우를 제외하고는 당기 재무제표에 보고되는 모든 금액에 대해 전기 비교정보를 표시한다. 당기 재무제표를 이해하는 데 목적적합하다면 서술형 정보 (narrative and descriptive information)의 경우에도 비교정보를 포함한다(KIFRS1001-38).

최소한, 두 개의 재무상태표와 두 개의 포괄손익계산서, 두 개의 별개 손익계산서(표시하는 경우), 두 개의 현금흐름표, 두 개의 자본변동표 그리고 관련 주석을 표시해야 한다(KIFRS1001-38A).

어떤 경우에는 전기(또는 이전의 여러 기)의 재무제표에서 제공된 서술형 정보가 당기에 계속 관련될 수 있다. 예를 들어, 기업은 그 결과가 전기 말에 불확실하였고 지금까지도 결정되지 않은 법률 분쟁의 세부사항들을 당기에 공시한다. 전기말에 불확실성이 존재하였다는 정보의 공시와 당기에 그 불확실성을 해결하기 위하여 수행된 절차에 관한 정보의 공시로부터 이용자들은 효익을 얻을 수 있다 (KIFRS1001-38B).

2) 추가 비교정보

한국채택국제회계기준에서 요구하는 최소한의 비교 재무제표에 추가하여 비교정보를 표시할 수 있는데, 그 정보는 한국채택국제회계기준에 따라 작성되어야 한다. 이러한 비교정보는 문단 10에서 언급된 하나 이상의 재무제표로 구성될 수 있지만, 전체 재무제표로 구성될 필요는 없다. 이러한 경우에 해당 추가 재무제표에 관련된 주석정보를 표시한다(KIFRS1001-38C).

예를 들어, 세 번째 포괄손익계산서(따라서 당기, 전기 그리고 추가 비교기간을 표시함)를 표시할 수 있다. 그러나 세 번째 재무상태표, 세 번째 현금흐름표 또는 세 번째 자본변동표(즉, 추가 비교 재무제표)를 표시하여야 하는 것은 아니다. 해당 추가 포괄손익계산서에 관련된 비교정보는 재무제표 주석에 표시하여야 한다(KIFRS1001-38D).

3) 회계정책 변경, 소급재작성 또는 소급재분류

다음 모두에 해당된다면, 문단 38A에서 요구하는 최소한의 비교 재무제표에 추가하여 전기 기초를 기준으로 세 번째 재무상태표를 표시한다(KIFRS1001-40A).

> ⑴ 회계정책을 소급하여 적용하거나, 재무제표 항목을 소급하여 재작성 또는 재분류한다. 그리고,
> ⑵ 이러한 소급적용, 소급재작성 또는 소급재분류가 전기 기초 재무상태표의 정보에 중요한 영향을 미친다.

문단 40A에 기술된 경우에 해당된다면, 다음의 각 시점에 세 개의 재무상태표를 표시한다(KIFRS1001-40B).

	⑴ 당기말	⑵ 전기말	⑶ 전기초

문단 40A에 따라 추가 재무상태표를 표시하여야 하는 경우, 문단 41~44와 기업회계기준서 제1008호 '회계정책, 회계추정의 변경 및 오류'가 요구하는 정보를 공시하여야 한다. 그러나 전기 기초의 개시 재무상태표에 관련된 주석을 표시할 필요는 없다(KIFRS1001-40C).

재무제표가 더 이른 기간에 대한 비교정보를 표시(문단 38C에서 허용한 바와 같음) 하는지에 관계없이 당해 개시 재무상태표일은 전기 기초로 한다(KIFRS1001-40D).

재무제표 항목의 표시나 분류를 변경하는 경우 실무적으로 적용할 수 없는[13] 것이 아니라면 비교금액도 재분류해야 한다. 비교금액을 재분류할 때 다음 사항을 공시한다(전기 기초 포함)(KIFRS1001-41).

① 재분류의 성격

---

13) '실무적으로 적용할 수 없는'이란 기업이 모든 합리적인 노력을 했어도 요구사항을 적용할 수 없는 경우를 말한다 (KIFRS1001-7).

② 재분류된 개별 항목이나 항목군의 금액

③ 재분류의 이유

비교금액을 실무적으로 재분류할 수 없는 경우14) 다음 사항을 공시한다(KIFRS1001-42).

① 해당 금액을 재분류하지 아니한 이유

② 해당 금액을 재분류한다면 이루어 질 수정의 성격

(8) 표시의 계속성

재무제표 항목의 표시와 분류는 다음의 경우를 제외하고는 매기 동일하여야 한다(KIFRS1001-45).

① 사업내용의 중요한 변화나 재무제표를 검토한 결과 다른 표시나 분류방법이 더 적절한 것이 명백한 경우

② 한국채택국제회계기준에서 표시방법의 변경을 요구하는 경우

> **[APP 2014]**
>
> 재무제표 항목의 표시와 분류는 한국채택국제회계기준에서 표시방법의 변경을 요구하는 경우 이외에는 매기 동일하여야 한다. (×)

예를 들어, 중요한 인수나 매각, 또는 재무제표의 표시에 대해 검토한 결과 재무제표를 다른 방법으로 표시할 필요가 있을 수 있다. 기업은 변경된 표시방법이 재무제표이용자에게 신뢰성 있고 더욱 목적적합한 정보를 제공하며, 변경된 구조가 지속적으로 유지될 가능성이 높아 비교가능성을 저해하지 않을 것으로 판단할 때에만 재무제표의 표시방법을 변경한다. 표시방법을 변경할 때에는 비교정보를 재분류한다(KIFRS1001-46).

제 3 절   구조와 내용

1. 재무제표의 식별

재무제표는 동일한 문서에 포함되어 함께 공표되는 그 밖의 정보와 명확하게 구분되고 식별15)되어야

---

14) 정보의 기간별 비교가능성이 제고되면 특히 예측을 위한 재무정보 추세분석이 가능하여 재무제표이용자의 경제적 의사결정에 도움을 준다. 그러나 당기와의 비교가능성을 제고하기 위해 특정 과거기간 비교정보를 실무적으로 재분류 할 수 없는 경우가 있다. 예를 들어, 재분류가 가능한 방법으로 과거기간의 정보를 수집하지 못했거나, 실무적으로 정보를 재생시킬 수 없는 경우이다(KIFRS1001-43).

15) 한국채택국제회계기준은 오직 재무제표에만 적용하며 연차보고서, 감독기구 제출서류 또는 다른 문서에 표시되는 그 밖의 정보에 반드시 적용하여야 하는 것은 아니다. 따라서 한국채택국제회계기준을 준수하여 작성된 정보와 한

한다(KIFRS1001-49). 각 재무제표와 주석은 명확하게 식별되어야 한다. 또한 다음 정보가 분명하게 드러나야 하며, 정보의 이해를 위해서 필요할 때에는 반복 표시하여야 한다(KIFRS1001-51).

① 보고기업의 명칭 또는 그 밖의 식별 수단과 전기 보고기간말 이후 그러한 정보의 변경내용
② 재무제표가 개별 기업에 대한 것인지 연결실체에 대한 것인지의 여부
③ 재무제표나 주석의 작성대상이 되는 보고기간종료일 또는 보고기간
④ 표시통화
⑤ 재무제표의 금액 표시를 위하여 사용한 금액 단위

흔히 재무제표의 표시통화를 천 단위나 백만 단위로 표시할 때 더욱 이해가능성이 제고될 수 있다. 이러한 표시는 금액 단위를 공시하고 중요한 정보가 누락되지 않는 경우에 허용될 수 있다(KIFRS1001-53).

이 기준서에서는 '공시'라는 용어를 넓은 의미에서 종종 사용하고 있는데, 이러한 공시는 재무제표에 표시되는 항목을 포괄한다(KIFRS1001-48).

2. 재무상태표

(1) 재무상태표(FPS : statement of financial position)에 표시되는 정보

(1) 유형자산　　　(2) 투자부동산　　　(3) 무형자산　　　(4) 금융자산 (5) 지분법에 따라 회계처리하는 투자자산　　(6) 생물자산 (7) 재고자산　　　(8) 매출채권 및 기타 채권　　(9) 현금및현금성자산
(10) 매입채무 및 기타 채무　(11) 충당부채　(12) 금융부채 (13) 당기 법인세와 관련한 부채와 자산(과목명칭 : 당기법인세자산, 당기법인세부채) (14) 이연법인세부채 및 이연법인세자산(전부 비유동성항목임)
(15) 매각예정으로 분류된 자산과 매각예정으로 분류된 처분자산집단에 포함된 자산의 총계 (16) 매각예정으로 분류된 처분자산집단에 포함된 부채
(17) 자본에 표시된 비지배지분[16](non-controlling interests) (18) 지배기업의 소유주에게 귀속되는 납입자본과 적립금

재무상태표에는 적어도 위에 해당하는 금액을 나타내는 항목을 표시[17]한다(KIFRS1001-54).

기업의 재무상태를 이해하는 데 목적적합한 경우 재무상태표에 항목, 제목 및 중간합계를 추가하여 표시한다(KIFRS1001-55).

항목 추가 등과 관련하여 다음을 고려한다(KIFRS1001-57).

국채택국제회계기준에서 요구하지 않지만 유용한 그 밖의 정보를 재무제표이용자가 구분할 수 있는 것이 중요하다(KIFRS1001-50).

16) 2008년에 소수주주지분(minority)에서 비지배지분(non-controlling interests)로 용어를 개정하였다.

17) 단순히 재무상태표에 구분 표시하기 위해 성격이나 기능면에서 명확하게 상이한 항목명을 제시한 것이며, 표시되어야 할 항목의 순서나 형식을 규정하는 것은 아니다(KIFRS1001-57)

① 한 항목 또는 통합된 유사 항목의 크기, 성격 또는 기능상 기업의 재무상태를 이해하기 위해 구분 표시가 필요한 경우 그러한 항목을 추가[18]로 재무상태표에 포함한다.

② 기업의 재무상태를 이해하는 데 목적적합한 정보를 제공하기 위해 기업과 거래의 성격에 따라 사용된 용어와 항목의 순서, 또는 유사 항목의 통합방법을 변경할 수 있다. 예를 들어, 금융회사 는 금융회사의 영업목적에 적합한 정보를 제공하기 위해 상기 용어를 변경할 수 있다.

상이하게 분류된 자산에 대해 상이한 측정기준을 사용하는 것은 그 자산의 성격이나 기능이 상이하 여 별도 항목으로 구분하여 표시해야 함을 의미한다. 예를 들어, 상이하게 분류된 유형자산에 대해서는 기업회계기준서 제1016호에 따라 원가 또는 재평가금액을 장부금액으로 할 수 있다(KIFRS1001-59).

(2) 유동과 비유동의 구분

유동과 비유동의 구분표시를 요약[19]하면 다음과 같다.

① 원칙 : 유동성/비유동성 구분법 : 유동자산과 비유동자산, 유동부채와 비유동부채로 구분하여 표시

② 예외 : 유동성 순서에 따른 방법 : 모든 자산과 부채를 유동성의 순서에 따라 표시

③ 혼합표시방법 : 자산과 부채의 일부는 유동성/비유동성 구분법으로, 나머지는 유동성 순서에 따른 표시방법으로 표시

※ 단, ②와 ③은 신뢰성 있고 더욱 목적적합한 정보를 제공한다면 허용

유동성 순서에 따른 표시방법(유동성배열법)이 신뢰성 있고 더욱 목적적합한 정보를 제공하는 경우[20]를 제외하고는 유동자산과 비유동자산, 유동부채와 비유동부채로 재무상태표에 구분하여 표시한다. 유동성 순 서에 따른 표시방법을 적용할 경우 모든 자산과 부채는 유동성의 순서에 따라 표시한다(KIFRS1001-60).

어느 표시방법을 채택하더라도 자산과 부채의 각 개별 항목이 다음의 기간에 회수되거나 결제될 것 으로 기대되는 금액이 합산하여 표시되는 경우, 12개월 후(12개월 내가 아님에 유의)에 회수되거나 결제될 것으로 기대되는 금액을 공시한다(KIFRS1001-61).

> (1) 보고기간 후 12개월 이내와 (2) 보고기간 후 12개월 후

---

18) 추가 항목으로 구분하여 표시할지 여부는 (1) 자산의 성격 및 유동성, (2) 기업 내에서의 자산 기능, (3) 부채의 금액, 성격 및 시기를 고려하여 판단한다(KIFRS1001-58).

19) K-GAAP에서는 유동성/비유동성 구분법과 유동성 순서에 따른 표시방법의 두 가지 방법을 함께 고려하여 재무제표를 표시하도록 하고 있으나, 이 기준서에서는 유동성/비유동성 구분법과 유동성 순서에 따른 표시방법을 구분하여 두 가지 의 다른 재무상태표 표시방법으로 보고 있다.

20) 금융회사와 같은 일부 기업의 경우에는 오름차순이나 내림차순의 유동성 순서에 따른 표시방법으로 자산과 부채를 표시 하는 것이 유동성/비유동성 구분법보다 신뢰성 있고 더욱 목적적합한 정보를 제공한다. 이러한 기업은 재화나 서비스를 명확히 식별 가능한 영업주기 내에 제공하지 않기 때문이다(KIFRS1001-63).

기업이 명확히 식별 가능한 영업주기 내에서 재화나 용역을 제공하는 경우, 재무상태표에 유동자산과 비유동자산 및 유동부채와 비유동부채를 구분하여 표시한다. 이는 운전자본으로서 계속 순환되는 순자산과 장기 영업활동에서 사용하는 순자산을 구분함으로써 유용한 정보를 제공하기 때문이다. 이는 또한 정상영업주기 내에 실현될 것으로 예상되는 자산과 동 기간 내에 결제 기일이 도래하는 부채를 구분하여 보여준다(KIFRS1001-62).

신뢰성 있고 더욱 목적적합한 정보를 제공한다면 자산과 부채의 일부는 유동성/비유동성 구분법으로, 나머지는 유동성 순서에 따른 표시방법으로 표시하는 것이 허용된다. 이러한 혼합표시방법은 기업이 다양한 사업을 영위하는 경우에 필요할 수 있다(KIFRS1001-64).

기업이 재무상태표에 유동자산과 비유동자산, 그리고 유동부채와 비유동부채로 구분하여 표시하는 경우, 이연법인세자산(부채)은 유동자산(부채)으로 분류하지 아니한다(KIFRS1001-56). 즉, 이연법인세자산과 이연법인세부채는 비유동성항목에 표시한다.

[CCB 2011, CPA 2012]

기업이 재무상태표에 유동자산과 비유동자산, 그리고 유동부채와 비유동부채로 구분하여 표시하는 경우, 이연법인세자산(부채)은 유동자산(부채)으로 분류한다(×)

다음과 같은 자산과 부채의 실현 예정일에 대한 정보는 기업의 유동성과 부채상환능력을 평가하는데 유용하다(KIFRS1001-65).

- 기업회계기준서 제1107호 '금융상품 : 공시'는 금융자산과 금융부채의 만기에 대한 공시를 요구하고 있다. 금융자산은 매출채권 및 기타 채권을 포함하고, 금융부채는 매입채무 및 기타 채무를 포함한다.
- 자산과 부채가 유동 또는 비유동으로 구분되는지의 여부와 관계없이, 재고자산과 같은 비화폐성 자산의 회수 예정일과 충당부채와 같은 부채의 결제 예정일에 대한 정보도 역시 유용하다. 예를 들어, 기업은 보고기간 후 12개월 후에 회수될 것으로 기대되는 재고자산 금액을 공시한다.

(3) 유동자산

자산은 다음의 경우에 유동자산으로 분류하고, 그 밖의 모든 자산은 비유동[21]자산으로 분류한다(KIFRS1001-66).

① 기업의 정상영업주기 내에 실현될 것으로 예상하거나, 정상영업주기 내에 판매하거나 소비할 의도가 있다.
② 주로 단기매매 목적으로 보유하고 있다.

---

21) 유형자산, 무형자산 및 장기의 성격을 가진 금융자산을 포함하여 '비유동'이라는 용어를 사용하고 있다. 만약 의미가 명확하다면 대체적인 용어를 사용하는 것을 금지하지는 않는다(KIFRS1001-67).

③ 보고기간 후 12개월 이내에 실현될 것으로 예상한다.

④ 현금이나 현금성자산으로서, 교환이나 부채 상환 목적으로의 사용에 대한 제한 기간이 보고기간 후
12개월 이상이 아니다.[22]

영업주기(operating cycle)는 영업활동을 위한 자산의 취득시점부터 그 자산이 현금이나 현금성자산
으로 실현되는 시점까지 소요되는 기간이다. 정상영업주기를 명확히 식별할 수 없는 경우에는 그 기간
이 12개월인 것으로 가정한다. 유동자산은 보고기간 후 12개월 이내에 실현될 것으로 예상되지 않는
경우에도 재고자산 및 매출채권과 같이 정상영업주기의 일부로서 판매, 소비 또는 실현되는 자산을 포
함한다. 또한 유동자산은 단기매매목적으로 보유하고 있는 자산(이 범주의 금융자산은 단기매매자산으
로 분류한다)과 비유동금융자산의 유동성 대체 부분을 포함한다(KIFRS1001-68).

정리 5-1   유동자산과 유동부채

유동성으로 분류되는 자산과 부채는 다음과 같다.

$$\begin{cases} \text{영업관련 자산과 부채}^* & : \text{영업주기 이내 or 1년 이내} \\ \text{기타 자산과 부채}^{**} & : \text{1년 이내} \end{cases} \begin{cases} \text{실현(자산)} = \text{유동자산} \\ \text{상환(부채)} = \text{유동부채} \end{cases}$$

* 매출채권, 재고자산, 매입채무 등   ** 미수금, 미지급금, 차입금 등

---

(4) 유동부채

부채는 다음의 경우에 유동부채로 분류하고, 그 밖의 모든 부채는 비유동부채로 분류한다(KIFRS1001-69).

① 정상영업주기 내에 결제될 것으로 예상하고 있다.

② 주로 단기매매 목적으로 보유하고 있다.

③ 보고기간 후 12개월 이내에 결제하기로 되어 있다.

④ 보고기간 후 12개월 이상 부채의 결제를 연기할 수 있는 무조건의 권리를 가지고 있지 않다. 계약
상대방의 선택에 따라, 지분상품의 발행으로 결제할 수 있는 부채의 조건은 그 분류에 영향을 미치지
아니한다.

매입채무 그리고 종업원 및 그 밖의 영업원가에 대한 미지급비용과 같은 유동부채는 기업의 정상영업주
기 내에 사용되는 운전자본의 일부이다. 이러한 항목은 보고기간 후 12개월 후에 결제일이 도래한다 하
더라도 유동부채로 분류한다. 동일한 정상영업주기가 기업의 자산과 부채의 분류에 적용된다. 기업의
정상영업주기가 명확하게 식별되지 않는 경우 그 주기는 12개월인 것으로 가정한다(KIFRS1001-70).

---

22) 따라서 사용제한된 현금이나 현금성자산이 유동자산으로 분류될 수 없는 것은 아니다. 사용제한기간이 12개월 이내이
면 유동자산으로 12개월 이상이면 비유동자산으로 분류된다.

쉬 어가기...

~라도 : 뒤에 말하는 사실을 구속하지 않음을 나타내는 방임형 연결어미이다.

(예) 공부를 못하더라도 사랑스럽다.

늦더라도 용서하겠다.

개구쟁이라도 좋다.

회계규정에서 이러한 "~라도"가 들어간 표현은 예외적인 규정일 수 있으므로 특별한 이해 및 숙지가 요구된다.(즉, 출제가능성 높음)

기타 유동부채는 정상영업주기 이내에 결제되지는 않지만 보고기간 후 12개월 이내에 결제일이 도래하거나 단기매매목적으로 보유한다. 이에 대한 예로는 기업회계기준서 제1039호에 따라 단기매매목적으로 분류된 금융부채, 당좌차월, 비유동금융부채의 유동성 대체 부분, 미지급배당금, 법인세 및 기타 지급채무 등이 있다. 장기적으로 자금을 조달하며(즉, 기업의 정상영업주기내에 사용되는 운전자본의 일부가 아닌 경우) 보고기간 후 12개월 이내에 만기가 도래하지 아니하는 금융부채는 비유동부채로 처리한다[23](KIFRS1001-71).

유동부채로 분류된 차입금의 경우 다음과 같은 사건이 보고기간말과 재무제표 발행승인일 사이에 발생하면 그러한 사건은 기업회계기준서 제1010호 '보고기간후사건'에 따라 수정을 요하지 않는 사건으로 주석에 공시한다(KIFRS1001-76).

① 장기로 차환

② 장기차입계약 위반사항의 해소

③ 보고기간 후 적어도 12개월 이상 장기차입계약 위반사항을 해소할 수 있는 유예기간을 채권자로부터 부여받음

따라서, 유동부채는 보고기간말 현재의 상황으로 판단한다.

다음의 설명 중 ①과 ②는 보고기간후사건으로서 수정을 요하지 않는 사건과 관련된 것이나, ③과 ④는 보고기간후사건과는 무관한 것이다.

① 다음 모두에 해당하는 경우라 하더라도 금융부채가 보고기간 후 12개월 이내에 결제일이 도래하면 이를 유동부채로 분류한다(KIFRS1001-72).

㉠ 원래의 결제기간이 12개월을 초과하는 경우

㉡ 보고기간 후 재무제표 발행승인일 전에 장기로 차환하는 계약 또는 지급기일을 장기로 재조정하는 계약이 체결된 경우

② 보고기간말 이전에 장기차입약정을 위반(예약정부채비율미준수)했을 때 채권자가 즉시 상환을 요구할 수 있는 채무는 보고기간 후 재무제표 발행승인일 전에 채권자가 약정위반을 이유로 상환을 요구하지 않기로 합의하더라도 유동부채로 분류한다. 그 이유는 기업이 보고기간말 현재 그 시점으

---

23) 이 경우 문단 74와 75의 규정을 충족하여야 한다(KIFRS1001-71).

로부터 적어도 12개월 이상 결제를 연기할 수 있는 무조건적 권리를 가지고 있지 않기 때문이다 (KIFRS1001-74).

[CTA 2011]

보고기간말 이전에 장기차입약정을 위반했을 때 대여자가 즉시 상환을 요구할 수 있는 채무는 보고 기간 후 재무제표 발행승인일 전에 채권자가 약정위반을 이유로 상환을 요구하지 않기로 합의한다 면 비유동부채로 분류한다. (×)

③ 그러나 채권자가 보고기간말 이전에 보고기간 후 적어도 12개월 이상의 유예기간을 주는 데 합의 하여 그 유예기간 내에 기업이 위반사항을 해소할 수 있고, 또 그 유예기간 동안에는 채권자가 즉시 상환을 요구할 수 없다면 그 부채는 비유동부채로 분류한다(KIFRS1001-75).

④ 기업이 기존의 대출계약조건에 따라 보고기간 후 적어도 12개월 이상 부채를 차환하거나 연장할 것으로 기대하고 있고, 그런 재량권이 있다면, 보고기간 후 12개월 이내에 만기가 도래한다 하더 라도 비유동부채로 분류한다. 그러나 기업에게 부채의 차환이나 연장의 재량권이 없다면(예를 들 어, 차환약정이 없는 경우), 차환가능성을 고려하지 않고 유동부채로 분류한다(KIFRS1001-73).

[APP 2014, APP 2015]

기업이 기존의 대출계약조건에 따라 보고기간 후 적어고 12개월 이상 부채를 차환하거나 연장할 것으로 기대하고 있고, 그런 재량권이 있다하더라도, 보고기간 후 12개월 이내에 만기가 도래한다 면 유동부채로 분류한다. (×)

(5) 자 본

자본은 크게 자본금, 이익잉여금 및 기타자본구성요소의 3가지[24]로 분류하고 있고 자본의 개별항목에 대해서는 구체적으로 예시하지 않고 있다.

(6) 재무상태표 또는 주석에 표시되는 정보

기업은 재무제표에 표시된 개별항목을 기업의 영업활동을 나타내기에 적절한 방법으로 세분류하고, 그 추가적인 분류 내용을 재무상태표 또는 주석에 공시한다(KIFRS1001-77).

세분류상의 세부내용은 한국채택국제회계기준의 요구사항, 당해 금액의 크기, 성격 및 기능에 따라 달라진다. 자산의 성격 및 유동성, 기업 내에서의 자산 기능, 부채의 금액, 성격 및 시기도 세분류 기준 을 결정할 때 이용한다. 공시의 범위는 각 항목별로 다르며, 예를 들면 다음과 같다(KIFRS1001-78).

① 유형자산 항목은 기업회계기준서 제1016호에 따른 분류로 세분화한다.
② 채권은 일반상거래 채권, 특수관계자 채권, 선급금과 기타 금액으로 세분화한다.

---

24) 종전의 기업회계기준서 제21호에서는 자본의 대분류로서 자본금, 자본잉여금, 자본조정, 기타포괄손익누계액, 이익잉여금 (또는 결손금)의 다섯 가지 구성요소로 구분하고 그 세분류 항목의 구분 및 통합표시에 대해서도 구체적으로 규정하였다.

③ 재고자산은 상품, 소모품, 원재료, 재공품 및 제품 등으로 세분화한다.

④ 충당부채는 종업원급여 충당부채와 기타 항목 충당부채로 세분화한다.

⑤ 자본금과 적립금은 납입자본, 주식발행초과금, 적립금 등과 같이 다양한 분류로 세분화한다.

재무상태표, 자본변동표 또는 주석에 다음 항목을 공시한다(KIFRS1001-79).

① 주식의 종류별로 다음의 사항

  ㉠ 수권주식수

  ㉡ 발행되어 납입 완료된 주식수와 발행되었으나 부분 납입된 주식수

  ㉢ 주당 액면금액 또는 무액면주식이라는 사실

  ㉣ 기초와 기말 현재의 유통주식수의 조정내역

  ㉤ 배당의 지급 및 자본의 환급에 대한 제한을 포함하여 각 종류별 주식에 부여된 권리, 우선 권 및 제한사항

  ㉥ 발행주식 중 당해 기업, 종속기업 또는 관계기업이 소유하고 있는 주식

  ㉦ 옵션과 주식 매도 계약에 따라 발행 예정된 주식(조건과 금액 포함)

② 자본을 구성하는 각 적립금의 성격과 목적에 대한 설명

파트너십이나 신탁과 같이 자본금이 없는 경우는 문단 79(1)의 규정에 상응하는 정보를 공시한다. 따라서 지분의 각 범주별로 해당 기간 중 변동내용과 그 지분에 부여된 권리, 우선권과 제한사항을 공시한다(KIFRS1001-80).

기업이 다음의 금융상품을 금융부채와 자본 간에 재분류하는 경우에는, 각 범주(금융부채나 자본)간에 재분류된 금액, 재분류의 시기와 이유를 공시한다(KIFRS1001-80A).

> (1) 지분상품으로 분류되는 풋가능 금융상품
> (2) 발행자가 청산되는 경우에만 거래상대방에게 지분비율에 따라 발행자 순자산을 인도해야 하는 의무를 발행자에게 부과한 금융상품으로서 지분상품으로 분류되는 금융상품

3. 포괄손익계산서(CIS : statement of comprehensive income)

당기손익과 기타포괄손익은 단일의 포괄손익계산서에 두 부분으로 나누어 표시할 수 있다. 이 두 부분은 당기손익 부분을 먼저 표시하고 바로 이어서 기타포괄손익 부분을 표시함으로써 함께 표시한다. 당기손익 부분을 별개의 손익계산서에 표시할 수 있다. 그러한 경우, 별개의 손익계산서는 포괄손익을 표시하는 보고서(이 보고서는 당기순손익으로부터 시작한다) 바로 앞에 위치한다(KIFRS1001-10A).

당기손익과 기타포괄손익은 다음 중 한 가지 방법으로 표시한다.

① 단일 포괄손익계산서(a single statement of comprehensive income)

② 두 개의 보고서

　　㉠ 별개의 손익계산서(separate income statement) : 당기순손익의 구성요소를 배열하는 보고서

　　㉡ 포괄손익을 표시하는 보고서 : 당기순손익에서 시작하여 기타포괄손익의 구성요소를 배열하는 보고서

단일 포괄손익계산서와 두 개의 보고서를 그림으로 표시하면 다음과 같다.

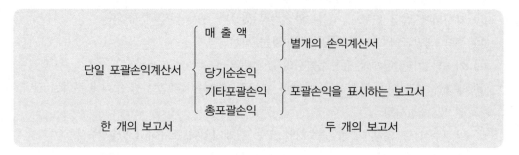

총포괄손익, 당기순이익 및 기타포괄손익의 용어는 다음과 같이 정의된다(KIFRS1001-7).

① 총포괄손익(TCI : Total of Comprehensive Income)[25]은 거래나 그 밖의 사건으로 인한 기간 중 자본의 변동(소유주로서의 자격을 행사하는 소유주와의 거래로 인한 자본의 변동 제외)을 말한다. 총포괄손익은 '당기순손익'과 '기타포괄손익'의 모든 구성요소를 포함한다.

$$총포괄손익 = 당기순손익 + 기타포괄손익$$

② 당기순손익은 수익에서 비용을 차감한 금액(기타포괄손익의 구성요소 제외)이다.
③ 기타포괄손익(OCI : Other Comprehensive Income)[26]은 다른 한국채택국제회계기준서에서 요구하거나 허용하여 당기손익으로 인식하지 않은 수익과 비용항목(재분류조정 포함)을 포함한다.

기타포괄손익은 다음의 항목을 포함한다(KIFRS1001-7).

① 재평가잉여금의 변동
② 확정급여제도의 재측정요소

---

25) 이 기준서에서는 '기타포괄손익', '당기순손익', '총포괄손익'이라는 용어를 사용하고 있지만 의미가 명확하다면 그러한 합계를 표현하기 위하여 다른 용어를 사용할 수 있다. 예를 들어, 당기순손익을 표현하기 위하여 '순이익'이라는 용어를 사용할 수 있다.
26) 포괄손익에 포함되지만 당기손익에서는 제외되는 수익과 비용을 '기타포괄손익'이라는 용어로 사용한다(KIFRS1001-IG4).

③ 해외사업장의 재무제표 환산으로 인한 손익

④ 매도가능금융자산의 재측정 손익

⑤ 현금흐름위험회피의 위험회피수단의 평가손익 중 효과적인 부분[27]

(1) 당기손익 부분 또는 손익계산서에 표시되는 정보

당기손익 부분이나 손익계산서에는 다른 한국채택국제회계기준서가 요구하는 항목에 추가하여 당해 기간의 다음 금액을 표시하는 항목을 포함한다(KIFRS1001-82).

> (1) 수익   (2) 금융원가
> (3) 지분법 적용대상인 관계기업과 조인트벤처의 당기순손익에 대한 지분
> (4) 법인세비용
> (5) 중단영업의 합계를 표시하는 단일금액(기업회계기준서 제1105호 참조)

[APP 2011]

포괄손익계산서에 구분하여 표시하지 않아도 되는 항목은? 감가상각비용

단일의 보고서에 포괄손익을 표시하는 것을 선택한 기업은 중간합계로서 당기순손익을 그 보고서에 포함해야 한다(KIFRS1001-BC57).

(2) 기타포괄손익 부분에 표시되는 정보

기타포괄손익 부분에는 당해 기간의 기타포괄손익의 금액을 표시하는 항목을 성격별로 분류(지분법 적용대상 관계기업과 조인트벤처의 기타포괄손익에 대한 지분 포함)하고, 다른 한국채택국제회계기준서에 따라 다음의 집단으로 묶어 표시한다(KIFRS1001-82A).

> (1) 후속적으로 당기손익으로 재분류되지 않는 항목
> (2) 특정 조건을 충족하는 때에 후속적으로 당기손익으로 재분류되는 항목

[APP 2015]

당해 기간의 기타포괄손익금액을 기능별로 분류해야 하며, 다른 한국채택국제회계기준서에 따라 후속적으로 당기손익으로 재분류되지 않는 항목과 재분류되는 항목을 각각 집단으로 묶어 표시한다.(×)

---

27) 반면, 현금흐름위험회피의 위험회피수단의 평가손익 중 비효과적인 부분은 당기손익으로 처리된다.

 지배기업(종속기업의 지분율 : 80%)과 종속기업으로 구성된 연결실체의 당기순이익은 ₩50,000, 기타포괄이익 ₩10,000이어서 총포괄이익 ₩60,000이다. 이 연결실체의 당기순손익 및 당기의 총포괄손익 중 비지배지분과 지배기업의 소유주에 귀속되는 금액을 구분하여 연결포괄손익계산서에 표시하면 다음과 같다.

	당기	전기
당기순이익	50,000	×××
기타포괄이익	10,000	×××
총포괄이익	60,000	×××
당기순이익의 귀속 :		
지배기업의 소유주	40,000	×××
비지배지분	10,000	×××
	50,000	×××
총포괄이익의 귀속 :		
지배기업의 소유주	48,000	×××
비지배지분	12,000	×××
	60,000	×××

 기업의 재무성과를 이해하는 데 목적적합한 경우에는 당기손익과 기타포괄손익을 표시하는 보고서에 항목, 제목 및 중간합계를 추가하여 표시한다(KIFRS1001-85).

 수익과 비용의 어느 항목도 당기손익과 기타포괄손익을 표시하는 보고서 또는 주석에 특별손익 항목으로 표시할 수 없다(KIFRS1001-87).

[CCB 2011, CCB 2012]

어떠한 수익과 비용 항목도 당기손익과 기타포괄손익을 표시하는 보고서에 구분표시할 수 없으나 주석에는 특별손익으로 나타내야 한다. (×)

[APP 2013]

기업은 재무성과를 설명하는 데 필요하다면 특별항목을 비롯하여 추가항목을 포괄손익계산서에 재량적으로 포함할 수 있으며, 사용된 용어와 항목의 배열도 필요하면 수정할 수 있다. (×)

[CCB 2014]

비경상적이고 비반복적인 수익과 비용항목은 포괄손익계산서상 특별손익 항목으로 표시한다. (×)

(3) 당기순손익

한 기간에 인식되는 모든 수익과 비용 항목은 한국채택국제회계기준이 달리 정하지 않는 한 당기손익으로 인식한다(KIFRS1001-88).

일부 한국채택국제회계기준서는 특정항목을 당기손익 이외의 항목으로 인식하는 상황을 규정하고 있다. 기업회계기준서 제1008호는 그러한 두 가지 상황으로서 오류의 수정과 회계정책의 변경 효과를 규정하고 있다. 다른 한국채택국제회계기준서에서는 개념체계의 수익 또는 비용에 대한 정의를 충족하는 기타포괄손익의 구성요소를 당기손익에서 제외할 것을 요구하거나 허용한다(KIFRS1001-89).

(4) 기타포괄손익

재분류조정(reclassification adjustments)은 당기나 과거 기간에 기타포괄손익으로 인식되었으나 당기손익으로 재분류된 금액을 말한다(KIFRS1001-7).

> **[APP 2013]**
>
> 재분류조정은 당기나 과거 기간에 기타포괄손익으로 인식되었으나 당기에 자본잉여금으로 재분류된 금액을 의미한다. (×)

기타포괄손익의 구성요소(재분류조정 포함)와 관련한 법인세비용 금액은 포괄손익계산서나 주석에 공시한다(KIFRS1001-90). 기타포괄손익의 구성요소는 다음 중 한 가지 방법으로 표시할 수 있다(KIFRS1001-91).

① 관련 법인세 효과를 차감한 순액으로 표시
② 기타포괄손익의 구성요소와 관련된 법인세 효과 반영 전 금액으로 표시하고, 각 항목들에 관련된 법인세 효과는 단일 금액으로 합산하여 표시

대안 ②를 선택하는 경우, 법인세는 후속적으로 당기손익 부분으로 재분류되는 항목과 재분류되지 않는 항목간에 배분한다.

> **[APP 2013]**
>
> 기타포괄손익의 항목은 세후금액으로 표시할 수 없으며, 관련된 법인세 효과 반영 전 금액으로 표시하고, 각 항목들에 관련된 법인세 효과는 단일금액으로 합산하여 표시한다. (×)

예를 들어 당기에 발생한 매도가능금융자산평가이익은 ₩200,000이고, 확정급여제도의 재측정요소 ₩100,000이다. 회사의 법인율은 30%이다. 이 경우 포괄손익계산서의 기타포괄이익은 다음과 같이 2가지 방법으로 표시된다.

(방법 1) 기타포괄손익의 구성요소를 세후금액으로 표시

<blockquote>

기타포괄이익 :

매도가능금융자산평가이익	₩140,000
확정급여제도의 재측정요소	70,000
법인세비용차감후기타포괄이익	₩210,000

</blockquote>

(방법 2) 기타포괄손익의 구성요소를 세전금액으로 표시

<blockquote>

기타포괄이익 :

매도가능금융자산평가이익	₩200,000
확정급여제도의 재측정요소	100,000
기타포괄손익과 관련된 법인세비용	(90,000)
법인세비용차감후 기타포괄이익	₩210,000

</blockquote>

기타포괄손익의 구성요소와 관련된 재분류조정을 공시한다(KIFRS1001-92).

다른 한국채택국제회계기준서는 과거기간에 기타포괄손익으로 인식한 금액을 당기손익으로 재분류할지 여부와 그 시기에 대하여 규정하고 있다. 그러한 재분류를 이 기준서에서는 재분류조정으로 규정하고 있다. 재분류조정은 그 조정액이 당기손익으로 재분류되는 기간의 기타포괄손익의 관련 구성요소에 포함된다. 예를 들어, 매도가능금융자산의 처분으로 실현된 이익은 당기손익에 포함된다. 이러한 금액은 당기나 과거기간에 미실현이익으로 기타포괄손익에 인식되었을 수도 있다. 이러한 미실현이익은 총포괄손익에 이중으로 포함되지 않도록 미실현이익이 실현되어 당기손익으로 재분류되는 기간의 기타포괄손익에서 차감되어야 한다(KIFRS1001-93).

예를 들어 ㈜다빈은 20×1년 초에 A주식을 ₩200,000에 취득하여 매도가능금융자산으로 분류하였다. A주식의 20×1년 말과 20×2년 말의 공정가치는 각각 ₩400,000과 ₩500,000이었다. 회사의 세율은 30%이다.

(사례 1) 회사는 20×2년 말에 A주식 전부를 공정가치에 처분하였다. 포괄손익계산서를 작성하면 다음과 같다.

	20×2년	20×1년
금융자산처분이익	₩300,000	－
법인세비용	(90,000)	－
당기순이익	₩210,000	－
기타포괄이익 :		
매도가능금융자산평가이익	₩100,000	₩200,000
재분류조정	(₩300,000)	－
법인세비용	60,000	(60,000)
법인세비용차감후기타포괄이익	(₩140,000)	₩140,000
총포괄이익	₩70,000	₩140,000

(사례 2) 만일, 회사가 20×2년 말에 A주식 전부를 공정가치에 처분하지 않고 보유하였다고 가정하고, 포괄손익계산서를 작성하면 다음과 같다.

	20×2년	20×1년
금융자산처분이익	–	–
법인세비용	–	–
당기순이익	–	–
기타포괄이익 :		
매도가능금융자산평가이익	₩100,000	₩200,000
매도가능금융자산평가이익	(30,000)	(60,000)
법인세비용차감후기타포괄이익	₩70,000	₩140,000
총포괄이익	₩70,000	₩140,000

(사례1)과 (사례2)의 20×2년의 총포괄이익은 다음과 같이 일치한다.

	사례1	사례2
당기순이익	₩210,000	–
기타포괄이익	(140,000)	₩70,000
총포괄이익	₩70,000	₩70,000

이는 (사례1)에서 재분류조정을 기타포괄이익계산에 반영하였기 때문에 나온 결과이다.

 예제 5-1 재분류조정(KIFRS 실무적용지침)

20×1년 12월 31일 ㈜다빈은 매도가능으로 분류되는 주식(지분상품) 1,000주를 주당 10원에 매입하였다. 20×2년 12월 31일 현재 지분상품의 공정가치는 12원이었고, 20×3년 12월 31일 현재 공정가치는 15원으로 증가하였다. 20×3년 12월 31일에 현재 모든 지분상품은 매도되었으며, 보유한 기간 동안에 지분상품에 대해 선언된 배당은 없었다. 회사에 적용가능한 법인세율은 30%이다.

≪물음≫

1. 20×2년 12월 31일과 20×3년 12월 31일로 종료하는 회계연도를 비교식으로 하는 포괄손익계산서에 당기손익과 기타포괄손익을 표시하시오. 단, 기타포괄손익의 구성요소는 세효과를 차감한 후 금액으로 표시한다.
2. 20×2년 12월 31일과 20×3년 12월 31일로 종료하는 회계연도를 비교식으로 하는 포괄손익계산서에 당기손익과 기타포괄손익을 표시하시오. 단, 기타포괄손익의 구성요소는 세효과를 개별 항목으로 하여 법인세총액을 표시한다.

🔊 해답

1.

차익의 계산

	세전금액	법인세	세후금액
기타포괄손익에 인식된 차익 :			
20×2년 12월 31일로 종료하는 회계연도	₩2,000	(₩600)	₩1,400
20×3년 12월 31일로 종료하는 회계연도	3,000	(900)	2,100
총 차익	₩5,000	(₩1,500)	₩3,500

	20×3년	20×2년
당기손익 :		
금융상품처분이익	₩5,000	
법인세비용	(1,500)	
당기손익으로 인식된 순차익	₩3,500	
기타포괄손익 :		
당기에 발생한 법인세비용차감후차익	₩2,100	₩1,400
법인세비용차감후재분류조정	(3,500)	–
기타포괄손익으로 인식된 순차익(차손)	(₩1,400)	₩1,400
총포괄이익	₩2,100	₩1,400

2.

	20×3년	20×2년
당기손익 :		
금융상품처분이익	₩5,000	
법인세비용	(1,500)	
당기손익으로 인식된 순차익	₩3,500	
기타포괄손익 :		
당기에 발생한 차익	₩3,000	₩2,000
재분류조정	(5,000)	–
기타포괄손익과 관련된 법인세	600	(600)
기타포괄손익으로 인식된 순차익(차손)	(₩1,400)	₩1,400
총포괄이익	₩2,100	₩1,400

재분류조정은 포괄손익계산서나 주석에 표시할 수 있다. 재분류조정을 주석에 표시하는 경우에는 관련 재분류조정을 반영한 후에 기타포괄손익의 항목을 표시한다(KIFRS1001-94).

재분류조정은 해외사업장을 매각할 때, 매도가능금융자산을 제거할 때, 위험회피예상거래가 당기손익에 영향을 미칠 때 발생한다(KIFRS1001-95). 반면, 재분류조정은 기업회계기준서 재평가잉여금의 변동이나 확정급여제도의 재측정요소에 의해서는 발생하지 않는다. 이러한 구성요소는 기타포괄손익으로 인식하고 후속 기간에 당기손익으로 재분류하지 않는다. 재평가잉여금의 변동은 자산이 사용되는 후속 기간 또는 자산이 제거될 때 이익잉여금으로 대체될 수 있다(KIFRS1001-96).

제5장

| 정리 5-2 | 재분류조정 발생 기타포괄손익 |

기타포괄손익 항목이 소멸시 당기손익에 반영되면 총포괄손익이 이중계상되는 것을 방지하기 위하여 재분류조정에 반영되지만, 당기손익이 아닌 이익잉여금 등에 반영되면 이중계상이 되지 않으므로 재분류조정은 발생하지 않는다.

기타포괄손익 항목	소멸시	
	당기손익 반영	재분류조정 발생
(1) 재평가잉여금의 변동	×[*]	×
(2) 확정급여제도의 재측정요소	×[*]	×
(3) 해외사업장의 재무제표 환산으로 인한 손익	○	○
(4) 매도가능금융자산의 재측정 손익	○	○
(5) 현금흐름위험회피의 위험회피수단의 평가손익 중 효과적인 부분	○	○

[*] 이익잉여금에 반영

[CCB 2012]

재평가잉여금의 변동은 기타포괄손익으로 인식된 후, 자산이 사용되는 후속 기간에 당기손익으로 재분류한다. (×)

(4) 포괄손익계산서 또는 주석에 표시되는 정보

수익과 비용 항목이 중요한 경우, 그 성격과 금액을 별도로 공시한다(KIFRS1001-97). 수익과 비용 항목의 별도 공시가 필요할 수 있는 상황은 다음을 포함한다(KIFRS1001-98).

① 재고자산을 순실현가능가치로 감액하거나 유형자산을 회수가능액으로 감액하는 경우의 그 금액과 그러한 감액의 환입
② 기업 활동에 대한 구조조정과 구조조정 충당부채의 환입
③ 유형자산의 처분
④ 투자자산의 처분

⑤ 중단영업

⑥ 소송사건의 해결

⑦ 기타 충당부채의 환입

기업은 비용의 성격별 또는 기능별 분류방법 중에서 신뢰성 있고 더욱 목적적합한 정보를 제공할 수 있는 방법을 적용하여 당기손익으로 인식한 비용의 분석내용을 표시한다(KIFRS1001-99). 이러한 분석내용은 당기손익과 기타포괄손익을 표시하는 보고서에 표시할 것을 권장한다(KIFRS1001-100).

비용은 빈도, 손익의 발생가능성 및 예측가능성의 측면에서 서로 다를 수 있는 재무성과의 구성요소를 강조하기 위해 세분류로 표시한다. 분석내용은 성격별 분류 또는 기능별 분류 중 하나로 제공된다(KIFRS1001-101).

① 분석의 첫 번째 형태는 성격별(nature) 분류이다.
- 당기손익에 포함된 비용은 그 성격(예 감가상각비, 원재료의 구입, 운송비, 종업원급여와 광고비)별로 통합하며, 기능별로 재배분하지 않는다(KIFRS1001-102).
- 비용을 기능별 분류로 배분할 필요가 없기 때문에 적용이 간단할 수 있다(KIFRS1001-102).
- 미래현금흐름을 예측하는데 더 유용하다(KIFRS1001-105).

② 분석의 두 번째 형태는 기능별(function) 분류이다.
- 비용을 매출원가, 그리고 물류원가와 관리활동원가 등과 같이 기능별로 분류한다(KIFRS1001-103).
- 적어도 매출원가를 다른 비용과 분리하여 공시한다. 그래서 매출원가법이라고도 한다(KIFRS1001-103).
- 성격별 분류보다 재무제표이용자에게 더욱 목적적합한 정보를 제공할 수 있지만 비용을 기능별로 배분하는데 자의적인 배분과 상당한 정도의 판단이 개입될 수 있다(KIFRS1001-103).
- 비용을 기능별로 분류하는 기업은 감가상각비, 기타 상각비와 종업원급여비용을 포함하여 비용의 성격에 대한 추가 정보를 공시한다(KIFRS1001-104).

[CCB 2010]

비용을 기능별로 분류하는 것이 성격별 분류보다 더욱 목적적합한 정보를 제공하므로, 비용은 기능별로 분류한다. (×)

[APP 2013]

비용을 성격별로 분류하는 기업은 매출원가, 감가상각비, 기타 상각비와 종업원급여비용을 포함하여 비용의 기능에 대한 추가 정보를 공시한다. (×)

다음은 급여와 감가상각비를 성격별 분류와 기능별 분류로 표시한 것이다.

과 목	매출원가	관리비등	합계	
급 여	×××	×××	×××	→ 성격별분류
감가상각비	×××	×××	×××	→ 성격별분류
	×××	×××	×××	
합 계	×××	×××	×××	
	↓	↓		
	기능별분류	기능별분류		

위에서 표시한 바와 같이, 급여와 감가상각비를 매출원가와 관리비등으로 배분하지 아니하고 총액으로 표시하면 성격별 분류로 비용을 표시하는 예에 해당된다. 반면, 급여와 감가상각비를 매출원가와 관리비등으로 배분하여 표시하면 기능별 분류로 비용을 표시하는 예에 해당된다.

비용의 성격별 분류의 예와 비용의 기능별 분류의 예는 다음과 같다.

비용의 성격별 분류(예시)		비용의 기능별 분류(예시)	
수 익	×	수 익	×
기타수익	×	매출원가	(×)
제품과 재공품의 변동	×	매출총이익	×
원재료와 소모품의 사용액	×	기타수익	×
종업원급여비용	×	물류원가	(×)
감가상각비와 기타 상각비	×	관리비	(×)
기타 비용	×	기타비용	(×)
총 비용	(×)	법인세비용차감전순이익	×
법인세비용차감전순이익	×		

비용의 기능별 분류 또는 성격별 분류에 대한 선택은 역사적, 산업적 요인과 기업의 성격에 따라 다르다. 두 방법 모두 기업의 매출 또는 생산 수준에 따라 직접으로 또는 간접으로 연계하여 변동함을 시사한다. 각 방법이 상이한 유형의 기업별로 장점이 있기 때문에 신뢰성 있고 보다 목적적합한 표시방법을 경영진이 선택하여야 한다. 그러나 비용의 성격에 대한 정보가 미래현금흐름을 예측하는 데 유용하기 때문에, 비용을 기능별로 분류하는 경우에는 추가 공시가 필요하다(KIFRS1001-105).

[CPA 2011]

비용의 기능에 대한 정보가 미래현금흐름을 예측하는 데 유용하기 때문에, 비용을 성격별로 분류하는 경우에는 비용의 기능에 대한 추가 정보를 공시하는 것이 필요하다. (×)

예제 5-2 비용의 표시(성격별 분류와 기능별 분류)

㈜다빈자동차의 20×1년 법인세비용차감전손익 관련 자료는 다음과 같다.

(1) 매출액은 ₩400,000이고, 배당수익은 ₩20,000이다.

(2) 원재료 사용액은 ₩100,000이고, 전기 대비 제품과 재공품의 감소액합계는 ₩30,000이다.

(3) 제조부문 급여는 ₩70,000이고, 영업및관리부문 급여는 ₩40,000이다.

(4) 감가상각비 ₩60,000이다(이 중 제조관련금액은 ₩40,000이고, 나머지는 판관비관련금액이다).

(5) 기타비용은 ₩50,000으로 전액 판관비와 관련된 것이다.

≪물음≫

1. 비용을 성격별로 분류하여 약식 손익계산서를 작성하시오. 단, 손익계산서의 최종 라인은 법인세비용차감전순이익으로 할 것.

2. 비용을 기능별로 분류하여 약식 손익계산서를 작성하시오. 단, 손익계산서의 최종 라인은 법인세비용차감전순이익으로 할 것.

해답

1.

수 익		₩400,000
기타수익		20,000
제품과 재공품의 변동	₩30,000	
원재료와 소모품의 사용액	100,000	
종업원급여비용	110,000	
감가상각비와 기타 상각비	60,000	
기타 비용	50,000	
총 비용		350,000
법인세비용차감전순이익		₩70,000

2.

수 익		₩400,000
매출원가		240,000
매출총이익		₩160,000
기타수익		20,000
물류원가		—
관리비		60,000
기타비용		50,000
법인세비용차감전순이익		₩70,000

매출원가＝100,000 ＋ 30,000 ＋ 70,000 ＋ 40,000＝240,000

4. 자본변동표(CIES : statement of changes in equity)

자본변동표에 다음 항목을 표시한다(KIFRS1001-106).

① 지배기업의 소유주와 비지배지분에게 각각 귀속되는 금액으로 구분하여 표시한 해당 기간의 총포괄손익

② 자본의 각 구성요소별로, 기업회계기준서 제1008호에 따라 인식된 소급적용의 효과 또는 소급하여 재작성한 효과

③ 자본의 각 구성요소별로 다음의 각 항목에 따른 변동액을 구분하여 표시한, 기초시점과 기말시점의 장부금액 조정내역
   (가) 당기순손익
   (나) 기타포괄손익
   (다) 소유주로서의 자격을 행사하는 소유주와의 거래(소유주에 의한 출자와 소유주에 대한 배분, 그리고 지배력을 상실하지 않는 종속기업에 대한 소유지분의 변동을 구분하여 표시)

자본의 각 구성요소에 대하여 자본변동표나 주석에 기타포괄손익의 항목별 분석 내용을 표시한다(KIFRS1001-106A). 자본변동표나 주석에 당해 기간 동안에 소유주에 대한 배분으로 인식된 배당금액과 주당배당금을 표시한다(KIFRS1001-107).

상기 자본의 구성요소는 각 분류별 납입자본, 각 분류별 기타포괄손익의 누계액과 이익잉여금의 누계액 등을 포함한다(KIFRS1001-108).

자본변동표[28]나 주석에 당해 기간 동안에 소유주에 대한 배분으로 인식된 배당금액과 주당배당금을 표시한다(KIFRS1001-107). 배당은 소유주로서의 자격을 행사하는 소유주에 대한 배분이고 자본변동표는 소유주와의 거래로 인한 모든 자본 변동을 표시하기 때문에 배당을 자본변동표 또는 주석에 표시한다. 포괄손익계산서는 비소유주와의 거래로 인한 자본 변동을 표시하기 때문에, 기업은 배당을 포괄손익계산서에 표시해서는 안 된다(KIFRS1001-BC75).

보고기간시작일과 종료일 사이의 자본의 변동은 당해 기간의 순자산 증가 또는 감소를 반영한다. 소유주로서의 자격을 행사하는 소유주와의 거래(예 출자, 기업자신의 지분상품의 취득 및 배당) 및 그러한 거래와 직접 관련이 있는 거래원가에서 발생하는 변동을 제외하고는, 한 기간 동안의 자본의 총 변동은 그 기간 동안 기업 활동에 의해 발생된 차익과 차손을 포함한 수익과 비용의 총 금액을 나타낸다(KIFRS1001-109).

자본을 소유주로서의 자격을 행사하는 소유주와의 거래로부터 발생하는 회계기간 동안의 기업의 자본 변동(즉 소유주와의 거래로 인한 모든 자본 변동)과 그 밖의 변동(즉 비소유주와의 거래로 인한 자본 변동)으로 분리된다. 따라서 소유주와의 거래로 인한 모든 자본 변동은 비소유주와의 거래로 인한 자본 변동과는 별도로 자본변동표에 표시된다(KIFRS1001-BC37).

---

28) 포괄손익계산서가 아님에 유의하여야 한다.

기업회계기준서 제1008호는 다른 한국채택국제회계기준서의 경과규정에서 달리 규정하는 경우를 제외하고, 실무적으로 적용할 수 있는 범위까지 회계정책의 변경효과에 대해 소급법의 적용을 요구하고 있다. 기업회계기준서 제1008호는 또한 오류수정에 대해서도 실무적으로 적용할 수 있는 범위까지 소급법을 적용하여 재작성할 것을 요구하고 있다. 한국채택국제회계기준이 자본의 다른 구성요소의 소급수정을 요구하는 경우를 제외하고는 소급법을 적용한 수정과 재작성은 자본의 변동은 아니지만 이익잉여금 기초잔액의 수정을 초래한다. 문단 106(2)는 회계정책변경에 따른 각 자본항목의 수정사항 총액을 오류수정으로 인한 수정사항 총액과는 구분하여 자본변동표에 공시하도록 요구하고 있다. 이러한 수정사항은 과거의 각 기간과 당기의 기초에 대하여 공시한다(KIFRS1001-110).

5. 현금흐름표(CFS : statement of cash flows)

현금흐름정보는 기업의 현금및현금성자산 창출능력과 기업의 현금흐름 사용 필요성에 대한 평가의 기초를 재무제표이용자에게 제공한다. 기업회계기준서 제1007호는 현금흐름 정보의 표시와 공시에 대한 요구사항을 규정하고 있다(KIFRS1001-111).

6. 주 석

주석은 재무상태표, 포괄손익계산서, 별개의 손익계산서(표시하는 경우), 자본변동표 및 현금흐름표에 표시하는 정보에 추가하여 제공된 정보를 말한다. 주석은 재무제표에 표시된 항목을 구체적으로 설명하거나 세분화하며, 재무제표 인식요건을 충족하지 못하는 항목에 대한 정보를 제공한다(KIFRS1001-7).

(1) 구 조

주석은 다음의 정보를 제공한다(KIFRS1001-112).

① 재무제표 작성 근거와 문단 117~124에 따라 사용한 구체적인 회계정책에 대한 정보
② 한국채택국제회계기준에서 요구하는 정보이지만 재무제표 어느 곳에도 표시되지 않는 정보
③ 재무제표 어느 곳에도 표시되지 않지만 재무제표를 이해하는 데 목적적합한 정보

주석은 실무적으로 적용 가능한 한 체계적인 방법으로 표시한다. 재무상태표, 포괄손익계산서, 별개의 손익계산서(표시하는 경우), 자본변동표 및 현금흐름표에 표시된 개별 항목은 주석의 관련 정보와 상호 연결시켜 표시한다(KIFRS1001-113).

주석은 재무제표이용자가 재무제표를 이해하고 다른 기업의 재무제표와 비교하는 데 도움을 줄 수 있도록 일반적으로 다음 순서로 표시한다(KIFRS1001-114).

① 한국채택국제회계기준을 준수하였다는 사실
② 적용한 중요한 회계정책의 요약
③ 재무상태표, 포괄손익계산서, 별개의 손익계산서(표시하는 경우), 자본변동표 및 현금흐름표에 표

시된 항목에 대한 보충정보, 재무제표의 배열 및 각 재무제표에 표시된 개별 항목의 순서에 따라 표시한다.

④ 다음을 포함한 기타 공시

　㉠ 우발부채와 재무제표에서 인식하지 아니한 계약상 약정사항

　㉡ 비재무적 공시항목, 예를 들어 기업의 재무위험관리목적과 정책

경우에 따라 주석 내 개별 항목 배열순서의 변경이 필요하거나 바람직할 수 있다. 예를 들어, 금융상품의 공정가치 변동에 대한 정보는 포괄손익계산서나 별개의 손익계산서(표시하는 경우)와 관련되어 있고, 금융상품의 만기에 대한 정보는 재무상태표와 관련되어 있다 하더라도, 이 두 정보를 금융상품의 만기정보에 통합하여 표시할 수 있다. 그럼에도 불구하고 주석의 체계적인 구조는 실무적으로 적용 가능한 한 유지하여야 한다(KIFRS1001-115).

재무제표의 작성 기준과 구체적 회계정책에 대한 정보를 제공하는 주석은 재무제표의 별도 부분으로 표시할 수 있다(KIFRS1001-116).

(2) 회계정책의 공시

중요한 회계정책의 요약으로 다음 항목을 공시한다(KIFRS1001-117).

① 재무제표를 작성하는 데 사용한 측정기준

② 재무제표를 이해하는 데 목적적합한 기타의 회계정책

재무제표이용자에게 재무제표 작성의 기초가 된 측정기준(예 역사적 원가, 현행원가, 순실현가능가치, 공정가치 또는 회수가능액)에 관한 정보를 제공하는 것은 중요하다. 왜냐하면 재무제표의 작성기준은 재무제표이용자의 분석에 중요한 영향을 미치기 때문이다. 재무제표에 하나 이상의 측정기준을 사용한 경우, 예를 들어 특정 자산 집단을 재평가하는 경우, 각 측정기준이 적용된 자산과 부채의 범주를 표시한다(KIFRS1001-118).

경영진은 특정 회계정책의 공시 여부를 결정할 때 공시가 거래, 그 밖의 사건 및 상황이 보고된 재무성과와 재무상태에 어떻게 반영되었는지를 재무제표이용자가 이해하는 데 도움이 되는지를 고려한다. 특정 회계정책이 한국채택국제회계기준에서 허용되는 여러 대안 중에서 선택된 경우에 그러한 회계정책의 공시는 특히 재무제표이용자에게 유용하다. 참여자가 공동지배기업 투자지분의 인식방법으로 비례연결을 사용하는지 또는 지분법을 사용하는지에 대한 공시를 한 예로 들 수 있다. 일부 한국채택국제회계기준서는 동 기준서가 허용하는 상이한 회계정책에 대한 경영진의 선택을 포함하여, 구체적으로 특정 회계정책의 공시를 요구한다. 예를 들어, 기업회계기준서 제1016호는 유형자산의 분류별로 사용된 측정기준의 공시를 요구한다(KIFRS1001-119).

재무제표이용자가 당해 기업의 유형에서 공시할 것이라고 기대하는 사업내용과 정책을 고려하여 공시한다. 예를 들어, 재무제표이용자는 법인세 납부대상 기업이 이연법인세 부채 및 자산을 포함한 법인세에 대한 회계정책을 공시할 것으로 기대한다. 기업이 중요한 해외사업을 수행하거나 외화거래를 하는

경우에는 외환손익의 인식에 대한 회계정책의 공시를 기대할 것이다(KIFRS1001-120).

회계정책은 당기 및 과거기간의 금액이 중요하지 않은 경우에도 사업의 성격 때문에 중요할 수 있다. 또 한국채택국제회계기준에서는 구체적으로 요구하지 않더라도 기업회계기준서 제1008호에 따라 선택하여 적용하는 중요한 회계정책은 공시하는 것이 적절하다(KIFRS1001-121).

경영진은 추정과는 별도로 기업의 회계정책을 적용하는 과정에서 재무제표에 인식되는 금액에 중요한 영향을 미칠 수 있는 다양한 판단을 한다. 예를 들어, 경영진은 다음 사항의 결정을 위해 판단과정을 거친다(KIFRS1001-123).

① 금융자산이 만기보유 투자자산인지의 여부
② 금융자산과 리스자산의 소유권에 대한 모든 중요한 위험과 효익이 실질적으로 다른 기업에 이전되었는지의 여부
③ 특정 매출이 실질적으로 차입거래이며 수익을 창출하지 않는 거래인지의 여부
④ 기업과 특수목적기업 간의 실질 관계를 고려했을 때 해당 기업이 특수목적기업을 지배하고 있는지의 여부

이러한 회계정책을 적용하는 과정에서 경영진이 내린 판단으로 재무제표에 인식되는 금액에 중요한 영향을 미친 사항은 관련된 추정과는 별도로 중요 회계정책의 요약 또는 기타 주석 사항으로 공시한다(KIFRS1001-122). 문단 122에 따라 작성되는 공시사항의 일부는 다른 한국채택국제회계기준서에서도 요구한다. 예를 들면 다음과 같다(KIFRS1001-124).

• 기업회계기준서 제1027호는 의결권 또는 잠재적인 의결권의 과반수를 직접으로 또는 종속기업을 통하여 간접으로 소유하고 있음에도 불구하고 종속기업이 아닌 피투자자로 보는 경우 기업의 소유지분이 지배관계를 형성하지 않는 이유를 공시하도록 요구하고 있다.
• 기업회계기준서 제1040호 '투자부동산'은 부동산의 분류가 어려운 경우, 자가사용부동산이나 정상영업활동에서 판매하기 위한 부동산과 구별하기 위하여 사용한 분류기준을 공시하도록 요구하고 있다.

(3) 추정 불확실성의 원천

미래에 대한 가정과 보고기간말의 추정 불확실성에 대한 기타 주요 원천에 대한 정보를 공시한다. 이러한 가정과 불확실성의 주요 원천은 다음 회계연도에 자산과 부채의 장부금액에 대한 중요한 조정을 유발할 수 있는 위험을 내포하고 있다. 따라서 이로부터 영향을 받을 자산과 부채에 대하여 다음 사항 등을 주석으로 기재한다(KIFRS1001-125).

① 자산과 부채의 성격
② 보고기간말의 장부금액

일부 자산과 부채의 장부금액은 불확실한 미래 사건이 보고기간말의 자산과 부채에 미치는 영향을

추정하여 결정해야 한다. 예를 들어, 유형자산의 분류별 회수가능액, 재고자산에 대한 기술적 진부화의 영향, 진행 중인 소송사건의 미래 결과에 따라 변동되는 충당부채, 그리고 연금채무와 같은 장기 종업원급여부채를 측정할 때 최근에 형성된 시장가격이 존재하지 않는 경우에는 미래지향적인 추정에 의존하게 된다. 이러한 추정을 할 때 현금흐름 또는 할인율에 대한 위험조정, 급여의 미래변동 및 기타 원가에 영향을 미치는 가격의 미래변동과 같은 항목에 대한 가정이 필요하다(KIFRS1001-126).

다만, 다음의 경우는 미래에 대한 가정과 보고기간말의 추정 불확실에 대한 주요 원천에 대한 공시(문단 125)를 요구하지 않는다.

- 다음 회계연도에 장부금액이 중요하게 변동될 수 있는 중대한 위험이 있는 자산과 부채라 할지라도 최근에 형성된 시장가격에 기초하여 보고기간말의 공정가치를 측정한 경우에는 문단 125에서 요구하는 공시를 하지 아니한다. 그러한 공정가치가 다음 회계연도에 중요하게 변동될 수도 있지만 그러한 변동은 보고기간말의 가정 또는 추정 불확실성에 대한 기타 원천에서 발생한 것은 아니다(KIFRS1001-128).
- 문단 125의 공시사항으로 예산정보 또는 미래예측을 공시하도록 요구하지 않는다(KIFRS1001-130).

문단 125의 공시사항은 미래와 추정 불확실성에 대한 기타 원천에 대해 경영진이 내린 판단을 재무제표이용자가 이해하는 데 도움을 줄 수 있도록 표시한다. 제공하는 정보의 성격과 범위는 가정 및 그 밖의 상황의 성격에 따라 다르다. 그러한 공시사항의 예는 다음과 같다(KIFRS1001-129).

① 가정 또는 기타 추정 불확실성의 성격
② 계산에 사용된 방법, 가정 및 추정에 따른 장부금액의 민감도와 그 이유
③ 불확실성의 영향을 받는 자산 및 부채의 장부금액과 관련하여 다음 회계연도 내에 예상되는 불확실성의 해소방안과 합리적으로 발생가능한 결과의 범위
④ 불확실성이 계속 미해소 상태인 경우, 해당 자산 및 부채에 대하여 과거에 사용한 가정과의 차이에 대한 설명

보고기간말의 가정 또는 추정 불확실성의 원천에 대한 잠재적 영향의 정도를 실무적으로 공시할 수 없는 경우가 있다. 이 경우 현재 알려진 정보에 의하면 다음 회계연도 중에 가정과 다른 결과가 발생하여 그 영향을 받는 자산과 부채의 장부금액이 중요하게 수정될 수도 있다는 사실을 공시해야 한다. 어떠한 경우라도 기업은 가정에 의해 영향을 받는 개별 자산이나 부채(또는 자산이나 부채의 집단)의 성격과 장부금액을 공시해야 한다(KIFRS1001-131).

회계정책을 적용하는 과정에서 경영진이 내린 특정 판단에 대한 문단 122의 공시는 문단 125의 추정 불확실성의 원천에 대한 공시와는 관련이 없다(KIFRS1001-132).

문단 125에서 요구하였을 가정 중 일부에 대한 공시를 다른 한국채택국제회계기준서에서 다루고 있다. 예를 들면 다음과 같다(KIFRS1001-133).

- 기업회계기준서 제1037호는 특정 상황에서 유형별 충당부채에 영향을 미치는 미래 사건에 대

한 주요 가정의 공시를 요구하고 있다.

- 기업회계기준서 제1107호는 공정가치를 장부금액으로 하는 금융자산 및 금융부채의 공정가치 추정에 사용한 중요한 가정에 대해 공시를 요구하고 있다.
- 기업회계기준서 제1016호는 유형자산 중 재평가된 항목의 공정가치 추정에 사용한 중요한 가정에 대해 공시를 요구하고 있다.

(4) 자 본

재무제표이용자가 자본관리를 위한 기업의 목적, 정책 및 절차를 평가할 수 있도록 다음 항목을 공시한다(KIFRS1001-134,135).

① 자본관리를 위한 기업의 목적, 정책 및 절차에 대한 비계량적 정보와 함께 다음 사항을 포함한다.
  ㉠ 자본으로 관리하고 있는 항목에 대한 설명
  ㉡ 기업외부에서 강제한 자본유지요건이 있는 경우, 그러한 요건의 내용과 그 요건이 자본관리에 어떻게 반영되고 있는지에 대한 내용
  ㉢ 자본관리의 목적을 어떻게 달성하고 있는지에 대한 내용
② 자본으로 관리하고 있는 항목에 대한 계량적 자료의 요약. 일부 기업은 특정 금융부채(예 일부의 후순위채무)를 자본의 일부로 간주한다. 또 다른 기업은 어떤 지분의 구성요소(예 현금흐름위험회피에서 발생하는 구성요소)를 자본의 개념에서 제외하기도 한다.
③ 전기 이후 ①과 ②의 변경사항
④ 외부에서 강제한 자본유지요건을 회계기간동안 준수하였는지의 여부
⑤ 외부에서 강제한 자본유지요건을 준수하지 아니한 경우, 그 미준수의 결과

이러한 공시는 기업의 주요 경영진에게 내부적으로 제공된 정보에 기초한다.

기업은 다양한 방법으로 자본을 관리할 수 있으며 여러 가지 상이한 자본유지요건이 있을 수 있다. 예를 들어, 어떤 대기업 집단은 보험업과 은행업을 영위하는 기업을 포함할 수 있으며, 그러한 기업은 여러 국가에서 운영될 수도 있다. 자본유지요건과 자본이 어떻게 관리되는지에 대한 통합 공시가 유용한 정보를 제공하지 못하거나 기업의 자본 원천에 대한 재무제표이용자의 이해를 왜곡시키는 경우, 기업은 각각의 자본유지요건별로 분리하여 정보를 공시한다(KIFRS1001-136).

지분상품으로 분류되는 풋가능 금융상품에 대하여 다음 사항을 공시한다(단, 다른 곳에서 공시되지 않은 사항)(KIFRS1001-136A).

⑴ 자본으로 분류되는 금액에 대한 양적요약자료
⑵ 금융상품 보유자가 재매입 또는 상환을 요구할 때, 그 의무를 관리하기 위한 목적, 정책 및 절차(전기 이후의 변경사항 포함)
⑶ 이러한 종류의 금융상품의 상환이나 재매입시 기대되는 현금유출액
⑷ 상환이나 재매입시 기대되는 현금유출액의 결정 방법에 관한 정보

(5) 이익잉여금처분계산서 공시

상법 등 관련 법규에서 이익잉여금처분계산서(또는 결손금처리계산서)의 작성을 요구하는 경우에는 재무상태표의 이익잉여금(또는 결손금)에 대한 보충정보로서 이익잉여금처분계산서(또는 결손금처리계산서)를 주석으로 공시한다(KIFRS1001-한138.1).

(6) 영업이익 공시

1) 포괄손익계산서 본문에 영업이익 표시 요구[29]

기업은 수익에서 매출원가 및 판매비와관리비(물류원가 등을 포함)를 차감한 영업이익(또는 영업손실)을 포괄손익계산서에 구분하여 표시한다. 다만 영업의 특수성을 고려할 필요가 있는 경우(예 매출원가를 구분하기 어려운 경우)나 비용을 성격별로 분류하는 경우 영업수익에서 영업비용을 차감한 영업이익(또는 영업손실)을 포괄손익계산서에 구분하여 표시할 수 있다(KIFRS1001-한138.2).

2) 포괄손익계산서 본문에 표시되는 영업이익 범위를 '일반기업회계기준 영업이익'과 동일하게 정함[30]

영업이익(또는 영업손실) 산출에 포함된 주요항목과 그 금액을 포괄손익계산서 본문에 표시하거나 주석으로 공시한다(KIFRS1001-한138.3).

3) 기업이 자체 분류한 영업이익('조정영업이익' 등) 주석공시 허용[31]

문단 한138.2에 따른 영업이익(또는 영업손실)에 포함되지 않은 항목 중 기업의 영업성과를 반영하는 그 밖의 수익 또는 비용 항목이 있다면 이러한 항목을 추가하여 조정영업이익(또는 조정영업손실) 등의 명칭을 사용하여 주석으로 공시할 수 있으며, 이 경우 다음 내용을 포함한다(KIFRS1001-한138.4).

> (1) 추가한 주요항목과 그 금액
> (2) 이러한 조정영업이익(또는 조정영업손실) 등은 해당 기업이 자체 분류한 영업이익(또는 영업손실)이라는 사실

---

29) 기업회계기준서 제1001호(2012년 1월 개정)에서는 영업이익을 포괄손익계산서에 표시하지 않은 경우 주석으로 공시하도록 하고 있으나, 이 개정에서는 영업이익을 포괄손익계산서에 표시하도록 요구하였다.

30) 기업회계기준서 제1001호(2012년 1월 개정)에서는 영업이익에 대한 정의나 영업이익에 포함되는 항목에 대한 지침이 없으나, 이 개정에서는 영업이익을 수익에서 매출원가와 판매비와관리비(물류원가 등을 포함)를 차감한 금액으로 정의함으로써, 일반기업회계기준 영업이익과 동일한 영업이익을 포괄손익계산서에 표시하도록 하였다.

31) 이 개정에서는 기업이 수익에서 매출원가와 판매비와관리비를 차감한 금액 이외에 어떠한 항목을 추가하는 것이 그 기업 영업성과를 더 잘 나타낸다고 판단하면, 그러한 금액을 '조정영업이익' 등의 명칭을 사용하여 주석에 공시할 것을 허용하였다.

(7) 기타 공시

주석에는 다음 사항을 공시한다(KIFRS1001-137).

① 재무제표 발행승인일 전에 제안 또는 선언되었으나 해당 기간 동안에 소유주에 대한 분배금으로 인식되지 아니한 배당금액과 주당배당금
② 미인식 누적우선주배당금

다음 항목이 재무제표와 함께 공표된 기타 정보에 공시되지 않았다면 주석으로 공시한다(KIFRS1001-138).

① 기업의 소재지와 법적 형태, 설립지 국가 및 등록된 본점사무소(또는 등록된 본점사무소와 상이하다면, 주요 사업 소재지)의 주소
② 기업의 영업과 주요 활동의 내용에 대한 설명
③ 지배기업과 연결실체 최상위 지배기업의 명칭

주요 항목의 공시를 정리하면 다음과 같다.

공시 대상	개별 재무제표 본문 공시	주석 공시
재분류조정	포괄손익계산서	○
영업손익구성항목	포괄손익계산서	○
영업이익	포괄손익계산서	×
배당금, 주당배당금액	자본변동표	○
이익잉여금처분계산서	×	○
조정영업이익	×	○

기업회계기준서 제1001호의 실무적용지침에서는 재무제표(재무상태표, 포괄손익계산서 및 자본변동표)의 표시를 다음과 같이 예시하였다.

XYZ 그룹 - 20×2년 12월 31일 현재의 연결재무상태표(예시)

(단위 : 천원)

	20×2년 12월 31일	20×1년 12월 31일
자산		
비유동자산		
유형자산	350,700	360,020
영업권	80,800	91,200
기타무형자산	227,470	227,470
관계기업투자	100,150	110,770
매도가능금융자산	142,500	156,000
	901,620	945,460
유동자산		
재고자산	135,230	132,500
매출채권	91,600	110,800
기타유동자산	25,650	12,540
현금및현금성자산	312,400	322,900
	564,880	578,740
자산총계	1,466,500	1,524,200
자본 및 부채		
지배기업의 소유주에게 귀속되는 자본		
납입자본	650,000	600,000
이익잉여금	243,500	161,700
기타자본구성요소	10,200	21,200
	903,700	782,900
비지배지분	70,050	48,600
자본총계	973,750	831,500
비유동부채		
장기차입금	120,000	160,000
이연법인세	28,800	26,040
장기충당부채	28,850	52,240
비유동부채합계	177,650	238,280
유동부채		
매입채무와 기타미지급금	115,100	187,620
단기차입금	150,000	200,000
유동성장기차입금	10,000	20,000
당기법인세부채	35,000	42,000
단기충당부채	5,000	4,800
유동부채합계	315,100	454,420
부채총계	492,750	692,700
자본 및 부채 총계	1,466,500	1,524,200

제5장

XYZ 그룹 — 20×2년 12월 31로 종료하는 회계연도의 연결포괄손익계산서
(당기손익과 기타포괄손익을 단일의 보고서에 표시하고 당기손익 내 비용을 기능별로 분류하는 예시)

(단위 : 천원)

	20×2년	20×1년
수익	390,000	355,000
매출원가	(245,000)	(230,000)
매출총이익	145,000	125,000
기타수익	20,667	11,300
물류원가	(9,000)	(8,700)
관리비	(20,000)	(21,000)
기타비용	(2,100)	(1,200)
금융원가	(8,000)	(7,500)
관계기업의 이익에 대한 지분[1]	35,100	30,100
법인세비용차감전순이익	161,667	128,000
법인세비용	(40,417)	(32,000)
계속영업이익	121,250	96,000
중단영업손실	—	(30,500)
당기순이익	121,250	65,500
기타포괄손익 :		
당기손익으로 재분류되지 않는 항목		
자산재평가차익	933	3,367
확정급여제도의 재측정요소	(667)	1,333
관계기업의 자산재평가차익(차손)에 대한 지분[3]	400	(700)
당기손익으로 재분류되지 않는 항목과 관련된 법인세[4]	(166)	(1,000)
	500	3,000
후속적으로 당기손익으로 재분류될 수 있는 항목		
해외사업장환산외환차이[2]	5,334	10,667
매도가능금융자산[2]	(24,000)	26,667
현금흐름위험회피[2]	667	4,000
당기손익으로 재분류될 수 있는 항목과 관련된 법인세[4]	4,833	(8,334)
	(14,500)	25,000
법인세비용차감후기타포괄손익	(14,000)	28,000
총포괄이익	107,250	93,500
당기순이익의 귀속 :		
지배기업의 소유주	97,000	52,400
비지배지분	24,250	13,100
	121,250	65,500
총포괄이익의 귀속 :		
지배기업의 소유주	85,800	74,800
비지배지분	21,450	18,700
	107,250	93,500
주당이익		(단위 : 원)
기본 및 희석	0.46	0.30

대체적인 방법으로, 기타포괄손익의 구성요소는 포괄손익계산서에 세후금액으로 표시될 수 있다.

	20×2년	20×1년
법인세비용차감후기타포괄손익 :		
당기손익으로 재분류되지 않는 항목 :		
자산재평가차익	600	2,700
확정급여제도의 재측정요소	(500)	1,000
관계기업의 자산재평가차익(차손)에 대한 지분	400	(700)
	500	3,000
후속적으로 당기손익으로 재분류될 수 있는 항목 :		
해외사업장환산외환차이	4,000	8,000
매도가능금융자산	(18,000)	20,000
현금흐름위험회피	(500)	(3,000)
	(14,500)	25,000
법인세비용차감후기타포괄손익[4]	(14,000)	28,000

[1] 관계기업의 소유주에게 귀속되는 관계기업 이익에 대한 지분을 의미한다(즉, 관계기업에 대한 세후의 비지배지분이다).

[2] 당기의 차손익과 재분류조정에 대한 공시를 주석에 표시하는 누적표시를 예시한다. 대체적인 방법으로 총계표시가 사용될 수 있다.

[3] 관계기업의 소유주에게 귀속되는 관계기업의 자산재평가차익(차손)에 대한 지분을 의미한다(즉, 관계기업에 대한 세후의 비지배지분이다).

[4] 기타포괄손익의 각 구성요소와 관련된 법인세는 주석에 공시한다.

XYZ 그룹-20×2년 12월 31일로 종료하는 회계연도의 연결손익계산서

(당기손익과 기타포괄손익을 두 개의 보고서에 표시하고 당기손익 내 비용을 성격별로 분류하는 예시)

(단위 : 천원)

	20×2년	20×1년
수익	390,000	355,000
기타수익	20,667	11,300
제품과 재공품의 변동	(115,100)	(107,900)
기업이 수행한 용역으로서 자본화되어 있는 부분	16,000	15,000
원재료와 소모품의 사용액	(96,000)	(92,000)
종업원급여비용	(45,000)	(43,000)
감가상각비와 기타 상각비	(19,000)	(17,000)
유형자산손상차손	(4,000)	–
기타비용	(6,000)	(5,500)
금융원가	(15,000)	(18,000)
관계기업의 이익에 대한 지분[5]	35,100	30,100
법인세비용차감전순이익	161,667	128,000
법인세비용	(40,417)	(32,000)
계속영업이익	121,250	96,000
중단영업손실	–	(30,500)
당기순이익	121,250	65,500
당기순이익의 귀속 :		
지배기업의 소유주	97,000	52,400
비지배지분	24,250	13,100
	121,250	65,500
주당이익(단위 : 원) :		
기본 및 희석	0.46	0.30

[5] 관계기업의 소유주에게 귀속되는 관계기업 이익에 대한 지분을 의미한다(즉, 관계기업에 대한 세후의 비지배지분이다).

XYZ 그룹-20×2년 12월 31일로 종료하는 회계연도의 연결포괄손익계산서
(포괄손익을 두 개의 보고서에 표시하고 당기손익 내 비용을 성격별로 분류하는 예시)

(단위 : 천원)

	20×2년	20×1년
당기순이익	121,250	65,500
기타포괄손익 :		
당기손익으로 재분류되지 않는 항목 :		
자산재평가차익	933	3,367
확정급여제도의 재측정요소	(667)	1,333
관계기업의 자산재평가차익(차손)에 대한 지분[6]	400	(700)
재분류되지 않는 항목과 관련된 법인세[7]	(166)	(1,000)
	500	3,000
후속적으로 당기손익으로 재분류될 수 있는 항목 :		
해외사업장환산외환차이	5,334	10,667
매도가능금융자산	(24,000)	26,667
현금흐름위험회피	(667)	(4,000)
당기손익으로 재분류될 수 있는 항목과 관련된 법인세[7]	4,833	(8,334)
	(14,500)	25,000
법인세비용차감후기타포괄손익	(14,000)	28,000
총포괄이익	107,250	93,500
총포괄이익의 귀속 :		
지배기업의 소유주	85,800	74,800
비지배지분	21,450	18,700
	107,250	93,500

대체적인 방법으로, 기타포괄손익의 구성요소는 세후금액으로 표시될 수 있다. 단일의 보고서에 수익과 비용의 표시를 예시하는 연결포괄손익계산서를 참조.

[6] 관계기업의 소유주에게 귀속되는 관계기업의 기타포괄손익에 대한 지분을 의미한다(즉, 관계기업에 대한 세후의 비지배지분이다).

[7] 기타포괄손익의 각 구성요소와 관련된 법인세는 주석에 공시한다.

XYZ 그룹-20×2년 12월 31로 종료하는 회계연도의 연결자본변동표

(단위 : 천원)

	납입자본	이익 잉여금	해외사업 장환산	매도가능 금융자산	현금흐름 위험회피	재평가 잉여금	총계	비지배 지분	총자본
20×1년 1월 1일 현재 잔액	600,000	118,100	(4,000)	1,600	2,000	—	717,700	29,800	747,500
회계정책의 변경	—	400	—	—	—	—	400	100	500
재작성된 금액	600,000	118,500	(4,000)	1,600	2,000	—	718,100	29,900	748,000
20×1년 자본의 변동									
배당	—	(10,000)	—	—	—	—	(10,000)	—	(10,000)
총포괄손익[8]	—	53,200	6,400	16,000	(2,400)	1,600	74,800	18,700	93,500
20×1년 12월 31일 현재 잔액	600,000	161,700	2,400	17,600	(400)	1,600	782,900	48,600	831,500
20×2년 자본의 변동									
유상증자	50,000	—	—	—	—	—	50,000	—	50,000
배당	—	(15,000)	—	—	—	—	(15,000)	—	(15,000)
총포괄손익[9]	—	96,600	3,200	(14,400)	(400)	800	85,800	21,450	107,250
이익잉여금으로 대체	—	200	—	—	—	(200)	—	—	—
20×2년 12월 31일 현재 잔액	650,000	243,500	5,600	3,200	(800)	2,200	903,700	70,050	973,750

[8] 20×1년의 이익잉여금 53,200원은 지배기업의 소유주에게 귀속되는 52,400원과 확정급여제도의 보험수리적차익 800원(1,333원에서 법인세비용 333원과 비지배지분 200원을 차감)의 합계이다.

해외사업장환산, 매도가능금융자산, 현금흐름위험회피에 포함된 금액은 법인세비용과 비지배지분을 차감한 각 구성요소의 기타포괄손익을 표시한다. 예를 들어, 20×1년 매도가능금융자산과 관련된 기타포괄손익 16,000원은 26,667원에서 법인세비용 6,667원과 비지배지분 4,000원을 차감한 금액이다.

재평가잉여금 1,600원은 관계기업의 기타포괄손익에 대한 지분 (700)원과 자산재평가차익 2,300원(3,367원에서 법인세비용 667원과 비지배지분 400원을 차감)의 합계이다. 관계기업의 기타포괄손익은 자산재평가차손익에만 관련이 있다.

[9] 20×2년의 이익잉여금 96,600원은 지배기업의 소유주에게 귀속되는 당기순이익 97,000원과 확정급여제도의 보험수리적손실 400원(667원에서 법인세비용 167원과 비지배지분 100원을 차감)의 합계이다.

해외사업장환산, 매도가능금융자산 및 현금흐름위험회피에 포함된 금액은 법인세비용과 비지배지분을 차감한 각 구성요소의 기타포괄손익을 표시한다. 예를 들어, 20×2년 해외사업장환산과 관련된 기타포괄손익 3,200원은 5,334원에서 법인세비용 1,334원과 비지배지분 800원을 차감한 금액이다.

재평가잉여금 800원은 관계기업의 기타포괄손익에 대한 지분 400원과 자산재평가차익 400원(933원에서 법인세비용 333원과 비지배지분 200원을 차감)의 합계이다. 관계기업의 기타포괄손익은 자산재평가차손익에만 관련이 있다.

연 습 문 제

문제 5-1 완성형

> 기업회계기준서 제1001호 인 재무제표표시에 근거하여 다음 (   )을 완성하시오.

01. 재무제표(Financial Statements)는 기업의 (   )와 (   )를 체계적으로 표현한 것이다. 재무제표의 목적은 광범위한 정보이용자의 경제적 의사결정에 유용한 기업의 (   ), (   )와 (   )에 관한 정보를 제공하는 것이다. 또한 재무제표는 위탁받은 자원에 대한 경영진의 (   ) 결과도 보여준다.

02. 전체 재무제표에는 "(1) 재무상태표 (2) (   ) (3) (   ) (4) 현금흐름표 (5) (   ) (6) 회계정책을 소급하여 적용하거나, 재무제표의 항목을 소급하여 재작성 또는 재분류하는 경우 가장 이른 비교기간의 기초 재무상태표"을 포함한다.

03. (   )에 따른 표시방법이 신뢰성 있고 더욱 목적적합한 정보를 제공하는 경우를 제외하고는 유동자산과 비유동자산, 유동부채와 비유동부채로 재무상태표에 구분하여 표시한다.

04. (   )는 영업활동을 위한 자산의 취득시점부터 그 자산이 현금이나 현금성자산으로 실현되는 시점까지 소요되는 기간이다.

05. 보고기간말 이전에 장기차입약정을 위반했을 때 대여자가 즉시 상환을 요구할 수 있는 채무는 보고기간 후 재무제표 발행승인일 전에 채권자가 약정위반을 이유로 상환을 요구하지 않기로 합의하더라도 (   )로 분류한다.

06. 기업이 기존의 대출계약조건에 따라 보고기간 후 적어도 12개월 이상 부채를 차환하거나 연장할 것으로 기대하고 있고, 그런 재량권이 있다면, 보고기간 후 12개월 이내에 만기가 도래한다 하더라도 (   )로 분류한다.

07. 총포괄손익은 당기순손익과 (   )의 모든 구성요소를 포함한다.

08. 비용은 (   ) 분류 또는 (   )분류로 표시한다.

09. 비용의 분류형태 중 (   )분류는 매출원가를 다른 비용과 분리하여 공시하기 때문에 매출원가법이라고도 한다.

10. 비용의 분류형태 중 (   )분류는 미래현금흐름에 더 유용하다.

해답

01. 재무상태, 재무성과, 재무상태, 재무성과, 재무상태변동, 수탁책임
02. 포괄손익계산서, 자본변동표, 주석   03. 유동성순서
04. 영업주기   05. 유동부채
06. 비유동부채   07. 기타포괄손익
08. 성격별, 기능별   09. 기능별
10. 성격별

문제 5-2   진위형

> 기업회계기준서 제1001호인 재무제표표시에 근거하여 맞으면 'ㅇ' 틀리면 'x' 표시하시오.

01. 전체의 재무제표에서 재무상태표와 포괄손익계산서에 더 비중을 두고 표시된다.
02. 이연법인세자산(부채)는 1년을 기준으로 하여 유동성과 비유동성항목으로 구분하여 재무상태표에 표시된다.
03. 유동부채는 보고기간말 현재의 상황으로 판단한다.
04. 신뢰성 있고 더욱 목적적합한 정보를 제공한다면 자산과 부채의 일부는 유동성/비유동성 구분법으로, 나머지는 유동성 순서에 따른 표시방법으로 표시하는 것이 허용된다.
05. 교환이나 부채 상환 목적으로의 사용에 대한 제한 기간이 보고기간 후 12개월 이상이 아닌 현금이나 현금성자산은 비유동자산으로 분류한다.
06. 계속기업으로서의 존속능력에 중대한 의문이 제기될 수 있는 사건이나 상황과 관련된 중요한 불확실성을 알게 된 경우, 경영진은 그러한 불확실성을 공시하여야 한다.
07. 중요하지 않은 정보일 경우 한국채택국제회계기준에서 요구하는 특정 공시를 제공할 필요는 없다.
08. 한국채택국제회계기준에서 요구하거나 허용하지 않는 한 자산과 부채 그리고 수익과 비용은 상계하지 아니한다.
09. 재고자산에 대한 재고자산평가충당금과 매출채권에 대한 대손충당금과 같은 평가충당금을 차감하여 관련 자산을 순액으로 측정하는 것은 상계표시에 해당한다.
10. 수익과 비용의 어느 항목도 당기손익과 기타포괄손익을 표시하는 보고서에는 특별손익 항목으로 표시할 수 없으나 주석에는 특별손익 항목으로 표시할 수 있다.

해답

01	02	03	04	05	06	07	08	09	10
×	×	○	○	×	○	○	○	×	×

01. 각각의 재무제표는 전체 재무제표에서 동등한 비중으로 표시한다(KIFRS1001-11).

02. 기업이 재무상태표에 유동자산과 비유동자산, 그리고 유동부채와 비유동부채로 구분하여 표시하는 경우, 이연법인세자산(부채)은 유동자산(부채)으로 분류하지 아니한다(KIFRS1001-56)

03. (KIFRS1001-76)

04. (KIFRS1001-60)

05. '현금이나 현금성자산으로서, 교환이나 부채 상환 목적으로의 사용에 대한 제한 기간이 보고기간 후 12개월 이상이 아니다.'인 경우에는 유동자산으로 분류한다(KIFRS1001-66).

06. (KIFRS1001-25)

07. (KIFRS1001-31)

08. (KIFRS1001-32)

09. 재고자산에 대한 재고자산평가충당금과 매출채권에 대한 대손충당금과 같은 평가충당금을 차감하여 관련 자산을 순액으로 측정하는 것은 상계표시에 해당하지 아니한다(KIFRS1001-33).

10. 수익과 비용의 어느 항목도 당기손익과 기타포괄손익을 표시하는 보고서 또는 주석에 특별손익 항목으로 표시할 수 없다(KIFRS1001-87).

문제 5-3 유동과 비유동 구분

다음은 ㈜다빈의 20×1년 12월 31일 현재 재무상태표에 표시된 부채에 대한 내역이다.

(1) 상환기일이 20×3년 6월 30일인 미지급금 ₩10,000이 있다.
(2) 상환기일이 20×2년 6월 30일인 단기차입금 ₩50,000이 있다. 단, 20×2년 2월 10일 채권자가 상환기일을 3년 더 연장하기로 합의하였다.
(3) 상환기일이 20×2년 6월 30일인 장기차입금 ₩30,000이 있다.
(4) 상환기일이 20×2년 3월 31일인 차입금 ₩80,000이 있다. 20×1년 12월 31일 현재 회사는 상환기일을 2년 연장할 수 있는 재량권이 있으며, 상환기일을 연장할 의도를 가지고 있다.
(5) 20×1년 3월 20일 주주총회에서 결의한 주식배당금 ₩20,000이 20×1년 12월 31일 현재 미교부상태이나, 20×2년 4월 10일에 교부할 예정이다.

㈜다빈의 영업주기는 2년이고, 20×2년 2월 20일에 이사회에서 재무제표발행을 승인하였다.

≪물음≫

1. 보고기간말 현재 12개월 이내에 결제일이 도래하는 채무가 비유동부채로 분류되기 위하여 갖추어야 할 조건에 대하여 약술하시오.
2. 보고기간말 이전에 장기차입약정을 위반(예 약정부채비율미준수)했을 때 채권자가 즉시 상환을 요구할 수 있는 채무를 비유동부채로 분류하기 위한 조건에 대하여 약술하시오.
3. ㈜다빈의 20×1년 12월 31일 현재 재무상태표에 유동부채로 표시될 금액의 합계액을 계산하시오.

해답

1.

① 채무자가 보고기간 후 적어도 12개월 이상 부채를 차환하거나 연장할 의도(기대)가 있을 것
② 채무자가 차환 또는 연장의 재량권이 있을 것

2.

① 채권자가 보고기간말 이전에 보고기간 후 적어도 12개월 이상의 유예기간을 주는 데 합의할 것
② 그 유예기간 내에 채무자가 위반사항을 해소할 수 있을 것
③ 그 유예기간 동안에는 채권자가 즉시 상환을 요구할 수 없을 것

3.

단기차입금	₩50,000
유동성장기차입금	30,000
유동부채 계	₩80,000

[해설]
(1) 미지급금은 영업과 무관한 부채이므로 영업주기를 고려하지 않아 1년을 초과하므로 비유동부채로 분류한다.
(2) 보고기간말로부터 1년 이내에 상환되어야 하는 채무는, 보고기간말과 재무제표 발행승인일 사이에 보고기간말로부터 1년을 초과하여 상환하기로 합의한 경우에는 유동부채로 분류한다.
(3) 기업이 기존의 대출계약조건에 따라 보고기간 후 적어도 12개월 이상 부채를 차환하거나 연장할 것으로 기대하고 있고, 그런 재량권이 있다면, 보고기간 후 12개월 이내에 만기가 도래한다 하더라도 비유동부채로 분류한다.
(4) 미교부주식배당금은 자본조정항목이다.

문제 5-4 포괄손익계산서

상장법인인 ㈜다빈의 20×1년도의 성과는 다음과 같다.

(1) 당기순이익은 ₩300,000이다.
(2) 유형자산의 재평가로 인하여 재평가잉여금의 변동액은 ₩40,000이 발생하였다. 동 금액은 평가 전 금액 ₩100,000과 평가 후 금액 ₩140,000의 차액이다.
(3) 매도가능금융자산의 재측정 이익 ₩30,000이 발생하였다. 동 금액은 평가전 금액 ₩60,000과 평가 후 금액 ₩90,000의 차액이다.

㈜다빈의 적용 세율은 25%이다.

제5장

≪물음≫

1. ㈜다빈의 20×1년도의 총포괄손익을 계산하시오.
2. 포괄손익계산서에 기타포괄손익의 구성요소를 표시하는 방법은 두 가지가 있다. 그 두 가지 방법에 대하여 약술하시오.
3. 두 가지 방법으로 ㈜다빈의 20×1년도의 약식 포괄손익계산서를 작성하시오.

해답

1. 총포괄이익 = 300,000 + (40,000 + 30,000) × (1 - 0.25) = ₩352,500

2. (1) 관련 법인세 효과를 차감한 순액으로 표시
   (2) 기타포괄손익의 구성요소와 관련된 법인세 효과 반영 전 금액으로 표시하고, 각 항목들에 관련된 법인세 효과는 단일 금액으로 합산하여 표시

3. (1) 관련 법인세 효과를 차감한 순액으로 표시

당기순이익	₩300,000
기타포괄이익	
재평가잉여금변동액	₩30,000
매도가능금융자산의 재측정 이익	22,500
기타포괄이익 계	₩52,500
총포괄이익	₩352,500

(2) 기타포괄손익의 구성요소와 관련된 법인세 효과 반영 전 금액으로 표시하고, 각 항목들에 관련된 법인세 효과는 단일 금액으로 합산하여 표시

당기순이익	₩300,000
기타포괄이익	
재평가잉여금변동액	₩40,000
매도가능금융자산의 재측정 이익	30,000
기타포괄손익 관련 법인세	(17,500)
기타포괄이익, 순액	₩52,500
총포괄이익	₩352,500

문제 5-5   포괄손익계산서

상장법인인 ㈜다인의 매도가능금융자산의 거래내역은 다음과 같다.

(1) 20×1년 1월 1일 상장주식인 와이즈만주식 10주를 주당 ₩1,000에 취득하여 매도가능금융자산으로 분류하였다.

(2) 20×1년 12월 31일 현재 와이즈만주식의 주당 공정가치는 ₩1,200이었다.

(3) ㈜다인은 20×2년 3월 27일에 와이즈만주식 10주를 주당 ₩1,500에 처분하였다.

㈜다인은 12월 결산법인이며, 적용 세율은 20%이다.

20×1년과 20×2년에 상기 이외 거래는 없었다고 가정하고 다음 물음에 답하시오.

≪물음≫

1. ㈜다인의 20×1년 단일 포괄손익계산서를 작성하시오.
2. ㈜다인의 20×2년 단일 포괄손익계산서를 작성하시오.
3. 재분류조정에 대하여 약술하고, 재분류조정이 발생하는 경우 세 가지를 언급하시오.

 해답

1.

당기순이익	—
기타포괄이익	
매도가능금융자산 재측정 이익	₩2,000
기타포괄손익 관련 법인세	(400)
기타포괄이익 순액	₩1,600
총포괄이익	₩1,600

2.

매도가능금융자산처분이익	₩5,000
법인세비용	1,000
당기순이익	₩4,000
기타포괄이익	–
재분류조정	(₩1,600)
총포괄이익	₩2,400

3.

(1) 재분류조정은 당기나 과거 기간에 기타포괄손익으로 인식되었으나 당기손익으로 재분류된 금액을 말한다.

(2) ① 해외사업장을 매각할 때, ② 매도가능금융자산을 제거할 때, ③ 위험회피예상거래가 당기손익에 영향을 미칠 때

문제 5-6 공정한 표시와 한국채택국제회계기준 준수

재무제표는 기업의 재무상태, 재무성과 및 현금흐름을 공정하게 표시해야 한다. 공정한 표시를 위해서는 개념체계에서 정한 자산, 부채, 수익 및 비용에 대한 정의와 인식요건에 따라 거래, 그 밖의 사건과 상황의 효과를 충실하게 표현해야 한다. 한국채택국제회계기준에 따라 작성된 재무제표(필요에 따라 추가공시한 경우 포함)는 공정하게 표시된 재무제표로 본다.

한국채택국제회계기준을 준수하여 재무제표를 작성하는 기업은 그러한 준수 사실을 주석에 명시적이고 제한없이 기재한다. 재무제표가 한국채택국제회계기준의 요구사항을 모두 충족한 경우가 아니라면 한국채택국제회계기준을 준수하여 작성되었다고 기재하여서는 아니 된다. 한국채택국제회계기준을 준수하여 작성된 재무제표는 국제회계기준을 준수하여 작성된 재무제표임을 주석으로 공시할 수 있다.

≪물음≫

1. 거의 모든 상황에서 공정한 표시는 관련 한국채택국제회계기준을 준수함으로써 달성된다. 또한 공정한 표시를 위해 준수되어야 할 사항 3가지를 약술하시오.

2. 극히 드문 상황으로서 한국채택국제회계기준의 요구사항을 준수하는 것이 오히려 개념체계에서 정하고 있는 재무제표의 목적과 상충되어 재무제표이용자의 오해를 유발할 수 있다고 경영진이 결론을 내리는 경우에는, 관련 감독체계가 이러한 요구사항으로부터의 일탈을 의무화하거나 금지하지 않는다면, 요구사항을 달리 적용한다. 이와 같이 요구사항을 달리 적용하는 경우 공시해야할 항목 4가지를 약술하시오.

3. 극히 드문 상황으로서 한국채택국제회계기준의 요구사항을 준수하는 것이 개념체계에서 정한 재

무제표의 목적과 상충되어 재무제표이용자의 오해를 유발할 수 있다고 경영진이 결론을 내렸지만, 관련 감독체계가 요구사항으로부터의 일탈을 금지하는 경우에 오해를 유발할 수 있는 가능성을 최대한으로 줄이기 위하여 공시해야할 사항 2가지를 약술하시오.

해답

1.

(1) 기업회계기준서 제1008호 '회계정책, 회계추정의 변경 및 오류'를 준수하여 회계정책을 선택하고 적용한다. 기업회계기준서 제1008호는 구체적으로 적용할 한국채택국제회계기준이 없는 경우 경영진이 고려할 관련 기준의 우선순위를 규정하고 있다.

(2) 회계정책을 포함하여 목적적합하고, 신뢰할 수 있고, 비교가능하며 이해가능한 정보(개념체계의 주요 질적 특성을 갖춘 정보)를 표시한다.

(3) 한국채택국제회계기준의 구체적인 요구사항을 준수하더라도 특정거래, 그 밖의 사건 및 상태가 기업의 재무상태와 재무성과에 미치는 영향을 재무제표이용자가 이해하기에 충분하지 않은 경우 추가공시를 제공한다.

2.

(1) 재무제표가 기업의 재무상태, 재무성과 및 현금흐름을 공정하게 표시하고 있다고 경영진이 결론을 내렸다는 사실

(2) 공정한 표시를 위해 특정 요구사항을 달리 적용하는 것을 제외하고는 한국채택국제회계기준을 준수했다는 사실

(3) 기업이 달리 적용하는 해당 한국채택국제회계기준의 제목, 그 한국채택국제회계기준에서 요구하는 회계처리의 방법과 이에 대한 일탈의 내용, 그러한 회계처리가 해당 상황에서 재무제표이용자의 오해를 유발할 수 있어 개념체계에서 정한 재무제표의 목적과 상충되는 이유, 그리고 실제로 적용한 회계처리방법
표시된 각 회계기간에 대해, 한국채택국제회계기준 요구사항으로부터의 일탈이 이를 준수하였다면 보고되었을 재무제표의 각 항목에 미치는 재무적 영향

3.

(1) 의문의 여지가 있는 한국채택국제회계기준의 제목, 요구사항의 성격, 요구사항을 준수하는 것이 해당 상황에서 재무제표이용자의 오해를 유발하여 개념체계에서 정한 재무제표의 목적과 상충된다고 경영진이 결론을 내린 이유

(2) 표시된 각 회계기간에 대해, 공정한 표시를 위해 필요하다고 경영진이 결론을 내린 재무제표의 각 항목에 대한 조정내용

제06장 | 현금및현금성자산

현금및현금성자산은 다음과 같이 구분된다.

현금및현금성자산 ┬ 현금 ┬ 통화 및 통화대용증권 : cash on hand
　　　　　　　　　└ 현금성자산 └ 당좌예금, 보통예금 : cash in bank

제1절 현 금

현금은 기업이 거래대금의 지급수단으로 즉시 사용할 수 있는 유동성이 가장 큰 자산이다. 현금은 회계상으로는 측정과 회계처리의 기초를 제공하여 준다.

1. 현금의 분류

현금은 보유 현금(cash on hand)과 요구불 예금(demand deposits)을 말한다(KIFRS1007-6). 현금은 다음과 같이 크게 통화 및 타인발행수표 등 통화대용증권과 당좌예금, 보통예금으로 구분된다.

구 분	현금의 예
(1) 통화	지폐, 주화
(2) 통화대용증권	① 수표(타인발행수표, 자기앞수표, 가계수표, 여행자수표, 송금수표)[1]
	② 우편환[2], 은행환어음, 배당지급통지표, 지급기한이 도래한 공사채의 이자표, 만기된 받을어음, 국고지급통지서, 대체저금지급증서[3], 일람출급어음, 전도금(지점이 보유한 현금, 사업장의 운영비를 충당하기 위해 본사에서 보내는 경비)
(3) 요구불예금	당좌예금, 보통예금

[1]. 다만, 부도수표와 선일자수표는 현금으로 분류되지 않는다.
[2]. 우편환 : 직접 현금을 수송하지 않고 우편환증서의 송달에 의하여 송금목적을 달성하는 격지간의 송금제도
[3]. 대체저금증서 : 저축이 목적이 아니라 먼 거리에 있는 거래처의 송금절차를 간편하게 하기 위하여 설정된 자산계정

한국채택국제회계기준에서는 "예금"이라는 과목을 사용하지 않고, 대신 예금은 현금및현금성자산 등으로 분류된다.

선일자수표(연수표, deferred check, post-dated check)는 수표를 어음처럼 사용하기 위해 발행하는 것으로 형식은 수표이나 실질은 어음에 해당된다[1]. 선일자수표란 수표권면에 표시된 발행일에 앞서 발행된 수표로 자금부족시 발행된다.

수표권면에 표시된 발행일이 실질적으로 어음의 만기로 간주될 수 있는바, 선일자수표는 회계상 어음으로 보아, 수취하면 받을어음이고, 발행하면 지급어음으로 계상한다. 예를 들어 선일자수표 권면에 표시된 발행일이 20×1년 11월 7일이나 실제발행일이 10월 7일인 경우에 만기가 1개월 후에 도래하는 어음으로 취급된다.

> **당좌수표**
> 발행일 20×1년 11월 7일   실제 수표발행일은 20×1년 10월 7일이다.

2. 소액현금제도

소액현금제도(petty cash system)에서는 소액현금을 설정해 두고 소액의 경비는 이 소액현금으로 충당한다. 소액경비를 사용할 때마다 전표처리를 하는 번거로움을 해소하기 위하여 사용되는 소액현금제도는 소액현금을 사용할 때에는 사용한 영수증만 보관하다가 소액현금을 보충하는 시점에서 사용된 영수증을 기초로 하여 전표처리를 한다.

> [소액현금제도의 회계처리 시점]
>
> ① 소액현금 설정 : 회계처리함(소액현금/예금등)
> ② 소액현금 사용 : 회계처리안 함
> ③ 소액현금 보충 : 회계처리함(제비용/예금등)

소액현금제도는 다시 정액소액현금제도와 부정액소액현금제도로 구분되는데, 정액소액현금제도가 대부분 사용된다. 이 제도는 기업이 일정액을 소액현금으로 설정하고 소액현금 사용후 보충시에 소액현금을 원래 설정된 일정금액이 되게 보충하는 방법이다. 따라서 보충액은 소액현금사용액(현금지출영수증 합계액과 일치[2])이 된다. 이를 식으로 표시하면 다음과 같다.

> 현금시재(時在)액(현금보유액) + 현금지출영수증 = 정액소액현금

---

1) 참고적으로 어음보다는 수표를 수취하는 것이 유리하다. 부도수표 발행인은 부정수표단속법에 따라 형사처벌된다.
2) 소액현금제도에서는 소액현금사용시에는 전표처리를 하지 않으므로 사용내역은 보관된 영수증으로 확인하게 된다.

소액현금제도를 실시하는 경우에 보유현금(실사금액)과 장부상현금을 비교하다보면 차이가 발생할 수 있는데 이때에 사용되는 과목이 "현금과부족(cash over or short)"계정이다. 보유현금이 부족한 경우에는 현금과부족계정을 차기하고, 과다한 경우에는 현금과부족계정을 대기한다. 현금과부족계정은 임시계정3)이므로 재무상태표에 계상능력이 없어서 적절한 과목으로 대체하여야 한다. 기말까지 그 과부족원인을 규명하지 못한 경우에는 현금과부족계정은 잡손실 또는 잡이익으로 대체한다. 현금과부족계정과 관련된 회계처리를 요약하면 다음과 같다.

구분	보유현금 〈 장부상현금		보유현금 〉 장부상현금	
	차변	대변	차변	대변
현금과부족발생시	현금과부족 ×××	현 금 ×××	현 금 ×××	현금과부족 ×××
원인규명시	단기대여금등* ×××	현금과부족 ×××	현금과부족 ×××	비용등* ×××
	* 적절한 과목으로 대체		* 적절한 과목으로 대체	
기말까지 원인 비규명시	잡손실 ×××	현금과부족 ×××	현금과부족 ×××	잡이익 ×××

예제 6-1 소액현금제도

㈜다빈은 20×1년 4월 1일자로 정액전도금제도의 소액현금제도를 채택하였다. 정액전도금은 ₩1,000,000으로 4월 1일에 당좌예금을 인출하였다. 4월 30일까지 소액현금이 사용된 내역은 출납직원이 보관하고 있는 영수증에 의하여 다음과 같았다.

사무용품비	₩280,000
교통비	250,000
복리후생비	120,000
접대비	170,000
합계	₩820,000

출납직원은 4월 30일 현재 소액현금이 ₩150,000만 남아있어서 당좌예금에서 ₩850,000을 인출하여 소액현금을 보충하였다. 소액현금부족액 ₩30,000 중 ₩20,000은 직원이 가불한 금액임을 5월 10일에 확인하고 이 날짜에 관련 기록을 하였다. 나머지 부족액은 20×1년 장부마감시까지 그 원인을 규명할 수 없었다. 이에 대한 회계처리는 다음과 같다.

---

3) 미결산계정이다. 미결산계정에는 가지급금, 가수금 등이 있다.

거래시점	차변		대변	
4월 1일	소액현금	1,000,000	당좌예금	1,000,000
4월 30일	사무용품비	280,000	당좌예금	850,000
	교 통 비	250,000		
	복리후생비	120,000		
	접 대 비	170,000		
	현금과부족	30,000		
5월 10일	단기대여금	20,000	현금과부족	20,000
12월 31일	잡 손 실	10,000	현금과부족	10,000

3. 당좌차월

당좌차월(bank overdrafts)이란 당좌예금잔액이 "－"인 예금을 말하며, 이는 금융기관으로부터의 차입에 해당하므로 단기차입금에 포함하여 보고된다.[4] 금융회사의 요구에 따라 즉시 상환하여야 하는 당좌차월은 기업의 현금관리의 일부를 구성한다. 이 때 당좌차월은 현금및현금성자산의 구성요소에 포함된다. 그러한 은행거래약정이 있는 경우 은행잔고는 예금과 차월 사이에서 자주 변동하는 특성이 있다(KIFRS1007-8).

기업이 여러 은행과 당좌거래를 하는 경우에 일부 은행에서 당좌차월이 발생할 수 있고, 또한, 한 은행의 여러 지점과 당좌거래에서 일부 지점에서 당좌차월이 발생할 수 있는데 이러한 경우 당좌예금과 당좌차월의 상계여부는 명문 규정은 없으나 다음과 같이 처리하는 것이 타당하다.

- 은행간 총액주의 : 한 은행에서의 당좌예금과 다른 은행의 당좌차월은 상계하지 않는다.
- 은행내 순액주의 : 한 은행에서의 복수당좌계좌에서 한 계좌에서는 당좌예금, 다른 계좌에서는 당좌차월인 경우에는 상계하여 순액으로 표시한다.

구 분	기말잔액	분류	
		당좌예금	단기차입금
A은행 당좌통장 ⓐ	₩10,000		
A은행 당좌통장 ⓑ	(30,000)		₩20,000[*1]
B은행 당좌통장	50,000	₩50,000	
C은행 당좌통장	(20,000)		20,000
계	₩10,000	₩50,000	₩40,000

*1. A은행의 당좌통장은 상계하여 순액으로 표시한다.

---

4) 단기차입금은 금융기관으로부터의 당좌차월액과 1년내에 상환될 차입금으로 한다.

제 2 절 현금성자산

현금성자산(cash equivalents)은 유동성이 매우 높은 단기 투자자산으로서 확정된 금액의 현금으로 전환이 용이하고 가치변동의 위험이 중요하지 않은 자산을 말한다(KIFRS1007-6).

현금성자산은 투자나 다른 목적이 아닌 단기의 현금수요를 충족하기 위한 목적으로 보유한다. 투자 자산이 현금성자산으로 분류되기 위해서는 확정된 금액의 현금으로 전환이 용이하고, 가치변동의 위험이 중요하지 않아야 한다. 따라서 투자자산은 일반적으로 만기일이 단기에 도래하는 경우(예를 들어, 취득일로부터 만기일이 3개월 이내인 경우)에만 현금성자산으로 분류된다. 지분상품은 현금성자산에서 제외한다. 다만, 상환일이 정해져 있고 취득일로부터 상환일까지의 기간이 단기인 우선주와 같이 실질적인 현금성자산인 경우에는 현금성자산으로 분류된다(KIFRS1007-7).

현금성자산으로 분류되기 위한 조건 중 단기(예 3개월)의 판단기준은 보고기간말부터 기산하는 것이 아니라 취득일부터 기산함에 유의하여야 한다.

예를 들어 환매채(RP)의 취득일은 20×1년 11월 1일이고, 보고기간말은 20×1년 12월 31일이며, 환매일이 20×2년 2월 28일인 경우 환매일이 보고기간말(12월 31일)로부터 2개월 이내이지만, 취득일(11월 1일)로부터는 3개월 초과이므로 현금성자산이 아니다. 이를 그림으로 나타내면 다음과 같다.

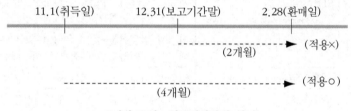

현금성자산의 예는 다음과 같다.

- 만기가 90일인 정기예금
- 초단기수익증권(MMF, money market funds) : 투자신탁회사가 고객의 돈을 모아 단기금융상품(CD, CP, 콜 등)에 투자하여 얻은 수익을 되돌려주는 실적배당형 초단기금융상품을 말한다.
- 취득당시 3개월 이내에 환매되는 환매채(RP)

제 3 절   은행계정조정표

은행계정조정표(bank reconciliation statement)는 당좌예금잔액의 회사와 은행간의 불일치를 일치
시키기 위해 작성하는 표이다. 여러 이유로 회사가 보유한 장부상의 예금잔액과 회사의 거래은행이 보
유한 예금잔액(이를 "은행예금잔고증명서잔액"이라고 한다) 사이에 차이가 발생하는데, 어음·수표를
발행하는 당좌예금에서 주로 잔액간의 불일치가 발생한다. 이러한 불일치를 조정하여 일치시키기 위하
여 은행계정조정표가 작성된다.

1. 불일치 요인 및 수정방법

은행과 회사의 당좌예금잔액의 차이는 직원의 오류나 부정에 의하여 발생할 수 있지만, 대부분 은행
과 기업간 기록시점의 차이(time lag)에서 발생한다. 이러한 불일치의 조정은 회사가 조정할 사항(가산
또는 차감)과 은행이 조정할 사항(가산 또는 차감)으로 구분되는데 이러한 사항들을 수정방법을 중심으
로 표시하면 다음과 같다.

수정방법		예	내 용
회사	가산	미통지입금 (deposits by third parties)	거래처 등에서 회사에 통지하지 아니하고 온라인 또는 무통장입금 등의 방법으로 입금한 금액
		미기입 추심어음 입금액	만기된 받을어음 등을 은행이 추심대행하여 회사 통장 에 입금처리하였으나 회사가 미기입한 경우
		기장오류(entry error)	입금액 과소기입 or 인출액 과대 기입
	차감	부도수표 (dishonored check)	수취하여 입금된 수표가 부도처리된 것. 입금된 수표가 부도처리되면 출금처리된다.
		미기입 추심어음수수료	추심대행에 따른 수수료 미기입
		미기입 이자비용	당좌차월 사용에 따른 이자비용 미기입
		기장오류(entry error)	입금액 과대 기입 or 인출액 과소 기입
은행	가산	미기입예금 (deposits in transit)	타행환입금이나 영업시간 이후에 입금된 예금이 입금된 날 후에 입금처리된 경우
	차감	기발행미인출수표 (outstanding check)	회사가 발행한 수표가 아직 은행에 지급제시 되지 아니 한 경우(outstanding = unpaid)

2. 은행계정조정표 작성

은행과 회사 모두 조정사항이 있다면 은행측잔액과 회사측잔액을 모두 조정하여 일치시키는 방법이
가장 바람직한 방법이다. 앞서 살펴본 조정사항이 표시된 은행계정조정표는 다음과 같다.

회사장부잔액	×××		은행잔액	×××[*1]
미기입 부도수표	차감[*2]		기발행미인출수표	차감[*4]
미기입 추심어음	가산[*3]		미기입예금	가산
미통지예금	가산		기장오류	가감
미기입 수수료	차감			
미기입 이자비용	차감			
기장오류	가감			
수정후 예금잔액	×××	=	수정후 예금잔액	×××

[*1]. 은행예금잔고증명서잔액
[*2]. 입금한 수표가 부도처리된 경우
[*3]. 받을어음이 만기가 되어 입금처리된 경우
[*4]. 발행된 수표가 은행에 지급제시되지 아니한 경우

　　은행계정조정표를 작성한 후에는 회사측의 조정사항에 대한 수정분개를 실시하여야 현금과예금잔액이 정확하게 재무상태표에 표시된다. 이러한 조정사항을 반영한 수정분개는 당좌예금에 대한 조정이므로 수정분개의 차변이나 대변 항목 중의 하나는 현금과예금계정이 반드시 기록된다.

 예제 6-2 은행계정조정표 작성

㈜다인의 20×1년 12월 31일 현재의 당좌예금잔액은 ₩55,630이었으나, 은행장부상에는 회사 예금잔액이 ₩56,725이었다. 두 장부상의 차이를 조사하는 결과 다음과 같은 사실이 판명되었다.

1. 회사가 12월 31일에 ₩2,000을 은행영업시간 이후에 입금시켰다.
2. 회사가 은행에 입금한 수표 ₩800이 부도처리되었으며, 관련 소구비용은 ₩20이다.
3. 회사가 추심의뢰한 받을어음 금액 ₩1,000과 이자 ₩50이 추심되었으며, 추심수수료는 ₩15 이었는데, 회사는 아무런 기장을 하지 않았다.
4. 외상매입금 결제를 위하여 지급한 수표 #11043820의 발행금액은 ₩3,200인데 장부상에는 ₩2,300으로 기록되었다.
5. 12월 31일 현재 회사가 발행한 수표 중 은행에서 결제되지 않은 수표금액은 ₩2,900이다.
6. 회사에 반영되지 않은 당좌차월이자는 ₩120이다.
7. 12월 31일에 매출처인 ㈜목동이 외상매출금 결제를 위하여 ₩1,000을 회사 은행계좌에 입금하였으나 회사에 이를 연락하지 않았다.

≪물음≫
1. 은행계정조정표를 작성하시오.
2. 필요한 수정분개를 하시오.

해답

1. 은행계정조정표

은행계정조정표

㈜다인	20×1년 12월 31일
회사 장부상 예금잔액	₩55,630
부도수표(소구비용포함)	(820)
추심어음입금액(이자포함)	1,050
미기입추심수수료	(15)
기장오류(3,200 − 2,300)	(900)
미기입당좌차월이자	(120)
미통지입금	1,000
수정후 예금잔액	₩55,825
은행예금잔고증명서 잔액	56,725
기발행미인출수표	(2,900)
미기입예금(영업시간이후입금)	2,000
수정후 예금잔액	₩55,825

2. 수정분개

(차) 당좌예금	2,050	(대) 매출채권	2,000 [1]
		이자수익	50

[1]. 1,000 + 1,000 = 2,000

(차) 부도수표	820 [1]	(대) 당좌예금	1,855
추심수수료	15		
매입채무	900		
이자비용	120		

[1]. 소구비용은 부도수표금액에 가산된다.

3. 4위식은행계정조정표

은행계정조정표는 잔액만 일치시키지만, 4위식은행계정조정표(four-column bank reconciliation)는 기중수입과 지출액의 모든 현금활동을 포괄적으로 조정하는데 사용되며, 현금검증표(proof of cash)라고도 한다. 4위식은행계정조정표는 기초잔액, 임금, 출금 및 기말잔액을 모두 조정한다고 하여 4위식은행계정조정표라고도 한다.

일반적인 수정사항을 표시하여 4위식은행계정조정표를 작성하면 다음과 같다.

| 구분 | 전월말일 잔액 | 당월 중 | | 당월말일 잔액 |
		입금	출금	
은행장부 : *1	×××	×××	×××	×××
은행미기록예금				
전월말일	×××	(−)×××		
당월말일		×××		×××
기발행미인출수표				
전월말일	(−)×××		(−)×××	
당월말일			×××	(−)×××
기타				
수정후금액	×××	×××	×××	×××
회사장부 : *2	×××	×××	×××	×××
어음추심액		×××		×××
입금기장오류		(±)×××		(±)×××
부도수표			×××	(−)×××
미기입수수료			×××	×××
수표기장오류			(±)×××	(±)×××
미통지입금		×××		×××
미기입이자비용			×××	(−)×××
수정후금액	×××	×××	×××	×××

*1. 은행장부에 기록된 기중 당좌예금의 전월 말일잔액, 당월 입금, 당월 출금 및 당월 말일잔액을 기입한다.
*2. 회사장부에 기록된 기중 당좌예금의 전월 말일잔액, 당월 입금, 당월 출금 및 당월 말일잔액을 기입한다.

예제 **6-3** 4위식은행계정조정표(현금검증표) 작성

4위식은행계정조정표의 작성을 위한 자료는 다음과 같다.

1. 11월 30일 현재 회사장부상잔액은 ₩45,800이었고, 은행장부상잔액은 ₩44,300이었다.
2. 회사장부에 의하면 12월 입금된 금액은 ₩243,770이고, 출금된 금액은 ₩233,940이었다.
3. 은행장부에 의하면 12월 입금된 금액 ₩246,500 중 11월 31일 현재 은행미기입예금 ₩3,500이 포함되어 있다.
4. 은행장부에 의하면 12월 출금된 금액 ₩234,075 중 11월 31일 현재 기발행미인출수표 ₩2,000이 포함되어 있다.

≪물음≫

〈예제 6-2〉를 이용하여 ㈜다인의 20×1년 12월 31일 현재 4위식은행계정조정표를 작성하시오.

 해답

구분	11.30 잔액	12월 중		12.31 잔액
		입금	출금	
은행장부	44,300	246,500	234,075	56,725
은행미기록예금				
11월말일	3,500	(3,500)		—
12월말일		2,000		2,000
기발행미인출수표				
11월말일	(2,000)	—	(2,000)	—
12월말일			2,900	(2,900)
기타				
수정후금액	45,800	245,000	234,975	55,825
회사장부	45,800	243,770	233,940	55,630
어음추심액		1,050		1,050
부도수표		(820)		(820)
미기입수수료			15	(15)
수표기장오류			900	(900)
미기입이자비용			120	(120)
미통지입금		1,000		1,000
수정후금액	45,800	245,000	234,975	55,825

기발행미인출수표를 이용하여 당월 회사 수표발행액을 계산하는 식을 도해하면 다음과 같다.

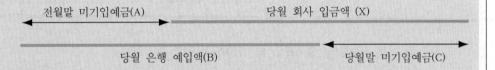

전월말 기발행미인출수표(A) 당월 회사 수표발행액 (X)

당월 은행 결제액(B) 당월말 기발행미인출수표(C)

즉, X = B + C − A

마찬가지로 미기입예금을 이용하여 당월 회사 입금액을 계산하는 식을 도해하면 다음과 같다.

전월말 미기입예금(A) 당월 회사 입금액 (X)

당월 은행 예입액(B) 당월말 미기입예금(C)

즉, X = B + C − A

기발행미인출수표(은행수정사항)와 미기입예금(은행수정사항)를 T계정으로 다음과 같이 표시할 수 있다.

기발행미인출수표				미기입예금(은행)		
월초	×××	지급(은행)	×××	월초	×××	예입(은행)	×××
발행(회사)	×××	월말	×××	예입(회사)	×××	월말	×××
	×××		×××		×××		×××

 예제 6-4 기발행미인출수표와 미기입예금

㈜다빈은 현금수입전액을 은행에 입금시키고, 현금지급시에는 전액 수표를 발행한다. 11월 30일의 은행계정조정표는 다음과 같다.

은행측 예금잔액	₩150,000
미기입예금(은행)	5,000
기발행미인출수표	(12,000)
회사측 예금잔액	₩143,000

12월의 예금관련 자료는 다음과 같다.

	은행	회사
11월 30일 잔액	₩150,000	₩143,000
12월중 예입액	400,000	402,000
12월중 수표발행·결제	(360,000)	(357,000)
12월중 추심어음	6,000	0
12월중 부도처리수표	?	0
12월 31일 잔액	₩187,000	₩188,000

≪물음≫

12월 31일 현재 기발행미인출수표와 미기입예금을 각각 계산하시오.

해답

1. 12.31현재 기발행미인출수표 계산

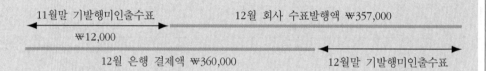

12월말 기발행미인출수표＝12,000 ＋ 357,000 － 360,000＝9,000

[별해]

기발행미인출수표			
12.1	12,000	지급(은행)	360,000
발행(회사)	357,000	12.31	x
	369,000		369,000

∴ x＝9,000

2. 12.31현재 미기입예금 계산

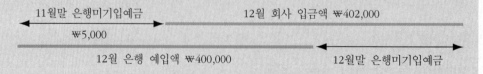

12월말 은행미기입예금＝5,000 ＋ 402,000 － 400,000＝79,000

[별해]

미기입예금(은행)			
12.1	5,000	예입(은행)	400,000
예입(회사)	402,000	12.31	*x*
	407,000		407,000

∴ *x* = 7,000

연습문제

문제 6-1 현금및현금성자산(CPA1차 2009)

다음은 제조업을 운영하고 있는 ㈜지원이 20X1년 결산일 현재 보유하고 있는 항목들이다. 당좌 개설보증금을 제외하고 이하의 항목들에 대한 사용제한이 없다.

• 한국은행 발행 통화	₩450,000	• 수입인지	₩20,000
• 당좌예금	720,000	• 당좌개설보증금	30,000
• 타인발행수표	250,000	• 보통예금	730,000
• 우편환증서	50,000	• 종업원가불금	70,000
• 양도성예금증서(최초 취득일로부터 60일 만기)			300,000
• 만기 미도래 타인발행약속어음			320,000

≪물음≫

20×1년말 현재 재무상태표에 보고될 현금및현금성자산을 계산하시오.

해답

통 화	₩450,000
당좌예금	720,000
타인발행수표	250,000
보통예금	730,000
우편환증서	50,000
양도성예금증서(최초 취득일로부터 60일 만기)	300,000
현금및현금성자산 계	₩2,500,000

문제 6-2 은행계정조정표

다음은 ㈜다빈의 은행계정조정을 위한 자료이다.

    (1) 은행예금잔액증명서상의 잔액   28,500

        ㈜다빈의 장부상 잔액   32,000

    (2) 은행의 예금잔액증명서에는 반영되어 있으나 ㈜다빈의 장부에 반영되지 않은 금액

        예금이자   2,000

        부도수표   14,000

    (3) ㈜다빈에 통보되지 않은 매출채권 추심액   7,500

    (4) ㈜다빈이 20×1년 12월 31일 입금했으나

        은행에서는 20×2년 1월 2일 입금처리된 금액   15,000

    (5) 나머지 잔액차이는 모두 기발행 미인출수표에 의한 것으로 확인됨

≪물음≫

㈜다빈의 다음 20×1년 12월 31일 은행계정조정표에서 기발행미인출수표 금액을 계산하시오.

해답

	회사잔액	은행잔액
수정전 잔액	₩32,000	₩28,500
미기입 예금이자	2,000	
부도수표	(14,000)	
추심어음 입금	7,500	
미기입 예금		15,000
기발행미인출수표		?
정확한 예금잔액	₩27,500	₩27,500

기발행미인출수표＝₩16,000

문제 6-3 은행계정조정표

20×1년 12월 31일 ㈜다빈 장부상의 당좌예금잔액은 ₩200,000이나, 은행에 20×1년 12월 31일 현재의 잔고를 조회한 결과 은행이 기록한 회사예금잔액이 회사의 장부상 금액과 일치하지 아니하였다. 회사의 경리부장은 조사결과 회사와 은행간의 다음과 같은 차이가 있음을 발견하였다.

• 기발행미인출수표	₩50,000
• 추심어음입금액	40,000
• 추심수수료 및 당좌차월 이자	3,000
• 회사측 입금액 오기(₩56,000입금액을 ₩65,000으로 기입)	
• 입금수표 중 부도처리된 수표	12,000
• 미통지예금(미착예금)	30,000
• 월말입금 은행측 미기입	20,000

≪물음≫

1. 20×1년 12월 31일의 정확한 예금잔액을 계산하시오.
2. 20×1년 12월 31일 현재의 은행예금잔고증명서 잔액을 계산하시오.

해답

1.	회사 장부상 예금잔액	₩200,000
	추심어음입금액	40,000
	추심수수료 및 당좌차월 이자	(3,000)
	오기수정(56,000−65,000)	(9,000)
	부도수표	(12,000)
	미통지예금	30,000
	정확한 예금잔액	₩246,000

2.	은행예금잔고증명서 잔액	X
	기발행미인출수표	(50,000)
	미기입예금	20,000
	정확한 예금잔액	₩246,000

따라서 $X = ₩276,000$

제07장 금융자산

금융상품(financial instrument)은 거래당사[1]자 일방에게 금융자산을 발생시키고 동시에 다른 거래상 대방에게 금융부채(financial liability)나 지분상품(equity instrument)을 발생시키는 모든 계약[2]을 말한 다(KIFRS1032-11). 따라서 금융상품기준서는 아래와 같이 4개의 장으로 구분하여 설명된다.

자산	부채 및 자본
(1) 금융자산	(2) 금융부채
	(3) 지분상품(자본)
(4) 파생상품[3](위험회피)	

또한, 금융자산은 두 개의 장으로 구분한다.

- 금융자산(1) : 현금및현금성자산 (6장에서 설명)
- 금융자산(2) : 현금및현금성자산을 제외한 금융자산 (7장에서 설명)

지분상품은 한국채택국제회계기준에서 다음과 같이 2가지 개념으로 구분하여 사용된다.

① 금융상품의 하나 : 금융상품은 금융자산, 금융부채 및 지분상품으로 구분된다. 지분상품은 금융자 산과 금융부채와 대립되는 개념이다. 여기서 지분상품은 자본을 의미한다. 지분상품은 기업의 자 산에서 모든 부채를 차감한 후의 잔여지분을 나타내는 모든 계약을 말한다(KIFRS1032-11).
② 채무상품과 대립되는 개념 : 회사채는 채무상품이고, 주식은 지분상품이다.

관련 규정을 예를 들면 다음과 같다.

---

1) 발행자입장에서 금융상품을 분류하고 있다.
2) 여기서 '계약' 및 '계약상'은 명확한 경제적 결과를 가지고 있고, 법적 구속력이 있기 때문에 당사자가 그러한 경제적 결과 를 자의적으로 회피할 여지가 적은 둘 이상의 당사자간 합의를 말한다. 금융상품을 포함하여 계약은 다양한 형태로 존재 할 수 있으며, 반드시 서류로 작성되어야만 하는 것은 아니다(KIFRS1032-13).
3) 파생상품도 재무상태표에 금융자산이나 금융부채로 인식된다.

- 지분상품은 만기가 없거나(예 보통주식) 보유자가 받을 수 있는 금액이 미리 결정될 수 없는 방식으로 변동되기 때문에(예 주식옵션, 주식매입권 또는 이와 유사한 권리) 만기보유금융자산으로 분류할 수 없다(KIFRS1039-AG17).
- 활성시장에서 공시되는 시장가격이 없고 공정가치를 신뢰성있게 측정할 수 없는 지분상품과 이러한 지분상품과 연계되어 있으며 그 지분상품의 인도로 결제되어야 하는 파생상품은 원가로 측정한다(KIFRS1039-46).
- 매도가능지분상품에 대하여 당기손익으로 인식한 손상차손은 당기손익으로 환입하지 아니한다(KIFRS1039-69).

제1절 개 요

1. 금융상품의 범위

(1) 계 약

다음의 계약은 금융상품이다(KIFRS1039-3).

- 특정 조건을 충족하는 물리적 변수를 기초변수로 하는 계약
- 금융보증계약
- '충당부채, 우발부채 및 우발자산'기준서의 적용이 배제되는 특정 대출약정
- 지분법이나 비례연결을 적용하는 것이 적절하지 아니한 전략적 투자(KIFRS1039-AG3).
- 보험자의 금융자산과 금융부채[4](KIFRS1039-AG3A).

한편, 다음 항목은 금융상품이 아니다(KIFRS1039-AG2).

- 종업원급여제도(KIFRS 1026)
- 판매량이나 용역수익에 기초하는 로열티계약(KIFRS 1018)

(2) 대출약정

다음의 대출약정에는 금융상품기준서를 적용한다(KIFRS1039-4).

- 당기손익인식금융부채로 지정한 대출약정. 대출약정에서 발생한 자산을 최초 발생 후 단기간 내에 매도한 과거 실무관행이 있는 경우에는 동일한 종류에 속하는 모든 대출약정에 금융상품기준서를 적용한다.

---

4) 다만, 기업회계기준서 제1104호의 적용범위에 해당하여 금융상품기준서 문단 2(5)에서 적용을 제외하는 권리와 의무에는 적용하지 아니한다.

- 현금으로 차액결제될 수 있거나 다른 금융상품을 인도하거나 발행하여 결제될 수 있는 대출약정. 이러한 대출약정은 파생상품이다. 대여금이 분할하여 지급된다는 이유만으로 차액결제된다고 볼 수는 없다(예 공사진행률에 따라 분할하여 지급되는 공사관련 담보부대여금).
- 시장이자율보다 낮은 이자율로 대출하기로 한 약정.

(3) 비금융항목을 매입하거나 매도하는 계약

비금융항목을 매입하거나 매도하는 계약은 다음과 같이 분류한다(KIFRS1039-5).

- 현금 등 금융상품으로 차액결제될 수 있거나 금융상품의 교환으로 결제될 수 있는 경우에는 그 계약은 금융상품이다.
- 기업이 예상하는 매입, 매도 또는 사용 필요에 따라 비금융항목을 수취하거나 인도할 목적으로 체결되어 계속 유지되고 있는 계약은 금융상품이 아니다.

비금융항목을 매입하거나 매도하는 계약이 현금 등 금융상품으로 차액결제될 수 있거나 금융상품의 교환으로 결제될 수 있는 예는 다음과 같다(KIFRS1039-6).

① 계약 조건상 거래 당사자 중 일방이 현금 등 금융상품으로 차액결제할 수 있거나 금융상품의 교환으로 결제할 수 있는 경우
② 현금 등 금융상품으로 차액결제하거나 금융상품의 교환으로 결제할 수 있는 명시적인 계약조건은 없지만, (계약상대방과 상계하는 계약을 체결하거나 계약상 권리의 행사 또는 소멸 전에 계약을 매도하여) 기업이 유사한 계약을 현금 등 금융상품으로 차액결제하거나 금융상품의 교환으로 결제한 실무관행이 있는 경우
③ 유사한 계약에 대하여 단기 가격변동이익이나 중개이익을 얻을 목적으로, 기초자산 인수 후 단기간 내에 그 자산을 매도한 실무관행이 있는 경우
④ 계약의 대상인 비금융항목이 현금으로 용이하게 전환될 수 있는 경우

위의 ②나 ③에 해당하는 계약은 기업이 예상하는 매입, 매도 또는 사용 필요에 따라 비금융항목을 수취하거나 인도할 목적으로 체결된 것이 아니기 때문에 금융상품이다.

비금융항목을 매입하거나 매도할 수 있는 권리를 부여하는 매도옵션이 현금 등 금융상품으로 차액결제될 수 있거나 금융상품의 교환으로 결제될 수 있는 경우에 동 계약은 금융상품이다[5](KIFRS1039-7).

실물자산의 양도에 따른 지급을 양도 이후로 이연하는 경우가 아니라면, 실물자산을 수취하거나 인도하는 계약은 계약당사자에게 금융자산이나 금융부채를 발생시키지 아니한다. 계약당사자에게 금융자산이나 금융부채가 발생하는 경우의 예로는 외상으로 재화를 매입하거나 매도한 경우를 들 수 있다(KIFRS1032-AG21).

---

5) 이러한 계약은 예상되는 비금융상품의 매입, 매도, 또는 사용 필요에 따라 비금융항목을 수취하거나 인도할 목적으로 체결될 수 없기 때문이다.

(4) 금융보증계약

금융보증계약(financial guarantee contract)은 채무상품의 최초 계약조건이나 변경된 계약조건에 따라 지급기일에 특정 채무자가 지급하지 못하여 보유자가 입은 손실을 보상하기 위해 발행자가 특정금액을 지급하여야 하는 계약이다. 이러한 금융보증계약은 보증, 신용장, 신용위험이전계약, 보험계약 등 다양한 법적 형식으로 나타날 수 있으나, 이에 대한 회계처리는 법적 형식에 따라 달라지지 않는다. 금융보증계약에 대한 적절한 회계처리의 예는 다음과 같다(KIFRS1039-AG4).

① 금융상품기준서를 적용하면[6] 금융보증계약은 최초인식시 공정가치로 인식한다. 당해 계약의 최초 공정가치는 반증이 없는 한 수취한 대가와 동일할 것이다. 발행자는 후속적으로 다음 (개)와 (내) 중 큰 금액으로 금융보증계약을 측정한다. 다만, 금융보증계약이 최초에 당기손익인식항목으로 지정되거나 금융자산의 양도가 제거조건을 충족하지 못하거나 지속적관여접근법이 적용되면 관련 문단에 따라 처리한다.

   (개) 충당부채기준서에 따라 결정된 금액

   (내) 최초 인식금액에서 상각누계액을 차감한 금액

② 신용관련 보증계약 중에는 보증대상자산에 관하여 지급기일에 채무자의 지급불이행으로 인한 위험과 손실을 부담하는 것을 지급전제조건으로 하지 않는 계약도 있다. 예를 들면, 특정 신용등급이나 신용지수의 변동에 따라 지급해야 하는 계약이다. 이러한 보증계약은 금융상품기준서에서 정의하는 금융보증계약도 아니고, 보험계약도 아니다. 이러한 계약은 파생상품으로 금융상품기준서를 적용한다.

③ 재화의 판매와 관련하여 금융보증계약을 체결하였다면, 발행자는 수익기준서에 따라 재화의 판매와 보증에 따른 수익인식시기를 결정한다.

(5) 일반상품과 연계된 계약

일반상품과 연계되어 있으나, 일반상품 실물을 수취하거나 인도하여 결제되지 않는 계약이 있을 수 있다. 이러한 계약은 확정된 금액을 지급하는 것이 아니고 계약에서 정한 산식에 따라 결정되는 현금을 지급하여 결제된다. 예를 들면, 사채 만기시점의 원유의 시장가격을 확정수량의 원유에 적용하여 사채 원금의 금액을 결정할 수도 있다. 이러한 경우 사채의 원금은 일반상품가격에 연계되어 있으나 현금으로 결제된다. 이러한 계약은 금융상품이다(KIFRS1032-AG22).

---

[6] 이전된 위험이 유의적이어서 금융보증계약이 보험계약의 정의를 충족하더라도, 발행자는 당해 계약에 대하여 금융상품기준서를 적용한다. 그러나 발행자가 당해 계약을 보험계약으로 간주한다는 것을 사전에 명백히 하고 보험계약에 적용가능한 회계처리를 하였다면, 그 발행자는 이러한 금융보증계약에 대해 금융상품기준서나 보험계약기준서를를 선택하여 적용할 수 있다.

(6) 비금융자산이나 비금융부채를 발생시키는 계약

금융상품의 정의에는 금융자산이나 금융부채에 추가하여 비금융자산이나 비금융부채도 발생시키는 계약을 포함한다. 이러한 금융상품은 거래당사자 일방에게 비금융자산과 금융자산을 교환할 수 있는 선택권을 부여한다. 예를 들면, 원유와 연계된 사채의 경우, 정기적으로 확정된 이자를 수취하고 만기에 확정 원금을 수취할 권리 외에 확정 수량의 원유와 원금을 교환할 수 있는 선택권을 보유자에게 부여할 수 있다. 이러한 선택권의 행사가능성은 사채에 내재되어 있는 원유와 현금의 교환비율(교환가격)과 원유의 상대적인 공정가치에 따라 변동할 것이다. 선택권의 행사와 관련된 보유자의 의도에 따라 자산의 실질이 변하지는 않는다. 다른 유형의 자산과 부채가 사채에서 발생될 수 있더라도, 이러한 사채는 보유자와 발행자의 입장에서 각각 금융자산과 금융부채인 금융상품이다(KIFRS1032-AG23).

2. 금융자산

금융상품 중 금융자산은 다음의 자산을 말한다(KIFRS1032-11).

---

(1) 현금[7]

(2) 다른 기업의 지분상품 : 주식 등

(3) 다음 중 하나에 해당하는 계약상 권리

    (가) 거래상대방에게서 현금 등 금융자산을 수취할 계약상 권리[8] : 은행예치금, 국공채, 사채, 대여금, 수취채권 등

    (나) 잠재적으로 유리한 조건으로 거래상대방과 금융자산이나 금융부채를 교환하기로 한 계약상 권리

(4) 자기지분상품(own equity)[9]으로 결제하거나 결제할 수 있는 다음 중 하나의 계약

    (가) 수취할 자기지분상품의 수량이 변동가능한 비파생상품

    (나) 확정 수량의 자기지분상품에 대하여 확정금액의 현금 등 금융자산을 교환하여 결제하는 방법이 아닌 방법으로 결제되거나 결제될 수 있는 파생상품[10]

금융상품의 다른 유형으로는 수취하거나 포기하여야 할 경제적 효익이 현금 외의 금융자산으로 이루어지는 경우이다. 이러한 예로는 현금이 아닌 국채를 수취할 계약상 권리와 국채로 지급할 계약상 의무

---

7) 화폐(현금)는 교환의 수단이므로 금융자산이며, 재무제표에 모든 거래를 인식하고 측정하는 기준이 된다(KIFRS1032-AG3).

8) 은행이나 이와 유사한 금융회사에 대한 예치금은 당해 금융회사에서 현금을 인출하거나 금융부채를 지급하기 위하여 예치된 잔액에 대하여 채권자를 수취인으로 하여 수표 등을 발행할 수 있는 계약상 권리를 나타내므로 금융자산이다 (KIFRS1032-AG3).

9) 기업 자신의 지분상품을 말한다.

10) 이 경우에 자기지분상품을 미래에 수취하거나 인도하기 위한 계약 자체는 자기지분상품에 해당하지 않는다.

가 각각 보유자와 발행자에게 있는 국채지급어음을 들 수 있다. 국채는 발행자인 정부가 현금을 지급할 의무를 나타내므로 금융자산이다. 따라서 국채지급어음은 금융상품으로, 보유자와 발행자에게 각각 금융자산과 금융부채이다(KIFRS1032-AG5).

금융상품을 수취, 인도 또는 교환하는 계약상 권리 또는 계약상 의무는 그 자체로 금융상품이다. 연쇄적인 계약상 권리나 의무가 궁극적으로는 현금을 수취 또는 지급하게 되거나 지분상품을 취득 또는 발행하게 되는 경우, 당해 계약상 권리와 의무는 금융상품의 정의를 충족한다(KIFRS1032-AG7). 금융자산에 해당하지 않는 예는 다음과 같다.

- 실물자산(예 재고자산, 유형자산), 리스자산과 무형자산(예 특허권, 상표권)은 금융자산이 아니다. 이러한 실물자산이나 무형자산에 대한 통제는 현금 등 금융자산이 유입될 기회를 제공하지만, 현금 등 금융자산을 수취할 현재의 권리를 발생시키지 않는다(KIFRS1032-AG10).
- 미래 경제적 효익이 현금 등 금융자산을 수취할 권리가 아니라 재화나 용역의 수취인 자산(예 선급비용)은 금융자산이 아니다(KIFRS1032-AG11).
- 계약에 의하지 않은 자산(예 당기법인세자산[11])은 금융자산이 아니다(KIFRS1032-AG12).

금융자산, 금융부채 및 지분상품을 구분하면 표 7-1과 같다.[12]

표 7-1 ● 금융자산, 금융부채 및 지분상품의 구분

구분	금융자산	금융부채	지분상품
계약상 권리·의무	현금 등 금융자산을 수취할 계약상 권리	현금 등 금융자산을 인도할 계약상 의무	–
	잠재적으로 유리한 조건으로 금융자산이나 금융부채를 교환하기로 한 계약상 권리	잠재적으로 불리한 조건으로 금융자산이나 금융부채를 교환하기로 한 계약상 의무	–
자기지분상품으로 결제하거나 결제할 수 있는 계약	• 수취할 자기지분상품의 수량이 변동가능한 비파생상품 • 확정 수량의 자기지분상품에 대하여 확정금액의 현금 등 금융자산을 교환하여 결제하는 방법이 아닌 방법으로 결제되거나 결제될 수 있는 파생상품	• 인도할 자기지분상품의 수량이 변동가능한 비파생상품 • 확정 수량의 자기지분상품에 대하여 확정금액의 현금 등 금융자산을 교환하여 결제하는 방법이 아닌 방법으로 결제되거나 결제될 수 있는 파생상품	• 변동가능한 수량의 자기지분상품을 인도할 계약상 의무가 없는 비파생상품 • 확정 수량의 자기지분상품에 대하여 확정 금액의 현금 등 금융자산의 교환을 통해서만 결제할 파생상품

---

11) 마찬가지로 계약에 의하지 않은 부채(당기법인세부채)는 금융부채가 아니다(KIFRS1032-AG12).

12) 이 내용은 금융부채와 지분상품을 학습한 후 다시 정리하는 것이 효과적이다.

제2절 금융자산의 분류

금융자산은 네 가지 범주로 구분된다. 즉, 금융자산은 ① 당기손익인식금융자산, ② 대여금 및 수취채권, ③ 매도가능금융자산 및 ④ 만기보유금융자산의 4가지 범주로 분류한다(KIFRS1039-9).

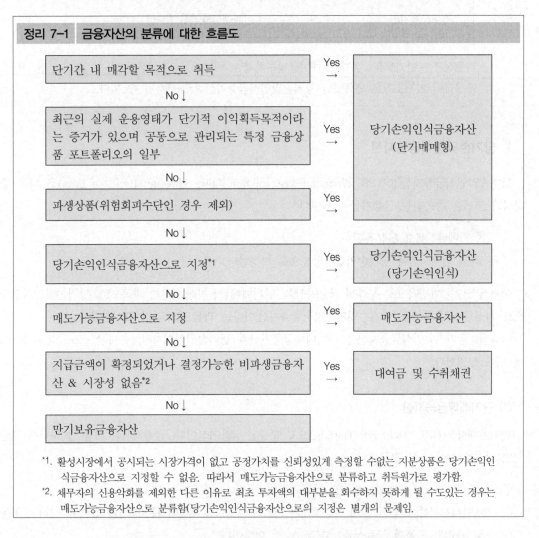

정리 7-1 금융자산의 분류에 대한 흐름도

단기간 내 매각할 목적으로 취득	Yes →	당기손익인식금융자산 (단기매매형)
No ↓		
최근의 실제 운용영태가 단기적 이익획득목적이라는 증거가 있으며 공동으로 관리되는 특정 금융상품 포트폴리오의 일부	Yes →	
No ↓		
파생상품(위험회피수단인 경우 제외)	Yes →	
No ↓		
당기손익인식금융자산으로 지정*1	Yes →	당기손익인식금융자산 (당기손익인식)
No ↓		
매도가능금융자산으로 지정	Yes →	매도가능금융자산
No ↓		
지급금액이 확정되었거나 결정가능한 비파생금융자산 & 시장성 없음*2	Yes →	대여금 및 수취채권
No ↓		
만기보유금융자산		

*1. 활성시장에서 공시되는 시장가격이 없고 공정가치를 신뢰성있게 측정할 수없는 지분상품은 당기손익인식금융자산으로 지정할 수 없음. 따라서 매도가능금융자산으로 분류하고 취득원가로 평가함.
*2. 채무자의 신용악화를 제외한 다른 이유로 최초 투자액의 대부분을 회수하지 못하게 될 수도있는 경우는 매도가능금융자산으로 분류함(당기손익인식금융자산으로의 지정은 별개의 문제임).

금융자산	금융부채
(1) 당기손익인식금융자산	(1) 당기손익인식금융부채
(2) 대여금 및 수취채권	(2) 기타금융부채
(3) 만기보유금융자산	
(4) 매도가능금융자산	

제7장

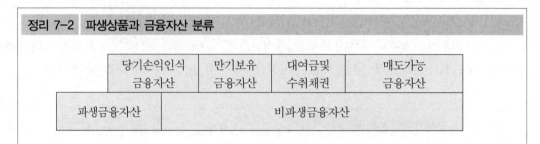

당기손익인식 금융자산	만기보유 금융자산	대여금및 수취채권	매도가능 금융자산
파생금융자산	비파생금융자산		

정리 7-2   파생상품과 금융자산 분류

파생상품은 만기보유금융자산, 대여금및수취채권, 매도가능금융자산이 될 수 없다. 반면, 파생상품이 일정조건을 충족하면 당기손익인식금융자산으로 분류될 수 있다.

1. 당기손익인식금융자산

당기손익인식금융자산(FVTPL : Financial asset at fair Value Through Profit or Loss)은 다음 중 하나의 조건을 충족하는 금융자산을 말한다.

- 단기매매항목으로 분류된다.
- 최초 인식시점에 당기손익인식항목으로 지정한다.

여기서 단기매매항목으로 분류된 금융자산을 '단기매매금융자산'이라는 과목으로, 당기손익인식항목으로 지정한 금융자산을 '당기손익인식지정금융자산'이라는 과목으로 각각 표시한다.

따라서, 당기손익인식금융자산은 단기매매금융자산과 당기손익인식지정금융자산으로 구분된다. 이에 대해 설명한다.

(1) 단기매매금융자산

단기매매항목(HFT : Held For Trading)으로 분류된 금융자산이다. 금융자산은 다음 중 하나에 해당하면 단기매매항목으로 분류된다.

① 주로 단기간 내에 매각할 목적으로 취득한다.
② 최초인식시점에, 최근의 실제 운용형태가 단기적 이익획득 목적이라는 증거가 있으며, 그리고 공동으로 관리되는 특정 금융상품 포트폴리오의 일부이다.
③ 파생상품이다(다만, 금융보증계약인 파생상품이나 위험회피수단으로 지정되고 위험회피에 효과적인 파생상품은 제외한다).

단기매매는 일반적으로 매입과 매도가 적극적이고 빈번하게 이루어지는 것을 말하며, 단기매매금융상품은 일반적으로 단기간 내의 매매차익을 얻기 위하여 취득한 금융상품을 말한다(KIFRS1039-AG14). '단기매매' 범주는 측정목적을 위한 범주이며, 주된 보유 목적이 단기매매가 아닐 수도 있는 금융자산을 포함[13] 한다(KIFRS1039-BC38B). 만약 금융자산을 주로 단기매매목적으로 보유하고 있다면 그 만기에 상관없이 유동자산으로 표시해야 한다. 그러나 금융보증계약이 아닌 파생상품 또는 지정된 위험회피수단이 아닌 파생상품과 같이, 단기매매목적으로 보유하는 것이 아닌 금융자산은 결제일에 기초하여 유동 또는 비유동으로 표시해야 한다. 예를 들어 만기가 12개월 이상이고 보고기간 후 12개월 이상 보유할 것으로 기대되는 파생상품자산은 비유동자산으로 표시해야 한다(KIFRS1039-BC38C).

(2) 당기손익인식지정금융자산

기업은 일정조건을 충족하면 금융자산을 당기손익인식항목으로 지정할 수 있는 선택권(FVO : Fair Value Option)이 있다. 이와 같이 최초 인식시점에 당기손익인식항목으로 지정한 금융자산을 당기손익인식지정금융자산이라고 한다. 당기손익인식항목으로 지정할 수 있는 조건은 다음과 같다.

A. 다음 중 하나 이상을 충족하여 더 목적적합한 정보를 제공하는 경우[14]

  (가) 당기손익인식항목으로 지정하면, 서로 다른 기준에 따라 자산을 측정하거나 그에 따른 손익을 인식함으로써 발생할 수 있는 인식이나 측정상의 불일치(accounting mismatch, 회계 불일치)가 제거되거나 유의적으로 감소된다.

  (나) 문서화된 위험관리나 투자전략에 따라, 금융상품집합[15]을 공정가치기준으로 관리하고 그 성과를 평가하며 그 정보를 이사회, 대표이사 등 주요경영진에게 공정가치기준에 근거하여 내부적으로 제공한다.

B. 내재파생상품을 포함하는 복합계약 전체. 다만, 다음의 경우를 제외한다.

- 내재파생상품으로 인해 변경되는 복합계약의 현금흐름의 변동이 중요하지 아니한 경우
- 유사한 복합계약을 고려할 때, 별도로 상세하게 분석하지 않아도 내재파생상품의 분리가 금지된 것을 명백하게 알 수 있는 경우.

다음은 당기손익인식항목으로 지정과 관련된 사항이다.

- 보유한 지분상품이 활성시장에서 공시되는 시장가격이 없고 공정가치를 신뢰성 있게 측정할 수 없는 경우에는 당기손익인식항목으로 지정할 수 없다(KIFRS1039-9).

---

13) 파생상품(금융보증계약인 파생상품이나 위험회피수단으로 지정되고 위험회피에 효과적인 파생상품 제외)은 단기 보유목적이 아니어도 단기매매금융자산으로 분류하여 평가손익을 당기손익으로 인식한다.

14) 당기손익인식항목으로 지정한 금융자산과 금융부채에 관한 내용(위의 조건을 어떻게 충족하였는지에 대한 내용 포함)을 공시하여야 한다. 위의 (나)에 해당하는 금융상품의 경우, 당기손익인식항목으로 지정하는 것이 어떻게 문서화된 위험관리와 투자전략에 부합하는지에 대한 설명 등을 주석에 포함하여야 한다.

15) 금융자산, 금융부채 또는 금융자산과 금융부채의 조합으로 구성된 집합을 말한다.

- 금융자산이나 금융부채를 당기손익인식항목으로 지정하는 것은 회계정책의 선택과 유사하다. 그러나 회계정책의 선택과는 달리 유사한 모든 거래에 대하여 동일한 회계처리를 반드시 적용하여야 하는 것은 아니다(KIFRS1039-AG4C).
- 금융상품은 보유기간 또는 발행 이후 기간 중 당기손익인식항목으로 재분류하거나, 당기손익인식항목에서 다른 범주로 분류 변경할 수 없다(당기손익인식항목으로 지정자산이 아니하면 특정조건을 충족하면 다른 범주의 금융자산으로 재분류할 수 있다)(KIFRS1039-50).

다음 중 하나 이상을 충족하면 더 목적적합한 정보를 제공하는 경우에 해당되어 당기손익인식지정금융자산으로 분류할 수 있다(KIFRS1039-AG4C).

① 지정을 통하여 회계불일치(인식이나 측정상의 불일치)를 제거하거나 상당히 감소할 수 있는 경우

금융상품기준서의 적용결과에 따라 회계불일치가 나타날 수 있다. 예를 들면, 당기손익인식항목으로 지정하지 않은 경우, 금융자산은 매도가능금융자산으로 분류하여 공정가치 변동을 대부분 기타포괄손익으로 인식하게 되며, 당해 금융자산과 관련되는 금융부채는 상각후원가로 측정하고 공정가치 변동은 인식하지 않게 될 것이다.

이 경우 당해 금융자산과 금융부채를 모두 당기손익인식항목으로 분류하면, 재무제표가 더 목적적합한 정보를 제공할 것이라는 판단을 할 수 있다(KIFRS1039-AG4D).

이러한 예를 그림으로 표시하면 다음과 같다.

금융자산 매도가능금융자산 공정가치 기타포괄손익	← 측정 및 인식 불일치 → ← 분 류 → ← 측 정 → ← 평가손익 →	관련 금융부채 당기손익금융부채이외 상각후원가 없음
금융자산 당기손익인식금융자산 공정가치 당기손익	← 측정 및 인식 일치 → ← 분 류 → ← 측 정 → ← 평가손익 →	관련 금융부채 당기손익인식금융부채 공정가치 당기손익

불일치를 제거하거나 유의적으로 감소시키지 못하여 더 목적적합한 정보를 제공할 수 없다면, 불일치를 가져오는 금융자산과 금융부채 중 일부만을 당기손익인식항목으로 지정할 수 없다. 그러나 유사한 금융자산의 집합이나 유사한 금융부채의 집합의 일부만을 지정하는 것이 불일치를 유의적으로 감소하는 경우(다른 지정보다 불일치의 제거정도를 크게 할 수 있는 경우)에는 당해 금융자산이나 금융부채의 일부만을 당기손익인식항목으로 지정할 수 있다. 예를 들면, 다음과 같다(KIFRS1039- AG4G).

> 복수의 유사한 금융자산과 복수의 유사한 금융부채의 총액이 각각 50원과 100원이며, 금융자산과 금융부채의 측정기준이 서로 다르다면, 최초인식시점에 금융자산 전체와 금융부채의 일부(예) 개별 금융부채의 합계가 45원인 부분)를 당기손익인식항목으로 지정하여 측정의 불일치를 유의적으로 제거할 수 있다.

상기 예를 그림으로 표시하면 다음과 같다.

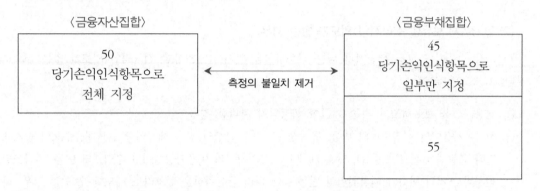

그러나 개별 금융상품 자체가 지정의 대상이므로, 하나 이상의 개별 금융부채 전체를 지정하여야 한다. 부채의 구성요소(예) 기준금리 변동 등 특정위험으로 인한 가치변동) 또는 특정부채의 비례적 부분(비율)만을 지정할 수는 없다(KIFRS1039-AG4G).

② 문서화된 위험관리나 투자전략에 따라 금융상품집합이 공정가치기준으로 관리되고 그 성과가 평가되는 경우

예를 들면, 이자나 배당 및 공정가치 변동 등의 형태로 총수익을 얻기 위하여 금융자산에 투자하는 사업을 영위하는 벤처캐피털, 뮤추얼펀드, 단위형 펀드 등. 이러한 투자를 공정가치로 측정하여 당기손익으로 인식한다면, 그 투자에 KIFRS1028와 KIFRS1031을 적용하지 않을 수 있다(KIFRS1039-AGAG4I).

여기서 중요한 것은 금융상품의 성격이 아니라, 당해 금융상품집합의 관리방법과 성과평가방법이다. 따라서 최초 인식시 이러한 조건에 따라 금융상품을 당기손익인식항목으로 지정한 기업은 공동으로 관리되고 평가되는 모든 적격의 금융상품을 당기손익인식항목으로 지정한다(KIFRS1039- AG4H,AG4J).

전략에 대한 문서화를 각 항목별로 반드시 하여야 하는 것은 아니며, 포트폴리오별로 할 수도 있다(KIFRS1039-AG4K).

2. 만기보유금융자산

(1) 대상자산

만기보유금융자산(HTM : held-to-maturity investments)은 만기가 고정되었고 지급금액이 확정되었거나 확정될 수 있는 비파생금융자산으로서 만기까지 보유할 적극적인 의도와 능력이 있는 경우의 금융자산을 말한다. 다만, 다음의 경우는 제외한다.

① 금융자산의 최초 인식시점에 당기손익인식항목으로 지정한 경우
② 금융자산을 매도가능금융자산으로 지정한 경우
③ 금융자산이 대여금 및 수취채권의 정의를 충족하는 경우

만기보유금융자산을 만기까지 보유할 적극적인 의도와 능력이 있는지는 당해 금융자산을 최초로 인식하는 시점뿐만 아니라 매 후속 보고기간말에 평가한다(KIFRS1039-AG25).

(2) 만기까지 보유할 적극적인 의도가 없는 경우

다음 각 경우에는 고정된 만기가 있는 금융자산을 만기까지 보유할 적극적인 의도가 없는 것으로 본다(KIFRS1039-AG16).

① 금융자산을 보유하고자 하는 기간이 확정되지 아니한 경우
② 시장이자율이나 시장위험의 변동, 유동성 수요(예 은행의 경우 예금인출이나 대출수요의 증가에 따라 유동성을 확보할 필요), 다른 대체적인 투자자산의 이용가능성이나 수익률의 변동, 자금조달 원천과 조건의 변화나 외환위험의 변동 등에 따라 금융자산을 언제라도 매도할 수 있는 경우. 다만, 반복적이 아니고 합리적으로 예상할 수 없었던 상황이 발생하여 매도하는 경우를 제외한다.
③ 발행자가 상각후원가보다 유의적으로 낮은 금액으로 금융자산을 결제할 권리를 보유하고 있는 경우

(3) 만기까지 보유할 능력이 없는 경우

다음 중 하나에 해당하는 경우 만기가 확정된 금융자산을 만기까지 보유할 능력이 없는 것으로 본다[16](KIFRS1039-AG23).

① 재무자원이 부족하여 그 금융자산을 만기까지 계속 보유하기 어려운 경우
② 법규 등의 제약으로 만기보유의도가 제한을 받는 경우. 다만, 금융자산의 발행자가 중도상환권을 가지고 있는 경우는 반드시 만기보유의도가 제한을 받는다고 볼 수는 없다.

만기보유금융자산을 만기까지 보유할 의도와 능력이 있는지에 대하여 의문을 제기할 만한 사유가 발생된 경우에는 일정기간 동안 만기보유금융자산으로 분류할 수 없다(KIFRS1039-AG20).

은행에서 대규모로 예금을 인출하는 사태나 보험자에 대한 이와 유사한 상황 등 발생가능성이 희박한 재난상황은 금융자산을 만기까지 보유할 적극적인 의도와 능력이 있는지를 결정할 때 고려하지 아니한다(KIFRS1039-AG21).

---

16) 여기서 예시한 경우 이외에도 금융자산을 만기까지 보유할 적극적인 의도와 능력이 없다는 것을 나타내는 상황이 존재할 수 있다(KIFRS1039-AG24).

(4) 중도상환권

1) 발행자가 중도상환권(call option)을 가진 경우

보유자가 만기 또는 중도상환 때까지 금융자산을 보유할 의도와 능력을 가지고 있으며, 장부금액의 대부분을 회수할 수 있다면, 발행자가 중도상환할 수 있는 금융자산도 만기보유금융자산으로 분류할 수 있다. 그 이유는 발행자의 중도상환권 행사는 금융자산의 만기를 단축하는 것에 불과하기 때문이다. 그러나 금융자산이 중도상환될 때 보유자가 장부금액의 대부분을 회수하지 못한다면 당해 금융자산은 만기보유금융자산으로 분류할 수 없다. 장부금액의 대부분을 회수할 수 있을 것인지를 결정할 때는 지급한 할증금과 자본화된 거래원가를 고려한다(KIFRS1039-AG18).

2) 보유자가 중도상환권(put option)을 가진 경우

보유자가 중도상환을 요구할 수 있는 금융자산은 만기보유금융자산으로 분류할 수 없다. 그 이유는 중도상환을 요구할 수 있는 특성에 대한 대가 지급은 금융자산을 만기까지 보유할 의도가 있다는 것과 상충[17]되기 때문이다(KIFRS1039-AG19).

보유자가 중도상환권을 가진 경우

K-IFRS	K-GAAP
• 보유자가 중도상환을 요구할 수 있는 금융자산은 만기보유금융자산으로 분류할 수 없다 (KIFRS1039-AG19).	• 보유자가 중도상환권을 갖는 경우에는, 당해 중도상환권을 행사하지 아니하고 만기까지 보유할 적극적인 의도와 능력이 있는 경우에 한하여 만기보유금융자산으로 분류한다(기준서8-12).

> **정리 7-3 중도상환권과 만기보유금융자산의 분류**
>
> • 발행자가 중도상환권을 가진 경우 만기까지 보유할 의도와 능력 및 장부금액을 대부분 회수할 수 있다면 만기보유금융자산으로 분류할 수 있다.
> • 보유자가 중도상환권을 가진 경우 만기보유금융자산으로 분류할 수 없다.

(5) 개별상품별 판단

만기보유금융자산의 분류에 대한 판단은 다음과 같다(KIFRS1039-AG17).

- 변동금리부 채무상품은 만기보유금융자산의 조건을 충족할 수 있다.
- 지분상품은 만기가 없거나(예 보통주식) 보유자가 받을 수 있는 금액이 미리 결정될 수 없는

---

17) 즉, 보유자가 중도상환권을 취득한 것은 중도상환권을 행사할 의도가 있는 것으로 간주한다.

방식으로 변동되기 때문에((예) 주식옵션, 주식매입권 또는 이와 유사한 권리) 만기보유금융자산으로 분류할 수 없다.

- 만기보유금융자산의 정의에서 만기가 고정되었고, 지급금액이 확정되었거나 확정이 가능하다는 것은 원금과 이자의 지급금액과 지급시기가 계약에 의하여 정해져 있음을 의미한다. 유의적인 지급불능위험이 있는 경우에도 지급금액이 확정되었거나 확정이 가능하고 그 밖의 만기보유금융자산의 분류조건을 충족하는 경우에는 당해 금융자산을 만기보유금융자산으로 분류할 수 있다[18].

- 이자지급기간이 한정되지 않은 영구채무상품은 만기가 없으므로 만기보유금융자산으로 분류할 수 없다.

(6) 만기보유금융자산에 적용되는 분류제한규정(tainting provisions)

당 회계연도 또는 직전 2개 회계연도에 만기보유금융자산 중 경미한 금액 이상(만기보유금융자산 총액과 비교하여 판단한다)을 만기일 전에 매도하였거나 재분류한 사실이 있는 경우에는 금융자산(보유 및 신규 모두)을 만기보유금융자산으로 분류할 수 없다. 다만, 매도 또는 재분류가 다음 중 하나에 해당하는 경우는 만기보유금융자산으로 분류제한을 적용하지 않는다(KIFRS1039-9).

① 만기나 중도상환권 행사일(call date)까지 기간이 얼마 남지 아니하여((예) 만기 전 3개월 이내) 시장이자율의 변동이 공정가치에 유의적인 영향을 미치지 아니할 시점에 그 금융자산을 매도하거나 재분류하는 경우
② 금융자산의 원금의 대부분을 상환계획에 따라 또는 중도상환(prepayments)으로 회수한 이후에 남은 잔액을 매도하거나 재분류하는 경우
③ 합리적으로 예상할 수 없었고 비반복적이며 통제할 수 없는 별도의 사건(isolated event)으로 인하여 그 금융자산을 매도하거나 재분류 하는 경우

즉, 당 회계연도에 만기보유금융자산 중 경미한 금액 이상을 만기일 전에 매도하였거나 재분류한 사실이 있는 경우(일부 예외 인정됨)에는 당 회계연도이후 2개 회계연도까지 금융자산을 만기보유금융자산으로 분류할 수 없다.

그림 7-1 ● 만기보유금융자산으로 분류제한

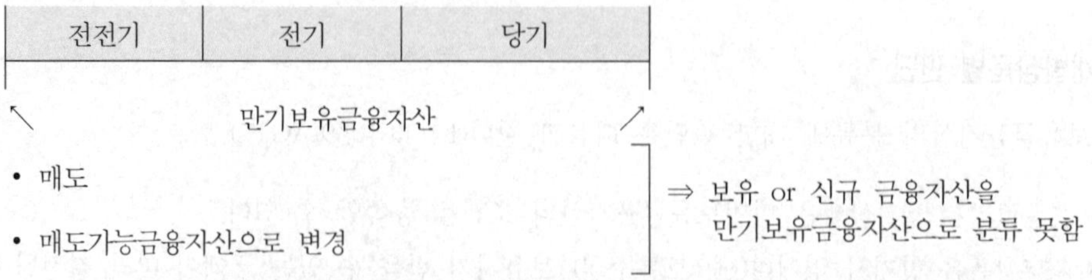

[18] 따라서 '유의적인 지급불능위험이 있는 경우에는 만기보유금융자산으로 분류할 수 없다'는 KIFRS에 위배된 설명이다.

다음 중 하나에 해당하면 만기보유금융자산으로 분류한 금융자산을 만기 전에 매도하더라도 만기보유금융자산으로의 분류제한규정을 적용하지 아니한다(KIFRS1039-AG22).

① 발행자의 신용상태가 유의적으로 하락한 경우
② 만기보유금융자산의 이자에 대해 세금감면 혜택을 폐지하거나 유의적으로감소시키는 세법 개정이 있는 경우. 그러나 이자소득에 대한 한계세율을 변경하는 세법 개정은 이 경우에 해당하지 아니한다.
③ 중요한 사업결합이나 중요한 처분(예 사업부문의 매도)으로 기존의 이자율의 위험관리 또는 신용위험정책을 유지하기 위하여 만기보유금융자산을 매도하는 경우(사업결합은 기업이 통제할 수 있는 사건이지만, 이자율 위험관리나 신용위험정책을 유지하기 위한 투자포트폴리오의 변경은 예상된 변경이라기 보다는 결과적인 것일 수 있다)
④ 투자허용항목이나 특정 금융자산의 투자한도를 유의적으로 변경하는 법규 등의 개정에 따라 매도하는 경우
⑤ 특정산업의 자본에 대한 감독이 유의적으로 강화됨에 따라 매도를 통하여 규모를 축소하는 경우
⑥ 위험기준자본의 감독에 사용되는 만기보유금융자산의 위험 가중치가 유의적으로 높아짐에 따라 매도하는 경우

 예제 7-1 만기보유금융자산으로 분류제한

㈜다빈이 20×2년 1월 1일 현재 보유하고 있는 채무상품의 내역은 다음과 같다.

구분	취득일	액면금액	발행일	만기일
국공채A	20×1년 1월 1일	₩500,000	20×1년 1월 1일	20×6년 12월 31일
국공채B	20×1년 1월 1일	200,000	20×1년 1월 1일	20×6년 12월 31일
회사채C	20×1년 1월 1일	300,000	20×1년 1월 1일	20×6년 12월 31일
회사채D	20×1년 1월 1일	400,000	20×1년 1월 1일	20×6년 12월 31일
회사채E	20×2년 6월 5일	150,000	20×1년 1월 1일	20×6년 12월 31일

20×2년 이자소득에 대한 한계세율이 15%에서 20%으로 상승하자, 회사는 20×2년 3월 27일에 국공채A를 매각하였다. 나머지 채무상품은 만기까지 보유한다고 가정한다. 회사는 상기 채무상품을 취득시 만기보유금융자산으로 분류하였다. 회사의 회계기간은 1월 1일부터 12월 31일까지이다.

≪물음≫
1. 20×2년 12월 31일에 만기보유금융자산에 표시할 채무상품금액을 계산하시오.
2. 20×2년 12월 31일 현재의 재무상태표상 전기에 표시될 만기보유금융자산의 금액을 계산하시오.

> 3. 만기보유금융자산으로 재분류가 가능한 연도는 언제부터인가?
>
> **해답**
>
> 1. 없다.
> 2. ₩1,400,000(=500,000+200,000+300,000+400,000)
> 3. 20×5년
>
> [설명]
> 보유 의도나 능력의 변경 및 tainting provisions(만기보유금융자산에 적용되는 분류제한
> 규정)위반으로 인한 재분류는 회계변경이 아니다. 따라서 전기분 재작성 불필요하다.

3. 대여금 및 수취채권

대여금 및 수취채권(loans and receivables)은 지급금액이 확정되었거나 확정될 수 있으며 활성시장에서 가격이 공시되지 않는 비파생금융자산을 말한다. 다만, 다음의 비파생금융자산은 제외한다(KIFRS1039-9).

① 즉시 또는 단기간 내에 매각할 의도가 있는 금융자산(이 경우 단기매매항목으로 분류한다)과 최초 인식시점에 당기손익인식항목으로 지정한 금융자산
② 최초 인식시점에 매도가능금융자산으로 지정한 금융자산
③ 채무자의 신용악화(credit deterioration)를 제외한 다른 이유 때문에 최초 투자액의 대부분을 회수하지 못할 수도 있는 금융자산. 이 경우에는 매도가능금융자산으로 분류하여야 한다.

지급금액이 확정되었거나 확정이 가능한 금융자산(예 대출자산, 매출채권, 채무상품 및 은행 예치금)은 대여금 및 수취채권의 정의를 충족할 수 있다(KIFRS1039-AG26).
다음 금융자산은 대여금 및 수취채권으로 분류될 수 없다.

- 대여금 및 수취채권이 아닌 다른 종류의 자산으로 구성된 자산집합(예 뮤추얼펀드나 이와 유사한 펀드)에 대한 지분은 대여금 및 수취채권으로 분류하지 아니한다(KIFRS1039-9).
- 공시가격이 있는 채무상품과 같이 활성시장에서 가격이 공시되는 금융자산은 대여금 및 수취채권으로 분류하는 요건을 충족하지 못한다(KIFRS1039-AG26).

최초 인식시점에 대여금 및 수취채권으로 분류할 수 있는 금융자산은 당기손익인식금융자산이나 매도가능금융자산으로 지정[19]할 수 있다(KIFRS1039-AG26). 이를 아래의 표로 확인할 수 있다.

---

19) 만기보유금융자산으로 지정은 특별한 조건 없이 가능하다. 하지만 대여금 및 수취채권은 활성시장에서 가격이 공시되지 않지만 공정가치를 신뢰성있게 측정할 수 있는 경우가 있을 수 있다. 이와 같이 공정가치를 신뢰성있게 측정할 수 있는 대여금 및 수취채권은 당기손익인식금융자산으로 지정할 수 있다.(저자주)

구분		측정요소	당기손익항목 지정가능	대여금 및 수취채권 분류	매도가능항목 지정가능[4]
지분 상품		활성시장거래× & FV신뢰성있게 측정불가	×[1]	×[2]	○
		기타	○	×[2]	○
채무 상품		활성시장거래× & FV신뢰성있게 측정불가	○	○	○
		활성시장거래× & FV신뢰성있게 측정가능	○	○	○
		활성시장거래 ○	○	×[3]	○

[1]. 보유한 지분상품이 활성시장에서 공시되는 시장가격이 없고 공정가치를 신뢰성 있게 측정할 수 없는 경우에는 당기손익인식항목으로 지정할 수 없다(KIFRS1039-9).

[2]. 대여금 및 수취채권은 채무상품이므로 지분상품은 대여금 및 수취채권으로 분류 불가.

[3]. 공시가격이 있는 채무상품과 같이 활성시장에서 가격이 공시되는 금융자산은 대여금 및 수취채권으로 분류하는 요건을 충족하지 못한다(KIFRS1039-AG26).

[4]. 매도가능금융자산으로의 지정은 특별한 조건 없이 가능하다(KIFRS1039-BC84).

대여금 및 수취채권과 다른 금융자산의 주요한 차이는 만기보유금융자산에 적용하는 분류제한규정 (tainting provisions)이 대여금 및 수취채권에는 적용되지 않는다는 것이다. 단기매매항목이 아닌 대여금 및 수취채권은 만기까지 보유할 적극적인 의도와 능력을 보유하고 있지 않더라도 상각후원가로 측정할 수 있다(KIFRS1039-BC25).

4. 매도가능금융자산

매도가능금융자산(AFS : available-for-sale financial assets)은 다음과 같다.

- 매도가능항목으로 지정한 비파생금융자산
- 다음으로 분류되지 않는 비파생금융자산
  ① 대여금 및 수취채권 ② 만기보유금융자산 ③ 당기손익인식금융자산

대여금 및 수취채권도 매도가능금융자산으로 지정할 수 있다. 현행의 혼합된 측정모형을 감안할 때 특정 유형의 자산만을 매도가능금융자산으로 지정할 수 있도록 제한할 이유가 없다(KIFRS1039-BC84).

특정 금융상품을 당기손익인식금융자산이나 당기손익인식금융부채 또는 매도가능금융자산으로 지정할 수 있다.

- 당기손익인식금융자산이나 당기손익인식금융부채로 지정하기 위하여 특정 조건을 충족하여야 한다.
- 반면, 매도가능금융자산으로의 지정은 특별한 조건 없이 가능하다.

제 3 절   최초 인식과 측정

1. 최초인식 : 금융자산의 정형화된 매입이나 매도

금융자산이나 금융부채는 금융상품의 계약당사자가 되는 때에만 재무상태표에 인식한다(KIFRS1039-14).

(1) 의 의

금융자산의 정형화된 매입이나 매도(regular way purchase or sale)[20]는 매매일(trade date) 또는 결제일(settlement date)에 인식하거나 제거한다[21](KIFRS1039-38). 즉, 금융자산의 정형화된 매입이나 매도는 매매일 회계처리방법 또는 결제일 회계처리방법 중 하나를 사용하여 인식한다. 사용한 방법은 동일한 범주에 속하는 금융자산의 매입이나 매도 모두에 대하여 일관성 있게 적용한다. 이 경우 단기매매금융자산은 당기손익인식금융자산으로 지정된 자산과는 별도의 범주로 구분한다(KIFRS1039-AG53). 따라서, 다섯 가지 범주별(단기매매금융자산, 당기손익인식지정금융자산, 만기보유금융자산, 대여금 및 수취채권, 매도가능금융자산)로 매매일 회계처리방법 또는 결제일 회계처리방법 중 하나를 지정할 수 있다.

정리 7-4   금융자산의 정형화된 매입이나 매도의 회계처리

(1) 단기매매금융자산
(2) 당기손익인식지정금융자산
(3) 만기보유금융자산   각 범주별로 매매일 회계처리방법 또는 결제일
(4) 대여금및수취채권   회계처리방법 중 하나를 지정할 수 있다.
(5) 매도가능금융자산

금융자산의 정형화된 매입이나 매도의 회계처리

K-IFRS	K-GAAP
• 매매일 회계처리방법 외에 결제일 회계처리방법에 따라 회계처리할 수 있다.	• 매매일 인식방법만 규정하였다.

가치의 변동에 대하여 차액결제를 요구하거나 차액결제를 허용하는 계약은 정형화된 계약이 아니다. 그러한 계약은 매매일과 결제일 사이에 파생상품으로 회계처리한다(KIFRS1039-AG54).

---

20) '정형화된 매입 또는 매도'란 관련 시장의 규정이나 관행에 의하여 일반적으로 설정된 기간 내에 당해 금융상품을 인도하는 계약조건에 따라 금융자산을 매입하거나 매도하는 것을 말한다.
21) 매매일에 인식한다.(틀림)

매매일 또는 결제일의 회계처리를 요약하면 다음과 같다.

	매입자	매도자
매매일 회계처리	매매일에 자산 인식	매매일에 처분손익 인식
결제일 회계처리	결제일에 자산 인식	결제일에 처분손익 인식

이에 대하여 설명한다.

(2) 매매일 회계처리방법

매매일은 자산을 매입하거나 매도하기로 약정한 날을 말한다. 매매일 회계처리방법은 다음과 같다 (KIFRS1039-AG55).

- 매입자는 매매일에 수취할 자산과 그 자산에 대하여 지급할 부채를 인식한다.
- 매도자는 매매일에 매도한 자산을 제거하고 처분손익을 인식하며 매입자가 지급할 금액에 대한 채권을 인식한다.

일반적으로 소유권이 이전되는 결제일까지는 자산과 그에 대응되는 부채에 이자가 발생하지 아니한다(KIFRS1039-AG55).

 예제 7-2 매매일 회계처리방법

㈜다빈은 3월 27일에 상장주식인 ㈜서정의 주식 10주를 주당 ₩1,300에 주식시장에서 매도하였다. 동 주식은 ㈜따비가 취득하여 단기매매금융자산으로 분류하였다. 동 주식은 3월 29일에 대금이 결제되었다. ㈜다빈의 3월 27일 현재 현재 ㈜서정의 장부금액은 주당 ₩1,000이다. 3월 29일 ㈜서정의 주당 공정가치는 ₩1,350이다. ㈜다빈과 ㈜따비는 매매일 회계처리방법을 채택하고 있다.

≪물음≫

1. ㈜다빈의 3월 27일과 3월 29일의 회계처리(분개)를 하시오.

2. ㈜따비의 3월 27일과 3월 29일의 회계처리(분개)를 하시오.

 해답

1.

〈3월 27일(매매일)〉

(차) 미 수 금	13,000	(대) 단기매매금융자산	10,000
		금융자산처분이익	3,000

〈3월 29일(결제일)〉

| (차) 현　　금 | 13,000 | (대) 미 수 금 | 13,000 |

2.

〈3월 27일(매매일)〉

| (차) 단기매매금융자산 | 13,000 | (대) 미지급금 | 13,000 |

〈3월 29일(결제일)〉

| (차) 미지급금 | 13,000 | (대) 현　　금 | 13,000 |

(3) 결제일 회계처리방법

결제일은 자산을 인수하거나 인도하는 날을 말한다. 결제일 회계처리방법은 다음과 같다(KIFRS1039-AG56).

- 매입자는 자산을 인수하는 날에 자산을 인식한다.
- 매도자는 자산을 인도하는 날에 자산을 제거하고 처분손익을 인식한다.

결제일 회계처리방법을 적용하는 경우에는 매매일과 결제일 사이에 이미 취득한 자산에 대한 회계처리와 동일한 방법으로 수취할 자산의 공정가치에 대한 모든 변동을 회계처리한다. 따라서 매매일과 결제일 사이에 수취할 자산의 공정가치에 대한 모든 변동은 다음과 같이 회계처리한다(KIFRS1039-AG56).

- 원가나 상각후원가를 장부금액으로 하는 자산의 가치변동은 인식하지 아니한다.
- 당기손익인식금융자산으로 분류된 자산의 가치변동은 당기손익으로 인식한다.
- 매도가능금융자산으로 분류된 자산의 가치변동은 기타포괄손익으로 인식한다.

후속적으로 원가나 상각후원가로 측정하는 자산에 대하여 결제일 회계처리방법을 적용하는 경우, 당해 자산은 최초 인식시 매매일(결제일이 아님에 유의)의 공정가치로 인식한다(KIFRS1039-44).

상기 내용을 정리하여 그림으로 표시하면 다음과 같다.

	매매일		결제일
당기손익인식금융자산	FV_0	증분공정가치(FV_1-FV_0) NI로 인식	FV_1[*1]
매도가능금융자산	FV_0	증분공정가치(FV_1-FV_0) OCI로 인식	FV_1[*1]
만기보유금융자산	FV_0	공정가치변동 미인식	FV_0[*2]

[*1]. 결제일의 공정가치로 인식　　　　[*2]. 매매일의 공정가치로 인식

결제일 회계처리방법을 적용하여 금융자산을 인식한다면, 매매일과 결제일 사이의 당해 금융자산의 공정가치 변동은 다음과 같이 회계처리한다(KIFRS1039-57).

① 원가나 상각후원가를 장부금액으로 하는 금융자산의 공정가치 변동은 인식하지 아니한다. 다만, 손상차손은 인식한다.
② 공정가치를 장부금액으로 하는 금융자산의 공정가치 변동은 문단 55에 따라 당기손익이나 자본으로 인식한다.

예제 7-3 결제일 회계처리방법

㈜다빈은 3월 27일에 상장주식인 ㈜서정의 주식 10주를 주당 ₩1,300에 주식시장에서 매도하였다. 동 주식은 ㈜따비가 취득하여 단기매매금융자산으로 분류하였다. 동 주식은 3월 29일에 대금이 결제되었다. ㈜다빈의 3월 27일 현재 현재 ㈜서정의 장부금액은 주당 ₩1,000이다. 3월 29일 ㈜서정의 주당 공정가치는 ₩1,350이다. ㈜다빈과 ㈜따비는 결제일 회계처리방법을 채택하고 있다.

≪물음≫
1. ㈜다빈의 3월 27일과 3월 29일의 회계처리(분개)를 하시오.
2. ㈜따비의 3월 27일과 3월 29일의 회계처리(분개)를 하시오.
3. 만일, ㈜따비가 취득한 주식을 매도가능금융자산으로 분류하였다고 가정하고, 3월 27일과 3월 29일의 회계처리(분개)를 하시오.

해답

1.
〈3월 27일(매매일)〉
– 분개 없음

〈3월 29일(결제일)〉

(차) 현　　금	13,000	(대) 단기매매금융자산	10,000
		단기매매금융자산처분이익	3,000

2.
〈3월 27일(매매일)〉
– 분개 없음

〈3월 29일(결제일)〉

(차) 단기매매금융자산	13,500[*1]	(대) 현　　금	13,000
		단기매매금융자산평가이익	500[*2]

[*1]. 3월 29일의 공정가치　　　　[*2]. 당기손익

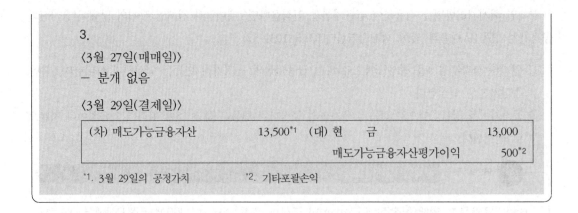

3.

〈3월 27일(매매일)〉

－ 분개 없음

〈3월 29일(결제일)〉

(차) 매도가능금융자산	13,500*1	(대) 현 금	13,000
		매도가능금융자산평가이익	500*2

*1. 3월 29일의 공정가치   *2. 기타포괄손익

2. 금융자산과 금융부채의 최초 측정

금융자산이나 금융부채는 최초 인식시 공정가치로 측정한다. 다만, 당기손익인식금융자산(당기손익인식금융부채)이 아닌 경우 당해 금융자산(금융부채)의 취득(발행)과 직접 관련되는 거래원가(transaction costs)는 최초 인식하는 공정가치에 가산(차감)하여 측정한다(KIFRS1039-43). 그러나 최초 인식 시 금융자산이나 금융부채의 공정가치가 거래가격과 다른 경우에는 문단 AG76을 적용한다(KIFRS1039-43A).

최초인식시 금융상품의 공정가치의 최선의 추정치는 일반적으로 거래가격(즉, 제공하거나 수취한 대가의 공정가치)이다. 만일 기업이 최초 인식 시 문단 43A에 언급된 바와 같이 공정가치가 거래가격과 다르다고 결정한다면, 금융상품을 그 날짜에 다음과 같이 회계처리한다(KIFRS1039-AG76).

(1) 그러한 공정가치가 동일한 자산이나 부채에 대한 활성시장의 공시가격(즉 수준 1 투입변수)에 의해 입증되거나 관측가능한 시장의 자료만을 사용하는 평가기법에 기초한다면, 문단 43에서 요구하는 측정치로 회계처리한다. 최초 인식시의 공정가치와 거래가격 간의 차이는 손익으로 인식한다.

(2) 그 밖의 모든 경우에는 최초 인식 시점의 공정가치와 거래가격 간의 차이를 이연하기 위해 문단 43에서 요구하는 측정치에서 그러한 차이를 조정하여 회계처리한다. 최초 인식 후에는, 시장참여자가 자산이나 부채의 가격을 결정하는데 고려하는 요소(시간 포함)의 변동에서 발생하는 정도까지만 이연된 차이를 손익으로 인식한다.

금융자산이나 금융부채의 후속 측정과 손익의 후속 인식은 금융자산인식측정기준서에 따라 회계처리한다(KIFRS1039-AG76A).

당기손익인식금융상품의 취득 또는 발행을 위한 거래원가[22]는 당기비용으로 회계처리한다.

---

22) 거래원가는 금융자산이나 금융부채의 취득, 발행 또는 처분과 직접 관련된 증분원가이다. 증분원가는 금융상품의 취득, 발행 또는 처분이 없었다면 발생하지 않았을 원가를 말한다. 거래원가에는 대리인(판매대리인 역할을 하는 종업원을 포함), 고문, 중개인 및 판매자에게 지급하는 수수료와 중개수수료, 감독기관과 증권거래소의 부과금 및 양도세 등이 포함된다. 거래원가에는 채무할증액이나 채무할인액, 금융원가나 내부 관리·보유원가는 포함되지 아니한다. (KIFRS1039-AG13)

[CCB 2010]

당기손익인식금융자산의 취득과 직접 관련되는 거래원가는 최초 인식하는 공정가치에 가산한다. (×)

최초 인식할 금액을 정리하면 다음과 같다.

구분	금융자산	금융부채
당기손익인식[1]	공정가치	공정가치
당기손익미인식	공정가치 + 거래원가	공정가치 − 거래원가

[1]. 거래원가는 당기비용으로 처리

상기 규정은 당기손익인식금융자산 또는 당기손익인식금융부채가 아닌 경우 취득 또는 발행 및 거래 원가에 대한 다음의 회계처리로 확인할 수 있다.

구 분	금융자산	금융부채
자산취득/부채발행	(차) 금융자산 (대) 현 금	(차) 현 금 (대) 금융부채
거래원가	(차) 금융자산 (대) 현 금	(차) 금융부채 (대) 현 금

최초 인식시 금융상품의 공정가치는 일반적으로 거래가격[제공하거나 수취한 대가의 공정가치]이다. 그러나 제공하거나 수취한 대가 중 일부가 금융상품이 아닌 다른 것에 대한 대가라면, 평가기법을 사용하여 금융상품의 공정가치를 추정한다. 예를 들면, 이자를 지급하지 아니하는 장기대여금이나 장기수취 채권의 공정가치는 유사한 신용등급을 가진 유사한 금융상품(통화, 기간, 이자율유형 및 그 밖의 요소에 관하여 유사함)의 시장이자율로 할인한 미래 현금수취액의 현재가치로 추정할 수 있다. 추가로 지급한 금액이 어떤 형태로든 자산의 인식기준을 충족하지 못하면, 당해 금액은 비용으로 인식하거나 수익에서 차감한다(KIFRS1039-AG64).

시장이자율보다 낮은 이자율(예 유사한 대여금의 시장이자율이 8%일 때 5%의 이자율)로 대여하고, 그 대가로 선수수수료를 받는다면, 대여금은 공정가치(수취하는 수수료를 차감한 후 순액)로 인식한다. 할인액은 유효이자율법을 사용하여 당기손익으로 인식한다(KIFRS1039-AG65).

 예제 7-4　금융자산의 최초 측정

12월 결산법인인 ㈜다인은 20×1년 11월 7일 ㈜연세의 주식 10주를 주당 ₩1,000에 취득하였다. 취득시 수수료 ₩200을 지출하였다. 20×1년 12월 31일의 ㈜연세의 주당 공정가치는 ₩1,200이다.

≪물음≫

1. ㈜다인이 취득한 주식을 단기매매금융자산으로 분류하는 경우, 11월 7일과 12월 31일의 회계처리(분개)를 하시오.

2. ㈜다인이 취득한 주식을 매도가능금융자산으로 분류하는 경우, 11월 7일과 12월 31일의 회계처리(분개)를 하시오.

해답

1.

〈11월 7일〉

(차) 단기매매금융자산	10,000	(대) 현　　금	10,200
수 수 료	200		

〈12월 31일〉

(차) 단기매매금융자산	2,000	(대) 단기매매금융자산평가이익	2,000 [1]

[1]. $1,200 \times 10 - 10,000 = 2,000$

2.

〈11월 7일〉

(차) 매도가능금융자산	10,200	(대) 현　　금	10,200

〈12월 31일〉

(차) 매도가능금융자산	1,800	(대) 매도가능금융자산평가이익	1,800 [1]

[1]. $1,200 \times 10 - 10,200 = 1,800$

[연구]

단기매매금융자산분류시 거래원가를 취득원가에 가산한다고 가정하는 경우의 회계처리는 다음과 같다.

〈11월 7일〉

(차) 단기매매금융자산	10,200	(대) 현　　금	10,200

〈12월 31일〉

(차) 단기매매금융자산	1,800	(대) 단기매매금융자산평가이익	1,800 [1]

[1]. $1,200 \times 10 - 10,200 = 1,800$

구분	거래원가 비용처리	거래원가 자산처리
20×1년말 단기매매금융자산 금액	₩12,000	₩12,000
20×1년 관련 세전이익 효과	$2,000 - 200 = 1,800$	1,800

⇒ 결과 동일함

3. 유효이자율법

(1) 유효이자율법

유효이자율법은 금융자산이나 금융부채(또는 금융자산이나 금융부채의 집합)의 상각후원가(AC : Amortised Cost)를 계산하고 관련 기간에 걸쳐 이자수익이나 이자비용을 배분하는 방법을 말한다(KIFRS1039-9).

(2) 유효이자율

유효이자율[23](Effective Interest Rate)은 금융상품의 기대기간이나 적절하다면 더 짧은 기간에 예상되는 미래 현금 유출과 유입의 현재가치를 금융자산 또는 금융부채의 순장부금액과 정확히 일치시키는 이자율이다(KIFRS1039-9). 거래원가가 없다고 가정시 유효이자율은 채권 또는 채무의 현재가치계산에 사용된 할인율[24]이다.

> 금융자산 또는 금융부채의 순장부금액 = FV = CF × 현가계수(r, n)
> → r = 유효이자율

유효이자율을 계산할 때 다음에 유의하여야 한다(KIFRS1039-9).

- 당해 금융상품의 모든 계약조건(예 중도상환옵션[25], 콜옵션 및 유사한 옵션)을 고려하여 미래 현금흐름을 추정하여야 한다. 그러나 미래 신용위험에 따른 손실은 고려하지 아니한다.
- 계약 당사자 사이에서 지급하거나 수취하는 수수료와 포인트(유효이자율의 주요 구성요소에 한함), 거래원가 및 기타의 할증액과 할인액 등을 반영한다.[26]
- 일반적으로 유사한 금융상품 집합의 현금흐름과 예상만기는 신뢰성 있게 추정할 수 있는 것으로 가정한다. 그러나 금융상품(또는 유사한 금융상품의 집합)에 대한 현금흐름 또는 예상만기를 신뢰성 있게 추정할 수 없는 예외적인 경우에는 전체 계약기간에 걸친 계약상 현금흐름을 사용하여 유효이자율을 구한다.

---

23) yield to maturity or interal rate of return
24) 유효이자율법 적용시 유효이자율 선택이 중요하다.
25) prepayment option
26) 유효이자율법을 적용하는 경우 일반적으로 유효이자율의 계산에 반영되는 수수료 등(수수료, 지급되었거나 수취한 포인트, 거래원가 또는 기타의 할증액이나 할인액)을 당해 금융상품의 기대기간동안 상각한다. 그러나 수수료 등과 관련된 기간이 더 짧은 경우에는 그 기간을 사용한다. 예를 들면, 변동금리부 금융상품의 할증액이나 할인액이 마지막 이자지급일 이후 발생한 이자를 반영하거나 시장이자율에 따라 변동이자율을 재결정한 날 이후 시장이자율 변동을 반영한다면, 당해 할증액이나 할인액은 다음 재결정일까지 상각한다. 그러나 할증액이나 할인액이 당해 금융상품에 특정된 변동이자율의 신용위험 가산율의 변동으로 인해 발생하거나 시장이자율에 따라 재결정되는 변수가 아닌 그 밖의 변수의 변동으로 인해 발생된다면, 당해 할증액이나 할인액은 금융상품의 기대기간에 상각한다(KIFRS1039-AG6).

이미 발생한 대손을 반영하여 크게 할인한 가격으로 금융자산을 취득하는 경우, 유효이자율을 계산할 때 이러한 대손은 금융자산의 추정 현금흐름에 반영한다(KIFRS1039-AG5).

시장이자율의 변동을 반영하기 위하여 변동금리부 금융자산이나 변동금리부 금융부채의 현금흐름을 주기적으로 재추정하는 경우 유효이자율은 변동한다. 최초 인식시 변동금리부 금융자산(또는 변동금리부 금융부채)가 만기에 수취할 원금(또는 지급할 원금)과 동일한 금액으로 인식된다면, 일반적으로 미래 이자지급액의 재추정이 당해 자산이나 부채의 장부금액에 유의적인 영향을 미치지 아니한다.(KIFRS1039-AG7)

금융상품의 현금흐름에 대한 추정을 변경하는 경우 실제 현금흐름과 변경된 추정현금흐름을 반영하여 당해 금융자산이나 금융부채(또는 금융상품의 집합)의 장부금액을 조정한다. 이때 당해 금융상품의 최초 유효이자율로 추정미래현금흐름의 현재가치를 계산하는 방식으로 장부금액을 재계산하며, 이러한 조정금액은 수익 또는 비용으로서 당기손익에 인식한다(KIFRS1039-AG8).

(3) 상각후원가

상각후원가(AC : Amortised Cost)는 금융자산이나 금융부채의 최초인식시점의 측정금액에서 상환된 원금을 차감하고, 최초인식금액과 만기금액의 차액에 유효이자율법을 적용하여 계산된 상각누계액을 가감한 금액이다. 이때 손상차손이나 대손상각을 인식(직접 차감하거나 충당금을 설정)한 경우에는 그 금액을 차감한 금액을 말한다(KIFRS1039-9).

상각후원가는 다음과 같이 계산하면 간편하게 계산할 수 있다.

정리 7-5   [Powerful Method] 상각후원가(AC) 계산식

1차년도말AC＝HC×(1＋r) － 표시이자
2차년도말AC＝1차년도말AC×(1＋r) － 표시이자
　　　　　＝{HC×(1＋r) － 표시이자}×(1＋r) － 표시이자
3차년도말AC＝2차년도말AC×(1＋r) － 표시이자
　　　　　＝[{HC×(1＋r) － 표시이자}×(1＋r) － 표시이자]×(1＋r) － 표시이자
※ HC : 취득원가,　r : 유효이자율
　표시이자 : 액면금액×표시이자율

[저자주] 일반적으로 1차년도말AC와 2차년도말AC 계산식이면 충분하다.
○ 상각후원가가 적용되는 주요 계산유형은 다음과 같다.
　• 사채이자비용＝기초사채CA×r
　• 사채상환손익＝상환시점CA － 상환금액
　• 채무상품이자수익＝기초AC×r
　• 처분손익(만기보유금융자산 · 채무상품인매도가능금융자산)＝SP － 처분시점CA
　• 손상차손(만기보유금융자산 · 채무상품인매도가능금융자산)＝처분시점CA － RA
　※ CA : 장부금액, SP : 처분금액, RA : 회수가능액

예제 7-5 유효이자율법 적용(상각후원가계산 등)

㈜다빈은 ㈜현대가 발행한 액면금액 ₩100,000, 표시이자율 연 8%인 사채를 만기보유목적으로 20×1년 1월 1일에 ₩92,418(유효이자율 연 10%)에 현금 매입하였다. 동 사채의 만기일은 20×5년 12월 31일이며, 이자는 매년 12월 31일에 지급한다.

≪물음≫

1. 다음 빈칸을 완성하시오.

구 분	이자수익	기말 상각후원가
20×1년		
20×2년		
20×3년		

2. ㈜다빈이 20×3년 1월 1일에 사채를 ₩98,000에 처분하였다고 가정하고 처분손익을 계산하시오.

3. ㈜다빈이 보유한 사채의 20×2년 12월 31일의 회수가능액이 ₩50,000이다. 이는 자산손상의 객관적 증거에 해당된다. 손상차손을 계산하시오.

4. ㈜현대는 20×3년 1월 1일에 사채를 ₩97,000에 상환하였다고 가정하고 상환손익을 계산하시오.

※ 저자주 : 물음 '2'에서 '4'까지는 관련 단원을 학습후 풀기를 바랍니다.

해답

1.

구분	이자수익	기말 상각후원가
20×1년	① ₩9,242	② ₩93,660
20×2년	③ ₩9,366	④ ₩95,026
20×3년	⑤ ₩9,503	⑥ ₩96,528

① $92,418 \times 0.1 = ₩9,242$

② $92,418 \times 1.1 - 8,000 = ₩93,660$

③ $(92,418 \times 1.1 - 8,000) \times 0.1 = ₩9,366$

④ $(92,418 \times 1.1 - 8,000) \times 1.1 - 8,000 = ₩95,026$

⑤ $[(92,418 \times 1.1 - 8,000) \times 1.1 - 8,000] \times 0.1 = ₩9,503$

⑥ $[(92,418 \times 1.1 - 8,000) \times 1.1 - 8,000] \times 1.1 - 8,000 = ₩96,528$

2. 처분손익 = SP − AC = 98,000 − 95,026 = ₩2,974

3. 손상차손 = AC − RA = 95,026 − 50,000 = ₩45,026

4. 상환손익 = CA − 상환금액 = 95,026 − 97,000 = (−)₩1,974

제4절 후속 측정

금융자산의 후속측정을 정리하면 다음과 같다.

정리 7-6 금융자산의 후속측정

과목	측정기준	공정가치변동의 반영
당기손익인식금융자산	공정가치(FV)*1	당기손익(NI)
매도가능금융자산	공정가치(FV)*1	기타포괄손익(OCI)*2
대여금 및 수취채권	상각후원가(AC)	―
만기보유금융자산	상각후원가(AC)	―

*1. 예외 : 활성시장에서 공시되는 시장가격이 없고 공정가치를 신뢰성있게 측정할 수 없는 지분상품과 이러한 지분상품과 연계되어 있으며 그 지분상품의 인도로 결제되어야 하는 파생상품은 원가로 측정함.
*2. 예외 : 유효이자율법에 의한 이자, 손상차손 및 화폐성외화금융자산의 외환손익은 당기손익으로 인식함.

---

1. 측정기준

금융자산의 최초 인식 후의 측정을 위해 금융자산을 다음 네 가지 범주 중 하나로 분류[27]한다 (KIFRS1039-45).

① 당기손익인식금융자산
② 만기보유금융자산
③ 대여금 및 수취채권
④ 매도가능금융자산

최초 인식 후 파생상품자산을 포함한 금융자산은 공정가치로 측정한다. 다만, 다음의 금융자산은 공정가치로 측정하지 아니한다(KIFRS1039-46).

① 대여금 및 수취채권 : 유효이자율법을 사용하여 상각후원가로 측정한다.
② 만기보유금융자산 : 유효이자율법을 사용하여 상각후원가로 측정한다.
③ 활성시장에서 공시되는 시장가격이 없고 공정가치를 신뢰성 있게 측정할 수 없는 지분상품과 가격이 공시되지 않는 이러한 지분상품과 연계되어 있으며 그 지분상품의 인도로 결제되어야 하는 파생상품 : 원가로 측정한다.

---

27) 위의 범주는 측정과 당기손익의 인식에 적용한다. 재무제표에 표시할 경우 위의 범주에 대하여 다른 계정과목을 사용하거나 위와 다르게 분류할 수 있다.

다음은 후속 측정과 관련된 내용이다.

- 위험회피대상항목으로 지정된 금융자산은 위험회피회계에 따라 측정한다(KIFRS1039-46).
- 당기손익인식금융자산을 제외한 모든 금융자산에 대하여 손상검토를 한다(KIFRS1039-46).
- 대여금 및 수취채권으로 분류되는 금융상품은 만기까지 보유할 의도와 관계없이 상각후원가로 측정한다(KIFRS1039-AG68).
- 금융자산으로 인식된 금융상품이 공정가치로 측정되고, 그 공정가치가 영(0) 이하로 하락한다면, 당해 금융상품은 금융부채가 된다(KIFRS1039-AG66).

공정가치는 매도 등에서 발생할 수 있는 거래원가를 차감하지 않은 금액이다(KIFRS1039-46).

[CCB 2012]

자산이나 부채의 공정가치를 측정하기 위하여 사용되는 주된 시장의 가격에서 거래원가를 조정한다. (×)

다음의 예는 매도가능금융자산의 최초 측정과 후속 측정시 거래원가의 회계처리에 관한 것이다.

 예제 7-6 매도가능금융자산의 측정(KIFRS1039-AG67 수정)

〈상황 : 거래일자별 공정가치와 수수료〉

	취득	평가	처분
보고기간말 : D	D−1	D	D+1
공정가치	₩100	₩100	₩100
수수료(거래원가)	2		3

〈취득〉

매도가능금융자산을 100원과 매입수수료 2원을 합한 금액으로 취득하였다. 자산은 최초에 102원으로 인식한다.

(차) 매도가능금융자산	102	(대) 현 금	102

〈보고기간말 평가〉

다음 보고기간종료일은 1일 후인데, 그 시점의 자산의 공시되는 시장가격은 100원이다. 자산이 처분된다면, 수수료는 3원이 될 것이다. 다음 보고기간종료일 현재, 자산은 처분할 때 예상되는 수수료를 고려하지 아니한 100원으로 측정하고, 손실 2원은 기타포괄손익으로 인식한다.

제7장

(차) 매도가능금융자산평가손실	2	(대) 매도가능금융자산	2

〈처분〉

　　보고기간종료일 1일 후에 매도가능금융자산을 100원에 처분하면서 수수료 3원을 지급하였다면, 수수료를 차감한 후인 처분금액과 장부금액의 차이에 매도가능금융자산평가손익을 가감한 금액을 매도가능금융자산처분손익으로 인식한다.

(차) 현　　　금	97	(대) 매도가능금융자산	100
매도가능금융자산처분손실	5 [*2]	매도가능금융자산평가손실	2 [*1]

[*1]. 처분시 기타포괄손익에 표시된 매도가능금융자산평가손실은 소멸된다(즉, 처분손익에 반영된다).
[*2]. 처분손익 = (처분금액 − 수수료) − 장부금액 + 평가이익(−평가손실)
　　　 = (100 − 3) − 100 − 2
　　　 = (−) 5

　매도가능금융자산의 지급액의 확정여부에 따라 거래원가는 다음과 같이 회계처리한다(KIFRS1039-AG67).

- 매도가능금융자산의 지급액이 확정되었거나 확정될 수 있다면, 거래원가는 유효이자율법으로 상각하여 당기손익으로 인식한다.
- 매도가능금융자산의 지급액이 확정되었거나 확정될 수 없다면, 거래원가는 자산이 제거되는 때나 손상되는 때에 당기손익으로 인식한다.

채무상품의 측정

K-IFRS	K-GAAP
- 다음의 예외항목과 그 측정기준을 명시하고 있다. (가) 당기손익인식금융부채, (나) 금융자산의 양도가 제거 조건을 충족하지 못하거나 지속적관여접근법이 적용될 때 발생하는 금융부채, (다) 금융보증계약, (라) 시장이자율보다 낮은 이자율로 대출하기로 한 약정	- 모든 금융부채를 상각후원가로 평가하는 것을 원칙으로 함.

2. 손 익

(1) 공정가치 변동에 따른 손익

　위험회피회계의 대상이 아닌 금융자산의 공정가치 변동에 따른 손익은 다음과 같이 회계처리한다(KIFRS1039-55).

① 당기손익인식금융자산의 손익은 당기손익으로 인식한다.

② 매도가능금융자산의 손익 중 손상차손과 외환손익을 제외한 금액은 기타포괄손익으로 인식하며, 당해 누적손익은 관련된 금융자산이 제거되는 시점에 재분류조정으로 자본에서 당기손익으로 재분류한다. 다만, 유효이자율법을 적용하여 계산한 이자수익은 당기손익으로 인식하며, 매도가능금융자산에서 발생한 배당금은 지급액을 받을 권리가 확정되는 시점에 당기손익으로 인식한다.

정리 7-7 매도가능금융자산의 손익

매도가능금융자산손익의 종류	손익의 분류
손상차손, 외환손익, 이자수익, 배당수익	당기손익
기타손익(= 평가손익)	기타포괄손익

(2) 매도가능금융자산평가손익

매도가능지분상품과 매도가능채무상품을 공정가치로 평가하는 경우 공정가치와 원가의 차이는 매도가능금융자산평가손익과목으로 하여 기타포괄손익누계액(AOCI)에 표시된다. 여기서 원가란 지분상품은 취득원가를, 채무상품은 상각후원가를 말한다. 매도가능금융자산평가손익은 해당 자산이 처분되거나 손상되는 때에 소멸되어 처분손익이나 손상차손에 반영된다. 이를 반영하여 평가손익, 처분손익 및 손상차손을 계산하는 식을 유도하면 다음과 같다.

	지분상품	채무상품	공식화
평가이익(AOCI)	$FV - HC$	$FV - AC$	$FV - Cost$
처분이익(NI)	$SP - CA + AOCI$ $= SP - (CA - AOCI)$ $= SP - HC$	$SP - CA + AOCI$ $= SP - (CA - AOCI)$ $= SP - AC$	$SP - Cost$
손상차손(NI)	$CA - RA - AOCI$ $= (CA - AOCI) - RA$ $= HC - RA$	$CA - RA - AOCI$ $= (CA - AOCI) - RA$ $= AC - RA$	$Cost - RA$

※ FV : 공정가치, HC : 지분증권의 취득원가, AC : 채무상품의 상각후원가, SP : 처분금액, CA : 장부금액, RA : 회수가능액
$CA(= FV) - HC = AOCI \rightarrow CA(= FV) - AOCI = HC$, $CA(= FV) - AC = AOCI \rightarrow CA(= FV) - AOCI = AC$
Cost : 지분상품은 HC, 채무상품은 AC

(3) 상각후원가를 장부금액으로 하는 금융자산의 손익

상각후원가를 장부금액으로 하는 금융자산[28]의 손익은 당해 금융자산이 제거되거나 손상되었을 때 당기손익으로 인식하거나, 상각과정을 거쳐 당기손익으로 인식한다(KIFRS1039-56).

---

28) 금융부채도 동일하다.

(4) 외환손익

화폐성항목인 외화로 표시되는 금융자산[29]의 외환손익은 당기손익으로 인식한다. 다만, 현금흐름위험회피 또는 순투자의 위험회피에서 위험회피수단으로 지정된 화폐성항목은 예외이다(KIFRS1039-AG83).

매도가능금융자산의 외환손익은 다음과 같이 인식한다(KIFRS1039-AG83).

① 화폐성매도가능금융자산은 외화기준 상각후원가를 장부금액으로 한 것으로 보아 상각후원가의 변동에서 발생한 외환차이는 당기손익으로 인식하며, 기타 장부금액의 변동에서 발생한 차이는 문단 55②[30]에 따라 인식한다.

② 화폐성항목이 아닌 매도가능금융자산(예 지분상품)의 경우 기타포괄손익에 인식된 손익에는 관련되는 외환요소를 포함한다. 비파생화폐성자산과 비파생화폐성부채 사이에 위험회피관계가 있다면, 이러한 금융상품의 외환요소의 변동은 당기손익으로 인식한다.

화폐성외화매도가능금융자산의 외환손익

K-IFRS	K-GAAP
• 매도가능금융자산으로 분류한 화폐성외화금융자산의 외환손익을 기타포괄손익이 아닌 당기손익으로 인식함.	• 채무상품의 외환손익은 기타포괄손익누계액으로 인식하였다. 단, 은행업회계처리준칙은 당기손익처리함.

 예제 7-7 화폐성외화매도가능금융자산의 외화환산

㈜다빈은 ㈜SDU가 20×1년 1월 1일에 발행한 달러표시 사채(액면금액 $10,000)를 $9,250에 취득하여 매도가능금융자산으로 분류하였다. 동 사채의 표시이자율은 연 7%이며, 이자지급은 1년 경과시점마다 3년간 지급된다. 사채의 권면발행일은 20×1년 1월 1일이고 사채의 만기는 20×4년 12월 31일이다. 20×1년 12월 31일 현재 동 사채의 공정가치는 $9,500이다. 동 사채에 적용되는 유효이자율은 연 10%이다. 사채발행일의 환율은 ₩1,000/$이고, 20×1년 12월 31일의 환율은 ₩950/$이며, 20×1년 연평균환율은 ₩980/$이다. ㈜다빈과 ㈜SDU는 모두 12월 결산법인이다. ㈜다빈의 기능통화 및 표시통화는 원화이다. 이자수익에 평균환율을 사용하는 것은 현물환율에 대한 신뢰성있는 근사치라고 가정한다.
다음 물음에 답하시오. (단, 법인세 효과는 고려하지 않는다.)

법인세효과를 무시하고 다음 물음에 답하시오.

---

29) 금융부채도 동일하다.
30) 손상차손을 제외하고는 기타포괄손익으로 인식한다.

≪물음≫

1. ㈜다빈이 20×1년 1월 1일에 실시할 회계처리(분개)를 하시오.

2. ㈜다빈이 20×1년 12월 31일에 인식할 이자수익을 계산하시오.

3. ㈜다빈이 20×1년에 인식할 기타포괄손익을 계산하시오.

　(답안예시 : 이익 ×××, 손실 ×××)

4. ㈜다빈이 20×1년 12월 31일에 실시할 회계처리(분개)를 하시오.

5. ㈜다빈이 동 사채취득으로 인한 20×1년 당기순이익 영향을 계산하시오.

해답

1.

(차) 매도가능금융자산	9,250,000[*1]	(대) 현　　금	9,250,000

[*1]. $9,250 × ₩1,000/\$ = ₩9,250,000$

2. 답 : ₩906,500

이자수익(외화) = $\$9,250 × 10\% = \$925$

이자수익(원화) = $\$925 × ₩980/\$(평균환율) = ₩906,500$

3. 답 : 이익 ₩23,750

외화환산후 장부금액(평가전) = $(\$9,250 + \$225) × ₩950/\$(마감환율) = ₩9,001,250$

매도가능금융자산평가금액 = $\$9,500 × ₩950/\$(마감환율) = ₩9,025,000$

매도가능금융자산평가이익 = $₩9,025,000 - ₩9,001,250 = ₩23,750$

[별해]

기말상각후원가(외화) = $\$9,250 + \$225 = \$9,475$

매도가능금융자산평가이익 = $(\$9,500 - \$9,475) × ₩950/\$(마감환율) = ₩23,750$

4.

① 이자수익과 외환차이 인식

(차) 현　　금	665,000 [*2]	(대) 이자수익	906,500 [*1]
외환손실	490,250	매도가능금융자산	248,750 [*3]

[*1]. $\$9,250 × 10\% × ₩980/\$(평균환율) = ₩906,500$

[*2]. $\$10,000 × 7\% × ₩950/\$(마감환율) = ₩665,000$

[*3]. 기초잔액 = $\$9,250 × ₩1,000/\$ = ₩9,250,000$

외화환산후 장부금액(평가전) = $(\$9,250 + \$225) × ₩950/\$(마감환율) = ₩9,001,250$

매도가능금융자산증감 = $₩9,001,250 - ₩9,250,000 = (-)₩248,750(감소)$

② 매도가능금융자산, 평가손익 인식

(차) 매도가능금융자산	23,750 [*1]	(대) 매도가능금융자산평가이익	23,750

[*1]. ₩9,500 × ₩950/$(마감환율) − ₩9,001,250 = ₩23,750

5. 답 : ₩416,250 증가

이자수익	₩906,500
외환차이	(490,250)
당기순이익 영향	₩416,250

[분석 1] 외환차이 구분

외환차이는 현금이자에 대한 외환차이와 매도가능금융자산에 대한 외환차이의 합이다.

현금이자에 대한 외환차이 $700×(₩950/$[평균환율]−₩980/$[마감환율])	(₩21,000)
매도가능금융자산에 대한 외환차이	
기초잔액+할인취득액상각＝₩9,250,000+₩220,500＝₩9,470,500	
$9,475×₩950/$(마감환율)−₩9,470,500	(469,250)
외환차이 계	(₩490,250)

① 이자수익과 현금이자에 대한 외환차이 인식

(차) 현 금	665,000[*1]	(대) 이자수익	906,500
매도가능금융자산	220,500[*2]		
외환손실	21,000[*3]		

[*1]. $700×₩950/$(마감환율) = ₩665,000
[*2]. $225×₩980/$(평균환율) = ₩220,500
[*3]. 현금이자에 대한 외환차이 : $700×(₩950/$-₩980/$) = (-)₩21,000(손실)

(회계처리 구분)

위 ①의 회계처리는 아래 ①-1과 ①-2의 회계처리가 결합된 것이다.

①-1 현금이자에 대한 이자수익 및 외환차이 인식

(차) 현 금	665,000[*1]	(대) 이자수익	686,000[*2]
외환손실	21,000[*3]		

[*1]. $700 × ₩950/$(마감환율) = ₩665,000
[*2]. $700 × ₩980/$(평균환율) = ₩686,000
[*3]. 현금이자에 대한 외환차이 : $700 × (₩950/$ − ₩980/$) = (−)₩21,000(손실)

①-2 매도가능금융자산 할인취득액 상각 인식

(차) 매도가능금융자산	220,500[*1]	(대) 이자수익	220,500[*1]

[*1]. $225 × ₩980/$(평균환율) = ₩220,500

② 매도가능금융자산에 대한 외환차이 인식

(차) 외환손실	469,250[*1]	(대) 매도가능금융자산	469,250

[*1]. 외화환산전 장부금액(평가전) = ₩9,250,000 + ₩220,500 = ₩9,470,500
외화환산후 장부금액(평가전) = ($9,250 + $225) × ₩950/$(마감환율) = ₩9,001,250
외환차이 = ₩9,001,250 − ₩9,470,500 = (−)₩469,250(손실)

[분석 2] **이자수익, 외환차이, 평가손익**

구분	외화금액	환율	원화금액	과목
기초상각후원가	$9,250	1,000 초	₩9,250,000	
유효이자	925[*1]	980 평균	906,500	이자수익(당기손익)
표시이자	(700)	950 말	(665,000)	현금
외환차이			(490,250)	외환손실(당기손익)
기말상각후원가	$9,475	950 말	₩9,001,250	
기말공정가치	9,500	950 말	9,025,000	
평가이익	$25	950 말	₩23,750	평가이익(기타포괄손익)

[*1]. $9,254 × 10% = $925

3. 단기매매금융자산

 예제 7-8 단기매매금융자산의 평가와 처분

12월 결산법인인 ㈜다인이 20×1년에 취득하여 20×1년말 현재 보유중인 단기매매금융자산의 내역은 다음과 같다.

종목	수량	취득원가	기말공정가치	기말상각후원가
A주식	300주	₩750,000	₩820,000	—
B주식	200주	860,000	830,000	—
C사채	100매	950,000	960,000	955,000
합계		₩2,560,000	₩2,610,000	

≪물음≫

1. 20×1년 결산시에 단기매매금융자산의 평가와 관련된 분개를 하시오.
2. ㈜다인은 20×2년 3월 27일에 A주식 300주를 주당 ₩3,000에 처분하였다. 처분시 분개를 하시오.

해답

1. 단기매매금융자산 평가

(차) 단기매매금융자산	50,000	(대) 단기매매금융자산평가이익	50,000[1]

[1]. 2,610,000 − 2,560,000 = 50,000
주) 단기매매금융자산으로 분류된 채무상품의 경우 취득시점에서 발생한 할인(할증)취득액을 상각하지 않는다.

2. 단기매매금융자산 처분

(차) 현 금	900,000[1]	(대) 단기매매금융자산	820,000
		단기매매금융자산처분이익	80,000

[1]. 300주 × ₩3,000/주 = ₩900,000

4. 만기보유금융자산

만기보유금융자산은 유효이자율법을 사용하여 상각후원가로 측정한다. 즉, 공정가치가 있는 만기보유금융자산도 공정가치로 측정하지 않는다. 어떠한 경우에도 만기보유금융자산은 공정가치로 측정되지 않는다. 이러한 원칙은 후술하는 손상차손인식에서도 일관되게 적용된다. 만기보유금융자산은 공정가치로 측정하지 않고 상각후원가로 측정하는 이유는 다음과 같다.

정리 7-8 만기보유금융자산을 공정가치로 측정하지 않은 이유

만기보유금융자산의 공정가치평가는 다음과 같은 한계점이 있으므로 만기보유금융자산의 경우에는 공정가치 평가의 예외로서 상각후원가로 측정한다.

① 만기보유금융자산을 실제로 만기까지 보유한 경우에 공정가치는 회수가능하지 않다. 만기보유금융자산의 회수가능액은 액면금액이다. 따라서 만기보유금융자산의 공정가치는 미래 현금흐름에 대한 정보로 적절하지 않다.(⇒ 상각후원가는 회수가능한 이익에 대한 정보를 제공한다)
② 만기이전에 공정가치로 평가하여 계상한 평가손익은 기회이익과 기회손실을 반영하는 것에 불과하다. 이러한 미실현보유이익 또는 미실현보유손실은 만기에는 손실 또는 이익으로 반전되어 만기에 가서는 미실현보유손익은 "0"이 된다. 따라서 만기보유금융자산의 공정가치 평가에 따른 평가손익은 채무상품의 투자성과로 적절하지 못하다.(⇒ 상각후원가는 실현가능한 이익에 대한 정보를 제공한다)

결론적으로, 만기보유금융자산은 취득과 관련된 의사결정과 시간의 경과에 따라서 실현가능한 이익, 그리고 만기에 회수가능한 금액에 관한 정보가 더 중요하다. 그러한 측면에서 상각후원가 정보가 공정가치 정보보다 더 목적적합한 정보를 제공한다.

[CPA 2004]

시장성 있는 만기보유금융자산은 결산일의 공정가치로 평가하되 손상차손이 발생하면 회수가능액으로 평가한다. (×) : 만기보유금융자산은 공정가치로 평가하지 아니한다.

 예제 7-9 만기보유금융자산의 평가와 처분

12월 결산법인인 ㈜서울은 20×1년 1월 1일 ㈜디지털이 발행한 회사채(액면금액 ₩100,000, 액면이자율 연 8%, 이자지급은 매년말, 만기 20×3년 12월 31일)를 ₩95,024에 취득하였다. 동 회사채에 적용될 유효이자율은 연 10%이다. 동 회사채의 공정가치는 20×1년 12월 31일은 ₩97,000, 20×2년 12월 31일은 ₩99,500이다. 회사는 동 회사채를 취득시 만기보유금융자산으로 분류하였다.

≪물음≫

1. 만기보유금융자산 상각표를 작성하시오.
2. 만기까지 보유를 가정하고 취득일부터 만기까지 회계처리(분개)를 하시오.
3. 만일 회사채를 20×3년 1월 1일에 ₩99,000에 처분하였다고 가정하고 처분시 회계처리(분개)를 하시오.

해답

1. 만기보유금융자산 상각표

연도	기초장부금액	유효이자(10%)	표시이자(8%)	상각액	기말장부금액
20×1년	95,024	9,502	8,000	1,502	96,526
20×2년	96,526	9,653	8,000	1,653	98,179
20×3년	98,179	9,821	8,000	1,821	100,000

ⓐ 유효이자＝기초장부금액 × 유효이자율(10%), 단, 20×3년 유효이자는 상각액에 표시이자를 더하는 식으로 역산하여 "9,821＝1,821(상각액) ＋ 8,000(표시이자)"와 같이 계산된다.
ⓑ 액면이자＝액면금액 × 액면이자율(8%)
ⓒ 상각액＝유효이자 － 액면이자
ⓓ 기말장부금액＝기초장부금액 ＋ 상각액

2.

⟨20×1.1.1(취득)⟩

(차) 만기보유금융자산	95,024	(대) 현　금	95,024

⟨20×1.12.31(이자수취)⟩

(차) 현　금	8,000[*1]	(대) 이자수익	9,502[*2]
만기보유금융자산	1,502		

[*1]. 표시이자 : 100,000 × 0.08 = 8,000　　[*2]. 유효이자 : 95,024 × 0.1 = 9,502

⟨20×2.12.31(이자수취)⟩

(차) 현　금	8,000	(대) 이자수익	9,653[*1]
만기보유금융자산	1,653		

[*1]. 유효이자 : (95,024 + 1,502) × 0.1 = 9,653

⟨20×3.12.31(만기)⟩

(차) 현　금	8,000	(대) 이자수익	9,821
만기보유금융자산	1,821[*1]		

[*1]. 100,000 − 95,024 − 1,502 − 1,653 = 1,821

(차) 현　금	100,000	(대) 만기보유금융자산	100,000

3.

(차) 현　금	99,000	(대) 만기보유금융자산	98,179[*1]
		만기보유금융자산처분이익	821

[*1]. 95,024 + 1,502 + 1,653 = 98,179 = (95,024 × 1.1 − 8,000) × 1.1 − 8,000

5. 매도가능금융자산

(1) 지분상품인 매도가능금융자산

　지분상품인 매도가능금융자산은 공정가치로 평가한다. 공정가치변동액은 평가손익의 과목으로 하여 기타포괄손익으로 인식한다. 이러한 당해 누적평가손익은 관련된 금융자산이 제거되는 시점에 재분류조정으로 자본에서 당기손익으로 재분류한다. 지분상품인 매도가능금융자산에서 발생한 배당금은 지급액을 받을 권리가 확정되는 시점에 당기손익으로 인식한다.

예제 7-1ㅁ 지분상품인 매도가능금융자산의 평가와 처분

㈜다빈은 20×1년 1월 1일 ㈜압구정의 주식 100주를 주당 ₩6,000에 취득하였다. ㈜압구정의 20×1년 말과 20×2년 말 주당공정가치는 각각 ₩8,000과 ₩9,000이다. 회사는 20×3년 3월 27일에 ㈜압구정의 주식 100주를 주당 ₩9,500에 처분하였다. 회사는 ㈜압구정의 주식을 매도가능금융자산으로 분류하였다.

《물음》

1. 20×1년 1월 1일, 20×1년 12월 31일, 20×2년 12월 31일 및 20×3년 3월 27일의 회계처리(분개)를 하시오.

해답

⟨20×1.1.1⟩

(차) 매도가능금융자산	600,000	(대) 현 금	600,000

⟨20×1.12.31⟩

(차) 매도가능금융자산	200,000	(대) 매도가능금융자산평가이익	200,000*1

*1. $(8,000 - 6,000) \times 100 = 200,000$

⟨20×2.12.31⟩

(차) 매도가능금융자산	100,000	(대) 매도가능금융자산평가이익	100,000*1

*1. $(9,000 - 8,000) \times 100 = 100,000$

⟨20×3.3.27⟩

(차) 현 금	950,000	(대) 매도가능금융자산	900,000
매도가능금융자산평가이익	300,000	매도가능금융자산처분이익	350,000

(2) 채무상품인 매도가능금융자산

채무상품인 매도가능금융자산은 공정가치로 평가한다. 공정가치변동액은 평가손익의 과목으로 하여 기타포괄손익으로 인식한다. 이러한 당해 누적평가손익은 관련된 금융자산이 제거되는 시점에 재분류조정으로 자본에서 당기손익으로 재분류한다. 유효이자율법을 적용하여 계산한 이자수익은 당기손익으로 인식한다.

정리 7-9   채무상품인 매도가능금융자산의 기말 평가

채무상품인 매도가능금융자산은 다음과 같이 2단계의 과정을 거쳐 재무상태표에 표시된다.

$$\boxed{\begin{array}{c}\text{이자수익 계산}\\ \text{(유효이자율법적용)}\end{array}} \rightarrow \boxed{\begin{array}{c}\text{평가손익 계산}\\ \text{(공정가치 - 유효이자율법 적용후 장부금액)}\end{array}}$$

[1단계] 이자수익 계산

먼저, 유효이자율법을 적용하여 할인 또는 할증차금을 상각하고 이자수익(IS)을 인식한다. 상각액 및 이자수익은 공정가치와 무관하게 만기보유가정시 상각표에 따라 계산된다.

구 분	차변		대변	
할인취득시	현 금	×××	이자수익	×××
	매도가능금융자산	×××		
할증취득시	현 금	×××	이자수익	×××
			매도가능금융자산	×××

[2단계] 평가손익 계산

다음에 공정가치와 상각후원가(= 기초장부금액에 상각액을 가감한 금액)의 차액인 미실현보유손익을 자본항목(FPS)으로 처리한다.

구 분	차변		대변	
공정가치 〉 상각후원가	매도가능금융자산	×××	매도가능금융자산평가이익	×××
공정가치 〈 상각후원가	매도가능금융자산평가손실	×××	매도가능금융자산	×××

 예제 7-11   매도가능금융자산의 평가와 처분

12월 결산법인인 ㈜다인은 20×1년 1월 1일 갑회사가 발행한 회사채(액면금액 ₩100,000, 액면이자율 연 8%, 이자지급은 매년말, 만기 20×3년 12월 31일)를 ₩95,024에 취득하였다. 이 회사채에 적용될 유효이자율은 연 10%이다. 회사채의 공정가치는 20×1년 12월 31일은 ₩97,000, 20×2년 12월 31일은 ₩99,500이다. 회사는 동 회사채를 취득시 매도가능금융자산으로 분류하였다.

≪물음≫

1. 만기까지 보유를 가정하고 취득일부터 만기까지 회계처리(분개)를 하시오.
2. 만일 회사채를 20×3년 1월 1일에 ₩99,000에 처분하였다고 가정하고 처분시 회계처리(분개)를 하시오.

😋 **해답**

1.

〈20×1.1.1(취득)〉

(차) 매도가능금융자산	95,024	(대) 현　　금	95,024

〈20×1.12.31(이자수취)〉

(차) 현　　금	8,000 *1	(대) 이자수익	9,502 *2
매도가능금융자산	1,502		

*1. 표시이자 : 100,000 × 0.08 = 8,000
*2. 유효이자 : 95,024 × 0.1 = 9,502

(차) 매도가능금융자산	474	(대) 매도가능금융자산평가이익	474 *1

*1. 공정가치 − 상각후원가 : 97,000 − (95,024 + 1,502) = 474

〈20×2.12.31(이자수취)〉

(차) 현　　금	8,000	(대) 이자수익	9,653 *1
매도가능금융자산	1,653		

*1. 유효이자 : (95,024 + 1,502) × 0.1 = 9,653

(차) 매도가능금융자산	847	(대) 매도가능금융자산평가이익	847 *1

*1. 당기말공정가치 − (전기말공정가치 + 당기상각액) : 99,500 − (97,000 + 1,653) = 847

〈20×3.12.31(만기)〉

(차) 현　　금	8,000	(대) 이자수익	9,821
매도가능금융자산	1,821 *1		

*1. 100,000 − 95,024 − 1,502 − 1,653 = 1,821

(차) 현　　금	100,000	(대) 매도가능금융자산	101,321
매도가능금융자산평가이익	1,321 *1		

*1. 474 + 847 = 1,321

2.

(차) 현　　금	99,000	(대) 매도가능금융자산	99,500
매도가능금융자산평가이익	1,321 *1	매도가능금융자산처분이익	821

*1. 474 + 847 = 1,321

제7장

[참고] 만기보유금융자산과 매도가능금융자산의 회계처리 비교

일자	만기보유금융자산		매도가능금융자산	
① 20×1.1.1 (취득)	만기보유금융자산 95,024		매도가능금융자산 95,024	
	현 금	95,024	현 금	95,024
② 20×1.12.31 (이자수익)	현 금 8,000		현 금 8,000	
	만기보유금융자산 1,502		매도가능금융자산 1,502	
	이자수익	9,502	이자수익	9,502
(평가)			매도가능금융자산 474	
			매도가능금융자산평가이익	474
③ 20×2.12.31 (이자수익)	현 금 8,000		현 금 8,000	
	만기보유금융자산 1,653		매도가능금융자산 1,653	
	이자수익	9,653	이자수익	9,653
(평가)			매도가능금융자산 847	
			매도가능금융자산평가이익	847
④ 20×3.1.1 (처분)	현 금 99,000		현 금 99,000	
	만기보유금융자산	98,179	매도가능금융자산평가이익 1,321	
	만기보유금융자산처분이익	821	매도가능금융자산	99,500
			매도가능금융자산처분이익	821

[참고] 만기보유금융자산처분이익 = 매도가능금융자산처분이익

채무상품구분	연도	보유기간 인식한 당기이익 합			20×3년 처분이익②	총이익[1] ①+②
		이자수익	평가이익(IS)	계①		
만기보유 금융자산	20×1년	9,502	-	9,502		
	20×2년	9,653	-	9,653		
	계	19,155	-	19,155	821	19,976
매도가능 금융자산	20×1년	9,502	-	9,502		
	20×2년	9,653	-	9,653		
	계	19,155	-	19,155	821	19,976
단기매매 금융자산	20×1년	8,000	1,976	9,976		
	20×2년	8,000	2,500	10,500		
	계	16,000	4,476	20,476	-500	19,976

[1]. 총이익(취득시-처분시) = 액면이자합 + 처분금액 - 취득금액
= 8,000 × 2년 + 99,000 - 95,024
= 16,000 + 3,976 = 19,976

6. 공정가치를 측정할 때 고려할 사항

(1) 개요

최초인식시 금융상품의 공정가치의 최선의 추정치는 일반적으로 거래가격(즉, 제공하거나 수취한 대가의 공정가치)이다. 만일 기업이 최초 인식 시 문단 43A에 언급된 바와 같이 공정가치가 거래가격과 다르다고 결정한다면, 금융상품을 그 날짜에 다음과 같이 회계처리한다(KIFRS1039-AG76).

⑴ 그러한 공정가치가 동일한 자산이나 부채에 대한 활성시장의 공시가격(즉 수준 1 투입변수)에 의해 입증되거나 관측가능한 시장의 자료만을 사용하는 평가기법에 기초한다면, 문단 43에서 요구하는 측정치로 회계처리한다. 최초 인식시의 공정가치와 거래가격 간의 차이는 손익으로 인식한다.

⑵ 그 밖의 모든 경우에는 최초 인식 시점의 공정가치와 거래가격 간의 차이를 이연하기 위해 문단 43에서 요구하는 측정치에서 그러한 차이를 조정하여 회계처리한다. 최초 인식 후에는, 시장참여자가 자산이나 부채의 가격을 결정하는데 고려하는 요소(시간 포함)의 변동에서 발생하는 정도까지만 이연된 차이를 손익으로 인식한다.

금융자산이나 금융부채의 후속 측정과 손익의 후속 인식은 이 기준서에 따라 회계처리한다(KIFRS1039-AG76A).

(2) 활성시장이 없는 경우 : 평가기법

⑴ 금융상품에 대한 합리적인 공정가치측정치의 범위의 편차가 유의적이지 않거나 ⑵ 그 범위 내의 다양한 추정치의 발생확률을 신뢰성 있게 평가할 수 있고 공정가치를 측정하는 데 사용할 수 있다면, 동일한 상품에 대한 활성시장의 공시가격(즉 수준 1 투입변수)이 없는 지분상품에 대한 투자와 이러한 지분상품과 연계되어 있으며 그 지분상품의 인도로 결제되어야 하는 파생상품(문단 46⑶과 47 참조)의 공정가치는 신뢰성 있게 측정할 수 있다(KIFRS1039-AG80).

동일한 상품에 대한 활성시장의 공시가격(즉 수준 1 투입변수)이 없는 지분상품에 대한 투자와 이러한 지분상품과 연계되어 있으며 그 지분상품의 인도로 결제되어야 하는 파생상품(문단46⑶과 47 참조)의 합리적인 공정가치측정치의 범위의 편차가 유의적이지 않을 것으로 예상되는 상황은 많이 존재한다. 일반적으로 외부 당사자에게서 취득한 금융자산의 공정가치는 측정할 수 있다. 그러나 합리적인 공정가치측정치의 범위가 유의적이고 다양한 추정치의 발생확률을 신뢰성 있게 평가할 수 없다면, 그 금융상품은 공정가치로 측정할 수 없다(KIFRS1039-AG81).

제7장

제 5 절 금융자산의 손상과 대손

1. 개 요

금융자산[31]의 손상 발생에 대한 객관적인 증거가 있는지를 매 보고기간말에 평가하고, 그러한 증거가 있는 경우 다음 금융자산[32]은 각각 손상차손을 인식한다(KIFRS1039-58).

① 상각후원가를 장부금액으로 하는 금융자산
② 원가를 장부금액으로 하는 금융자산
③ 공정가치를 장부금액으로 하는 매도가능금융자산

다음 경우에만 당해 금융자산은 손상된 것이며 손상차손이 발생한 것이다(KIFRS1039-59).

* 손상사건('최초 인식 후 하나 이상의 사건'을 말한다)이 발생한 결과 손상되었다는 객관적인 증거가 있으며,
* 그 손상사건이 신뢰성 있게 추정할 수 있는 금융자산의 추정미래현금흐름에 영향을 미친 경우

금융자산의 손상 및 손상차손 발생인식조건을 정리하면 다음과 같다.

> **손상사건의 발생결과**
> ① 객관적인 손상증거*가 있고
> ② 금융자산의 미래현금흐름에 영향을 미칠 것
>
> * 다음은 손상증거에 해당되지 않음
> * 시장에서 소멸
> * 신용등급 하락
> * 공정가치가 원가나 상각후원가 이하로 하락

손상을 초래한 단일의 특정 사건을 식별하는 것이 가능하지 않을 수 있으며, 여러 사건의 복합적인 결과가 손상의 원인이 될 수도 있다. 그러나 미래 사건의 결과로 예상되는 손상차손은 아무리 발생가능성이 높다 하더라도 인식하지 아니한다. 금융자산이 손상되었다는 객관적인 증거에는 당해 금융자산의 보유자의 주의를 끄는 다음의 손상사건에 대한 관측가능한 자료가 포함된다(KIFRS1039-59).

① 금융자산의 발행자나 지급의무자의 유의적인 재무적 어려움
② 이자지급이나 원금상환의 불이행이나 지연과 같은 계약 위반
③ 차입자의 재무적 어려움에 관련된 경제적 또는 법률적 이유로 인한 당초 차입조건의 불가피한 완화

---

31) 손상규정에서 금융자산은 '금융자산 또는 금융자산의 집합'을 의미한다.
32) 즉, 당기손익인식금융자산을 제외한 모든 금융자산

④ 차입자의 파산이나 기타 재무구조조정의 가능성이 높은 상태가 됨

⑤ 재무적 어려움으로 당해 금융자산에 대한 활성시장의 소멸

⑥ 금융자산의 집합에 포함된 개별 금융자산의 추정미래현금흐름의 감소를 식별할 수는 없지만, 최초 인식 후 당해 금융자산 집합의 추정미래현금흐름에 측정가능한 감소가 있다는 것을 시사하는 관측가능한 자료. 이러한 자료의 예는 다음과 같다

  ㉠ 금융자산의 집합에 포함된 차입자의 지급능력의 악화. 예를 들면, 연체횟수가 증가하거나, 신용한도에 도달하고 매월 최소금액을 상환하는 신용카드 차입자의 수가 증가한 경우

  ㉡ 금융자산의 집합에 포함된 자산에 대한 채무불이행과 상관관계가 있는 국가나 지역의 경제상황(예 차입자 거주 지역의 실업률 증가, 관련 지역의 담보 자산가격 하락, 석유생산자에게 제공한 대여금의 경우 석유가격의 하락, 차입자에게 영향을 미치는 산업상황의 악화 등)

위에서 예시한 사건의 유형 이외에 지분상품에서 손상이 발생하였다는 객관적인 증거는 발행자가 영업하는 기술·시장·경제·법률 환경에서 발생한 변화 중 불리한 영향을 미치는 유의적인 변화에 대한 정보를 포함하고 지분상품의 원가가 회복되지 아니할 수 있다는 사실을 의미한다. 또한 지분상품의 공정가치가 원가 이하로 유의적으로 또는 지속적으로 하락하는 경우는 손상이 발생하였다는 객관적인 증거가 된다.(KIFRS1039-61)

반면, 다음은 손상의 증거가 되지 않은 예이다(KIFRS1039-60). 그 이유는 재무적 어려움을 단정할 수 없기 때문이다.

- 금융상품이 더 이상 공개적으로 거래되지 않아 활성시장이 소멸하는 경우[33]
- 신용등급이 하락한 사실 자체
- 금융자산의 공정가치가 원가나 상각후원가 이하[34]로 하락한 사실(예 무위험이자율의 상승으로 채무상품의 공정가치가 하락한 경우).

금융자산의 손상차손을 추정하는 데 필요한 관측가능한 자료가 제한적이거나 현재의 상황에 더 이상 충분히 목적적합하지 않을 수도 있다. 예를 들면, 차입자가 재무적으로 어려운 상황에 있는데, 유사한 차입자에 관한 이용가능한 과거 자료가 거의 없는 경우이다. 그러한 상황에서는 기업의 경험적 판단에 따라 손상차손을 추정한다. 이와 마찬가지로, 현재의 상황을 반영할 목적으로 금융자산의 집합에 대한 관측가능한 자료를 조정하는 데 기업의 경험적 판단을 사용한다. 합리적인 추정치의 사용은 재무제표작성의 필수적 요소이며, 재무제표의 신뢰성을 훼손하지 아니한다(KIFRS1039-62).

금융자산의 손상차손과 손상차손환입을 요약하여 정리하면 다음과 같다.

---

[33] 소멸의 원인이 재무적 어려움이어야 손상의 증거가 된다.
[34] 유의적으로 또는 지속적으로 하락은 손상의 증거가 된다.

정리 7-10   금융자산의 손상

○ 요 약

측정기준		대상 금융자산	손상차손	손상차손환입
AC(채무상품)		대여금및수취채권, 만기보유금융자산	AC−PV(할인율 : 최초 유효이자율)	Min[①, ②] − AC ① RA : PV(최초 r) ② AC(without손상) ※ 유형자산 손상차손환입계 산식과 동일
HC(지분상품)		FV신뢰성측정불가	HC−PV(할인율 : 현행 시장수익률)	인식하지 아니함 (회계처리 없음)
FV	지분상품	매도가능금융자산	HC − FV	기타포괄이익(매도가능금융자 산평가이익)으로 인식함 (당기손익으로 환입인식 안 함)
	채무상품	매도가능금융자산	AC − FV	Min[①, ②] ① RA − CA ② 이미 인식한 손상차손

○ 지분상품과 채무상품으로 구분

1. 손상차손

IL	=	cost	−	RA
지분상품		HC		PV(현행r)
채무상품		AC		PV(최초r)

2. 손상차손환입

① 지분상품 : • 원가로 측정자산 : 인식안 함 (손상회복을 인식안 함. 회계처리없음)

  • 공정가치로 측정자산 : 기타포괄이익(매도가능금융자산평가이익)으로 인식함

② 채무상품 :

상각후원가로 측정자산	공정가치로 측정자산
Min[①, ②] − AC ① RA : PV(최초r) ② AC(without손상)	Min[①, ②] ① RA − CA ② 이미 인식한 손상차손

※ 당기손익인식금융자산을 제외한 모든 금융자산에 대하여 손상검토를 한다
(KIFRS1039-46). 따라서, 당기손익인식금융자산은 손상차손을 인식하지 않는
다. 당기손익금융자산에서 손상이 발생하였다면 손상차손 대신 평가손실로 하
여 당기손익에 반영될 것이므로 손상차손을 인식하는 것과 동일한 결과가 된다.
   단, r : 유효이자율, RA : 회수가능액, AC : 상각후원가, HC : 취득원가
     FV : 공정가치,   PV : 현재가치

매도가능금융자산과 만기보유금융자산의 평가이익, 처분이익, 손상차손 및 손상차손환입을 계산식을 그림으로 표시하면 다음과 같다.

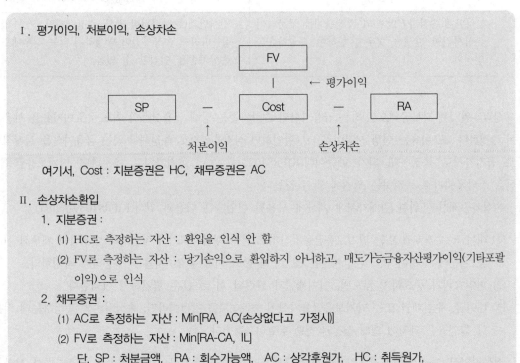

Ⅰ. 평가이익, 처분이익, 손상차손

여기서, Cost : 지분증권은 HC, 채무증권은 AC

Ⅱ. 손상차손환입
   1. 지분증권 :
     (1) HC로 측정하는 자산 : 환입을 인식 안 함
     (2) FV로 측정하는 자산 : 당기손익으로 환입하지 아니하고, 매도가능금융자산평가이익(기타포괄
       이익)으로 인식
   2. 채무증권 :
     (1) AC로 측정하는 자산 : Min[RA, AC(손상없다고 가정시)]
     (2) FV로 측정하는 자산 : Min[RA-CA, IL]
        단, SP : 처분금액,   RA : 회수가능액,   AC : 상각후원가,   HC : 취득원가,
           FV : 공정가치,   IL : 손상차손

이하 3가지 종류별 손상에 대하여 설명한다.

2. 상각후원가를 장부금액으로 하는 금융자산

(1) 손상차손인식

상각후원가를 장부금액으로 하는 대여금 및 수취채권이나 만기보유금융자산에서 손상이 발생하였다는 객관적 증거가 있는 경우, 손상차손은 당해 자산의 장부금액(CA : Carrying Amount)과 최초의 유효이자율('최초인식시점에 계산된 유효이자율'을 말한다)로 할인한 추정미래현금흐름의 현재가치의 차이로 측정한다. 이 경우 아직 발생하지 아니한 미래의 대손은 미래예상현금흐름에 포함하지 아니한다. 손상차손은 당해 자산의 장부금액에서 직접 차감하거나 충당금계정을 사용하여 차감하고 당기손익으로 인식한다(KIFRS1039-63). 손상차손 계산식을 표시하면 다음과 같다.

$$\begin{array}{ccc} \text{손상차손} & = & \text{자산의 장부금액} & - & \text{최초의 유효이자율로 할인한 추정미래현금흐름의 현재가치} \\ \text{(IL)} & & \text{(CA)} & & \text{PV(최초r)} = \text{CF} \times \text{현가계수(최초 r, n)} \end{array}$$

상각후원가로 평가하는 대여금 및 수취채권의 손상과 대손 인식

K-IFRS	K-GAAP
• 인식단계(손상사건발생)와 측정단계를 구분하여 손상사건이 발생한 경우에 한하여 손상차손을 인식함.	• 인식단계(손상사건발생)와 측정단계의 구분 없음. 따라서 손상사건이 발생하지 않는 경우에도 손상차손을 인식할 수 있음.

상각후원가를 장부금액으로 하는 금융자산의 손상차손은 당해 금융상품의 최초 유효이자율을 사용하여 측정한다. 그 이유는 현행 시장이자율로 할인하면 상각후원가로 측정해야 하는 금융자산을 실질적으로 공정가치로 측정하게 되기 때문이다(KIFRS1039-AG84). 공정가치로 측정하면 만기보유금융자산을 상각후원가로 측정하는 원칙에 맞지 않는다.

손상차손계산을 위한 현재가치에 계산에 사용될 할인율은 다음과 같다(KIFRS1039-AG84).

① 대여금, 수취채권 또는 만기보유금융자산의 조건이 재협상되거나 차입자나 발행자의 재무적 어려움 때문에 수정된다면, 손상차손은 조건변경 전의 최초 유효이자율을 사용하여 측정한다.

② 할인효과가 중요하지 않으면, 단기채권과 관련된 현금흐름은 할인하지 아니한다.

③ 대여금, 수취채권 또는 만기보유금융자산이 변동이자율 조건이라면, 손상차손을 측정하는데 적용할 할인율은 계약에 의해 결정된 현행 유효이자율이다.

실무편의상 채권자는 상각후원가를 장부금액으로 하는 금융자산의 손상차손을 관측가능한 시장가격을 사용한 금융상품의 공정가치에 근거하여 측정할 수 있다. 담보부금융자산의 추정미래현금흐름의 현재가치는 담보물의 유입 가능성이 높은지 여부에 관계없이 담보물의 유입으로 인해 발생할 수 있는 현금흐름에서 담보물의 획득 및 매각 부대원가를 차감하여 계산한다(KIFRS1039-AG84).

손상을 추정할 때, 신용수준이 낮은 금융상품뿐만 아니라 모든 신용수준의 금융상품을 대상으로 한다. 예를 들면, 내부 신용평가시스템을 사용한다면, 심각한 신용악화를 나타내는 신용등급뿐만 아니라 모든 신용등급을 대상으로 한다(KIFRS1039-AG85).

손상차손은 단일 금액이나 일정 범위의 금액으로 추정할 수 있다. 손상차손을 일정 범위의 금액으로 추정하는 경우 손상차손은 그 범위[35] 내의 금액 중 최선의 추정치[36]로 인식한다.

이때 보고기간말에 존재하는 상황에 대하여 재무제표가 발행되기 전에 이용가능한 모든 관련정보를 고려한다(KIFRS1039-AG86).

---

35) 기업회계기준서 제1037호 '충당부채, 우발부채 및 우발자산'의 문단 39는 일정 범위의 추정결과 중에서 최선의 추정치를 결정하는 방법에 대한 지침을 포함하고 있다.

36) 최저금액 또는 최고금액이 아님에 유의하여야 한다.

(2) 손상검토

> **[참고] 용어의 구분**
> • KIFRS 1036호 '자산손상'에서는 손상검사(impairment test)라는 용어를 사용한다.
> • 반면, KIFRS 1039호 '금융상품'에서는 손상검토(review for impairment 또는 evaluation of impairment)라는 용어를 사용한다.

손상검토는 다음과 같이 수행된다(KIFRS1039-64).

• 개별적으로 유의적인 금융자산의 경우 우선적으로 손상발생의 객관적인 증거가 있는지를 개별적으로 검토하며, 개별적으로 유의적이지 않은 금융자산의 경우 개별적으로 또는 집합적으로 검토한다.
• 개별적으로 검토한 금융자산에 손상발생의 객관적인 증거가 없다면, 그 금융자산의 중요성에 관계없이 유사한 신용위험의 특성을 가진 금융자산의 집합에 포함하여 집합적으로 손상여부를 검토한다[37].
• 개별적으로 손상검토를 하여 손상차손을 인식하거나 기존 손상차손을 계속 인식하는 경우, 해당 자산은 집합적인 손상검토에 포함하지 아니한다.

위의 손상검토를 그림으로 표시하면 다음과 같다.

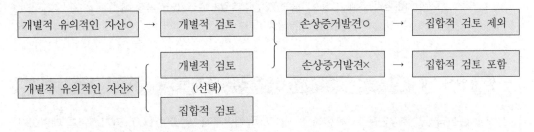

집합적인 손상검토를 위하여 유사한 신용위험특성에 근거[38]하여 금융자산을 분류한다. 선택한 위험특성은 평가대상자산의 계약조건에 따라 채무금액 전부를 지급할 수 있는 채무자의 능력을 나타내므로, 해당 금융자산의 집합에 대한 미래현금흐름의 추정에 적합하다. 유사한 위험 특성을 가진 금융자산의 집합이 없다면 추가적인 검토를 하지 아니한다(KIFRS1039-AG87).

자산집합에 기초한 손상차손의 인식은 중간단계일 뿐이며, 집합에 포함된 개별 자산에 대한 손상차손 식별의 단계를 추가로 필요로 한다. 금융자산의 집합에 포함되어 있는 개별 자산으로서 개별적으로 손상된 자산의 차손을 특정하여 식별하게 해주는 정보를 이용할 수 있게 되는 즉시 당해 금융자산을

---

37) 개별적으로 검토한 금융자산에 손상발생의 객관적인 증거가 없다면 손상검토가 종료되지 아니하고 집합적으로 한 번더 손상검토를 함에 유의하여야 한다.

38) ⑩ 자산의 형태, 산업, 지역적 위치, 담보유형, 연체상태와 기타 관련 요소를 고려하는 신용위험 평가 또는 신용등급 평가절차에 근거함

금융자산의 집합에서 제외한다(KIFRS1039-AG88).

집합적으로 손상검토를 하는 금융자산 집합의 미래 현금흐름은 당해 금융자산 집합의 신용위험과 유사한 신용위험을 가진 자산의 과거 손상차손 경험에 근거하여 추정한다. 손상차손 경험이 없거나 손상차손 경험이 충분하지 않은 경우 유사기업의 비교가능한 금융자산 집합의 경험을 사용한다. 미래현금흐름을 추정하는 데 사용한 방법론과 가정은 손상차손 추정치와 실제 손상차손의 차이를 감소시키기 위하여 정기적으로 검토한다(KIFRS1039-AG89).

금융자산의 집합(예 소액대여금)의 손상차손을 결정하기 위하여 공식화된 접근방법이나 통계적인 방법을 사용하는 경우, 사용된 모형은 화폐의 시간가치 효과를 반영하고, 자산의 잔여기간 전체에 대한 현금흐름을 고려하며, 포트폴리오에 포함된 대여금의 연령을 고려하되, 금융자산의 최초 인식시 손상차손을 발생시키지 않아야 한다(KIFRS1039-AG92).

(3) 손상의 회복

후속기간 중 손상차손의 금액이 감소하고 그 감소가 손상을 인식한 후에 발생한 사건과 객관적으로 관련된 경우(예 채무자의 신용등급 향상)에는 이미 인식한 손상차손을 직접 환입하거나 충당금을 조정하여 환입한다. 회복 후 장부금액은 당초 손상을 인식하지 않았다면 회복일 현재 인식하였을 상각후원가를 초과하지 않도록 한다. 환입한 금액은 당기손익으로 인식한다(KIFRS1039-65).

$$손상차손환입 = Min[①회수가능액, ②상각후원가(손상미인식가정시)]$$
$$- 환입전 장부금액$$

 예제 7-12 만기보유금융자산의 손상

12월 결산법인인 ㈜다인은 20×1년 1월 1일 사채(액면금액 ₩1,000,000, 만기 5년후 액면이자율 연 8%, 매년말 이자지급)를 취득하였다. 취득당시 사채의 유효이자율은 연 10%이다. ㈜다인은 상기 사채를 만기보유금융자산으로 분류하였다. 20×2년 중 상기 사채 발행인의 재무상태가 악화되어 20×2년 12월 31일 현재 액면금액 중 ₩600,000만 회수가능 할 것으로 판단된다. 그러나 액면이자는 약정이자 전액 회수가 가능할 것으로 예측된다. 상기 사채의 20×2년 시장이자율은 연 15%이다. 이러한 상황은 손상차손이 발생한 객관적 사유에 해당된다. 20×3년에 상기 사채 발행인의 영업이 호전되어 상기 사채의 회수가능액은 ₩850,000되었다.

기간, 할인율	₩1의 현가	₩1의 연금현가
5년 10%	0.6209	3.7908
5년 8%	0.6806	3.9927
3년 10%	0.7513	2.4868
3년 8%	0.7938	2.5771
3년 15%	0.6575	2.2832

《물음》

1. 만기보유금융자산의 취득금액을 계산하시오.
2. 20×1년 1월 1일 취득 시의 회계처리(분개)를 하시오.
3. 20×2년 12월 31일의 회계처리(분개)를 하시오.
4. 20×2년 12월 31일 사채의 회수가능액을 계산하시오.
5. 20×2년 12월 31일의 회계처리(분개)를 하시오.
6. 20×3년 12월 31일의 회계처리(분개)를 하시오.

해답

1.

액면이자 현가	$1,000,000 \times 0.08 \times 3.7908 =$	₩303,264
액면 현가	$1,000,000 \times 0.6209 =$	620,900
취득금액		₩924,164

2. 〈20×1.1.1〉

(차) 만기보유금융자산	924,164	(대) 현　금	924,164

3. 〈20×1.12.31〉

(차) 현　금	80,000	(대) 이자수익	92,416 [*1]
만기보유금융자산	12,416		

*1. $924,164 \times 10\% = 92,416$

4. 회수가능액

액면이자 현가	$1,000,000 \times 0.08 \times 2.4868 =$	₩198,944
액면 현가	$600,000 \times 0.7513 =$	450,780
취득금액		₩649,724

▣ 회수가능액은 잔여만기 동안의 기대현금흐름을 취득당시(손상차손 측정당시×)의 유효이자율로 할인하여 계산한다.

5. 〈20×2.12.31〉

(차) 현　금	80,000	(대) 이자수익	93,658 [*1]
만기보유금융자산	13,658		

*1. $936,580(=924,164 + 12,416) \times 10\% = 93,658$

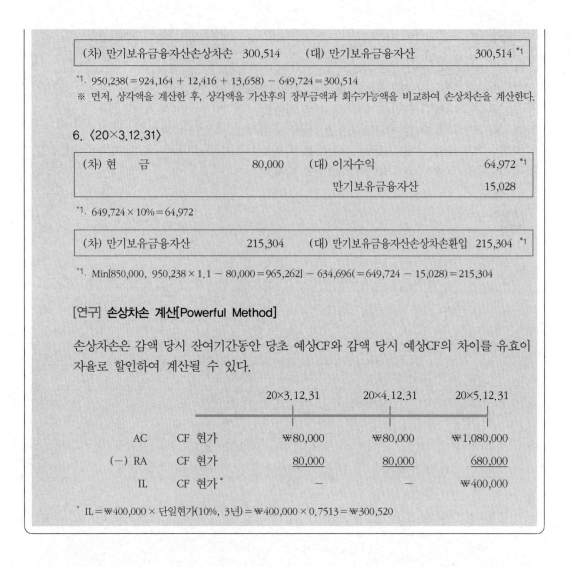

(차) 만기보유금융자산손상차손 300,514   (대) 만기보유금융자산   300,514 [*1]

[*1]. 950,238(= 924,164 + 12,416 + 13,658) − 649,724 = 300,514
※ 먼저, 상각액을 계산한 후, 상각액을 가산후의 장부금액과 회수가능액을 비교하여 손상차손을 계산한다.

6. 〈20×3.12.31〉

(차) 현   금   80,000   (대) 이자수익   64,972 [*1]
                                   만기보유금융자산   15,028

[*1]. 649,724 × 10% = 64,972

(차) 만기보유금융자산   215,304   (대) 만기보유금융자산손상차손환입 215,304 [*1]

[*1]. Min[850,000, 950,238 × 1.1 − 80,000 = 965,262] − 634,696(= 649,724 − 15,028) = 215,304

[연구] 손상차손 계산[Powerful Method]

손상차손은 감액 당시 잔여기간동안 당초 예상CF와 감액 당시 예상CF의 차이를 유효이자율로 할인하여 계산될 수 있다.

			20×3.12.31	20×4.12.31	20×5.12.31
AC	CF 현가		₩80,000	₩80,000	₩1,080,000
(−) RA	CF 현가		80,000	80,000	680,000
IL	CF 현가[*]		−	−	₩400,000

[*] IL = ₩400,000 × 단일현가(10%, 3년) = ₩400,000 × 0.7513 = ₩300,520

3. 원가를 장부금액으로 하는 금융자산

공정가치를 신뢰성 있게 측정할 수 없어서 공정가치를 장부금액으로 하지 않는, 공시가격이 없는 지분상품이나, 공시가격이 없는 이러한 지분상품과 연계되어 있으며 그 지분상품의 인도로 결제되어야 하는 파생상품자산에 대하여 손상발생의 객관적인 증거가 있다면, 손상차손은 유사한 금융자산의 현행시장수익률로 할인한 추정미래현금흐름의 현재가치와 장부금액의 차이로 측정한다. 손상차손 계산식을 표시하면 다음과 같다.

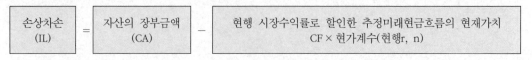

손상차손 (IL)	=	자산의 장부금액 (CA)	−	현행 시장수익률로 할인한 추정미래현금흐름의 현재가치 CF × 현가계수(현행r, n)

이러한 손상차손은 환입하지 아니한다(KIFRS1039-66).

손상차손환입

K-IFRS	K-GAAP
• 모든 매도가능금융자산에 대한 손상차손의 환입이 가능한 것은 아니며, 매도가능채무상품의 손상차손환입은 가능하지만, 원가로 평가하는 금융자산(지분상품과 파생상품자산)과 매도가능지분상품의 손상차손은 환입할 수 없음.	• 모든 매도가능금융자산에 대한 손상차손의 환입이 가능함.

[CPA 2006]

만기보유금융자산과 매도가능금융자산의 회수가능액은 당해 채권과 관련된 미래현금흐름을 당해 금융자산의 취득당시의 유효이자율로 할인한 현재가치금액으로 측정한다. (×)

4. 공정가치를 장부금액으로 하는 매도가능금융자산

(1) 손상

공정가치 감소액을 기타포괄손익으로 인식하는 매도가능금융자산에 대하여 손상발생의 객관적인 증거가 있는 경우, 기타포괄손익으로 인식한 누적손실은 당해 자산이 제거되지 않더라도 재분류조정으로 자본에서 당기손익으로 재분류한다(KIFRS1039-67).

자본에서 당기손익으로 재분류하는 누적손실은 다음의 ①에서 ②를 차감한 금액이다(KIFRS1039-68).

① 공정가치가 취득원가(원금 상환액과 상각액 반영 후 순액)에 미달하는 금액
② 이전 기간에 이미 당기손익으로 인식한 당해 금융자산의 손상차손

당기손익으로 재분류하는 누적손실을 계산식으로 표시하면 다음과 같다.

$$\boxed{\text{당기손익으로 재분류하는 누적손실}} = \boxed{\text{취득원가}} - \boxed{\text{공정가치}} - \boxed{\text{기인식한 손상차손}}$$

(2) 손상의 회복

매도가능지분상품에 대하여 당기손익으로 인식한 손상차손은 당기손익으로 환입하지 아니한다 (KIFRS1039-69). 그 이유는 공정가치의 상승 중에서 손상차손의 환입액을 구분하는 적절한 방법을 발견하기 어렵기 때문이다((KIFRS1039-BC130)

반면, 후속기간에 매도가능채무상품의 공정가치가 증가하고 그 증가가 손상차손을 인식한 후에 발생한 사건과 객관적으로 관련된 경우에는 환입하여 당기손익으로 인식한다(KIFRS1039-70).

[CCB 2014]

매도가능채무상품의 손상차손환입은 기타포괄손익으로 매도가능지분상품의 손상차손환입은 당기손익으로 인식한다. (×)

정리 7-11	매도가능금융자산의 손상차손환입 인식여부
구분	**손상차손환입 인식여부**
매도가능지분상품	(1) 원가 측정 : 인식하지 아니함 (회계처리 없음) (2) 공정가치 측정 : 손상회복을 당기손익으로 환입하지 아니하고, 매 도가능금융자산평가이익(기타포괄이익)으로 인식
매도가능채무상품	손상차손환입 인식

(3) 손상차손 인식 후의 이자수익

금융자산이나 유사한 금융자산의 집합이 손상차손으로 감액되면, 그 후의 이자수익은 손상차손을 측정할 목적으로 미래현금흐름을 할인하는 데 사용한 이자율을 사용하여 인식한다(KIFRS1039-AG93).

❑ 매도가능지분상품의 평가, 손상, 손상후 공정가치상승 및 처분 회계처리 정리

	20×1	20×2	20×3	20×4	20×5
	100	80	110	40	110	120
	HC	FV	FV	FV(손상)	FV	SP
NI영향		−	−	(60)	−	80
오답				(70)	60	10
오답					70	20

20×3년 손상차손＝HC − RA＝100 − 40＝60

20×4년 공정가치 상승＝기타포괄손익으로 인식

20×5년 처분이익＝SP − 손상시점의 FV＝120 − 40＝80

〈회계처리〉

일자	차변		대변	
20×1.12.31	평가손실	20	매도가능금융자산	20
20×2.12.31	매도가능금융자산	30	평가손실	20
			평가이익	10
20×3.12.31	평가이익	10	매도가능금융자산	70
	손상차손	60		
20×4.12.31	매도가능금융자산	70	평가이익	70
20×5.12.31	현 금	120	매도가능금융자산	110
	평가이익	70	처분이익	80

예제 7-13 지분상품인 매도가능금융자산의 손상

㈜다빈은 20×1년 1월 1일 ㈜목동의 주식 1%을 ₩500,000에 취득하였으며, 취득한 금융자산은 매도가능금융자산으로 분류하고 20×4년 12월 31일 현재 보유하고 있다. 동 금융자산의 공정가치는 다음과 같다.

20×1년 12월 31일	₩550,000
20×2년 12월 31일	700,000
20×3년 12월 31일	200,000
20×4년 12월 31일	600,000

20×3년 12월 31일의 공정가치하락은 손상사유에 해당되며, 20×4년 12월 31일의 공정가치상승은 손상차손회복에 해당된다. 20×5년 3월 27일에 동 금융자산 전액을 ₩650,000에 처분하였다.

≪물음≫

1. 취득시부터 처분시까지의 관련 회계처리(분개)를 하시오.
2. 20×1년부터 20×4년까지 연도별 세전이익에 미치는 영향과 연도말 기타포괄손익누계액의 잔액을 나타내는 다음 표의 빈칸을 완성하시오.

구분	20×1년	20×2년	20×3년	20×4년	20×5년
세전이익 영향					
기말 기타포괄손익누계액					

 해답

1.

⟨20×1.1.1⟩

(차) 매도가능금융자산	500,000	(대) 현　　　금	500,000

⟨20×1.12.31⟩

(차) 매도가능금융자산	50,000	(대) 매도가능금융자산평가이익	50,000

⟨20×2.12.31⟩

(차) 매도가능금융자산	150,000	(대) 매도가능금융자산평가이익	150,000

〈20×3.12.31〉

| (차) 매도가능금융자산손상차손 | 300,000 | (대) 매도가능금융자산 | 500,000 |
| 매도가능금융자산평가이익 | 200,000 | | |

〈20×4.12.31〉

| (차) 매도가능금융자산 | 400,000 | (대) 매도가능금융자산평가이익 | 400,000 |

〈20×5.3.27〉

| (차) 현   금 | 650,000 | (대) 매도가능금융자산 | 600,000 |
| 매도가능금융자산평가이익 | 400,000 | 매도가능금융자산처분이익 | 450,000 |

2.

구분	20×1년	20×2년	20×3년	20×4년	20×5년
세전이익 영향	−	−	(300,000)	−	450,000
기말 기타포괄손익누계액	50,000	200,000	−	400,000	−

[참고] 평가, 손상, 회복, 처분 과정에 따른 NI, AOCI(기타포괄손익누계액)

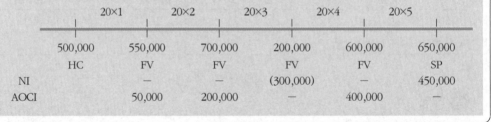

	20×1	20×2	20×3	20×4	20×5
	500,000	550,000	700,000	200,000	600,000	650,000
	HC	FV	FV	FV	FV	SP
NI		−	−	(300,000)	−	450,000
AOCI		50,000	200,000	−	400,000	−

예제 7-14 채무상품인 매도가능금융자산의 손상

12월 결산법인인 ㈜다인은 20×1년 1월 1일 사채(액면금액 ₩1,000,000, 만기 5년후 액면이자율 연 8%, 매년말 이자지급)를 ₩924,164에 취득하였다. 취득당시 사채의 유효이자율은 연 10%이다. ㈜다인은 상기 사채를 매도가능금융자산으로 분류하였다. 20×1년 12월 31일 현재의 상기 사채의 공정가치는 ₩965,000이다. 20×2년 중 상기 사채 발행인의 재무상태가 악화되어 20×2년 12월 31일 현재 상기 사채로부터 매년말에 ₩80,000의 이자와 만기일에 ₩700,000의 원금이 회수될 것으로 예상되었다. 20×2년 12월 31일 현재 유사 사채의 시장수익률은 연 15%이다. 따라서 20×2년 12월 31일 현재 상기 사채의 회수가능액은 ₩642,906이다. 한편, 20×3년 12월 31일 현재의 회수가능액은 ₩800,000으로 자산손상이 일부 회복되었다.

다음 물음에 답하시오.(단, 각 물음은 독립적이다.)

≪물음≫

1. 20×1년 1월 1일 취득 시의 회계처리(분개)를 하시오.
2. 20×1년 12월 31일의 회계처리(분개)를 하시오.
3. 20×2년 12월 31일의 회계처리(분개)를 하시오.
4. 20×3년 12월 31일의 회계처리(분개)를 하시오.
5. 만일, 20×3년 12월 31일 현재의 공정가치가 ₩980,000이 된 경우에 20×3년 12월 31일의 회계처리(분개)를 하시오.
6. 만일, 20×3년 12월 31일 현재의 공정가치가 ₩720,000이며, 손상차손의 회복에 해당하지 않는 경우에 20×3년 12월 31일의 회계처리(분개)를 하시오.

제7장

🔊 해답

1. ⟨20×1.1.1⟩

(차) 매도가능금융자산	924,164	(대) 현 금	924,164

2. ⟨20×1.12.31⟩

(차) 현 금	80,000	(대) 이자수익	92,416 [*1]
매도가능금융자산	12,416		

[*1]. 924,164×10%=92,416

(차) 매도가능금융자산	28,420	(대) 매도가능금융자산평가이익	28,420 [*1]

[*1]. 965,000−936,580(=924,164+12,416)=28,420

3. ⟨20×2.12.31⟩

(차) 현 금	80,000	(대) 이자수익	93,658 [*1]
매도가능금융자산	13,658		

[*1]. 936,580(=924,164+12,416)×10%=93,658

(차) 매도가능금융자산평가이익	28,420	(대) 매도가능금융자산	335,752 [*1]
매도가능금융자산손상차손	307,332		

[*1]. 978,658(=965,000+13,658)−642,906=335,752
☞ 먼저, 상각액을 계산한 후, 상각액을 가산후의 장부금액과 회수가능액을 비교하여 손상차손을 계산한다.

4. ⟨20×3.12.31⟩

(차) 현 금	80,000	(대) 이자수익	96,436 [*1]
매도가능금융자산	16,436		

[*1]. 642,906×15%=96,436

(차) 매도가능금융자산	140,658	(대) 매도가능금융자산손상차손환입	140,658 [*1]

[*1]. $800,000 - 659,342(=642,906+16,436) = 140,658$

5. 〈20×3.12.31(회복금액이 한도를 초과하는 경우)〉

(차) 현 금	80,000	(대) 이자수익	96,436 [*1]
매도가능금융자산	16,436		

[*1]. $642,906 \times 15\% = 96,436$

(차) 매도가능금융자산	320,658 [*1]	(대) 매도가능금융자산손상차손환입	307,352 [*2]
		매도가능금융자산평가이익	13,306 [*3]

[*1]. $980,000 - (642,906+16,436) = 320,658$

[*2]. Min [①$980,000 - (642,906+16,436) = 320,658$, ②$307,332$]
　　 손상차손이 회복된 경우에는 이전에 인식한 손상차손을 한도로 하여 회복된 금액을 당기이익으로 인식한다.

[*3]. 손상차손 회복액이 한도를 초과하는 금액은 매도가능금융자산평가이익(기타포괄손익누계액)으로 인식한다.

6. 〈20×3.12.31(손상차손회복에 해당되지 않는 경우)〉

(차) 현 금	80,000	(대) 이자수익	96,436 [*1]
매도가능금융자산	16,436		

[*1]. $642,906 \times 15\% = 96,436$

(차) 매도가능금융자산	60,658	(대) 매도가능금융자산평가이익	60,658 [*1]

[*1]. $720,000 - 659,342(=642,906+16,436) = 60,658$

☞ 손상차손을 인식한 기간 후에 공정가치가 상승하더라도 손상차손의 회복에 해당되지 아니한 경우에는 당해 공정가치 상승금액을 자본항목으로 인식한다.

제6절 재분류

금융자산의 재분류를 표로 정리하면 다음과 같다.

정리 7-12	금융자산의 재분류

구분			변경후			
			당기손익인식 금융자산	만기보유 금융자산	대여금 및 수취채권	매도가능 금융자산
변경전	당기손익 인식금융 자산	지정	—	×	×	×
		단기매매	—	○*3	○*3	○*3
		파생상품	—	×	×	×
	만기보유금융자산		×	—	×	○*1
	대여금 및 수취채권		×	×	-	×
	매도가능금융자산		×	○*2	○*4	—

*1. 보유 의도나 능력의 변경(KIFRS1039-54) 및 tainting provisions(만기보유금융자산에 적용되는 분류제한규정)적용으로 인한 재분류(KIFRS1039-52)는 회계변경이 아님. 따라서 전기분 재작성 불필요
*2. tainting period 경과하고 분류조건 충족한 경우(KIFRS1039-54)
*3. (KIFRS1039-50D,50E)
*4. (KIFRS1039-50E)

※ 최초 인식시점에서 당기손익인식금융자산으로 지정한 금융자산은 재분류할 수 없음
※ 단기매매금융자산이 시장성을 상실하여도 매도가능금융자산으로 재분류하지 않음

1. 당기손익인식항목과 관련된 재분류

(1) 당기손익인식항목과 관련된 재분류 금지

당기손익인식항목과 관련한 재분류 금지는 다음과 같다(KIFRS1039-50).

- 파생상품은 보유기간 또는 발행 이후 기간 중 당기손익인식항목 범주로 재분류하거나, 당기손익인식항목 범주에서 다른 범주로 분류 변경할 수 없다.
- 최초인식시점에 당기손익인식항목으로 지정된 금융상품은 당기손익인식항목 범주에서 다른 범주로 재분류할 수 없다.(반면, 단기매매금융자산은 특정조건을 충족하면 다른 범주의 금융자산으로 재분류할 수 있다.)
- 최초인식시점 이후에 어떠한 금융상품도 당기손익인식항목 범주로 재분류할 수 없다.

제7장

단기매매항목에서 다른 범주로 재분류

K-IFRS(개정후)	K-IFRS(개정전)
• 당기손익인식항목의 단기매매항목인 경우(파생상품은 제외) 특정 조건을 만족하면 다른 범주로 재분류할 수 있음	• 당기손익인식항목으로 재분류하거나, 당기손익인식항목에서 다른 범주로 재분류할 수 없음

상기 내용을 그림으로 표시하면 다음과 같다.

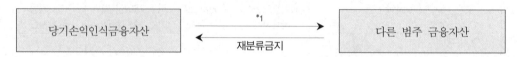

*1. 단기매매금융자산은 특정조건을 충족하면 다른 범주의 금융자산으로 재분류할 수 있다.

당기손익인식금융자산을 당기손익인식지정금융자산과 단기매매금융자산으로 구분하여 재분류가능여부를 표시하면 다음과 같다.

단기매매금융자산이 시장성을 상실하여도 매도가능금융자산으로 재분류하지 아니한다. 이 경우 공정가치에서 원가로 측정기준이 변경된다.

시장성을 상실한 단기매매금융자산

K-IFRS	K-GAAP
• 재분류를 허용하지 않음. 계속 단기매매금융자산으로 분류됨	• 매도가능금융자산으로 분류하여야 함 (기준서8-45)

다음의 상황변화는 문단 50에서 의미하는 재분류가 아니다(KIFRS1039-50A).

> • 현금흐름위험회피나 순투자의 위험회피에서 위험회피수단으로 지정되고 위험회피에 효과적이었던 파생상품이 더 이상 위험회피회계의 적용조건을 충족하지 않는 경우
> • 파생상품이 현금흐름위험회피나 순투자의 위험회피에서 위험회피수단으로 지정되고 위험회피에 효과적으로 되는 경우
> • 기업회계기준서 제1104호 문단 45에 따라 보험회사가 회계정책을 변경하여 금융자산을 재분류하는 경우

위의 경우는 최초인식 이후에 금융상품을 당기손익항목 범주로 재분류하거나 손익인식항목 범주에서 다른 범주로 재분류하는 것을 금지하지 못한다.

예들 들어 파생상품이 위험회피회계의 적용조건을 충족하지 못하게 되는 경우 및 그 반대의 경우에는 문단 50의 재분류에 대한 금지가 적용되지 않아 그 파생상품을 당기손익항목으로 회계처리할 수 있다(KIFRS1039-BC70B).

(2) 당기손익인식항목의 범주에서 다른 범주로 재분류

반면, 금융자산을 (주로 단기간 내에 매각할 목적으로 취득하였더라도) 더 이상 단기간 내에 매각할 목적이 아니며, 문단 50B나 50D의 물음을 충족하는 경우 당해 금융자산을 당기손익인식항목 범주에서 다른 범주로 재분류할 수 있다(KIFRS1039-50(3)).

문단 50(3)이 적용되는 금융자산(문단 50D에서 설명되는 유형의 금융자산은 제외)은 드문 상황의 경우에만 당기손익인식항목의 범주에서 다른 범주로 재분류할 수 있다(KIFRS1039-50B). 문단 50B에 따라 금융자산을 당기손익인식항목의 범주에서 다른 범주로 재분류한다면, 재분류일의 공정가치로 재분류하여야 한다. 당기손익에 이미 인식된 손익이 있다면, 그 손익은 환입하지 않는다. 재분류일의 당해 금융자산의 공정가치는 경우에 따라 새로운 원가 또는 상각후원가가 된다(KIFRS1039-50C).

> **[CCB 2011]**
>
> 금융자산을 당기손익인식항목의 범주에서 다른 범주로 재분류하는 경우, 당기손익에 이미 인식된 손익이 있다면 그 손익은 환입한다. (×)

(최초인식시점에 단기매매항목으로 분류되는 것이 요구되지 않았더라면) 대여금 및 수취채권의 정의를 충족하였을 금융자산으로서 문단 50(3)이 적용되는 경우, 기업이 해당 금융자산을 예측가능한 미래기간 동안 또는 만기까지 보유할 의도와 능력이 있다면 당기손익인식항목의 범주에서 다른 범주로 재분류할 수 있다(KIFRS1039-50D). 이에 따라 당기손익인식항목의 범주에서 다른 범주로 재분류하는 경우, 재분류일의 공정가치로 당해 금융자산을 재분류하여야 한다. 이에 따라 재분류한 금융자산의 경우, 당기손익에 이미 인식된 손익이 있다면, 그 손익은 환입하지 않는다. 재분류일의 당해 금융자산의 공정가치는 경우에 따라 새로운 원가 또는 상각후원가가 된다(KIFRS1039-50F).

2. 매도가능항목으로 지정에서 대여금 및 수취채권으로 재분류

(매도가능항목으로 지정되지 않았더라면) 대여금 및 수취채권의 정의를 충족하였을 금융자산으로서 매도가능항목으로 분류된 경우, 기업이 예측가능한 미래기간 동안 또는 만기까지 보유할 의도와 능력이 있다면 매도가능항목의 범주에서 대여금 및 수취채권의 범주로 재분류할 수 있다(KIFRS1039-50E). 이에 따라 매도가능항목의 범주에서 다른 범주로 재분류하는 경우, 재분류일의 공정가치로 당해 금융자산을 재분류하여야 한다. 이에 따라 매도가능항목의 범주에서 다른 범주로 재분류된 금융자산의 경우,

문단 55(2)에 따라 기타포괄손익에 인식된 당해 자산의 과거의 손익은 문단 54에 따라 회계처리한다 (KIFRS1039-50F).

매도가능항목에서 대여금 및 수취채권의 범주로 재분류

K-IFRS(개정후)	K-IFRS(개정전)
• 매도가능항목으로 지정되지 않았다면 대여금 및 수취채권의 정의를 충족하였을 금융자산으로서 매도가능항목으로 분류된 경우 기업이 예측가능한 미래기간 동안 또는 만기까지 보유할 의도와 능력이 있다면 매도가능항목의 범주에서 대여금 및 수취채권의 범주로 재분류할 수 있음.	• 매도가능항목의 범주에서 대여금 및 수취채권의 범주로 재분류할 수 없음.

3. 원가에서 공정가치로 측정기준 변경

다음과 같은 자산과 부채는 신뢰성 있게 측정할 수 있다면 공정가치로 측정하여야 하는 금융자산과 금융부채이다.

① 당기손익인식금융자산과 매도가능금융자산 중 활성시장에서 공시되는 시장가격이 없고 공정가치를 신뢰성 있게 측정할 수 없는 지분상품과 가격이 공시되지 않는 이러한 지분상품과 연계되어 있으며 그 지분상품의 인도로 결제되어야 하는 파생상품은 원가로 측정한다.

② 당기손익인식금융부채 중 공시가격이 없고 공정가치를 신뢰성 있게 측정할 수 없는 지분상품과 연계되어 있으며 그 지분상품의 인도로 결제되어야 하는 파생상품부채는 원가로 측정한다.

상기 금융자산과 금융부채를 이전에는 신뢰성 있게 측정할 수 없었으나, 현재 신뢰성 있게 측정할 수 있게 된 경우, 당해 자산과 부채는 공정가치로 다시 측정하며, 장부금액과 공정가치의 차이는 다음과 같이 처리한다.

① 당기손익인식금융자산과 당기손익인식금융부채인 경우에는 당기손익으로 처리한다.

② 매도가능금융자산인 경우에는 기타포괄손익으로 처리한다.

이와 같이 원가에서 공정가치로 측정이 변경되어도 재분류하지 않음에 유의하여야 한다.

예제 7-15   단기매매금융자산의 시장성 상실

㈜다인은 20×1년 11월 7일에 상장법인 ㈜서울의 주식 10주를 주당 ₩8,000에 취득하였다. 20×1년 12월 31일의 동 주식의 주당 공정가치는 ₩7,000이었다. ㈜서울은 20×2년 3월 27일 상장폐지되었으며 3월 26일 주당 최종 시세는 ₩6,100이었다. 상장폐지된 이후에는 ㈜서울의 공정가치는 신뢰성있게 측정할 수 없다. 한편, ㈜서울은 20×3년 12월 31일에 주당 ₩9,200에 다시 상장되었다.

≪물음≫

1. ㈜다인은 ㈜서울을 당기손익인식금융자산으로 분류하였다. 아래 일자별 ㈜다인의 ㈜서울과 관련된 회계처리(분개)를 하시오.

　① 20×1년 11월 7일 ② 20×1년 12월 31일 ③ 20×2년 3월 27일 ④ 20×3년 12월 31일

2. ㈜다인은 ㈜서울을 매도가능금융자산으로 분류하였다. 아래 일자별 ㈜다인의 ㈜서울과 관련된 회계처리(분개)를 하시오.

　① 20×1년 11월 7일 ② 20×1년 12월 31일 ③ 20×2년 3월 27일 ④ 20×3년 12월 31일

3. 단기매매금융사산이 시상성을 싱실하는 경우에 분류 및 측정에 대하여 설명하시오.

해답

1. 당기손익지정금융자산

① 〈20×1.11.7〉

(차) 당기손익인식금융자산	80,000	(대) 현　금	80,000

② 〈20×1.12.31〉

(차) 당기손익인식금융자산평가손실	10,000	(대) 당기손익인식금융자산	10,000 [*1]

*1. $(8,000 - 7,000) \times 10 = 10,000$

③ 〈20×2.3.27〉

(차) 당기손익인식금융자산평가손실	9,000	(대) 당기손익인식금융자산	9,000 [*1]

*1. $(7,000 - 6,100) \times 10 = 9,000$

④ 〈20×3.12.31〉

(차) 당기손익인식금융자산	31,000	(대) 당기손익인식금융자산평가이익	31,000

*1. $(9,200 - 6,100) \times 10 = 31,000$

2. 매도가능금융자산

① 〈20×1.11.7〉

(차) 매도가능금융자산	80,000	(대) 현　금	80,000

② 〈20×1.12.31〉

| (차) 매도가능금융자산평가손실 | 10,000 | (대) 매도가능금융자산 | 10,000 [1] |

[1]. $(8,000-7,000) \times 10 = 10,000$

③ 〈20×2.3.27〉

| (차) 매도가능금융자산평가손실 | 9,000 | (대) 매도가능금융자산 | 9,000 [1] |

[1]. $(7,000-6,100) \times 10 = 9,000$

④ 〈20×3.12.31〉

| (차) 매도가능금융자산 | 31,000 | (대) 매도가능금융자산평가이익 | 31,000 [1] |

[1]. $(9,200-6,100) \times 10 = 31,000$

3. 단기매매금융자산이 시장성을 상실하여도 재분류하지 아니하고 계속 단기매매금융자산으로 분류하며, 다만 측정기준만 공정가치에서 원가로 측정기준이 변경된다.

[해설]

구 분	단기매매금융자산		
	시장성 존재	시장성 상실후	변경
분 류	단기매매금융자산	단기매매금융자산	없음
측정기준	공정가치	원가	공정가치 → 원가

4. 만기보유금융자산에서 매도가능금융자산으로 재분류

다음의 경우에는 만기보유금융자산에서 매도가능금융자산으로 재분류한다.

- 보유 의도나 능력에 변화가 있어 더 이상 만기보유금융자산으로 분류하는 것이 적절하지 않는 경우(KIFRS1039-51)
- 중요하지 않은 금액 이상의 만기보유금융자산을 매도하거나 재분류하고 이러한 매도 또는 재분류가 재분류제한에 해당하는 경우(KIFRS1039-52)

이 경우 회계처리는 다음과 같다(KIFRS1039-51,52).

- 매도가능금융자산은 재분류시점의 공정가치로 측정한다.
- 공정가치와 재분류전 만기보유금융자산의 장부금액의 차이는 기타포괄손익으로 처리한다.

예를 들어 만기보유금융자산을 매도가능금융자산으로 재분류하는 경우에 재분류시점의 상각후원가는 ₩90이고 공정가치가 ₩93이라고 하면 재분류시점의 회계처리는 다음과 같다.

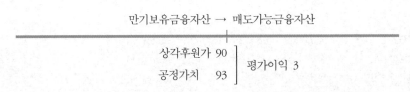

만기보유금융자산 → 매도가능금융자산

상각후원가 90 ┐
공정가치   93 ┘ 평가이익 3

| (차) 매도가능금융자산 | 93 | (대) 만기보유금융자산 | 90 |
| | | 매도가능금융자산평가이익 | 3 |

예제 7-16 만기보유금융자산에서 매도가능금융자산으로 재분류

12월 결산법인인 ㈜다인은 20×1년 1월 1일에 만기가 5년 후에 도래하는 회사채(액면금액 ₩1,000,000, 액면이자율 연 8%, 유효이자율 연 10%, 이자는 매년말 후급)를 ₩924,164에 취득하였다. ㈜다인은 상기 회사채를 취득 시 만기보유금융자산으로 분류하여 회계처리해 오다가 20×2년말에 매도가능금융자산으로 재분류하였다. 20×2년말과 20×3년말의 시장이자율은 연 9%이다. 현재가치계산은 아래의 현가표를 사용하시오.

구분	1원의 현재가치		정상연금1원의 현재가치	
할인율	2년	3년	2년	3년
9%	0.8417	0.7722	1.7591	2.5313

≪물음≫

1. 재분류가 없다고 가정하는 경우 상각표를 작성하시오.
2. 20×2년말과 20×3년말의 회사채의 공정가치를 계산하시오.
3. 20×1년 1월 1일부터 20×3년 12월 31일까지의 회계처리(분개)를 하시오.

해답

1. 상각표

연도	기초장부금액	유효이자(10%)	표시이자(8%)	상각액	기말장부금액
20×1년	924,164	92,416	80,000	12,416	936,580
20×2년	936,580	93,658	80,000	13,658	950,238
20×3년	950,238	95,024	80,000	15,024	965,262
20×4년	965,262	96,526	80,000	16,526	981,788
20×5년	981,788	98,212	80,000	18,212	1,000,000

2. 공정가치 계산

① 20×2.12.31의 공정가치

이자현가	$1,000,000 \times 0.08 \times 2.5313$ =	₩202,504
액면현가	$1,000,000 \times 0.7722$ =	772,200
계		₩974,704

② 20×3.12.31의 공정가치

이자현가	$1,000,000 \times 0.08 \times 1.7591$ =	₩140,728
액면현가	$1,000,000 \times 0.8417$ =	841,700
계		₩982,428

[별해]

공정가치 = $974,704 + 974,704 \times 0.09 - 80,000 = 982,427$

3. 관련 분개

거래시점	차변		대변	
20×1. 1. 1	만기보유금융자산	924,164	현　금	924,164
20×1.12.31	현　금	80,000	이자수익	92,416
	만기보유금융자산	12,416		
20×2.12.31	현　금	80,000	이자수익	93,658
	만기보유금융자산	13,658		
	매도가능금융자산	974,704	만기보유금융자산	950,238
			매도가능금융자산평가이익	24,466
20×3.12.31	현　금	80,000	이자수익	95,024
	매도가능금융자산	15,024		
	매도가능금융자산평가이익	7,300[*]	매도가능금융자산	7,300

[*] $982,428 - (974,704 + 15,024) = (-)7,300$

5. 매도가능금융자산에서 만기보유금융자산으로 재분류

　다음과 같은 경우에 금융자산을 공정가치로 측정하는 것보다 원가나 상각후원가로 측정하는 것이 타당하다면, 다음 각 경우의 발생일 현재 해당 금융자산의 공정가치인 장부금액이 새로운 원가나 새로운 상각후원가가 된다(KIFRS1039-54).

- 보유 의도나 능력이 변경된 경우
- 매우 예외적이기는 하지만 공정가치를 신뢰성 있게 측정할 수 없게 된 경우

- 만기보유금융자산에 대한 분류제한적용에 따른 '직전 2회계연도(tainting period)'가 이미 경과한 경우

이때 기타포괄손익으로 인식된 해당 자산의 손익은 다음과 같이 회계처리한다.

① 고정된 만기가 있는 금융자산의 경우
　　㉠ 기타포괄손익으로 인식된 해당 자산의 손익은 만기보유금융자산의 잔여기간에 걸쳐 유효이자율법으로 상각하여 당기손익(이자수익)으로 인식한다.
　　㉡ 만기금액과 새로운 상각후원가의 차이는 할인차금이나 할증차금의 상각과 마찬가지로 당해 금융자산의 잔여기간에 걸쳐 유효이자율법을 사용하여 상각한다.
　　㉢ 금융자산이 후속적으로 손상되면, 기타포괄손익으로 인식된 손익은 자본에서 당기손익으로 재분류한다.
② 고정된 만기가 없는 금융자산의 경우
　　㉠ 기타포괄손익으로 인식된 해당 자산의 손익은 당해 자산을 매각하거나 처분하는 시점에 당기손익으로 인식한다.
　　㉡ 금융자산이 후속적으로 손상되면 기타포괄손익으로 인식된 손익을 자본에서 당기손익으로 재분류한다.

[CTA 2005]

　　매도가능금융자산을 만기보유금융자산으로 재분류할 경우 매도가능금융자산의 만기액면금액과 재분류일 현재 공정가치의 차이는 전액 재분류일이 속하는 회계연도의 당기손익으로 대체한다.
　　(×) : 전액 재분류일이 속하는 회계연도의 당기손익으로 대체한다. → 유효이자율법에 의하여 그 채무증권의 만기일까지의 잔여기간에 걸쳐서 상각하고 각 기간의 이자수익에 가감한다.

예를 들어 매도가능금융자산(액면금액 ₩100)을 만기보유금융자산으로 재분류하는 경우에 재분류시점의 상각후원가는 ₩90이고 공정가치가 ₩93이라고 하면 재분류시점의 회계처리는 다음과 같다.

매도가능금융자산 → 만기보유금융자산

상각후원가 90 ┐
공정가치　 93 ┘ 평가이익 3

(차) 만기보유금융자산	93	(대) 매도가능금융자산	93
매도가능금융자산평가이익	3	만기보유금융자산평가이익	3

예제 7-17 매도가능금융자산에서 만기보유금융자산으로 재분류

12월 결산법인인 ㈜다인은 20×1년 1월 1일에 만기가 5년 후에 도래하는 회사채(액면금액 ₩1,000,000, 액면이자율 연 7%, 유효이자율 연 10%, 이자는 매년말 후급)를 ₩886,256에 취득하였다. 이 회사채의 20×1년말과 20×2년말 공정가치는 각각 ₩973,000과 ₩982,010이다. ㈜다인은 상기 회사채를 취득 시 매도가능금융자산으로 분류하여 회계처리해 오다가 20×2년말에 만기보유금융자산으로 재분류하였다. 재분류시점에서의 시장이자율은 연 7.69%이며, 재분류시점의 미실현평가손익의 잔여만기동안의 유효이자율은 연 2%이다.

≪물음≫
1. 재분류가 없다고 가정하는 경우 상각표를 작성하시오.
2. 만기보유금융자산평가이익상각표(20×3.1.1부터 20×5.12.31까지)를 작성하시오.
3. 관련 회계처리(분개)를 하시오.

 해답

1. 상각표

연도	기초장부금액	유효이자(10%)	표시이자(7%)	상각액	기말장부금액
20×1년	886,256	88,626	70,000	18,626	904,882
20×2년	904,882	90,488	70,000	20,488	925,370
20×3년	925,370	92,537	70,000	22,537	947,907
20×4년	947,907	94,791	70,000	24,791	972,698
20×5년	972,698	97,302	70,000	27,302	1,000,000

2. 만기보유금융자산평가이익 상각표

연도	기초상각후원가 ⓐ	상각액(2%) ⓑ = ⓐ×2%	기말만기보유금융자산평가이익ⓒ	기말상각후원가 ⓓ = ⓐ + ⓑ
20×2년			(*1)56,640	925,370
20×3년	925,370	18,507	38,133	943,877
20×4년	943,877	18,878	19,255	962,755
20×5년	962,755	19,255	—	982,010

주) 만기시점의 상각후원가 = 재분류시점의 공정가치
*1. 20×2년 말 공정가치 - 20×2년 말 상각후원가 = ₩982,010 - ₩925,370 = ₩56,640

3. 관련분개

거래시점	차변		대변	
20×1. 1. 1	매도가능금융자산	886,256	현 금	886,256

20×1.12.31	현 금	70,000	이자수익	88,626
	매도가능금융자산	18,626		
	매도가능금융자산	68,118	매도가능금융자산평가이익	68,118
20×2.12.31	현 금	70,000	이자수익	90,488
	매도가능금융자산	20,488		
	매도가능금융자산평가이익	11,478	매도가능금융자산	11,478
	만기보유금융자산	982,010	매도가능금융자산	982,010
	매도가능금융자산평가이익	56,640	만기보유금융자산평가이익	56,640
20×3.12.31	현 금	70,000	이자수익	75,517
	만기보유금융자산	5,517		
	만기보유금융자산평가이익	18,507	이자수익	18,507
20×4.12.31	현 금	70,000	이자수익	75,941
	만기보유금융자산	5,941		
	만기보유금융자산평가이익	18,878	이자수익	18,878
20×4.12.31	현 금	70,000	이자수익	76,532
	만기보유금융자산	6,532		
	만기보유금융자산평가이익	19,255	이자수익	19,255
	현 금	1,000,000	만기보유금융자산	1,000,000

[참고] 만기보유금융자산평가손익 상각표

만기보유금융자산으로 재분류된 매도가능금융자산의 상각후원가와 **재분류일 현재의 공정가치와 차이(= 만기보유금융자산평가손익)**는, 유효이자율법에 의하여 그 채무증권의 만기일까지의 잔여기간에 걸쳐서 상각한다. 이 경우 잔여만기에 적용될 유효이자율을 계산하여 위의 풀이처럼 2%의 유효이자율을 적용하면 된다. 계산금액이 약간 차이는 있으나, 잔여만기의 유효이자율을 계산하지 아니하고 매년 만기보유금융자산평가손익의 상각액은 다음과 같이 계산할 수 있다.

상각액 = 최초 취득시 유효이자율(10%)에 의한 상각액

　　　　－ 재분류시점의 유효이자율(7.69%)에 의한 상각액

(a) 재분류가 없는 경우의 상각표

연도	기초장부금액	유효이자(10%)	표시이자(7%)	상각액	기말장부금액
20×3년	925,370	92,537	70,000	22,537	947,907
20×4년	947,907	94,791	70,000	24,791	972,698
20×5년	972,698	97,302	70,000	27,302	1,000,000

(b) 재분류 후 재분류시점의 시장이자율에 의한 상각표

연도	기초장부금액	유효이자(7.69%)	표시이자(7%)	상각액	기말장부금액
20×3년	982,010	75,517	70,000	5,517	987,527
20×4년	987,527	75,941	70,000	5,941	993,468
20×5년	993,468	76,532	70,000	6,532	1,000,000

(c) 만기보유금융자산평가이익 상각표 ((a)의 상각액 − (b)의 상각액)

연도	(a)상각액	(b)상각액	만기보유금융자산평가이익상각액((a)−(b))
20×3년	22,537	5,517	17,020
20×4년	24,791	5,941	18,850
20×5년	27,302	6,532	20,770

[분석]

	재분류시점	차이	차이 처리방법
액면금액	1,000,000		
		17,990	유효이자율 7.69%로 상각
공정가치*1	982,010		
		56,640	유효이자율 2%로 상각
상각후원가*2	925,370		

*1. 재분류후 장부금액
*2. 공정가치 − 상각후원가＝평가이익

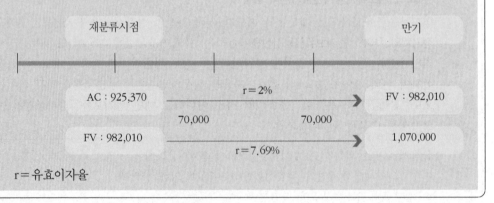

r＝유효이자율

제7절 금융자산의 제거

제거는 이미 인식된 금융자산이나 금융부채를 재무상태표에서 삭제하는 것을 말한다.

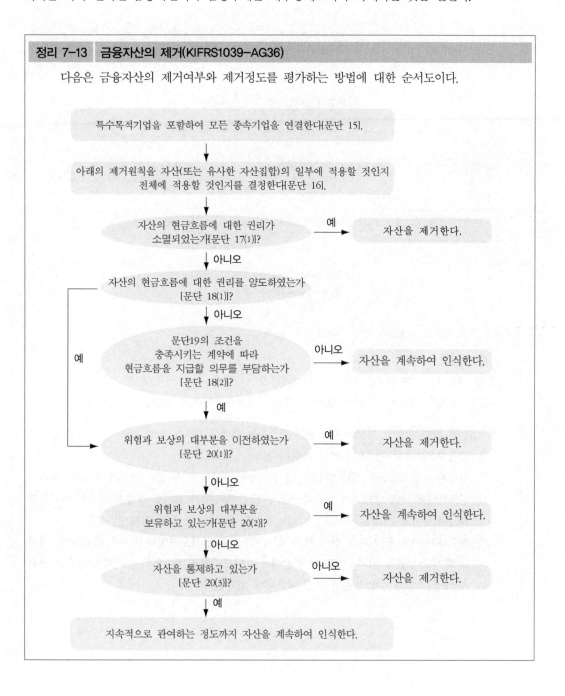

정리 7-13 금융자산의 제거(KIFRS1039-AG36)

다음은 금융자산의 제거여부와 제거정도를 평가하는 방법에 대한 순서도이다.

금융자산의 제거에 대한 회계처리를 정리하면 다음과 같다.

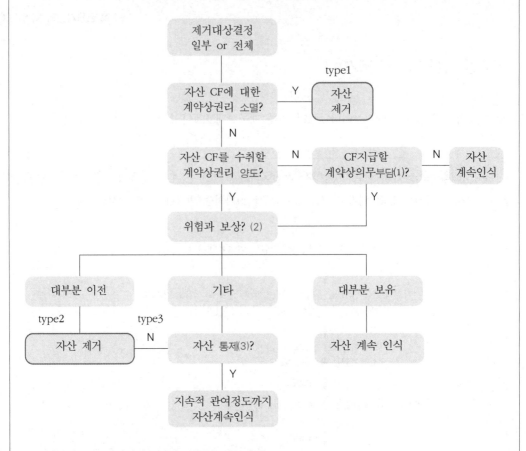

(1) CF지급할 계약상의무부담 : 다음 모두 충족

① 양도자는 상환의무 없다.

② 양도자는 양도자산을 매도 or 담보제공할 수 없다.

③ 양도자는 채권회수액을 중요한 지체없이 최종수취인에게 지급할 의무가 있다.

(2) 소유에 따른 위험과 보상의 대부분을 이전하는 경우의 예

① 금융자산을 아무런 조건 없이 매도한 경우

② 양도자가 양도자산을 재매입시점의 공정가치로 재매입할 수 있는 권리를 보유한 경우

③ 양도자산에 대해 양도자가 보유한 콜옵션 또는 양수자가 보유한 풋옵션이 깊은 외가격상태(옵션행사를 기대할 수 없는 상태＝옵션을 무시할 수 있는 상태)인 경우

※ 양도자가 매도 후에 미리 정한 가격 또는 매도가격에 양도자에게 금전을 대여하였더라면 그 대가로 받았을 이자수익을 더한 금액으로 양도자산을 재매입하는 거래의 경우는 위험과 보상의 대부분을 보유하는 경우의 예에 해당된다.

(3) 양도자가 통제를 상실 : 양수자가 양도자산을 매각할 수 있는 실질적인 능력을 보유

① 양도자가 양도자산을 재매입할 수 있는 옵션을 보유하고 있으나, 양수자가 시장에서 양도자산을 용이하게 매입할 수 있다면, 양수자는 양도자산을 매도할 수 있는 실질적인 능력을 보유한다. → 양도자 통제를 상실

② 양도자가 양도자산을 재매입할 수 있는 옵션을 보유하고 있으며, 양수인이 시장에서 양도자산을 용이하게 매입할 수 없다면, 양수자는 양도자산을 매도할 수 있는 실질적인 능력을 보유하고 있지 않다. → 양도자 통제함

유형별 자산제거 조건

유형	자산제거 조건
type1	자산CF에 대한 권리 소멸
type2	다음을 모두 충족 (1) 자산CF에 대한 권리 소멸×　　　　(2) 양도조건 충족[*1] (3) 위험과 보상 대부분 이전
type3	다음을 모두 충족 (1) 자산CF에 대한 권리 소멸× 양도조건 충족[*1] (2) 위험과 보상 대부분 이전×&보유× (3) 자산통제 ×

[*1]. 양도조건 충족 : ① or ②
　① 자산CF에 대한 권리 양도
　② 자산CF에 대한 권리 양도× (즉, 보유) + 계약에 의한 CF지급의무부담

1. 일부제거와 전체제거

제거여부와 제거정도의 적정성을 평가하기 전에 해당 문단을 금융자산[40])의 일부에 적용하여야 하는지 아니면 전체에 적용하여야 하는지를 다음과 같이 결정한다(KIFRS1039-16).

(1) 일부제거조건

제거 대상이 다음 세 가지 조건 중 하나를 충족하는 경우에만 금융자산의 일부에 대하여 적용한다.

① 제거 대상이 금융자산의 현금흐름에서 식별된 특정부분으로만 구성된다. 예를 들면, 이자율스트립채권 계약에서 거래상대방이 채무상품의 현금흐름 중 원금에 대한 권리는 없고 이자부분에 대한 권리만 있는 경우에는 일부제거규정을 이자부분에 적용한다.

② 제거 대상이 금융자산의 현금흐름에 완전히 비례하는 부분으로만 구성된다. 예를 들면, 거래상대방

---

39) [학습지침] 금융자산의 제거에 대한 정리는 먼저 개략적으로 파악 후 세부내용을 학습한 후 다시 정리내용으로 요약하여야 한다.

40) 제거규정에서 금융자산은 '금융자산 또는 유사한 금융자산의 집합'을 말한다.

이 채무상품의 현금흐름 중 90%에 대한 권리를 가지는 계약을 체결하는 경우에는 현금흐름의 90%에 적용한다. 둘 이상의 거래상대방이 있는 경우라도 양도자가 현금흐름 중 완전히 비례하는 부분을 보유하고 있다면, 각 거래상대방이 현금흐름 중 비례하는 부분을 반드시 보유하여야 하는 것은 아니다.

③ 제거 대상이 금융자산의 현금흐름에서 식별된 특정부분 중 완전히 비례하는 부분으로만 구성된다. 예를 들면, 거래상대방이 채무상품의 현금흐름 중 이자부분의 90%에 대한 권리를 가지는 계약을 체결하는 경우에는 일부제거규정을 당해 이자부분의 90%에 적용한다. 둘 이상의 거래상대방이 있는 경우라도 양도자가 현금흐름 중 완전히 비례하는 부분을 보유하고 있다면, 각 거래상대방이 특정하여 식별된 현금흐름 중 비례하는 부분을 반드시 보유하여야 하는 것은 아니다.

(2) 전체제거조건

일부제거조건 이외의 모든 경우에는 금융자산의 전체에 적용한다. 예를 들면, 다음의 경우에는 당해 금융자산의 전체에 적용한다.

① 금융자산에서 회수되는 현금 중 처음이나 마지막 90%에 대한 권리를 양도하는 경우
② 수취채권 집합의 현금흐름 중 90%에 대한 권리를 양도하면서 매입자에게 수취채권 원금의 8%까지 신용손실을 보상하기로 하는 지급보증을 제공하는 경우

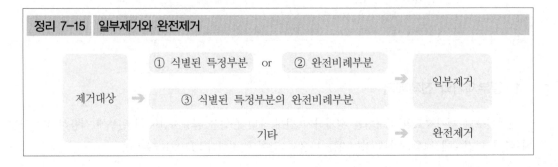

정리 7-15 일부제거와 완전제거

(3) 제거와 양도

다음 중 하나에 해당하는 경우에만 금융자산을 제거한다(KIFRS1039-17).

1) 제거조건

① 금융자산의 현금흐름에 대한 계약상 권리가 소멸한 경우
② 문단 18과 19에 따라 금융자산을 양도하며 그 양도가 문단 20에서 규정한 제거의 조건을 충족하는 경우

다음 중 하나에 해당하는 경우에만 금융자산을 양도한 것이다(KIFRS1039-18).

① 금융자산의 현금흐름을 수취할 계약상 권리를 양도한 경우
② 금융자산의 현금흐름을 수취할 계약상 권리를 보유하고 있으나, 당해 현금흐름을 양도거래(문단 19)의 조건을 충족하는 계약에 따라 하나 이상의 수취인에게 지급할 계약상 의무를 부담하는 경우

금융자산('최초자산')의 현금흐름을 수취할 계약상 권리를 보유하고 있으나 당해 현금흐름을 하나 이상의 거래상대방('최종수취인')에게 지급할 계약상 의무를 부담[41]하는 경우, 그 거래가 다음 세 가지 조건을 모두 충족하는 경우에만 양도거래로 본다(KIFRS1039-19).

① 양도자는 최초자산에서 회수하지 못한 금액의 상당액을 최종수취인에게 지급할 의무가 없다. 양도자가 그 상당액을 단기간 선급하면서 시장이자율에 따른 이자를 포함한 원리금을 상환받는 권리를 가지는 경우에도 이 조건은 충족된다.
② 현금흐름을 지급할 의무의 이행을 위해 최종수취인에게 담보물로 제공하는 경우를 제외하고는, 양도자는 양도계약의 조건으로 인하여 최초자산을 매도하거나 담보물로 제공하지 못한다.
③ 양도자는 최종수취인을 대신해서 회수한 현금을 중요한 지체 없이 최종수취인에게 지급할 의무가 있다. 또한 양도자는 해당 현금을 재투자할 권리를 가지지 아니한다. 다만, 현금 회수일부터 최종수취인에게 지급하기까지의 단기결제유예기간 동안 현금 또는 현금성자산에 투자하고 이러한 투자에서 발생한 이자를 최종수취인에게 지급하는 경우는 제외한다.

양도거래(문단19)를 적용하는 대상의 예는 다음과 같다(KIFRS1039-AG38).

① 금융자산의 발행자
② 금융자산을 취득하고 금융자산의 현금흐름을 독립적인 제3의 투자자에게 지급하는 연결대상 특수목적기업를 포함한 연결실체

금융자산을 양도한 경우, 양도자는 금융자산의 소유에 따른 위험과 보상의 보유 정도를 평가하여 다음과 같이 회계처리한다(KIFRS1039-20).

① 양도자가 금융자산의 소유에 따른 위험과 보상의 대부분을 이전하면, 당해 금융자산을 제거하고 양도함으로써 발생하거나 보유하게 된 권리와 의무를 각각 자산과 부채로 인식한다.
② 양도자가 금융자산의 소유에 따른 위험과 보상의 대부분을 보유하면, 당해 금융자산을 계속하여 인식한다.
③ 양도자가 금융자산의 소유에 따른 위험과 보상의 대부분을 보유하지도 아니하고 이전하지도 아니하면, 양도자가 당해 금융자산을 통제하는지를 결정하여 다음과 같이 회계처리한다.
　㉠ 양도자가 금융자산을 통제하고 있지 아니하면, 당해 금융자산을 제거하고 양도함으로써 발생하거나 보유하게 된 권리와 의무를 각각 자산과 부채로 인식한다.

---

41) 금융자산의 현금흐름을 수취할 계약상 권리를 보유하고 있으나 당해 현금흐름을 하나 이상의 거래상대방에게 지급할 계약상 의무를 부담하는 계약을 이체계약(pass-through arrangement)이라 한다(KIFRS1039-BC54)

ⓒ 양도자가 금융자산을 통제하고 있다면, 당해 금융자산에 대하여 지속적으로 관여하는 정도까지 당해 금융자산을 계속하여 인식한다.

[CPA 2016]

양도자가 금융자산의 소유에 따른 위험과 보상의 대부분을 소유하지도 아니하고 이전하지도 아니한 상태에서, 양도자가 금융자산을 통제하고 있다면 당해 금융자산을 제거하고 양도함으로써 발생하거나 보유하게 된 권리와 의무를 각각 자산과 부채로 인식한다. (×)

정리 7-16   금융자산 양도의 회계처리

금융자산의 소유에 따른 위험과 보상	양도자의 금융자산 통제	회계처리
양도자가 대부분 이전		양도자산 제거*1
양도자가 대부분 보유		당해 금융자산을 계속 인식
양도자가 대부분 이전 × & 대부분 보유 ×	통제안 함	양도자산 제거*1
	통제함	지속적 관여정도까지 양도자산을 계속 인식

*1. 양도로 발생한 권리와 의무를 자산과 부채로 인식

○ **도 해**

자산소유에 따른 위험과 보상	대부분 이전	대부분 이전× & 대부분 보유×		대부분 보유
양도자의 자산 통제	N/A	통제안 함	통제함	N/A
자산 제거 or 계속인식	자산 제거		지속적 관여정도까지 자산계속인식	자산계속인식

특수목적기업이나 신탁기업이 소유하고 있는 금융자산을 기초자산(underlying assets)으로 하여 그에 대한 수익지분을 투자자에게 발행하고, 당해 금융자산에 대한 관리용역을 제공한다면, 금융자산의 현금흐름에 대한 계약상 권리를 보유하고 있으나 하나 이상의 수취인에게 현금흐름을 지급할 계약상 의무를 부담하는 경우가 발생한다. 이 경우 문단 19와 20의 조건을 충족한다면, 당해 금융자산은 제거의 조건을 충족한 것이다(KIFRS1039-AG37).

2. 위험과 보상의 이전여부 평가

(1) 평가기준

위험과 보상의 이전 여부는 양도자산의 순현금흐름의 금액과 시기의 변동에 대한 양도 전·후 양도자의 노출정도를 비교하여 평가한다(KIFRS1039-21).

- 금융자산의 미래 순현금흐름의 현재가치 변동에 대한 양도자의 노출정도가 양도의 결과 유의적으로 변하지 않는다면(⑩ 양도자가 확정가격이나 매도가격에 대여자의 이자수익을 더한 금액으로 재매입하기로 하고 금융자산을 매도한 경우), 양도자는 금융자산의 소유에 따른 위험과 보상의 대부분을 보유하고 있는 것이다.
- 금융자산의 미래 순현금흐름의 현재가치 변동에 대한 양도자의 노출정도가 더 이상 유의적이지 않다면 [⑩ 재매입 시점의 공정가치로 재매입할 수 있는 선택권을 가지면서 금융자산을 매도한 경우 또는 계약상 더 큰 금융자산의 현금흐름에 완전히 비례하는 부분을 양도(⑩ 대출채권의 공동인수 후 분할)하되 그 거래가 양도조건(문단 19의 조건)을 충족하는 경위, 양도자는 금융자산의 소유에 따른 위험과 보상의 대부분을 이전한 것이다.

재매입약정가격을 재매입시점의 공정가치 또는 확정가격에 따른 양도자의 가격변동위험에 대하여 표시하면 다음과 같다.

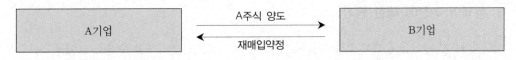

재매입가격	A기업의 이익		
	A주식가격 상승	A주식가격 하락	가격변동위험
재매입시점의 공정가치	불변	불변	A기업부담
확정가격	증가	감소	B기업부담

적절한 현행 시장이자율을 할인율로 사용하여 미래 순현금흐름의 현재가치 변동에 대한 양도 전·후 양도자의 노출정도를 계산하고 비교하며, 발생하리라고 합리적으로 기대되는 모든 순현금흐름 변동을 고려하되 발생가능성이 더 높은 결과에 더 큰 비중을 둔다(KIFRS1039-22).

(2) 소유에 따른 위험과 보상의 대부분을 이전하는 경우의 예

양도자가 소유에 따른 위험과 보상의 대부분을 이전하는 경우의 예는 다음과 같다(KIFRS1039-AG39).

① 금융자산을 아무런 조건 없이 매도한 경우
② 양도자가 매도한 금융자산을 재매입시점의 공정가치[42]로 재매입할 수 있는 권리를 보유하고 있는 경우

③ 양도자가 매도한 금융자산에 대한 콜옵션을 보유하고 있거나 양수자가 당해 금융자산에 대한 풋
옵션을 보유하고 있지만, 당해 콜옵션이나 풋옵션이 깊은 외가격43)상태(옵션행사를 기대할 수 없
는 상태＝옵션을 무시할 수 있는 상태)이기 때문에 만기 이전에 당해 옵션이 내가격 상태가 될
가능성이 매우 낮은 경우

(3) 위험과 보상의 대부분을 보유하는 경우의 예

양도자가 소유에 따른 위험과 보상의 대부분을 보유하는 경우의 예는 다음과 같다(KIFRS1039-AG40).

① 양도자가 매도 후에 미리 정한 가격 또는 매도가격에 양도자에게 금전을 대여하였더라면 그 대가
로 받았을 이자수익을 더한 금액으로 양도자산을 재매입하는 거래의 경우
② 유가증권대차계약(a securities lending agreement)44)을 체결한 경우
③ 시장위험을 다시 양도자에게 이전하는 총수익스왑과 함께 금융자산을 매도한 경우
④ 양도자가 매도한 금융자산에 대한 콜옵션을 보유하고 있거나 양수자가 당해 금융자산에 대한 풋
옵션을 보유하고 있으며, 당해 콜옵션이나 풋옵션이 깊은 내가격45)(deep in-the-money) 상태이기
때문에 만기 이전에 당해 옵션이 외가격 상태가 될 가능성이 매우 낮은 경우
⑤ 양도자가 양수자에게 발생가능성이 높은 대손의 보상을 보증하면서 단기 수취채권을 매도한 경우

3. 통제의 이전에 대한 평가

양도자가 양도자산을 통제하고 있는지 여부는 양수자가 그 자산을 매도할 수 있는 능력을 가지고 있는
지 여부에 따라 결정한다. 양수자가 자산 전체를 독립된 제3자에게 매도할 수 있는 실질적 능력을 가지
고 있으며, 양도에 대한 추가적인 제약 없이 그 능력을 일방적으로 행사할 수 있다면, 양도자는 양도자
산에 대한 통제를 상실한 것이다. 이 경우 이외에는 양도자가 양도자산을 통제하고 있는 것이다
(KIFRS1039-23).

즉, 양수자가 양도자산을 매도할 수 있는 실질적인 능력을 보유하고 있다면, 양도자가 양도자산에
대한 통제를 상실한 것이다. 양수자가 양도자산을 매도할 수 있는 실질적인 능력을 보유하고 있지 않다
면, 양도자가 양도자산에 대한 통제를 보유하고 있는 것이다. 양도자산이 활성시장에서 거래된다면 양

---

42) 재매입가격이 공정가치인 재매입약정은 재매입약정이 없는 것으로 간주하면 된다.
43) deep out-of-the-money(DOTM) : 콜옵션은 행사가격이 기초자산의 시장가격보다 매우 높은 경우, 풋옵션은 행사가격
이 기초자산의 시장가격보다 매우 낮은 경우를 '깊은 외가격'이라고 한다. 깊은 외가격 상태이면 옵션의 행사는 거의
기대할 수 없다.
44) 유가증권대차거래란 유가증권 보유자가 소유권을 제3자에게 일정기간 양도하고 제3자는 그 대가로 수수료를 제공하며
약정기한 내 다시 소유권을 돌려 주는 거래를 말한다. 대차거래란 빌린자가 빌린 것을 다시 돌려주는 거래로서 임대차,
소비대차 등이 있다.
45) deep in-the-money(DITM) : 콜옵션은 기초자산의 시장가격이 행사가격보다 매우 높은 경우, 풋옵션은 기초자산의 시
장가격이 행사가격보다 매우 낮은 경우를 '깊은 내가격'이라고 한다. 깊은 내가격 상태이면 옵션 행사가 거의 기대된다.

도자에게 자산을 반환할 필요가 있을 때 양수자가 시장에서 양도자산을 재매입할 수 있기 때문에 양수자는 양도자산을 매도할 수 있는 실질적인 능력을 보유한 것이다. 예를 들면, 다음과 같다(KIFRS1039-AG42).

① 양도자가 양도자산을 재매입할 수 있는 옵션(콜옵션)을 보유하고 있으나, 당해 옵션을 행사하더라도 양수자가 시장에서 당해 양도자산을 용이하게 매입할 수 있다면, 양수자는 양도자산을 매도할 수 있는 실질적인 능력을 보유하고 있다고 볼 수 있다.

② 양도자가 양도자산을 재매입할 수 있는 옵션을 보유하고 있으며, 당해 옵션을 행사할 경우 양수인이 시장에서 당해 양도자산을 용이하게 매입할 수 없다면, 양수자는 양도자산을 매도할 수 있는 실질적인 능력을 보유하고 있지 않다.

중요한 것은 양도자산에 대하여 양수자가 가지고 있는 계약상 권리나 존재하는 계약상 금지조항이 아니라 양수자가 양도자산에 대하여 실질적으로 무엇을 할 수 있느냐이다. 특히 이와 관련하여 다음 사항을 고려할 필요가 있다(KIFRS1039-AG43).

① 양도자산을 거래할 수 있는 시장이 없다면 양도자산을 처분할 수 있는 계약상 권리는 실질적으로 거의 효과가 없다.

② 양도자산을 자유롭게 처분할 수 없다면, 양도자산을 처분할 수 있는 능력은 실질적으로 거의 효과가 없다. 따라서 양수자가 양도자산을 자유롭게 처분할 수 있는 능력을 보유하기 위해서는 다음 두 가지 조건을 모두 충족해야 한다.

  ㉠ 양도자산을 처분할 수 있는 양수자의 능력은 다른 기업의 행동에 독립적이어야 한다. 즉, 그것은 일방적인 능력이어야 한다.

  ㉡ 양수자가 양도시에 제약조건 또는 부대조건(예 대여금에 관리용역이 제공되는 방법에 대한 조건이나 양수자에게 자산을 재매입할 수 있는 권리를 부여하는 옵션)을 부가할 필요 없이 양도자산을 처분할 수 있어야 한다.

양수자가 양도자산을 매도할 가능성이 낮다는 사실이 양도자가 양도자산에 대한 통제를 보유하고 있다는 것을 의미하지는 않는다. 그러나 풋옵션이나 보증 때문에 양수자가 양도자산을 매도하는데 제약이 있다면, 양도자는 양도자산에 대한 통제를 보유하고 있는 것이다. 예를 들면, 다음과 같다(KIFRS1039-AG44).

> 풋옵션이나 보증이 충분히 가치가 있다면 양수자가 실질적으로 유사한 옵션 또는 기타의 제약조건을 부가하지 않고는 양도자산을 제3자에게 매도하지 않을 것이므로, 그러한 풋옵션이나 보증 때문에 양수자는 양도자산을 매도하지 않을 것이다. 그 대신 양수자는 보증이나 풋옵션에 따른 지급액을 수취하기 위하여 양도자산을 보유하고자 할 것이다. 이 경우 양도자는 양도자산에 대한 통제를 보유하고 있는 것이다.

4. 양도에 대한 회계처리

(1) 제거 조건을 충족하는 양도

금융자산 전체를 제거하는 경우 다음 ①과 ②의 차액을 당기손익으로 인식한다(KIFRS1039-26).

① 금융자산의 장부금액
② 다음의 합계액
　　㉠ 수취한 대가(새로 취득한 모든 자산에서 새로 부담하게 된 모든 부채를 차감한 금액 포함)
　　㉡ 기타포괄손익으로 인식된 누적손익

정리 7-17　전체 제거하는 경우 제거손익 계산

제거손익을 계산식으로 표시하면 다음과 같다.

$$제거손익(IS) = 수취한\ 대가^{*1} - 금융자산의\ 장부금액 \pm 기타포괄손익누적액^{*2}$$

*1. 새로 취득한 모든 자산에서 새로 부담하게 된 모든 부채를 차감한 금액 포함
*2. + 기타포괄이익누적액,　- 기타포괄손실누적액

양도자산이 더 큰 금융자산의 일부이고(예) 채무상품의 현금흐름 중 이자부분의 양도) 양도한 부분 전체가 제거 조건을 충족한다면, 금융자산 전체의 장부금액은 계속 인식되는 부분과 제거되는 부분에 대해 양도일 현재 각 부분의 상대적 공정가치를 기준으로 배분한다. 이 경우 관리용역자산은 계속 인식되는 부분으로 처리한다.

다음 ①과 ②의 차액은 당기손익으로 인식하며, 기타포괄손익으로 인식된 누적손익은 계속 인식되는 부분과 제거되는 부분에 대해 양도일 현재 각 부분의 상대적 공정가치를 기준으로 배분한다(KIFRS1039-27).

① 제거되는 부분에 배분된 금융자산의 장부금액
② 다음의 합계액
　　㉠ 수취한 대가(새로 취득한 모든 자산에서 새로 부담하게 된 모든 부채를 차감한 금액 포함)
　　㉡ 기타포괄손익으로 인식된 누적손익 중 제거되는 부분에 배분된 금액

정리 7-18　부분 제거하는 경우 제거손익 계산

제거손익을 계산식으로 표시하면 다음과 같다.

$$제거손익(IS) = 수취한\ 대가^{*1} - 금융자산의\ 장부금액^{*3} \pm 기타포괄손익누적액^{*2*3}$$

*1. 새로 취득한 모든 자산에서 새로 부담하게 된 모든 부채를 차감한 금액 포함
*2. + 기타포괄이익누적액,　- 기타포괄손실누적액
*3. 제거되는 부분에 배분된 금액

금융자산의 장부금액을 계속 인식되는 부분과 제거되는 부분에 배분할 때, 계속 인식되는 부분의 공정가치를 다음과 같이 결정한다(KIFRS1039-28).

- 계속 인식되는 부분과 유사한 부분을 매도한 경험이 있거나 당해 부분을 거래하는 시장이 있는 경우, 최근의 거래가격이 공정가치에 대한 최선의 추정치가 된다.
- 계속 인식되는 부분의 공정가치를 추정하기 위한 공시가격이나 최근 시장거래가 없는 경우, 금융자산 전체의 공정가치와 제거되는 부분에 대하여 양수자에게서 수취한 대가의 차이가 계속 인식되는 부분의 공정가치에 대한 최선의 추정치가 된다.

금융자산 전체가 제기 조건을 충족하는 양도로 금융자산을 양도하고, 수수료를 대가로 당해 양도자산의 관리용역을 제공하기로 한다면, 관리용역제공계약과 관련하여 다음과 같이 자산이나 부채를 인식한다.(KIFRS1039-24)

- 관리용역 수수료가 용역제공의 적절한 대가에 미달할 것으로 예상한다면, 용역제공의무에 따른 부채를 공정가치로 인식한다.
- 관리용역 수수료가 용역제공의 적절한 대가를 초과할 것으로 예상한다면, 전체 금융자산의 장부금액 중 문단 27에 따라 배분된 금액으로 용역제공권리에 따른 자산을 인식한다.

양도의 결과로 금융자산 전체가 제거되지만 새로운 금융자산을 취득하거나 새로운 금융부채나 관리용역부채를 부담한다면, 그 새로운 금융자산, 금융부채 또는 관리용역부채를 공정가치로 인식한다(KIFRS1039-25).

양도자는 관리용역의 대가로 양도자산의 이자 중 일부에 대한 권리를 보유할 수 있다. 양도자가 관리용역계약을 종료하거나 당해 계약을 양도한다면 포기하게 될 당해 이자는 관리용역자산이나 관리용역부채에 배분한다. 양도자가 포기하지 아니하는 이자 부분은 이자분리채권이다. 예를 들면, 양도자가 관리용역계약을 종료할 때나 해당 계약을 양도할 때 어떤 이자도 포기하지 않는다면, 이자 전체가 이자분리채권이다. 문단 27을 적용할 때 채권의 장부금액을 제거되는 부분과 계속 인식되는 부분에 배분하기 위하여 관리용역자산과 이자분리채권의 공정가치를 사용한다. 특정된 관리용역수수료가 없거나 수취할 관리용역수수료가 양도자가 수행하는 관리용역을 적절하게 보상하지 못할 것으로 예상된다면, 관리용역의무에 대한 부채는 공정가치로 인식한다(KIFRS1039-AG45).

(2) 제거 조건을 충족하지 못하는 양도

양도자가 양도자산의 소유에 따른 위험과 보상의 대부분을 보유하고 있기 때문에 양도자산이 제거되지 않는다면, 그 양도자산 전체를 계속하여 인식하며 수취한 대가를 금융부채로 인식한다. 양도자는 후속기간에 양도자산에서 발생하는 모든 수익과 금융부채에서 발생하는 모든 비용을 인식한다(KIFRS1039-29). 이에 대한 예는 다음과 같다(KIFRS1039-AG47).

제7장

양도자가 양도자산의 채무불이행에 따른 손실을 보증하여 양도자산의 소유에 따른 위험과 보상의 대부분을 보유하기 때문에 당해 양도자산을 제거하지 못하면, 양도자산 전체를 계속하여 인식하고 수취한 대가를 부채로 인식한다.

5. 양도자산에 대한 지속적관여

(1) 일반원칙

양도자가 양도자산의 소유에 따른 위험과 보상의 대부분을 보유하지도 아니하고 이전하지도 아니하며, 양도자가 양도자산을 통제하고 있다면, 그 양도자산에 대하여 지속적으로 관여하는 정도까지 그 양도자산을 계속하여 인식한다. 이때 지속적관여의 정도는 양도자산의 가치 변동에 대하여 양도자가 부담하는 노출정도를 말한다. 지속적관여의 정도의 예를 들면 다음과 같다(KIFRS1039-30).

① 양도자가 양도자산에 대한 보증을 제공하는 형태로 지속적관여가 이루어지는 경우, 지속적관여의 정도는 (개) 양도자산의 장부금액과 (내) 수취한 대가 중 상환을 요구받을 수 있는 최대금액(보증금액) 중 작은 금액이 된다.

② 양도자가 양도자산에 대한 옵션을 매도하거나 매입하는 경우 또는 매입, 매도를 둘 다 하는 경우, 지속적관여의 정도는 양도자산 중 양도자가 재매입할 수 있는 금액이다. 그러나 공정가치로 측정하는 자산에 대하여 풋옵션을 발행하는 경우, 지속적관여의 정도는 양도자산의 공정가치와 옵션의 행사가격 중 작은 금액이 된다.

③ 양도자가 양도자산에 대하여 현금결제옵션이나 이와 유사한 계약을 체결하는 경우, 지속적관여의 정도는 위의 ②에서 설명한 비현금결제옵션의 지속적관여의 정도와 동일한 방법으로 측정한다.

정리 7-19	지속적 관여 정도
지속적 관여 형태	**지속적 관여 정도**
보증제공	Min [양도자산의 장부금액, 보증금액]
옵션 매입, 매도	양도자가 재매입가능 금액
단, 공정가치로 측정자산에 풋옵션 발행	Min [양도자산의 공정가치, 옵션의 행사가격]

양도자가 지속적관여의 정도까지 자산을 계속 인식하는 경우 관련부채(associated liability)도 함께 인식한다. 이때 측정과 관련된 금융상품기준서의 다른 물음에 관계없이 양도자산과 관련부채는 양도자가 보유하는 권리와 부담하는 의무를 반영(자산과 부채의 측정기준이 일치하게)하여 측정한다. 관련부채는 다음과 같이 측정한다(KIFRS1039-31).

① 양도자산을 상각후원가로 측정한다면, 양도자산과 관련부채의 순장부금액이 양도자가 보유하는

권리와 부담하는 의무의 상각후원가가 되도록 관련부채를 측정[46]한다.

② 양도자산을 공정가치로 측정한다면, 양도자산과 관련부채의 순장부금액이 양도자가 보유하는 권리와 부담하는 의무의 독립적으로 측정된 공정가치가 되도록 관련부채를 측정한다.

양도자는 양도자산에서 발생하는 수익을 지속적관여의 정도까지 계속 인식하며, 관련부채에서 발생하는 모든 비용을 인식한다(KIFRS1039-32). 후속 측정시 양도자산과 관련부채의 공정가치 변동액은 상계하지 아니한다(KIFRS1039-33).

양도자가 금융자산의 일부에 대하여만 지속적으로 관여하는 경우(예를 들면, 양도자산의 일부를 재매입할 수 있는 옵션을 보유하거나, 양도자산의 소유에 따른 위험과 보상의 대부분을 보유한 것으로 볼 수 없는 잔여지분을 보유하고 양도자산을 통제하고 있는 경우), 금융자산의 장부금액은 지속적 관여에 따라 계속 인식되는 부분과 제거되는 부분에 대해 양도일 현재 각 부분의 상대적 공정가치를 기준으로 배분한다(KIFRS1039-34).

다음 금액은 당기손익으로 인식한다.

$$\boxed{\begin{array}{c}\text{제거되는 부분에 배분된}\\ \text{금융자산의 장부금액}\end{array}} - \left[\boxed{\begin{array}{c}\text{제거되는 부분에}\\ \text{대하여 수취한 대가}\end{array}} + \boxed{\begin{array}{c}\text{기타포괄손익으로 인식된 누적손익 중}\\ \text{제거되는 부분에 배분된 금액}\end{array}}\right]$$

기타포괄손익으로 인식된 누적손익은 계속 인식되는 부분과 제거되는 부분에 대해 양도일 현재 각 부분의 공정가치를 기준으로 배분한다.

(2) 양도자산과 관련부채를 측정하는 방법의 사례

다음은 양도자산과 관련부채를 측정하는 방법의 예이다(KIFRS1039-AG48).

1) 모든 자산

양도자가 양도자산의 채무불이행에 따른 손실을 지급하기로 하는 보증으로 인하여 지속적관여의 정도에 해당하는 양도자산을 제거할 수 없다면, 다음과 같이 측정한다.

- 당해 양도자산은 양도일에 ㉠ 양도자산의 장부금액과 ㉡ 수취한 대가에서 상환을 요구받을 수 있는 최대금액(보증금액) 중 작은 금액으로 측정한다.
- 관련부채는 최초 인식시 보증금액에 보증의 공정가치(일반적으로 보증의 대가로 수취한 금액)를 더한 금액으로 측정한다.
- 보증의 최초 공정가치는 후속 기간에 시간의 경과에 따라 당기손익에 반영하고, 양도자산의 장부금액은 손상차손에 따라 감소한다.

---

[46] 따라서 양도자산이 상각후원가로 측정된다면, 관련부채도 당기손익인식금융부채로 지정될 수 없다(KIFRS1039-35).

2) 상각후원가로 측정하는 자산

양도자가 발행한 풋옵션에 따른 의무나 양도자가 보유하는 콜옵션에 따른 권리로 인해 양도자산을 제거하지 못하고 당해 양도자산을 상각후원가로 측정한다면, 관련부채는 원가(수취한 대가)로 측정하고 당해 원가와 옵션 만기일 현재 양도자산의 상각후원가의 차액을 상각하여 조정한다. 예를 들면 다음과 같다.

> 양도일에 양도자산의 상각후원가와 장부금액이 98원이고, 수취한 대가가 95원이며 옵션 행사시점에 양도자산의 상각후원가는 100원이라고 가정하자. 관련 부채의 최초 장부금액은 95원이며, 95원과 100원의 차이는 유효이자율법을 사용하여 당기손익으로 인식한다. 옵션이 행사된다면, 관련부채의 장부금액과 행사가격의 차이는 당기손익으로 인식한다.

3) 공정가치로 측정하는 자산

A. 양도자가 보유하고 있는 콜옵션에 따른 권리로 양도자산을 제거하지 못하고 당해 양도자산을 공정가치로 측정한다면, 자산은 계속하여 공정가치로 측정한다. 관련부채는 다음과 같이 측정한다.

- 콜옵션이 내가격 상태이거나 등가격 상태 : 옵션의 행사가격 - 옵션의 시간가치
- 콜옵션이 외가격 상태 : 양도자산의 공정가치 - 옵션의 시간가치

관련부채 측정치를 조정하면 자산과 관련부채의 순장부금액은 콜옵션에 따른 권리의 공정가치가 된다.

 예제 7-18 양도자산과 관련부채의 측정

양도자가 금융자산을 양도하고 양도자산을 기초자산으로 하는 콜옵션을 보유하여 양도자산을 제거하지 못하였다. 양도자산은 계속 공정가치로 측정하고, 콜옵션은 상황은 다음과 같다.

구분	기초자산의 공정가치	콜옵션의 행사가격	옵션의 시간가치	콜옵션상황
상황1	₩80	₩95	₩5	외가격
상황2	80	60	5	내가격, 등가격

≪물음≫

1. '상황1'에서 관련부채의 장부금액과 양도자산의 장부금액을 계산하시오.
2. '상황2'에서 관련부채의 장부금액과 양도자산의 장부금액을 계산하시오.

 해답

1. (상황1)

관련부채의 장부금액 = 양도자산의 공정가치 - 옵션의 시간가치 = 80 - 5 = ₩75
양도자산의 장부금액 = 공정가치 = ₩80

2. (상황2)
관련부채의 장부금액＝옵션의 행사가격 － 옵션의 시간가치＝60 － 5＝₩55
양도자산의 장부금액＝공정가치＝₩80

B. 양도자가 발행한 풋옵션 때문에 양도자산을 제거하지 못하고, 당해 양도자산을 공정가치로 측정한다면, 관련부채는 옵션의 행사가격에 옵션의 시간가치를 더한 금액으로 측정한다. 양도자산의 공정가치는 옵션의 행사가격과 공정가치 중 작은 금액으로 측정한다. 그 이유는 양도자가 양도자산의 공정가치 증가액 중 옵션의 행사가격 이상인 금액에 대한 권리를 보유하고 있지 아니하기 때문이다. 결국 자산과 관련부채의 순장부금액은 풋옵션에 따른 의무의 공정가치가 된다. 예를 들면 다음과 같다.

기초자산의 공정가치가 120원이고, 풋옵션의 행사가격이 100원이며, 풋옵션의 시간가치가 5원이라면, 관련부채의 장부금액은 105원(100원+5원)이며, 양도자산의 장부금액은 옵션의 행사가격인 100원이다.

[계산과정]
관련부채의 장부금액＝옵션의 행사가격 ＋ 옵션의 시간가치＝100원 ＋ 5원＝105원
양도자산의 장부금액＝Min[공정가치, 옵션의 행사가격]＝Min[120원, 100원]＝100원

C. 콜옵션을 매입하고 풋옵션을 발행하여 양도자산을 제거하지 못하고, 당해 양도자산을 공정가치로 측정한다면, 자산은 계속하여 공정가치로 측정한다. 관련부채는 다음과 같이 측정한다.

- 콜옵션이 내가격 상태이거나 등가격 상태 :
  (콜옵션의 행사가격 ＋ 풋옵션의 공정가치) － 콜옵션의 시간가치
- 콜옵션이 외가격 상태 :
  (자산의 공정가치 ＋ 풋옵션의 공정가치) － 콜옵션의 시간가치

관련부채의 조정을 통해 자산과 관련부채의 순장부금액은 양도자가 보유한 옵션과 발행한 옵션의 공정가치가 되도록 하는 것이다. 예를 들면 다음과 같다.

양도자가 공정가치로 측정하는 금융자산을 양도하고 동시에 행사가격이 120원인 콜옵션을 매입하며 행사가격이 80원인 풋옵션을 발행한다고 가정하자. 또 양도일에 자산의 공정가치가 100원이라고 가정하자. 풋옵션의 시간가치는 1원이고 콜옵션의 시간가치는 5원이다. 이 경우 양도자는 자산의 공정가치인 100원을 자산으로 인식하고 96원(100원+1원 － 5원)을 부채로 인식한다. 따라서 양도자가 보유한 옵션과 발행한 옵션의 공정가치인 4원이 순자산가치가 된다.

[계산과정] 콜옵션이 외가격 상태
관련부채의 장부금액＝자산의 공정가치 ＋ 풋옵션의 공정가치 － 콜옵션의 시간가치
＝100원 ＋ 1원 － 5원＝96원
양도자산의 장부금액＝공정가치＝100원

정리 7-20   공정가치로 측정하는 자산

○ 양도자가 보유하고 있는 콜옵션

구 분	S ≥ X (내가격, 등가격)	S < X (외가격)
관련자산	FV	FV
관련부채	X − PV	FV − PV

○ 양도자가 발행한 풋옵션

구 분	
관련자산	Min[FV, X]
관련부채	X + PV

○ 콜옵션을 매입하고 풋옵션을 발행

구 분	S ≥ X (내가격, 등가격)	S < X (외가격)
관련자산	FV	FV
관련부채	X + P − PV	FV + P − PV

S : 기초자산의 공정가치, X : 콜옵션의 행사가격, FV : 양도자산의 공정가치
PV : 콜옵션의 시간가치, P : 풋옵션의 공정가치

---

(3) 모든 양도

양도자산을 계속 인식하는 경우 그 양도자산과 관련부채는 상계하지 아니한다. 마찬가지로 양도자산에서 발생하는 어떤 수익과 관련부채에서 발생하는 어떤 비용도 상계하지 아니한다(KIFRS1039-36).

양도자가 비현금담보물(예 채무상품 또는 지분상품)을 제공한 경우, 그 담보물에 대한 양도자와 양수자의 회계처리는 양수자가 그 담보물을 매도하거나 다시 담보로 제공할 권리를 가지고 있는지 여부와 양도자의 채무불이행 여부에 따라 결정한다. 양도자와 양수자는 담보물을 다음과 같이 회계 처리한다(KIFRS1039-37).

① 양수자가 계약이나 관행에 따라 담보물을 매도하거나 다시 담보로 제공할 권리를 가지고 있다면, 양도자는 그 담보자산을 그 밖의 자산과 구분하여 재무상태표에 재분류(예 대여자산, 담보제공지분상품 또는 재매입수취채권)한다.
② 양수자가 담보물을 매도하면, 양수자는 그 담보물을 반환할 의무를 공정가치로 측정한 부채와 매도로 수취한 대가를 인식한다.

③ 양도자가 계약조건에 따른 채무를 이행하지 못하여 담보물을 반환받지 못하게 되면, 양도자는 그 담보물을 제거하며, 양수자는 그 담보물을 공정가치로 측정하여 자산으로 인식하거나 담보물을 이미 매도하였다면 그 담보물을 반환할 의무를 제거한다.

④ 위 ③의 경우를 제외하고는, 양도자는 담보물을 계속 자산으로 인식하며, 양수자는 당해 담보물을 자산으로 인식하지 아니한다.

금융자산의 양도가 제거 조건을 충족하지 못할 때, 양도자산이나 양도에서 발생하는 부채와 파생상품을 모두 인식함으로써 양도와 관련된 계약상 권리나 의무를 이중으로 인식하는 결과가 된다면, 당해 계약상 권리나 의무는 별도의 파생상품으로 회계처리하지 아니한다. 예를 들면, 양도자가 보유한 콜옵션 때문에 금융자산의 양도를 매도로 처리하지 못할 수 있다. 이 경우 당해 콜옵션은 별도의 파생상품 자산으로 인식하지 아니한다(KIFRS1039-AG49).

금융자산의 양도가 제거 조건을 충족하지 못하면, 양수자는 양도자산을 양수자의 자산으로 인식하지 아니한다. 양수자는 지급한 현금이나 그 밖의 대가를 제거하고, 양도자에 대한 채권을 인식한다. 재매입약정 등에 따라 확정금액을 지급함으로써 양도자산 전체에 대한 통제를 다시 획득할 수 있는 권리와 의무를 양도자가 모두 보유하고 있다면, 양수자는 수취할 금액을 대여금이나 수취채권으로 회계처리할 수 있다(KIFRS1039-AG50).

 예제 7-14 지속적인관여 접근법(KIFRS1039-AG52)

금융자산의 일부에 대하여 지속적으로 관여하는 경우 지속적관여 접근법(continue involvement approach)을 적용하는 방법에 대한 예제이다.

액면이자율과 유효이자율이 연 10%이며, 원금과 상각후원가가 10,000원인 중도상환이 가능한 대여금 포트폴리오를 기업이 보유하고 있다고 가정하자. 기업은 9,115원을 받고 양수자에게 원금 회수액 중 9,000원과 9,000원에 대한 이자 9.5%에 대한 권리를 부여하는 계약을 체결하였다. 기업은 원금 회수액 중 1,000원과 1,000원에 대한 10%의 이자, 원금의 나머지 부분인 9,000원에 대한 0.5%의 초과 스프레드에 대한 권리를 보유한다. 중도상환에 따른 회수액은 1:9의 비율로 기업과 양수자에게 배분되지만, 채무불이행이 발생하면 기업의 지분인 1,000원이 완전히 소멸될 때까지 1,000원에서 차감하여 반영한다. 거래일에 당해 대여금의 공정가치는 10,100원이고, 0.5%인 초과 스프레드의 추정 공정가치는 40원이다.

기업은 소유에 따른 유의적인 위험과 보상의 일부(예) 유의적인 중도상환위험)는 이전하였지만, 일부는 보유하고 있으며(후순위 지분을 보유하고 있기 때문), 당해 금융자산에 대한 통제를 상실하지 아니하였다고 판단한다. 따라서 지속적관여접근법을 적용한다.

기업은 당해 거래를 (1) 완전비례적 지분인 1,000원을 보유하는 것과 (2) 신용손실에 대하여 양수자에게 신용보강을 제공하기 위하여 당해 보유지분을 후순위로 제공하는 것으로 분석한다.

기업은 수취한 대가 9,115원 중 9,090원(10,100원×90%)을 전체 자산의 완전비례적인 90%에 해당하는 대가로 계산한다. 수취한 대가 중 나머지 금액(25원)은 대손에 대하여 신용보강을 제공하기 위하여 보유지분을 후순위로 제공한 것에 대한 대가를 나타낸다. 또 0.5%의 초과 스프레드는 신용보강제공에 대하여 수취한 대가를 나타낸다. 따라서 신용보강에 대하여 수취한 대가의 총액은 65원(25원+40원)이다.

기업은 현금흐름의 90% 매도에 대하여 손익을 계산한다. 양도시점에서 양도한 90%와 보유하는 10% 각각에 대한 공정가치가 존재하지 아니하여, 문단 28에 따라 다음과 같이 당해 자산의 장부금액을 배분한다고 가정한다.

	추정 공정가치	비율	배분한 장부금액
이전한 부분	9,090	90%	9,000
보유하는 부분	1,010	10%	1,000
합계	10,100		10,000

기업은 현금흐름의 90% 매도에 따른 손익을 수취한 대가에서 양도한 부분에 대하여 배분한 장부금액을 차감한 금액인 90원(9,090원 − 9,000원=90원)으로 계산한다. 기업이 보유하는 부분에 대한 장부금액은 1,000원이다.

또 기업은 대손에 대하여 보유지분을 후순위로 제공함에 따라 발생한 지속적관여의 정도를 인식한다. 따라서 기업은 자산 1,000원(수취하지 못할 수 있는 후순위 현금흐름의 최대금액)과 관련부채 1,065원(수취하지 못할 수 있는 후순위 현금흐름의 최대금액인 1,000원에 후순위제공의 공정가치인 65원을 더한 금액)을 인식한다.

기업은 위의 모든 정보를 사용하여 다음과 같이 회계처리한다.

	차변	대변
최초 자산	−	9,000
후순위 또는 잔여지분에 대하여 인식한 자산	1,000	−
초과 스프레드의 형태로 수취한 대가에 해당하는 자산	40	−
당기손익(양도에 대한 이익)	−	90
부채	−	1,065
수취한 현금	9,115	−
합계	10,155	10,155

거래 직후 자산의 장부금액은 계속 보유하는 부분에 배분된 금액인 1,000원과 신용손실에 대한 후순위 제공에 따라 추가적인 지속적 관여 정도인 1,040원(40원의 초과 스프레드 포함)으로 구성된 2,040원이 된다.

기업은 후속적으로 신용보강에 대하여 수취한 대가인 65원을 시간의 경과에 따라 인식하고, 인식한 자산에 대한 이자를 유효이자율법으로 인식하며, 인식한 자산에 대하여 신용손상차손을 인식한다. 예를 들면, 다음 회계연도에 기초자산에 대하여 신용손상차손 300원이 발생하였다고 가정하자. 인식한 자산은 600원(보유하는 지분에 관련된 300원과 추가적인 지속적관여 정도와 관련된 300원)만큼 감소하고, 인식한 부채는 300원만큼 감소한다. 결과적으로 신용손상차손 300원이 당기손익으로 인식된다.

6. 제거원칙을 적용한 사례

다음은 제거 원칙을 적용한 예이다(KIFRS1039-AG51).

(1) 재매입약정과 유가증권대차계약 : 제거×

매도가격에 양도자에게 금전을 대여하였더라면 그 대가로 받았을 이자수익을 더한 금액 또는 미리 정한 가격으로 재매입하는 계약에 따라 금융자산을 매도하거나, 양도자에게 반환하는 계약에 따라 금융자산을 대여한다면, 양도자가 소유에 따른 위험과 보상의 대부분을 보유하고 있으므로 당해 금융자산은 제거하지 아니한다. 양수자에게 자산을 매도하거나 담보로 제공할 권리가 있다면, 양도자는 당해 자산을 대여자산이나 재매입수취채권 등으로 재분류한다.

(2) 실질적으로 동일한 자산에 대한 재매입약정과 유가증권대차계약 : 제거×

매도가격에 양도자에게 금전을 대여하였더라면 그 대가로 받았을 이자수익을 더한 금액 또는 미리 정한 가격으로 동일한 자산 또는 실질적으로 동일한 자산을 재매입하는 계약에 따라 금융자산을 매도하거나, 양도자에게 동일한 자산 또는 실질적으로 동일한 자산을 반환하는 계약에 따라 금융자산을 차입하거나 대여한다면, 양도자가 소유에 따른 위험과 보상의 대부분을 보유하고 있으므로 당해 금융자산은 제거하지 아니한다.

(3) 자산을 대체할 수 있는 권리가 있는 재매입약정과 유가증권대차계약 : 제거×

매도가격에 양도자에게 금전을 대여하였더라면 그 대가로 받았을 이자수익을 더한 금액 또는 미리 정한 재매입가격으로 재매입하는 계약 또는 유사한 유가증권대차계약에 따라 양수자가 양도자산과 유사하고 재매입일 현재 동일한 공정가치를 가진 자산으로 양도자산을 대체할 수 있는 권리를 보유하고 있다면, 양도자가 소유에 따른 위험과 보상의 대부분을 보유하고 있으므로 재매입 또는 유가증권대차계약에 따라 매도하거나 대여한 자산은 제거하지 아니한다.

(4) 공정가치로 재매입할 수 있는 우선권 : 제거○

양도자가 금융자산을 매도하고 그 이후 양수자가 그 자산을 매도할 경우 공정가치로 당해 양도자산을 우선 재매입할 수 있는 권리만을 보유하고 있다면, 양도자가 소유에 따른 위험과 보상의 대부분을 이전하였으므로 양도자는 당해 자산을 제거한다.

(5) 자전거래 : 제거×

금융자산을 매도한 직후에 그 자산을 재매입하는 것을 자전거래라고 한다. 당해 매도거래가 제거의 조건을 충족한다면, 재매입거래가 있더라도 제거 조건을 충족할 수 있다. 그러나 금융자산을 매도하는 계약과 동일한 자산을 매도가격에 양도자에게 금전을 대여하였더라면 그 대가로 받았을 이자수익을

제7장

더한 금액 또는 미리 정한 가격으로 재매입하는 계약이 동시에 체결된다면 당해 자산은 제거하지 아니한다.

 예제 7-2ㅁ 자전거래

취득원가가 ₩800이고 미실현보유이익이 ₩200인 매도가능금융자산(장부금액 ₩1,000)을 자전거래하였고, 거래비용은 ₩10이 발생하였으며, 거래가격은 다음과 같다.

구 분	매도가격	매수가격
상황1	₩1,050	₩1,030
상황2	1,010	1,020

동 자전거래는 제거 조건을 충족하지 못한다.

≪물음≫

1. 상기 거래를 '상황1'과 '상황2'로 구분하여 회계처리(분개)하시오.

해답

(상황1) 자전거래에 의하여 현금 등의 유입이 있는 경우

결과적으로 유입된 현금 ₩10(=₩1,050 − ₩1,030 − ₩10)은 당기에 실현되었으므로 당기손익에 포함하고, 새로운 매수가격인 ₩1,030은 정상적인 매매거래에 의한 공정가치로 볼 수 없으므로 매도가능금융자산의 장부금액은 수정하지 아니한다.

(차) 현 금	10	(대) 자전거래이익	10

(상황2) 자전거래에 의하여 현금 등의 유출이 있는 경우

결과적으로 유출된 현금 ₩20(=₩1,020 − ₩1,010+₩10)은 당기에 실현되었으므로 당기손익에 포함하고, 새로운 매수가격인 ₩1,020은 정상적인 매매거래에 의한 공정가치로 볼 수 없으므로 매도가능금융자산의 장부금액은 수정하지 아니한다.

(차) 자전거래손실	20	(대) 현 금	20

(6) 깊은 내가격 상태인 풋옵션과 콜옵션 : 제거×

양도자가 양도한 금융자산에 대한 콜옵션을 보유하며 당해 콜옵션이 깊은 내가격 상태라면, 양도자가 소유에 따른 위험과 보상의 대부분을 보유하고 있으므로 당해 양도는 제거 조건을 충족하지 못한다. 마찬가지로, 양수자가 양도한 금융자산에 대한 풋옵션을 보유하며 당해 풋옵션이 깊은 내가격 상태라면, 양도자가 소유에 따른 위험과 보상의 대부분을 보유하고 있으므로 당해 양도는 제거 조건을 충족하지 못한다.

(7) 깊은 외가격 상태인 풋옵션과 콜옵션 : 제거○

양도한 금융자산에 대하여 양수자가 보유한 풋옵션이 깊은 외가격 상태이거나 양도자가 보유한 콜옵션이 깊은 외가격 상태라면, 당해 양도자산은 제거한다. 그 이유는 양도자가 소유에 따른 위험과 보상의 대부분을 이전하였기 때문이다.

(8) 시장에서 용이하게 매입할 수 있는 자산으로, 그 자산에 대한 콜옵션이 깊은 내가격 상태도 아니고, 깊은 외가격 상태도 아닌 경우 : 제거○

시장에서 용이하게 매입할 수 있는 자산에 대하여 깊은 내가격 상태 또는 깊은 외가격 상태가 아닌 콜옵션을 양도자가 보유하고 있다면, 당해 자산은 제거한다. 그 이유는 다음과 같다.

- 양도자가 양도자산의 소유에 따른 위험과 보상의 대부분을 보유하고 있지도 않고 이전하지도 않았다.
- 양도자산에 대한 통제를 상실하였다.

그러나 당해 자산을 시장에서 용이하게 매입할 수 없다면, 양도자가 당해 자산에 대한 통제를 보유하고 있으므로 콜옵션의 대상이 되는 자산 금액은 제거하지 아니한다.

(9) 시장에서 용이하게 매입할 수 없는 자산에 대한 풋옵션이 깊은 내가격 상태도 아니고, 깊은 외가격 상태도 아닌 경우 : 제거?

시장에서 용이하게 매입할 수 없는 금융자산을 양도하고 깊은 외가격 상태가 아닌 풋옵션을 발행한다면, 발행한 풋옵션 때문에 양도자는 양도자산의 소유에 따른 위험과 보상의 대부분을 보유하고 있지도 않으며 이전하지도 않은 것이다. 당해 풋옵션의 가치가 양수자가 당해 자산을 매도하지 않도록 하기에 충분하다면, 양도자는 그 자산에 대한 통제를 보유하고 있는 것이다. 이 경우 양도자가 지속적으로 관여하는 정도까지 당해 자산을 계속하여 인식한다. 당해 풋옵션의 가치가 양수자가 당해 자산을 매도하지 않도록 하기에 충분하지 않다면, 양도자는 그 자산에 대한 통제를 이전한 것이다. 이 경우 당해 자산은 제거한다.

관련 번호	콜옵션 깊은 내가격	풋옵션 깊은 내가격	콜옵션 깊은 외가격	풋옵션 깊은 외가격	금융자산 쉽게 시장매입가능	금융자산 쉽게 시장매입불가	제거 여부
(6)	○	○	×	×			제거×
(7)	×	×	○	○			제거○
(8)	×		×		○		제거○
(8)	×		×			○	제거×
(9)		×		×		○	제거?

(10) 공정가치 풋옵션, 콜옵션 또는 선도재매입계약이 있는 자산 : 제거○

재매입 시점의 금융자산 공정가치와 동일한 행사가격 또는 재매입가격을 갖는 풋옵션, 콜옵션 또는 선도재매입계약만이 있는 금융자산의 양도는 제거 조건을 충족한다. 그 이유는 양도자가 소유에 따른 위험과 보상의 대부분을 이전하였기 때문이다.

(11) 현금으로 결제하는 콜옵션이나 풋옵션

양도자는 현금으로 차액결제하는 풋옵션, 콜옵션 또는 선도재매입계약이 있는 금융자산의 양도를 평가하여 소유에 따른 위험과 보상의 대부분을 이전하였는지 여부를 결정한다. 만약 양도자산의 소유에 따른 위험과 보상의 대부분을 보유하고 있지 않다면, 당해 자산에 대한 통제를 보유하고 있는지를 결정한다. 풋옵션, 콜옵션 또는 선도재매입계약을 현금으로 차액결제한다는 사실이 양도자가 양도자산에 대한 통제를 이전하였다는 것을 당연히 의미하는 것은 아니다.

(12) 제거조항

제거조항은 일정한 제약조건에서 양도자산을 회수할 수 있는 권리를 부여하는 무조건적인 재매입 (콜) 옵션을 말한다. 이러한 옵션으로 인해 소유에 따른 위험과 보상의 대부분을 보유하지도 않고 이전하지도 않게 된다면, 양수인이 당해 자산을 매도할 수 없는 경우에는 재매입가능금액을 제거하지 아니한다. 예를 들면, 대여금의 장부금액과 대여금의 양도대가가 각각 100,000원이고, 개별적인 대여금을 재매입할 수 있지만 그 총액이 10,000원을 초과할 수 없다면, 대여금 중 90,000원은 제거 조건을 충족할 것이다.

(13) 잔여부분을 재매입할 수 있는 권리

관리용역의 보상에 비하여 관리용역의 원가가 초과하는 수준으로 관리용역의 대상자산이 감소하는 경우 관리용역을 제공하는 기업(양도자일 수 있음)이 양도자산의 잔여부분을 재매입할 수 있는 권리를 보유할 수 있다. 이러한 권리를 보유하기 때문에 소유에 따른 위험과 보상을 대부분 보유하지도 이전하지도 않으면서 양수자가 당해 자산을 매도할 수 없다면, 이러한 재매입권의 대상이 되는 잔여자산의 금액은 제거하지 아니한다.

(14) 후순위지분과 신용보증

양도자는 양도자산에 대한 지분의 일부나 전부를 후순위로 보유하여 양수인에게 신용보강을 제공할 수 있다. 또는 양도자는 금액에 제한이 없거나 또는 특정금액으로 제한된 신용보증의 형태로 신용보강을 제공할 수도 있다. 양도자가 양도자산의 소유에 따른 위험과 보상의 대부분을 보유하고 있다면, 당해 자산 전체는 계속하여 인식한다. 양도자가 소유에 따른 위험과 보상의 대부분은 아니어도 일부를 보유하고 통제하고 있다면, 현금 등 자산으로 상환을 요구받을 수 있는 해당 금액은 제거하지 못한다.

(15) 총수익스왑 : 제거×

양도자는 양수자에게 금융자산을 매도하고 양수자와 총수익스왑(TRS : total return swap)계약을 체결할 수 있다. 이 계약으로 양도자(총수익수취자(보장매도자) : recevier TRS)는 확정 지급금액이나 변동이자와 교환하여 기초자산의 이자 현금흐름 전부를 수취하며, 기초자산의 공정가치의 상승이나 하락을 향유하거나 부담한다. 이 경우 자산의 제거는 금지된다.

TRS계약을 그림으,로 표시하면 다음과 같다.

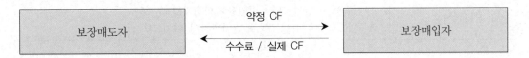

상기와 같이 TRS계약의 실질은 신용위험에 대한 지급보증이다.

(16) 이자율스왑 : 제거O

양도자는 양수자에게 고정금리부 금융자산을 양도한 후, 양도한 금융자산의 원금과 동일한 계약단위의 수량에 따라 확정이자를 수취하고 변동이자를 지급하는 이자율스왑계약을 양수자와 체결할 수 있다. 이러한 스왑으로 인한 지급이 양도자산에 대한 지급을 조건으로 하지 않는다면, 당해 양도자산은 제거할 수 있다.

(17) 원금감소이자율스왑

양도자는 시간이 경과함에 따라 상환되는 고정금리부 금융자산을 양수자에게 양도한 후, 계약단위의 수량에 따라 확정이자를 수취하고 변동이자를 지급하는 원금감소이자율스왑계약을 양수자와 체결할 수 있다.

스왑의 계약단위의 수량이 일정시점에 남아 있는 금융자산의 원금과 동일하도록 감소된다면, 당해 스왑으로 인해 양도자는 일반적으로 상당한 중도상환위험을 보유할 것이다. 이 경우 양도자는 양도자산의 전부를 계속하여 인식하거나 지속적관여의 정도까지 양도자산을 계속하여 인식한다.

이와 반대로, 스왑의 계약단위 수량의 상각이 남아 있는 양도자산의 원금과 연계되어 있지 않다면, 당해 스왑으로 인해 양도자는 당해 자산에 대한 중도상환위험을 보유하게 되지는 않을 것이다. 따라서 스왑으로 인한 지급이 양도자산에 대한 이자의 지급을 조건으로 하지 않으며 스왑으로 인해 양도자가 양도자산의 소유에 따른 기타의 유의적인 위험과 보상을 보유하게 되는 것이 아니라면, 당해 양도자산은 제거한다.

7. 받을어음의 할인

어음을 만기이전에 은행 등에서 현금화하는 과정을 어음의 할인(discount)이라고 한다. 받을어음을 만기이전에 금융기관에 할인하면 만기금액에서 할인시점부터 만기까지에 해당하는 이자(이를 할인액이라고 함)를 제외한 후의 금액을 지급받는다. 어음 중에는 이자지급에 대한 규정이 명기된 어음이 있는데 이러한 어음을 이자부어음(interest-bearing)이라고 한다. 하지만, 어음의 대부분은 이자지급에 대한 규정이 명기되어 있지 않은 무이자부어음(non-interest-bearing)이다. 받을어음 할인시 무이자부어음과 이자부어음의 현금수취액 계산식은 다음과 같다.

구 분	현금수취액 계산식
(1) 무이자부어음	액면금액 − 액면금액 × 할인율 × 미경과일수/365
(2) 이자부어음	만기금액 − 만기금액 × 할인율 × 미경과일수/365 ※ 만기금액 = 액면금액 + 만기까지의 이자

할인액과 현금수취액을 계산하는 과정을 그림으로 표시하면 다음과 같다.

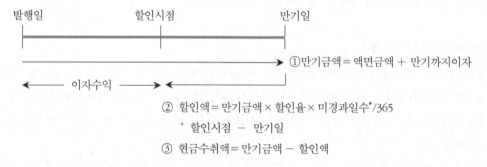

① 만기금액 = 액면금액 + 만기까지이자

② 할인액 = 만기금액 × 할인율 × 미경과일수*/365
  * 할인시점 − 만기일

③ 현금수취액 = 만기금액 − 할인액

이자부 받을어음 할인이 매각거래로 분류되는 경우 현금수취액과 처분손익을 계산하는 식[한풀]을 표시하면 다음과 같다.

$$현금수취액 = 액면금액 \times (1 + 이자율 \times \frac{만기월수}{12}) \times (1 - 할인율 \times \frac{잔여월수}{12})$$

$$처분손익 = 현금수취액 - 액면금액 \times (1 + 이자율 \times \frac{보유월수}{12})$$

예제 7-21 받을어음의 할인

㈜다인은 20×1년 5월 1일에 액면금액 ₩100,000(12%이자부)인 받을어음을 연 15%로 할인하였다. 이 어음의 발행일은 20×1년 3월 1일이고, 만기일은 20×1년 8월 31일이다. 이자는 월할 계산한다.

≪물음≫

1. 어음할인으로 수취할 현금을 계산하시오.
2. 어음이 만기에 결제되지 않는다면 어음 양수자 상환청구권을 행사할 수 있다면, 어음할인시 ㈜다인의 회계처리(분개)를 하시오.
3. 어음이 만기에 결제되지 않아도 어음 양수자가 상환청구권을 행사할 수 없다면, 어음할인시 ㈜다인의 회계처리(분개)를 하시오.

 해답

1.

만기금액 $= 100,000 + 100,000 \times 12\% \times 6/12 = ₩106,000$

현금수취액 $= 106,000 - 106,000 \times 15\% \times 4/12 = ₩100,700$

2. 제거조건 충족 못함

양도자가 양도자산에 대한 보증을 제공하는 형태로 지속적관여가 이루어지는 경우, 지속적관여의 정도[양도자산의 장부금액(₩100,000)과 보증금액(₩100,000) 중 작은 금액]까지 양도자산을 계속 인식한다.

(차) 현 금	100,700	(대) 단기차입금	100,000
이자비용	1,300	이자수익	2,000 [*1]

[*1]. $100,000 \times 12\% \times 2/12 = 2,000$(보유기간 3/1 − 5/1(2개월)의 액면이자)

3. 제거조건 충족함

(차) 현 금	100,700	(대) 받을어음	100,000
매출채권처분손실	1,300	이자수익	2,000 [*1]

[*1]. $100,000 \times 12\% \times 2/12 = 2,000$(보유기간 3/1 − 5/1(2개월)의 액면이자)

[한풀]

현금수취액 $= 100,000 \times (1 + 12\% \times \dfrac{6}{12}) \times (1 - 15\% \times \dfrac{4}{12}) = 100,700$

처분손익 $= 100,000 \times (1 + 12\% \times \dfrac{6}{12}) \times (1 - 15\% \times \dfrac{4}{12}) - 100,000 \times (1 + 12\% \times \dfrac{2}{12})$

$= (-)1,300$(손실)

연습문제

문제 7-1   금융자산 전반(진위형)

> 기업회계기준서 제1039호 '금융상품'에 근거하여 맞으면 'ㅇ' 틀리면 'ㅡ' 표시하시오.

01. 금융자산의 발행자가 중도상환권을 가지고 있는 경우는 만기까지 보유할 능력이 없는 것으로 본다.

02. 보유자가 중도상환을 요구할 수 있는 금융자산은 만기보유금융자산으로 분류할 수 없다.

03. 발행자가 중도상환할 수 있는 금융자산은 만기보유금융자산으로 분류할 수 없다.

04. 금융자산의 정형화된 매입이나 매도의 경우에 단기매매금융자산은 매매일회계처리방법을 당기손익인식지정금융자산은 결제일 회계처리방법을 사용할 수 있다.

05. 당기손익인식금융상품의 취득을 위한 거래원가는 당기비용으로 회계처리한다.

06. 금융자산이 중도상환될 때 보유자가 장부금액의 대부분을 회수하지 못한다면 당해 금융자산은 만기보유금융자산으로 분류할 수 없다.

07. 지분상품은 만기보유금융자산으로 분류할 수 있다.

08. 대여금 및 수취채권의 정의를 충족하지 아니하는 금융자산이 만기보유금융자산의 정의를 충족하는 경우에는 당해 금융자산을 만기보유금융자산으로 분류할 수 있다.

09. 뮤추얼펀드나 이와 유사한 펀드에 대한 지분은 대여금 및 수취채권으로 분류할 수 있다.

10. 후속적으로 원가나 상각후원가로 측정하는 자산에 대하여 결제일 회계처리방법을 적용하는 경우, 당해 자산은 최초 인식시 결제일의 공정가치로 인식한다.

11. 미래 사건의 결과로 예상되는 손상차손은 발생가능성이 높다면 인식한다.

12. 금융상품은 보유기간 또는 발행 이후 기간 중 당기손익인식항목으로 재분류하거나, 당기손익인식지정항목에서 다른 범주로 분류 변경할 수 없다.

13. 금융자산(또는 유사한 금융자산의 집합)에서 회수되는 현금 중 처음이나 마지막 90%에 대한 권리를 양도하는 경우에는 일부제거규정을 적용한다.

14. 양도자가 매도한 금융자산을 재매입시점의 공정가치로 재매입할 수 있는 권리를 보유하고 있는 경우는 양도자가 소유에 따른 위험과 보상의 대부분을 이전하는 경우에 해당한다.

15. 풋옵션이나 보증 때문에 양수자가 양도자산을 매도하는데 제약이 있다면, 양도자는 양도자산에 대한 통제를 보유하고 있는 것이다.

16. 양도자는 양도자산에서 발생하는 수익을 지속적관여의 정도까지 계속 인식하며, 관련부채에서 발생하는 모든 비용을 인식한다. 후속 측정시 양도자산과 관련부채의 공정가치 변동액은 상계하지 아니한다.

17. 양도자산이 상각후원가로 측정된다면, 관련부채도 당기손익인식금융부채로 지정될 수 없다.

18. 양도자산을 계속 인식하는 경우 그 양도자산과 관련부채는 상계하지 아니한다. 마찬가지로 양도자산에서 발생하는 어떤 수익과 관련부채에서 발생하는 어떤 비용도 상계하지 아니한다.

19. 양도자가 양도자산을 재매입할 수 있는 옵션을 보유하고 있으나, 당해 옵션을 행사하더라도 양수자가 시장에서 당해 양도자산을 용이하게 매입할 수 있다면, 양수자는 양도자산을 매도할 수 있는 실질적인 실질적인 능력을 보유하고 있지 않다.

20. 단기매매금융자산이 시장성을 상실한 경우 매도가능금융자산으로 재분류하여야 한다.

21. 개별적으로 검토한 금융자산에 손상발생의 객관적인 증거가 없다면, 더 이상 손상검토를 수행하지 않는다.

22. 대여금, 수취채권 또는 만기보유금융자산의 조건이 재협상되거나 차입자나 발행자의 재무적 어려움 때문에 수정된다면, 손상차손은 조건변경시점의 유효이자율을 사용하여 측정한다.

23. 현금이 아닌 국채를 수취할 계약상 권리와 국채로 지급할 계약상 의무가 각각 보유자와 발행자에게 있는 국채지급어음은 금융상품이다.

해답

01	02	03	04	05	06	07	08	09	10
×	○	×	○	○	○	×	○	×	×
11	12	13	14	15	16	17	18	19	20
×	○	×	○	○	○	○	○	×	×
21	22	23							
×	×	○							

01. 금융자산의 발행자가 중도상환권을 가지고 있는 경우는 반드시 만기보유의도가 제한을 받는다고 볼 수는 없다고 본다(KIFRS1039-AG23).

02. 그 이유는 중도상환을 요구할 수 있는 특성에 대한 대가 지급은 금융자산을 만기까지

보유할 의도가 있다는 것과 상충되기 때문이다(KIFRS1039-AG19).

03. 보유자가 만기 또는 중도상환 때까지 금융자산을 보유할 의도와 능력을 가지고 있으며, 장부금액의 대부분을 회수할 수 있다면, 발행자가 중도상환할 수 있는 금융자산도 만기 보유금융자산으로 분류할 수 있다(KIFRS1039-AG18).

04. 단기매매금융자산은 당기손익인식금융자산으로 지정된 자산과는 별도의 범주로 구분한 다(KIFRS1039-AG53).

05. (KIFRS1039-43)

06. (KIFRS1039-AG18)

07. 지분상품은 만기가 없거나(⑩ 보통주식) 보유자가 받을 수 있는 금액이 미리 결정될 수 없는 방식으로 변동되기 때문에(⑩ 주식옵션, 주식매입권 또는 이와 유사한 권리) 만기보 유금융자산으로 분류할 수 없다(KIFRS1039-AG17).

08. (KIFRS1039-AG26)

09. 대여금 및 수취채권이 아닌 다른 종류의 자산으로 구성된 자산집합(⑩ 뮤추얼펀드나 이와 유사한 펀드)에 대한 지분은 대여금 및 수취채권으로 분류하지 아니한다(KIFRS1039-9).

10. 결제일 → 매매일(KIFRS1039-44)

11. 미래 사건의 결과로 예상되는 손상차손은 아무리 발생가능성이 높다 하더라도 인식하지 아니한다(KIFRS1039-59).

12. (KIFRS1039-50)

13. 전체제거규정적용(KIFRS1039-16)

14. (KIFRS1039-AG39)

15. (KIFRS1039-AG44)

16. 후속 측정시 양도자산과 관련부채의 공정가치 변동액은 상계하지 아니한다(KIFRS1039-33).

17. (KIFRS1039-35)

18. (KIFRS1039-36)

19. 양도자가 양도자산을 재매입할 수 있는 옵션을 보유하고 있으나, 당해 옵션을 행사하더라 도 양수자가 시장에서 당해 양도자산을 용이하게 매입할 수 있다면, 양수자는 양도자산 을 매도할 수 있는 실질적인 능력을 보유하고 있다고 볼 수 있다(KIFRS1039-AG42).

20. 금융상품은 보유기간 또는 발행 이후 기간 중 당기손익인식항목으로 재분류하거나, 당기 손익인식항목에서 다른 범주로 분류 변경할 수 없다(KIFRS1039-50).

21. 개별적으로 검토한 금융자산에 손상발생의 객관적인 증거가 없다면, 그 금융자산의 중요 성에 관계없이 유사한 신용위험의 특성을 가진 금융자산의 집합에 포함하여 집합적으로 손상여부를 검토한다(KIFRS1039-64).

22. 조건변경시점의 유효이자율 → 조건변경 전의 최초 유효이자율(KIFRS1039-AG84)

23. (KIFRS1032-AG5)

문제 7-2 최초인식

12월 결산법인인 ㈜다빈은 20×1년 4월 26일에 ㈜SDU의 주식 100주를 주당 ₩400에 취득하였다. ㈜다빈은 상기 주식을 취득 시 수수료 ₩300을 지급하였다. 20×1년 12월 31일 ㈜SDU의 주식의 주당 공정가치는 ₩500이다.

≪물음≫

1. ㈜다빈이 취득한 ㈜SDU의 주식을 단기매매금융자산으로 분류하는 경우 4월 26일과 12월 31일의 회계처리(분개)를 하시오.
2. ㈜다빈이 취득한 ㈜SDU의 주식을 매도가능금융자산으로 분류하는 경우 4월 26일과 12월 31일의 회계처리(분개)를 하시오.

🖥 해답

1.

〈11월 7일〉

(차) 단기매매금융자산	40,000	(대) 현 금	40,300
수 수 료	300		

〈12월 31일〉

(차) 단기매매금융자산	10,000	(대) 단기매매금융자산평가이익	10,000 [*1]

[*1]. 500 × 100 − 40,000 = 10,000

2.

〈11월 7일〉

(차) 매도가능금융자산	40,300	(대) 현 금	40,300

〈12월 31일〉

(차) 매도가능금융자산	9,700	(대) 매도가능금융자산평가이익	9,700 [*1]

[*1]. 500 × 100 − 40,300 = 9,700

제7장

문제 7-3   채무상품인 매도가능금융자산의 평가 및 처분

12월 결산법인인 ㈜다빈은 20×1년 1월 1일 ㈜SDU가 발행한 사채(액면금액 ₩1,000,000, 만기 20×5년 12월 31일, 표시이자율 연 8%, 이자는 매년말 지급)를 ₩924,164에 취득하였다. 취득당시 시장이자율은 연 10%이다. ㈜다빈은 취득한 사채를 매도가능금융자산으로 분류하였으며, 20×1년 12월 31일의 공정가치는 ₩945,000이며, 20×2년 12월 31일의 공정가치는 ₩960,000이다.

≪물음≫

1. ㈜다빈의 상기 매도가능금융자산에 대한 20×1년 12월 31일의 회계처리(분개)를 하시오.
2. ㈜다빈의 상기 매도가능금융자산에 대한 20×2년 12월 31일의회계처리(분개)를 하시오.
3. ㈜다빈이 20×3년 1월 1일에 상기 매도가능금융자산을 ₩962,000에 처분하였다면 처분시의 회계 처리(분개)를 하시오.
4. ㈜다빈이 20×3년 1월 1일에 상기 매도가능금융자산을 ₩970,000에 처분하였다면 매도가능금융 자산처분손익을 계산하시오.

해답

1.

(차) 현 금	80,000 [*2]	(대) 이자수익	92,416 [*1]
매도가능금융자산	12,416		

(차) 매도가능금융자산	8,420	(대) 매도가능금융자산평가이익	8,420

[*1]. $924,164 \times 10\% = 92,416$
[*2]. $1,000,000 \times 8\% = 80,000$
[*3]. $945,000 - 936,580(=924,164 + 12,416) = 8,420$

2.

(차) 현 금	80,000	(대) 이자수익	93,658 [*1]
매도가능금융자산	13,658		

(차) 매도가능금융자산	1,342	(대) 매도가능금융자산평가이익	1,342 [*2]

[*1]. $936,580 \times 10\% = 93,658$
[*2]. $960,000 - (945,000 + 13,658) = 1,342$

3.

(차) 현 금	962,000	(대) 매도가능금융자산	960,000
매도가능금융자산평가이익	9,762 [*1]	매도가능금융자산처분이익	11,762

[*1]. $8,420 + 1,342 = 9,762$

4.

상각후원가(20×3.1.1) = (924,164 × 1.1 − 80,000) × 1.1 − 80,000 = 950,238

매도가능금융자산처분손익 = 처분금액 − 상각후원가(20×3.1.1) = 970,000 − 950,238

             = ₩19,762

문제 7-4   매도가능금융자산의 처분손익과 손상차손 계산

> 12월 결산법인인 ㈜다빈은 20×1년 1월 1일 ㈜미래자동차가 발행한 사채(액면금액 ₩1,000,000, 만기 20×4년 12월 31일, 표시이자율 연 6%, 이자는 매년말 지급)를 취득하였다. 취득당시 시장이자율은 연 10%이고, 단일금액 1의 현가계수(4년, 10%)는 0.6830이며, 정상연금 1의 현가계수(4년, 10%)는 3.1699이다. ㈜다빈은 취득한 사채를 매도가능금융자산으로 분류하였으며, 20×1년 12월 31일의 공정가치는 ₩965,000이며, 20×2년 12월 31일의 공정가치는 ₩940,000이다.

제7장

각 물음은 독립적이다.

≪물음≫

1. ㈜다빈은 20×3년 1월 1일에 취득한 사채를 ₩950,000에 처분하였다. 20×3년 1월 1일에 인식할 매도가능금융자산처분손익을 계산하시오.

2. ㈜미래자동차의 사업부진으로 20×3년 12월 31일의 동 사채의 공정가치는 ₩400,000이다. 이는 손상차손을 인식할 객관적 사유에 해당된다. ㈜다빈이 20×3년 12월 31일에 인식할 손상차손을 계산하시오.

해답

1.

취득원가 = 1,000,000 × 0.6830 + 1,000,000 × 0.06 × 3.1699 = ₩873,194

상각후원가(20×2.12.31) = (873,194 × 1.1 − 60,000) × 1.1 − 60,000 = ₩930,564

매도가능금융자산처분손익 = 처분금액 − 상각후원가(20×2.12.31)

             = 950,000 − 930,564 = ₩19,436(이익)

〈처분시 분개〉

(차) 현 금	950,000	(대) 매도가능금융자산	940,000
매도가능금융자산평가이익	9,436	매도가능금융자산처분이익	19,436

2.

상각후원가(20×3.12.31) = {(873,194 × 1.1 − 60,000) × 1.1 − 60,000} × 1.1 − 60,000

             = ₩963,620

$$매도가능금융자산손상차손 = 상각후원가(20×3.12.31) - 회수가능액$$
$$= 963,620 - 400,000 = ₩563,620$$

⟨자산손상시 분개⟩

(차) 매도가능금융자산평가이익	9,436 [*2]	(대) 매도가능금융자산	573,056 [*1]
매도가능금융자산손상차손	563,620		

[*1]. 973,056(손상차손인식전 장부금액 = 940,000 + 930,564 × 10% - 60,000) - 400,000(회수가능액)
        = 573,056
[*2]. 940,000(20×3.12.31의 상각후원가) - 930,564(20×3.12.31의 공정가치) = 9,436

문제 7-5   채무상품인 금융자산의 손상차손 계산

㈜다빈은 20×1년 1월 1일에 만기가 5년후에 도래하는 ㈜미래의 회사채를 ₩848,348에 취득하였다. 이 회사채는 액면금액이 ₩1,000,000이고, 액면이자율은 연 6%이며, 매년말 1회 이자를 지급한다. 이 회사채의 취득 당시 유효이자율은 연 10%이다. 현재가치 계산에 필요한 자료는 다음과 같다.

구분	₩1의 현재가치				
할인율	1년	2년	3년	4년	5년
6%	0.9434	0.8900	0.8396	0.7921	0.7473
10%	0.9091	0.8264	0.7513	0.6830	0.6209
15%	0.8696	0.7561	0.8675	0.5718	0.4972
20%	0.8333	0.6944	0.5787	0.4323	0.4019

구분	정상연금 ₩1의 현재가치				
할인율	1년	2년	3년	4년	5년
6%	0.9434	1.8334	2.6730	3.4651	4.2124
10%	0.9091	1.7355	2.4868	3.1699	3.7908
15%	0.8696	1.6257	2.2832	2.8550	3.3522
20%	0.8333	1.5278	2.1065	2.5887	2.9906

㈜다빈은 20×1년과 20×2년 이자는 지급받았으나 ㈜미래의 경영상태가 악화되어 20×3년 이후의 이자는 매년 ₩40,000을 받을 수 있고, 만기에는 액면금액의 일부인 ₩500,000만 회수가 될 것으로 20×2년 말 현재 추측한다. ㈜미래와 신용도가 유사한 기업에 적용되는 20×2년 12월 31일 현재의 시장이자율은 연 20%이다. ㈜다빈은 20×3년에 ₩40,000의 이자를 받았다. 20×3년에 ㈜미래의 경영상태가 호전되어 20×3년말 현재 ㈜다빈은 20×4년과 20×5년에 매년 ₩50,000의 이자와, 원금 중 ₩800,000을 받을 수 있을 것으로 예측하였다. 20×3년말 현재의 상황은 손상차손환입의 객관적 상황에 해당된다. ㈜미래와 신용도가 유사한 기업에 적용되는 20×3년 12월 31일 현재의 시장이자율은 연 15%이다.

≪물음≫

1. ㈜다빈이 동 채무상품을 만기까지 보유한다고 가정시 상각표를 작성하시오.

2. ㈜다빈이 동 채무상품을 만기보유금융자산으로 분류한다고 가정시 다음을 계산하시오.
   (1) 20×2년에 인식할 손상차손
   (2) 20×3년 인식할 이자수익
   (3) 20×3년에 인식할 손상차손환입

3. ㈜다빈이 동 채무상품을 매도가능금융자산으로 분류한다고 가정시 다음을 계산하시오.
   (1) 20×2년에 인식할 손상차손
   (2) 20×3년 인식할 이자수익
   (3) 20×3년에 인식할 손상차손환입

4. 대부분의 금융자산은 상각후원가로 측정하는 것보다 공정가치로 측정하는 것이 더 적절하다. 그러나 예외적으로 만기까지 보유할 적극적인 의도와 능력이 있어서 만기보유금융자산으로 분류하는 금융자산은 상각후원가로 평가한다. 만기보유금융자산을 공정가치로 평가하지 않는 이유를 쓰시오.

제7장

 해답

1. 만기보유가정시 상각표

연도	기초장부금액	유효이자(10%)	표시이자(6%)	상각액	기말장부금액
20×1년	848,348	84,835	60,000	24,835	873,183
20×2년	873,183	87,318	60,000	27,318	900,501
20×3년	900,501	90,050	60,000	30,050	930,551
20×4년	930,551	93,055	60,000	33,055	963,606
20×5년	963,606	96,394	60,000	36,394	1,000,000

2. 만기보유금융자산의 손상

(1) 20×2년에 인식할 손상차손
   ① 회수가능액(20×2.12.31)
      = 회사의 미래현금흐름(이자와 원금)의 취득시 유효이자율로 할인한 금액
      = 40,000 × 연금현가계수(10%, 3년) + 500,000 × 단일현가계수(10%, 3년)
      = 40,000 × 2.4868 + 500,000 × 0.7513
      = ₩475,122
   ② 손상차손(20×2.12.31) = 상각후원가 − 회수가능액
                        = 900,501 − 475,122 = ₩425,379

(2) 20×3년 인식할 이자수익 = 475,122×0.1 = ₩47,512

(3) 20×3년에 인식할 손상차손환입
①   상각후원가(20×3.12.31)=475,122 + 47,512 − 40,000 =₩482,634
②   회수가능액(20×3.12.31)
=회사의 미래현금흐름(이자와 원금)의 취득시 유효이자율로 할인한 금액
=50,000 × 현금현가계수(10%, 2년) + 800,000 × 단일현가계수(10%, 2년)
=50,000 × 1.7355 + 800,000 × 0.8264
=₩747,895
③   손상차손환입(20×3.12.31)=Min[ⓐ,ⓑ] − 장부금액=747,895 − 482,634
=₩265,261

ⓐ   회수가능액=747,895
ⓑ   손상차손 인식하지 않은 경우, 회복일 현재의 상각후원가(20×3.12.31) =₩930,551

3. 매도가능금융자산의 손상

(1) 20×2년에 인식할 손상차손
①   회수가능액(20×2.12.31)
=회사의 미래현금흐름(이자와 원금)의 현행유효이자율로 할인한 금액
=40,000 × 현금현가계수(20%, 3년) + 500,000 × 단일현가계수(20%, 3년)
=40,000 × 2.1065 + 500,000 × 0.5787
=₩373,610
②   손상차손(20×2.12.31)=상각후원가 − 회수가능액
=900,501 − 373,610 =₩526,891

(2) 20×3년 인식할 이자수익=373,610 × 0.2 =₩74,722

(3) 20×3년에 인식할 손상차손환입
①   상각후원가(20×3.12.31)=373,610 + 74,722 − 40,000 =₩408,332
②   회수가능액(20×3.12.31)
=회사의 미래현금흐름(이자와 원금)의 취득시 유효이자율로 할인한 금액
=50,000 × 현금현가계수(15%, 2년) + 800,000 × 단일현가계수(15%, 2년)
=50,000 × 1.6257 + 800,000 × 0.7561
=₩686,165
③   손상차손환입(20×3.12.31)=Min[ⓐ, ⓑ] =₩277,833
ⓐ   회수가능액 − 장부금액=686,165 − 408,332 =₩277,833
ⓑ   손상차손인식액=₩526,891

4.
①   만기보유금융자산을 실제로 만기까지 보유한 경우에 공정가치는 회수가능하지 않은 금액이다.
②   공정가치에 의한 평가손익은 기회손익으로서 실현불가능한 손익이다.

제8장 | 재고자산

제1절 재고자산의 분류 및 범위

1. 재고자산의 범위

재고자산(inventories)은 정상적인 영업과정에서 판매(처분이 아님)를 위하여 보유중이거나 생산중인 자산 및 생산이나 용역제공에 사용될 원재료나 소모품을 말한다(KIFRS1002-6).

재고자산은 다음 항목을 포함한다(KIFRS1002-8).

- 외부로부터 매입하여 재판매를 위해 보유하는 상품, 토지 및 기타 자산
- 완제품과 생산중인 재공품, 생산에 투입될 원재료와 소모품
- 용역제공기업의 관련된 수익이 아직 인식되지 않은 용역원가

재고자산의 분류별 장부금액과 기중 증감액에 대한 정보는 재무제표이용자에게 유용하다. 일반적으로 재고자산은 상품, 소모품, 원재료, 재공품, 제품 등으로 분류한다. 용역제공기업의 재고자산은 재공품으로 분류할 수 있다(KIFRS1002-37).

2. 재고자산의 범위 결정

특정 수량의 재고자산을 기말 재무상태표금액에 포함할 것인지의 여부는 재화의 판매나 용역의 제공으로 인한 수익인식기준에 의해서 결정한다. 즉, 수익을 인식한 재고는 기말 재무상태표금액에 포함되지 않는다. 재고자산의 포함여부를 매입기준 및 수익인식기준에 따라 구분하여 정리하면 다음과 같다.

구 분		재고포함여부	구분기준
(1) 미착품 (운송중인 재고)	선적지인도조건	구매자 재고	매입 기준
	도착지인도조건	판매자 재고	
(2) 시용품		매입의사 표시하지 않은 금액은 재고에 포함	수익 인식 기준
(3) 적송품		수탁자 보관분 위탁자 재고에 포함	
(4) 반품률이 높은 재고	반품률 합리적 추정가능	판매자의 재고에서 제외(수익인식)	
	반품률 합리적 추정불가능	판매자의 재고에 포함	
(5) 할부판매재고	단기할부, 장기할부 모두	판재자의 재고에서 제외(수익인식)	
(6) 미인도청구판매		수익을 인식하므로 재고에서 제외 창고재고에서 차감함	
(7) 재구매조건부판매		수익인식하지 아니하므로 재고에 포함	
(8) 담보제공자산		수익인식하지 아니하므로 재고에 포함	
(9) 타사재고보관		타사재고이므로 재고에서 제외 창고재고에서 차감함	

위에서 살펴본 내용을 정리하면 재무상태표에 포함될 재고자산은 다음과 같이 창고재고이외에 미착품, 시용품, 적송품 및 담보제공재고자산 등으로 구성되어 있음을 알 수 있다.

창고재고 중 회사재고액	+	창고재고 실사액
	−	미인도청구판매 재고자산원가
	−	타사재고보관 재고자산원가
창고재고외 회사재고액	+	운송중인 재고(선적지 인도조건)
	+	시용품(매입의사표시 아니한 재고자산원가)
	+	적송품(수탁자 보관 재고자산원가)
	+	반품률을 합리적으로 추정할 수 없는 재고자산원가
	+	재구매조건부판매 재고자산원가
	+	담보제공 재고자산원가

참고적으로 실무에서 사용되는 재고범위와 관련하여 다음과 같은 용어를 사용한다.

구분	세금계산서발행	재고실물인도	비고
차용(借用)	×	○	매출 무관
선출고	×	○	차기 매출
미출고	○	×	당기 매출

예제 8-1 재고자산의 범위

㈜다인의 창고재고의 기말실사결과 재고자산금액은 ₩500,000이었다. 기말재고의 범위 결정과 관련된 추가 자료는 다음과 같다.

① 기말 현재 운송중인 재고 ₩30,000은 선적지 인도조건으로 매입한 것이다.
② 기말 현재 운송중인 재고 ₩20,000은 도착지 인도조건으로 매입한 것이다.
③ 기말 현재 시용품 원가 ₩60,000 중 ₩35,000은 고객이 매입의사를 표시하였다.
④ 기말 현재 적송품 원가 ₩100,000 중 40%는 수탁자가 판매하였다.

≪물음≫

㈜다인의 기말재고를 계산하시오.

 해답

1. 창고재고(실사액)		₩500,000
2. 미착품(선적지인도기준매입)		30,000
3. 시용품(매입의사표시 전)	60,000 − 35,000 =	25,000
4. 적송품(수탁자보관분)	100,000 × (1 − 0.4) =	60,000
재고자산 계		₩615,000

기말재고자산의 범위에 관하여 구체적으로 살펴보자.

(1) 미착품

운송중에 있어 아직 도착하지 않은 미착품(goods in transit)은 법률적인 소유권의 유무에 따라서 재고자산 포함여부를 결정한다. 법률적인 소유권 유무는 매매계약상의 거래조건에 따라서 다르다. 선적지인도조건(FOB[1] shipping point)인 경우에는 상품이 선적된 시점에 소유권이 매입자에게 이전되기 때문에 미착상품은 매입자의 재고자산에 포함된다. 그러나 도착지인도조건(FOB destination)인 경우에는 상품이 도착지에 도착하여 매입자가 인수한 시점에 소유권이 매입자에게 이전되기 때문에 매입자의 재고자산에 포함되지 않는다.

선적지인도조건이면 구매자가 운임을 부담하고, 도착지인도조건이면 판매자가 운임을 부담한다. 운송중인 재고가 재고에 포함된다면 운송비와 보험료는 재고자산의 원가에 포함되어야 한다. 이를 정리하면 다음과 같다.

---

1) free on board : 본선인도가격

거래조건	소유권이전시점	운송중인 재고의 인식	운송비와 보험료의 인식
선적지인도조건	선적시	구매자 재고	구매자의 매입원가
도착지인도조건	도착시	판매자 재고	판매자의 판매비용

(2) 시용품

시용품(시송품 : goods on approval)은 매입자로 하여금 일정기간 사용한 후에 매입 여부를 결정하라는 조건으로 판매한 상품을 말한다.

시용품은 비록 상품에 대한 점유는 이전되었으나 매입자가 매입의사표시를 하기 전까지는 판매되지 않은 것으로 보아야 하기 때문에 판매자의 재고자산에 포함한다.

(3) 적송품

적송품(consignment goods)은 위탁자가 수탁자에게 판매를 위탁하기 위하여 보낸 상품을 말한다. 적송품은 수탁자가 제3자에게 판매를 할 때까지 비록 수탁자가 점유하고 있으나 단순히 보관하고 있는 것에 불과하므로 소유권이 이전된 것이 아니다.

따라서 적송품은 수탁자가 제3자에게 판매하기 전까지는 위탁자의 재고자산에 포함한다. 위탁자가 수탁자에게 위탁할 재고를 운송하는데 발생하는 운임을 적송운임이라고 하는데, 이는 재고가 판매가능한 상태에 도달하기 위하여 발생한 재고자산의 부대비용성격이므로 적송운임은 재고자산의 원가에 가산한다.

(4) 담보제공된 재고자산(저당상품)

금융기관 등으로부터 자금을 차입하고 그 담보로 제공된 저당상품은 저당권이 실행되기 전까지는 담보제공자가 소유권을 가지고 있다. 따라서 저당권이 실행되어 소유권이 이전되기 전에는 단순히 저당만 잡힌 상태이므로 담보제공자의 재고자산에 속한다.

(5) 반품률이 높은 재고자산

반품률이 높은 상품의 판매에서 반품률의 합리적 추정가능성 여부에 의하여 재고자산 포함여부를 결정한다. 반품률을 과거의 경험 등에 의하여 합리적으로 추정가능한 경우에는 상품 인도시에 반품률을 적절히 반영하여 판매된 것으로 보아 판매자의 재고자산에서 제외한다. 그러나 반품률을 합리적으로 추정할 수 없을 경우에는 구매자가 상품의 인수를 수락하거나 반품기간이 종료된 시점까지는 판매자의 재고자산에 포함한다.

반품률이 높은 상품 등의 판매에 따른 재고자산포함여부를 정리하면 다음과 같다.

- 반품률이 높은 상품을 판매한 자는 해당 상품을 재고자산에 포함하여야 한다.(틀림)
- 반품률이 높은 상품의 판매의 경우 :
  - 반품률을 합리적으로 추정이 가능한 경우
    수익과 매출원가를 인식함 → 판매자의 재고자산에서 제외
  - 반품률을 합리적으로 추정이 불가능한 경우 : 수익을 인식 못함 → 판매자의 재고자산에 포함

(6) 할부판매상품

재고자산을 고객에게 인도하고 내금의 회수는 미래에 분할하여 회수하기로 한 경우 대금이 모두 회수되지 않았다고 하더라도 상품의 판매시점에서 판매자의 재고자산에서 제외한다. 할부상품판매의 경우 보통 대금을 완납하기 이전에는 상품의 법적 소유권은 판매자에게 있다. 그러나 경제적 실질관점에서 보면 상품의 사용권이 판매자에서 구매자에게 사실상 이전되었으므로 판매자의 재고에서 제외하는 것이 타당하다.

(7) 재구매조건부판매

제품차입계약은 제품을 판매하여 자금을 조달하면서 추후 해당 제품을 재구입하겠다는 조건을 명시적 또는 묵시적으로 약속한 거래를 말한다. 이러한 거래는 형식적으로는 판매형식을 취하였지만 실질은 재고자산을 담보로 한 자금의 차입 및 대여거래이다. 따라서 상품을 판매한 회사는 해당 재고자산을 차감하여서는 아니되고 현금을 차기하고 차입금을 대기하여야 한다.

 예제 8-2 재구매조건부판매

㈜다빈이 20×1년 12월 31일에 ㈜영등포에게 상품 ₩10,000을 원가에 현금판매하면서 20×2년 11월 7일에 ₩11,000에 다시 구입하기로 계약을 하였다.

≪물음≫
　㈜다빈이 20×1년 12월 31일과 20×2년 11월 7일에 하여야 할 회계처리(분개)를 하시오.

 해답

일자	차변		대변	
20×1.12.31	현　　금	10,000	단기차입금	10,000
20×2.11. 7	단기차입금	10,000	현　　금	11,000
	이자비용	1,000 [1]		

[1]. 추가로 지급된 금액은 이자에 해당된다.

3. 재고자산 오류의 영향

대부분의 경우 회사에서 재고자산이 자산에서 차지하는 비중이 크며, 또한 재고자산이 비용화된 매출원가는 매출액에 대응될 주된 비용으로 손익계산서에 차지하는 비중이 크다. 따라서 재고자산의 범위결정 및 평가는 재무상태 및 경영성과 평가에 중대한 영향을 미친다.

외상매입한 거래(매입/매입채무)를 기록하지 않은 오류는 해당재고가 기말재고에의 포함여부에 따라 재무제표에 미치는 영향이 다르다. 외상매입거래의 누락이 순이익에 미치는 영향을 손익계산서의 매출원가에 표시하여 분석하면 다음과 같이 표시됨을 알 수 있다.

	(1) 외상매입누락＋해당재고기말재고에 누락		(2) 외상매입누락＋해당재고기말재고에 포함	
기초재고액	×××		×××	
당기매입액	×××	과소	×××	과소
기말재고액	(−)×××	과소	(−)×××	ok
매출원가	×××	ok	×××	과소
	⇩		⇩	
순이익(자본)	×××	ok	×××	과대

이를 정리하면 다음과 같다.

오류유형	자산	부채	자본	순운전자본	유동비율
(1) 외상매입누락 + 해당재고기말재고에 누락	과소	과소	불변	불변	알 수 없음
(2) 외상매입누락 + 해당재고기말재고에 포함	불변	과소	과대	과대	과대

구 분	(1) 누락재고 기말재고제외	(2) 누락재고 기말재고포함
(1) 자산, 부채, 자본, 이익에 미치는 영향	재무상태표 자산과소 / 부채과소 / 자본불변(이익불변)	재무상태표 자산불변 / 부채과소 / 자본과대(이익과대)
(2) 순운전자본	유동자산(과소) − 유동부채(과소) = 불변	유동자산(불변) − 유동부채(과소) = 과대
(3) 유동비율	$\dfrac{유동자산(과소)}{유동부채(과소)} = 변동$	$\dfrac{유동자산(불변)}{유동부채(과소)} = 과대$
(4) 당좌비율	$\dfrac{당좌자산(불변)}{유동부채(과소)} = 과대$	$\dfrac{당좌자산(불변)}{유동부채(과소)} = 과대$

제 2 절 취득원가 측정

재고자산의 취득원가는 매입원가, 전환원가 및 재고자산을 현재의 장소에 현재의 상태로 이르게 하는 데 발생한 기타 원가 모두를 포함한다(KIFRS1002-10).

1. 매입원가

(1) 매입원가의 범위

재고자산의 매입원가는 매입가격에 수입관세와 세세금(과세당국으로부터 추후 환급받을 수 있는 금액은 제외), 매입운임, 하역료 그리고 완제품, 원재료 및 용역의 취득과정에 직접 관련된 기타 원가를 가산한 금액이다. 매입할인, 리베이트 및 기타 유사한 항목은 매입원가를 결정할 때 차감한다(KIFRS1002-11). 총매입액의 차감계정인 매입할인, 매입환출 및 매입에누리의 내용은 다음과 같다.

- 매입할인(purchase discount) : 제시된 현금할인기간내에 구매자가 매입대금을 결제한 경우 송장가격에서 할인하여 준 금액
- 매입환출(purchase returns) : 매입한 상품을 판매자에게 반품처리한 금액
- 매입에누리(purchase allowance) : 매입한 상품에서 발생한 하자 등으로 사유로 사후적으로 결제금액을 할인하여 준 금액

순매입액＝총매입액 − 매입할인 − 매입환출 − 매입에누리

 예제 8-3 매입차감계정

판매업을 영위하는 ㈜다인의 20×1년 상품거래와 관련된 자료는 다음과 같다.

기초재고	₩50,000	당기총매입	₩300,000
매입운임	8,000	보관료	3,000
매입에누리	10,000	매입할인	25,000
매입환출	40,000	판매운임	12,000
기말재고	70,000	매출할인	30,000

《물음》
상품매입원가와 상품매출원가를 계산하시오.

제8장

해답

$$상품매입원가 = 300,000 + 8,000(매입운임) - 10,000(매입에누리) - 25,000(매입할인)$$
$$- 40,000(매입환출)$$
$$= ₩233,000$$
$$상품매출원가 = 50,000 + 233,000 - 70,000 = ₩213,000$$

(2) 매입량비례법

원재료 또는 상품 등을 정상시가보다 싼 가격인 구입조건으로 현금을 무이자조건으로 매입처에 장기 대여를 한 경우 현재가치할인차금에 해당하는 금액은 매입대금을 미리 지급한 것으로 보아 선급금으로 처리한다.

(차) 장기대여금	×××	(대) 현　　금	×××
선　급　금	×××	현재가치할인차금	×××

이렇게 계상된 선급금은 매입시 약정매입총수량 중 매입수량에 비례하여 상각(매입량비례법)하여 매입원가에 가산한다.

(차) 매　　입	×××	(대) 매입채무	×××
(차) 매　　입	×××	(대) 선　급　금	×××

 예제 8-4 매입량비례법(CTA1차2002)

12월 결산법인인 ㈜대한은 20×1년 1월1일 ㈜한국으로부터 원재료 구입시 정상시가의 90%에 구입할 수 있는 권리를 부여받기로 하고 ₩2,000,000의 현금을 ㈜한국에 대여하고, 액면가 ₩2,000,000의 5년 만기 무이자부어음을 받았다.

〈추가자료〉

1. ㈜한국의 어음에 대한 시장의 할인율은 연 10%이다.
2. ㈜한국으로부터 총 40,000단위의 원자재 구입이 확정되었으며, 당기 중 5,000단위를 현금으로 매입하였다.
3. ㈜한국으로부터 매입한 원재료의 정상시가는 단위당 ₩200이다.
4. ㈜대한은 재고자산에 대해 실지재고조사법에 의해 회계처리하고 있으며, 기초재고와 기말재고는 없다고 가정한다.

5. 할인율 연 10%에 대한 기간 5년의 목돈의 현재가치이자요소는 0.6209이며, 연금의 현재가치이자요소는 3.7908이다.

≪물음≫

자금대여시, 매입시, 20×1년 12월 31일의 회계처리(분개)를 하시오.

해답

〈자금대여시 분개〉

(차) 장기대여금	2,000,000	(대) 현 금	2,000,000
선 급 금	758,200	현재가치할인차금	758,200 [*1]

*1. $2,000,000 - 2,000,000 \times 0.6209 = 758,200$

〈매입시 분개〉

(차) 매 입	994,775	(대) 현 금	900,000 [*1]
		선 급 금	94,775 [*2]

*1. 5,000단위 × 200 × 0.9 = 900,000
*2. 758,200 × (5,000단위/40,000단위) = 94,775
　　▶ 기초재고와 기말재고가 없으므로 "매입＝매출원가"가 된다.

〈20×1년 12월 31일의 분개〉

(차) 현재가치할인차금	124,180	(대) 이자수익	124,180 [*1]

*1. $(2,000,000 - 758,200) \times 10\% = 124,180$

보론 8-1

수출입관련 결제조건

수출환어음(화환어음) 발행을 통한 수출입은 크게 신용장방식과 무신용장방식으로 구분된다. 수출자가 제시하는 선적서류의 대가로 수출자에게 수출대금을 지급하는 행위를 수출환어음의 매입(negotiation) 또는 네고(NEGO)라고 한다. 수출환어음 발행을 통한 수입의 결제조건을 표시하면 다음과 같다.

구 분	현금결제	외상결제
신용장[*1]	at sight[*2] ※ sight bill : 알람불어음	usance[*3] ※ usance bill : 기한부어음
무신용장	D/P[*4]	D/A[*5]

[*1]. 은행지급보증
[*2]. sight L/C : 일람불신용장)
[*3]. 외상조건, usance L/C : 기한부신용장
　　shipper's usance(수출자신용공여)와 banker's usance(은행신용공여)로 구분
[*4]. Documents against Payment : 선적서류 지급인도조건
[*5]. Documents against Acceptance : 선적서류(선하증권 등) 인수인도조건
※ at sight L/C와 DP, usance L/C와 DA가 각각 유사하다.

2. 전환원가

　재고자산의 전환원가는 직접노무원가 등 생산량과 직접 관련된 원가를 포함한다. 또한 원재료를 완제품으로 전환하는데 발생하는 고정 및 변동 제조간접원가[2]의 체계적인 배부액을 포함한다(KIFRS1002-12).

　변동제조간접원가는 생산설비의 실제 사용에 기초하여 각 생산단위에 배부하고, 고정제조간접원가는 조업도에 따라 다음과 같이 배부한다(KIFRS1002-13).

① 고정제조간접원가는 생산설비의 정상조업도(notmal capacity)[3]에 기초하여 전환원가에 배부하는데, 실제조업도가 정상조업도와 유사한 경우에는 실제조업도(the actual level of production)를 사용할 수 있다.

② 생산단위당 고정제조간접원가 배부액은 낮은 조업도나 유휴설비로 인해 증가되지 않으며, 배부되지 않은 고정제조간접원가는 발생한 기간의 비용으로 인식한다.

③ 그러나 비정상적으로 많은 생산이 이루어진 기간에는, 재고자산이 원가 이상으로 측정되지 않도록 생산단위당 고정제조간접원가 배부액을 감소시켜야 한다.

　고정제조간접비 배부기준조업도를 정상조업도와 실제조업도 중에서 선택할 때 핵심내용은 배부율이 높게 계산되는 것을 방지[4]하는 것이다. 배부율이 높게 계산되는 것을 방지하려면 배부조업도가 큰 쪽을

---

2) 고정제조간접원가는 공장 건물이나 기계장치의 감가상각비와 수선유지비 및 공장 관리비처럼 생산량과는 상관없이 비교적 일정한 수준을 유지하는 간접 제조원가를 말한다. 변동제조간접원가는 간접재료원가나 간접노무원가처럼 생산량에 따라 직접적으로 또는 거의 직접적으로 변동하는 간접 제조원가를 말한다

3) 정상조업도는 정상적인 상황에서 상당한 기간동안 평균적으로 달성할 수 있을 것으로 예상되는 생산량을 말하는데, 계획된 유지활동에 따른 조업도 손실을 고려한 것을 말한다.

4) 배부율이 높게 표시되면 기말재고가 과대표시되기 때문이다.

선택하면 해결된다. 상황별 배부기준조업도는 다음과 같이 정리된다.

상황			배부기준조업도
실제조업도	≒	정상조업도	→ 정상조업도와 실제조업도 중 선택
	≫		→ 실제조업도(⇒실제원가 반영)
	≪		→ 정상조업도

예를 들어 고정제조간접원가가 ₩30,000,000이고, 정상조업도가 100,000단위인 경우 실제조업도에 따른 배부기준조업도는 다음과 같다.

① 실제조업도	② 정상조업도	③ 배부기준조업도 Max[①, ②]	단위당 배부액 (=30,000,000÷③)
50,000	100,000	100,000	₩300
150,000	100,000	150,000	200

예제 8-5 전환원가(CTA1차2002)

㈜다빈은 20×1년 초에 자동차부품 제조를 시작하였다. 다음은 ㈜다빈이 20×1년 제조 및 판매와 관련된 자료이다.

(1) 정상조업도는 1,000개이나 실제조업도는 750개이다. 실제조업도는 일반적으로 낮은 조업도로 판단된다.

(2) 단위당 직접재료원가 : ₩300, 단위당 직접노무원가 : ₩500
변동제조간접원가 : ₩300,000, 고정제조간접원가 : ₩240,000

(3) 판매수량 : 500개

(4) 감모손실이나 평가손실은 발생하지 않았다.

≪물음≫
1. 단위당 제조원가를 계산하시오.
2. 매출원가를 계산하시오.

해답

1.
$$단위당\ 제조원가 = 300 + 500 + \frac{300,000}{750} + \frac{240,000}{1000} = 300 + 500 + 400 + 240 = 1,440$$

2.

판매수량×단위원가	500개×₩1,440	₩720,000
미배부 고정제조간접원가	₩240,000−750개×₩240	60,000
매출원가		₩780,000

연산품(joint-products)이 생산되거나 주산물(main product)과 부산물(by-product)이 생산되는 경우처럼 하나의 생산과정을 통하여 동시에 둘 이상의 제품이 생산될 수도 있다. 이 경우, 제품별 전환원가를 분리하여 식별할 수 없다면, 전환원가를 합리적이고 일관성 있는 방법으로 각 제품에 배부한다. 예를 들어, 각 제품을 분리하여 식별가능한 시점 또는 완성 시점의 제품별 상대적 판매가치를 기준으로 배부할 수 있다. 한편 대부분의 부산물은 본래 중요하지 않은데, 이 경우 부산물은 흔히 순실현가능가치로 측정하며 주산물의 원가에서 차감된다. 따라서 주산물의 장부금액은 원가와 중요한 차이가 없다 (KIFRS1002-14).

3. 기타 원가

기타 원가는 재고자산을 현재의 장소에 현재의 상태로 이르게 하는 데 발생한 범위내에서만 취득원가에 포함5)된다. 예를 들어 특정한 고객을 위한 비제조 간접원가 또는 제품 디자인원가를 재고자산의 원가에 포함하는 것이 적절할 수도 있다(KIFRS1002-15).

재고자산의 취득원가에 포함할 수 없으며 발생기간의 비용으로 인식하여야 하는 원가의 예는 다음과 같다(KIFRS1002-16).

① 재료원가, 노무원가 및 기타 제조원가 중 비정상적으로 낭비된 부분
② 후속 생산단계에 투입하기 전에 보관이 필요한 경우 이외의 보관원가
③ 재고자산을 현재의 장소에 현재의 상태로 이르게 하는데 기여하지 않은 관리간접원가
④ 판매원가

> **[APP 2014]**
>
> 후속 생산단계에 투입하기 전에 보관이 필요한 경우 이외의 보관원가는 재고자산의 취득원가에 포함할 수 있다. (×)

재고자산을 후불조건(deferred settlement terms)으로 취득할 수도 있다. 계약이 실질적으로 금융요소(financing element)를 포함하고 있다면, 해당 금융요소(예 정상신용조건의 매입가격과 실제 지급액 간의 차이)는 금융이 이루어지는 기간 동안 이자비용으로 인식한다6)(KIFRS1002-18).

4. 용역제공기업의 재고자산 취득원가

용역제공기업(a service provider)이 재고자산을 가지고 있다면, 이를 제조원가로 측정한다. 이러한 원가는 주로 감독자를 포함한 용역제공에 직접 관여된 인력에 대한 노무원가 및 기타원가와 관련된 간접원가로 구성된다. 다음은 재고자산의 취득원가를 구성하지 않는다(KIFRS1002-19).

---

5) 발생한 기간의 비용으로 인식한다.(틀림)
6) 재고자산의 취득원가에 포함한다.(틀림)

- 판매와 일반관리 인력과 관련된 노무원가 및 기타원가는 재고자산의 취득원가에 포함하지 않고 발생한 기간의 비용으로 인식한다.
- 일반적으로 용역제공기업이 가격을 산정할 때 고려하는 이윤이나 용역과 직접 관련이 없는 간접 원가는 재고자산의 취득원가에 포함하지 아니한다.

5. 생물자산에서 수확한 농림어업 수확물의 취득원가

생물자산에서 수확한 농림어업 수확물로 구성된 재고자산은 공정가치에서 예상되는 판매비용을 차감한 금액[7]으로 측정하여 수확시점에 최초로 인식한다. 당해 그 금액이 최초인식시점에 해당 재고자산의 취득원가이다(KIFRS1002-20).

제 3 절   재고자산의 수량결정방법

재고자산원가는 다음과 같이 기말재고수량에 단위원가를 곱하여 계산된다.

> 기말재고원가 = 기말재고수량 × 단위원가

이렇게 계산된 평가전 기말재고원가는 저가법 등의 평가방법으로 평가되어 재무상태표에 표시된다. 재고자산금액결정과 관련된 3가지 방법을 요약 정리하면 다음 표와 같다.

표 8-1 ● 재고자산금액 결정방법

수량결정방법	단위원가결정방법	평가방법
① 계속기록법 ② 실지재고조사법	① 개별법 ② 선입선출법 ③ 후입선출법 ④ 이동평균법 ⑤ 총평균법 ⑥ 소매재고법 등	① 원가법 ② 저가법(KIFRS) ③ 시가법

1. 계속기록법

계속기록법(perpetual inventory system)에서는 상품의 구입과 판매를 재고자산계정에 직접 기입하게 되며 매입계정을 사용하지 않는다. 재고자산의 매입시 재고자산계정에 차기하고, 판매시 재고자산계

---

7) 순공정가치를 의미한다.

정에 대기함에 따라 시산표상의 재고자산금액은 기말재고자산의 장부금액이 된다. 판매시에 판매된 재고자산금액이 매출원가에 대체됨에 따라 기중에도 매출원가를 알 수 있다. 또한 특정시점의 재고자산액을 파악할 수 있다.

2. 실지재고조사법

실지재고조사법(periodic inventory system or physical inventory system)에서는 상품을 구입하는 경우에 매입계정에 차기하지만 판매시에는 매입계정에 대기하지 않는다.

이 방법에서는 재고자산계정이 기중에 차기 또는 대기하지 아니하여서 시산표상의 재고자산금액은 기초재고금액을 의미한다.

기말재고는 실사를 통하여 확정되고, 매출원가는 판매가능재고원가에서 기말재고액을 차감하여 계산된다. 계속기록법과 실지재고조사법의 수량계산식을 표시하면 다음과 같다.

구 분	수량계산식
계속기록법	기말수량(장부상) = 기초수량 + 매입수량 − 판매수량(기록함)
실지재고조사법	판매수량(장부상) = 기초수량 + 매입수량 − 기말수량(실사함)

계속기록법에서는 기중에 집계된 매출원가를 판매가능한 재고에서 차감하여 기말재고액이 계산되는 반면에, 실지재고조사법에서는 기말실사를 통하여 계산된 기말재고액을 판매가능한 재고에서 차감하여 매출원가를 산출한다. 이를 그림으로 표시하면 다음과 같다.

그림 8-1 ● 계산순서

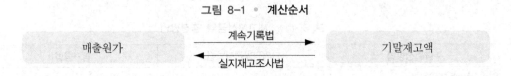

계속기록법에서는 입출고시 마다 재고자산을 가감하는 회계처리를 하므로 시산표상의 재고자산은 기말재고를 나타내는 반면에, 실지재고조사법에서는 매입시에는 매입계정에 표시하고, 출고시에는 아무런 회계처리를 하지 않아 시산표상의 재고자산은 기초재고로 표시된다. 이를 표로 나타내면 다음과 같다.

표 8-2 ● 시산표상의 과목

과 목	계속기록법	실지재고조사법
재고자산	××× [*1]	××× [*2]
매 입	− [*3]	×××
매출원가	×××	−

[*1]. 기말재고액을 의미한다.
[*2]. 기초재고액을 의미한다.
[*3]. 매입은 재고자산에 가산되고, 출고된 원가는 재고자산에서 차감된다. 따라서 매입계정을 사용하지 않는다.

예제 8-6   수정전 시산표에 표시

기초재고액이 ₩20,000, 당기 매입액이 ₩100,000, 당기에 판매된 재고의 원가가 ₩90,000이다.

≪물음≫

이를 계속기록법과 실지재고조사법으로 구분하여 수정전 시산표상에 표시하시오.

🖊 해답

과목	계속기록법	실지재고조사법
재고자산	₩30,000 [*1]	₩20,000
매 입		100,000
매출원가	90,000	

[*1]. 20,000(기초재고액) + 100,000(당기 매입액) − 90,000(매출원가)

제8장

표 8-3 ● 계속기록법과 실지재고조사법의 회계처리 요약

인식시기	계속기록법				실지재고조사법			
	차변		대변		차변		대변	
① 매 입	재고자산	×××	매입채무	×××	매 입	×××	매입채무	×××
② 매 출	매출채권 매출원가	××× ×××	매 출 액 재고자산	××× ×××	매출채권	×××	매 출 액	×××
③ 매입에누리· 환출·매입할인	매입채무	×××	재고자산	×××	매입채무	×××	매입에누리와환출 매입할인	××× ×××
④ 재고자산마감 분개	분개		없음[*1]		매 입[*2] 재고자산	××× ×××	재고자산 매 입	××× ×××

[*1]. 시산표상의 재고금액은 기말재고액을 의미하므로 수정분개가 불필요하다.
[*2]. 반면에, 시간표상의 재고금액은 기초재고액을 의미하므로 기초재고액을 매입액으로 대체하고, 실사금액을 기말재고가 계상하는 수정분개가 필요하다.

 예제 8-7   계속기록법과 실지재고조사법(1)

다음은 20×1년 ㈜다인의 재고자산과 관련된 자료이다.

    ① 기초재고잔액 : ₩10,000(=₩50 × 200개)
    ② 당기 외상매입액 : ₩20,000(=₩50 × 400개)
    ③ 당기 외상판매액 : ₩24,000(=₩80 × 300개)

≪물음≫

계속기록법과 실지재고조사법에 따라 필요한 회계처리(분개)를 하시오. 단, 매출과 관련된 분개는 생략한다. 즉, 재고와 관련된 회계처리(분개)만 하시오.

 해답

거래내역	계속기록법		실지재고조사법	
① 매입	재고자산	20,000	매 입	20,000
	매입채무	20,000	매입채무	20,000
② 판매	매출원가	15,000	분개없음	
	재고자산	15,000		
③ 기말	－ 분개없음 －		매 입	10,000
			재고자산	10,000
			재고자산	15,000
			매 입	15,000

✎ 예제 8-8   계속기록법과 실지재고조사법(2)

다음은 20×1년 ㈜다인의 재고자산과 관련된 자료이다.

① 기초재고잔액은 ₩60,000(=₩600 × 100개)이다.
② 2월 1일 : 재고자산 200개를 개당 ₩600으로 총 ₩120,000에 외상매입하였다.
③ 3월 27일 : 2월 1일에 매입한 재고자산 50개를 반환하였다.
④ 11월 7일 : 재고자산 190개를 개당 ₩800에 외상매출하였다.
⑤ 12월 31일 : 재고감모손실과 재고평가손실은 발생하지 않았다.

≪물음≫

계속기록법과 실지재고조사법에 따라 필요한 회계처리(분개)를 하시오.

해답

일자 및 거래내역	계속기록법		실지재고조사법	
① 2.1 : 매입	재고자산	120,000	매 입	120,000
	매입채무	120,000	매입채무	120,000
② 3.27 : 매입환출	매입채무	30,000	매입채무	30,000
	재고자산	30,000	매입환출	30,000

③ 11.9 : 판매	매출채권	152,000		매출채권	152,000	
	매 출 액		152,000	매 출 액		152,000
	매출원가	114,000				
	재고자산		114,000			
④ 12.31 : 기말		– 분개없음 –		매 입	60,000	
				재고자산		60,000
				재고자산	36,000	
				매 입		36,000

[해설]
1. 개당 원가가 기초재고와 당기매입의 개당 원가가 동일하므로 원가흐름에 대한 가정이
   불필요하다.
2. 매출원가＝190개×600＝₩114,000
3. 기말재고자산＝60개×600＝₩36,000

계속기록법만 사용하고 기말에 재고실사를 실시하지 않는다면 감모손실이 파악되지 아니하므로 동 감모손실은 순이익에 반영되지 않고 기말재고자산에 포함되게 되어 동 감모손실만큼 기말재고가 과대 표시된다. 반면에 실지재고조사법만 사용하는 경우에는 판매가능재고에서 재고실사금액의 차이를 전액 매출원가로 처리하므로 감모손실이 매출원가에 포함되어 보고된다. 한편, 계속기록법과 재고실사를 병행 하여 사용하면 계속기록법에 의하여 기록된 장부상 기말재고원가에 실사에 의하여 파악된 기말재고원 가의 차이에 의하여 감모손실이 확인될 수 있다. 따라서 재고통제와 재무보고의 적정성을 기한다는 측 면에서 계속기록법과 재고실사를 병행하는 것이 바람직하다.

재고자산감모손실＝(장부수량[*1] － 실제수량[*2]) × 단위원가

[*1]. 장부상 수량은 계속기록법을 적용하는 경우에 알 수 있다.
[*2]. 실제 수량은 실지재고조사법을 적용하는 경우에 알 수 있다.

재고자산감모손실의 분개를 표시하면 다음과 같다.

(차) 재고자산감모손실	×××	(대) 재고자산	×××

 예제 8-9 감모손실과 평가손실

㈜다빈의 20×1년 12월 31일 현재 수정전 시산표에 표시된 재고자산의 잔액은 ₩100,000이다. 시산표에 표시된 재고자산의 장부상 수량은 2,000개이고, 단위당원가는 ₩50이다. 회사는 창고재 고를 실사한 결과 실제수량이 1,900개임을 확인하였다. 또한 재고자산의 순실현가능가치는 ₩45 이다.

≪물음≫

1. ㈜다빈이 인식할 재고자산감모손실을 계산하시오.

2. ㈜다빈이 인식할 재고자산평가손실을 계산하시오.

해답

1. 재고자산감모손실 = $(2,000 - 1,900) \times 50 = ₩5,000$
2. 재고자산평가손실 = $(50 - 45) \times 1,900 = ₩9,500$

[해설]

감모손실 : 수량부족에 따른 손실, 평가손실 : 가치하락에 따른 손실

재고자산감모손실 = (장부수량 − 실제수량) × 단위원가

재고자산평가손실 = (단위원가 − 단위당 순실현가능가치) × 실제수량

※ 재고자산평가는 제5절 참조

제4절 단위원가 결정방법

1. 적용개요

성격과 용도 면에서 유사한 재고자산에는 동일한 단위원가 결정방법을 적용하여야 하며, 성격이나 용도 면에서 차이가 있는 재고자산에는 서로 다른 단위원가 결정방법을 적용할 수 있다(KIFRS1002-25).

예를 들어 동일한 재고자산이 동일한 기업 내에서 영업부문에 따라 서로 다른 용도로 사용되는 경우도 있다. 그러나 재고자산의 지역별 위치나 과세방식이 다르다는 이유만으로 동일한 재고자산에 다른 단위원가 결정방법을 적용하는 것이 정당화될 수는 없다(KIFRS1002-26). 이를 정리하면 다음과 같다.

구 분	서로 다른 단위원가 결정방법 사용
성격과 용도가 차이가 나는 동일재고	가능
지역별 위치나 과세방식이 차이나는 동일재고	불가

[CTA 2010, CCB 2012, APP 2014]

재고자산에 대한 단위원가 결정방법의 적용은 동일한 용도나 성격을 지닌 재고자산에 대해서는 동일하게 적용해야 하나, 지역별로 분포된 사업장이나 과세방식이 다른 사업장간에는 동일한 재고자산이라도 원칙적으로 다른 방법을 적용한다. (×)

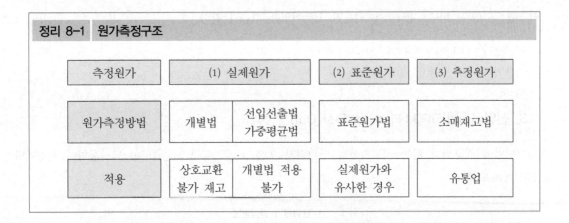

정리 8-1 원가측정구조

측정원가	(1) 실제원가		(2) 표준원가	(3) 추정원가
원가측정방법	개별법	선입선출법 가중평균법	표준원가법	소매재고법
적용	상호교환 불가 재고	개별법 적용 불가	실제원가와 유사한 경우	유통업

2. 개별법(specific identification method)

다음의 원가는 개별법을 사용하여 결정한다(KIFRS1002-23).

- 통상적으로 상호 교환될 수 없는 재고자산항목의 원가
- 특정 프로젝트별로 생산되고 분리되는 재화 또는 용역의 원가

개별법은 식별되는 재고자산별로 특정한 원가를 부과하는 방법이다. 이 방법은 외부 매입이나 자가제조를 불문하고, 특정 프로젝트를 위해 분리된 항목에 적절한 방법이다. 그러나 통상적으로 상호교환 가능한 대량의 재고자산 항목에 개별법을 적용하는 것은 적절하지 아니하다. 그러한 경우에는 기말 재고로 남아있는 항목을 선택하는 방식을 이용하여 손익을 자의적으로 조정할 수도 있기 때문이다 (KIFRS1002-24).

예들 들어 다음과 같이 A주식의 취득단가의 변동이 극심한 경우를 가정하자.

일자	적요	수량	단가
1월 1일	매입	10개	₩10
8월 1일	매입	10개	₩70
9월 1일	처분	10개	₩50

이 경우에 개별법으로 처분손익을 계산하면 다음과 같다.

구분	처분이익
1월 1일 취득수량 처분	$(50 - 10) \times 10 = ₩400$
1월 1일 취득수량 처분	$(50 - 70) \times 10 = (-)₩200$

상기와 같이 적용되는 처분단가에 따라 처분손익이 크게 변동될 수 있어 개별법은 이익조정수단으로

악용될 수 있다. 반면, 평균법에 의하면 처분이익은 다음과 같다.

평균단가 = $(10 \times 10 + 10 \times 70)/20 = ₩40$

처분이익 = $(50 - 40) \times 10 = ₩100$

3. 선입선출법(FIFO : First In First Out)

개별법이 적용되지 않는 재고자산의 단위원가는 선입선출법이나 가중평균법을 사용하여 결정한다 (KIFRS1002-25).

단위원가 결정방법

K-IFRS	K-GAAP
• 후입선출법을 인정안 함.	• 후입선출법을 허용함.

선입선출법은 먼저 매입 또는 생산된 재고자산이 먼저 판매되고 결과적으로 기말에 재고로 남아 있는 항목은 가장 최근에 매입 또는 생산된 항목이라고 가정하는 방법이다(KIFRS1002-27).

그림 8-2 • 선입선출법의 원가흐름

실지재고조사법이나 계속기록법의 결과는 동일하다. 즉, 선입선출법에 실지재고조사법을 결합한 경우와 선입선출법에 계속기록법을 결합한 경우 각각의 기말재고액과 매출원가는 동일한 금액이 계산된다. 선입선출법은 원가흐름이 물적 흐름을 충실하게 반영하기 위하여 사용되는 방법[8]이며, 기업이 임으로 특수한 재고층이 출고된 것으로 회계처리하는 것을 금지하여 이익조작을 방지하는데 있다. 선입선출법의 장점과 단점을 정리하면 다음과 같다.

○ **장 점**
- 원가흐름과 실제물량흐름이 대체로 일치한다.
- 기말재고액은 최근에 매입한 원가로 기록되며, 재고자산의 회전율이 빠른 경우에는 기말재고액은 현행원가의 근사치가 되어 기말재고액이 적절하게 표시된다.

○ **단 점**
- 매출원가는 과거에 취득한 원가가 대응되어 현행수익에 과거원가가 대응되는 수익비용대응이 부적절해진다.

---

8) 창고물류관리수칙 제1조는 'FIFO준수'이다.

예제 8-1ㅁ 선입선출법

㈜다인의 20×1년 재고자산 매입 및 매출 내역은 다음과 같다.

일자	적요	수량	매입단가
1월 1일	기초	300개	₩50
3월 5일	매입	700개	₩60
5월 12일	매출	600개	
7월 18일	매입	400개	₩63
9월 23일	매출	200개	
10월 4일	매입	600개	₩70
11월 7일	매출	700개	

≪물음≫

다음 방법에 의하여 기말재고액과 매출원가를 각각 계산하시오.

1. 실지재고조사법에 의한 선입선출법
2. 계속기록법에 의한 선입선출법

 해답

1. 실지재고조사법에 의한 선입선출법

판매가능원가 $= 300 \times 50 + 700 \times 60 + 400 \times 63 + 600 \times 70 = ₩124,200$

판매가능수량 $= 300 + 700 + 400 + 600 = 2,000$개

기말재고수량 $= 300 + 700 - 600 + 400 - 200 + 600 - 700 = 500$개

기말재고액 $= 500 \times 70 = ₩35,000$

매출원가 $= 124,200 - 35,000 = ₩89,200$

2. 계속기록법에 의한 선입선출법

실지재고조사법에 의한 선입선출법과 계산결과는 완전히 일치하므로 다음과 같다.

기말재고액 $= 500 \times 70 = ₩35,000$

매출원가 $= 124,200 - 35,000 = ₩89,200$

따라서 계속기록법에 의한 선입선출법에서는 매출시 마다 재고자산액을 계산하는 불필요한 과정을 거치지 않아도 쉽게 기말재고액을 계산할 수 있다. 다만, 이해를 돕고자 계속기록법 적용과정을 표시하면 다음과 같다.

일자	매입			판매			재고잔액		
	수량	단가	총원가	수량	단가	총원가	수량	단가	총원가
1월 1일	300	₩50	₩15,000				300	₩50	₩15,000

일자	매입			판매			재고잔액		
	수량	단가	총원가	수량	단가	총원가	수량	단가	총원가
3월 5일	700	60	42,000				300	50	15,000
							700	60	42,000
5월 12일				300	₩50	₩15,000			
				300	60	18,000	400	60	24,000
7월 18일	400	63	25,200				400	60	24,000
							400	63	25,200
9월 23일				200	60	12,000	200	60	12,000
							400	63	25,200
10월 4일	600	70	42,000				200	60	12,000
							400	63	25,200
							600	70	42,000
11월 7일				200	60	12,000			
				400	63	25,200			
				100	70	7,000	500	70	35,000
합계	2,000		₩124,200	1,500		₩89,200			

4. 후입선출법(LIFO : Last In First Out)

(1) 의 의

후입선출법은 가장 최근에 매입 또는 생산한 재고항목이 가장 먼저 판매된다고 원가흐름을 가정하는 방법이다. 따라서 기말에 재고로 남아 있는 항목은 가장 먼저 매입 또는 생산한 항목이라고 본다. 재고의 물량흐름은 대부분 선입선출법을 따르지만, 석탄, 채석장이나 건축자재 등과 같이 야적된 재고의 물량흐름은 최근에 야적된 재고를 먼저 사용하므로 후입선출법을 따르고 있다. 후입선출법은 현행수익에 최근에 매입한 원가가 매출원가로 대응되기 때문에 수익비용대응측면에서 적절한 방법이라고 할 수 있으나, 기말재고가 과거에 매입원가로 평가되어 기말재고액이 부적절하게 보고되는 단점이 있다. 후입선출법은 후입선출청산이 없다면 물가상승시 순이익을 선입선출법보다 적게 표시하는 보수적인 회계처리방법이다.

그림 8-3 ● 후입선출법의 원가흐름

기초재고	→	기말재고(과거원가)
당기매입	→	매출원가(최근원가) ⇒ 대응에 충실

[CPA 2010]

물가가 지속적으로 상승하는 경제하에서 후입선출법하에서의 당기순이익이 선입선출법하에서의 당기순이익보다 적어지는데, 이는 후입선출법이 수익비용의 대응을 왜곡하는 일례이다. (×)

실지재고조사법을 사용하는 경우와 계속기록법을 사용하는 경우의 매출원가와 기말재고액이 다르게 계산된다.

(2) 후입선출청산

후입선출청산(LIFO liquidation)은 낮은 원가로 표시된 구재고층(old inventory layer)의 일부가 판매(＝침식)되는 현상을 의미하는데, 후입선출청산이 발생하면 재고이익이 포함되어 순이익이 과대표시된다. 후입선출청산을 기초재고청산이라고 한다. 후입선출법은 현행 매출원가에 과거에 구입한 원가를 대응함에 따라 발생할 수 있는 재고보유이익(inventory profit) 또는 가공이익(paper profit, phantom profit)을 제거할 수 있다는 장점이 있지만, 후입선출청산이 발생하면 오히려 이러한 재고보유이익이 확대되어 순이익의 왜곡이 심화될 수 있다.

시조(時調) 제목 : 후입선출청산
- **수량 감소 : 낮은 원가로 표시된 재고자산이 판매**
- **높은 이익 : 재고보유이익이 순이익에 포함**
- **왜곡 현상 : 이익과대 표시**

이러한 후입선출청산은 불가피하게 발생할 수도 있고 또는 의도적으로 발생할 수도 있다.

1) 불가피한(비자발적인)후입선출청산

회사의 의도와 무관하게 재고공급업체의 노사분규 등의 사정으로 기초재고층이 고갈되는 현상을 말한다.

2) 의도적인 후입선출청산(＝불건전한 구매관습)

회사가 이익을 증대할 목적으로 기초재고층을 소진할 때까지 구매를 하지 아니하는 현상을 말한다. 당기순이익이 상품의 구매활동에 의하여 조작될 가능성이 크다.

재무상태표에 표시되는 재고자산이 오래 전에 취득한 단가를 반영함으로서 불건전한 구매관습이나 후입선출청산을 유발시킬 수 있는 단점을 가지고 있다. 따라서 후입선출법은 선입선출법 등 다른 방법에 비하여 재무제표상에 기업가치와 영업성과를 왜곡시킬 가능성이 더 큰 방법으로 간주되고 있다.

✏️ **예제 8-11** 기초재고청산

다음은 20×1년초에 설립된 ㈜다인의 20×1년부터 20×3년까지의 매입과 판매와 관련된 자료이다.

연도	일자	적요	수량	매입단가
20×1년	1월 1일	기초	－	－
	1월 2일	매입	500개	₩10
	3월 1일	매출	400개	
	6월 1일	매입	700개	₩20
	9월 1일	매출	300개	

연도	일자	적요	수량	매입단가
20×2년	2월 1일	매입	800개	₩30
	4월 1일	매출	600개	
	7월 1일	매입	600개	₩40
	8월 1일	매출	700개	
20×3년	2월 1일	매입	300개	₩50
	4월 1일	매출	800개	
	7월 1일	매입	700개	₩60
	8월 1일	매출	600개	

≪물음≫

위의 자료를 이용하여 20×1년부터 20×3년까지 연도별 매출원가를 선입선출법과 후입선출법(실지재고조사법사용)을 각각 적용하여 계산하시오.

해답

	20×1년	20×2년	20×3년
선입선출법			
기초재고액	0	₩10,000	₩24,000
당기매입액	₩19,000	48,000	57,000
기말재고액	10,000 *1	24,000 *3	12,000 *5
매출원가ⓐ	₩9,000	₩34,000	₩69,000
후입선출법(실사)			
기초재고액	0	₩5,000	₩8,000
당기매입액	₩19,000	48,000	57,000
기말재고액	5,000 *2	8,000 *4	2,000 *6
매출원가ⓑ	₩14,000	₩45,000	₩63,000
순이익차이(ⓑ-ⓐ)			
FIFO-LIFO	5,000	11,000	(6,000)

*1. 500개 × ₩20 = ₩10,000　　　　*2. 500개 × ₩10 = ₩5,000
*3. 600개 × ₩40 = ₩24,000　　　　*4. 500개 × ₩10 + 100개 × ₩30 = ₩8,000
*5. 200개 × ₩60 = ₩12,000　　　　*6. 200개 × ₩10 = ₩2,000

[해설]

	20×1년	20×2년	20×3년
1. 단가변동	상승	상승	상승
2. 수량증감			
기초재고수량	0	500	600
기말재고수량	500	600	200
재고수량변동	500	100	(400)
수량증감	증가	증가	감소
			기초재고청산

20×3년 매출원가 구성내역

선입선출법			후입선출법		
수량	단가	매출원가	수량	단가	매출원가
600	₩40	₩24,000	700	₩60	₩42,000
300	50	15,000	300	50	15,000
500	60	30,000	100	30 [*1]	3,000
			300	10 [*2]	3,000
1,400		₩69,000	1,400		₩63,000

[*1]. 기초재고층 침식(판매) : 20×2년 단가 ₩30(낮은 단가)이 적용된 원가가 비용처리됨
[*2]. 기초재고층 침식(판매) : 20×1년 단가 ₩10(낮은 단가)이 적용된 원가가 비용처리됨

[해설]

만일, 20×3년 8월 1일 판매량이 600개가 아니고 300개인 경우를 가정해 보자. 이 경우 재고수량이 100개 감소하고, 단위원가가 상승하는 상황이 된다. 그렇다면 이 경우에 후입선출법의 매출원가가 선입선출법의 매출원가보다 더 작은지 살펴보자

20×3년 매출원가 구성내역

선입선출법			후입선출법		
수량	단가	매출원가	수량	단가	매출원가
600	₩40	₩24,000	700	₩60	₩42,000
300	50	15,000	300	50	15,000
200	60	12,000	100	30	3,000
1,100		₩51,000	1,100		₩61,000

계산 결과에서 알 수 있듯이 후입선출법의 매출원가가 선입선출법의 매출원가보다 더 크다. 단가가 상승하고 재고수량이 감소한다고 하여 반드시 후입선출법의 매출원가가 선입선출법의 매출원가보다 더 작다고 할 수 없다는 것을 의미한다.

(3) 장점과 단점

○ 장 점

① 손익계산서의 매출원가가 비교적 현행가격을 반영하여 수익과 적절하게 대응된다.

② 원가가 상승하고 재고량이 증가하는 경우에 선입선출법보다 이익이 적게 계상되어 법인세의 이연 효과를 가져와서 현금흐름이 개선된다.

○ 단 점

① 재고자산이 과거에 매입한 원가로 평가되어 현행원가와 큰 차이가 발생할 수 있으며, 전반적으로

원가상승시에 재고자산이 과소평가된다.

② 대체적으로 원가흐름이 물적흐름과 상반되게 이루어진다. (단, 석탄, 연탄, 채석장의 경우에 후입선출법에 따르면 원가흐름과 물적흐름이 일치된다.)

③ 불가피한(비자발적인)후입선출청산 유발 : 재고공급업체의 노사분규 등으로 재고가 부족해지면 과거의 낮은 단가가 수익에 대응되어 순이익이 과대표시된다.

④ 불건전한 구매관습 유발 : 과거에 매입한 낮은 원가를 일부러 고갈시켜 높은 이익을 발생하기 위하여 재고자산을 다 처분한 다음에 재고자산을 구입하는 구매행위를 유발시킬 수 있다. 또한, 반대로 재고가 감소할 것으로 예상되는 경우 기말에 많은 재고를 매입하여 낮은 원가로 표시된 원가가 매출에 대응되지 않도록 하여 이익증대와 법인세 증가를 억제할 수 있다. 즉, 구매행위가 이익증대목적으로 불건전하게 이루어질 가능성이 있다.

예제 8-12 후입선출법(기초재고청산이 아닌 경우)

㈜다인의 20×1년 재고자산 매입 및 매출 내역은 다음과 같다.

일자	적요	수량	매입단가
1월 1일	기초	300개	₩50
3월 5일	매입	700개	₩60
5월 12일	매출	600개	
7월 18일	매입	400개	₩63
9월 23일	매출	200개	
10월 4일	매입	600개	₩70
11월 7일	매출	700개	

≪물음≫

다음 방법에 의하여 기말재고액과 매출원가를 각각 계산하시오.

1. 실지재고조사법에 의한 후입선출법
2. 계속기록법에 의한 후입선출법

 해답

1. 실지재고조사법에 의한 후입선출법

기말재고액 = 300 × 50 + 200 × 60 = ₩27,000

매출원가 = 124,200 − 27,000 = ₩97,200

2. 계속기록법에 의한 후입선출법

일자	매입 수량	매입 단가	매입 총원가	판매 수량	판매 단가	판매 총원가	재고잔액 수량	재고잔액 단가	재고잔액 총원가
1월 1일	300	₩50	₩15,000				300	₩50	₩15,000
3월 5일	700	60	42,000				300	50	15,000
							700	60	42,000
5월 12일				600	₩60	₩36,000	300	50	15,000
							100	60	6,000
7월 18일	400	63	25,200				300	50	15,000
							100	60	6,000
							400	63	25,200
9월 23일				200	63	12,600	300	50	15,000
							100	60	6,000
							200	63	12,600
10월 4일	600	70	42,000				300	50	15,000
							100	60	6,000
							200	63	12,600
							600	70	42,000
11월 7일				600	70	42,000	300	50	15,000
				100	63	6,300	100	60	6,000
							100	63	6,300
합계	2,000		₩124,200	1,500		₩96,900			

기말재고액＝15,000 ＋ 6,000 ＋ 6,300 ＝₩27,300

매출원가＝124,200 － 27,300 ＝₩96,900

예제 8-13 후입선출법과 선입선출법

㈜다인의 20×1년과 20×2년 재고자산 매입 및 매출 내역은 다음과 같다.

연도	일자	적요	수량	매입단가
20×1년	1/1	기초	400개	₩50
	3/1	매입	500개	₩60
	5/1	매출	400개	
	7/1	매입	600개	₩70
	10/1	매출	700개	
20×2년	2/1	매입	400개	₩80
	4/1	매출	700개	
	8/1	매입	600개	₩90
	11/1	매출	300개	

제8장

≪물음≫

다음 방법에 의하여 20×1년과 20×2년의 기말재고액과 매출원가를 각각 계산하시오.

1. 선입선출법
2. 후입선출법(실지재고조사법사용)
3. 후입선출법(계속기록법사용)

해답

1. 선입선출법

(1) 20×1년

판매가능원가 $= 400 \times 50 + 500 \times 60 + 600 \times 70 = ₩92,000$

기말재고수량 $= 400 + 500 - 400 + 600 + 700 = 400$개

기말재고원가 $= 400$개 $\times ₩70 = ₩28,000$

매출원가 $= 92,000 - 28,000 = 64,000$

(2) 20×2년

판매가능원가 $= 400 \times 70 + 400 \times 80 + 600 \times 90 = ₩114,000$

기말재고수량 $= 400 + 400 - 700 + 600 - 300 = 400$개

기말재고원가 $= 400$개 $\times ₩90 = ₩36,000$

매출원가 $= 114,000 - 36,000 = ₩78,000$

2. 후입선출법(실지재고조사법사용)

(1) 20×1년

판매가능원가 $= 400 \times 50 + 500 \times 60 + 600 \times 70 = ₩92,000$

기말재고수량 $= 400 + 500 - 400 + 600 + 700 = 400$개

기말재고원가 $= 400$개 $\times ₩50 = ₩20,000$

매출원가 $= 92,000 - 20,000 = ₩72,000$

(2) 20×2년

판매가능원가 $= 400 \times 50 + 400 \times 80 + 600 \times 90 = ₩106,000$

기말재고수량 $= 400 + 400 - 700 + 600 - 300 = 400$개

기말재고원가 $= 400$개 $\times ₩50 = ₩20,000$

매출원가 $= 106,000 - 20,000 = ₩86,000$

3. 후입선출법(계속기록법사용)

(1) 20×1년

일자	매입			판매			재고잔액		
	수량	단가	총원가	수량	단가	총원가	수량	단가	총원가
1/1	400	₩50	₩20,000				400	₩50	₩20,000
3/1	500	60	30,000				400	50	20,000
							500	60	30,000
5/1				400	₩60	₩24,000	400	50	20,000
							100	60	10,000
7/1	600	70	42,000				400	50	20,000
							100	60	10,000
							600	70	42,000
10/1				600	70	42,000			
				100	60	6,000	400	50	20,000
합계	1,500		₩92,000	1,100		₩72,000			

매출원가 = ₩72,000   기말재고원가 = ₩20,000

(2) 20×2년

일자	매입			판매			재고잔액		
	수량	단가	총원가	수량	단가	총원가	수량	단가	총원가
1/1	400	₩50	₩20,000				400	₩50	₩20,000
2/1	400	80	32,000				400	50	20,000
							400	80	32,000
4/1				400	₩80	₩32,000			
				300	50	15,000	100	50	5,000
8/1	600	90	42,000				100	50	5,000
							600	90	42,000
10/1				300	90	27,000	100	50	5,000
							300	90	27,000
합계	1,400		₩95,000	1,100		₩74,000			

매출원가 = ₩74,000   기말재고원가 = ₩32,000

[별해] 계속기록법에 의한 후입선출법

일자	적요	수량	잔량	잔량검토
1/1	기초	+400개	400개	
2/1	매입	+400개	800개	
4/1	매출	−700개	100개	기초재고침식
8/1	매입	+600개	700개	
11/1	매출	−300개	400개	

기말재고액 = 100 × 50(1.1단가) + 300 × 90(8.1단가) = ₩32,000

5. 선입선출법과 후입선출법의 비교

(1) 기본가정

선입선출법은 먼저 매입한 재고자산이 판매된다고 가정하는 반면에, 후입선출법에서는 나중에 매입하는 재고자산이 먼저 판매된다고 가정한다.

(2) 원가흐름과 물적 흐름

물적 흐름은 먼저 매입한 재고자산이 먼저 판매되는 것이 일반적이므로 선입선출법은 원가흐름과 물적 흐름이 대체적으로 일치하지만, 후입선출법에서는 원가흐름과 물적 흐름이 상반되는 경향을 가진다.

(3) 수익비용대응

선입선출법에서는 현행수익에 과거에 매입한 원가가 매출원가로 대응되어 수익비용대응이 부적절해지지만, 후입선출법에서는 현행수익에 최근에 매입한 원가가 매출원가로 대응되어 수익비용대응이 적절하게 이루어진다.

(4) 기말재고액

선입선출법에서는 최근에 매입한 원가가 기말재고액으로 평가되어 현행원가와 유사한 금액이 보고됨에 따라 기말재고액이 적절하게 평가되지만, 후입선출법에서는 과거에 매입한 원가가 기말재고액으로 평가되어 적절하게 평가되지 않는다.

(5) 실지재고조사법과 계속기록법

선입선출법에서는 동일한 결과를 가져오지만, 후입선출법에서는 다른 결과를 가져온다. 매출원가와 기말재고액이 선입선출법에서는 두 방법이 동일한 금액으로 평가되지만, 후입선출법에서는 다른 금액으로 평가된다.

표 8-4 • 선입선출법과 후입선출법 비교요약

구 분	선입선출법	후입선출법
기말재고자산	최근원가(재고자산평가에 중점)	과거원가
매 출 원 가	과거원가	최근원가(수익비용대응에 충실)
재 무 제 표	재무상태표 중시	손익계산서 중시
계속기록법과 실사법	계속기록법 = 실지재고조사법	계속기록법 ≠ 실지재고조사법

6. 가중평균법(weighted average method)

가중평균법은 기초 재고자산과 회계기간 중에 매입 또는 생산된 재고자산의 원가를 가중평균하여 재고항목의 단위원가를 결정하는 방법이다. 이 경우 평균은 기업의 상황에 따라 주기적[9]으로 계산(총평균법을 의미)하거나 매입 또는 생산할 때마다 계산(이동평균법을 의미)할 수 있다(KIFRS1002-27).

> **[APP 2014]**
>
> 가중평균법의 경우 재고자산 원가의 평균은 기업의 상황에 따라 주기적으로 계산하거나 매입 또는 생산할 때마다 계산하여서는 아니된다. (×)

가중평균법[10]은 적용이 간단하고 객관적인 방법이며 이익조작의 가능성이 적다는 장점을 지닌다.

(1) 이동평균법

이동평균법(moving-average method)은 재고자산을 구입하는 시점마다 평균원가를 계산하고, 판매시에는 바로 직전의 구매시점에서 계산된 이동평균단가를 판매량에 곱하여 판매시마다 매출원가를 계산하는 방법이다. 이동평균법은 평균법과 계속기록법의 결합이라고 볼 수 있다. 이동평균법에서는 실지재고조사법과 병행하여 사용할 수 없다. 재고자산회전율이 매우 높고 시간 간격이 짧을 때에 이동평균법을 적용한 결과는 선입선출법의 결과와 유사하게 된다.

(2) 총평균법

총평균법(weighed-average method)은 당기의 총판매가능원가를 당기의 총판매가능수량으로 나누어 단위원가를 계산하여 이에 기말재고수량을 곱하여 기말재고액을 구하고 판매수량을 곱하여 매출원가를 구하는 방법이다. 이 방법에서는 기말에 가서야 단위원가를 계산할 수 있기 때문에 기중에는 매출원가를 계산할 수 없다. 이런 점에서 총평균법은 평균법과 실지재고조사법의 결합이라고 할 수 있으며, 계속기록법과는 병행하여 사용할 수 없다. 총평균법은 최종 구입상품이 구입될 때까지 아무 상품도 판매되지 않았다는 비현실적인 가정에 기초하고 있다는 한계를 지닌다.

> **예제 8-14 이동평균법과 총평균법**
>
> ㈜다인의 20×1년 재고자산 매입 및 매출 내역은 다음과 같다.
>
> | 일자 | 적요 | 수량 | 매입단가 |
> |---|---|---|---|
> | 1월 1일 | 기초 | 300개 | ₩50 |
> | 3월 5일 | 매입 | 700개 | ₩60 |
> | 5월 12일 | 매출 | 600개 | |
> | 7월 18일 | 매입 | 400개 | ₩63 |
> | 9월 23일 | 매출 | 200개 | |
> | 10월 4일 | 매입 | 600개 | ₩70 |
> | 11월 7일 | 매출 | 700개 | |

---

9) [세무실무] 월단위로 총평균법을 적용 : 총평균법으로 간주 (법인46012-3846,1995.10.14)

10) 단순평균법은 수량을 무시하는 치명적인 단점 때문에 사용할 수 없다.

≪물음≫

다음 방법에 의하여 기말재고액과 매출원가를 각각 계산하시오.

1. 총평균법
2. 이동평균법

 해답

1. 총평균법

[계산에 필요한 값]

판매가능원가＝300 × 50 ＋ 700 × 60 ＋ 400 × 63 ＋ 600 × 70＝₩124,200

판매가능수량＝300 ＋ 700 ＋ 400 ＋ 600＝2,000개

기말재고수량＝300 ＋ 700 － 600 ＋ 400 － 200 ＋ 600 － 700＝500개

[기말재고액과 매출원가 계산]

단위당 총평균원가＝판매가능원가/판매가능수량＝₩124,200/2,000개＝₩62.1

기말재고원가＝500개 × ₩62.1＝₩31,050

매출원가＝124,200 － 31,050＝₩93,150

2. 이동평균법

일자	매입			판매			재고잔액		
	수량	단가	총원가	수량	단가	총원가	수량	단가	총원가
1월 1일	300	₩50	₩15,000				300	₩50	₩15,000
3월 5일	700	60	42,000				1,000	57	57,000
5월 12일				600	₩57	₩34,200	400	57	22,800
7월 18일	400	63	25,200				800	60	48,000
9월 23일				200	60	12,000	600	60	36,000
10월 4일	600	70	42,000				1,200	65	78,000
11월 7일				700	65	45,500	500	65	32,500
합계	2,000		₩124,200	1,500		₩91,700			

∴ 매출원가＝₩91,700,   기말재고원가＝₩32,500

7. 단위원가 결정방법 비교

다음과 같은 조건아래서 단위원가 결정방법간 크기를 비교하면 다음과 같다.

〈조건1〉 원가가 상승할 것(인플레이션)
〈조건2〉 재고수량이 감소하지 않거나 기초재고금액이 동일할 것

구 분	단가방법간 크기 비교
순이익 · 기말재고액 · 법인세크기[11]	선입선출법(＋계속기록법)＝선입선출법(＋실지재고조사법) ≥ 이동평균법 ≥ 총평균법 ≥ 후입선출법(＋계속기록법) ≥ 후입선출법(＋실지재고조사법)
현금흐름(법인세가 존재하는 경우[12]) · 매출원가크기	선입선출법(＋계속기록법)＝선입선출법(＋실지재고조사법) ≤ 이동평균법 ≤ 총평균법 ≤ 후입선출법(＋계속기록법) ≤ 후입선출법(＋실지재고조사법)
법인세가 존재하지 않은 경우에 현금 흐름의 크기[13]	선입선출법(＋계속기록법)＝선입선출법(＋실지재고조사법)＝이동평균법 ＝총평균법＝후입선출법(＋계속기록법)＝후입선출법(＋실지재고조사법)

> ❑ 현금흐름 크기 (개선효과) : 법인세 이연효과
>   • 초기 : 법인세 덜 납부   • 후기 : 법인세 더 납부

재고수량이 감소하면 기초재고청산이 발생하여 후입선출법의 순이익이 선입선출법의 순이이익보다 더 크게 계상될 수 있다. 한편, 기초재고금액이 동일한 경우에는 재고수량이 감소하여도 위의 관계식이 성립된다.

위의 관계식을 앞서 계산된 예제에서 확인할 수 있다. 앞선 예제는 매입단가가 계속 상승하였고, 기초재고수량이 기중에 청산되지 않은 상황이었다. 기말재고액의 크기를 표시하면 다음과 같다.

FIFO(계속)		FIFO(실사)		이동평균법		총평균법		LIFO(계속)		LIFO(실사)
₩35,000	＝	₩35,000	〉	₩32,500	〉	₩31,050	〉	₩27,300	〉	₩27,000

반면에 매출원가 크기는 다음과 같이 기말재고크기와 반대로 나타났다.

FIFO(계속)		FIFO(실사)		이동평균법		총평균법		LIFO(계속)		LIFO(실사)
₩89,200	＝	₩89,200	〈	₩91,700	〈	₩93,150	〈	₩96,900	〈	₩97,200

---

11) ([암기] ㄱㄴㄷ순 : ㅅ 〉 ㅇ 〉 ㅊ 〉 ㅎ)

12) 현금흐름크기는 법인세이연효과를 말한다. 즉, 적용초기에 이익을 더 계상하면 초기에 법인세부담이 커져 현금흐름크기는 적어(불리해) 진다.

13) 법인세가 존재하지 않은 경우에는 법인세이연효과가 없어 제 방법간 현금흐름크기는 동일하다.

단가결정방법과 수량기록방법의 결합에 대하여 정리하면 다음과 같다.

단가결정방법	계속기록법		실지재고조사법	양방법의 결과
개별법	○	=	○	일치함
이동평균법	○		×	
총평균법	×		○	
선입선출법	○	=	○	일치함
후입선출법	○	≠	○	일치 안 함

8. 표준원가법

표준원가법이나 소매재고법 등의 원가측정방법은 그러한 방법으로 평가한 결과가 실제 원가와 유사한 경우에 편의상 사용할 수 있다. 표준원가는 정상적인 재료원가, 소모품원가, 노무원가 및 효율성과 생산능력 활용도를 반영한다. 표준원가는 정기적으로 검토하여야 하며 필요한 경우 현재 상황에 맞게 조정하여야 한다(KIFRS1002-21).

표준원가법

K-IFRS	K-GAAP
• 표준원가법의 원가측정방법으로 평가한 결과가 실제 원가와 유사한 경우에 사용할 수 있음.	• 표준원가제도를 채택하고 있는 경우에도 재고자산의 대차대조표가액은 실제원가로 보고하여야 함.

[APP 2013]

표준원가법으로 평가한 결과가 실제원가와 유사하지 않은 경우에는 편의상 표준원가법을 사용할 수 있다. (×)

9. 소매재고법(retail inventory method)

소매재고법[14]은 이익률이 유사하고 품종변화가 심한 다품종 상품을 취급하는 유통업에서 실무적으로 다른 원가측정법을 사용할 수 없는 경우에 흔히 사용한다. 소매재고법에서 재고자산의 원가는 재고자산의 판매가격을 적절한 총이익률을 반영하여 환원하는 방법으로 결정한다. 이때 적용되는 이익률은 최초판매가격 이하로 가격이 인하된 재고자산을 고려하여 계산하는데, 일반적으로 판매부문별 평균이익률을 사용한다(KIFRS1002-22).

---

14) 백화점, 소매점, 체인스토어와 같은 취급 품목의 종류가 다양한 업종에 널리 이용되기 때문에 소매재고법이라 한다. 소매재고법은 매출가격환원법이라고도 한다.

(1) 적용절차(계산구조)

매가로 표시된 판매가능재고에서 매출액을 차감하면 매가로 표시된 기말재고가 산출된다. 이렇게 산출된 매가로 표시된 기말재고에 원가율을 곱하여 기말재고원가를 추정한다.

> **기말재고원가＝매가표시 기말재고액[1] × 원가율[2]**
>
> [1]. 판매가능재고액 − 매출액 : 원가율 가정에 관계없이 일정하게 계산된다.
> [2]. 원가/판매가 : 다음과 같은 원가흐름에 대한 가정에 따라 다르게 계산된다.
>   ① 평균원가, ② 저가기준, ③ 선입선출법, ④ 후입선출법

소매재고법의 계산구조는 다음 그림에서 보는 바와 같이 재고자산의 T계정을 이용하여 쉽게 파악이 가능하다.

정리 8-2 소매재고법 계산구조

〈기본자료〉

* 기초재고잔액 : 50 (매가 : 80)
* 당기순매입액 : 100 (매가 : 170)
* 매출액 : 180

	재고자산						
	(원가)	(매가)			(원가)		(매가)
기초	50	80	판매				180
순매입	100	170	기말		42	←	70
판매가능재고	150	250	판매가능재고		150	(a/A)	250
	(a)	(A)					(A)

* 원가율＝a/A＝150/250＝60%
* 기말재고매가＝250 − 180＝70
* 기말재고원가＝70×60%＝42

〈계산과정〉

1. 원가율 계산 : 기초재고와 당기순매입액을 더하면 판매가능재고가 산출된다. 원가로 표시된 판매가능재고(50 + 100＝₩150)를 매가로 표시된 판매가능재고(80 + 170＝₩250)로 나누면 60%의 원가율이 산출된다.
2. 기말재고매가 계산 : 판매가능재고매가(₩250)에서 매출액(₩180)을 차감하면 매가표시 기말재고액 ₩70이 산출된다.
3. 기말재고원가 계산 : 매가표시 기말재고액(₩70)에 원가율(60%)을 곱하면 기말재고원가 ₩42가 산출된다.

제8장

(2) 장 점

- 실사를 하지 않고 재고자산을 추정할 수 있다.
- 분기 또는 반기재무제표작성시 기말재고액을 신속하게 추정할 수 있다.
- 화재, 재해, 도난 등에 의한 손실액을 추정할 수 있다.

(3) 계산절차

재고자산 T계정을 이용한 소매재고법 적용과정

재고자산

	(원가)	(매가)		(원가)	(매가)
기초	×××	×××	판매	?	×××
순매입	×××	×××	정상파손[*2]		×××
순인상 – 순인하		×××	종업원할인[*3]		×××
비정상파손[*1]	(×××)	(×××)	기말	? ←	×××
판매가능재고	×××	×××	판매가능재고	(a/A)	×××
	(a)	(A)			(A)

평균원가의 원가율＝a/A

[조정방향 및 이유]

*1. 비정상파손(＝비정상감모손실)

비정상파손은 원가성이 없으므로 원가에서 차감되며, 자동적으로 매가도 부인된다. 비정상파손은 원가에서 차감되어 영업외비용으로 처리된다. 비정상파손에 대한 분개는 다음과 같다.

(차) 재고자산감모손실	×××	(대) 재고자산	×××

*2. 정상파손

정상파손은 판매될 수 없으므로 매가표시 기말재고액에 포함되지 않게 조정한다. 정상파손은 원가성이 인정되므로 판매가능원가에서 차감하지 않는다.

*3. 종업원할인

종업원할인을 적용한 매출액은 할인액만큼 정상금액보다 낮게 표시되어있다. 매출액을 정상금액으로 조정하기 위해 서는 매출액에 종업원할인을 가산하여야 한다. 만일 종업원할인을 반영하지 않으면 종업원할인액만큼 기말재고매가 가 과대표시된다.

기말재고매가＝판매가능재고매가 – 매출액 – 종업원할인(매출액을 정상금액으로 조정)
        – 정상파손(판매할 수 없는 파손 제거)

(4) 원가율의 계산

소매재고법은 원가흐름에 대한 가정에 따라 다음과 같은 방법으로 구분된다.

① 평균원가 소매재고법(average cost retail inventory method)
② 저가기준 소매재고법(LCM retail inventory method) : 원가율 계산시 가격인하를 차감하지 않 는다.

③ 선입선출 소매재고법(FIFO retail inventory method) : 일반적으로 기말재고원가＝기말재고매가 × 당기매입원가율

④ 후입선출 소매재고법(LIFO retail inventory method) : 기초재고 원가율과 당기매입 원가율을 각각 계산하여 적용한다.

"기말재고매가(B) 〉 기초재고매가(A)"인 경우

구분	매가	원가율	원가
기초	A	계산 불필요	a
매입	B－A	R	(B － A)×R
계	B		a＋(B － A)×R

참고적으로 원가흐름에 대한 가정에도 불구하고 매가표시 기말재고액은 제 방법 모두 일치한다. 즉, 소매재고법의 여러 방법은 원가율만 차이가 있고 매가표시 기말재고액은 모두 일치한다. 계산식으로 원가율을 표시하면 다음과 같다.

원가흐름가정	원 가 율		
평균원가	$\dfrac{\text{기초재고액 ＋ 당기순매입액}}{\text{기초재고액 ＋ 당기순매입액 ＋ 순인상 － 순인하 － 비정상파손}}$	(원가) (매가)	
저가기준 (전통적)	$\dfrac{\text{기초재고액 ＋ 당기순매입액}}{\text{기초재고액 ＋ 당기순매입액 ＋ 순인상 － 비정상파손}}$	(원가) (매가)	
선입선출 · 후입선출	기초재고 ＝ $\dfrac{\text{기초재고액(원가)}}{\text{기초재고액(매가)}}$ 당기매입 ＝ $\dfrac{\text{당기순매입액}}{\text{당기순매입액 ＋ 순인상 － 순인하 － 비정상파손}}$	(원가) (매가)	

[CPA 2014]

선입선출 소매재고법을 사용할 경우 매출원가는 판매가능재고자산의 원가와 판매가를 이용하여 산출한 원가율을 매출액에 곱하여 결정한다. (×)

(5) 저가기준 소매재고법

전통적인 소매재고법이라고도 한다. 이 방법은 보수주의에 입각하여 매출원가를 많이 계상하는 방법인데 그러기 위해서는 기말재고액을 적게 계상하면된다. 기말재고액을 적게 계상하려면 원가율을 적게 계상하여야 하며, 원가율이 작아지려면 원가율 계산공식 중 분모에서 순인하를 차감하지 않으면 된다. 이와 같이 저가기준을 적용하여 소매재고법을 사용하는 경우에는 원가율을 계산할 때 가격인하를 매출가격에 의한 판매가능액에서 차감하지 아니한다. 저가기준에 충실하기 위하여 가격인하를 차감하지 않은 논리과정을 아래와 같이 표시할 수 있다.

이익↓ → 매출원가↑ → 기말재고↓ → 원가율↓ → 원가율의 분모↑ → 순인하를 차감하지 아니함

 예제 8-15 소매재고법

㈜다빈백화점는 소매재고법에 의하여 기말재고자산을 평가하고 있으며, 다음은 재고자산에 관한 자료이다.

	원 가	판매가
기초재고	₩211,200	₩300,000
매입	1,500,000	2,000,000
매입환출	20,000	30,000
매입할인	30,000	
매입운임	60,000	
순인상액		56,200
순인하액		6,200
총매출		1,600,000
매출환입		100,000
종업원할인		80,000
정상적 파손	20,000	30,000
비정상적 파손	10,000	20,000

≪물음≫

다음의 방법으로 기말재고액을 계산하시오.

1. 평균원가 소매재고법   2. 저가주의 소매재고법
3. 선입선출 소매재고법   4. 후입선출 소매재고법

 해답

1. 평균원가 소매재고법

재고자산					
	(원가)	(매가)		(원가)	(매가)
기초	211,200	300,000	판매*4		1,500,000
순매입*1*2	1,510,000	1,970,000	종업원할인		80,000
순인상－순인하*3		50,000	정상파손		30,000
비정상파손	(10,000)	(20,000)	기말	513,360 ←	690,000
판매가능재고	1,711,200	2,300,000	판매가능재고	0.744	2,300,000

원가율＝1,711,200/2,300,000＝0.744

*1. 순매입원가＝1,500,000 － 20,000 － 30,000 ＋ 60,000＝1,510,000
*2. 순매입매가＝2,000,000 － 30,000＝1,970,000
*3. 순인상 － 순인하＝56,200 － 6,200＝50,000
*4. 1,600,000 － 100,000＝1,500,000

2. 저가주의 소매재고법

재고자산

	(원가)	(매가)		(원가)	(매가)
기초	211,200	300,000	판매*4		1,500,000
순매입*1*2	1,510,000	1,970,000	종업원할인		80,000
순인상－순인하*3		50,000	정상파손		30,000
비정상파손	(10,000)	(20,000)	기말	511,980 ←	690,000
판매가능재고	1,711,200	2,300,000	판매가능재고	0.742	2,300,000

원가율＝1,711,200/(2,300,000 ＋ 6,200)＝0.742

*1. 순매입원가＝1,500,000 － 20,000 － 30,000 ＋ 60,000＝1,510,000
*2. 순매입매가＝2,000,000 － 30,000＝1,970,000
*3. 순인상 － 순인하＝56,200 － 6,200＝50,000
*4. 1,600,000 － 100,000＝1,500,000

3. 선입선출 소매재고법

재고자산

	(원가)	(매가)		(원가)	(매가)
기초	211,200	300,000	판매*4		1,500,000
순매입*1*2	1,510,000	1,970,000	종업원할인		80,000
순인상－순인하*3		50,000	정상파손		30,000
비정상파손	(10,000)	(20,000)	기말	517,500 ←	690,000
판매가능재고	1,711,200	2,300,000	판매가능재고	0.75	2,300,000
매입분	1,500,000	2,000,000			

매입원가율＝1,500,000/2,000,000＝0.75

*1. 순매입원가＝1,500,000 － 20,000 － 30,000 ＋ 60,000＝1,510,000
*2. 순매입매가＝2,000,000 － 30,000＝1,970,000
*3. 순인상 － 순인하＝56,200 － 6,200＝50,000
*4. 1,600,000 － 100,000＝1,500,000

제8장

4. 후입선출 소매재고법

재고자산

	(원가)	(매가)		(원가)	(매가)
기초	211,200	300,000	판매*4		1,500,000
순매입*1*2	1,510,000	1,970,000	종업원할인		80,000
순인상－순인하*3		50,000	정상파손		30,000
비정상파손	(10,000)	(20,000)	기말	503,700 ←	690,000
판매가능재고	1,711,200	2,300,000	판매가능재고		2,300,000
매입분	1,500,000	2,000,000			

매입원가율＝1,500,000/2,000,000＝0.75

*1. 순매입원가＝1,500,000 － 20,000 － 30,000 ＋ 60,000＝1,510,000
*2. 순매입매가＝2,000,000 － 30,000＝1,970,000
*3. 순인상 － 순인하＝56,200 － 6,200＝50,000
*4. 1,600,000 － 100,000＝1,500,000

구분	매가	원가율	원가
기초	300,000		211,200
매입	390,000	0.75	292,500
계	690,000		503,700

[해설] 제 방법간 계산결과 요약

원가흐름가정	기말재고매가	원가율	기말재고원가
평균원가	₩690,000	0.744	₩513,360
저가주의	690,000	0.742	511,980
선입선출법	690,000	0.750	517,500
후입선출법	690,000	*	503,700

제 5 절 후속 측정(평가)

1. 저가법(LCM : Lower of Cost or Market)

재고자산은 저가법으로 평가한다. 저가법은 원가와 시가 중 낮은 금액으로 측정하는 방법이다. 재고자산의 저가법에 적용되는 시가는 순실현가능가치이다. 따라서 재고자산은 취득원가와 순실현가능가치 중 낮은 금액으로 측정한다(KIFRS1002-9).

다만, 완성될 제품이 원가 이상으로 판매될 것으로 예상하는 경우에는 그 생산에 투입하기 위해 보유하는 원재료[15] 및 기타 소모품을 감액하지 아니한다. 그러나 원재료 가격이 하락하여 제품의 원가가 순실현가능가치를 초과할 것으로 예상된다면 해당 원재료를 순실현가능가치로 감액한다. 이 경우 원재료의 현행대체원가는 순실현가능가치에 대한 최선의 이용가능한 측정치가 될 수 있다(KIFRS1002-32).

> **[APP 2014]**
>
> 완성될 제품이 원가 이상으로 판매될 것으로 예상하는 경우에는 해당 원재료를 순실현가능가치로 감액한다. (×)

여기서 순실현가능가치(NRV : Net Realizable Value)는 정상적인 영업과정의 예상 판매가격에서 예상되는 추가 완성원가와 판매비용을 차감한 금액을 말한다(KIFRS1002-6).

> 재고자산 평가액 = 저가 = Min[HC, NRV]
> 단, HC : 취득원가
>   NRV : 순실현가능가치 = 예상판매가격 − (예상 추가 완성원가 + 판매비용)
>   ※ 원재료의 NRV에 대한 최선의 이용가능 추정치 = 현행대체원가

원재료 저가평가조건을 그림으로 표시하면 다음과 같다.

순실현가능가치, 공정가치 및 순공정가치를 정리하면 다음과 같다(KIFRS1002-7).

- 순실현가능가치는 정상적인 영업과정에서 재고자산의 판매를 통해 실현할 것으로 기대하는 순매각금액을 말한다.

---

15) 재공품은 해당되지 않음에 유의하여야 한다.

- 공정가치는 시장에서 동일한 재고자산이 합리적인 판단력과 거래의사가 있는 독립된 당사자 사이에 교환될 수 있는 금액을 반영한다.
- 순공정가치는 공정가치에서 매각비용을 차감한 금액을 말한다.
- 순실현가능가치는 기업특유가치이지만, 공정가치는 기업특유가치가 아니다.
- 재고자산의 순실현가능가치는 순공정가치와 일치하지 않을 수도 있다

다음의 경우에는 재고자산의 원가를 회수하기 어려울 수 있다(KIFRS1002-28).

① 물리적으로 손상된 경우
② 완전히 또는 부분적으로 진부화된 경우
③ 판매가격이 하락한 경우
④ 완성하거나 판매하는 데 필요한 원가가 상승한 경우

재고자산을 취득원가 이하의 순실현가능가치로 감액하는 저가법은 자산의 장부금액이 판매나 사용으로부터 실현될 것으로 기대되는 금액을 초과하여서는 아니 된다는 견해와 일관성이 있다(KIFRS1002-28).

저가법의 주장근거와 단점은 다음과 같다.

[주장근거]
- 저가주의는 보수주의에 근거를 두고 있다. 보수주의에 의하면 대체적인 방법이 있는 경우에는 이익을 과대계상하는 것보다는 이익을 과소계상하는 것이 바람직하다는 것이다. 그 이유는 재무적 기초를 견고히 하여야 기업에 존재하는 위험 또는 불확실성에 대비하여 존속할 수 있다는 것이다.

[단점]
- 시가의 하락은 인식하면서, 시가의 상승은 인식하지 않는 **논리의 일관성이 없다.**
- 저가법에서는 원가와 비교될 시가가 필요한데 **시가를 선택하는데 어려움이 있다.** 이러한 시가에서는 현행원가, 순실현가능가치 등이 있다.
- 평가손실을 계상한 자산이 다음회계연도이후에 판매되는 경우에는 정상이익에 평가손실액을 더한 금액이 실현이익이 되어 더 많은 이익을 보고하는 **자기역전현상이 발생한다.**

예제 8-16 재고자산 평가

㈜다빈은 20×1년 말 현재 보유하고 있는 재고자산과 관련된 내용이다.

구분	원가	현행대체원가	순실현가능가치
원재료A	₩36,000	₩30,000	?
원재료B	52,000	50,000	?
제품C	259,000	252,000	247,000
제품D	128,000	129,000	131,000
상품E	141,000	146,000	138,000

다만, 원재료A는 제품C에 원재료B는 제품D에 각각 투입된다.

≪물음≫

㈜다빈이 20×1년말에 계상하여야 할 재고자산평가손실을 계산하시오.

해답

구분	원가	시가	재고자산평가손실	시가개념
원재료A	₩36,000	₩30,000	₩6,000	현행대체원가
원재료B	52,000	50,000	주1)	현행대체원가
제품C	259,000	247,000	12,000	순실현가능가치
제품D	128,000	131,000	―	순실현가능가치
상품E	141,000	138,000	3,000	순실현가능가치
계			₩21,000	

주1) 원재료를 투입하여 완성할 제품의 시가(₩131,000)가 원가(₩128,000)보다 높을 때는 원재료에 대하여 저가법을 적용하지 아니한다.

제8장

2. 항목별 적용원칙

재고자산을 순실현가능가치로 감액하는 저가법은 항목별(item by item)로 적용한다. 그러나 경우에 따라서는 서로 유사하거나 관련있는 항목들을 통합하여 적용하는 것이 적절할 수 있다.

이러한 경우로는 재고자산 항목이 유사한 목적 또는 용도를 갖는 동일한 제품군과 관련되고, 동일한 지역에서 생산되어 판매되며, 실무적으로 동일한 제품군에 속하는 다른 항목과 구분하여 평가할 수 없는 경우를 들 수 있다.

그러나 예를 들어 완제품 또는 특정 산업이나 특정 지역의 영업부문에 속하는 모든 재고자산과 같은 분류에 기초하여 저가법을 적용하는 것은 적절하지 아니하다(총계기준불가). 용역제공기업은 일반적으로 용역대가가 청구되는 용역별로 원가를 집계한다. 그러므로 그러한 각 용역은 별도의 항목으로 취급되어야 한다(KIFRS1002-29).

3. 순실현가능가치의 추정

순실현가능가치를 추정할 때에는 재고자산으로부터 실현가능한 금액에 대하여 추정일 현재 사용가능한 가장 신뢰성 있는 증거에 기초하여야 한다. 또한 보고기간 후 사건이 보고기간말 존재하는 상황에 대하여 확인하여주는 경우에는, 그 사건과 직접 관련된 가격이나 원가의 변동을 고려하여 추정하여야 한다(KIFRS1002-30).

순실현가능가치를 추정할 때 재고자산의 보유 목적도 고려하여야 한다. 예를 들어 확정판매계약 또는 용역계약을 이행하기 위하여 보유하는 재고자산의 순실현가능가치는 계약가격(contract price)에 기초한다. 만일 보유하고 있는 재고자산의 수량이 확정판매계약의 이행에 필요한 수량을 초과하는 경우[16]에는 그 초과 수량의 순실현가능가치는 일반 판매가격(general selling price)에 기초한다(KIFRS1002-31). 이를 정리하면 다음과 같다.

구 분	순실현가능가치
계약분	계약가격 − 추가완성원가 − 판매비용
기 타	일반 판매가격 − 추가완성원가 − 판매비용

 예제 8-17 재고자산 평가 − 확정판매계약

㈜다빈은 기말 현재 제품 A를 1,400개를 보유하고 있다. 총평균법을 적용한 제품 A의 단위당 원가는 ₩300이다. 제품 A 1,000개는 단위당 ₩250에 판매하기로 계약이 확정되어 있다. 반면, 제품 A의 기말 현재 일반 판매가격은 ₩200이다. 제품 A의 단위당 판매비용은 ₩10이다.

《물음》

저가법 적용시 계상할 재고자산평가손실을 계산하시오.

 해답

구분	수량	단위 원가	단위당 금액			평가손실
			판매가격	판매부대비용	순실현가능가치	
계약분	1,000	300	250	10	240	60,000
기 타	400	300	200	10	190	44,000
계	1,400					104,000

---

16) 재고자산 보유 수량을 초과하는 확정판매계약에 따른 충당부채나 확정매입계약에 따른 충당부채는 기업회계기준서 제 1037호 '충당부채, 우발부채 및 우발자산'에 따라 회계처리한다.

4. 평가손실, 감모손실, 평가손실환입

매 후속기간에 순실현가능가치를 재평가(new assessment)한다. 재고자산의 감액을 초래했던 상황이 해소되거나 경제상황의 변동으로 순실현가능가치가 상승한 명백한 증거가 있는 경우에는 최초의 장부금액을 초과하지 않는 범위 내에서 평가손실을 환입한다. 그 결과 새로운 장부금액은 취득원가와 수정된 순실현가능가치 중 작은 금액이 된다. 판매가격의 하락 때문에 순실현가능가치로 감액한 재고항목을 후속기간에 계속 보유하던 중 판매가격이 상승한 경우가 이에 해당한다(KIFRS1002-33).

재고자산을 순실현가능가치로 감액한 평가손실과 모든 감모손실은 감액이나 감모가 발생한 기간에 비용[17]으로 인식한다(KIFRS1002-34).

순실현가능가치의 상승으로 인한 재고자산 평가손실의 환입은 환입이 발생한 기간의 비용으로 인식된 재고자산 금액[18]의 차감액으로 인식한다(KIFRS1002-34).

> **[CCB 2011]**
>
> 순실현가능가치의 상승으로 인한 재고자산 평가손실의 환입은 환입이 발생한 기간의 수익으로 인식한다. (×)

5. 재고자산 측정방법(저가법)이 배제되는 항목

① 생산자가 해당 산업의 합리적인 관행에 따라 순실현가능가치로 측정하는 농림어업과 삼림 제품, 수확한 농림어업 제품 및 광물자원과 광업 제품 : 해당 재고자산은 생산과정 중 특정시점에 순실현가능가치로 측정되고, 순실현가능가치의 변동분은 변동이 발생한 기간의 손익으로 인식한다. 예를 들어, 곡물이 수확되거나 광물이 추출되었는데 선도계약이나 정부의 보증으로 매출이 확실시 되거나, 활성시장이 존재하여 판매되지 않을 위험이 무시할 수 있을 정도로 작은 경우이다(KIFRS1002-3,4).
② 순공정가치로 측정한 1차상품 중개기업의 재고자산 : 이 경우 순공정가치의 변동분은 변동이 발생한 기간의 손익으로 인식한다. 중개기업은 타인을 위하여 또는 자기의 계산으로 1차상품을 매입하거나 매도한다. 해당 재고자산은 주로 단기간 내에 매도하여 가격변동이익이나 중개이익을 얻을 목적으로 취득한다(KIFRS1002-3,5).

---

17) 기업회계기준서 제10호는 손익계산서에서 매출원가로 분류되는 항목과 영업외비용으로 분류되는 항목을 세분화하여 제시하고 있다[매출원가 계정(모든 재고자산평가손실과 환입, 정상적으로 발생한 감모손실), 영업외비용 계정(비정상적으로 발생한 감모손실)]. 하지만 기업회계기준서 제1002호는 재고자산 원가를 비용으로 인식하는 시점은 제시하지만 분류표시에 대해서는 일반적으로 매출원가로 부른다고 기술하면서 분류표시를 상세히 제시하지는 않고 있다.
18) 당기에 비용으로 인식하는 재고자산 금액은 일반적으로 매출원가(cost of sales)로 불린다(KIFRS1002-38).

제6절 비용

1. 비용의 인식

재고자산의 판매시, 관련된 수익을 인식하는 기간에 재고자산의 장부금액을 비용으로 인식한다 (KIFRS1002-34). 자가건설한 유형자산의 구성요소로 사용되는 재고자산처럼 재고자산의 원가를 다른 자산계정에 배분하는 경우도 있다. 이처럼 다른 자산에 배분된 재고자산 원가는 해당 자산의 내용연수 동안 비용으로 인식한다(KIFRS1002-35).

2. 비용의 표시

(1) 기능별 분류(매출원가법)

당기에 비용으로 인식하는 재고자산 금액은 일반적으로 매출원가(cost of sales)로 불리우며, 다음 항목으로 구성된다(KIFRS1002-38).

- 판매된 재고자산의 원가
- 배분되지 않은 제조간접원가
- 제조원가 중 비정상적인 부분의 금액
- 기업의 특수한 상황에 따라 물류원가(distribution costs)와 같은 다른 금액

(2) 성격별 분류

비용의 성격별 분류방식에 기초한 비용 분석을 표시하는 경우에는 당기의 재고자산 순변동액과 함께 비용으로 인식한 원재료 및 소모품, 노무원가와 기타원가를 공시한다[19](KIFRS1002-39). 매출원가를 다음과 같은 T계정에 표시할 수 있다.

재공품/제품

원재료구입액	×××[*2]	매출원가	?
노무원가발생액	×××[*2]	재공품증가액	×××[*1]
간접원가발생액	×××[*2]	제품증가액	×××[*1]
	×××		×××

[*1]. 재고자산(재공품, 제품)의 순변동액
[*2]. 비용으로 인식한 원재료 및 소모품, 노무원가와 기타원가

---

19) 제5장 제3절 3. (4) 참조(KIFRS1001-105)

[참고]

	원재료/재공품/제품		
원재료사용액	×××	매출원가	?
노무원가발생액	×××	원재료증가액	×××*1
간접원가발생액	×××	재공품증가액	×××*1
		제품증가액	×××*1
	×××		×××

*1. 재고자산(원재료, 재공품, 제품)의 순변동액

 예제 8-18 매출원가 표시

㈜SDU의 20×1년 기초 및 기말 재고자산은 다음과 같다

구 분	기초잔액	기말잔액
원재료	50,000	54,000
재공품	30,000	28,000
제 품	88,000	93,000

㈜SDU의 20×1년 중 원재료 매입액은 ₩100,000이고, 원재료 사용액은 ₩96,000이다. ㈜SDU의 20×1년 중 발생한 직접노무원가와 간접원가는 각각 ₩150,000과 ₩120,000이다.

≪물음≫

1. 원재료사용액을 사용하여 매출원가를 표시하는 T계정을 작성하시오.
2. 원재료매입액을 사용하여 매출원가를 표시하는 T계정을 작성하시오.

해답

1.

	재공품/제품		
원재료사용액	96,000	매출원가	363,000
노무원가발생액	150,000	재공품증가액	(−)2,000*1
간접원가발생액	120,000	제품증가액	5,000*2
	366,000		366,000

*1. 28,000−30,000 = (−)2,000   *2. 93,000−88,000 = 5,000

2.

	원재료/재공품/제품		
원재료구입액	100,000	매출원가	363,000
노무원가발생액	150,000	원재료증가액	4,000*1
간접원가발생액	120,000	재공품증가액	(−)2,000*2
		제품증가액	5,000*3
	370,000		370,000

*1. 54,000−50,000 = 4,000   *2. 28,000−30,000 = (−)2,000
*3. 93,000−88,000 = 5,000

제8장

제7절 재고자산의 추정

1. 추정에 의한 기말재고 평가

기말에 재고자산을 실사하여야 기말재고액과 매출원가를 계산할 수 있는데, 기말에 재고실사를 하지 않고 추정에 의하여 재고자산을 평가하는 방법이 있다. 이러한 방법에는 매출총이익법과 매출가격환원법이 있다.

추정 방법	기말재고액 계산식	KIFRS인정
매출총이익법	판매가능재고액 − 매출액×(1−매출총이익률) 판매가능재고액 − 매출액÷(1 + 원가이익률)	인정 안 함
매출가격환원법	(판매가능재고매가 −매출액)×원가율	제한적으로 인정(유통업)

2. 이익의 계산구조(매출액과 매출원가의 관계)

매출총이익(이하 "이익"이라고 한다)은 매출액대비와 매출원가대비로 표시될 수 있다. 매출액 대비 이익을 매출총이익률이라고 하고, 매출원가 대비 이익을 원가이익률이라고 한다. 즉, 이익률이 매출총이익률과 원가이익률로 구분되어 사용되어질 수 있다. 매출액에서 매출원가를 유도하거나 또는 매출원가에서 매출액을 유도하려면 이와 같은 이익률이 필요하다. 매출액과 매출원가의 관계식을 두 가지 이익률로 표시하면 다음과 같다.

구 분	계 산 식
(1) 매출총이익률 (매출액 대비 이익)	이익＝매출액 × 매출총이익률 매출원가＝매출액 × (1 − 매출총이익률)
(2) 원가이익률 (원가 대비 이익)	이익＝매출원가 × 원가이익률 매출액＝매출원가 + 이익 ＝매출원가 + 매출원가 × 원가이익률 ＝매출원가 × (1 + 원가이익률))

예를 들어 매출액이 ₩1,000이고 매출원가가 ₩800인 경우
⇒ 매출총이익률＝매출총이익 ÷ 매출액＝20 ÷ 100＝0.2
　　원가이익률＝매출총이익 ÷ 매출원가＝20 ÷ 80＝0.25

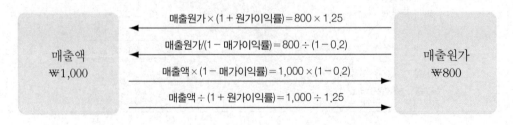

한편, 다음과 같이 원가이익률에서 매출총이익률을 계산할 수 있고, 매출총이익률에서 원가이익률을 계산할 수 있다.

$$매출총이익률 = \frac{원가이익률}{1+원가이익률} \qquad 원가이익률 = \frac{매출총이익률}{1-매출총이익률}$$

3. 매출총이익법

(1) 계산과정

매출총이익법(gross profit method)은 매출액에 매출원가율을 곱하여 매출원가를 추정한 다음에 판매가능한 재고에서 추정매출원가를 차감하여 기말재고액을 추정하는 방법이다. 여기서 매출원가율은 "1－매출총이익률"의 산식으로 계산되는데, 이 매출총이익률이 안정적이며 합리적으로 추정될 수 있는 경우에만 매출총이익법을 사용할 수 있다. 일반적으로 매출총이익률은 과거의 매출총이익을 과거의 매출액으로 나누어서 계산한다.

$$기말재고자산금액 = (기초재고액 + 당기매입액) - 매출액 \times (1 - 매출총이익률)$$

재고자산 T계정으로 기말재고를 추정하는 과정을 표시하면 다음과 같다.

재고자산

기초	(주어짐)	매출원가	〈계산*〉
매입	(주어짐)	기말	(대차일치잔액)
	××		××

* 매출원가＝ 매출액×(1－매출총이익률)
　매출원가＝ 매출액÷(1 ＋ 원가이익률)

 예제 8-19 매출총이익법(1)

기초재고 : ₩10,000, 당기매입액 : ₩40,000, 당기매출액 : ₩60,000

≪물음≫

1. 매출총이익률이 25%인 경우 기말재고액을 추정하시오.
2. 원가이익률이 25%인 경우 기말재고액을 추정하시오.

해답

1. 기말재고액 : $10,000 + 40,000 - 60,000 \times (1 - 0.25) = ₩5,000$
2. 기말재고액 : $10,000 + 40,000 - 60,000 \div 1.25 = ₩2,000$

제8장

○ 창고재고 소실시 재해손실 계산

기초재고액	×××
매입액(기초~소실시점)	×××
매출원가(기초~소실시점)	×××
소실시점의 재고추정액	×××
차감 : 미착품	×××
소실시점의 창고재고추정액	×××
차감 : 소실후 재고자산의 가치	×××
재해손실	×××

매출원가 옆: 매출액×(1−매출총이익률) or 매출액÷(1+원가이익률)

[Powerful Method]

재고자산

기초	(주어짐)	매출원가	〈계산〉
매입	(주어짐)	기말	?
	×××		×××

〈계산〉= 매출액×(1−매출총이익률)
= 매출액÷(1+원가이익률)
− 미착품− 소실후 재고가치 = 재해손실

[한풀]

재해손실＝기초재고＋매입액−매출액×(1−매출총이익률)−미착품−소실후 재고가치

재해손실＝기초재고＋매입액−매출액÷(1+원가이익률)−미착품−소실후 재고가치

 예제 8-2   매출총이익법(2)

㈜서울의 기초재고는 ₩150,000이고, 기초부터 10월말까지 매입액은 ₩700,000이다. 회사의 창고는 10월 말에 화재가 발생하여 창고재고의 가치는 ₩20,000이 되었다. 기초부터 10월 말까지의 회사의 매출액은 ₩720,000이며, 10월말 현재 미착품은 ₩10,000이고, 회사의 원가대비 매출총이익의 비율은 20%이다.

≪물음≫

소실된 재고추정액을 계산하시오.

 해답

10월말 재고추정액＝150,000＋700,000−720,000/1.2＝250,000

재해손실＝250,000−10,000−20,000＝₩220,000

[Powerful Method]　　　(단위 : 천원)

재고자산

기초	150	매출원가	600	$= 720 \div 1.2$
매입	700	10월말	250	-10(미착품)-20(소실후 재고가치)$= 220$(손실)
	850		850	

[한풀]

재해손실 = 기초재고 + 매입액 − 매출액 ÷ (1 + 원가이익률) − 미착품 − 소실후 재고가치
　　　　 = 150 + 700 − 720 ÷ 1.2 − 10 − 20 = 220

 보충　　T계정을 이용한 매출총이익법 적용과정

〈문제에서 주어지는 자료〉

* 매입채무 : 기초잔액, 지급액, 기말잔액
* 매출채권 : 기초잔액, 회수액, 기말잔액
* 재고자산 : 기초잔액
* 이익률 : 매출총이익률(= 이익/매출액) 또는 원가이익률(= 이익/매출원가)

제8장

〈계산과정〉

매입채무				매출채권				재고자산			
지급	×××	기초	×××	기초	×××	회수	×××	기초	×××	매원	×××
기말	×××	매입	×××	매출	×××	기말	×××	매입	×××	기말	×××
	×××		×××		×××		×××		×××		×××

〈계산순서〉

① 매입채무 T계정에서 "매입"을 계산하여 재고자산 T계정에 이기한다.
② 매출채권 T계정에서 "매출"을 계산한다.
③ 매출에 다음의 공식을 적용하여 매출원가를 계산한 후 재고자산 T계정에 이기한다.
　매출원가 = 매출액 × (1 − 매출총이익률)
　매출원가 = 매출액 ÷ (1 + 원가이익률)
④ 재고자산 T계정에서 기말재고액을 계산한다.

예제 8-21 매출총이익법(3)

㈜다빈의 잔액 현황은 다음과 같다.

과목	20×1.1.1	20×1.6.30
매출채권	₩80,000	₩70,000
매입채무	30,000	50,000
재고자산	40,000	?

20×1년 초부터 6월 말까지 매출채권회수액은 ₩250,000이고, 매입채무지급액은 ₩180,000이다. 20×1년 6월 말에 화재발생으로 ₩5,000상당의 재고자산외의 모든 재고자산이 전소되었다. 회사는 계속기록법을 적용하지 않고 실지재고조사법에 의하여 기말수량을 계산하고 있다.

≪물음≫

다음 경우에 재해손실을 계산하시오.

1. 매출총이익률이 20%인 경우
2. 원가이익률이 20%인 경우

 해답

1.

매입채무		매출채권		재고자산	
지급 180,000	기초 30,000	기초 80,000	회수 250,000	기초 40,000	판매*1 192,000
6월말 50,000	매입 200,000	매출 240,000	6월말 70,000	매입 200,000	6월말 48,000
230,000	230,000	320,000	320,000	240,000	240,000

*1. 매출원가 = 240,000 × (1 − 0.2) = 192,000

따라서 재해손실 = 48,000 − 5,000 = ₩43,000

2.

매입채무		매출채권		재고자산	
지급 180,000	기초 30,000	기초 80,000	회수 250,000	기초 40,000	판매*1 200,000
6월말 50,000	매입 200,000	매출 240,000	6월말 70,000	매입 200,000	6월말 40,000
230,000	230,000	320,000	320,000	240,000	240,000

*1. 매출원가 = 240,000/(1 + 0.2) = 200,000

따라서 재해손실 = 40,000 − 5,000 = ₩35,000

(2) 매출총이익법의 기본가정

① 기초재고에 당기매입액을 가산한 금액인 판매가능재고자산이 회계처리의 대상이 되고
② 판매된 재고자산의 원가는 매출원가가 되며
③ 판매되지 않은 재고자산의 원가는 기말재고액이 된다.

(3) 적용분야

이 방법은 다음과 같은 경우에 적용될 수 있다.

① 기말재고사산원가의 타당성을 검증(재고통제수단)하는 경우
② 실지재고조사를 하지 아니하고 중간결산(분기 또는 반기재무제표 작성 등)을 하는 경우
③ 화재, 자연재해, 도난 등으로 재고자산에 관한 장부가 손상되었을 때 그 손실액을 추정하는 경우

(4) 단 점

매출총이익법은 다음과 같은 단점을 지니고 있어, KIFRS에서는 매출총이익법을 인정하지 않는다.

① 매출총이익률은 변동하기 때문에 과거자료에 의한 매출총이익률을 기초로 하여 추정한 기말재고액은 추정치로서 적절하게 산출되었다는 보장이 없다.
② 판매가능재고액에서 매출원가를 차감하여 기말재고액을 계산하기 때문에 파손, 도난 등에 의한 재고감모손실을 파악할 수 없다.

보론 8-2

재고자산평가손실과 재고자산감모손실

〈가정〉

- 정상감모손실 : 매출원가에 가산
- 비정상감모손실 : 영업외비용 처리
- 재고자산평가손실 : 매출원가에 가산

매출원가를 계산하기 위한 T계정은 다음과 같이 2가지 표시될 수 있다.

〈표시 1〉 (감모손실과 평가손실 표시)

재고자산

기초재고	×××	매출원가(감모·평가전금액=TB)	×××
		평가손실(⇒매출원가)	×××
		정상감모손실(⇒매출원가)	×××
		비정상감모손실(⇒영업외비용)	×××
순매입	×××	기말재고(FPS)	×××
	×××		×××

〈표시 2〉 비정상감모손실만 표시

매출원가를 손익계산서에 표시되는 금액으로 하여 상기 T계정을 다시 표시하면 다음과 같다.

재고자산

기초재고	×××	매출원가(IS)	×××
		비정상감모손실(⇒영업외비용)	×××
순매입	×××	기말재고(FPS)	×××
	×××		×××

따라서 매출원가를 계산하는 식은 다음과 같다.

매출원가 = 기초재고액 + 순매입 − **기말재고액(FPS)** − **비정상감모손실** ·························· ①

　　　　　 = 기초재고액 + 순매입 − **기말재고액(TB)** + **평가손실** + **정상감모손실** ·············· ②

기말재고액(FPS) = 기말재고액(TB) − 평가손실 − 정상감모손실 − 비정상감모손실 ········ ③

①식에 ③을 대입하면 ②식이 유도됨을 알 수 있다.

매출원가 = 기초재고액 + 순매입 − **기말재고액(FPS)** − 비정상감모손실

　　　　　 = 기초재고액 + 순매입 − (기말재고액(TB) − 평가손실 − 정상감모손실

　　　　　　　 − 비정상감모손실) − *비정상감모손실*

　　　　　 = 기초재고액 + 순매입 − **기말재고액(TB)** + **평가손실** + **정상감모손실**

①식을 기본으로 정리하는 것이 편리하다. 즉, 기말재고가 재무상태표상의 금액인 경우 매출원가계산시 비정상감모손실만 계산에 반영되고, 정상감모손실이나 평가손실은 고려되지 않는다.

매출원가는 다음과 같은 T계정을 이용하면 쉽게 계산된다.

재고자산

기초재고	×××	매출원가(IS)	×××	
		비정상감모손실	×××	= (장부수량 − 실사수량) × 단위원가 × 비정상비율
순매입	×××	기말재고(FPS)	×××	= 실사수량 × Min[단위원가, 단위시가]
	×××		×××	

✏️ **예제 8-22** 재고자산평가손실과 재고자산감모손실

다음은 ㈜다인의 상품에 관한 자료이다.

1. 기초상품재고액	₩240,000	
2. 당기상품매입액	₩900,000	
3. 장부상 기말상품재고액	₩300,000 (@₩150, 2,000개)	
4. 기말상품재고실사량	1,900개 (감모수량의 70%은 원가성이 있다.)	
5. 기말상품 개당시가	₩130 (순실현가능가치기준)	

≪물음≫

1. 재고자산감모손실(=정상감모손실 + 비정상감모손실)을 계산하시오.
2. 재고자산평가손실을 계산하시오.
3. 매출원가를 계산하시오.

🔊 **해답**

1. 재고자산감모손실 = (2,000 − 1,900) × 150 = ₩15,000
2. 재고자산평가손실 = (150 − 130) × 1,900 = ₩38,000
3. 매출원가

재고자산

기초재고	240,000	매출원가(IS)	?
		비정상감모손실	4,500 *1
순매입	900,000	기말재고(FPS)	247,000 *2
	1,140,000		1,140,000

*1. 15,000 × (1 − 0.7) = 4,500
*2. 1,900 × 130 = 247,000

따라서 매출원가 = 888,500

제8장

연습문제

문제 8-1   재고자산 전반(완성형)

> 기업회계기준서 제1002호 '재고자산'에 근거하여 다음 (   )를 완성하시오.

01. 계속기록법에서는 상품의 구입과 판매를 (   )계정에 직접 기입한다.

02. 실지재고조사법에서는 상품을 구입하는 경우에는 (   )계정에 차기한다.

03. 재고자산감모손실=((   )수량−(   )수량)×단위원가

04. 개별법이 적용되지 않는 재고자산의 단위원가는 (   )이나 (   )을 사용하여 결정한다.

05. 선입선출법은 원가흐름이 (   )을 충실하게 반영하기 위하여 사용되는 방법이다.

06. 재고자산은 (   )으로 평가한다.

07. 이동평균법은 (   )시마다 단위원가를 계산하는 방법이다.

08. 통상적으로 상호교환이 가능한 대량의 재고자산 항목에 (   )을 적용하는 것은 적절하지 아니하다.

09. 재고자산을 순실현가능가치로 감액하는 저가법은 (   )로 적용한다.

10. 순실현가능가치를 추정할 때 재고자산의 (   ) 목적도 고려하여야 한다. 예를 들어 확정판매계약 또는 용역계약을 이행하기 위하여 보유하는 재고자산의 순실현가능가치는 (   )에 기초한다.

해답

01. 재고자산	02. 매입
03. 장부, 실사	04. 선입선출법, 가중평균법
05. 물량흐름	06. 저가법
07. 구입	08. 개별법
09. 항목별	10. 보유, 계약가격

문제 8-2   재고자산 전반(진위형)

기업회계기준서 제1002호 '재고자산'에 근거하여 맞으면 'ㅇ' 틀리면 '×' 표시하시오.

01. 동일한 재고자산이라도 지역별 위치에 따라 단위원가 결정방법을 달리 할 수 있다.

02. 표준원가방법은 표준원가방법으로 평가한 결과가 실제 원가와 유사한 경우에 편의상 사용할 수 있다.

03. 석탄, 채석장이나 건축자재 등과 같은 야적재고의 물량흐름은 일반적으로 선입선출법을 따른다.

04. 재고자산 평가시 적용되는 시가는 현행원가이다.

05. 선입선출법을 사용하면 후입선출법보다 재고자산을 더 적절하게 표시된다.

06. 개별법이 적용되지 않는 재고자산의 단위원가는 선입선출법, 후입선출법 또는 가정평균법을 사용하여 결정한다.

07. 재고자산을 순실현가능가치로 감액하는 저가법은 총계기준으로 적용할 수 있다.

08. 공정가치는 기업특유가치이지만, 순실현가능가치는 기업특유가치가 아니다.

09. 고정제조간접원가는 생산설비의 실제조업도에 기초하여 전환원가에 배부한다.

10. 재고자산을 후불조건으로 취득할 수도 있다. 계약이 실질적으로 금융요소를 포함하고 있다면, 해당 금융요소는 재고자산의 원가에 포함한다.

해답

01	02	03	04	05	06	07	08	09	10
×	○	×	×	○	×	×	×	×	×

01. 재고자산의 지역별 위치나 과세방식이 다르다는 이유만으로 동일한 재고자산에 다른 단위원가 결정방법을 적용하는 것이 정당화될 수는 없다(KIFRS1002-26).

03. 선입선출법 → 후입선출법

06. 후입선출법은 적용불가(KIFRS1002-25)

07. 저가법은 총계기준 적용불가(KIFRS1002-29)

08. 순실현가능가치는 기업특유가치이지만, 공정가치는 기업특유가치가 아니다(KIFRS1002-7).

09. 고정제조간접원가는 생산설비의 정상조업도에 기초하여 전환원가에 배부한다(KIFRS1002-13).

제8장

10. 재고자산을 후불조건으로 취득할 수도 있다. 계약이 실질적으로 금융요소를 포함하고 있다면, 해당 금융요소(예 정상신용조건의 매입가격과 실제 지급액 간의 차이)는 금융이 이루어지는 기간 동안 이자비용으로 인식한다(KIFRS1002-18).

문제 8-3　재고자산의 범위(KICAP1차 2007)

다음은 20×1년 1월 1일부터 12월 31일까지 ㈜서울의 재고자산과 관련된 자료를 요약한 것이다.

(단위 : ₩)

항목	금액 (취득원가기준)	비고
기초재고자산	100,000	
당기 매입액	500,000	
기말재고자산실사액	50,000	창고 보유분
미착상품	30,000	도착지인도조건으로 현재 운송 중
적송품	100,000	60% 판매 완료
시송품	30,000	고객이 매입의사표시를 한 금액 : 10,000
재구매조건부판매	40,000	재구매일 : 20×2. 1. 10 재구매가격 : 45,000
저당상품	20,000	차입금에 대하여 담보로 제공되어 있고, 기말재고자산실사액에는 포함되어 있지 않음
반품가능판매	35,000	반품액의 합리적인 추정 불가

≪물음≫

위의 자료를 이용하여 ㈜서울의 매출원가를 계산하시오.

해답

기말재고실사액	50,000
적송품	40,000
시송품	20,000
재구매조건부판매	40,000
저당상품	20,000
반품가능판매	35,000
기말재고액	205,000

매출원가＝100,000 ＋ 500,000 － 205,000＝₩395,000

문제 8-4 선입선출법과 후입선출법

㈜다인은 재고자산 매입 및 매출 내역은 다음과 같다.

일자	적요	수량	매입단가
1월 1일	기초	400개	₩50
1월 16일	매입	400개	₩70
2월 1일	매출	600개	
3월 27일	매입	600개	₩80
5월 21일	매출	500개	
5월 27일	매입	700개	₩85
9월 23일	매출	600개	
11월 7일	매입	400개	₩90

《물음》

다음 방법에 의하여 기말재고액과 매출원가를 각각 계산하시오.

1. 실지재고조사법에 의한 선입선출법
2. 계속기록법에 의한 선입선출법
3. 실지재고조사법에 의한 후입선출법
4. 계속기록법에 의한 후입선출법

해답

1. 실지재고조사법에 의한 선입선출법

판매가능원가 $= 400 \times 50 + 400 \times 70 + 600 \times 80 + 700 \times 85 + 400 \times 90 = ₩191,500$

기말재고액 $= 400 \times 90 + 400 \times 85 = ₩70,000$

매출원가 $= 191,500 - 70,000 = ₩121,500$

2. 계속기록법에 의한 선입선출법

실지재고조사법에 의한 선입선출법과 계산결과는 완전히 일치하므로 다음과 같다.

기말재고액 $= 400 \times 90 + 400 \times 85 = ₩70,000$

매출원가 $= 191,500 - 70,000 = ₩121,500$

따라서 계속기록법에 의한 선입선출법에서는 매출시 마다 재고자산액을 계산하는 불필요한 과정을 거치지 않아도 쉽게 기말재고액을 계산할 수 있다. 다만, 이해를 돕고자 계속기록법 적용과정을 표시하면 다음과 같다.

제8장

일자	매입			판매			재고잔액		
	수량	단가	총원가	수량	단가	총원가	수량	단가	총원가
1월 1일	400	₩50	₩20,000				400	₩50	₩20,000
1월 16일	400	70	28,000				400	50	₩20,000
							400	70	28,000
2월 1일				400	₩50	₩20,000			
				200	70	14,000	200	70	14,000
3월 27일	600	80	48,000				200	70	14,000
							600	80	48,000
5월 21일				200	70	14,000			
				300	80	24,000	300	80	24,000
5월 27일	700	85	59,500				300	80	24,000
							700	85	59,500
9월 23일				300	80	24,000			
				300	85	25,500	400	85	34,000
11월 7일	400	90	36,000				400	85	34,000
							400	90	36,000
합계	2,500		₩191,500	1,700		₩121,500			

3. 실지재고조사법에 의한 후입선출법

기말재고액 $= 400 \times 50 + 400 \times 70 = ₩48,000$

매출원가 $= 191,500 - 48,000 = ₩143,500$

4. 계속기록법에 의한 후입선출법

일자	매입			판매			재고잔액		
	수량	단가	총원가	수량	단가	총원가	수량	단가	총원가
1월 1일	400	₩50	₩20,000				400	₩50	₩20,000
1월 16일	400	70	28,000				400	50	₩20,000
							400	70	28,000
2월 1일				400	₩70	₩28,000			
				200	50	10,000	200	50	10,000
3월 27일	600	80	48,000				200	50	10,000
							600	80	48,000
5월 21일				500	80	40,000	200	50	10,000
							100	80	8,000
5월 27일	700	85	59,500				200	50	10,000
							100	80	8,000
							700	85	59,500
9월 23일				600	85	51,000	200	50	10,000
							100	80	8,000
							100	85	8,500
11월 7일	400	90	36,000				200	50	10,000
							100	80	8,000
							100	85	8,500
							400	90	36,000
합계	2,500		₩191,500	1,700		₩129,000			

기말재고액 $= 10{,}000 + 8{,}000 + 8{,}500 + 36{,}000 = 62{,}500$

매출원가 $= 191{,}500 - 62{,}500 = 129{,}000$

[별해] 계속기록법에 의한 후입선출법

판매가능원가 $= 400 \times 50 + 400 \times 70 + 600 \times 80 + 700 \times 85 + 400 \times 90 = ₩191{,}500$

일자	적요	수량	잔량	잔량검토
1월 1일	기초	+400개	400개	
1월 16일	매입	+400개	800개	
2월 1일	매출	−600개	**200개**	기초재고침식
3월 27일	매입	+600개	800개	
5월 21일	매출	−500개	**300개**	기초재고침식
5월 27일	매입	+700개	1,000개	
9월 23일	매출	−600개	**400개**	
11월 7일	매입	+400개	**800개**	

기말재고액 $= 200 \times 50(1.1단가) + 100 \times 80(3.27단가) + 100 \times 85(5.27단가) + 400$
$\qquad\qquad \times 90(11.7단가)$
$\qquad\quad = 62{,}500$

매출원가 $= 191{,}500 - 62{,}500 = 129{,}000$

문제 8-5 이동평균법과 총평균법

㈜다인은 재고자산 매입 및 매출 내역은 다음과 같다.

일자	적요	수량	매입단가
1월 1일	기초	400개	₩50
1월 16일	매입	400개	₩70
2월 1일	매출	600개	
3월 27일	매입	600개	₩80
5월 21일	매출	500개	
5월 27일	매입	700개	₩85
9월 23일	매출	600개	
11월 7일	매입	400개	₩90

제8장

≪물음≫

다음 방법에 의하여 기말재고액과 매출원가를 각각 계산하시오.

1. 총평균법
2. 이동평균법

 해답

1. 총평균법

〈계산에 필요한 값〉
판매가능원가＝400×50 ＋ 400×70 ＋ 600×80 ＋ 700×85 ＋ 400×90＝₩191,500
판매가능수량＝400 ＋ 400 ＋ 600 ＋ 700 ＋ 400＝2,500개
기말재고수량＝400 ＋ 400 － 600 ＋ 600 － 500 ＋ 700 － 600 ＋ 400＝800개

〈기말재고액과 매출원가 계산〉
단위당 총평균원가＝판매가능원가/판매가능수량＝₩191,500/2,500개＝₩76.6
기말재고원가＝800개×₩76.6＝₩61,280
매출원가＝191,500 － 61,280＝₩130,220

2. 이동평균법

일자	매입			판매			재고잔액		
	수량	단가	총원가	수량	단가	총원가	수량	단가	총원가
1월 1일	400	₩50	₩20,000				400	₩50	₩20,000
1월 16일	400	70	28,000				800	60	48,000
2월 1일				600	₩60	₩36,000	200	60	12,000
3월 27일	600	80	48,000				800	75	60,000
5월 21일				500	75	37,500	300	75	22,500
5월 27일	700	85	59,500				1,000	82	82,000
9월 23일				600	82	49,200	400	82	32,800
11월 7일	400	90	36,000				800	86	68,800
합계	2,500		₩191,500	1,700		₩122,700			

∴ 매출원가＝₩122,700,   기말재고원가＝₩68,000

문제 8-6　매출가격환원법<small>(CPA1차 2006)</small>

유통업을 하고 있는 ㈜기흥은 재고자산평가에 있어 매출가격환원법을 사용하고 있다. 20×1년 재고자산 관련 자료는 다음과 같다.

구분	원가	판매가
기초재고	₩140,000	₩190,000
매 입 액	900,000	1,200,000

당기 중 매출액은 ₩1,000,000, 매출환입은 ₩50,000이며 순인상액은 ₩60,000(판매가) 순인하액은 ₩30,000(판매가)이다. 종업원에 대한 매출과 관련하여 종업원할인이 ₩30,000 발생하였다. 또한 당기 중 재고자산의 파손이 나타났는데, 판매과정에서 나타나는 정상파손의 원가와 판매가는 각각 ₩5,000과 ₩7,000이고, 종업원의 부주의로 인한 비정상파손의 원가와 판매가는 각각 ₩10,000과 ₩15,000이다.

≪물음≫

이상의 자료에 근거할 때 다음의 방법에 의한 기말재고자산금액을 계산하시오. 단, 원가율 계산시 소숫점 다섯째자리에서 반올림하시오.

1. 선입선출매출가격환원법
2. 후입선출매출가격환원법

해답

[기말재고매가 및 원가율 계산]

재고자산

	원가	판매가		원가	판매가
기초	140,000	190,000	판매		950,000
순매입	900,000	1,200,000	종업원할인		30,000
순인상−순인하		30,000	정상파손		7,000
비정상파손	(10,000)	(15,000)	기말		**418,000**
판매가능재고	1,030,000	1,405,000	판매가능재고		1,405,000

매입원가율＝(900,000−10,000)÷(1,200,000＋30,000−15,000)＝0.7325

1. 선입선출매출가격환원법

기말재고원가＝418,000×0.7325＝306,185

2. 후입선출매출가격환원법

구 분	판매가	원가율	원가
기초재고	190,000		140,000
당기매입	228,000	0.7325	167,010
기말재고	418,000		307,010

제 09 장 | 유형자산

[개관]

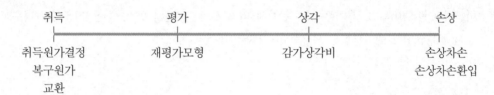

취득	평가	상각	손상
취득원가결정 복구원가 교환	재평가모형	감가상각비	손상차손 손상차손환입

제9장

제1절 의 의

1. 정 의

유형자산(Property, Plant and Equipment)이란 재화나 용역의 생산이나 제공, 타인에 대한 임대 또는 관리활동에 사용할 목적으로 보유하는 물리적 형태가 있는 자산으로서 한 회계기간을 초과하여 사용할 것이 예상되는 자산을 말한다(KIFRS1016-6). 이러한 유형자산의 개별항목에는 토지, 건물, 기계장치, 선박, 항공기. 차량운반구, 집기 및 사무용비품 등이 있다(KIFRS1016-37).

> **[참고] 임대(rental)관련 유형자산과 투자부동산의 구분**
> - 유형자산 : rental to others(타인에 대한 임대)
> - 투자부동산 : earn rentals(임대수익) (KIFRS1040-5) 제11장

2. 적용범위

유형자산의 회계처리는 유형자산기준서(KIFRS 제1016호)에서 규정하고 있다. 유형자산기준서의 목적은 유형자산에 대한 회계처리방법을 정하여 재무제표 이용자가 유형자산에 대한 투자현황과 그 변동사항을 파악할 수 있게 하는 데 있다. 유형자산 회계에서 중요한 주제는 유형자산의 인식, 장부금액과

감가상각액의 결정 및 손상차손의 인식에 관한 회계처리이다.

다음의 경우에는 유형자산기준서를 적용하지 아니한다(KIFRS1016-3).

① '매각예정비유동자산과 중단영업'기준서에 따라 매각예정으로 분류되는 유형자산
② 농림어업활동과 관련되는 생물자산(농림어업기준서 참조)
③ 탐사평가자산의 인식과 측정('광물자원의 탐사와 평가'기준서)
④ 석유, 천연가스, 이와 유사한 비재생 자원과 같은 매장광물과 광업권

그러나 ②~④의 자산을 개발하거나 유지하기 위하여 사용하는 유형자산에는 유형자산기준서를 적용한다. 리스기준서에서는 위험과 보상의 이전여부에 기초하여 리스자산을 인식하도록 규정한다. 그러나 이러한 경우에도 감가상각 등 해당 유형자산에 대한 기타 회계처리는 유형자산기준서가 정하는 바에 따른다(KIFRS1016-4). 투자부동산기준서에 따라 투자부동산에 원가모형을 적용하는 경우 유형자산기준서에서 규정한 원가모형을 사용한다(KIFRS1016-5).

제2절　인 식

1. 인식기준

유형자산으로 인식되기 위해서는 다음의 인식기준을 모두 충족하여야 한다(KIFRS1016-7).

① 자산으로부터 발생하는 미래 경제적 효익이 기업에 유입될 가능성이 높다.
② 자산의 원가를 신뢰성 있게 측정할 수 있다.

예비부품, 대기성장비 및 수선용구와 같은 항목은 유형자산의 정의를 충족하면 기업회계기준서 제1016호 '유형자산'에 따라 인식[1]한다. 그렇지 않다면 그러한 항목은 재고자산으로 분류한다(KIFRS1016-8).

인식의 단위, 즉 유형자산 항목을 구성하는 범위에 대해서는 정하지 않는다. 따라서 인식기준을 적용할 때 기업의 특수한 상황을 고려하여야 한다. 금형, 공구 및 틀 등과 같이 개별적으로 중요하지 않은 항목은 통합하여 그 전체가치에 대하여 인식기준을 적용하는 것이 적절하다(KIFRS1016-9).

유형자산과 관련된 모든 원가는 그 발생시점에 인식원칙을 적용하여 평가한다. 이러한 원가에는 유형자산을 매입하거나 건설할 때 최초로 발생하는 원가뿐만 아니라 후속적으로 증설, 대체 또는 수선·유지와 관련하여 발생하는 원가를 포함한다(KIFRS1016-10).

---

[1] 연차개선에서 예비부품과 수선용구가 유형자산 항목과 연계되어 사용되는 경우에만 유형자산으로 회계처리하는 규정을 삭제하였다. 이 규정이 유형자산의 정의에 비추어 볼 때 과도하게 제한적이었기 때문이다.

2. 최초 원가

안전 또는 환경상의 이유로 취득하는 유형자산은 그 자체로는 직접적인 미래 경제적 효익을 얻을 수 없지만, 다른 자산에서 미래 경제적 효익을 얻기 위하여 필요할 수 있다. 이러한 유형자산은 당해 유형자산을 취득하지 않았을 경우보다 관련 자산으로부터 미래 경제적 효익을 더 많이 얻을 수 있게 해주기 때문에 자산으로 인식할 수 있다. 예를 들면, 화학제품 제조업체가 위험한 화학물질의 생산과 저장에 관한 환경규제요건을 충족하기 위하여 새로운 화학처리공정설비를 설치하는 경우가 있다. 이 때 이러한 설비 없이는 화학제품을 제조 및 판매할 수 없기 때문에 관련증설원가를 자산으로 인식한다. 그러나 이러한 자산 및 관련 자산의 장부금액에 대하여 손상차손을 인식할 필요가 있는지를 검토한다(KIFRS1016-11).

> **[APP 2014]**
>
> 유형자산은 다른 자산의 미래경제적효익을 얻기 위해 필요하더라도, 그 자체로의 직접적인 미래경제적효익을 얻을 수 없다면 인식할 수 없다. (×)

3. 후속 원가

(1) 수선·유지

인식원칙에 따르면, 일상적인 수선·유지와 관련하여 발생하는 원가는 해당 유형자산의 장부금액에 포함하여 인식하지 아니한다. 이러한 원가는 발생시점에 당기손익으로 인식한다. 일상적인 수선·유지 과정에서 발생하는 원가는 주로 노무비와 소모품비로 구성되며 사소한 부품원가가 포함될 수도 있다. 이러한 지출의 목적은 보통 유형자산의 '수선과 유지'로 설명된다(KIFRS1016-12).

(2) 정기적 교체

일부 유형자산의 경우 주요 부품이나 구성요소의 정기적 교체가 필요할 수 있다. 예를 들면, 용광로의 경우 일정시간 사용 후에 내화벽돌의 교체가 필요할 수 있으며, 항공기의 경우에도 좌석과 취사실 등의 내부설비를 항공기 동체의 내용연수 동안 여러 번 교체할 필요가 있을 수 있다. 또한 유형자산이 취득된 후 반복적이지만 비교적 적은 빈도로 대체(⑩ 건물 인테리어 벽 대체)되거나 비반복적으로 대체되는 경우도 있다. 유형자산의 일부를 대체할 때 발생하는 원가가 유형자산인식기준을 충족하는 경우에는 이를 해당 유형자산의 장부금액에 포함하여 인식한다. 대체되는 부분의 장부금액은 제거 규정에 따라 제거한다(KIFRS1016-13).

(3) 종합검사

항공기와 같은 유형자산을 계속적으로 가동하기 위해서는 당해 유형자산의 일부가 대체되는지 여부와 관계없이 결함에 대한 정기적인 종합검사가 필요할 수 있다. 정기적인 종합검사과정에서 발생하는 원가가 인식기준을 충족하는 경우에는 유형자산의 일부가 대체되는 것으로 보아 해당 유형자산의 장부금액에 포함하여 인식한다. 이 경우 직전에 이루어진 종합검사에서의 원가와 관련되어 남아 있는 장부금액(물리적 부분의 장부금액과는 구별됨)을 제거한다. 이러한 회계처리는 해당 유형자산을 매입하거나 건설할 때 종합검사와 관련된 원가를 분리하여 인식하였는지 여부와 관계가 없다. 필요하다면 해당 유형자산의 종합검사와 관련된 기존 원가요소가 매입 또는 건설시점에 얼마였는지를 나타내는 지표로서 미래의 유사한 종합검사 추정원가를 사용할 수 있다(KIFRS1016-14).

제3절   최초 측정

1. 원가의 측정

인식하는 유형자산은 원가로 측정한다(KIFRS1016-15). 유형자산의 원가는 인식시점의 현금가격상당액이다. 대금지급이 일반적인 신용기간을 초과하여 이연되는 경우, 현금가격상당액과 실제 총지급액과의 차액은 자본화하지 않는 한 신용기간에 걸쳐 이자로 인식한다(KIFRS1016-23).

> **CTA 2015**
>
> 대금지급이 일반적인 신용기간을 초과하여 이연되는 경우, 현금가격상당액과 실 제 총지급액과의 차액은 자본화하지 않아도 유형자산의 원가에 포함한다. (×)

금융리스이용자가 보유하는 유형자산의 원가는 리스기준서에 따라 결정한다(KIFRS1016-27). 유형자산의 장부금액은 '정부보조금의 회계처리와 정부지원의 공시'기준서에 따라 정부보조금만큼 차감될 수 있다(KIFRS1016-28).

2. 원가 구성요소

(1) 개 요

[요약] 유형자산의 취득원가

+ 구입가격	[정상가동을 위한 원가]
+ 관세, 환급불가능한 세금	+ 유형자산의 매입 또는 건설과 직접관련 종업원급여
− 매입할인	+ 전문가에게 지급하는 수수료
− 리베이트	+ 설치장소 준비 원가
+ 복구원가	+ 최초의 운송 및 취급 관련 원가
+ 정상가동을 위한 원가	+ 설치원가 및 조립원가
	+ 시운전원가
	− 시제품의 순매각금액

원가는 다음과 같이 구성된다(KIFRS1016-16).

① 관세 및 환급불가능한 취득 관련 세금을 가산하고 매입할인과 리베이트(rebate) 등을 차감한 구입가격
② 경영진이 의도하는 방식으로 자산을 가동하는 데 필요한 장소와 상태에 이르게 하는 데 직접 관련되는 원가
③ 자산을 해체, 제거하거나 부지를 복구하는 데 소요될 것으로 최초에 추정되는 원가

> **[CPA 2014]**
>
> 회사가 자산을 해체, 제거하거나 부지를 복구할 의무는 해당 의무의 발생시점에 비용으로 인식한다. (×)

> **[CCB 2014]**
>
> 유형자산 취득 과정에서 전문가에게 지급한 수수료는 취득원가에 포함하지 않는다. (×)
> 유형자산이 정상적으로 작동되는지 여부를 시험하는 과정에서 발생하는 원가는 전액 비용처리한다. (×)
> 유형자산의 매입 또는 건설과 직접 관련되어 발생한 종업원급여는 취득원가에 포함하지 않는다. (×)

경영진이 의도하는 방식으로 자산을 가동하는 데 필요한 장소와 상태에 이르게 하는 데 직접 관련되는 원가의 예는 다음과 같다(KIFRS1016-17).

① 유형자산의 매입 또는 건설과 직접적으로 관련되어 발생한 종업원급여
② 설치장소 준비 원가
③ 최초의 운송 및 취급 관련 원가
④ 설치원가 및 조립원가
⑤ 유형자산이 정상적으로 작동되는지 여부를 시험하는 과정에서 발생하는 원가. 단, 시험과정에서 생산된 재화(예 장비의 시험과정에서 생산된 시제품)의 순매각금액은 당해 원가에서 차감(즉, 잡이익처리 아니함)한다.
⑥ 전문가에게 지급하는 수수료

(2) 유형자산의 원가가 아닌 예

유형자산의 원가가 아닌 예는 다음과 같다(KIFRS1016-19).
① 새로운 시설을 개설(opening)하는 데 소요되는 원가
② 새로운 상품과 서비스를 소개하는 데 소요되는 원가(예 광고 및 판촉활동과 관련된 원가)
③ 새로운 지역에서 또는 새로운 고객층을 대상으로 영업을 하는 데 소요되는 원가(예 직원 교육훈련비)
④ 관리 및 기타 일반간접원가

제9장

[CCB 2014]

새로운 상품과 서비스를 소개하는 데 소요되는 원가는 취득원가에 포함한다(×)

유형자산이 경영진이 의도하는 방식으로 가동될 수 있는 장소와 상태에 이른 후에는 원가를 더 이상 인식하지 않는다. 따라서 유형자산을 사용하거나 이전하는 과정에서 발생하는 원가는 당해 유형자산의 장부금액에 포함하여 인식하지 아니한다. 예를 들어 다음과 같은 원가는 유형자산의 장부금액에 포함하지 아니한다(KIFRS1016-20).

① 유형자산이 경영진이 의도하는 방식으로 가동될 수 있으나 아직 실제로 사용되지는 않고 있는 경우 또는 가동수준이 완전조업도 수준에 미치지 못하는 경우에 발생하는 원가
② 유형자산과 관련된 산출물에 대한 수요가 형성되는 과정에서 발생하는 가동손실과 같은 초기 가동손실
③ 기업의 영업 전부 또는 일부를 재배치하거나 재편성하는 과정에서 발생하는 원가[2]

[APP 2014]

유형자산이 경영진이 의도하는 방식으로 가동될 수 있으나 가동수준이 완전조업도 수준에 미치지 못하는 경우에 발생하는 원가는 유형자산 원가에 포함된다. (×)

[CTA 2015]

유형자산을 사용하거나 이전하는 과정에서 발생하는 원가는 당해 유형자산의 장부금액에 포함하여 인식한다. (×)

유형자산을 경영진이 의도하는 방식으로 가동하는 데 필요한 장소와 상태에 이르게 하기 위해 필요한 활동은 아니지만, 유형자산의 건설 또는 개발과 관련하여 영업활동이 이루어질 수 있다. 이러한 부수적인 영업활동은 건설이나 개발이 진행되는 동안 또는 그 이전단계에서 이루어질 수 있다. 예를 들어 건설이 시작되기 전에 건설용지를 주차장 용도로 사용함에 따라 수익이 획득될 수 있다. 부수적인 영업은 유형자산을 경영진이 의도하는 방식으로 가동하는 데 필요한 장소와 상태에 이르게 하기 위해 필요한 활동이 아니므로 그러한 수익과 관련 비용은 당기손익(원가에서 차감하지 않음에 유의)으로 인식하고 각각 수익과 비용항목으로 구분(순액이 아니라 총액으로 표시함에 유의)하여 표시한다(KIFRS1016-21).

[APP 2014]

건설이 시작되기 전에 건설용지를 주차장 용도로 사용함에 따라 획득한 수익은 유형자산의 원가에서 차감한다. (×)

---

2) 백화점 입점회사 등에서 빈번하게 발생한다.

(3) 자가건설한 유형자산의 원가

자가건설한 유형자산의 원가는 외부에서 구입한 유형자산에 적용하는 것과 같은 기준을 적용하여 결정한다. 어떤 기업이 유사한 자산을 정상적인 영업활동과정에서 판매를 위해 만든다면, 일반적으로 자가건설한 유형자산의 원가는 판매목적으로 건설하는 자산의 원가(시가가 아님에 유의)와 동일하다. 따라서 자가건설에 따른 내부이익과 자가건설 과정에서 원재료, 인력 및 기타 자원의 낭비로 인한 비정상적인 원가는 자산의 원가에 포함하지 않는다(KIFRS1016-22).

쌍둥이빌딩 건설

본사사옥 자가건설 (유형자산)		도급공사 판매목적 건설 (재고자산)
원가	=	원가

[CTA 2015]

자가건설에 따른 내부이익과 자가건설 과정에서 원재료, 인력 및 기타 자원의 낭비로 인한 비정상적인 원가는 자산의 원가에 포함한다.(×)

3. 복구의무 관련 원가

(1) 개 요

자산을 해체, 제거하거나 부지를 복구[3]하는 데 소요될 것으로 최초에 추정되는 원가는 자산의 원가에 포함된다. 회사가 자산을 해체, 제거하거나 부지를 복구할 의무는 해당 유형자산을 취득한 시점에 또는 해당 유형자산을 특정기간 동안 재고자산 생산 이외의 목적으로 사용한 결과로서 발생한다(KIFRS1016-16). 특정기간 동안 재고자산을 생산하기 위해 유형자산을 사용한 결과로 동 기간에 발생한 그 유형자산을 해체, 제거하거나 부지를 복구할 의무의 원가에 대해서는 재고자산기준서를 적용한다(KIFRS1016-18).

이를 정리하면, 복구의무를 다음과 같이 두 가지 요소로 나누어 회계처리한다.

① 유형자산 취득 또는 설치의 결과로서 부담하게 되는 복구의무 : 복구원가를 유형자산의 원가에 포함한다.
② 유형자산을 특정기간 동안 사용한 결과로서 발생하는 복구의무
　㉠ 재고자산 생산(제품생산)과 관련된 경우에는 복구원가를 제조원가에 포함한다.
　㉡ 재고자산 생산과 무관한 경우에는 복구원가를 유형자산의 원가에 포함한다.

---

3) 건물을 임차하여 영화관으로 사용하거나 원자력발전소시설 등인 경우 사용이 종료되는 시점에 원상복구의무 있다.

[CTA 2015]

특정기간 동안 재고자산을 생산하기 위해 유형자산을 사용한 결과로 동 기간에 발생한 그 유형자산을 해체, 제거하거나 부지를 복구할 의무의 원가는 유형자산의 원가에 포함한다. (×)

복구비용의 회계처리는 취득원가에 가산할 복구비용을 추정하고 이를 현재가치로 할인하여 복구충당부채로 계상하는 회계처리와 취득원가에 포함된 복구비용의 감가상각과 복구충당부채에 대해 유효이자율법을 적용하여 이자비용을 산출하는 회계처리 및 복구시점의 복구공사손익을 인식하는 회계처리로 구분할 수 있다. 이러한 복구비용의 회계처리를 정리하면 다음과 같다.[4]

취득시점	사용기간	복구시점
• 복구비용(=복구충당부채) 계산 차)구축물 대)복구충당부채	• 복구비용의 감가상각비 계산 • 이자비용 계산 차)감가상각비 대)감가상각누계액 차)이자비용 대)복구충당부채	• 복구공사손익 계산 차)복구충당부채 대)현금 복구공사손익

(2) 복구비용추정 및 복구충당부채계산

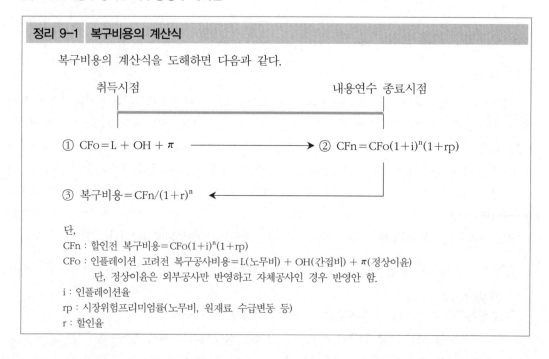

정리 9-1   복구비용의 계산식

복구비용의 계산식을 도해하면 다음과 같다.

취득시점   내용연수 종료시점

① $CF_o = L + OH + \pi$ ⟶ ② $CF_n = CF_o(1+i)^n(1+rp)$

③ 복구비용 $= CF_n/(1+r)^n$ ⟵

단,
CF_n : 할인전 복구비용 $= CF_o(1+i)^n(1+rp)$
CF_o : 인플레이션 고려전 복구공사비용 $= L(노무비) + OH(간접비) + \pi(정상이윤)$
      단, 정상이윤은 외부공사만 반영하고 자체공사인 경우 반영안 함.
i : 인플레이션율
rp : 시장위험프리미엄률(노무비, 원재료 수급변동 등)
r : 할인율

유형자산의 취득원가에 반영된 복구충당부채 금액은 필요한 경우 관련 자산과는 구분하여 복구비용

---

4) KIFRS에서 복구비용계산과정을 제시지 않아 K-GAAP으로 설명한다.

추정자산 등의 과목으로 표시할 수 있으며, 내용연수에 걸쳐 합리적이고 체계적인 방법으로 배분하여 감가상각비로 인식한다.

(3) 이자비용계산 및 감가상각비계산

현재가치로 표시된 복구충당부채에 대해서는 유효이자율법에 의해 이자비용을 계상하고 복구충당부채에 가산한다. 여기에 적용될 유효이자율은 복구충당부채를 현재가치로 할인하기 위해 사용된 할인율을 이용한다.

 예제 9-1 복구비용의 회계처리

2×01년 1월 1일에 취득한 해양구조물과 관련된 자료는 다음과 같다.

해양구조물의 취득원가	: 400,000	잔존가치	: 10,000
내용연수	: 10년	감가상각방법	: 정액법

위의 해양구조물은 사용종료시점에서 원상복구하여야 한다. 그 복구비용은 복구공사시점에서 지출될 것으로 추정되는 금액 ₩440,619을 현재가치(할인율 : 8.5%)하여 ₩194,879로 계산된다. 위의 해양구조물 취득시점의 회계처리와 회계연도말 감가상각비의 계상과 이자비용의 인식에 관한 회계처리는 다음과 같다.

(1) 취득시점의 회계처리(2×01년 1월 1일)

(차) 구 축 물	594,879 [*1]	(대) 미지급금(또는 현금)	400,000
		복구충당부채	194,879

[*1]. 구축물과는 구분하여 구축물복구비용추정자산의 과목으로 표시할 수 있다.

(2) 결산시점의 회계처리(2×01년 12월 31일) : 감가상각비의 계상과 이자비용의 인식

(차) 감가상각비	58,488 [*1]	(대) 감가상각누계액	58,488
이자비용	16,565 [*2]	복구충당부채	16,565

[*1]. 감가상각비의 산출 : (594,879 − 10,000)/10년 = 58,488
   또는 (400,000 − 10,000)/10년 + 194,879/10년 = 58,488
[*2]. 이자비용의 산출 : 194,879 × 8.5% = 16,564.
   (기초복구충당부채 194,879에 유효이자율 8.5%를 적용하여 산출한 다음, 기간비용으로 인식하고, 이를 복구충당부채에 가산한다.)

[물음] 2×01년 해양구조물 관련 총비용은?
   총비용 = 감가상각비 + 복구충당부채전입액 = 58,488 + 16,565 = 75,053

[참고] 유효이자율법을 적용하여 산출된 이자비용

연도	기초복구충당부채(a)	이자비용(b) (=(a)×8.5%)	기말복구충당부채(a+b)
2×01	194,879	16,565	211,444
2×02	211,444	17,973	229,417
:	:	:	:
2×10	406,100	34,519	440,619

[참고] 회계연도별 이자비용과 감가상각비

연도	이자비용	감가상각비 (취득원가에 가산된 복구비용분)	감가상각비(최초취득분)
2×01	16,565	19,488	39,000
2×02	17,973	19,488	39,000
:	:	:	:
2×10	34,519	19,488	39,000

(4) 복구공사손익 인식

실제 복구비용이 지출되는 시점에서 이미 계상되어 있던 복구충당부채 금액과 실제 발생된 복구공사비와의 차액은 실제 복구가 진행되는 회계기간의 손익으로 계상한다.

 예제 9-2 복구공사 시점의 회계처리

1. 해양구조물의 경제적 내용연수가 종료된 후 복구공사에 실제 소요된 비용이 ₩500,000으로 복구충당부채잔액보다 큰 경우

– 복구공사시점(2×11년 1월 1일)

(차) 복구충당부채	440,619	(대) 미지급금(또는 현금)	500,000
복구공사손실	59,381		

2. 해양구조물의 경제적 내용연수가 종료된 후 복구공사에 실제 소요된 비용이 ₩400,000으로 복구충당부채잔액보다 작은 경우

–복구공사시점(2×11년 1월 1일)

(차) 복구충당부채	440,619	(대) 미지급금(또는 현금)	400,000
		복구공사이익	40,619

┌───┐
│ **정리 9-2 복구비용 회계처리 요약** │
│ │
│ ① 취득시점 │
│ ┌───┐ │
│ │ (차) 유형자산   ×××   (대) 현 금 등   ××× │ │
│ │   유형자산   ××× 1)   복구충당부채   ×××1) │ │
│ └───┘ │
│   1) 복구공사비용의 현재가치 │
│ │
│ ② 결산시점 │
│ ┌───┐ │
│ │ (차) 감가상각비   ×××   (대) 감가상각누계액   ××× │ │
│ │   이자비용   ×××   복구충당부채   ××× │ │
│ └───┘ │
│ │
│ ③ 복구공사시점 │
│ - 복구공사실제소요비용 〉복구충당부채잔액 │
│ ┌───┐ │
│ │ (차) 복구충당부채   ×××   (대) 현 금 등   ××× │ │
│ │   복구공사손실   ××× │ │
│ └───┘ │
│ │
│ - 복구공사실제소요비용 〈 복구충당부채잔액 │
│ ┌───┐ │
│ │ (차) 복구충당부채   ×××   (대) 현 금 등   ××× │ │
│ │   복구공사이익   ××× │ │
│ └───┘ │
└───┘

4. 교환거래 관련 원가

하나 이상의 비화폐성자산 또는 화폐성자산과 비화폐성자산이 결합된 대가와 교환하여 하나 이상의 유형자산을 취득하는 경우, 교환으로 취득한 유형자산의 원가의 결정에 대하여 설명한다.

(1) 이론적인 회계처리방법

유형자산을 포함한 비화폐성자산간의 교환에 대한 회계처리의 쟁점사항은 교환으로 인한 손익인식여부와 교환으로 취득하는 자산의 취득원가를 결정하는 것이다. 이하 교환으로 제공되는 자산을 구자산이라고 하고, 교환으로 취득하는 자산을 신자산이라고 편의상 부른다. 비화폐성자산의 교환으로 취득하는 자산의 취득원가의 결정방법에는 다음과 같은 세 가지방법이 있다.

구분	교환으로 취득하는 자산의 취득원가	교환손익
구자산법	제공된 자산의 공정가치	제공한 자산의 공정가치 - 장부금액
신자산법	취득한 자산의 공정가치	수취한 자산의 공정가치 - 장부금액
장부금액법	제공한 자산의 장부금액	인식 안 함

이 방법 중 〈구자산법〉은 제공된 자산을 공정가치에 의해 처분하고, 처분으로 수취한 현금으로 신자산을 취득한다고 보는 이중거래 개념에 근거하고 있다. 이는 자산을 취득하기 위하여 포기한 현금및현금등가액으로 당해 자산의 원가를 측정하는 것이므로 역사적원가주의에 부합된다. 예를 들어, 장부금액이 ₩2,000,000인 토지(공정가치 : ₩3,000,000)와 건물의 교환을 ① 토지를 처분하는 거래 후 ② 건물을 취득하는 거래가 복합된 것으로 간주한다.

〈① 토지 처분거래〉

(차) 현 금	3,000,000	(대) 토 지	2,000,000
		처분이익	1,000,000

〈② 건물 취득거래〉

(차) 건 물	3,000,000	(대) 현 금	3,000,000

〈자산 교환거래 ① + ②〉

(차) 건 물	3,000,000	(대) 토 지	2,000,000
		처분이익	1,000,000

〈장부금액법〉은 제공된 자산의 장부금액만큼 신자산의 취득원가로 처리되므로 교환에 따른 손익을 인식하지 않는다. 반면에 〈구자산법〉과 〈신자산법〉은 교환에 따른 손익을 인식하는 방법이다.

비화폐성자산간의 교환에서 교환손익의 인식여부에 대하여 대립되는 주장이 있는데 그 주장근거는 다음과 같다.

① 교환손익을 인식하자는 견해의 주장근거
  ㉠ 구자산의 수익창출활동이 완료되었고, 한편 신자산이 취득되어 새로운 용역을 제공하므로 교환손익을 인식하여야 한다.
  ㉡ 교환이란 구자산을 처분하고 그 자금으로 신자산을 구입하는 이원거래이다. 즉, 교환거래는 처분거래와 취득거래가 복합된 것이므로 당연히 처분거래에서 손익을 인식하여야 한다.
② 교환손익을 인식하지 말자는 견해의 주장근거
  ㉠ 구자산과 신자산이 회사에 제공하는 용역의 질이 유사한 것으로 교환 전후 기업의 경제적 실질에는 변화가 없다. 처분손익은 인식하지 않으나, 보수주의관점에서 처분손실은 인식해야 한다.
  ㉡ 교환이란 구자산과 신자산의 단순한 대체에 불과하다.

(2) 교환으로 취득한 자산의 원가 결정

교환으로 취득한 유형자산의 원가는 다음 중 하나에 해당하는 경우를 제외하고는 공정가치로 측정한다(KIFRS1016-24).

① 교환거래에 상업적 실질(commercial substance)이 결여된 경우
② 취득한 자산과 제공한 자산 모두의 공정가치를 신뢰성 있게 측정할 수 없는 경우

즉, 상업적 실질이 존재하고 공정가치측정이 가능하면 취득한 자산의 원가는 공정가치로 측정한다. 여기서 공정가치에는 제공한 자산의 공정가치와 취득한 자산의 공정가치가 있으므로 어느 공정가치를 적용해야 하는 지를 결정해야 한다. 취득한 자산이나 제공한 자산의 공정가치를 신뢰성 있게 결정할 수 있다면, 취득한 자산의 공정가치가 더 명백한 경우를 제외하고는 취득한 자산의 원가를 제공한 자산의 공정가치로 측정[5]한다(KIFRS1016-26). 취득한 자산을 공정가치로 측정하지 않는 경우에 제공한 자산의 장부금액으로 원가를 측정한다(KIFRS1016-24).

정리 9-3 교환으로 취득한 자산의 원가

교환으로 취득한 자산의 원가는 다음과 같이 결정된다.

상업적 실질	내용	제공자산의 공정가치	취득자산의 공정가치	제공자산의 장부금액
존재	원칙	○[*1]		
	취득자산의 공정가치 더 명확한 경우		○[*2]	
	취득자산과 제공자산의 공정가치를 신뢰성 있게 측정할 수 없는 경우			○[*3]
결여				○[*3]

*1. 공정가치법 중 구자산법   *2. 공정가치법 중 신자산법   *3. 장부금액법

※ 교환에 현금이 수수된다면 상기 금액에 현금지급액을 가산하고, 현금수취액을 차감하여 취득한 자산의 원가를 결정한다.

교환으로 취득한 자산의 원가와 교환손익의 계산식을 정리하면 다음과 같다.

정리 9-4 교환으로 취득한 자산의 원가와 교환손익

구 분	교환으로 취득한 자산의 원가	교환손익
공정가치법(구자산법)[*1]	제공자산FV＋지급(－수취)	제공자산FV－제공자산CA
공정가치법(신자산법)[*2]	취득자산FV[*4]	취득자산FV－제공자산CA＋수취(－지급)
장부금액법[*3]	제공자산CA＋지급(－수취)	－

*1. 원칙. 단, 취득자산의 공정가치가 제공자산의 공정가치보다 더 명백한 경우 제외
*2. 취득자산의 공정가치가 제공자산의 공정가치보다 더 명백한 경우
*3. FV를 신뢰성있게 측정할 수 없는 경우와 상업적 실질이 결여된 경우에 적용
*4. 현금수수를 고려하지 않는다.
※ FV : 공정가치, CA : 장부금액

---

5) 교환거래에서 제공한 자산을 즉시 제거할 수 없더라도 취득한 자산은 위와 동일한 방법으로 측정한다.

예를 들어 장부금액이 ₩200이고 공정가치가 ₩300인 A자산을 주고 B자산을 받는 교환거래를 하면서 현금 ₩30을 수취한 경우와 현금 ₩30을 지급한 경우의 교환으로 취득한 자산의 원가와 교환손익을 계산하면 다음과 같다.

구 분	교환으로 취득한 자산의 원가	
	상업적 실질 존재	상업적 실질 결여
현금 ₩30 수취	300−30=270	200−30=170
현금 ₩30 지급	300+30=330	200+30=230

구 분	교환손익	
	상업적 실질 존재	상업적 실질 결여
현금 ₩30 수취	300−200=100	−
현금 ₩30 지급	300−200=100	−

또한, 장부금액이 ₩200인 A자산을 주고 공정가치가 ₩300인 B자산을 받는 교환거래를 하면서 현금 ₩30을 수취한 경우와 현금 ₩30을 지급한 경우의 교환으로 취득한 자산의 원가와 교환손익을 계산하면 다음과 같다.

구 분	교환으로 취득한 자산의 원가	
	상업적 실질 존재	상업적 실질 결여
현금 ₩30 수취	300	200−30=170
현금 ₩30 지급	300	200+30=230

구 분	교환손익	
	상업적 실질 존재	상업적 실질 결여
현금 ₩30 수취	300−200+30=130	−
현금 ₩30 지급	300−200−30=70	−

✎ 예제 9-3 교환(1)

㈜다빈은 보유하고 있는 기계장치A를 ㈜다인의 기계장치B와 교환하였다. ㈜다빈이 추가로 현금 ₩20,000을 지급하였다. 교환된 자산의 내용은 다음과 같다.

구분	기계장치A	기계장치B
장부금액	₩50,000	₩70,000
공정가치	80,000	

≪물음≫

㈜다빈의 입장에서 다음에 답하시오.

1. 위 교환이 상업적 실질이 있다고 보고 교환에 대한 회계처리(분개)를 하시오.
2. 위 교환이 상업적 실질이 없다고 보고 교환에 대한 회계처리(분개)를 하시오.

해답

1.

(차) 기계장치B	100,000	(대) 기계장치A	50,000
		유형자산처분이익	30,000
		현 금	20,000

2.

(차) 기계장치B	70,000	(대) 기계장치A	50,000
		현 금	20,000

예제 9-4 교환(2)

㈜다빈은 보유하고 있는 토지를 ㈜다인의 건물과 교환하였다. 교환된 자산의 내용은 다음과 같다.

구분	토지	건물
장부금액	₩50,000	₩70,000
공정가치	80,000	

동 자산간의 교환에는 상업적 실질이 있다고 판단된다.

≪물음≫

㈜다빈의 입장에서 회계처리를 하시오.

1. 위의 분개를 하시오.
2. ㈜다빈이 추가로 현금 ₩20,000을 지급시 위의 회계처리(분개)를 하시오.
3. ㈜다인이 추가로 현금 ₩20,000을 지급시 위의 회계처리(분개)를 하시오.
4. 만일, 토지의 공정가치 ₩80,000은 신뢰성이 의심되지만, 건물의 공정가치 ₩85,000이 신뢰성이 있는 측정치라고 판단된다고 가정하고 회계처리(분개)를 하시오.

해답

1.

(차) 건 물	80,000	(대) 토 지	50,000
		유형자산처분이익	30,000

2.

(차) 건 물	100,000	(대) 토 지	50,000
		유형자산처분이익	30,000
		현 금	20,000

3.

(차) 건 물	60,000	(대) 토 지	50,000
현 금	20,000	유형자산처분이익	30,000

4.

(차) 건 물	85,000 [*1]	(대) 토 지	50,000
		유형자산처분이익	35,000

*1. 신자산의 공정가치

[해설]

1. (물음 1,2,3)은 원칙인 구자산법을, (물음4)는 신자산법을 적용하였다.
2. 구자산법은 이중거래(처분거래와 취득거래의 결합)임을 물음1의 구분분개를 통하여 확인할 수 있다.

① 처분거래

(차) 현 금	80,000	(대) 토 지	50,000
		유형자산처분이익	30,000

② 취득거래

(차) 건 물	80,000	(대) 현 금	80,000

③=① + ②

(차) 건 물	80,000	(대) 토 지	50,000
		유형자산처분이익	30,000

(3) 상업적 실질의 판단

교환거래의 결과 미래현금흐름이 얼마나 변동될 것인지를 고려하여 해당 교환거래에 상업적 실질이 있는지를 결정한다. 다음 ① 또는 ②에 해당하면서 ③을 충족하는 경우에 교환거래는 상업적 실질이 있다 (KIFRS1016-25).

① 취득한 자산과 관련된 현금흐름의 구성(위험, 유출입시기, 금액)이 제공한 자산과 관련된 현금흐름의 구성과 다르다.
② 교환거래의 영향을 받는 영업 부분의 기업특유가치[6]가 교환거래의 결과로 변동한다.
③ 위 ①이니 ②의 차이가 교환된 자산의 공정가치에 비하여 중요하다.

교환거래에 상업적 실질이 있는지 여부를 결정할 때 교환거래의 영향을 받는 영업 부분의 기업특유 가치는 세후현금흐름을 반영하여야 한다. 세부적인 계산과정을 거치지 않고 이러한 분석의 결과를 쉽게 알 수도 있다.

> **[APP 2014]**
>
> 교환거래에 상업적 실질이 있는지 여부를 결정할 때 교환거래의 영향을 받는 영업 부분의 기업특유 가치는 세전현금흐름을 반영하여야 한다. (×)

(4) 유형자산의 공정가치

비교가능한 시장거래가 존재하지 않는 유형자산의 공정가치는 다음 중 하나에 해당하는 경우에 신뢰성 있게 측정할 수 있다(KIFRS1016-26).

① 합리적인 공정가치 추정치의 범위의 편차가 자산가치에 비하여 중요하지 않다.
② 그 범위 내의 다양한 추정치의 발생확률을 신뢰성 있게 평가할 수 있고 공정가치를 추정하는 데 사용할 수 있다.

5. 구건물 철거[7]

건물을 신축하기 위하여 사용 중인 기존 건물을 철거하는 경우 그 건물의 장부금액은 제거하여 처분손실로 반영하고, 철거비용은 전액 당기비용으로 처리한다. 그 이유는 다음과 같다.

① 신건물을 신축하기 위하여 철거되는 구건물은 더 이상 자체적으로 미래의 경제적 효익을 제공하지 못하므로 자산성이 없다.
② 회사가 사용 중인 기존건물을 철거한다는 의사결정은 당해 구건물의 내용연수에 대한 추정의 변

---

6) 기업특유가치란 자산의 계속적 사용으로부터 그리고 내용연수 종료시점에 처분으로부터 또는 부채의 결제로부터 발생할 것으로 기대되는 현금흐름의 현재가치를 말한다(KIFRS1016-6).
7) 유형자산기준서에는 명시적 규정이 없는 내용이다.

경에 해당하고, 이 경우 당해 자산의 내용연수는 더 이상 존재하지 않으므로 미상각장부금액을 전액 상각하고 관련 철거비용은 당기비용으로 처리하여야 한다.

다만 새 건물을 신축하기 위하여 기존 건물이 있는 토지를 취득하고 그 건물을 철거하는 경우 기존 건물의 철거 관련 비용에서 철거된 건물의 부산물을 판매하여 수취한 금액을 차감한 금액은 토지의 취득원가에 산입[8] 한다.

표 9-1 • 구건물 철거시 회계처리

구 분	철거 → 신축	
	구건물 (토지·건물일괄취득)	구건물 (사용 중인 건물)
구건물철거비용	토지원가	당기비용
구건물장부금액	N/A	당기비용

[CTA 2003]

건물을 신축하기 위하여 사용 중인 기존 건물을 철거하는 경우 그 건물의 장부금액은 처분손실로 반영하고, 철거비용은 전액 신건물의 취득원가에 산입한다. (×)

정리 9-5 신축을 위한 건물이 있는 토지 취득

새 건물을 신축하기 위하여 기존건물이 있는 토지를 취득하여 건물을 신축하는 토지원가와 건물원가는 다음과 같이 구분된다.

항목	토지원가	건물원가
토지건물 취득금액	×××	
취득세 등	×××	
철거비	×××	
고철매각대[*]	(×××)	
정지비[**]	×××	
굴착비		×××
설계비		×××
건설비		×××
건물취득세 등		×××
합계	×××	×××

[*] 잡이익이 아니라 토지원가에서 차감
[**] 정지 후 토지이용가능상태가 됨. 정지비까지 발생한 원가가 토지원가임

---

8) 그 이유는 토지를 사용가능한 상태로 만드는 데 지출한 비용이기 때문이다.

제 4 절 후속 측정

기업은 원가모형이나 재평가[9]모형 중 하나를 회계정책으로 선택하여 유형자산 분류별로 동일하게 적용한다(KIFRS1016-29).

1. 원가모형(cost model)

최초 인식 후에 유형자산은 원가에서 감가상각누계액과 손상차손누계액을 차감한 금액을 장부금액으로 한다(KIFRS1016-30).

2. 재평가모형(revaluation model)

최초 인식 후에 공정가치를 신뢰성 있게 측정할 수 있는 유형자산은 재평가일의 공정가치에서 이후의 감가상각누계액과 손상차손누계액을 차감한 재평가금액을 장부금액으로 한다(KIFRS1016-31).

[CPA 2014]

　재평가모형을 선택한 유형자산에 대해서는 자산손상에 대한 회계처리를 적용하지 않는다. (×)

(1) 분류별 재평가

특정 유형자산을 재평가할 때, 해당 자산이 포함되는 유형자산 분류 전체를 재평가한다(KIFRS1016-36).

[APP 2014]

　특정 유형자산을 재평가할 때, 해당 자산이 포함되어 있는 유형자산 분류 전체를 재평가할 필요는 없으며, 개별 유형자산별로 재평가모형을 선택하는 것이 가능하다. (×)

유형자산은 영업상 유사한 성격과 용도로 분류한다. 다음은 개별 분류의 예이다(KIFRS1016-37).

① 토지　　　　② 토지와 건물　　　③ 기계장치　　　④ 선박
⑤ 항공기　　　⑥ 차량운반구　　　⑦ 집기　　　　⑧ 사무용비품

유형자산별로 선택적 재평가를 하거나 서로 다른 기준일의 평가금액이 혼재된 재무보고를 하는 것을 방지하기 위하여 동일한 분류 내의 유형자산은 동시에 재평가한다. 그러나 재평가가 단기간에 수행되며 계속적으로 갱신된다면, 동일한 분류에 속하는 자산을 순차적으로 재평가할 수 있다(KIFRS1016-38).

---

9) 이 기준서의 '재평가'는 '부동산 가격공시 및 감정평가에 관한 법률' 등에서 언급하는 '재평가'와 그 용도, 대상 및 구체적 평가방법 등에서 서로 다른 의미로 사용될 수 있다(한1).

(2) 재평가의 빈도

재평가는 보고기간말에 자산의 장부금액이 공정가치와 중요하게 차이가 나지 않도록 주기적으로 수행한다(KIFRS1016-31). 즉, 재평가는 매년 수행하는 것을 요구하지 않는다.

[APP 2014]

재평가는 자산의 장부금액이 공정가치와 중요하게 차이가 나지 않도록 매 보고기간말에 수행한다. (×)

재평가의 빈도는 재평가되는 유형자산의 공정가치 변동에 따라 달라진다. 재평가된 자산의 공정가치가 장부금액과 중요하게 차이가 나는 경우에는 추가적인 재평가가 필요하다. 중요하고 급격한 공정가치의 변동 때문에 매년 재평가가 필요한 유형자산이 있는 반면에 공정가치의 변동이 중요하지 않아 빈번한 재평가가 필요하지 않은 유형자산도 있다. 즉, 매 3년이나 5년마다 재평가하는 것으로 충분한 유형자산도 있다(KIFRS1016-34).

(3) 회계처리방법

유형자산을 재평가할 때, 재평가 시점의 감가상각누계액은 다음 중 하나의 방법으로 회계처리한다(KIFRS1016-35).

① 비례적 수정방법 : 재평가 후 자산의 장부금액이 재평가금액과 일치하도록 감가상각누계액과 총장부금액을 비례적으로 수정하는 방법. 이 방법은 지수를 적용하여 상각후대체원가를 결정하는 방식으로 자산을 재평가할 때 흔히 사용된다.
② 감가상각누계액 제거방법 : 총장부금액에서 기존의 감가상각누계액을 제거하여 자산의 순장부금액이 재평가금액이 되도록 수정하는 방법. 이 방법은 건물을 재평가할 때 흔히 사용된다.

 예제 9-5 재평가모형

㈜다빈은 장부금액이 ₩400,000(취득원가 ₩500,000, 감가상각누계액 ₩100,000)인 건물을 공정가치로 재평가하였다. 재평가결과 건물의 원가와 감가상각누계액이 각각 ₩300,000과 ₩60,000만큼씩 증가하게 된다.

《물음》

1. 재평가차익을 계산하시오.
2. 재평가시점의 감가상각누계액을 처리하는 방법에는 2가지 방법이 있다. 각각의 방법별 재평가후의 건물의 원가와 감가상각누계액을 계산하고 재평가분개를 하시오.

 해답

1. 재평가차익＝300,000(건물원가증가) － 60,000(감가상각누계액증가)＝240,000

2. (1) 비례적 수정방법

—재무상태표 표시

건　물	500,000 + 300,000	=	₩800,000
감가상각누계액	100,000 + 60,000	=	(160,000)
			₩640,000

—관련분개

(차) 건　물	300,000	(대) 감가상각누계액	60,000
		재평가잉여금	240,000

(2) 감가상각누계액 제거방법

—재무상태표 표시

건　물	500,000 + 140,000	=	₩640,000
감가상각누계액	100,000 − 100,000	=	(−)
			₩640,000

—관련분개

(차) 건　물	140,000	(대) 재평가잉여금	240,000
감가상각누계액	100,000		

감가상각누계액을 수정하거나 제거함에 따라 조정하는 금액은 다음과 같이 회계처리되는 장부금액의 증감에 포함된다.

- 재평가증 : 자산의 장부금액이 재평가로 인하여 증가된 경우에 그 증가액은 기타포괄손익으로 인식하고 재평가잉여금(revaluation surplus)의 과목으로 자본에 가산한다. 그러나 동일한 자산에 대하여 이전에 당기손익으로 인식한 재평가감소액이 있다면 그 금액을 한도로 재평가증가액만큼 당기손익으로 인식한다(KIFRS1016-39).
- 재평가감 : 자산의 장부금액이 재평가로 인하여 감소된 경우에 그 감소액은 당기손익으로 인식한다. 그러나 그 자산에 대한 재평가잉여금의 잔액이 있다면 그 금액을 한도로 재평가감소액을 기타포괄손익으로 인식한다. 재평가감소액을 기타포괄손익으로 인식하는 경우 재평가잉여금의 과목으로 자본에 누계한 금액을 감소시킨다(KIFRS1016-40).

[APP 2014]

자산의 장부금액이 재평가로 인하여 증가된 경우에 그 증가액은 동일한 자산에 대하여 이전에 당기손익으로 인식한 재평가감소액이 있다 하더라도 기타포괄손익으로 인식하고 재평가잉여금의 과목으로 자본에 가산한다. (×)

유형자산의 재평가로 인한 법인세효과는 법인세기준서에 따라 인식하고 공시한다(KIFRS1016-42). 이를 정리하면 다음과 같다.

정리 9-6   재평가차액의 회계처리방법

재평가증가액이 발생		재평가감소액이 발생	
당기 이전에 재평가손실(NI)인식액 없음	당기 이전에 재평가손실(NI)인식액 있음	재평가잉여금(AOCI)잔액이 없음	평가잉여금(AOCI)잔액이 있음
차)유형자산 　대)재평가잉여금	차)유형자산 　대)재평가이익 　　재평가잉여금	차)재평가손실 　대)유형자산	차)재평가잉여금 　재평가손실 　대)유형자산

* 재평가이익과 재평가손실은 당기손익으로 처리
* 재평가잉여금은 기타포괄손익으로 처리

 예제 9-6   재평가모형 – 재평가손실 vs 재평가이익

다음은 ㈜다빈이 보유하고 있는 토지의 취득원가와 재평가금액에 대한 내용이다.

취득원가(20×1.1.1)	재평가금액(20×1.12.31)	재평가금액(20×2.12.31)
₩100	① ₩120	③ ₩90
	② ₩80	④ ₩110

㈜다빈은 상기 토지를 재평가모형으로 평가하고 있다.

≪물음≫

①부터 ④까지에 대한 회계처리를 하시오.

 해답

재평가증가액이 발생		재평가감소액이 발생	
당기 이전에 재평가손실(NI)인식액 없음 ①	당기 이전에 재평가손실(NI)인식액 있음 ④	재평가잉여금(AOCI)잔액이 없음 ②	재평가잉여금(AOCI)잔액이 있음 ③
차)유형자산　20 　대)재평가잉여금　20	차)유형자산　30 　대)재평가이익　20 　　재평가잉여금　10	차)재평가손실　20 　대)유형자산　20	차)재평가잉여금　20 　재평가손실　10 　대)유형자산　30

(4) 재평가잉여금의 처리

어떤 유형자산 항목과 관련하여 자본에 계상된 재평가잉여금은 그 자산이 제거될 때 이익잉여금으로 직접 대체할 수 있다. 자산이 폐기되거나 처분될 때에 재평가잉여금 전부를 이익잉여금으로 대체하는 것이 그러한 경우에 해당될 수 있다(KIFRS1016-41).

> **[APP 2014]**
>
> 자본에 계상된 재평가잉여금은 그 자산이 제거될 때 이익잉여금으로 대체할 수 있다. 그러나 기업이 그 자산을 사용함에 따라 재평가잉여금의 일부를 대체할 수도 있다. (×)

그러나 기업이 그 자산을 사용함에 따라 재평가잉여금의 일부를 대체할 수도 있다. 이러한 경우 재평가된 금액에 근거한 감가상각액과 최초원가에 근거한 감가상각액의 차이가 이익잉여금으로 대체되는 금액이 될 것이다(KIFRS1016-41). 재평가된 금액에 근거한 감가상각액과 최초원가에 근거한 감가상각액의 차이는 재평가잉여금을 잔존내용연수로 나누어 계산된 금액과 일치[10]한다.

재평가잉여금을 이익잉여금으로 대체하는 경우 그 금액은 당기손익으로 인식하지 않는다(KIFRS1016-41).

정리 9-7 재평가잉여금의 처리

아래의 분개 중 재평가잉여금을 이익잉여금으로 대체하는 분개는 선택사항이다.

○ 자산의 처분 또는 폐기

(차) 현 금	×××	(대) 유형자산	×××
		유형자산처분이익	×××

(차) 재평가잉여금	×××	(대) 이익잉여금	×××

○ 자산 사용

(차) 감가상각비	××× *1	(대) 감가상각누계액	×××
재평가잉여금	××× *2	이익잉여금	×××

*1. 재평가된 금액에 근거한 감가상각액
*2. 재평가된 금액에 근거한 감가상각액 - 최초원가에 근거한 감가상각액

 예제 9-7 재평가모형(1) 비상각자산 – 재평가손실 vs 재평가이익

㈜다빈은 보유하고 있는 토지에 대하여 재평가모형으로 측정하려고 한다. 다음은 재평가와 관련된 자료이다. 회사의 회계기간은 1월 1일부터 12월 31일까지이다.

---

10) 예제 9-10 참조

구분	취득원가	재평가금액			
일자	20×1.1.1	20×1.12.31	20×2.12.31	20×3.12.31	20×4.12.31
금액	₩4,000	₩6,000	₩7,000	₩3,000	₩8,000

㈜다빈은 가능한 한 이익잉여금을 최대화하는 정책을 사용한다고 가정한다.

≪물음≫

1. 다음 시점에서의 토지의 재평가와 관련된 회계처리(분개)를 하시오.
   (1) 20×1.12.31   (2) 20×2.12.31   (3) 20×3.12.31   (4) 20×4.12.31

2. 회사는 20×5년 11월 7일에 토지를 ₩8,500에 처분하였다. 처분시점의 회계처리(분개)를 하시오.

해답

1.

⟨20×1.12.31⟩

(차) 토 지	2,000	(대) 재평가잉여금	2,000 [*1]

[*1]. 재평가증＝6,000 － 4,000＝2,000 : 기타포괄손익

⟨20×2.12.31⟩

(차) 토 지	1,000	(대) 재평가잉여금	1,000 [*1]

[*1]. 재평가증＝7,000 － 6,000＝1,000 : 기타포괄손익

⟨20×3.12.31⟩

(차) 재평가잉여금	3,000	(대) 토 지	4,000
재평가손실	1,000 [*1]		

[*1]. 재평가잉여금잔액을 초과하는 재평가감소액＝4,000 － 3,000 : 당기손익

⟨20×4.12.31⟩

(차) 토 지	5,000	(대) 재평가이익	1,000 [*1]
		재평가잉여금	4,000

[*1]. 당기손실로 인식한 재평가감소액

2.

(차) 현 금	8,500	(대) 토 지	8,000
		유형자산처분이익	500

(차) 재평가잉여금	4,000 [*1]	(대) 이익잉여금	4,000 [*1]

[*1]. 재평가잉여금잔액은 이익잉여금으로 대체된다.

[참고] 연도별 당기순이익, 기타포괄손익, 기타포괄손익누계액 및 이익잉여금에 미치는 영향

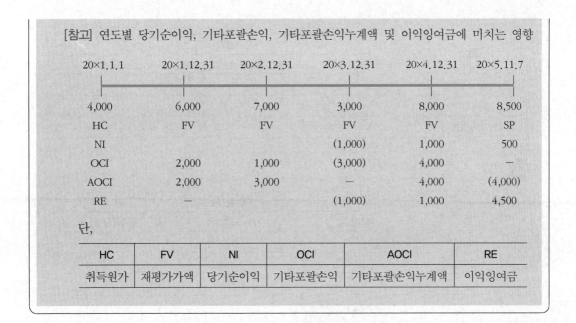

	20×1.1.1	20×1.12.31	20×2.12.31	20×3.12.31	20×4.12.31	20×5.11.7
	4,000	6,000	7,000	3,000	8,000	8,500
	HC	FV	FV	FV	FV	SP
NI				(1,000)	1,000	500
OCI		2,000	1,000	(3,000)	4,000	—
AOCI		2,000	3,000	—	4,000	(4,000)
RE		—		(1,000)	1,000	4,500

단,

HC	FV	NI	OCI	AOCI	RE
취득원가	재평가가액	당기순이익	기타포괄손익	기타포괄손익누계액	이익잉여금

[Powerful Method] 토지의 재평가증감에 따른 재평가손익인식을 정리하면 다음과 같다.

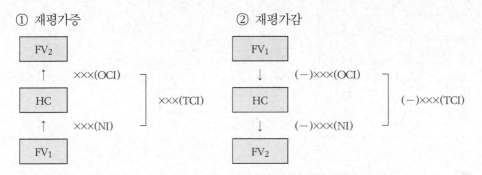

① 재평가증

FV_2
↑ ×××(OCI)
HC   ×××(TCI)
↑ ×××(NI)
FV_1

② 재평가감

FV_1
↓ (−)×××(OCI)
HC   (−)×××(TCI)
↓ (−)×××(NI)
FV_2

※ NI : 당기순이익, OCI : 기타포괄손익, TCI : 총포괄손익

 예제 9-8 재평가모형 – 비상각자산

20×1년초에 ₩10,000에 취득한 토지의 연도말 재평가금액은 다음과 같다.

	20×1년	20×2년	20×3년
	11,000	8,000	13,000

≪물음≫

매년 인식할 재평가손익을 표시하는 아래의 빈칸을 완성하시오.

구분	재평가손익		
	당기손익	기타포괄손익	총포괄손익
20×1년			
20×2년			
20×3년			

해답

구분	재평가손익		
	당기손익	기타포괄손익	총포괄손익
20×1년	—	1,000	1,000
20×2년	(2,000)	(1,000)	(3,000)
20×3년	2,000	3,000	5,000

[Powerful Method]

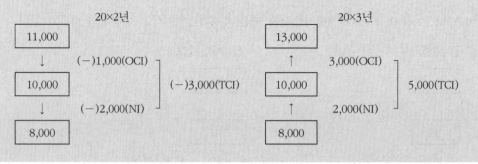

예제 9-9 재평가모형(2) 상각자산 – 재평가손실 vs 재평가이익

㈜다빈은 20×1년 1월 1일 건물(잔존가치는 '0'이고, 내용연수는 5년)을 ₩10,000에 취득하였다. 회사는 동 건물을 정액법으로 감가상각하고, 재평가모형으로 평가한다. 20×1년 12월 31일 건물의 공정가치는 ₩9,500이다. ㈜다빈은 재평가된 자산을 사용하면서 해당 재평가잉여금을 이익잉여금으로 대체한다고 가정한다.

≪물음≫
각 물음은 독립적이다.

1. 20×1년 12월 31일의 감가상각과 재평가와 관련된 회계처리를 하시오.
2. 20×2년 12월 31일에는 장부금액과 공정가치의 차이가 중요하지 않다고 판단하여 재평가를 실시하지 아니하였다. 20×2년 12월 31일의 감가상각과 관련된 회계처리를 하시오.

3. 만일, 20×2년 1월 1일에 건물을 ₩9,600의 현금을 받고 처분하였다고 가정하고 처분시 회계처리를 하시오.

📖 해답

1.

(차) 감가상각비	2,000	(대) 감가상각누계액	2,000

(차) 감가상각누계액	2,000	(대) 건　　물	500
		재평가잉여금	1,500

2.

(차) 감가상각비	2,375	(대) 감가상각누계액	2,375 [*1]
재평가잉여금	375 [*2]	이익잉여금	375

[*1]. $9,500 \div (5 - 1) = 2,375$ [*2]. $1,500 \div (5 - 1) = 375$

3.

(차) 현　　금	9,600	(대) 건　　물	9,500
		유형자산처분손익	100

(차) 재평가잉여금	1,500 [*1]	(대) 이익잉여금	1,500 [*1]

[*1]. 재평가잉여금잔액은 이익잉여금으로 대체된다.

정리 9-8   재평가모형의 회계처리

A. 재평가증가액이 발생

A-1 당기 이전에 재평가손실(NI)인식액 없는 경우

(차) 유형자산	×××	(대) 재평가잉여금	×××

A-2 당기 이전에 재평가손실(NI)인식액 있는 경우

(차) 유형자산	×××	(대) 재평가이익	×××
		재평가잉여금	×××

제9장

B. 재평가감소액이 발생

B-1 재평가잉여금(AOCI)잔액이 없는 경우

(차) 재평가손실	×××	(대) 유형자산	×××

B-2 재평가잉여금(AOCI)잔액이 있는 경우

(차) 재평가잉여금	×××	(대) 유형자산	×××
재평가손실	×××		

C. 처분

C-1 재평가잉여금잔액이 없는 경우

(차) 현 금	×××	(대) 유형자산	×××
		유형자산처분손익	×××

C-2 재평가잉여금잔액이 있는 경우

(차) 현 금	×××	(대) 유형자산	×××
		유형자산처분손익	×××

(차) 재평가잉여금	×××	(대) 이익잉여금	×××

D. 상각

(차) 감가상각비	×××*1	(대) 감가상각누계액	×××
재평가잉여금	×××*2	이익잉여금	×××

*1. 재평가된 금액에 근거한 감가상각액
*2. 재평가된 금액에 근거한 감가상각액－최초원가에 근거한 감가상각액 : 자산을 사용함에 따라 재평가잉 여
    금의 일부를 대체하는 경우(선택분개)

예제 9-10 상각자산의 재평가모형 (1)

㈜다빈은 20×1년 1월 1일 건물(잔존가치는 '0'이고, 내용연수는 10년)을 ₩50,000에 취득하였
다. 회사는 동 건물을 정액법으로 감가상각하고, 재평가모형으로 평가한다. 회사의 회계기간은
1월 1일부터 12월 31일까지이다. 다음은 사례별 건물의 공정가치를 나타낸 것이다.

구분	20×1년 12월 31일	20×2년 12월 31일
사례1	₩36,000	₩42,000
사례2	63,000	37,000

㈜다빈은 자산을 사용하면서 재평가잉여금을 이익잉여금으로 대체하지 않는다고 가정한다.

≪물음≫

다음 물음에 답하시오. 단, 재평가분개는 감가상각누계액 제거방법에 따를 것.

1. 〈사례 1〉의 경우 20×1년 12월 31일과 20×2년 12월 31일의 회계처리(분개)를 하시오.
2. 〈사례 2〉의 경우 20×1년 12월 31일과 20×2년 12월 31일의 회계처리(분개)를 하시오.
3. 만일, ㈜다빈은 자산을 사용하면서 재평가잉여금을 이익잉여금으로 대체한다고 가정하고 〈사례 2〉의 경우 20×1년 12월 31일과 20×2년 12월 31일의 회계처리(분개)를 하시오.
4. "물음3에서 건물이 20×2년 당기순이익에 미치는 영향을 계산하시오. 단, 법인세효과는 무시할 것.

해답

1.

〈20×1년 12월 31일〉

(차) 감가상각비	5,000 [*1]	(대) 감가상각누계액	5,000

[*1]. 50,000 ÷ 10 = 5,000

(차) 감가상각누계액	5,000	(대) 건　　　물	14,000
재평가손실(IS)	9,000 [*1]		

[*1]. 36,000(재평가금액) − 45,000(상각후금액 = 50,000−5,000) = (9,000)
※ 재평가손실이므로 전액 당기손실로 처리한다.

〈20×2년 12월 31일〉

(차) 감가상각비	4,000 [*1]	(대) 감가상각누계액	4,000

[*1]. 36,000 ÷ (10 − 1) = 4,000 ※ 재평가금액(36,000)을 잔존내용연수(9년)동안 감가상각한다.

(차) 감가상각누계액	4,000	(대) 재평가이익(IS)	9,000 [*1]
건　　　물	6,000	재평가잉여금	1,000

[*1]. 재평가증 10,000중 전기까지 손실로 인식한 재평가차손 9,000은 재평가이익(IS)으로 인식

2.

〈20×1년 12월 31일〉

(차) 감가상각비	5,000 [*1]	(대) 감가상각누계액	5,000

[*1]. 50,000 ÷ 10 = 5,000

(차) 감가상각누계액	5,000	(대) 재평가잉여금	18,000[*1]
건 물	13,000		

[*1]. 63,000(재평가금액) − 45,000(상각후금액＝50,000−5,000)＝18,000

※ 재평가증이므로 전액 재평가잉여금으로 처리한다.

〈20×2년 12월 31일〉

(차) 감가상각비	7,000[*1]	(대) 감가상각누계액	7,000

[*1]. 63,000÷(10−1)＝7,000 ※ 재평가금액(63,000)을 잔존내용연수(9년)동안 감가상각한다.

(차) 감가상각누계액	7,000	(대) 건 물	26,000[*1]
재평가잉여금	18,000		
재평가손실	1,000		

[*1]. 63,000 − 37,000＝26,000

3.

〈20×1년 12월 31일〉

(차) 감가상각비	5,000[*1]	(대) 감가상각누계액	5,000

[*1]. 50,000 ÷ 10＝5,000

(차) 감가상각누계액	5,000	(대) 재평가잉여금	18,000[*1]
건 물	13,000		

[*1]. 63,000(재평가금액) − 45,000(상각후금액＝50,000−5,000)＝18,000

※ 재평가증이므로 전액 재평가잉여금으로 처리한다.

〈20×2년 12월 31일〉

(차) 감가상각비	7,000[*1]	(대) 감가상각누계액	7,000

[*1]. 63,000÷(10−1)＝7,000 ※ 재평가금액(63,000)을 잔존내용연수(9년)동안 감가상각한다.

(차) 재평가잉여금	2,000[*1]	(대) 이익잉여금	2,000

[*1]. 18,000÷(10−1)＝2,000 ※ 재평가잉여금(18,000)을 잔존내용연수(9년)동안 감가상각한다.

(차) 감가상각누계액	7,000	(대) 건 물	26,000[*1]
재평가잉여금	16,000		
재평가손실	3,000		

[*1]. 63,000 − 37,000＝26,000

4.

	20×1초	20×1말	20×2말	D	NI	OCI
FV	50,000	63,000	37,000			
	×9/10					
20×1말	=45,000 →	63,000		—	—	18,000
		×8/9				(2,000)
20×2말		=56,000 →	37,000	(7,000)	(3,000)	(16,000)

당기순이익 감소=7,000(감가상각비) + 3,000(재평가손실) = ₩10,000

🔊 해답

재평가손익 계산

〈사례 1〉

	20×1초	20×1말	20×2말	재평가손익	
				NI	OCI
FV	50,000	36,000	42,000		
	×9/10				
20×1말	=45,000 →	36,000		(9,000)	—
		×8/9			
20×2말		=32,000 →	42,000	9,000	1,000

〈사례 2〉

	20×1초	20×1말	20×2말	재평가손익	
				NI	OCI
FV	50,000	63,000	37,000		
	×9/10				
20×1말	=45,000 →	63,000		—	18,000
		×8/9			
20×2말		=56,000 →	37,000	(1,000)	(18,000)

〈사례 3〉

	20×1초	20×1말	20×2말	재평가손익	
				NI	OCI
FV	50,000	63,000	37,000		
	×9/10				
20×1말	=45,000 →	63,000		—	18,000
		×8/9			(2,000)
20×2말		=56,000 →	37,000	(3,000)	(16,000)

제9장

예제 9-11 상각자산의 재평가모형(2)

㈜다빈은 20×1년 1월 1일 건물(잔존가치는 '0'이고, 내용연수는 10년)을 ₩60,000에 취득하였다. 회사는 동 건물을 정액법으로 감가상각하고, 재평가모형으로 평가한다. 회사의 회계기간은 1월 1일부터 12월 31일까지이다. 다음은 사례별 건물의 공정가치를 나타낸 것이다.

구분	20×1년 12월 31일	20×3년 12월 31일
공정가치	₩45,000	₩52,500

20×2년 12월 31일과 20×4년 12월 31일에는 건물의 공정가치가 장부금액과 중요하게 차이가 나지 않아 재평가를 실시하지 아니하였다.
㈜다빈은 건물을 20×5년 1월 1일에 ₩48,000에 처분하였다.
㈜다빈은 재평가된 자산을 사용하면서 또는 처분하면서 해당 재평가잉여금을 이익잉여금으로 대체한다고 가정한다.

≪물음≫

다음 물음에 답하시오. 단, 재평가분개는 감가상각누계액 제거방법에 따를 것

1. 20×1년 12월 31일의 회계처리(분개)를 하시오.
2. 20×2년 12월 31일의 회계처리(분개)를 하시오.
3. 20×3년 12월 31일의 회계처리(분개)를 하시오.
4. 20×4년 12월 31일의 회계처리(분개)를 하시오.
5. 20×5년 1월 1일의 회계처리(분개)를 하시오.

해설

1. 〈20×1년 12월 31일〉

(차) 감가상각비	6,000 [*1]	(대) 감가상각누계액	6,000

[*1]. 60,000÷10=6,000

(차) 감가상각누계액	6,000	(대) 건 물	15,000 [*1]
재평가손실(IS)	9,000 [*1]		

[*1]. 45,000(재평가금액)−54,000(상각후금액=60,000−6,000)=(9,000)

2. 〈20×2년 12월 31일〉

(차) 감가상각비	5,000 [*1]	(대) 감가상각누계액	5,000

[*1]. 45,000÷(10−1)=5,000 ※ 재평가금액(45,000)을 잔존내용연수(9년)동안 감가상각한다.

3. 〈20×3년 12월 31일〉

| (차) 감가상각비 | 5,000 | (대) 감가상각누계액 | 5,000 |

| (차) 감가상각누계액 | 10,000 | (대) 재평가이익(IS) | 9,000 [*1] |
| 건 물 | 7,500 | 재평가잉여금 | 8,500 |

[*1]. 재평가 증 17,500 중 전기까지 손실로 인식한 재평가차손 9,000은 재평가이익(IS)으로 인식

4. 〈20×4년 12월 31일〉

| (차) 감가상각비 | 7,500 | (대) 감가상각누계액 | 7,500 |

[*1]. $52,500 \div (10-3) = 7,500$

| (차) 재평가잉여금 | 1,214 | (대) 이익잉여금 | 1,214 [*1] |

[*1]. $8,500 \div (10-3) = 1,214$

5. 〈20×5년 1월 1일〉

| (차) 현 금 | 48,000 | (대) 건 물 | 52,500 |
| 감가상각누계액 | 7,500 | 유형자산처분이익 | 3,000 |

| (차) 재평가잉여금 | 7,286 | (대) 이익잉여금 | 7,286 [*1] |

[*1]. $8,500 - 1,214 = 7,286$

해설

재평가손익 계산

	20×1초	20×1말	20×2말	20×3말	감가	재평가손익 NI	재평가손익 OCI
FV	60,000	45,000	40,000	52,500			
	×9/10						
20×1말	=54,000 →	45,000			(6,000)	(9,000)	
		×8/9					
20×2말		=40,000 →	40,000		(5,000)		
			×7/8				
20×3말			=35,000 →	52,500	(5,000)	9,000	8,500
				×6/7			(1,214)
20×4말				=45,000	(7,500)		

(5) 재평가 공시사항

유형자산을 재평가하는 경우 다음과 같은 사항을 공시한다(KIFRS1016-77).

① 재평가기준일
② 독립적인 평가자가 평가에 참여했는지 여부
③ 재평가된 유형자산의 분류별로 원가모형으로 평가되었을 경우 장부금액
④ 재평가잉여금의 변동과 재평가잉여금에 대한 주주배당제한

제5절 감가상각

1. 개요

(1) 감가상각의 본질

감가상각(depreciation)이란 자산의 감가상각대상금액을 그 자산의 내용연수 동안 체계적으로 배분하는 것을 말한다(KIFRS1016-6).

감가상각비의 본질에 대하여 다음과 같은 두 가지 견해가 있다.

> 〈견해1〉 평가과정이다. 감가상각비는 유형자산의 가치감소액을 평가한 것이다. 즉, 특정시점의 유형자산의
> 가치를 평가하여 평가액의 차이로 감가상각비를 측정한다. 감가상각비에 대한 경제학적 개념이다.
> 〈견해2〉 원가배분과정이다. 취득원가를 내용연수 동안 체계적이고 합리적인 방법으로 배분하는 과정이다.

〈견해2〉의 주장근거는 다음과 같다.

① 유형자산의 가치를 신뢰성있게 측정할 수 없다.
② 자산을 원가로 측정하면 역사적원가주의라는 회계의 기본원칙에 충실해진다.
③ 수익비용대응원칙에 근거하여 감가상각비라는 비용을 인식한다.

〈견해2〉가 일반적인 견해이며, 이는 기업회계기준서도 일치한다. 감가상각의 주목적은 취득원가의 배분(allocation of costs)이며 자산의 재평가는 아니다.[11]

---

11) 감가상각은 원가의 조직적이고 합리적인 원가배정이다. 즉, 기말에 유형자산은 평가하여 가치감소분을 감가상각비로 계상하는 평가과정이 아니라, 취득원가를 내용연수동안에 배분하여 비용으로 인식하는 과정을 말한다. 따라서 감가상각누계액은 단지 지금까지 인식한 감가상각비의 합계액을 의미한다. 감가상각비는 현금지출을 수반하지 아니하는 비용이지만, 감상각비가 유형자산의 교체자금과 아무런 관련이 없다. 교체자금을 마련하려면 별도의 기금을 조정하여야 한다.

(2) 상각자산의 구분

유형자산을 구성하는 일부의 원가가 당해 유형자산의 전체원가에 비교하여 중요하다면, 해당 유형자산을 감가상각할 때 그 부분은 별도로 구분하여 감가상각한다(KIFRS1016-43). 유형자산의 원가는 그 유형자산을 구성하고 있는 중요한 부분에 배분하여 각 부분별로 감가상각한다. 예를 들면, 항공기를 소유하고 있는지 금융리스하고 있는지에 관계없이, 항공기 동체와 엔진을 별도로 구분하여 감가상각하는 것이 적절할 수 있다(KIFRS1016-44). 유형자산을 구성하고 있는 중요한 부분에 해당 유형자산의 다른 중요한 부분과 동일한 내용연수 및 감가상각방법을 적용하는 수가 있다. 이러한 경우에는 감가상각액을 결정할 때 하나의 집단으로 통합할 수 있다(KIFRS1016-45).

유형자산의 일부를 별도로 구분하여 감가상각하는 경우에는 동일한 유형자산을 구성하고 있는 나머지 부분도 별도로 구분하여 감가상각한다. 나머지 부분은 개별적으로 중요하지 않은 부분들로 구성된다. 이러한 나머지 부분에 대해 다양한 기대치가 존재한다면 각 부분들의 소비형태나 내용연수를 충실하게 반영하는 방법으로 근사치를 이용하여 감가상각할 필요가 있을 것이다(KIFRS1016-46).

유형자산의 전체원가에 비교하여 해당 원가가 중요하지 않은 부분도 별도로 분리하여 감가상각할 수 있다(KIFRS1016-47).

(3) 감가상각액의 인식

각 기간의 감가상각액은 다른 자산의 장부금액에 포함되는 경우가 아니라면 당기손익으로 인식한다[12] (KIFRS1016-48). 각 기간의 감가상각액은 일반적으로 당기손익으로 인식한다. 그러나 유형자산에 내재된 미래 경제적 효익이 다른 자산을 생산하는 데 사용되는 경우도 있다. 이 경우 유형자산의 감가상각액은 해당 자산의 원가의 일부가 된다. 예를 들어 제조설비의 감가상각액은 재고자산의 가공원가로서 제조원가를 구성하고, 개발활동에 사용되는 유형자산의 감가상각액은 해당 무형자산의 원가에 포함될 수 있다(KIFRS1016-49).

유형자산의 공정가치가 장부금액을 초과하더라도 잔존가치가 장부금액을 초과하지 않는 한 감가상각액을 계속 인식한다. 유형자산을 수선하고 유지하는 활동을 하더라도 감가상각의 필요성이 부인되는 것은 아니다(KIFRS1016-52). 유형자산의 잔존가치는 해당 자산의 장부금액과 같거나 큰 금액으로 증가할 수도 있다. 이 경우에는 자산의 잔존가치가 장부금액보다 작은 금액으로 감소될 때까지는 유형자산의 감가상각액은 영(0)이 된다(KIFRS1016-54).

[CPA 2014]

유형자산의 보유기간 중 잔존가치의 추정치가 변경되어 해당 자산의 장부금액보다 큰 금액으로 추정되는 경우 그 차이에 해당하는 금액을 감가상각누계액에서 환입하여 당기이익에 반영한다. (×)

다음의 경우라도 감가상각액을 인식한다.

---

12) 모든 감가상각액은 당기손익으로 인식한다. (틀림)

- 공정가치가 장부금액을 초과하는 자산(KIFRS1016-54)
- 수선·유지활동을 하는 자산(KIFRS1016-54)
- 가동하지 않은 자산(KIFRS1016-55)
- 유휴상태에 있는 자산(KIFRS1016-55)

다음의 경우에는 감가상각액을 인식하지 않는다.

- 잔존가치가 장부금액을 초과하는 자산(KIFRS1016-54)
- 매각예정으로 분류된 자산(KIFRS1016-55)
- 사용정도에 따라 감가상각하는 경우 생산활동이 없는 자산(KIFRS1016-55)
- 공정가치로 측정되는 투자부동산(KIFRS1016-35,53)

2. 감가상각결정요소

감가상각을 하려면 유형자산의 취득원가, 잔존가치, 내용연수 및 감가상각방법을 알아야 한다. 이와 같은 유형자산의 취득원가, 잔존가치, 내용연수 및 감가상각방법을 감가상각결정요소라고 한다.

(1) 감가상각대상금액

유형자산의 감가상각대상금액은 내용연수에 걸쳐 체계적인 방법으로 배분한다(KIFRS1016-50). 여기서 감가상각대상금액이란 자산의 원가 또는 원가를 대체하는 다른 금액에서 잔존가치를 차감한 금액을 말한다. 잔존가치(residual value)는 자산이 이미 오래되어 내용연수 종료시점에 도달하였다는 가정하에 자산의 처분으로부터 현재[13] 획득할 금액에서 추정 처분부대원가를 차감한 금액의 추정치이다(KIFRS1016-6).

실무적으로 잔존가치는 중요하지 않은 경우가 많으므로 감가상각대상금액을 계산할 때 중요하게 다루어지지 않는다(KIFRS1016-53).

(2) 내용연수

내용연수(useful life)란 기업에서 자산이 사용가능할 것으로 기대되는 기간 또는 자산에서 얻을 것으로 예상되는 생산량이나 이와 유사한 단위 수량을 말한다(KIFRS1016-6).

유형자산의 감가상각은 자산이 사용가능한 때부터 시작한다. 즉, 경영진이 의도하는 방식으로 자산을

---

13) 감가상각의 개념이 원가배분기법이기 때문에 물가상승이나 그 밖의 이유로 자산가치가 증가할 것이라는 기업의 기대가 자산을 감가상각할 필요성보다 우선하지는 않는다. 따라서 국제회계기준위원회(IASB)는 잔존가치에 대한 정의를, 처분을 예상할 만큼 자산이 이미 오래되었거나 낡았다면 현재(재무보고일에) 자산에 대해 받을 수 있는 금액으로 변경했다. 따라서 과거의 사건으로 인해 예상되는 잔존가치의 증가는 감가상각대상금액에 영향을 줄 것이다. 그러나 예상되는 마모나 손상의 효과 외에 잔존가치가 미래에 변동할 것이라는 예상은 감가상각대상금액에 영향을 주지 않는다(KIFRS1016-BC29).

가동하는 데 필요한 장소와 상태에 이른 때부터 시작한다. 감가상각의 중지여부는 다음과 같다 (KIFRS1016-55).

- 감가상각은 자산이 매각예정자산으로 분류되는(또는 매각예정으로 분류되는 처분자산집단에 포함되는) 날과 자산이 제거되는 날 중 이른 날에 중지한다.
- 따라서 유형자산이 가동되지 않거나 유휴상태가 되더라도, 감가상각이 완전히 이루어지기 전까지는 감가상각을 중단하지 않는다.
- 그러나 유형자산의 사용정도에 따라 감가상각을 하는 경우(예: 생산량비례법)에는 생산활동이 이루어지지 않을 때 감가상각액을 인식하지 않을 수 있다.

[CTA 2010]

정액법으로 감가상각하는 경우, 감가상각이 완전히 이루어지기 전이라도 유형자산이 가동되지 않거나 유휴상태가 되면 감가상각을 중단해야 한다. (×)

유형자산의 미래 경제적 효익은 주로 사용함으로써 소비하는 것이 일반적이다. 그러나 자산을 사용하지 않더라도 기술적 또는 상업적 진부화 및 마모나 손상 등의 요인으로 인하여 자산으로부터 기대하였던 경제적 효익이 감소될 수 있다. 따라서 자산의 내용연수를 결정할 때에는 다음의 요소를 모두 고려한다 (KIFRS1016-56).

① 자산의 예상 생산능력이나 물리적 생산량을 토대로 한 자산의 예상사용수준
② 자산을 교대로 사용하는 빈도, 수선·유지계획과 운휴 중 유지보수 등과 같은 가동요소를 고려한 자산의 예상 물리적 마모나 손상
③ 생산방법의 변화, 개선 또는 해당 자산에서 생산되는 제품 및 용역에 대한 시장수요의 변화로 인한 기술적 또는 상업적 진부화
④ 리스계약의 만료일 등 자산의 사용에 대한 법적 또는 이와 유사한 제한

유형자산의 내용연수(useful life)는 자산으로부터 기대되는 효용에 따라 결정된다. 유형자산은 기업의 자산관리정책에 따라 특정기간이 경과되거나 자산에 내재하는 미래 경제적 효익의 특정부분이 소비되면 처분할 수 있다. 이 경우 내용연수는 일반적 상황에서의 경제적 내용연수보다 짧을 수 있으므로 유사한 자산에 대한 기업의 경험에 비추어 해당 유형자산의 내용연수를 추정하여야 한다(KIFRS1016-57).

토지와 건물을 동시에 취득하는 경우에도 이들은 분리가능한 자산이므로 별개의 자산으로 회계처리한다. 채석장이나 매립지 등을 제외하고는 토지는 내용연수가 무한하므로 감가상각하지 아니한다. 그러나 건물은 내용연수가 유한하므로 감가상각대상자산이다. 건물이 위치한 토지의 가치가 증가하더라도 건물의 감가상각대상금액에는 영향을 미치지 않는다(KIFRS1016-58).

토지의 원가에 해체, 제거 및 복구원가가 포함된 경우에는 그러한 원가를 관련 경제적 효익이 유입되는 기간에 감가상각한다. 경우에 따라서는 토지의 내용연수가 한정될 수 있다. 이 경우에는 관련 경제적 효익이 유입되는 형태를 반영하는 방법으로 토지를 감가상각한다(KIFRS1016-59).

제9장

(3) 감가상각방법

유형자산의 감가상각방법은 자산의 미래경제적 효익이 소비되는 형태를 반영한다(KIFRS1016-60).

표 9-2 • 유형자산과 무형자산 감가상각 규정 비교

구 분	유형자산	무형자산
상각방법	유형자산의 감가상각방법은 자산의 미래 경제적효익이 소비되는 형태를 반영한다 (KIFRS1016-60). ※ 정액법을 언급하는 명시적 규정이 없다.	무형자산의 상각방법은 자산의 경제적 효익이 소비되는 형태를 반영한 방법이어야 한다. 다만, 소비되는 형태를 신뢰성 있게 결정할 수 없는 경우에는 정액법을 사용한다(KIFRS1038-97).
잔존가치	특별한 규정없음 ※ 잔존가치는 영(0)으로 본다는 명시적 규정이 없다.	내용연수가 유한한 무형자산의 잔존가치는 특정한 경우(제3자구입약정, 활성시장존재)를 제외하고는 영(0)으로 본다(KIFRS1038-100).

[CCB 2011]

경제적 효익이 소비되는 형태를 신뢰성 있게 결정할 수 없는 경우에는 정액법을 사용해야 한다. (×)

유형자산의 감가상각대상금액을 내용연수 동안 체계적으로 배부하기 위해 다양한 방법을 사용할 수 있다. 이러한 감가상각방법에는 정액법, 체감잔액법 및 생산량비례법이 있다.

- 정액법은 잔존가치가 변동하지 않는다고 가정할 때 자산의 내용연수 동안 매 기간 일정액의 감가상각액을 계상하는 방법이다.
- 체감잔액법은 자산의 내용연수 동안 감가상각액이 매 기간 감소하는 방법이다.
- 생산량비례법은 자산의 예상조업도 또는 예상생산량에 근거하여 감가상각액을 계상하는 방법이다.

감가상각방법은 해당 자산에 내재되어 있는 미래 경제적 효익의 예상 소비형태를 가장 잘 반영하는 방법에 따라 선택하고, 예상 소비형태가 변하지 않는 한 매 회계기간에 일관성 있게 적용한다(KIFRS1016-62).

3. 감가상각방법

표 9-3 • 감가상각방법 구분

구 분	상 각 방 법	비 고
(1) 균등상각법	정액법, 생산량비례법	단위당 또는 기간당 감가상각비가 일정함
(2) 체감상각법	정률법, 이중체감잔액법, 연수합계법	감가상각비가 매년 감소함(보수주의)
(3) 체증상각법	복리법(연금법, 상각기금법)	감가상각비가 매년 증가함
(4) 특수상각법	재고법, 폐기법, 갱신법, 종합상각법	

감가상각비는 유형자산의 상각기준액에 상각률을 곱하여 계산된다. 감가상각방법간의 상각기준액과 상각률은 다음과 같다.

표 9-4 ∘ 감가상각비 계산구조 비교

감가상각비＝①상각기준액 × ②상각률

구 분	① 상 각 기 준 액	② 상 각 률
정 액 법	취득원가 − 잔존가치	1 / 내용연수
정 률 법	취득원가 − 감가상각누계액[*1]	$1 - (잔존가치/취득원가)^{1/n}$
이중체감잔액법	취득원가 − 감가상각누계액[*1]	2 / 내용연수
연수합계법	취득원가 − 잔존가치	당해연도초의 잔여내용연수/연수합계[*2]
생산량비례법	취득원가 − 잔존가치	실제생산량/총추정생산량

[*1]. 상각기준액 계산시 잔존가치를 차감하지 않음에 주의하여야 한다.

[*2]. 기 중 취득한 경우 미반영된 월수는 이월하여야 한다. 예를 들어, 2005년 5월 1일에 취득(내용연수 5년 가정)한 경우 2005년 상각률은 8/12이고, 2006년 상각률은 5년치는 4/12이고, 4년치는 8/12이다.

감가상각비의 계산식을 정리하면 다음과 두 가지 유형이 된다.

① 감가상각비＝DB × dr : 정액법, 연수합계법, 생산량비례법
② 감가상각비＝기초 CA × dr : 정률법, 이중체감법
 ※ DB＝HC − RV, CA＝HC − 감가상각누계액＝장부금액,   dr : 상각률

(1) 정액법

정액법(SLM : Straight-Line Method)은 자산의 내용연수 동안 일정액의 감가상각비를 계상하는 방법이다. 정액법의 산식은 다음과 같다.

> 감가상각비＝(취득원가 − 잔존가치) ÷ 내용연수

정액법은 적용이 간편하다는 장점이 있으나 다음과 같은 비현실적인 가정에 기초하고 있다.

• 매년 수선유지비는 일정하게 발생한다(후기로 갈수록 수선유지비가 증가하는 현실과 괴리).
• 자산이 제공하는 효익이 매년 균등하다(후기로 갈수록 효익이 감소하는 현실과 부합하지 아니함).

[예제공통자료] 정액법, 정률법 및 이중체감잔액법의 예제에 사용

㈜다빈은 20×1년 초 기계장치를 ₩1,000,000에 취득하였다. 동 기계장치의 내용연수는 5년, 잔존가치는 ₩100,000으로 추정된다. 회사의 회계기간은 1월 1일부터 12월 31일까지이다.

예제 9-12 정액법에 의한 감가상각

예제공통자료를 이용하여 정액법에 의한 연간감가상각비를 계산하시오.

 해설

정액법에 의한 감가상각비 = (1,000,000 − 100,000) ÷ 5 = 180,000

표 9-5 • 정액법과 정률법의 유형자산 관련 총비용 비교

〈 정액법 〉

과목	초기	후기
감가상각비	동일	동일
수선유지비	동일	동일
합계	동일	동일

〈 정률법 〉

과목	초기	후기
감가상각비	고액	저액
수선유지비	저액	고액
합계	동일	동일

정액법과 정률법 모두 기간별 유형자산 관련 총비용(감가상각비와 수선유지비의 합계)를 일정하게 다음과 같이 인식하려고 한다.

여기서, 수선유지비는 유형자산의 사용시간에 경과함에 따라 증가한다고 보는 정률법의 가정이 현실적이다.

(2) 정률법

정률법(fixed percentage method)은 기초장부금액(= 취득원가 − 감가상각누계액)에 매년 일정한 상각률을 곱하여 감가상각비를 계산하는 체감잔액법이다. 정률법의 산식은 다음과 같다.

$$감가상각비 = (취득원가 − 감가상각누계액) × 상각률$$

여기서, 상각률은 다음과 같은 식에서 계산되어 진다.

$$상각률 = 1 − \sqrt[n]{잔존가치 / 취득원가}$$

위의 상각률 계산식은 "취득원가 × (1 − 감가상각률)^n = 잔존가치"이라는 식에서 유도된 것이다. 또한, "잔존가치/취득원가"을 잔존가치율이라고 하는데, 잔존가치율이 "0"인 경우에는 위의 상각률 계산식의 값이 산출되지 못하기 때문에, 세법 및 일반적인 경우에 잔존가치율을 5%라고 가정하고 정률

법의 상각률을 계산한다. 내용연수가 4년인 정률법의 상각률은 다음과 같이 계산된다.

상각률 $= 1 - \sqrt[4]{0.05} = 0.5271$

참고로 다음과 같이 전자계산기의 단추를 누르면 위의 값이 계산된다.

0.05	√	√	+/−	+	1	=

정률법을 적용하는 경우 감가상각비와 기말장부금액은 다음과 같은 식으로 계산된다. 단, 여기서 사용되는 표기(notation)는 다음과 같다.

- HC(= Historical Cost) : 취득원가
- dr(= depreciation rate) : 감가상각률
- n : 내용연수

> **[참고] 엑셀함수식 power를 이용하여 계산하기**
>
> - $a^n = power(a, n)$ - $5^4 = power(5, 4)$
> - $a^{1/n} = power(a, 1/n)$ - $5^{1/4} = power(5, 1/4)$
> - $0.05^{1/4} = power(0.05, 1/4)$
> - 5년 정률법 상각률 $= 1 - 0.05^{1/5} = 1 - power(0.05, 1/5) = 0.4507$
>
> **[Q]** 8년 정률법 상각률?

정률법에 의한 연도별 감가상각비와 기말장부금액을 표시하면 다음과 같다.

연도	감가상각비	기말장부금액
1차연도	$HC \times dr$	$HC \times (1 - dr)$
2차연도	$HC \times (1 - dr) \times dr$	$HC \times (1 - dr)^2$
3차연도	$HC \times (1 - dr)^2 \times dr$	$HC \times (1 - dr)^3$
⋮	⋮	⋮
x 차연도	$HC \times (1 - dr)^{x-1} \times dr$	$HC \times (1 - dr)^{x}$ [1]
⋮	⋮	⋮
n차연도	$HC \times (1 - dr)^{n-1} \times dr$	$HC \times (1 - dr)^n$ [2]

[1] x 차연도말 장부금액이 $HC \times (1 - dr)^x$ 이므로 x 차연도말 감가상각누계액은 다음과 같이 계산된다.
취득원가 − 장부금액 $= HC - HC \times (1 - dr)^x$
[2] $HC \times (1 - dr)^n =$ 잔존가치

이를 다시 정리하면 정률법에 의한 특정회계연도의 감가상각비, 장부금액 및 감가상각누계액은 다음과 같은 계산식을 이용하여 계산하면 편리하다.

- 감가상각비(x 차연도) = $HC \times (1 - dr)^{x-1} \times dr$
- 장부금액(x 차연도말) = $HC \times (1 - dr)^{x}$
- 감가상각누계액(x 차연도말) = $HC - HC \times (1 - dr)^{x}$

상기 계산식은 나중에 설명될 이중체감법에도 동일하게 적용된다. 그 이유는 정률법과 이중체감법의 감가상각비계산구조가 동일하기 때문이다.

 예제 9-13 정률법에 의한 감가상각

예제공통자료를 이용하여 정률법에 의한 감가상각표를 작성하시오. 단, 정률법에 의한 상각률은 0.451이다. 단, 잔존가치는 ₩50,000이라고 가정한다.

 해답

정률법에 의한 감가상각표

연도	1,000,000 − 직전연도③ ①기초장부금액	①×0.451 ②감가상각비	직전연도③+② ③기말감가상각누계액
20×1년	1,000,000	451,000	451,000
20×2년	549,000	247,599	698,599
20×3년	301,401	135,932	834,531
20×4년	165,469	74,627	909,158
20×5년	90,842	40,842 1)	950,000

1) 950,000 − 909,158 = 40,842 또는 90,842 − 50,000 = 40,842

[해설]

내용연수종료 회계연도의 감가상각비는 기초장부금액에 상각률을 곱하는 것이 아니라 "전기말장부금액 − 잔존가치"로 계산된다. 이렇게 하는 이유는 내용연수종료 회계연도의 유형자산장부금액을 잔존가치로 하기 위해서이다.

 예제 9-14 정률법의 계산구조

㈜다빈자동차는 20×1년 초 기계장치를 ₩100,000,000에 취득하였다. 동 기계장치의 내용연수는 8년, 잔존가치는 ₩5,000,000으로 추정되었으며, 회사는 정률법(상각률은 31.23%이다)으로 감가상각하였다. 회사는 20×6년 초 동 기계장치를 ₩20,000,000에 처분하였다. 기계장치처분손익을 계산하시오.

해답

20×6년 초 장부금액 $= 100,000,000 \times (1 - 0.3123)^5 = 15,381,374$

기계장치 처분이익 $= 20,000,000 - 15,381,374 = 4,618,626$

[해설]

위 문제의 경우 계산식을 이용하지 않으면 계산과정이 길어진다.

정률법의 주장근거는 다음과 같다.

- 초기에 보다 많은 수익을 제공하므로 수익·비용대응의 원칙에 따라 초기에 많은 비용을 인식한다. 즉, 수익비용대응원칙에 충실한 방법이다.
- 유형자산과 관련하여 발생하는 총비용(감가상각비＋수선유지비)이 매년 일정하게 한다.

표 9-6 ● 수익·비용대응의 원칙에 충실한 회계처리방법

구 분	대응원칙에 충실한 방법	대립되는 방법
자 산 평 가	현행원가	취득원가
대 손 상 각	매출액기준	매출채권기준
재고자산평가	후입선출법	선입선출법
감 가 상 각	정률법(가속상각법)	정액법

(3) 이중체감잔액법

이중체감잔액법(double-declining balance method)은 정액법의 상각률에 2배에 해당하는 상각률을 기초장부금액에 곱하여 감가상각비를 계산하는 감가상각방법이다. 이중체감잔액법의 산식은 다음과 같다.

감가상각비＝(취득원가 － 감가상각누계액) × (2/내용연수)

 예제 9-15 이중체감잔액법에 의한 감가상각

잔존가치는 ₩50,000이라고 가정하고 예제공통자료를 이용하여 이중체감잔액법에 의한 감가상각표를 작성하시오.

해답

이중체감잔액법에 의한 감가상각표

연도	1,000,000 − 직전연도③ ①기초장부금액	①×0.4 ②감가상각비	직전연도③＋② ③기말감가상각누계액
20×1년	₩1,000,000	₩400,000	₩400,000
20×2년	600,000	240,000	640,000
20×3년	360,000	144,000	784,000
20×4년	216,000	86,400	870,400
20×5년	129,600	79,600[*1]	950,000

*1. 950,000 − 870,400 ＝ 79,600 또는 129,600 − 50,000 ＝ 79,600

(4) 연수합계법

연수합계법(sum-of-the-years'-digits method : SYD)은 잔여내용연수를 연수합계로 나누어 산정한 상각률을 감가상각대상금액(＝ 취득원가 − 잔존가치)에 곱하여 감가상각비를 계산하는 방법이다. 연수합계법의 산식은 다음과 같다.

$$감가상각비 ＝ (취득원가 − 잔존가치) × (당해연도초의 \ 잔여내용연수/연수합계)$$

$$K차 \ 회계연도의 \ 감가상각비 ＝ (HC − RV) × \frac{N − (K − 1)}{\Sigma N}$$

 예제 9-16 연수합계법(1) − 기초 취득

㈜다인은 20×1년 1월 1일에 ₩160,000인 기계를 취득하였다. 이 기계의 내용연수는 5년, 잔존가치는 ₩10,000이다. ㈜다인의 회계기간은 1월 1일부터 12월 31일까지이다.

≪물음≫

연수합계법에 의한 매년 감가상각비를 계산하시오.

해답

연도	상각대상금액ⓐ	상각률ⓑ	감가상각비ⓐ×ⓑ
20×1	(160,000 − 10,000)	5/15	₩50,000
20×2	(160,000 − 10,000)	4/15	40,000
20×3	(160,000 − 10,000)	3/15	30,000
20×4	(160,000 − 10,000)	2/15	20,000
20×5	(160,000 − 10,000)	1/15	10,000

예제 9-17 연수합계법(2) – 기중 취득

㈜다인은 20×1년 4월 1일에 ₩160,000인 기계를 취득하였다. 이 기계의 내용연수는 5년, 잔존가치는 ₩10,000이다. ㈜다인은 회계기간은 1월 1일부터 12월 31일까지이다.

≪물음≫

연수합계법에 의한 매년 감가상각비를 계산하시오.

 해답

연도	계산식	감가상각비
20×1	150,000 × 5/15 × 9/12	37,500
20×2	150,000 × 5/15 × 3/12 + 150,000 × 4/15 × 9/12	42,500
20×3	150,000 × 4/15 × 3/12 + 150,000 × 3/15 × 9/12	32,500
20×4	150,000 × 3/15 × 3/12 + 150,000 × 2/15 × 9/12	22,500
20×5	150,000 × 2/15 × 3/12 + 150,000 × 1/15 × 9/12	12,500
20×6	150,000 × 1/15 × 3/12	2,500

[학습포인트] 잊지 말자 월할계산

기중에 취득한 자산과 부채에 대한 다음과 같은 손익계산시 월할계산하는 것을 잊지 말자.

1. 당기 중 취득자산의 감가상각비 계산
2. 당기 중 취득한 채권에 대한 이자수익계산
3. 당기 중 발행한 채무에 대한 이자비용계산

⇒ 문제 지문의 "4월 1일"에 네모 또는 언더라인을 표시한 것도 하나의 방법이다.

(5) 생산량비례법

생산량비례법(activity method)은 자산의 예상조업도 혹은 예상생산량에 근거하여 감가상각비를 계상하는 방법이다. 생산량비례법의 산식은 다음과 같다.

$$감가상각비 = (취득원가 - 잔존가치) \times (생산량/총생산량)$$

차량·항공기 또는 감모성자산(광업권 등)등 용역잠재력의 감소가 자산의 이용률과 밀접한 관계가 있는 경우에 적합한 상각방법이다. 생산량비례법은 단위당 상각비가 일정하기 때문에 균등상각법에 해당된다. 생산량에 비례하여 감가상각비를 계상하기 때문에 다음과 같은 특징을 지닌다.

제9장

- 수익(= 생산량)에 비례하여 비용(감가상각비)이 결정되므로 감가상각방법 중 가장 **수익비용대응원칙에 충실한 방법**이다.
- 감가상각비가 **변동비** 성격을 지닌다.

생산량이라는 수익에 비례하여 감가상각비가 결정되므로 감가상각방법 중 가장 수익비용대응원칙에 충실한 방법으로 평가된다.

 예제 9-18 생산량비례법

다음 자료를 이용하여 생산량비례법에 의한 20×1년 광업권상각액을 계산하면 얼마인가?

광산매입금액	₩5,000,000	시설비	₩1,000,000
총채굴예정량	100,000톤	폐광후잔존가치	₩500,000
20×1년채굴량	10,000톤	매각량	5,000톤

 해답

$$광업권상각액 = (5,000,000 + 1,000,000 - 500,000) \times \frac{10,000}{100,000} = ₩550,000$$

 예제 9-19 감가상각방법 비교

㈜다빈은 20×1년 4월 1일에 ₩500,000인 차량운반구를 취득하였다. 이 차량운반구의 내용연수는 5년, 잔존가치는 ₩50,000이다. 차량운반구의 총주행가능거리는 200,000km이다. 20×1년과 20×2년의 주행거리는 각각 40,000km와 50,000km이다. 단, 정률법에 의한 상각률은 45.1%이다. ㈜다빈의 회계기간은 1월 1일부터 12월 31일까지이다.

≪물음≫
다음 빈칸에 해당하는 감가상각비를 완성하시오.

구 분	20×1년	20×2년
정 액 법	①	②
정 률 법	③	④
이중체감법	⑤	⑥
연수합계법	⑦	⑧
생산량비례법	⑨	⑩

> **해답**
>
> ① $(500,000-50,000) \times 1/5 \times 9/12 = ₩67,500$
>
> ② $(500,000-50,000) \times 1/5 = ₩90,000$
>
> ③ $500,000 \times 0.451 \times 9/12 = ₩169,125$
>
> ④ $(500,000-169,125) \times 0.451 = ₩149,225$
>
> ⑤ $500,000 \times 2/5 \times 9/12 = ₩150,000$
>
> ⑥ $(500,000-150,000) \times 2/5 = ₩140,000$
>
> ⑦ $(500,000-50,000) \times 5/15 \times 9/12 = ₩112,500$
>
> ⑧ $(500,000-50,000) \times 5/15 \times 3/12 + (500,000-50,000) \times 4/15 \times 9/12 = ₩127,500$
>
> ⑨ $(500,000-50,000) \times 40,000/200,000 = ₩90,000$
>
> ⑩ $(500,000-50,000) \times 50,000/200,000 = ₩112,500$

4. 회계변경

유형자산의 잔존가치와 내용연수는 적어도 매 회계연도말에 재검토[14]한다. 재검토결과 추정치가 종전 추정치와 다르다면 그 차이는 회계추정의 변경으로 회계처리한다(KIFRS1016-51).

유형자산의 감가상각방법은 적어도 매 회계연도말에 재검토한다. 재검토결과 자산에 내재된 미래경제적 효익의 예상되는 소비형태에 중요한 변동이 있다면, 변동된 소비형태를 반영하기 위하여 감가상각방법을 변경한다. 그러한 변경은 회계추정의 변경으로 회계처리한다(KIFRS1016-61).

[CTA 2011]

택배회사의 직원 출퇴근용버스를 새로 구입하여 운영하기로 한 경우 이 버스에 적용될 감가상각방법을 택배회사가 이미 보유하고 있는 배달용트럭에 대한 감가상각방법과 달리 적용하는 경우는 이를 회계정책의 변경으로 본다. (×)

[CPA 2014]

자산에 내재된 미래경제적효익의 예상되는 소비형태에 유의적인 변동이 있어 감가상각방법을 변경할 경우, 그 변경효과를 소급적용하여 비교표시되는 재무제표를 재작성한다. (×)

감가상각결정요소의 변경에 대한 회계처리를 요약하면 다음과 같다.

---

[14] 기업회계기준서 제1016호에 따르면 잔존가치와 내용연수는 적어도 매 회계연도말에 재검토하여 회계추정의 변경으로 처리한다. 반면 K-GAAP의 기업회계기준서 제5호에서는 잔존가치와 내용연수의 주기적인 재검토에 대한 명시적 규정이 없다.

감가상각결정요소	K-IFRS	K-GAAP
취득원가	—	—
잔존가치*1	추정변경	추정변경
내용연수*1	추정변경	추정변경
상각방법*1	추정변경*2	정책변경

*1. 매회계연도말에 재검토한다.
*2. 예상소비형태를 추정하여 결정한다.

제 6 절 손 상

1. 손상차손 인식

유형자산의 손상여부를 결정하기 위해서는 자산손상기준서를 적용한다. 자산손상기준서는 자산의 장부금액의 검토방법, 자산의 회수가능액의 결정방법 및 손상차손과 손상차손환입의 인식시기를 설명하고 있다(KIFRS1016-63). 손상차손이란 자산의 장부금액이 회수가능액을 초과하는 금액을 말한다. 여기서 회수가능액은 자산의 순공정가치와 사용가치 중 큰 금액을 말한다(KIFRS1016-6).

> 손상차손(IL) = 장부금액(CA) − 회수가능액(RA)*
>
> * 회수가능액 = Max[순공정가치, 사용가치]

[CCB 2015]
회수가능액은 자산의 공정가치와 사용가치 중 작은 금액이다. (×)

2. 손상차손환입

과거기간에 인식한 손상차손은 직전 손상차손의 인식시점 이후 회수가능액을 결정하는 데 사용된 추정치에 변화가 있는 경우에만 환입한다. 손상차손이 환입되는 경우에는 자산의 장부금액을 회수가능액으로 증가시킨다. 이때 당해 증가금액은 손상차손환입에 해당한다(KIFRS1036-114). 자산의 손상차손환입으로 증가된 장부금액은 과거에 손상차손을 인식하기 전 장부금액의 감가상각 또는 상각 후 잔액을 초과할 수 없다(KIFRS1036-117). 따라서 손상차손환입은 다음과 같이 계산된다.

> 손상차손환입 = Min[회수가능액, 장부금액(손상차손 미인식 가정시)] − 장부금액

만일, 회수가능액이 손상차손을 인식하기 전 감가상각후 잔액을 초과한다면 손상차손환입은 다음과 같이 간편하게 계산된다.

> 손상차손환입 = 손상차손 − 과소상각액(손상전상각액 − 손상후상각액)

이에 대한 계산사례는 예제를 참고한다.

자산의 손상차손환입은 즉시 당기손익으로 인식한다. 다만, 재평가모형에 따라 재평가금액을 장부금액으로 하는 경우에는 재평가되는 자산의 손상치손환입은 재평가증가액으로 처리한다(KIFRS1036-119).

재평가되는 자산의 손상차손환입은 기타포괄손익으로 인식하고 그만큼 해당 자산의 재평가잉여금을 증가시킨다. 그러나 당해 재평가자산의 손상차손을 과거에 당기손익으로 인식한 부분까지는 그 손상차손환입도 당기손익으로 인식한다(KIFRS1036-120).

수정된 장부금액에서 잔존가치를 차감한 금액을 자산의 잔여내용연수에 걸쳐 체계적인 방법으로 배분하기 위해서, 손상차손환입을 인식한 후에는 감가상각비 또는 상각비를 조정한다(KIFRS1036-121).

[Powerful Method] 손상차손과 손상차손환입 계산식

〈상황〉

잔여내용연수

HC : 취득원가, RA : 회수가능액

손상차손 미인식 가정시 장부금액 $= HC \times \left(\dfrac{n_2}{n_0} \right)$

잔존가치없이 정액법으로 감가상각한다고 가정

[상황 1] 손상차손환입시 : $RA_2 > HC \times \dfrac{n_2}{n_0}$

〈산식유도〉

$IL = HC \times \dfrac{n_1}{n_0} - RA_1$ ······························ ①식

①식을 변경하면

$-RA_1 = IL - HC \times \dfrac{n_1}{n_0}$ ····························· ②식

제9장

[계산식1]

$$손상차손환입 = HC \times \frac{n_2}{n_0} - RA_1 \times \frac{n_2}{n_1}$$

②식 "$- RA_1 = IL - HC \times \frac{n_1}{n_0}$"을 대입하면

$$손상차손환입 = HC \times \frac{n_2}{n_0} + (IL - HC \times \frac{n_1}{n_0}) \times \frac{n_2}{n_1}$$

$$= HC \times \frac{n_2}{n_0} + IL \times \frac{n_2}{n_1} - HC \times \frac{n_2}{n_1}$$

$$= IL \times \frac{n_2}{n_1} \text{(IL을 알고 있는 경우에 유용함)}$$

[계산식2]

$$IL = HC \times \frac{n_1}{n_0} - RA_1 \quad \cdots\cdots\cdots\cdots\cdots\cdots \text{③식}$$

$$손상차손환입 = IL \times \frac{n_2}{n_1}$$

③식 "$IL = HC \times \frac{n_1}{n_0} - RA_1$"을 대입하면

$$손상차손환입 = (HC \times \frac{n_1}{n_0} - RA_1) \times \frac{n_2}{n_1}$$

$$= (\frac{HC}{n_0} - \frac{RA_1}{n_1}) \times n_2 \text{ (IL을 모르는 경우에 유용함)}$$

[상황 2] 손상차손환입시 : $RA_2 < HC \times \frac{n_2}{n_0}$

$$손상차손환입 = IL \times \frac{n_2}{n_1} - (HC \times \frac{n_2}{n_0} - RA_2)$$

$$= (\frac{HC}{n_0} - \frac{RA_1}{n_1}) \times n_2 - (HC \times \frac{n_2}{n_0} - RA_2)$$

정리 9-9   손상차손환입 계산식

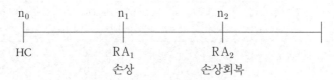

잔여내용연수

n_0 ─────── n_1 ─────── n_2 ───────

HC RA_1 RA_2
                     손상   손상회복

HC : 취득원가, IL : 손상차손, n_1 : 손상시 잔여내용연수, n_2 : 손상회복시 잔여내용연수

CA(손상×) : 손상이 없었다고 가정할 때 손상회복시 장부금액

RA_2 : 손상회복시 회수가능액

Ⅰ. 잔존가치가 없는 경우

$$손상차손환입 = IL \times \frac{n_2}{n_1} - Max[CA(손상 \times) - RA_2), 0]$$

위의 식에서 "손상차손 〉 손상차손환입"이 항상 성립함을 알 수 있다.

Ⅱ. 잔존가치가 있는 경우

$$손상차손환입 = IL \times \frac{n_2}{n_1} - Max[CA(손상 \times) - RA_2 - RV), 0]$$

위의 식에서 "손상차손 〉 손상차손환입"이 항상 성립함을 알 수 있다.

 예제 9-20   손상차손과 손상차손환입

(기초자료)

㈜SDU는 20×1년 1월 1일에 유형자산을 취득하여 정액법으로 감가상각한다.
취득원가 : ₩10,000   내용연수 : 10년   잔존가치 : 0
㈜SDU의 회계기간은 1월 1일부터 12월 31일까지이다.

(계산자료)

연간 감가상각비=(10,000 − 0) ÷ 10년=1,000
1차년도말(20×1년 12월 31일)의 장부금액=10,000 − 1,000=9,000

1. 손상차손의 인식

- 2차년도말 결산시점에서 유형자산의 회수가능액이 ₩6,400인 경우
  유형자산의 회수가능액과 감가상각비를 반영한 후의 장부금액을 비교하여 손상차손을 인식한다. 따라서 감가상각비 ₩1,000을 반영한 후의 장부금액 ₩8,000(= 10,000 − 2,000)과 ₩6,400을 비교하여 손상차손 ₩1,600을 인식한다.

(20×2년 12월 31의 회계처리)

| (차) 감가상각비 | 1,000 | (대) 감가상각누계액 | 1,000 |
| 손상차손 | 1,600 *1 | 손상차손누계액 | 1,600 |

*1. |(10,000 − 1,000 × 2) − 6,400| = 1,600

2. 손상차손 인식후 감가상각비 계상

유형자산에 대해 손상차손을 인식한 이후 회계연도의 감가상각비 계산은 손상차손을 반영한 후의 장부금액에 대해 종전의 감가상각방법을 적용하여 잔존내용연수에 걸쳐 감가상각비를 계상한다.

• 3차년도말 결산시점에서의 감가상각비의 인식

  (20×3년 12월 31일의 회계처리)

| (차) 감가상각비 | 800 *1 | (대) 감가상각누계액 | 800 |

*1. 연간 감가상각비 : (6,400 − 0) ÷ 8년 = 800

  ➡ 손상차손 인식후의 새로운 장부금액 ₩6,400을 기준으로 잔존내용연수 8년에 걸쳐 매기 ₩800씩 감가상각비를 계상한다.

3. 손상차손환입 인식

감액된 유형자산의 회수가능액이 장부금액을 초과하는 경우에는 그 자산을 감액하지 않았더라면 계상될 감가상각비를 차감한 후의 금액을 한도로 하여 그 초과액을 손상차손환입으로 처리한다.

• 4차년도말 결산시점에서 감액된 유형자산의 회수가능액이 ₩7,000으로 회복된 경우

① 감가상각비를 먼저 계상한 다음 장부금액을 산출한다.

  (20×4년 12월 31일의 회계처리)

| (차) 감가상각비 | 800 | (대) 감가상각누계액 | 800 |

  따라서 20×4년 12월 31일의 장부금액은 ₩4,800(= 5,600 − 800)이 된다.

② 감액된 유형자산 금액을 회복시켜 줄 수 있는 한도 금액을 구한다. 이를 위해서 손상차손을 인식하지 아니하고 정상적으로 감가상각하여 왔더라면 산출되었을 장부금액을 구하고, 이 금액을 한도로 위①에서 감가상각비를 계상한 후의 장부금액을 초과하는 금액을 손상차손환입으로 처리한다.

[계산자료]

① 회수가능액 = 7,000
② 손상차손을 인식하지 아니하고 정상적으로 감가상각하여 왔더라면 산출되었을 20×4년 12월 31일의 장부금액 = 10,000 − 1,000 × 4 = 6,000

③ 20×4년 12월 31일의 장부금액＝$10,000 - (1,000 \times 2 + 1,600 + 800 \times 2) = 4,800$

〈20×4년 12월 31일의 회계처리〉

회수가능액이 ₩7,000이지만 정상적으로 감가상각하여 왔더라면 산출될 장부금액(₩6,000)을 한도로, 20×4년도의 감가상각비(₩800)를 계상한 후의 장부금액(₩4,800)과의 차액 ₩1,200을 손상차손환입으로 처리한다.

(차) 손상차손누계액	1,200	(대) 손상차손환입	1,200

[손상차손환입 간편계산법]

회손상차손환입＝손상차손 − (손상전감가상각액 − 손상후감가상각액)

$$= 1,600 - (1,000 - 800) \times 2$$
$$= 1,200$$

참고로, 연도별 손익계정의 금액을 표시하면 다음과 같다.

연도	감가상각비	손상차손	손상차손환입
20×1년	1,000 [*1]		
20×2년	1,000	1,600 [*2]	
20×3년	800 [*3]		
20×4년	800		1,200 [*4]

[*1]. $10,000 \div 10 = 50,000$　　[*2]. $10,000 \times (8/10) - 6,400 = 1,600$
[*3]. $6,400 \div 8 = 800$　　[*4]. Min[$7,000, 10,000 \times (6/10)$] $- 6,400 \times (6/8) = 1,200$

[Powerful Method] 손상차손환입 (한도가 적용되는 경우)

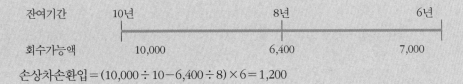

잔여기간	10년	8년	6년
회수가능액	10,000	6,400	7,000

손상차손환입＝$(10,000 \div 10 - 6,400 \div 8) \times 6 = 1,200$

예제 9-21 　손상차손과 손상차손환입

㈜다빈은 20×1년 1월 1일 내용연수가 10년인 기계장치를 ₩1,000,000에 취득하여 정액법으로 감가상각을 하고 있다. ㈜다빈은 기계장치에 원가모형을 적용한다. 20×2년 12월 31일 동 기계장치의 회수가능액이 ₩700,000으로 감소하였다. ㈜다빈의 회계기간은 1월 1일부터 12월 31일까지이다. 잔존가치는 다음 가정에 따른다.

(가정1) 기계장치의 잔존가치는 ₩0이다.
(가정2) 기계장치의 잔존가치는 ₩50,000이다.

≪물음≫

1. (가정1)에서 ㈜다빈이 20×2년 12월 31일 인식할 손상차손을 계산하시오.
2. (가정1)에서 20×4년 12월 31일 기계장치의 회수가능액이 ₩700,000인 경우 ㈜다빈이 인식할 손상차손환입을 계산하시오.
3. (가정1)에서 20×4년 12월 31일 기계장치의 회수가능액이 ₩550,000인 경우 ㈜다빈이 인식할 손상차손환입을 계산하시오.
4. (가정2)에서 ㈜다빈이 20×2년 12월 31일 인식할 손상차손을 계산하시오.
5. (가정2)에서 20×4년 12월 31일 기계장치의 회수가능액이 ₩700,000인 경우 ㈜다빈이 인식할 손상차손환입을 계산하시오.
6. (가정2)에서 20×4년 12월 31일 기계장치의 회수가능액이 ₩550,000인 경우 ㈜다빈이 인식할 손상차손환입을 계산하시오.

해답

1. 손상차손 $= 1,000,000 \times \dfrac{8}{10} - 700,000 = 100,000$

2. 손상차손환입 $= \text{Min}[700,000,\ 1,000,000 \times \dfrac{6}{10}] - 700,000 \times \dfrac{6}{8} = 75,000$

[별해]

손상차손환입 $= 100,000 \times \dfrac{6}{8} - \text{Max}[1,000,000 \times \dfrac{6}{10} - 700,000,\ 0] = 75,000$

3. 손상차손환입 $= \text{Min}[550,000,\ 1,000,000 \times \dfrac{6}{10}] - 700,000 \times \dfrac{6}{8} = 25,000$

[별해]

손상차손환입 $= 100,000 \times \dfrac{6}{8} - \text{Max}[1,000,000 \times \dfrac{6}{10} - 550,000,\ 0] = 25,000$

4. 손상차손 $= 1,000,000 - (1,000,000 - 50,000) \times \dfrac{2}{10} - 700,000 = 110,000$

5. 손상차손환입 $= \text{Min}[700,000,\ 1,000,000 - 950,000 \times \dfrac{4}{10}] - (700,000 - 650,000 \times \dfrac{2}{8})$

$= 82,500$

[별해]

손상차손환입 $= 110,000 \times \dfrac{6}{8} - \text{Max}[1,000,000 - 950,000 \times \dfrac{4}{10} - 700,000,\ 0]$

$= 82,500$

6. 손상차손환입 $= \text{Min}[550,000,\ 1,000,000 - 950,000 \times \dfrac{4}{10}] - (700,000 - 650,000 \times \dfrac{2}{8})$

$= 12,500$

[별해]

$$손상차손환입 = 110,000 \times \frac{6}{8} - Max[1,000,000 - 950,000 \times \frac{4}{10} - 550,000, \ 0]$$

$$= 12,500$$

 예제 9-22 손상차손과 손상차손환입

㈜다빈은 20×1년 1월 1일 내용연수가 10년, 잔존가치가 ₩0인 기계장치를 ₩1,000,000에 취득하여 정액법으로 감가상각을 하고 있다. 20×2년 12월 31일 동 기계장치의 회수가능액이 감소하여 손상차손을 인식하였다. 20×4년 12월 31일에 회수가능액이 상승하여 손상차손환입 ₩60,000을 인식하였다. ㈜다빈의 회계기간은 1월 1일부터 12월 31일까지이다.

≪물음≫

1. 20×4년 12월 31일에 회수가능액이 ₩650,000이라고 가정하고 ㈜다빈이 20×2년 12월 31일 인식할 손상차손을 계산하시오.
2. 20×4년 12월 31일에 회수가능액이 ₩540,000이라고 가정하고 ㈜다빈이 20×2년 12월 31일 인식할 손상차손을 계산하시오.
3. 만일, 잔존가치가 0이 아니라 ₩50,000이고, 20×4년 12월 31일에 회수가능액이 ₩590,000이라고 가정하고 ㈜다빈이 20×2년 12월 31일 인식할 손상차손을 계산하시오.

해답

1. $Min[650,000, \ 1,000,000 \times \frac{6}{10}] - 2차연도말회수가능액 \times \frac{6}{8} = 60,000$

   2차연도말 회수가능액 = 720,000

   $손상차손 = 1,000,000 \times \frac{8}{10} - 720,000 = 80,000$

   [별해]

   $손상차손 \times \frac{6}{8} = 60,000 + Max[1,000,000 \times \frac{6}{10} - 650,000, \ 0]$

   손상차손 = 80,000

   [계산식1]

   $IL \times n_2 / n_1 = 손상차손환입 + Max[CA(손상 \times) - RA_2, \ 0]$

   IL : 손상차손

   n_1 : 손상시 잔여내용연수

   n_2 : 손상회복시 잔여내용연수

CA(손상 ×) : 손상이 없었다고 가정할 때 손상회복시 장부금액

RA_2 : 손상회복시 회수가능액

2. $Min[540,000, 1,000,000 \times \dfrac{6}{10}] - 2차연도말회수가능액 \times \dfrac{6}{8} = 60,000$

   2차연도말회수가능액 = 640,000

   손상차손 = $1,000,000 \times \dfrac{8}{10} - 640,000 = 160,000$

   [별해]

   손상차손 $\times \dfrac{6}{8} = 60,000 + Max[1,000,000 \times \dfrac{6}{10} - 540,000, \ 0]$

   손상차손 = 160,000

3. 손상차손 $\times \dfrac{6}{8} = 60,000 + Max[1,000,000 - 950,000 \times \dfrac{4}{10} - 590,000, \ 0]$

   손상차손 = 120,000

   [참고]

   잔존가치가 존재하여도 아래 계산식은 성립한다.

   $IL \times n_2/n_1 = 손상차손환입 + Max[CA(손상 \times) - RA_2, \ 0]$

3. 손상에 대한 보상

손상, 소실 또는 포기된 유형자산에 대해 제3자로부터 보상금을 받는 경우가 있다. 이 경우 보상금은 수취할 권리가 발생하는 시점에 당기손익으로 반영한다(KIFRS1016-65).

유형자산과 관련된 손상차손이나 기타 손실, 제3자에 대한 보상청구나 그 보상금의 수령 그리고 대체 유형자산의 매입이나 건설은 각각 구분되는 경제적 사건이므로 다음과 같이 분리하여 회계처리[15]한다(KIFRS1016-66).

① 유형자산의 손상은 자산손상기준서에 따라 인식한다.

② 폐기되거나 처분되는 유형자산은 유형자산기준서에 따라 제거한다.

③ 손상, 소실 또는 포기된 유형자산에 대해 제3자에게서 받는 보상금은 수취할 권리가 발생하는 시점에 당기손익으로 반영한다.

④ 대체 목적으로 복구, 매입 또는 건설된 유형자산의 원가는 유형자산기준서에 따라 결정한다.

---

15) 따라서 손상차손과 보험금수익을 상계하여 순액으로 표시(K-GAAP)하지 아니하고 손상차손과 보험금수익을 별개의 사건으로 보아 총액으로 표시한다. 즉, 손상차손을 인식하는 경우 보험금수익을 차감하지 아니한다.

예제 4-23 손상에 대한 보상

A기업은 기계장치를 20×1년 4월 1일에 ₩1,000,000에 취득하여 잔존가치 ₩100,000, 내용연수 5년, 정액법으로 상각하고 있다. 20×3년 7월 1일 동 기계장치에 화재가 발생하여 화재후 기계장치의 가치는 ₩150,000이다. 동 기계장치는 보험에 가입되어 7월 1일에 보험회사로부터 보험금 ₩300,000을 7월 10일에 지급할 것이라고 통보를 받았다.

≪물음≫

1. 화재에 따른 손상차손액을 계산하시오.
2. 20×3년 7월 1일의 회계처리(분개)를 하시오.

해답

1. 20×3년 7월 1일 기계장치의 장부금액 = 1,000,000 − (1,000,000 − 100,000)×27/60
$$= 595,000$$

손상차손 = 595,000 − 150,000 = ₩445,000

[주의] 보험금 ₩300,000을 차감하지 아니한다.

2.

(차) 감가상각비	90,000[*1]	(대) 감가상각누계액	90,000

[*1]. (1,000,000 − 100,000) × 1/5 × 6/12 = 90,000

(차) 손상차손	445,000[*1]	(대) 손상차손누계액	445,000

[*1]. 595,000 − 150,000 = 445,000

(차) 미 수 금	300,000	(대) 보험금수익	300,000

[해설]

유형자산과 관련된 손상차손이나 기타 손실, 제3자에 대한 보상청구나 그 보상금의 수령 그리고 대체 유형자산의 매입이나 건설은 각각 구분되는 경제적 사건이므로 분리하여 회계처리한다. 손상, 소실 또는 포기된 유형자산에 대해 제3자에게서 받는 보상금은 수취할 권리가 발생하는 시점에 당기손익으로 반영한다(KIFRS1016-66). 따라서 손상차손과 보험금수익을 상계하여 순액으로 표시(K-GAAP)하지 아니하고 손상차손과 보험금수익을 별개의 사건으로 보아 총액으로 표시한다. 즉, 손상차손을 인식하는 경우 보험금수익을 차감하지 아니한다.

제9장

4. 제 거

(1) 제거시점

유형자산의 장부금액은 다음과 같은 때에 제거한다(KIFRS1016-67).

① 처분하는 때
② 사용이나 처분을 통하여 미래경제적 효익이 기대되지 않을 때

유형자산은 여러 방법(예를 들면, 매각, 금융리스의 체결 또는 기부)으로 처분할 수 있다. 자산의 처분시점을 결정[16]할 때에는 수익기준서의 재화의 판매에 관한 수익인식기준을 적용한다(KIFRS1016-69).

(2) 제거로 인한 손익 인식

유형자산의 제거로 인하여 발생하는 손익은 자산을 제거할 때 당기손익으로 인식[17]한다. 제거이익은 수익으로 분류하지 아니한다[18](KIFRS1016-68).

구 분	수익인식기준	손익분류
재화의 판매	재화의 판매	수익
유형자산처분	재화의 판매	차익

유형자산처분이익의 인식에 대해 재화의 판매에 대한 수익인식원칙을 적용하지만, 손익계산서 표시에 대한 접근방법은 각각 달라야 한다. 재무제표이용자는 기업의 과거 성과를 평가할 때와 미래현금흐름을 예측할 때 이러한 이익과 정상적인 활동과정에서 재화를 판매한 대가를 서로 다르게 고려할 것이다. 이는 전형적으로 재화의 판매수익이 유형자산처분이익보다는 비슷한 금액으로 반복하여 발생할 가능성이 더 높기 때문이다. 따라서 유형자산처분이익은 수익으로 분류하지 않아야 한다(KIFRS1016-BC35).

유형자산의 제거로 인하여 발생하는 손익은 순매각금액과 장부금액의 차이로 결정한다(KIFRS1016-71). 유형자산의 처분대가는 최초에 공정가치로 인식한다. 유형자산에 대한 지급이 지연되면, 처분대가는 최초에 현금가격상당액으로 인식한다. 처분대가의 명목금액과 현금가격상당액의 차이는 처분으로 인하여 받을 금액에 유효이자율을 반영하여 이자수익으로 인식한다(KIFRS1016-72).

인식원칙에 따라 유형자산 항목의 일부에 대한 대체원가를 자산의 장부금액으로 인식하는 경우, 대체되는 부분이 별도로 분리되어 상각되었는지 여부와 관계없이 대체된 부분의 장부금액은 제거한다. 대체된 부분의 장부금액을 결정하는 것이 실무적으로 불가능한 경우에는, 대체된 부분을 취득하거나 건설한 시점의 원가를 추정하기 위한 지표로 그 대체원가를 사용할 수도 있다(KIFRS1016-70).

---

16) 판매후리스에 의한 처분에 대해서는 리스기준서를 적용한다
17) 단, 리스기준서에서 판매후리스거래에 대하여 달리 규정하고 있는 경우는 제외한다.
18) 수익이 아니라 '차익'으로 분류된다.

연습문제

문제 9-1 유형자산 전반(완성형)

> 기업회계기준서 제1006호인 '유형자산'에 근거하여 다음 (   )을 완성하시오.

01. 교환으로 취득한 유형자산의 원가는 교환거래에 (   )이 결여된 경우 또는 취득한 자산과 제공한 자산 모두의 (   )를 신뢰성 있게 측정할 수 없는 경우를 제외하고는 공정가치로 측정한다.

02. 유형자산의 교환에서 취득한 자산을 공정가치로 측정하지 않는 경우에 제공한 자산의 (   )으로 원가를 측정한다.

03. 기업은 (   )모형이나 (   )모형 중 하나를 회계정책으로 선택하여 유형자산 분류별로 동일하게 적용한다.

04. 유형자산별로 선택적 재평가를 하거나 서로 다른 기준일의 평가금액이 혼재된 재무보고를 하는 것을 방지하기 위하여 (   ) 내의 유형자산은 동시에 재평가한다.

05. 재평가는 보고기간말에 자산의 장부금액이 공정가치와 중요하게 차이가 나지 않도록 (   )으로 수행한다.

06. 자산의 장부금액이 재평가로 인하여 증가된 경우에 그 증가액은 (   )으로 인식하고 재평가잉여금의 과목으로 자본에 가산한다. 그러나 동일한 자산에 대하여 이전에 당기손익으로 인식한 재평가감소액이 있다면 그 금액을 한도로 재평가증가액만큼 (   )으로 인식한다.

07. 자산의 장부금액이 재평가로 인하여 감소된 경우에 그 감소액은 (   )으로 인식한다. 그러나 그 자산에 대한 재평가잉여금의 잔액이 있다면 그 금액을 한도로 재평가감소액을 (   )으로 인식한다.

08. 유형자산의 공정가치가 장부금액을 초과하더라도 (   )가 장부금액을 초과하지 않는 한 감가상각액을 계속 인식한다.

09. 유형자산의 (   )에 따라 감가상각을 하는 경우에는 생산활동이 이루어지지 않을 때 감가상각액을 인식하지 않을 수 있다.

10. 손상차손이란 자산의 장부금액이 회수가능액을 초과하는 금액을 말한다. 여기서 회수가능액은 자산의 (   )와 (   ) 중 큰 금액을 말한다.

해답

01. 상업적 실질, 공정가치	02. 장부금액
03. 원가, 재평가	04. 동일한 분류
05. 주기적	06. 기타포괄손익, 당기손익
07. 당기손익, 기타포괄손익	08. 잔존가치
09. 사용정도	10. 순공정가치, 사용가치

문제 9-2   유형자산 전반(진위형)

기업회계기준서 제1006호인 '유형자산'에 근거하여 맞으면 'ㅇ' 틀리면 'ⅹ' 표시하시오.

01. 유형자산으로 인식되기 위해서는 자산으로부터 발생하는 미래 경제적 효익이 기업에 유입될 가능성이 매우 높고, 자산의 원가를 신뢰성 있게 측정할 수 있어야 한다.

02. 안전 또는 환경상의 이유로 취득하는 유형자산은 그 자체로는 직접적인 미래경제적 효익을 얻을 수 없으므로 유형자산으로 인식될 수 없다.

03. 취득한 자산이나 제공한 자산의 공정가치를 신뢰성 있게 결정할 수 있다면, 취득한 자산의 공정가치가 더 명백한 경우를 제외하고는 취득한 자산의 원가를 제공한 자산의 공정가치로 측정한다.

04. 토지를 재평가모형으로 측정하였다면 기계장치도 재평가모형으로 측정하여 회계처리의 일관성을 유지하여야 한다.

05. 재평가는 보고기간말에 자산의 장부금액이 공정가치와 중요하게 차이가 나지 않도록 매 회계연도 마다 수행하여야 한다.

06. 재평가잉여금을 이익잉여금으로 대체하는 경우 그 금액은 당기손익으로 인식하지 않는다.

07. 자산을 해체, 제거하거나 부지를 복구하는 데 소요될 것으로 최초에 추정되는 원가는 자산의 원가에 포함된다.

08. 유형자산을 사용하거나 이전하는 과정에서 발생하는 원가는 당해 유형자산의 장부금액에 포함하여 인식하지 아니한다.

09. 일반적으로 자가건설한 유형자산의 원가는 판매목적으로 건설하는 자산의 원가와 동일하다. 따라서 자가건설에 따른 내부이익은 자산의 원가 포함하지만, 자가건설 과정에서 원재료, 인력 및 기타 자원의 낭비로 인한 비정상적인 원가는 자산의 원가에 포함하지 않는다.

10. 유형자산의 공정가치가 장부금액을 초과하면 감가상각액을 인식하지 않는다.

해답

01	02	03	04	05	06	07	08	09	10
×	×	○	×	×	○	○	○	×	×

01. 매우 높고 → 높고(KIFRS1006-7)

02. 안전 또는 환경상의 이유로 취득하는 유형자사은 유형자산으로 인식될 수 있다 (KIFRS1006-11).

04. 토지와 기계장치는 서로 다른 측정모형을 사용할 수 있다(KIFRS1006-29).

05. 재평가는 주기적으로 수행한다(KIFRS1006-31). 기준서는 매 회계연도마다 재평가를 요구하지 않는다.

09. 자가건설에 따른 내부이익은 자산의 원가에 포함되지 않는다(KIFRS1016-22).

10. 유형자산의 공정가치가 장부금액을 초과하더라도 잔존가치가 장부금액을 초과하지 않는 한 감가상각액을 계속 인식한다(KIFRS1016-52).

제9장

문제 9-3   토지·건물의 취득원가(CPA1차 1997수정)

㈜목동은 20×1년 1월 4일 공장부지를 구입하여, 그 토지에 있던 구건물을 철거하고 동년 8월 1일에 새건물을 완공하여 생산을 개시하였다. 토지와 구건물 구입대금으로 ㈜목동은 현금 ₩2,000,000과 주당 액면금액 ₩5,000(주당 공정시가 ₩8,400)의 자사 보통주 500주를 교부하였다. 취득 이후 20×1년 중 발생한 원가는 다음과 같다.

2월 29일	구건물의 철거비용	₩850,000
3월 10일	폐자재 판매로 인한 잡수익	200,000
4월 1일	토지등기비와 토지취득세	55,000
4월 30일	새건물 취득과 관련된 법률비용	40,000
5월 1일	보험료	360,000
5월 1일	새건물 공사비 중도금 지급	1,800,000
7월 30일	인건비	300,000
8월 1일	새건물 공사비 잔금 지급	1,800,000
		₩10,320,000

보험료는 공장건물에 대한 20×1년 5월 1일부터 20×4년 4월 30일까지의 3년간 보험료를 선급한 것이며, 인건비는 새공장건물 건설과 관련된 업무담당자의 인건비이다.

≪물음≫

㈜목동이 토지와 건물의 취득원가로 기록할 금액을 각각 계산하시오.

해답

	토지	건물
토지구입금액	₩6,200,000[*1]	
구건물의 철거비용	850,000	
폐자재 판매로 인한 잡수익	(−)200,000	
토지등기비와 토지취득세	55,000	
새건물 취득과 관련된 법률비용		₩40,000
보험료		30,000[*2]
새건물 공사비 중도금 지급		1,800,000
인건비		300,000
새건물 공사비 잔금 지급		1,800,000
	₩6,905,000	₩3,970,000

*1. ₩2,000,000 + 500주 × ₩8,400 : 주식은 공정가치로 평가한다.
*2. 360,000 × (3/36) : 건물의 건축기간(5월 1일부터 8월 1일까지의 3개월)에 해당하는 보험료는 건물원가로 처리한다.

문제 9-4   교환

㈜다빈은 20×1년 3월 27일 보유하고 있는 토지A를 ㈜정인의 토지B와 교환하였다. 교환당시 ㈜다빈이 보유한 토지의 장부금액은 ₩60,000이며, 공정가치는 ₩80,000이다. 토지를 교환하면서 ㈜다빈은 현금 ₩10,000을 추가로 ㈜정인에게 지급하였다.

≪물음≫

1. 이러한 교환거래가 상업적 실질이 존재하는 경우 ㈜다빈이 행할 교환거래의 회계처리(분개)를 하시오.

2. 이러한 교환거래가 상업적 실질이 결여된 경우 ㈜다빈이 행할 교환거래의 회계처리(분개)를 하시오.

3. 교환거래의 결과 미래현금흐름이 얼마나 변동될 것인지를 고려하여 해당 교환거래에 상업적 실질이 있는지를 결정한다. 다음 (1) 또는 (2)에 해당하면서 (3)을 충족하는 경우에 교환거래는 상업적 실질이 있다.

(1) 취득한 자산과 관련된 (①   )이 제공한 자산과 관련된 (①   )과 다르다.
(2) 교환거래의 영향을 받는 영업 부분의 (②   )가 교환거래의 결과로 변동한다.
(3) 위 (1)이나 (2)의 차이가 교환된 자산의 (③   )에 비하여 중요하다.

위의 ①부터 ③까지의 빈칸을 완성하시오.

해답

1.

(차) 토지B	90,000	(대) 토지A	60,000
		유형자산처분이익	20,000
		현　　금	10,000

2.

(차) 토지B	70,000	(대) 토지A	60,000
		현　　금	10,000

3. ① 현금흐름의 구성　② 기업특유가치　③ 공정가치

문제 9-5　재평가모형 – 재평가손실 vs 재평가이익

(상황1)

㈜다인은 토지를 20×1년 12월 31일에 ₩200,000에 취득하였다. 동 토지의 재평가금액은 20×1년 12월 31일은 ₩160,000이고 20×2년 12월 31일은 ₩250,000이다. ㈜다인은 20×3년 3월 27일에 동 토지를 ₩270,000에 처분하였다. ㈜다인은 토지를 재평가모형으로 측정한다.

(상황2)

㈜다빈은 20×1년 1월 1일에 ₩40,000에 취득한 건물에 대하여 잔존가치 없이 10년간 정액법으로 감가상각한다. 20×1년 12월 31일에 동 건물에 대한 자산재평가를 실시한 결과 재평가금액이 ₩45,000이다. 20×2년 12월 31일의 재평가금액은 장부금액과 일치한다.

다음 물음에 답하시오. 단, 재평가분개는 감가상각누계액 제거방법에 따를 것. 또한, 회사는 이연법인세회계를 적용하지 않으며 가능한 한 이익잉여금을 최대화하는 정책을 사용한다고 가정한다.

≪물음≫

1. (상황1)에서 ㈜다인의 다음 시점의 회계처리(분개)를 하시오.
   ① 20×1년 12월 31일 ② 20×2년 12월 31일 ③ 20×3년 3월 27일

2. (상황1)에서 ㈜다인의 토지 측정방법에 따른 연도별 세전손익에 미치는 영향을 나타내는 다음 표를 완성하시오.

구분	20×1년	20×2년	20×3년
재평가모형			
원가모형			

3. (상황 2)에서 ㈜다인의 다음 시점의 회계처리(분개)를 하시오.
   ① 20×1년 12월 31일 ② 20×2년 12월 31일

해답

1.

① 20×1년 12월 31일

(차) 재평가손실	40,000	(대) 토 지	40,000

② 20×2년 12월 31일

(차) 토 지	90,000	(대) 재평가이익	40,000
		재평가잉여금	50,000

③ 20×3년 12월 31일

(차) 현 금	270,000	(대) 토 지	250,000
		유형자산처분이익	20,000

(차) 재평가잉여금	50,000	(대) 이익잉여금	50,000

2.

구분	20×1년	20×2년	20×3년
재평가모형	(₩40,000)[1]	₩40,000[2]	₩20,000[3]
원가모형	—	—	70,000[4]

[1]. 재평가손실   [2]. 재평가이익
[3]. 유형자산처분이익   [4]. 유형자산처분이익 = 270,000 − 200,000 = 70,000

3.

① 20×1년 12월 31일

(차) 감가상각비	4,000	(대) 감가상각누계액	4,000

(차) 감가상각누계액	4,000	(대) 재평가잉여금	9,000
건 물	5,000		

② 20×2년 12월 31일

(차) 감가상각비	5,000[1]	(대) 감가상각누계액	5,000
재평가잉여금	1,000[2]	이익잉여금	1,000

[1]. 45,000 ÷ (10 − 1) = 5,000   [2]. 9,000 ÷ (10 − 1) = 1,000

문제 9-6　재평가모형- 재평가손실 vs 재평가이익

㈜다빈은 20×1년 1월 1일 건물(잔존가치는 '0'이고, 내용연수는 5년)을 ₩10,000에 취득하였다. 회사는 동 건물을 정액법으로 감가상각하고, 재평가모형으로 평가한다. 회사의 회계기간은 1월 1일부터 12월 31일까지이다. 다음은 사례별 건물의 공정가치를 나타낸 것이다.

구분	20×1년 12월 31일	20×2년 12월 31일
사례1	₩7,500	₩9,000
사례2	8,500	5,500

다음 물음에 답하시오. 단, 재평가분개는 감가상각누계액 제거방법에 따를 것. 또한, 회사는 이연법인세회계를 적용하지 않으며, 재평가된 자산을 사용하면서 해당 재평가잉여금을 이익잉여금으로 대체하지 않는다고 가정한다.

≪물음≫

1. 〈사례 1〉의 경우 다음의 빈칸을 채우시오.

구분	20×1년	20×2년
당기손익에 반영된 감가상각비		
연도별 재평가증감		
당기손익에 반영된 재평가손익		
기말 자본에 표시된 재평가잉여금		

2. 〈사례 1〉의 경우 20×1년 12월 31일과 20×2년 12월 31일의 회계처리를 하시오.

3. 〈사례 2〉의 경우 다음의 빈칸을 채우시오.

구분	20×1년	20×2년
당기손익에 반영된 감가상각비		
연도별 재평가증감		
당기손익에 반영된 재평가손익		
기말 자본에 표시된 재평가잉여금		

4. 〈사례 2〉의 경우 20×1년 12월 31일과 20×2년 12월 31일의 회계처리를 하시오.

제9장

해답

1.

구분	20×1년	20×2년
당기손익에 반영된 감가상각비	2,000 [1]	1,875 [3]
연도별 재평가증감	(500) [2]	3,375 [4]
당기손익에 반영된 재평가손익	(500) [2]	500 [5]
기말 자본에 표시된 재평가잉여금	— [2]	2,875 [6]

[1]. 10,000÷5＝2,000
[2]. 7,500(재평가금액) − 8,000(상각후금액＝10,000 − 2,000)＝(500)
　　※ 재평가손실이므로 전액 당기손실로 처리한다.
[3]. 7,500÷(5 − 1)＝1,875　※ 재평가금액(7,500)을 잔존내용연수(4년)동안 감가상각한다.
[4]. 9,000 − (7,500 − 1,875)＝3,375
　　※ 재평가금액(9,000)에서 상각후잔액(5,625)을 차감한 금액이다.
[5]. 전기까지 인식한 당기손익으로 인식한 재평가손실＝500
[6]. 3,375 − 500＝2,875

2.

⟨20×1년 12월 31일⟩

(차) 감가상각비	2,000	(대) 감가상각누계액	2,000

(차) 감가상각누계액	2,000	(대) 건　　물	2,500
재평가손실(IS)	500		

⟨20×2년 12월 31일⟩

(차) 감가상각비	1,875	(대) 감가상각누계액	1,875

(차) 감가상각누계액	1,875	(대) 재평가이익(IS)	500
건　　물	1,500	재평가잉여금	2,875

3.

구 분	20×1년	20×2년
당기손익에 반영된 감가상각비	2,000 [1]	2,125 [3]
연도별 재평가증감	500 [2]	(875) [4]
당기손익에 반영된 재평가손익	— [2]	(375) [5]
기말 자본에 표시된 재평가잉여금	500 [2]	—

[1]. 10,000 ÷ 5＝2,000
[2]. 8,500(재평가금액) − 8,000(상각후금액＝10,000 − 2,000)＝500
　　※ 재평가이익이므로 전액 재평가잉여금으로 처리한다.

*3. 감가상각비 = 8,500 ÷ (5 − 1) = 2,125
　　※ 재평가금액(8,500)을 잔존내용연수(4년) 동안 감가상각한다.
*4. 5,500 − (8,500 − 2,125) = (875)
　　※ 재평가금액(5,500)에서 상각후잔액(6,375)을 차감한 금액이다.
*5. 전기까지 당기손익으로 인식한 재평가차익 = 875 − 500 = 375

4.

〈20×1년 12월 31일〉

(차) 감가상각비	2,000	(대) 감가상각누계액	2,000

(차) 감가상각누계액	2,000	(대) 건 　 물	1,500
		재평가잉여금	500

〈20×2년 12월 31일〉

(차) 감가상각비	2,125	(대) 감가상각누계액	2,125

(차) 감가상각누계액	2,125	(대) 건 　 물	3,000
재평가잉여금	500		
재평가손실(IS)	375		

[해설] 재평가손익 계산

〈사례 1〉

				재평가손익	
	20×1초	20×1말	20×2말	NI	OCI
FV	10,000	7,500	9,000		
	×4/5				
20×1말	=8,000 →	7,500		(500)	−
		×3/4			
20×2말		=5,625 →	9,000	500	2,875

〈사례 2〉

				재평가손익	
	20×1초	20×1말	20×2말	NI	OCI
FV	10,000	8,500	5,500		
	×4/5				
20×1말	=8,000 →	8,500		−	500
		×3/4			
20×2말		=6,375 →	5,500	(375)	(500)

문제 9-7 손상

> 양천회사는 20×1년 1월 1일에 기계장치를 ₩100,000에 취득하였다. 동 자산의 내용연수는 10년
> 이고 잔존가치는 없다. 회사는 기계장치에 대하여 정액법으로 상각하고 있다. 감액이후에도 총내
> 용연수는 10년으로 불변이다. 다음은 연도별 회수가능액이다.
>
> | 시점 | 회수가능액 |
> | --- | --- |
> | 20×1년 말 | ₩95,000 |
> | 20×2년 말 | ₩56,000 |
> | 20×3년 말 | 장부금액과 일치함 |
> | 20×4년 말 | ₩65,000 |

≪물음≫

1. 다음 시점에서의 기계장치와 관련된 분개를 하시오.
   - (1) 20×1년 12월 31일
   - (2) 20×2년 12월 31일
   - (3) 20×3년 12월 31일
   - (4) 20×4년 12월 31일

2. 유형자산의 감액회계와 영업권의 감액회계의 중요한 차이에 대하여 설명하시오.

해답

1.

〈20×1년 12월 31일〉

(차) 감가상각비	10,000 [*1]	(대) 감가상각누계액	10,000

[*1]. 감가상각비 $= 100,000 \div 10 = 10,000$

〈20×2년 12월 31일〉

(차) 감가상각비	10,000	(대) 감가상각누계액	10,000
손상차손	24,000 [*1]	손상차손누계액	24,000

[*1]. 손상차손 = 상각후장부금액 − 회수가능액 $= (100,000 - 10,000 \times 2) - 56,000$

〈20×3년 12월 31일〉

(차) 감가상각비	7,000 [*1]	(대) 감가상각누계액	7,000

[*1]. 감가상각비 = 손상차손인식후 장부금액 ÷ 잔여내용연수 $= (56,000 - 0) \div 8$년

　▣ 유형자산에 대해 손상차손을 인식한 이후 회계연도의 감가상각비 계산은 손상차손을 반영한 후의 장부금액
　에 대해 종전의 감가상각방법을 적용하여 잔존내용연수에 걸쳐 감가상각비를 계상한다.

⟨20×4년 12월 31일⟩

(차) 감가상각비	7,000	(대) 감가상각누계액	7,000
손상차손누계액	18,000 *1	손상차손환입	18,000

*1. 손상차손환입액 = 적은금액[①, ②] − ③ = 60,000 − 42,000 = 18,000
  ① 회수가능액 : 65,000
  ② 손상차손을 인식하지 아니하고 정상적으로 감가상각하여 왔더라면 산출되었을 20×2년 12월 31일의 장부
    금액 : 60,000 [= 100,000 − (10,000 × 4)]
  ③ 20×2년 12월 31일의 상각후장부금액 : 42,000(= 56,000 − 7,000 × 2)
  ◪ 감액된 유형자산의 회수가능액이 장부금액을 초과하는 경우에는 그 자산을 감액하지 않았더라면 계상될
    감가상각비를 차감한 후의 금액을 한도로 하여 그 초과액을 손상차손환입으로 처리한다.

[Powerful Method] 손상차손환입 (한도가 적용되는 경우)

잔여기간   10년   8년   6년

회수가능액 100,000   56,000

손상차손환입 = (10,000÷10 − 6,400÷8) × 6 = 1,200

제9장

2. 감액된 유형자산이 감액이후에 회수가능액이 회복되는 경우에는 손상차손환입을 인식하
   지만, 감액된 영업권은 추후에 회복될 수 없다. 즉, 영업권은 손상차손환입을 인식할 수
   없다.

제10장 | 무형자산

제1절 의 의

1. 적용범위

무형자산기준서를 적용하지 않을 사항의 일부를 열거하면 다음과 같다(KIFRS1038-2,3).

① 탐사평가자산의 인식과 측정 : 특수성으로 인한 다른 회계처리가 필요
② 광물, 원유, 천연가스, 이와 유사한 비재생 자원의 개발과 추출에 대한 지출 : 특수성으로 인한 다른 회계처리가 필요
③ 정상적인 영업과정에서 판매를 위하여 보유하고 있는 무형자산 : 재고자산기준서 적용
④ 사업결합으로 취득하는 영업권 : 식별불가능자산으로 무형자산이 아님
⑤ 매각예정으로 분류되는 (또는 매각예정으로 분류된 처분자산집단에 포함되어 있는) 비유동 무형자산 : 매각예정으로 분류되는 비유동자산은 별도 분류 및 별도 처리
⑥ 광업권1) : 활동 전문화되어 별도 기준서에 규정

금융리스의 경우 그 기초자산은 유형자산이나 무형자산일 수 있다. 최초 인식 후에 리스이용자는 금융리스에 의하여 보유하는 무형자산을 무형자산기준서에 따라 회계처리한다. 영화필름, 비디오 녹화물, 희곡, 원고, 특허권과 저작권과 같은 항목에 대한 라이선스 계약에 의한 권리는 무형자산에 해당한다(KIFRS1038-6).

추출산업의 원유, 천연가스와 광물자원의 탐사, 개발과 추출로 발생하는 지출에 대한 회계처리와 보험계약의 경우에 활동이나 거래가 특수하기 때문에 다르게 회계처리할 필요가 있다. 따라서 무형자산기

---

1) 우리나라의 경우에는 추출산업의 비중이 낮으므로 K-GAAP에서는 광업권을 무형자산에 포함시키고 있었다. 무형자산기준서에서는 국제회계기준과 동일한 체계를 가지게 되므로 국제회계기준(IAS) 제38호와 동일한 적용범위를 가지게 되었다. 따라서 이 기준서는 광업권을 적용범위에서 제외하고 있다. 광업권을 범위에서 제외한 이유는 그 활동이 전문화되어 추출산업의 탐사·개발 등에 대하여 별도의 K-IFRS(KIFRS 제1106호)에서 규정할 필요가 있기 때문이다. 그러나 KIFRS 제1106호에서 국제회계기준을 채택하기 전의 회계정책을 적용하는 것을 허용하고 있기 때문에 종전과 마찬가지로 광업권을 무형자산으로 인식할 수는 있다.

준서는 그러한 활동에 대한 지출과 계약에는 적용하지 아니한다. 그러나 무형자산기준서는 추출산업이나 보험자가 사용하는 기타 무형자산(예 컴퓨터소프트웨어)과 발생한 기타 지출(예 사업개시원가)에는 적용한다(KIFRS1038-7).

2. 무형자산의 구분

일부 무형자산은 컴팩트디스크(컴퓨터소프트웨어의 경우), 법적 서류(라이선스나 특허권의 경우)나 필름과 같은 물리적 형체에 담겨 있을 수 있다. 유형의 요소와 무형의 요소를 모두 갖추고 있는 자산을 '유형자산'에 따라 회계처리하는지 아니면 무형자산으로 회계처리하는지를 결정해야 할 때에는, 어떤 요소가 더 중요한지를 판단한다. 예를 들면 다음과 같다(KIFRS1038-4).

- 컴퓨터로 제어되는 기계장치가 특정 컴퓨터소프트웨어가 없으면 가동이 불가능한 경우에는 그 소프트웨어를 관련된 하드웨어의 일부로 보아 유형자산으로 회계처리한다.
- 컴퓨터의 운영시스템에도 동일하게 적용되어, 관련된 하드웨어의 일부가 아닌 소프트웨어는 무형자산으로 회계처리한다.

연구와 개발활동으로 인하여 물리적 형체(예 시제품)가 있는 자산이 만들어지더라도, 그 자산의 물리적 요소는 무형자산 요소 즉, 내재된 지식에 부수적인 것으로 본다(KIFRS1038-5).

제10장

제 2 절   무형자산의 정의

무형자산(intangible asset)이란 물리적 실체는 없지만 식별가능한 비화폐성자산2)을 말한다(KIFRS 1038-8).

무형자산의 정의

K-IFRS	K-GAAP
• 보유목적을 정의에서 삭제함. (이유 : 보유목적이 없어도 정의할 수 있음)	• 보유 목적(예 재화의 생산이나 용역의 제공, 타인에 대한 임대 또는 관리 등)이 무형자산의 정의에 포함됨.

무형자산을 다른 자산과의 구분하여 표시하면 다음과 같다.

---

2) 비화폐성자산은 화폐성자산 외의 자산을 말한다. 화폐성자산이란 보유하고 있는 현금과 확정되었거나 확정가능한 화폐금액으로 받을 자산을 말한다(KIFRS1038-8).

구 분	물리적 실체 없음	식별가능함	비화폐성자산
무형자산	○	○	○
영 업 권	○	×	○
유형자산	×	○	○
대여금, 수취채권	○	○	×

무형자산기준서의 적용범위에 해당하는 항목의 예는 다음과 같다(KIFRS1038-8).

> 컴퓨터소프트웨어, 특허권, 저작권, 영화필름, 고객목록, 모기지관리용역권, 어업권, 수입할당량, 프랜차이즈, 고객이나 공급자와의 관계, 고객의 충성도, 시장점유율과 판매권 등

위에서 예시된 항목은 다음과 같이 적용된다.

- 예시된 모든 항목이 무형자산의 정의를 충족하는 것은 아니다(KIFRS1038-9).
- 무형자산기준서의 적용범위에 해당하는 항목이 무형자산의 정의를 충족하지 않는다면 그것을 취득하거나 내부적으로 창출하기 위하여 발생한 지출은 발생시점에 비용으로 인식한다(KIFRS1038-10).
- 이러한 항목을 사업결합으로 취득하는 경우에는 취득일에 인식하는 영업권의 일부를 구성한다(KIFRS1038-10).

무형자산은 기업의 영업활동에서 유사한 성격과 용도를 가진 자산끼리 묶어서 분류한다. 이러한 종류의 예는 다음과 같다(KIFRS1038-119).

① 브랜드명(brand names)
② 제호와 출판표제
③ 컴퓨터소프트웨어[3]
④ 라이선스와 프랜차이즈
⑤ 저작권, 특허권, 기타 산업재산권, 용역운영권
⑥ 기법, 방식, 모형, 설계 및 시제품(recipes, formulae, models, designs and prototypes)
⑦ 개발 중인 무형자산(intangible assets under development)

---

[3] 세법에서는 소프트웨어를 집기와비품으로 분류한다(법인세법 제22조, 법인세법시행령 제24조). 세법에서는 집기와비품은 무신고시 정률법(단, 정액법 또는 정률법 중 선택적 신고가능)으로 감가상각한다(법시령 제23조). 따라서 회사가 기업회계에서 소프트웨어를 무형자산으로 분류하고, 집기와비품에 대하여 정률법, 무형자산에 대하여 정액법으로 각각 상각비를 계산한다면, 소프트웨어의 상각비에 대하여 세무조정사항이 발생한다. 그 이유는 소프트웨어의 세무상 상각방법은 정률법이고, 장부상 상각방법은 정액법이기 때문이다. 따라서 소프트웨어의 상각에 대하여 세무조정사항이 발생하지 않으려면, 집기와비품에 대하여 정률법으로 상각하고, 소프트웨어는 정률법으로, 기타 무형자산(소프트웨어를 제외한 무형자산)은 정액법으로 상각하면 된다.

재무제표 이용자에게 더 목적적합한 정보를 제공할 수 있다면 무형자산의 분류는 더 큰 단위로 통합하거나 더 작은 단위로 구분할 수 있다.

무형자산의 정의는 다음 조건을 충족하여야 한다.

① 식별가능성
② 자원에 대한 통제
③ 미래 경제적 효익의 존재

이러한 조건에 대하여 설명한다.

1. 식별가능성(identifiability)

(1) 식별가능성의 의미

무형자산의 정의에서는 영업권과 구별하기 위하여 무형자산이 식별가능할 것을 요구한다. 사업결합으로 취득하는 영업권은 개별적으로 식별되지 않고 분리하여 인식될 수 없는 자산에서 미래 경제적 효익을 기대하여 취득자가 지급하는 대가를 말한다. 그 미래 경제적 효익은 취득한 식별가능한 자산 사이의 시너지효과에서 발생하거나 개별적으로 재무제표 상 인식기준을 충족하지는 않지만 취득자가 사업결합에서 대가를 지급하고자 하는 자산으로부터 발생할 수 있다(KIFRS1038-11).

(2) 영업권

① 식별불가능한 자산 → 무형자산기준서상의 무형자산의 범위에서 제외
② 내용연수가 비한정이므로 상각대상 자산이 아님
③ 자산손상평가 대상임

(3) 식별가능성의 조건

자산은 다음 중 하나에 해당하는 경우에 무형자산 정의의 식별가능성 조건을 충족한다(KIFRS1038-12).

① 자산이 분리가능(separable)하다. 즉, 기업에서 분리하거나 분할할 수 있고, 개별적으로 또는 관련된 계약, 자산이나 부채와 함께 매각, 이전, 라이선스, 임대, 교환할 수 있다.
② 자산이 계약상 권리 또는 기타 법적 권리로부터 발생한다. 이 경우 그러한 권리가 이전가능한지 여부 또는 기업이나 기타 권리와 의무에서 분리가능한지 여부는 고려하지 아니한다.

> **[CTA 2014]**
>
> 계약상 권리 또는 기타 법적 권리는 그러한 권리가 이전 가능하거나 또는 기업에서 분리가능한 경우 무형자산 정의의 식별가능성 조건을 충족한 것으로 본다. (×)

식별가능조건 및 식별가능과 분리가능의 관계를 그림으로 표시하면 다음과 같다.

제10장

〈식별가능과 분리가능〉

- 분리가능하면 식별가능하다.(○)
- 식별가능하면 분리가능하다. (×)
- 분리가능하지 않아도 식별가능할 수 있다.(○)

2. 통 제

(1) 통제의 의미

기초가 되는 자원에서 유입되는 미래 경제적 효익을 확보할 수 있고 그 효익에 대한 제3자의 접근을 제한할 수 있다면 기업이 자산을 통제하고 있는 것이다. 무형자산의 미래 경제적 효익에 대한 통제능력은 일반적으로 법원에서 강제할 수 있는 법적 권리에서 나오며, 법적 권리가 없는 경우에는 통제를 제시하기 어렵다. 그러나 다른 방법으로도 미래 경제적 효익을 통제할 수 있기 때문에 권리의 법적 집행가능성이 통제의 필요조건은 아니다[4](KIFRS1038-13). 따라서 권리의 법적 집행가능성이 없어도 통제할 수 있다.

(2) 시장에 대한 지식과 기술적 지식

시장에 대한 지식과 기술적 지식에서도 미래 경제적 효익이 발생할 수 있다. 이러한 지식이 저작권, 계약상의 제약이나 법에 의한 종업원의 기밀유지의무 등과 같은 법적 권리에 의하여 보호된다면, 기업은 그러한 지식에서 얻을 수 있는 미래 경제적 효익을 통제하고 있는 것이다(KIFRS1038-14).

(3) 종업원의 숙련된 기술과 경영능력

기업은 숙련된 종업원으로 구성된 팀을 보유할 수 있고, 교육훈련을 통하여 습득된 미래 경제적 효익을 가져다 줄 수 있는 종업원의 기술 향상을 식별할 수 있다. 기업은 또한 그러한 숙련된 기술을 계속하여 이용할 수 있을 것으로 기대할 수 있다. 그러나 기업은 숙련된 종업원이나 교육훈련으로부터 발생하는 미래 경제적 효익에 대해서는 일반적으로 무형자산의 정의를 충족하기에는 충분한 통제를 가지고 있지 않다. 이와 유사한 이유로 특정 경영능력이나 기술적 재능도 그것을 사용하여 미래 경제적 효익을 확보하는 것이 법적 권리에 의하여 보호되지 않거나 무형자산 정의의 기타 요건을 충족하지 않는다면 일반적으로 무형자산의 정의를 충족할 수 없다(KIFRS1038-15).

---

4) "권리의 법적 집행가능성이 통제의 필요조건이 아니다"는 권리의 법적 집행가능성이 없어도 통제가 가능하다는 의미이다.

(4) 고객과의 관계, 고객의 충성도

기업은 고객구성이나 시장점유율에 근거하여 고객과의 관계와 고객의 충성도를 잘 유지함으로써 고객이 계속하여 거래할 것이라고 기대할 수 있다. 그러나 그러한 고객과의 관계나 고객의 충성도를 지속할 수 있는 법적 권리나 그것을 통제할 기타 방법이 없다면 일반적으로 고객과의 관계나 고객의 충성도에서 창출될 미래 경제적 효익에 대해서는 그러한 항목(예 고객구성, 시장점유율, 고객과의 관계와 고객의 충성도)이 무형자산의 정의를 충족하기에 기업이 충분한 통제를 가지고 있지 않다(KIFRS1038-16).

(5) 계약에 의하지 않은 고객관계에 대한 교환취득

고객과의 관계를 보호할 법적 권리가 없는 경우에도, 동일하거나 유사한, 계약에 의하지 않은 고객과의 관계를 교환하는 거래(사업결합 과정에서 발생한 것이 아닌)는 고객과의 관계로부터 기대되는 미래 경제적 효익을 통제할 수 있다는 증거를 제공한다. 그러한 교환거래는 고객과의 관계가 분리가능하다는 증거를 제공하므로 그러한 고객과의 관계는 무형자산의 정의를 충족한다(KIFRS1038-16).

동일하거나 유사한 '계약에 의하지 않은 고객관계5)'에 대한 교환취득거래는 그러한 항목이 분리가능하다는 것뿐만 아니라 기업이 그러한 고객관계로부터 유입되는 미래 경제적 효익을 통제할 수 있다는 증거를 제공한다고 보았다. 이와 마찬가지로, 만약 기업이 '계약에 의하지 않은 고객관계'를 개별 취득한다면 '계약에 의하지 않은 고객관계'에 대한 교환취득거래(exchange transaction for non-contractual customer relationship)는 그러한 항목이 분리가능하고 그러한 '계약에 의하지 않은 고객관계'로부터 유입되는 미래 경제적 효익을 통제할 수 있다는 증거를 제공한다고 보았다. 그러므로 그러한 '계약에 의하지 않은 고객관계'는 무형자산 정의를 충족하므로 고객 관련 무형자산(customer-related intangible assets)으로 인식될 것이다.

계약에 의하지 않은 고객관계에 대한 교환취득의 자산성을 정리하면 다음과 같다.

> • 식별가능 : 교환취득거래이므로 분리가능하다.
> • 통제 : 고객관의 관계로부터 기대되는 효익을 통제가능하다(간주)
>   → 무형자산정의 충족하므로 고객 관련 무형자산으로 인식

무형자산을 보호할 법적권리 유무에 따른 무형자산의 정의를 충족 여부를 정리하면 다음과 같다.

구 분	보호할 법적권리가 없는 경우	보호할 법적권리가 있는 경우
지식, 기술, 경영능력, 고객충성도	무형자산 정의 충족 안함	무형자산 정의 충족함
비계약적 고객관계 교환취득	무형자산 정의 충족함	무형자산 정의 충족함

---

5) K-GAAP에서는 '계약에 의하지 않은 고객관계'가 식별가능한지 즉, 분리가능한지에 대하여 명시적으로 언급하지 않았으며 단지 통제가 어렵기 때문에 무형자산의 정의를 충족하지 못한다고 보고 있다. 즉, '계약에 의하지 않은 고객관계'에 대한 식별가능성과 통제와의 관계가 불분명하였다.

3. 미래 경제적 효익

무형자산의 미래 경제적 효익은 제품의 매출, 용역수익, 원가절감 또는 자산의 사용에 따른 기타 효익의 형태로 발생할 수 있다. 예를 들면, 제조과정에서 지적재산을 사용하면 미래 수익을 증가시키기보다는 미래 제조원가를 감소시킬 수 있다(KIFRS1038-17).

제3절 인식과 측정

1. 의 의

(1) 무형자산 인식

어떤 항목을 무형자산으로 인식하기 위해서는 그 항목이 다음의 조건을 모두 충족한다는 사실을 기업이 제시하여야 한다(KIFRS1038-18).

① 무형자산의 정의
② 무형자산의 인식기준

위의 조건은 무형자산을 취득하거나 내부적으로 창출하기 위하여 최초로 발생한 원가와, 취득이나 완성 후에 증가·대체·수선을 위하여 발생한 원가에 적용한다.

다음과 같은 이유로 후속지출(예 취득한 무형자산의 최초 인식 후 또는 내부적으로 창출한 무형자산의 완성 후 발생한 지출)이 자산의 장부금액으로 인식되는 경우는 매우 드물다(KIFRS1038-20).

• 무형자산의 특성상 자산이 증가하지 않거나 자산의 부분 대체가 이루어지지 않는 경우가 많다. 따라서 대부분의 취득이나 완성 후의 지출은 무형자산의 정의와 인식기준을 충족하기보다는 기존 무형자산에 내재된 기대 미래 경제적 효익을 유지하는 것이 대부분이다.
• 취득이나 완성 후의 지출을 사업 전체가 아닌 특정 무형자산에 직접 귀속시키기 어려운 경우가 많다.

브랜드, 제호, 출판표제, 고객목록, 그리고 이와 실질이 유사한 항목(외부에서 취득[6]하였는지 또는 내부적으로 창출하였는지에 관계없이)에 대한 취득이나 완성 후의 지출은 발생시점에 항상 당기손익으로 인식[7]한다. 왜냐하면 그러한 지출은 사업을 전체적으로 개발하기 위한 지출과 구분할 수 없기 때문이다(KIFRS1038-20).

브랜드·제호·출판표제·고객목록에 대한 지출의 회계처리를 정리하면 다음과 같다.

---

6) 외부 취득도 당기비용처리에 유의하여야 한다.
7) [내부적으로 창출한 브랜드, 제호, 출판표제, 고객 목록과 이와 실질이 유사한 항목은 무형자산으로 인식하지 아니한다(KIFRS1038-63)]와 일관성을 유지하기 위하여

구분	취득 또는 완성까지 지출	후속 지출
외부취득	조건충족시 자산	비용(#20)
내부창출	비용-(#63)	비용(#20)

[CCB 2011]

기업이 외부에서 현금을 지급하고 취득한 개별 고객목록에 대한 취득 후 지출은 고객목록의 장부금액에 포함한다. (×)

(2) 무형자산 인식기준

다음의 조건을 모두 충족하는 경우에만 무형자산을 인식한다(KIFRS1038-21).

① 자산에서 발생하는 미래 경제적 효익이 기업에 유입될 가능성이 높다.
② 자산의 취득원가를 신뢰성 있게 측정할 수 있다.

미래 경제적 효익이 기업에 유입될 가능성은 무형자산의 내용연수 동안의 경제적 상황에 대한 경영자의 최선의 추정치를 반영하는 합리적이고 객관적인 가정에 근거하여 평가하여야 한다(KIFRS1038-22). 자산의 사용에서 발생하는 미래 경제적 효익의 유입에 대한 확실성 정도에 대한 평가는 무형자산을 최초로 인식하는 시점에서 이용 가능한 증거에 근거하며, 외부 증거에 비중을 더 크게 둔다(KIFRS1038-23).

(3) 무형자산의 측정

무형자산을 최초로 인식할 때에는 취득원가로 측정한다(KIFRS1038-24).

[APP 2013]

무형자산을 최초로 인식할 때에는 공정가치로 측정한다. (×)

2. 개별 취득

일반적으로 무형자산을 개별 취득하기 위하여 지급하는 가액은 그 자산이 갖는 기대 미래 경제적 효익이 기업에 유입될 확률에 대한 기대를 반영할 것이다. 즉, 확률의 효과는 자산의 취득원가에 반영된다. 따라서 개별 취득하는 무형자산은 미래 경제적 효익의 유입가능성조건을 항상 충족하는 것으로 본다(KIFRS1038-25).

[CPA 2016]

개별 취득하는 무형자산이라도 자산에서 발생하는 미래경제적 효익이 기업에 유입될 가능성이 높다는 발생가능성 기준을 항상 충족하는 것은 아니라고 본다. (×)

제10장

개별 취득하는 무형자산의 취득원가는 일반적으로 신뢰성 있게 측정할 수 있다. 특히 현금이나 기타 화폐성자산으로 구입대가를 지급하는 경우에는 좀 더 신뢰성 있게 취득원가를 측정할 수 있다(KIFRS1038-26).

개별 취득하는 무형자산의 취득원가는 다음 항목으로 구성된다(KIFRS1038-27).

① 구입가격(매입할인과 리베이트를 차감하고 수입관세와 환급받을 수 없는 제세금을 포함한다)
② 자산을 의도한 목적에 사용할 수 있도록 준비하는 데 직접 관련되는 원가

직접 관련되는 원가의 예는 다음과 같다(KIFRS1038-28).

① 그 자산을 사용 가능한 상태로 만드는 데 직접적으로 발생하는 종업원급여, 전문가 수수료
② 그 자산이 적절하게 기능을 발휘하는지 검사하는 데 발생하는 원가

무형자산 취득원가에 포함하지 않는 지출의 예는 다음과 같다(KIFRS1038-29).

① 새로운 제품이나 용역의 홍보원가(광고와 판매촉진활동 원가를 포함한다)
② 새로운 지역에서 또는 새로운 계층의 고객을 대상으로 사업을 수행하는 데서 발생하는 원가(교육훈련비를 포함한다)
③ 관리원가와 기타 일반경비원가

무형자산 취득원가의 인식은 그 자산을 경영자가 의도하는 방식으로 운용될 수 있는 상태에 이르면 중지한다. 따라서 무형자산을 사용하거나 재배치하는 데 발생하는 원가는 자산의 장부금액에 포함하지 않는다. 예를 들면, 다음의 원가는 무형자산의 장부금액에 포함하지 아니한다(KIFRS1038-30).

① 경영자가 의도하는 방식으로 운용될 수 있으나 아직 사용하지 않고 있는 기간에 발생한 원가
② 자산의 산출물에 대한 수요가 확립되기 전까지 발생하는 손실과 같은 초기 영업손실

[APP 2016]

경영자가 의도하는 방식으로 운용될 수 있으나 아직 사용하지 않고 있는 기간에 발생한 원가는 무형자산의 장부금액에 포함한다. (×)

무형자산의 개발과 관련한 영업활동 중에는 해당 자산을 경영자가 의도하는 방식으로 운영될 수 있는 상태에 이르도록 하는 데 반드시 필요하지는 않은 활동도 있다. 이러한 부수적인 영업활동과 관련된 수익과 비용은 즉시 당기손익으로 인식하며, 각각의 해당손익계정에 분류한다(KIFRS1038-31).

무형자산에 대한 대금지급기간이 일반적인 신용기간보다 긴 경우 무형자산의 취득원가는 현금가격상당액이 된다. 현금가격상당액과 실제 총지급액과의 차액은 자본화하지 않는 한 신용기간에 걸쳐 이자비용으로 인식한다(KIFRS1038-32).

3. 사업결합으로 인한 취득

(1) 개 요

사업결합으로 취득하는 무형자산의 취득원가는 취득일의 공정가치로 한다. 무형자산의 공정가치는 그 자산에 내재된 미래 경제적 효익이 기업에 유입될 확률에 대한 시장의 기대를 반영한다. 즉, 확률의 효과는 무형자산의 공정가치 측정에 반영된다. 따라서 사업결합으로 취득하는 무형자산은 미래 경제적 효익의 유입가능성조건을 항상 충족하는 것으로 본다[8](KIFRS1038-33).

자산의 공정가치를 신뢰성 있게 측정할 수 있다면, 사업결합 전에 그 자산을 피취득자가 인식하였는지 어부에 관계없이, 취득자는 취득일에 피취득사의 무형자산을 영업권과 분리하여 인식한다. 이것은 피취득자가 진행하고 있는 연구·개발 프로젝트가 무형자산의 정의를 충족하고 그것의 공정가치를 신뢰성 있게 측정할 수 있다면 취득자가 영업권과 분리하여 별도의 자산으로 인식하는 것을 의미한다. 피취득자가 진행하고 있는 연구·개발 프로젝트는 다음의 조건을 모두 충족할 경우 무형자산의 정의를 충족한다(KIFRS1038-34).

① 자산의 정의를 충족한다.
② 식별가능하다. 즉, 분리가능하거나 계약상 또는 기타 법적 권리에서 발생한다.

예들 들어, ㈜다빈은 ㈜서울의 주식 100%을 ₩700에 취득하여 사업결합하였다. 사업결합당시 ㈜서울의 자산은 ₩1,000, 부채는 ₩600이고 자본은 ₩400이었다. 사업결합 전에 ㈜서울은 무형자산으로 인식할 수 있는 자산(금액 : ₩50)을 인식하지 않았다. ㈜다빈의 사업결합에 대한 회계처리는 다음과 같다.

(차) 자 산	1,000	(대) 부 채	600
무형자산	50	현 금	700
영 업 권	250		

[CPA 2008]

사업결합에서 취득자는 피취득자의 재무제표에 인식되지 않았던 무형자산을 인식할 수 없다. (×)

(2) 사업결합으로 취득하는 무형자산의 공정가치 측정

사업결합으로 취득하는 무형자산의 공정가치는 일반적으로 영업권과 분리하여 인식할 수 있을 정도로 충분히 신뢰성 있게 측정할 수 있다. 무형자산의 공정가치를 측정하는 데 사용하는 추정치에 대하여

---

8) 사업결합에 의하여 무형자산을 취득하는 경우 그 무형자산의 공정가치는 무형자산과 관련된 미래 경제적 효익이 매수자에게 유입될 가능성에 대한 기대를 반영한다고 본다. 즉, 미래 경제적 효익의 유입 가능성은 무형자산의 공정가치 측정에 반영된다. 그러므로 사업결합으로 취득하는 무형자산은 '자산으로부터 발생하는 미래 경제적 효익이 유입될 가능성이 높아야 한다'는 인식기준을 항상 충족하는 것으로 본다.

제10장

각각 다른 확률을 가진 가능한 결과의 범위가 있는 경우에, 그러한 불확실성은 그 자산의 공정가치를 신뢰성 있게 측정할 수 없다는 것을 의미하는 것이 아니고 그 자산의 공정가치 측정에 반영된다. 만약 사업결합으로 취득하는 무형자산의 내용연수가 유한하다면, 명백한 반증이 없는 한 그 자산의 공정가치를 신뢰성 있게 측정할 수 있는 것으로 추정된다[9](KIFRS1038-35).

사업결합으로 취득하는 무형자산은 관련된 계약이나 식별가능한 자산 또는 부채와 결합되어서만 분리가능한 경우가 있다. 이러한 경우 취득자는 무형자산을 영업권과는 분리하지만 연관된 항목과는 함께 인식한다(KIFRS1038-36).

보충적 무형자산 집단 내의 개별 자산들과의 내용연수가 유사하다면, 취득자는 그 집단을 하나의 자산으로 인식할 수 있다. 예를 들어, '브랜드'와 '브랜드명'이라는 용어는 흔히 상표와 동의어로 사용된다. 그러나 '브랜드'는 상표(또는 서비스 마크)와 그와 관련된 상품명, 방식, 조리법, 전문기술과 같은 보충적 자산의 집단을 나타내는데 전형적으로 사용되는 일반적인 마케팅 용어이다(KIFRS1038-37).

(3) 진행 중인 연구 · 개발 프로젝트의 취득 후 지출

사업결합으로 취득하고 영업권과 분리하여 자산으로 인식한 진행 중인 연구 · 개발 프로젝트에 대한 후속지출에 대한 물음에 대하여 다음과 같은 두 가지의 주장이 있다.

① 연구, 개발 또는 내부적인 프로젝트 단계의 연구개발에 대한 지출과 관련된 물음이 적용되어야 한다는 입장
② 일반적인 무형자산에 대한 취득이나 완성 후의 지출에 대한 물음이 적용되어야 한다는 입장(즉, 관련 지출이 무형자산의 미래 경제적 효익을 실질적으로 증가할 가능성이 높고 관련된 지출을 신뢰성 있게 측정할 수 있으며 무형자산과 직접 관련되는 경우 자산화 하여야 한다는 주장)

진행 중인 연구 · 개발 프로젝트에 대한 취득 후의 지출에 대하여 연구, 개발 또는 내부적인 프로젝트 단계의 연구개발에 대한 지출과 관련된 물음이 적용되어야 한다. 이것은 프로젝트를 외부에서 취득하였는지 아니면 내부적으로 시작(다음 사항을 모두 충족하는 연구 · 개발 지출)하였는지에 구분 없이 모든 연구개발 지출이 일관성 있게 회계처리 되어야 한다는 것이다(KIFRS1038-42).

① 개별 취득하거나 사업결합으로 취득하고 무형자산으로 인식한 진행 중인 연구 · 개발 프로젝트와 관련이 있다.
② 그 프로젝트의 취득 후에 발생한다.

개별 취득하거나 사업결합으로 취득하고 무형자산으로 인식한 진행 중인 연구 · 개발 프로젝트에 대한 후속지출을 다음과 같이 회계처리한다(KIFRS1038-43).

① 연구 관련 지출인 경우에는 발생시점에 비용으로 인식한다.

---

9) 사업결합으로 취득하는 무형자산에 대한 측정의 신뢰성기준을 삭제하고 신뢰성있게 측정할 수 있다고 간주한다.

② 무형자산의 인식기준을 충족하지 않는 개발 관련 지출인 경우에는 발생시점에 비용으로 인식한다.

③ 무형자산의 인식기준을 충족하는 개발 관련 지출인 경우에는 취득한 진행 중인 연구·개발 프로젝트의 장부금액에 가산한다.

4. 정부보조에 의한 취득

정부보조로 무형자산을 무상이나 낮은 대가로 취득할 수 있다. 예를 들면, 정부가 공항 착륙권, 라디오나 텔레비전 방송국 운영권, 수입면허 또는 수입할당이나 기타 제한된 자원을 이용할 수 있는 권리를 기업에게 이전하거나 할당하는 경우이다. 이 경우 무형자산 최초인식시 다음과 같이 측정한다(KIFRS1038-44).

① 기업회계기준서 제1020호 '정부보조금의 회계처리와 정부지원의 공시'에 따라 무형자산과 정부보조금 모두를 최초에 공정가치로 인식할 수 있다.

② 최초에 자산을 공정가치로 인식하지 않기로 선택하는 경우에는, 자산을 명목상 금액(기업회계기준서 제1020호에서 허용하는 대체적인 회계처리)과 자산을 의도한 용도로 사용할 수 있도록 준비하는 데 직접 관련되는 지출을 합한 금액으로 인식한다.

5. 자산교환에 의한 취득

하나의 비화폐성자산과 다른 비화폐성자산간의 교환에 대한 규정을 설명한다. 이러한 규정은 하나 이상의 무형자산을 하나 이상의 비화폐성자산 또는 화폐성자산과 비화폐성자산이 결합된 대가와 교환하여 취득하는 경우 등 모든 교환에도 적용된다.

(1) 공정가치 측정

자산의 교환으로 취득하는 무형자산의 취득원가는 다음의 조건을 모두 충족하는 경우에는 공정가치로 측정한다(KIFRS1038-45).

① 교환거래에 상업적 실질이 존재

② 취득한 자산 또는 제공한 자산의 공정가치를 신뢰성 있게 측정할 수 있는 경우

교환거래에서 제공한 자산을 즉시 재무상태표에서 제거할 수 없더라도 취득한 자산은 위의 방법으로 측정한다.

교환거래의 결과 미래 현금흐름이 얼마나 변동될 것인지를 고려하여 해당 교환거래에 상업적 실질이 있는지를 결정한다. 다음 ① 또는 ②에 해당하면서 ③을 충족하는 경우에는 교환거래는 상업적 실질이 있다(KIFRS1038-46).

① 취득한 자산과 관련된 현금흐름의 구성(위험, 유출입시기, 금액)이 제공한 자산과 관련된 현금흐름의 구성과 다르다.

제10장

② 교환거래의 영향을 받는 영업 부분의 기업특유가치[10]가 교환거래로 인하여 변동한다.
③ 위 ①이나 ②의 차이가 교환된 자산의 공정가치에 비하여 중요하다.

교환거래에 상업적 실질이 있는지를 결정할 때 교환거래의 영향을 받는 영업 부분의 기업특유가치는 세후현금흐름을 반영하여야 한다. 이러한 분석의 결과는 상세하게 계산하지 않더라도 명백하게 알 수 있는 경우도 있다.

무형자산의 인식조건 중 하나는 자산의 취득원가를 신뢰성 있게 측정할 수 있어야 한다는 것이다. 비교가능한 시장거래가 존재하지 않는 무형자산의 공정가치는 다음 중 하나에 해당하는 경우에 신뢰성 있게 측정된다(KIFRS1038-47).

① 합리적인 공정가치 추정치 범위의 변동가능성이 자산가치에 비하여 중요하지 않다.
② 그 범위 내의 다양한 추정치의 발생확률을 신뢰성 있게 평가할 수 있고 공정가치를 추정하는 데 사용할 수 있다.

취득한 자산이나 제공한 자산의 공정가치를 신뢰성 있게 결정할 수 있는 경우에는, 취득한 자산의 공정가치가 더 명백한 경우를 제외하고는 자산의 취득원가는 제공한 자산의 공정가치로 측정한다.

(2) 장부금액 측정

하나의 비화폐성자산과 다른 비화폐성자산의 교환으로 취득하는 무형자산의 취득원가는 다음 중 하나에 해당하는 경우에는 제공한 자산의 장부금액으로 한다(KIFRS1038-45).

① 교환거래에 상업적 실질이 결여된 경우
② 취득한 자산과 제공한 자산의 공정가치를 둘 다 신뢰성 있게 측정할 수 없는 경우

 예제 10-1 무형자산간의 교환

㈜다빈은 20×1년 1월 1일에 다음과 같은 특허권을 취득하였다.

취득금액 : ₩10,000,000	내용연수 : 5년
잔존가치 : ₩0	상각방법 : 정액법

㈜다빈은 20×3년 1월 1일 동 특허권을 ㈜다인의 상표권(장부금액 : ₩5,500,000)과 교환하면서 현금 ₩1,000,000을 추가로 지급하였다. 교환당시 특허권의 공정가치는 ₩7,500,000이다.

---

10) 기업특유가치란 자산의 계속적 사용으로부터 그리고 내용연수 종료시점에 처분으로부터 또는 부채의 결제로부터 발생할 것으로 기대되는 현금흐름의 현재가치를 말한다(KIFRS1038-8).

≪물음≫

1. 상기 교환거래가 상업적 실질이 존재하는 경우 ㈜다빈이 교환으로 취득한 상표권의 취득원가, 무형자산처분손익을 계산하고, 교환에 대한 회계처리(분개)를 하시오.

2. 상기 교환거래가 상업적 실질이 결여된 경우 ㈜다빈이 교환으로 취득한 상표권의 취득원가, 무형자산처분손익을 계산하고, 교환에 대한 회계처리(분개)를 하시오.

해답

1. 상업적 실질이 존재

(1) 상표권의 취득원가 = 특허권의 공정가치 + 현금지급액
$$= 7,500,000 + 1,000,000 = ₩8,500,000$$

(2) 무형자산처분이익 = 특허권의 공정가치 − 특허권의 장부금액
$$= 7,500,000 - (10,000,000 × 3/5) = ₩1,500,000$$

(3) 관련분개

(차) 무형자산(상표권)	8,500,000	(대) 무형자산(특허권)	6,000,000
		현 금	1,000,000
		무형자산처분이익	1,500,000

2. 상업적 실질이 결여

(1) 상표권의 취득원가 = 특허권의 장부금액 + 현금지급액
$$= 6,000,000 + 1,000,000 = ₩7,000,000$$

(2) 무형자산처분이익 = 0

(3) 관련분개

(차) 무형자산(상표권)	7,000,000	(대) 무형자산(특허권)	6,000,000
		현 금	1,000,000

제10장

6. 내부적으로 창출한 영업권

내부적으로 창출한 영업권은 무형자산으로 인식하지 않지만, 내부적으로 창출한 무형자산은 무형자산의 인식요건을 충족하면 무형자산으로 인식한다.

내부 창출 { 영업권 : 자산으로 인식 안 함
무형자산 { 연구비, 경상개발비 : 비용처리
개발비 : 자산처리

미래 경제적 효익을 창출하기 위하여 발생한 지출 중에는 인식기준을 충족하는 무형자산을 창출하지 않는 경우가 있다. 그러한 지출은 대부분 내부적으로 창출한 영업권에 기여한다. 내부적으로 창출한 영업권(internally generated goodwill)은 자산으로 인식하지 아니한다. 그 이유는 다음과 같다(KIFRS1038-48,49).

① 취득원가를 신뢰성 있게 측정할 수 없다.
② 기업이 통제하고 있는 식별가능한 자원이 아니다. 즉, 분리가능하지 않고 계약상 또는 기타 법적 권리로부터 발생하지 않는다.

특정 시점에서 기업의 시장가치와 식별 가능한 순자산의 장부금액과의 차이는 기업의 가치에 영향을 미치는 여러 가지 요인들을 반영 할 수 있다. 그러나 그러한 차이가 기업이 통제하고 있는 무형자산의 취득원가를 나타내는 것은 아니다(KIFRS1038-50).

7. 내부적으로 창출한 무형자산

내부적으로 창출한 무형자산이 인식기준을 충족하는지를 평가하는 것은 다음과 같은 이유 때문에 용이하지 않다(KIFRS1038-51).

① 기대 미래 경제적 효익을 창출할 식별 가능한 자산이 있는지와 시점을 파악하기 어렵다.
② 자산의 취득원가를 신뢰성 있게 결정하는 것이 어렵다. 어떤 경우에는 무형자산을 내부적으로 창출하기 위한 원가를 내부적으로 창출한 영업권을 유지 또는 향상시키는 원가나 일상적인 경영관리활동에서 발생하는 원가와 구별할 수 없다.

내부적으로 창출한 무형자산이 인식기준을 충족하는지를 평가하기 위하여 무형자산의 창출과정을 연구단계와 개발단계로 구분한다. '연구11)'와 '개발12)'은 정의되어 있지만, '연구단계'와 '개발단계'라는 용어는 이 기준서의 목적상 더 넓은 의미를 갖는다(KIFRS1038-52).

무형자산을 창출하기 위한 내부 프로젝트를 연구단계와 개발단계로 구분할 수 없는 경우에는 그 프로젝트에서 발생한 지출은 모두 연구단계에서 발생한 것으로 본다(KIFRS1038-53).

[CPA 2016]

무형자산을 창출하기 위한 내부 프로젝트를 연구단계와 개발단계로 구분할 수 없는 경우에는 그 프로젝트에서 발생한 지출은 모두 개발단계에서 발생한 것으로 본다.(×)

(1) 연구단계

연구(또는 내부 프로젝트의 연구단계)에서 발생하는 무형자산을 인식하지 않는다. 연구(또는 내부 프

---

11) 연구란 새로운 과학적, 기술적 지식이나 이해를 얻기 위해 수행하는 독창적이고 계획적인 탐구활동을 말한다(KIFRS1038-8).
12) 개발이란 상업적인 생산이나 사용 전에 연구결과나 관련 지식을 새롭거나 현저히 개량된 재료, 장치, 제품, 공정, 시스템이나 용역의 생산을 위한 계획이나 설계에 적용하는 활동을 말한다(KIFRS1038-8).

로젝트의 연구단계)에 대한 지출은 발생시점에 비용으로 인식한다(KIFRS1038-54). 내부 프로젝트의 연구단계에서는 미래 경제적 효익을 창출할 무형자산이 존재한다는 것을 제시할 수 없기 때문에, 내부 프로젝트의 연구단계에서 발생한 지출은 발생시점에 비용으로 인식한다(KIFRS1038-55).

연구활동의 예는 다음과 같다(KIFRS1038-56).

① 새로운 지식을 얻고자 하는 활동
② 연구결과나 기타 지식을 탐색, 평가, 최종 선택, 응용하는 활동
③ 재료, 장치, 제품, 공정, 시스템이나 용역에 대한 여러 가지 대체안을 탐색하는 활동
④ 새롭거나 개선된 재료, 장치, 제품, 공정, 시스템이나 용역에 대한 여러 가지 대체안을 제안, 설계, 평가, 최종 선택하는 활동

(2) 개발단계

개발단계는 연구단계보다 훨씬 더 진전되어 있는 상태이기 때문에 어떤 경우에는 내부프로젝트의 개발단계에서는 무형자산을 식별할 수 있으며, 그 무형자산이 미래 경제적 효익을 창출할 것임을 제시할 수 있다(KIFRS1038-58).

다음 사항을 모두 제시할 수 있는 경우에만 개발활동(또는 내부 프로젝트의 개발단계)에서 발생한 무형자산을 인식한다(KIFRS1038-57).

- 무형자산을 사용하거나 판매하기 위해 그 자산을 완성할 수 있는 기술적 실현가능성
- 무형자산을 완성하여 사용하거나 판매하려는 기업의 의도
- 무형자산을 사용하거나 판매할 수 있는 기업의 능력
- 무형자산이 미래 경제적 효익을 창출하는 방법. 그 중에서도 특히 무형자산의 산출물이나 무형자산 자체를 거래하는 시장이 존재함을 제시할 수 있거나 또는 무형자산을 내부적으로 사용할 것이라면 그 유용성을 제시할 수 있다.
- 무형자산의 개발을 완료하고 그것을 판매하거나 사용하는 데 필요한 기술적, 재정적 자원 등의 입수가능성
- 개발과정에서 발생한 무형자산 관련 지출을 신뢰성 있게 측정할 수 있는 기업의 능력

개발활동에서 발생한 지출이 무형자산으로 인식하기 위하여 충족할 조건을 그림으로 표시하면 다음과 같다.

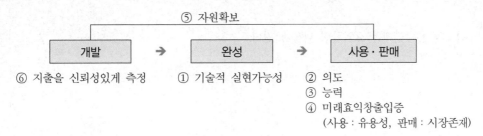

무형자산이 어떻게 미래 경제적 효익을 창출하는지를 제시하기 위해서는 자산손상기준서에서 제시하고 있는 원칙을 사용하여 그 자산에서 얻게 될 미래 경제적 효익을 평가한다. 자산이 다른 자산과 결합해야만 경제적 효익을 창출한다면, 자산손상기준서에 따른 현금창출단위의 개념을 적용한다(KIFRS1038-60).

무형자산을 완성하고 사용하며 그로부터 효익을 획득하는 데 필요한 자원의 확보가능성은, 예를 들어, 필요한 기술적 자원 및 재무적 자원 등과 그러한 자원들을 확보할 수 있는 기업의 능력이 설명된 사업계획에 의하여 제시될 수 있다. 경우에 따라 기업은 그 사업계획에 대한 대출자의 자금제공 의사표시를 통해 외부자금조달의 가능성을 제시할 수도 있다(KIFRS1038-61).

원가계산시스템으로 무형자산을 내부적으로 창출하는 데 발생한 원가를 신뢰성 있게 측정할 수도 있다. 예를 들어, 저작권이나 라이선스를 획득하거나 컴퓨터소프트웨어를 개발하는 과정에서 발생한 급여 등의 지출을 원가계산시스템으로 신뢰성 있게 측정할 수 있다(KIFRS1038-62).

내부적으로 창출한 브랜드, 제호, 출판표제, 고객 목록과 이와 실질이 유사한 항목은 무형자산으로 인식하지 아니한다(KIFRS1038-63). 그 이유는 해당 사업을 전체적으로 개발하는 데 발생한 원가와 구별할 수 없기 때문이다(KIFRS1038-64).

> **[CPA 2016]**
>
> 내부적으로 창출한 브랜드, 제호, 출판표제, 고객목록과 이와 실질이 유사한 항목은 무형자산으로 인식한다.(×)

개발활동의 예는 다음과 같다(KIFRS1038-59).

① 생산이나 사용 전의 시제품과 모형을 설계, 제작, 시험하는 활동
② 새로운 기술과 관련된 공구, 지그, 주형, 금형 등을 설계하는 활동
③ 상업적 생산 목적으로 실현가능한 경제적 규모가 아닌 시험공장을 설계, 건설, 가동하는 활동
④ 신규 또는 개선된 재료, 장치, 제품, 공정, 시스템이나 용역에 대하여 최종적으로 선정된 안을 설계, 제작, 시험하는 활동

> ※ 간편 구분법
> 연구활동은 지식이나 대체안을 탐색하는 활동 등 : [지식, 대체안 → 연구활동]
> 개발활동은 신제품 등을 설계하는 활동 등 : [설계 → 개발활동]

연구단계와 개발단계를 요약하면 다음과 같다.

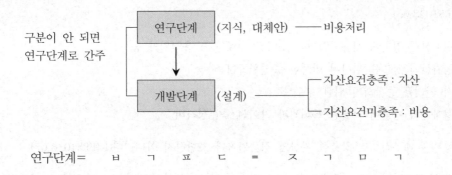

연구단계= ㅂ ㄱ ㅍ ㄷ = ㅈ ㄱ ㅁ ㄱ

[CTA 2003]

생산 전 또는 사용 전의 시제품과 모형을 설계, 제작 및 시험하는 활동은 연구단계로 분류한다. (×) : 개발단계로 분류

(3) 내부적으로 창출한 무형자산의 취득원가

내부적으로 창출한 무형자산의 취득원가는 그 무형자산이 인식기준을 최초로 충족시킨 이후에 발생한 지출금액의 합으로 한다. 이미 비용으로 인식한 지출은 무형자산의 취득원가로 인식할 수 없다(KIFRS1038-65).

[CPA 2014]

최초의 비용으로 인식한 무형자산에 대한 지출은 그 이후에 무형자산의 인식요건을 만족하게 된 경우에 한하여 무형자산의 원가로 다시 인식할 수 있다. (×)

[CCB 2015]

최초에 비용으로 인식한 무형항목에 대한 지출은 그 이후에 기업의 회계정책변경의 경우에 한하여 무형자산의 원가로 인식할 수 있다.(×)

이를 그림으로 표시하면 다음과 같다.

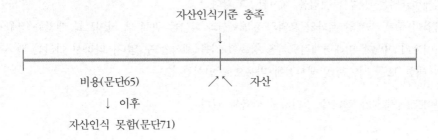

내부적으로 창출한 무형자산의 취득원가는 그 자산의 창출, 제조 및 경영자가 의도하는 방식으로 운영될 수 있게 준비하는 데 필요한 직접 관련된 모든 원가를 포함한다. 직접 관련된 원가의 예는 다음과

같다(KIFRS1038-66).

① 무형자산의 창출에 사용되었거나 소비된 재료원가, 용역원가 등
② 무형자산의 창출을 위하여 발생한 종업원급여
③ 법적 권리를 등록하기 위한 수수료
④ 무형자산의 창출에 사용된 특허권과 라이선스의 상각비

다음 항목은 내부적으로 창출한 자산의 취득원가에 포함하지 아니한다(KIFRS1038-67).

① 판매비, 관리비 및 기타 일반경비 지출. 다만, 무형자산을 의도한 용도로 사용할 수 있도록 준비하는 데 직접 관련된 경우는 제외한다.
② 무형자산이 계획된 성과를 달성하기 전에 발생한 명백한 비효율로 인한 손실과 초기 영업손실
③ 무형자산을 운용하는 직원의 교육훈련과 관련된 지출

[CPA 2006, CTA 2010]

자산을 운용하는 직원의 교육훈련과 관련된 지출은 내부적으로 창출한 무형자산의 원가에 포함한다. (×)

(4) 웹 사이트 원가[13]

기업이 내부 또는 외부 접근을 위해 개발한 자체의 웹 사이트는 기업회계기준서 제1038호가 적용되는 내부적으로 창출한 무형자산이다.

자체적으로 개발한 웹 사이트는 인식과 최초 측정을 규정한 기업회계기준서 제1038호 문단 21에서 설명하고 있는 일반적인 조건뿐만 아니라 문단 57의 조건을 모두 충족하는 경우에만 무형자산으로 인식한다.

① 특히 웹 사이트가 수익을 창출할 수 있을 때(⑩ 웹 사이트에서 이루어진 주문접수를 통해 수익을 직접 발생시키는 경우) 기업은 기업회계기준서 제1038호 문단 57(4)의 조건인 웹 사이트가 미래 경제적효익을 창출할 것임을 제시할 수 있다.
② 기업이 주로 자체의 재화와 용역의 판매촉진과 광고를 위해 웹 사이트를 개발한 경우에는 그 웹 사이트가 어떻게 미래경제적효익을 창출할 지를 제시할 수 없다. 따라서 이러한 웹 사이트 개발에 대한 모든 지출은 발생시점에 비용으로 인식한다.

웹 사이트 구축원가 처리를 정리하면 다음과 같다.

---

13) 기업회계기준해석서 제2032호 '무형자산 : 웹 사이트 원가'

웹 사이트 구축 내용	웹 사이트 구축원가 처리
수익창출(주문 접수 등)	자산
판매촉진과 광고용	비용

기업 자체의 웹 사이트 개발과 운영에 대한 내부 지출은 기업회계기준서 제1038호에 따라 회계처리한다. 적절한 회계처리를 위하여 지출이 발생한 활동별 성격(예 직원 교육과 웹 사이트의 유지)과 웹 사이트의 개발단계 및 개발 후 단계를 평가한다.

 예제 ID-2 내부적으로 창출한 무형자산의 취득원가

회계기간이 1월 1일부터 12월 31일인 A기업은 새로운 생산공정을 개발하고 있다. 20×1년 동안 발생한 지출은 1,000원이었으며 그 중 900원은 20×1년 12월 1일 전에 발생하였으며 100원은 20×1년 12월 1일과 20×1년 12월 31일 사이에 발생하였다. A기업은 20×1년 12월 1일에 새로운 생산공정이 무형자산의 인식기준을 충족했다는 사실을 제시할 수 있다. 그 공정에 내재된 노하우의 회수가능액(그 공정이 사용가능하기 전에 해당 공정을 완료하기 위한 미래 현금유출액 포함)은 500원으로 추정된다.

20×1년 말에, 그 생산공정은 100원의 원가(인식기준을 충족한 날, 즉 20×1년 12월 1일 이후에 발생된 지출)로 무형자산으로 인식된다. 20×1년 12월 1일 전에 발생한 900원의 지출은 비용으로 인식한다. 왜냐하면 무형자산의 인식기준이 20×1년 12월 1일까지 충족되지 않았기 때문이다. 그러므로 900원의 지출은 재무상태표에 자산으로 인식되는 생산공정의 원가의 일부를 구성할 수 없다.

A기업이 20×2년 중 지출한 금액은 2,000원이었다. 20×2년 말에 해당 공정에 내재된 노하우의 회수가능액(해당 공정이 사용가능하게 되기 전에 해당 공정을 완료하기 위한 미래 현금유출액 포함)은 1,900원으로 추정된다.

20×2년 말에, 해당 생산공정의 원가는 2,100원(20×1년 말에 인식된 100원에 20×2년에 인식된 2,000원을 가산)이다. A기업은 손상차손을 인식하기 전의 해당 공정의 장부금액인 2,100원을 회수가능액인 1,900원으로 수정하기 위하여 200원의 손상차손을 인식한다. 이 손상차손은 자산손상기준서의 손상차손 환입에 대한 붙음이 중족되는 경우, 차기 이후에 환입될 것이다.

[거래 도해]

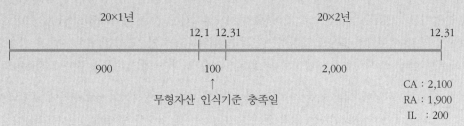

※ CA : 장부금액, RA : 회수가능액, IL : 손상차손

8. 비용의 인식

다음 중 하나에 해당하지 않는 무형항목 관련 지출은 발생시점에 비용으로 인식한다(KIFRS1038-68).

- 인식기준을 충족하는 무형자산 취득원가의 일부가 되는 경우
- 사업결합에서 취득하였으나 무형자산으로 인식할 수 없는 경우. 이 경우에는 취득일의 영업권으로 인식한 금액의 일부가 된다.

경우에 따라서는, 미래경제적효익을 얻기 위해 지출이 발생하더라도 인식할 수 있는 무형자산이나 다른 자산이 획득 또는 창출되지 않는다(KIFRS1038-69). 발생시점을 재화와 용역으로 구분하여 비용인식시점을 결정한다.

(1) 재화의 제공

재화가 제공되는 경우, 기업은 그 재화를 이용할 수 있는 권리를 갖게 될 때 그러한 지출을 비용으로 인식한다(KIFRS1038-69). 기업은 재화를 소유할 때 그 재화를 이용할 수 있는 권리를 갖는다. 이와 유사하게 재화가 공급계약에 따라 공급자에 의해 건설되고 기업이 지급의 대가로 재화의 인도를 요구할 수 있을 때 그 재화를 이용할 수 있는 권리를 갖는다(KIFRS1038-69A). 재화를 제공받는 시점이 비용을 인식하는 시점을 결정하는 요소가 되어서는 안 된다. 물리적인 공급이 이루어지는 날은 공급자와의 약정의 상업적 실질에 영향을 주지 않고 변경될 수 있다. 따라서 재화가 공급계약에 따라 공급자에 의해 완성되고 기업이 지급을 대가로 그 재화의 인도를 요구할 수 있을 때, 즉 기업이 관련 재화를 이용할 수 있는 권리를 갖게 되었을 때, 그 재화에 대하여 비용을 인식하여야 한다(KIFRS1038-BC46E). 기업이 재화를 이용할 수 있는 권리를 갖기 전에 재화에 대한 대가를 지급한 때에 기업이 그 선급금을 자산으로 인식하는 것을 금지하는 것은 아니다(KIFRS1038-70).

(2) 용역의 제공

용역이 제공되는 경우, 기업이 그 용역을 제공받았을 때 그러한 지출을 비용으로 인식한다(KIFRS1038-69). 기업이 용역을 제공받는 시기는 기업이 다른 용역을 제공(예 고객에게 광고하는 것)하기 위해 그 용역을 사용할 때가 아니라, 기업에게 당해 용역을 제공하기로 한 계약에 따라 공급자가 그 용역을 수행한 때이다(KIFRS1038-69A). 기업이 용역을 제공받기 전에 용역에 대한 대가를 지급한 때에 기업이 그 선급금을 자산으로 인식하는 것을 금지하는 것은 아니다(KIFRS1038-70).

예를 들면, 사업결합의 일부로 취득하는 경우를 제외하고는 연구활동을 위한 지출은 발생시점에 비용으로 인식한다. 발생시점에 비용으로 인식하는 지출의 다른 예는 다음과 같다(KIFRS1038-69).

- 사업개시활동에 대한 지출(즉, 사업개시원가). 다만, 유형자산의 취득원가에 포함되는 지출은 제외한다. 사업개시원가는 법적 실체를 설립하는 데 발생한 법적비용과 사무비용과 같은 설립원가, 새로운 시설이나 사업을 개시하기 위하여 발생한 지출(개업원가), 또는 새로운 영업을

시작하거나 새로운 제품이나 공정을 시작하기 위하여 발생하는 지출(신규영업준비원가)로 구성된다.

- 교육 훈련을 위한 지출
- 광고 및 판매촉진 활동을 위한 지출(우편 주문 카탈로그[14] 포함)
- 기업의 전부나 일부의 이전 또는 조직 개편에 관련된 지출

최초에 비용으로 인식한 무형항목에 대한 지출은 그 이후에 무형자산의 취득원가로 인식할 수 없다(KIFRS1038-71).

제4절 후속 측정

무형자산의 회계정책으로 원가모형이나 재평가모형을 선택할 수 있다. 재평가모형을 적용하여 무형자산을 회계처리하는 경우에는, 같은 분류의 기타 모든 자산도 그에 대한 활성시장이 없는 경우를 제외하고는 동일한 방법을 적용하여 회계처리한다(KIFRS1038-72).

무형자산은 영업상 유사한 성격과 용도로 분류한다. 자산을 선택적으로 재평가하거나 재무제표에서 서로 다른 기준일의 취득원가와 가치가 혼재된 금액을 보고하는 것을 방지하기 위하여 같은 분류 내(문단119참조)의 무형자산 항목들은 동시에 재평가한다(KIFRS1038-73).

제10장

과목	후속측정	본서	K-IFRS
유형자산	원가모형 or 재평가모형	제9장	1036호
무형자산	원가모형 or 재평가모형[*1]	제10장	1038호
탐사평가자산	원가모형 or 재평가모형[*1]	제26장	1106호
투자부동산	원가모형 or 공정가치모형[*2]	제11장	1040호

정리 10-1 후속측정

*1. 무형자산의 경우 활성시장이 존재할 경우에만 자산재평가가 가능하다.
*2. 매년 평가하여 평가손익을 당기손익에 반영한다.

1. 원가모형(cost model)

최초 인식 후에 무형자산은 취득원가에서 상각누계액과 손상차손누계액을 차감한 금액을 장부금액으로 한다(KIFRS1038-74).

---

14) 우편 주문 카탈로그의 주요 목적은 고객에게 재화를 광고하는 것으로, 우편 주문 카탈로그는 광고 활동의 한 예에 해당된다(KIFRS1038-BC46G).

2. 재평가모형(revaluation model)

(1) 재평가실시

최초 인식 후에 무형자산은 재평가일의 공정가치에서 이후의 상각누계액과 손상차손누계액을 차감한 재평가금액을 장부금액으로 한다. 공정가치는 활성시장[15]을 기초로 하여 결정한다(KIFRS1038-75).

재평가모형을 적용하는 경우에 다음 사항을 허용하지 않는다(KIFRS1038-76).

- 이전에 자산으로 인식하지 않은 무형자산의 재평가
- 취득원가가 아닌 금액으로 무형자산을 최초로 인식

재평가모형은 자산을 취득원가로 최초에 인식한 후에 적용한다. 그러나 일부 과정이 종료될 때까지 인식기준을 충족하지 않아서 무형자산의 취득원가의 일부만 자산으로 인식한 경우에는 그 자산 전체에 대하여 재평가모형을 적용할 수 있다. 또한 정부보조를 통하여 취득하고 명목상 금액으로 인식한 무형자산에도 재평가모형을 적용할 수 있다(KIFRS1038-77).

(2) 재평가빈도

보고기간말에 자산의 장부금액이 공정가치와 중요하게 차이가 나지 않도록 주기적으로 재평가를 실시[16]한다(KIFRS1038-75). 즉, 재평가의 빈도는 재평가되는 무형자산의 공정가치의 변동성에 따라 달라진다. 재평가된 자산의 공정가치가 장부금액과 중요하게 차이가 나는 경우에는 추가적인 재평가가 필요하다. 중요하고 급격한 공정가치의 변동 때문에 매년 재평가가 필요한 무형자산이 있는 반면에 공정가치의 변동이 경미하여 빈번한 재평가가 필요하지 않은 무형자산도 있다(KIFRS1038-79).

(3) 재평가자산의 표시

무형자산을 재평가하는 경우에 재평가일의 상각누계액은 다음 중 하나로 처리한다(KIFRS1038-80).

- 비례적 수정방법 : 재평가 후의 자산의 장부금액이 재평가금액과 일치하도록 자산의 총장부금액의 변동에 비례하여 상각누계액을 수정한다.
- 상각누계액 제거방법 : 상각누계액을 자산의 총장부금액에서 제거한 순액을 자산의 재평가금액으로 수정한다.

---

[15] 무형자산에 대하여 특성이 있는 활성시장이 존재하는 것이 흔하지는 않다. 예를 들면, 어떤 국가에서는 자유롭게 양도가 가능한 택시 라이선스, 어업권이나 생산할당량에 대하여 활성시장이 존재할 수 있다. 그러나 브랜드, 신문 제호, 음악과 영화 출판권, 특허권이나 상표는 성격상 독특하기 때문에 활성시장이 존재할 수 없다. 또한 무형자산이 매매되더라도 계약은 개별 매수자와 매도자 간에 협상이 되고 상대적으로 거래는 자주 일어나지 않는다. 이러한 이유로 어떤 자산에 대하여 지급한 가격이 다른 자산의 공정가치에 대한 충분한 증거를 제공하지 않을 수도 있다. 게다가 가격에 대한 정보가 공개적으로 이용가능하지 않을 수 있다(KIFRS1038-78).

[16] 매 회계연도마다 재평가를 실시할 것을 요구하지 않는다.

(4) 재평가차손익의 회계처리

① 재평가증 : 무형자산의 장부금액이 재평가로 인하여 증가된 경우에 그 증가액은 기타포괄손익으로 인식하고 재평가잉여금의 과목으로 자본에 가산한다. 그러나 그 증가액 중 그 자산에 대하여 이전에 당기손익으로 인식한 재평가감소에 해당하는 금액이 있다면 그 금액을 한도로 당기손익으로 인식한다(KIFRS1038-85).

② 재평가감 : 무형자산의 장부금액이 재평가로 인하여 감소된 경우에 그 감소액은 당기손익으로 인식한다. 그러나 감소액 중 그 자산에 대한 재평가잉여금 잔액이 있다면 그 금액을 한도로 재평가잉여금의 과목으로 기타포괄손익에 인식된다. 기타포괄손익으로 인식된 감소액은 재평가잉여금의 과목으로 자본에 누적되어 있는 금액을 줄인다(KIFRS1038-86).

③ 재평가잉여금의 실현 : 자본에 포함된 재평가잉여금 누계액은 그 잉여금이 실현되는 시점에 이익잉여금으로 직접 대체할 수 있다. 자산의 폐기나 처분 시점에 전체 잉여금이 실현될 수 있다. 그러나 일부 잉여금은 자산을 사용하면서 실현될 수 있다. 이러한 경우에 실현된 잉여금은 재평가된 장부금액을 기초로 한 상각액과 자산의 역사적 원가를 기초로 하여 인식하였을 상각액의 차이가 된다. 재평가잉여금을 이익잉여금으로 대체하는 것은 당기손익을 통하여 이루어지지 않는다(KIFRS1038-87).

 예제 10-3 재평가자산의 표시

제10장

㈜다빈의 20×1년 12월 31일 현재 시산표에 무형자산은 다음과 같이 표시되어 있다.

무형자산	₩500,000
상각누계액	(100,000)
	₩400,000

㈜다빈은 무형자산을 재평가모형으로 측정하였으며, 20×1년 12월 31일 현재 무형자산의 재평가금액은 ₩600,000이다. ㈜다빈은 재평가잉여금을 미처분이익잉여금으로 대체가 허용되면 대체한다.

≪물음≫

1. 20×1년 12월 31일 현재 부분재무상태표에 무형자산을 표시하고, 관련 회계처리(분개)를 하시오. 단, 2가지 표시방법별로 구분하여 답하시오.
2. ㈜다빈은 20×2년 1월 1일에 무형자산을 650,000에 처분하였다. 무형자산처분손익을 계산하고, 처분시 회계처리(분개)를 하시오. 단, 분개는 상각누계액제거방법을 가정하고 할 것.
3. 만일, 20×1년 12월 31일 현재 무형자산의 재평가금액은 ₩300,000이라고 가정하고 '물음 1'에 답하시오.

해답

1.

(1) 비례적 수정방법

ㅡ 재무상태표 표시

무형자산	$500,000 \times 1.5^{*1} =$	₩750,000
상각누계액	$100,000 \times 1.5^{*1} =$	(150,000)
		₩600,000

*1. 600,000/400,000 = 1.5

ㅡ 관련분개

(차) 무형자산	250,000	(대) 상각누계액	50,000
		재평가잉여금	200,000

(2) 상각누계액 제거방법

ㅡ 재무상태표 표시

무형자산	$500,000 + 100,000 =$	₩600,000
상각누계액	$100,000 - 100,000 =$	(ㅡ)
		₩600,000

ㅡ 관련분개

(차) 무형자산	100,000	(대) 재평가잉여금	200,000
상각누계액	100,000		

2. 무형자산처분이익 = 650,000 − 600,000 = 50,000

〈처분시〉

(차) 현　　금	650,000	(대) 무형자산	600,000
		무형자산처분이익	50,000

(차) 재평가잉여금	200,000	(대) 이익잉여금	200,000

3.

(1) 비례적 수정방법

ㅡ 재무상태표 표시

무형자산	$500,000 \times 0.75^{*1} =$	₩375,000
상각누계액	$100,000 \times 0.75^{*1} =$	(75,000)
		₩300,000

*1. 300,000/400,000 = 0.75

―관련분개

| (차) 상각누계액 | 25,000 | (대) 무형자산 | 125,000 |
| 재평가손실 | 100,000 | | |

(2) 상각누계액 제거방법

―재무상태표 표시

무형자산   500,000 − 200,000 = ₩300,000

상각누계액   100,000 − 100,000 = (−)

₩300,000

―관련분개

| (차) 상각누계액 | 100,000 | (대) 무형자산 | 200,000 |
| 재평가손실 | 100,000 | | |

(5) 활성시장(active market)이 없는 경우

재평가한 무형자산과 같은 분류 내의 무형자산을 그 자산에 대한 활성시장이 없어서 재평가할 수 없는 경우에는 취득원가에서 상각누계액과 손상차손누계액을 차감한 금액으로 표시한다(KIFRS1038-81).

재평가한 무형자산의 공정가치를 더 이상 활성시장을 기초로 하여 결정할 수 없는 경우에는 자산의 장부금액은 활성시장을 기초로 한 최종 재평가일의 재평가금액에서 이후의 상각누계액과 손상차손누계액을 차감한 금액으로 한다(KIFRS1038-82).

재평가한 무형자산에 대하여 더 이상 활성시장이 존재하지 않는다는 것은 자산이 손상되어 손상검사를 할 필요가 있다는 것을 나타내는 것일 수 있다(KIFRS1038-83).

자산의 공정가치를 이후의 측정일에 활성시장을 기초로 하여 결정할 수 있는 경우에는 그 날부터 재평가모형을 적용한다(KIFRS1038-84).

제 5 절 상 각

EBIT(발생주의 영업이익)＝NI ＋ I ＋ T

EBITDA(현금주의 영업이익)＝NI ＋ I ＋ T ＋ D ＋ A

※ NI : 당기순이익, I : 이자비용, T : 법인세, D : 감가상각비,
A : 무형자산상각비(amortization)

제10장

1. 내용연수(useful life)

(1) 한정과 비한정의 구분

무형자산의 내용연수가 유한한지 또는 비한정인지를 평가하고, 만약 내용연수가 유한하다면 자산의 내용연수 기간이나 내용연수를 구성하는 생산량이나 이와 유사한 단위를 평가한다(KIFRS1038-88).

무형자산의 회계처리는 내용연수에 따라 다르다. 내용연수가 유한한 무형자산은 상각하고, 내용연수가 비한정인 무형자산은 상각하지 아니한다(KIFRS1038-89).

> [CCB 2010]
>
> 내용연수가 비한정인 경우, 내용연수를 20년으로 추정하여 상각한다. (×)

여기서 '비한정'의 의미는 다음과 같다.

- 관련된 모든 요소(예 법적, 규정적, 계약적, 경쟁적, 경제적 또는 기타 요소)의 분석에 근거하여, 그 자산이 순현금유입을 창출할 것으로 기대되는 기간에 대하여 예측가능한 제한(foreseeable limit)이 없을 경우, 무형자산의 내용연수가 비한정인 것으로 본다(KIFRS1038-88).
- '비한정(indefinite)'이라는 용어는 '무한'을 의미하지 않는다(KIFRS1038-91).

무형자산의 내용연수는 자산의 내용연수를 추정하는 시점에 평가된 표준적인 성능수준을 유지하기 위한 미래 유지비용과 그 수준의 비용을 부담할 수 있는 기업의 능력과 의도만을 반영한다. 따라서 자산의 내용연수를 추정하는 시점에 평가된 표준적인 성능수준을 유지하기 위하여 필요한 지출을 초과하는 계획된 미래지출에 근거하여 무형자산의 내용연수가 비한정이라는 결론을 내려서는 안 된다(KIFRS1038-91).

(2) 내용연수의 결정

무형자산의 내용연수를 결정하기 위해서 다음과 같은 요인을 포함하여 종합적으로 고려한다(KIFRS1038-90).

① 기업이 예상하는 자산의 사용방식과 자산이 다른 경영진에 의하여 효율적으로 관리될 수 있는지 여부
② 자산의 일반적인 제품수명주기와 유사한 방식으로 사용되는 유사한 자산들의 내용연수 추정치에 관한 공개된 정보
③ 기술적, 공학적, 상업적 또는 기타 유형의 진부화[17]
④ 자산이 운용되는 산업의 안정성과 자산으로부터 산출되는 제품이나 용역의 시장수요 변화

---

17) 컴퓨터소프트웨어와 기타 많은 무형자산은 기술상 빠른 변화가 있기 때문에 기술적 진부화의 영향을 받기 쉽다. 따라서 그러한 무형자산의 내용연수는 일반적으로 짧을 가능성이 높다(KIFRS1038-92).

⑤ 기존 또는 잠재적인 경쟁자의 예상 전략

⑥ 예상되는 미래 경제적 효익의 획득에 필요한 자산 유지비용의 수준과 그 수준의 비용을 부담할 수 있는 능력과 의도

⑦ 자산의 통제가능 기간과 자산사용에 대한 법적 또는 이와 유사한 제한(⑩ 관련된 리스의 만기일)

⑧ 자산의 내용연수가 다른 자산의 내용연수에 의해 결정되는지의 여부

계약상 권리 또는 기타 법적 권리로부터 발생하는 무형자산의 내용연수는 그러한 계약상 권리 또는 기타 법적 권리의 기간을 초과할 수는 없지만, 자산의 예상사용기간에 따라 더 짧을 수는 있다. 만약 계약상 또는 기타 법적 권리가 갱신가능한 한정된 기간 동안 부여된다면, 중요한 원가 없이 갱신될 것이 명백한 경우에만 그 갱신기간을 무형자산의 내용연수에 포함한다(KIFRS1038-94).

무형자산의 내용연수는 다음과 같은 경제적 요인과 법적 요인에 의해 결정된 기간 중 짧은 기간으로 한다(KIFRS1038-95).

- 경제적 요인은 자산의 미래 경제적 효익이 획득되는 기간을 결정한다.
- 법적 요인은 기업이 그 효익에 대한 접근을 통제할 수 있는 기간을 제한한다.

특히 다음의 조건을 모두 충족하는 경우에는 중요한 원가를 부담하지 않고 계약상 또는 기타 법적 권리의 갱신이 이루어질 수 있는 것으로 본다(KIFRS1038-96).

① 과거 경험 등에 비추어 계약상 권리나 기타 법적 권리가 갱신될 것이라는 증거가 있다. 갱신이 제3자의 승인을 조건으로 하는 경우에는 제3자가 승인할 것이라는 증거를 포함한다.

② 권리 갱신을 위해 필요한 조건들이 충족될 것이라는 증거가 있다.

③ 갱신원가가 갱신으로 인하여 유입될 것으로 기대되는 미래 경제적 효익과 비교하여 중요하지 않다.

만약 갱신원가가 갱신으로 인하여 유입될 것으로 기대되는 미래 경제적 효익과 비교하여 중요하다면, 그 갱신원가는 실질적으로 갱신일에 새로운 무형자산을 취득하기 위하여 발생한 원가를 나타낸다.

2. 내용연수가 유한한 무형자산

내용연수가 유한한 무형자산의 상각대상금액은 내용연수동안 체계적인 방법으로 배분하여야 한다(KIFRS1038-97).

(1) 내용연수

상각은 자산이 사용가능한 때부터 시작한다. 즉 자산이 경영자가 의도하는 방식으로 운영할 수 있는 위치와 상태에 이르렀을 때부터 시작한다(KIFRS1038-97).

상각은 자산이 매각예정으로 분류되는(또는 매각예정으로 분류되는 처분자산집단에 포함되는) 날과 자산이 재무상태표에서 제거되는 날 중 이른 날에 중지한다(KIFRS1038-97). 즉, 내용연수가 유한한 무

형자산은 그 자산을 더 이상 사용하지 않을 때도 상각을 중지하지 아니한다. 다만, 완전히 상각하거나 매각예정으로 분류하는(또는 매각예정으로 분류되는 처분자산집단에 포함하는) 경우에는 상각을 중지한다(KIFRS1038-117).

무형자산상각의 중지여부를 정리하면 다음과 같다.

- 매각 예정자산으로 분류, 완전히 상각, 제거 : 상각을 중지
- 사용을 중단 : 상각을 중지하지 아니함

(2) 상각방법

무형자산의 상각방법은 자산의 경제적 효익이 소비되는 형태를 반영한 방법이어야 한다. 다만, 소비되는 형태를 신뢰성 있게 결정할 수 없는 경우에는 정액법을 사용한다(KIFRS1038-97).

무형자산의 상각대상금액을 내용연수 동안 체계적으로 배분하기 위해 다양한 방법을 사용할 수 있다. 이러한 상각방법에는 정액법, 체감잔액법과 생산량비례법이 있다. 상각방법은 자산에 내재된 기대 미래 경제적 효익의 예상되는 소비형태를 반영하여 선택하고, 미래 경제적 효익의 예상되는 소비형태가 변동하지 않는다면 매 회계기간에 일관성 있게 적용한다[18](KIFRS1038-98).

(3) 잔존가치

내용연수가 유한한 무형자산의 잔존가치는 다음의 ①과 ② 중 하나에 해당하는 경우를 제외하고는 영(0)으로 본다(KIFRS1038-100).

① 내용연수 종료 시점에 제3자가 자산을 구입하기로 한 약정이 있다.
② 무형자산의 활성시장이 있고 다음을 모두 충족한다.
  - 잔존가치를 그 활성시장에 기초하여 결정할 수 있다.
  - 그러한 활성시장이 내용연수 종료 시점에 존재할 가능성이 높다.

내용연수가 유한한 자산의 상각대상금액은 잔존가치를 차감하여 결정한다. 영(0)이 아닌 잔존가치는 경제적 내용연수 종료 시점 이전에 그 자산을 처분할 것이라는 기대를 나타낸다(KIFRS1038-101).

무형자산의 잔존가치는 처분으로 회수가능한 금액을 근거로 하여 추정하는데, 그 자산이 사용될 조건과 유사한 조건에서 운용되었고 내용연수가 종료된 유사한 자산에 대해 추정일 현재 일반적으로 형성된 매각 가격을 사용한다. 잔존가치는 적어도 매 회계기간 말에는 검토한다. 잔존가치의 변동은 회계추정

---

18) 종전 문단 98의 마지막 문장에서 '내용연수가 유한한 무형자산의 경우에 정액법에 의한 상각누계액보다 작은 상각누계액을 인식하는 상각방법의 사용을 정당화 할 수 있는 설득력 있는 증거는 거의 없다'라고 기술되어 있었다. 실무에서는 이러한 언급이 생산량비례법이 정액법보다 상각누계액이 작게 된다면 생산량비례법을 사용하여 자산을 상각하는 것을 금지하는 것으로 인식되었다. 그러나 정액법을 사용하는 것이, 상각방법은 무형자산의 기대 미래경제적효익의 예상되는 소비형태를 반영하여야 한다는 문단 98의 일반적인 물음과 일관되지 않을 수 있다. 결과적으로 IASB는 문단 98의 마지막 문장을 삭제하기로 결정하였다(KIFRS1038-72A).

의 변경으로 처리한다(KIFRS1038-102).

무형자산의 잔존가치는 해당 자산의 장부금액과 같거나 큰 금액으로 증가할 수도 있다. 이 경우에는 자산의 잔존가치가 이후에 장부금액보다 작은 금액으로 감소될 때까지는 무형자산의 상각액은 영(0)이 된다(KIFRS1038-103).

> **[CPA 2010]**
>
> 내용연수가 유한한 무형자산의 잔존가치는 해당 자산의 장부금액과 같을 수는 있으나, 장부금액보다 더 클 수는 없다. (×)

> **[CBB 2014]**
>
> 내용연수가 유한한 무형자산의 잔존가치가 장부금액을 초과할 경우에는 과거 무형자산 상각액을 소급하여 수정한다. (×)

(4) 상각기간과 상각방법의 검토

내용연수가 유한한 무형자산의 상각기간과 상각방법은 적어도 매 회계연도 말에 검토한다. 자산의 예상 내용연수가 과거의 추정치와 다르다면 상각기간을 이에 따라 변경한다. 자산에 내재된 미래 경제적 효익의 예상소비형태가 변동된다면, 변동된 소비형태를 반영하기 위하여 상각방법을 변경한다. 상각방법의 변경은 회계추정의 변경[19]으로 회계처리한다(KIFRS1038-104).

정리 10-2 **상각기본요소 검토주기 및 변경의 처리**
• 잔존가치와 내용연수가 유한한 무형자산의 상각기간과 상각방법은 적어도 매 회계기간 말에는 검토한다(KIFRS1038-102,104).   • 잔존가치 및 상각방법의 변동은 회계추정의 변경으로 처리한다(KIFRS1038-102,104).

무형자산의 내용연수 동안, 내용연수의 추정이 적절하지 않다는 것이 명백해지는 경우가 있다. 예를 들면, 손상차손의 인식이 상각기간을 변경할 필요가 있다는 것을 나타낼 수 있다(KIFRS1038-105).

시간이 경과함에 따라, 무형자산에서 유입될 것으로 기대되는 미래 경제적 효익의 형태는 변경될 수 있다. 예를 들면, 체감잔액법이 정액법보다 더 적절하다는 것이 명백해지는 경우가 있다. 또 다른 예로는 라이선스에 의한 권리의 사용이 해당 사업계획의 다른 요소에 대한 활동이 수행될 때까지 연기되는 경우에 그 자산에서 유입되는 미래 경제적 효익은 그 이후의 회계기간이 되어서야 나타날 수 있다(KIFRS1038-106).

제10장

---

19) K-GAAP 제1호에서는 유형자산과 무형자산의 상각방법 변경은 회계정책의 변경으로 회계처리하였다.

(5) 무형자산 상각액

무형자산의 상각액은 무형자산기준서나 다른 KIFRS에서 다른 자산의 장부금액에 포함하도록 허용하거나 요구하는 경우를 제외하고는 당기손익으로 인식한다(KIFRS1038-97). 즉, 무형자산의 상각액은 일반적으로 당기손익으로 인식한다. 그러나 자산에 내재된 미래 경제적 효익이 다른 자산의 생산에 소모되는 경우, 그 자산의 상각액은 다른 자산의 원가를 구성하여 장부금액에 포함한다. 예를 들면, 제조과정에서 사용된 무형자산의 상각은 재고자산의 장부금액에 포함한다(KIFRS1038-99).

> **[CPA 2000]**
>
> 개발비상각액은 판매비와 관리비로 처리해야 한다. (×)

3. 내용연수가 비한정인 무형자산

(1) 손 상

표현의 충실성을 위하여 무형자산의 상각기간은 일반적으로 내용연수와 더 나아가 당해 자산과 관련된 현금흐름을 반영하여야 한다. 따라서 모든 관련 요소(예 법적, 규정적, 계약적, 경쟁적, 경제적 또는 기타 요소)를 분석한 결과, 특정 무형자산에 대해서는 순현금유입을 발생할 것으로 기대되는 기간에 대한 '예측가능한 제한(foreseeable limit)'이 없다는 결론에 도달할 수 있다고 본다. 이러한 경우에는 무형자산의 내용연수가 비한정[20](indefinite)이라고 본다.

자산에 내재된 미래 경제적 효익이 소비되리라고 기대되는 기간에 대한 '예측가능한 제한'이 없다면 임의적으로 결정된 최대기간동안의 자산의 상각은 표현의 충실성을 훼손할 것이다. 따라서 내용연수가 비한정인 무형자산은 상각하지 않고 정기적인 손상검사(impairment test)를 하여야 한다.

내용연수가 비한정인 무형자산은 상각하지 아니한다(KIFRS1038-107). 다음의 각 경우에 회수가능액과 장부금액을 비교하여 내용연수가 비한정인 무형자산의 손상검사를 수행하여야 한다(KIFRS1038-108).

- 매년
- 무형자산의 손상을 시사하는 징후가 있을 때

> **[CCB 2012]**
>
> 내용연수가 비한정인 무형자산은 상각하지 아니하며, 자산손상을 시사하는 징후가 있을 때에 한하여 손상검사를 수행한다. (×)

따라서 매년 손상검사를 하여야 하는 무형자산은 다음과 같다.

- 내용연수가 비한정인 무형자산(KIFRS1038-108)

---

20) K-GAAP에서는 '무형자산의 상각기간은 독점적·배타적인 권리를 부여하고 있는 관계 법령이나 계약에 정해진 경우를 제외하고는 20년을 초과할 수 없다'고 하였다. 이러한 입장은 모든 무형자산의 내용연수는 유한(finite)한 것으로 보는 것이다.

• 아직 사용가능하지 않은 무형자산(KIFRS1036-10)

장기간동안 상각되는 무형자산의 회수가능액이 유사한 기간동안 상각되는 다른 자산보다 더 정기적으로 평가되어야 한다는 개념적인 근거를 발견할 수 없었다. 그러므로 20년을 초과하는 기간동안 상각되는 내용연수가 유한한 무형자산의 회수가능액은 자산손상에 관한 기업회계기준에 따라 그 자산이 손상되었다는 징후가 있는 경우에만 평가해야 한다고 보았다. 결과적으로, 추정내용연수가 20년을 초과하는 무형자산의 회수가능액을 최소한 매 회계연도 말에 추정하도록 한 국제회계기준위원회(IASB)의 물음을 삭제하였다. 무형자산의 자산손상과 관련된 모든 물음을 무형자산기준서보다 자산손상기준서에 포함하여야 할 것이다. 그러므로 매 회계연도 말에 손상의 징후가 있는지에 관계없이 아직 사용가능하지 않은 무형자산의 회수가능액을 추정하여야 한다는 국제회계기준위원회(IASB)의 물음을 자산손상기준서에 재배치하였다. 내용연수에 따른 손상검사(회수가능액추정)시기를 정리하면 다음과 같다.

구 분	내용연수		
	비한정	20년 초과	유한
매년	○	×	×
손상징후 발견시	○	○	○

(2) 내용연수 평가와 검토

1) 상각하지 않는 무형자산(KIFRS1038-109)

• 상각하지 않는 무형자산에 대하여 사건과 상황이 그 자산의 내용연수가 비한정이라는 평가를 계속하여 정당화하는지를 매 회계기간에 검토한다.
• 사건과 상황이 그러한 평가를 정당화하지 않는 경우에 비한정 내용연수를 유한 내용연수로 변경하는 것은 회계추정의 변경으로 회계처리한다.

2) 비한정 내용연수를 유한 내용연수로 재평가하는 것(KIFRS1038-110)

• 비한정 내용연수를 유한 내용연수로 재평가하는 것은 그 자산의 손상을 시사하는 하나의 징후가 된다.
• 따라서 회수가능액과 장부금액을 비교하여 그 자산에 대한 손상검사를 하고, 회수가능액을 초과하는 장부금액을 손상차손으로 인식한다.

내용연수가 비한정인 무형자산을 정리하면 다음과 같다.

• 순현금유입 창출기대기간에 대하여 예측가능한 제한이 없다(KIFRS1038-88).
• 상각기간을 결정 불가 : 상각 안 함(KIFRS1038-89)
• 반드시 매년 손상검토실시(KIFRS1038-108)

제10장

- '무한'을 의미하지 않는다(KIFRS1038-91).
- 성능유지를 위한 과도한 지출에 근거하여 비한정이라고 할 수 없다(KIFRS1038-91).
- 유한으로 변경은 추정변경에 해당(KIFRS1038-109)
- 유한으로 재평가는 손상징후에 해당(KIFRS1038-110)

4. 내용연수의 평가

기업회계기준서 제1038호는 무형자산 내용연수 평가에 관한 적용사례를 다음과 같이 제시하고 있다.

(사례 1) 취득한 고객목록

직접우편발송 광고회사가 고객목록을 취득하고, 당해 고객목록 정보로부터 적어도 1년, 그러나 3년을 넘지 않는 기간 동안 효익을 얻을 수 있을 것으로 기대한다.

| 평가 | 고객목록은 그 내용연수에 대한 경영진의 최선 추정기간(예 18개월) 동안 상각된다. 직접우편발송 광고회사가 미래에 그 고객목록에 고객이름과 그 밖의 정보를 추가할 의도를 가지고 있다고 하더라도 취득한 고객목록에서 기대되는 효익은 취득일의 당해 목록에 포함된 고객에게만 관련된다. 고객목록도 매 보고기간말마다 자산손상을 시사하는 징후가 있는지를 평가하여 손상을 검토할 것이다.

(사례 2) 취득한 특허권으로서 15년 후에 만료되는 경우

특허 기술에 의해 보호를 받는 제품이 적어도 15년 동안 순현금유입의 원천이 될 것으로 예상된다. 기업은 특허권 취득일 현재 공정가치의 60%로 5년 후에 특허권을 구매하려는 제3자와 약정하였으며 5년 후에 특허권을 매각할 의도를 가지고 있다.

| 평가 | 기업은 특허권을 취득일 현재 공정가치의 60%에 대한 현재가치를 잔존가치로 하여 5년의 내용연수에 걸쳐 상각할 것이다. 특허권도 매 보고기간말마다 자산손상을 시사하는 징후가 있는지를 평가하여 손상을 검토할 것이다.

(사례 3) 취득한 저작권으로서 50년의 법정 잔여연수가 있는 경우

고객의 성향과 시장동향의 분석을 통해 저작권을 가진 해당 자료가 앞으로 30년 동안만 순현금유입을 창출할 것이라는 증거가 제공된다.

| 평가 | 저작권은 30년의 추정 내용연수 동안 상각될 것이다. 저작권도 매 보고기간말마다 자산손상을 시사하는 징후가 있는지를 평가하여 손상을 검토할 것이다.

(사례 4) 취득한 방송 라이선스로서 5년 후에 만료되는 경우

방송 라이선스는 기업이 적어도 통상적인 수준의 서비스를 고객에게 제공하고 관련 법적 규정을 준수한다면 매 10년마다 갱신이 가능하다. 이 라이선스는 거의 원가없이 비한정으로 갱신할 수 있으며 최근의 취득 이전에 두 번 갱신되었다. 취득 기업은 라이선스를 비한정으로 갱신하려는 의도를 가지고 있으며 갱신할 수 있는 능력을 가지고 있다는 증거도 있다. 과거에 라이선스를 갱신하는 데 어려움은

없었다. 방송하는 데 사용되는 기술은 예측가능한 미래의 어느 시점에라도 다른 기술에 의해 대체될 것으로 예상되지 않는다. 따라서 라이선스는 비한정으로 기업의 순현금유입에 기여할 것으로 기대된다.

| 평가 | 방송 라이선스는 비한정으로 기업의 순현금유입에 기여할 것으로 기대되므로 내용연수가 비한정인 것으로 회계처리한다. 따라서 당해 라이선스는 그 내용연수가 유한하다고 결정할 때까지는 상각하지 않을 것이다. 라이선스에 대하여 매년 그리고 자산손상을 시사하는 징후가 있을 때마다 손상검사를 할 것이다.

(사례 5) 사례 4의 방송 라이선스

라이선스발급 기관이 방송 라이선스를 더 이상 갱신해주지 않고 이를 경매에 붙이기로 결정하였다. 라이선스 발급기관의 이러한 결정이 이루어진 시점에 당해 방송 라이선스는 그 만료시점까지 3년이 남아있다. 기업은 만료시점까지 라이선스가 순현금유입에 기여를 할 것으로 예상한다.

| 평가 | 방송 라이선스가 더 이상 갱신될 수 없으므로 그 내용연수는 더 이상 비한정이지 않다. 따라서 취득한 라이선스는 3년의 잔여내용연수 동안 상각하고 즉시 손상검사를 한다.

(사례 6) 취득한 유럽의 두 도시간 항공로 이용권으로서 3년 후에 만료되는 경우

항공로 이용권은 매 5년마다 갱신될 수 있고 취득 기업은 갱신과 관련된 법규와 규정을 준수할 의도를 가지고 있다. 항공로 이용권을 갱신하는 데 통상 미미한 원가밖에 들지 않으며 경험으로 볼 때 항공사가 적용 법규와 규정을 준수해온 경우에는 과거의 항공로 이용권이 갱신되었다. 취득 기업은 중심 공항에서부터 두 도시간에 서비스를 비한정으로 제공할 수 있을 것으로 예상하고 있으며, 기업이 항공로 이용권을 가지고 있는 한 관련 지원기반(공항 출입구, 이착륙권, 공항시설 리스)이 해당 공항에서 계속 유지될 것으로 예상하고 있다. 수요와 현금흐름에 대한 분석이 이러한 가정을 뒷받침한다.

| 평가 | 제반 사실과 상황이 두 도시간 항공서비스를 비한정으로 계속하여 제공할 능력이 항공로 이용권을 취득한 기업에게 있음을 뒷받침하므로 당해 항공로 이용권과 관련된 무형자산의 내용연수는 비한정인 것으로 회계처리한다. 따라서 당해 항공로 이용권은 그 내용연수가 유한하다고 결정될 때까지 상각하지 않는다. 이 항공로 이용권은 매년 그리고 자산손상을 시사하는 징후가 있을 때마다 손상검사를 한다.

(사례 7) 취득한 상표권으로서 과거 8년간 시장점유율이 선두인 선도소비제품을 식별하고 구별하는 데 사용되는 경우

상표권은 잔여 법정 연수가 5년이나 매 10년마다 거의 원가 없이 갱신할 수 있다. 취득 기업은 당해 상표권을 계속적으로 갱신할 의도와 갱신할 수 있는 능력이 있음을 뒷받침하는 증거가 있다. (1) 제품수 명주기 연구, (2) 시장, 경쟁과 환경 동향 그리고 (3) 브랜드 확장 기회를 분석해 볼 때, 상표권으로 보호되는 당해 제품이 비한정 기간에 걸쳐 취득 기업에게 순현금유입을 창출하게 할 것이라는 증거가 제시된다.

| 평가 | 상표권은 비한정으로 기업의 순현금유입에 기여할 것이 예상되므로 내용연수가 비한정인 것으로 회계처리한다. 따라서 상표권은 그 내용연수가 유한하다고 결정될 때까지 상각하지 않는다. 그 상표권

제10장

에 대하여 매년 그리고 자산손상을 시사하는 징후가 있을 때마다 손상검사를 한다.

(사례 8) 10년 전에 취득한 상표권으로서 선도소비제품으로 구별하는 경우

상표권으로 보호되는 제품이 비한정으로 순현금유입을 창출할 것이 예상되었으므로 취득 당시에 당해 상표권의 내용연수는 비한정인 것으로 간주되었다. 그러나 최근에 예상하지 못한 경쟁자가 시장에 진입하였고 이로 인하여 당해 상표 제품의 매출이 감소될 것으로 예상하고 있다. 경영진은 예측가능한 미래에 당해 제품으로 창출되는 순현금유입이 20% 정도 감소할 것으로 추정한다. 그러나 경영진은 그 제품이 이렇게 줄어든 금액의 순현금유입을 비한정으로 창출할 것이라고 예상한다.

| 평가 | 추정된 미래 순현금유입 감소의 결과로 기업은 상표권의 추정 회수가능액이 장부금액에 미달하는 것으로 결정하고 손상차손을 인식한다. 그 상표권의 내용연수가 여전히 비한정인 것으로 간주되므로 상표권은 여전히 상각하지 않으나 매년 그리고 자산손상을 시사하는 징후가 있을 때마다 손상검사를 한다.

(사례 9) 수년전 사업결합으로 취득한 하나의 제품군에 대한 상표권

사업결합 당시 피취득자는 그 상표권을 사용하여 새로운 모델을 많이 개발하여 35년간 특정 제품군을 생산해왔다. 취득일에 취득자는 그 제품군의 생산을 계속할 것으로 예상하였고, 여러 경제적 요소의 분석에 의할 때 상표권이 순현금유입에 기여하는 기간에 제한이 없는 것으로 밝혀졌다. 따라서 취득자는 상표권을 상각하지 않는다. 그러나 경영진은 제품군의 생산을 앞으로 4년 후에 중단하기로 최근에 결정하였다.

| 평가 | 취득한 상표권의 내용연수는 더 이상 비한정으로 간주되지 않으므로 당해 상표권의 장부금액은 손상검사를 하고 잔여 내용연수인 4년 동안 상각한다.

제6절 손상차손과 폐기 · 처분

1. 장부금액의 회수가능성 - 손상차손

무형자산의 손상여부를 결정하기 위해서는 자산손상기준서를 적용한다. 자산손상기준서는 자산의 장부금액의 검토시기와 방법, 자산의 회수가능액의 결정방법과 손상차손과 손상차손환입의 인식시기를 설명하고 있다(KIFRS1038-111).

표 10-1 ● 손상차손과 손상차손환입 계산식

- 손상차손＝CA － RA
- 손상차손환입＝Min[RA, CA(IF 감액×)] － CA
  where RA(recoverable amount, 회수가능액)＝Max[순공정가치, 사용가치]
  ※ CA : 장부금액

예제 1ㅁ-ㄴ 손상차손^(CTA1차 2005)

㈜양천(결산일 12월 31일)은 신기술 개발을 위하여 20×1년과 20×2년에 각각 ₩5,000,000과 ₩7,000,000을 지출하였으며 이 지출액은 모두 개발비로 자산처리할 수 있는 요건을 충족하였다. 이 지출의 결과 얻어진 신기술은 20×2년 10월 1일에 개발이 완료되어 사용되기 시작하였다. 그런데 이 신기술의 시장성이 그다지 없다는 A연구소의 발표 때문에 이 신기술의 회수가능액이 20×3년말 현재 ₩8,400,000으로 평가(감액사유발생)되었다. 그러나 A연구소는 당초의 평가를 수정하였고 그 결과 20×4년말 현재 이 신기술의 회수가능액은 ₩9,500,000으로 회복되었다. 한편, ㈜양천은 개발비의 상각기간을 10년으로 추정하였고, 개발비의 상각방법으로서 정액법을 사용하고 월할계산한다.

≪물음≫

1. 20×3년말에 인식할 손상차손을 계산하시오.
2. 20×4년말에 ㈜양천이 인식할 개발비손상차손환입액을 계산하시오.

해답

1. 손상차손

손상차손 = 장부금액 − 회수가능액

$$= (12,000,000 - 12,000,000 \times 15/120) - 8,400,000$$
$$= 2,100,000$$

2. 손상차손환입

① 20×4년말 장부금액(손상차손환입인식전) = $8,400,000 \times 93/105 = 7,440,000$

② 20×4년말 회수가능액 = 9,500,000

③ 20×4년말 장부금액(if 손상차손인식×) = $12,000,000 \times 93/120 = 9,300,000$

손상차손환입 = min[②9,500,000, ③9,300,000] − ①7,440,000 = 1,860,000

[해설] 연도별 손익계정의 잔액

연도	상각비	손상차손	손상차손환입
20×2년	300,000[*1]		
20×3년	1,200,000[*2]	2,100,000[*3]	
20×4년	960,000[*4]		1,860,000[*5]

[*1]. $12,000,000 \times (1/10) \times (3/12) = 300,000$
[*2]. $12,000,000 \times (1/10) = 1,200,000$
[*3]. $(12,000,000 - 300,000 - 1,200,000) - 8,400,000 = 2,100,000$
[*4]. $8,400,000 \times [12/(120 - 15)] = 960,000$
[*5]. $\text{Min}[9,500,000, 12,000,000 \times [(120 - 27)/120]] - (8,400,000 - 960,000) = 1,860,000$

제10장

2. 폐기와 처분

(1) 무형자산 제거시점

무형자산은 다음의 각 경우에 재무상태표에서 제거한다(KIFRS1038-112).

① 처분(disposal)하는 때
② 사용(use)이나 처분(disposal)으로부터 미래 경제적 효익이 기대되지 않을 때

(2) 무형자산 제거손익

무형자산의 제거로 인하여 발생하는 이익이나 손실은 순매각가액과 장부금액의 차이로 결정한다. 그 이익이나 손실은 자산을 제거할 때 당기손익으로 인식한다(단, 판매후리스거래에 대하여 달리 규정하고 있는 경우는 제외). 이익은 수익으로 분류하지 아니한다(KIFRS1038-113).

(3) 무형자산 처분

무형자산은 여러 방법(예 매각, 금융리스의 체결 또는 기부)으로 처분할 수 있다. 자산의 처분시점을 결정할 때는 기업회계기준서 제1018호 '수익'의 재화의 판매에 관한 수익인식기준을 적용한다. 판매후 리스에 의한 처분에 대해서는 기업회계기준서 제1017호를 적용한다(KIFRS1038-114).

무형자산의 처분대가는 최초에는 공정가치로 인식한다. 무형자산에 대한 지급이 지연되면, 받은 대 가는 최초에는 현금가격상당액으로 인식한다. 받은 대가의 명목금액과 현금가격상당액의 차이는 처분 으로 인하여 받을 금액에 유효이자율을 반영하여 이자수익으로 인식한다(KIFRS1038-116).

(4) 일부 대체

무형자산의 일부에 대한 대체원가를 자산의 장부금액으로 인식하는 경우, 대체된 부분의 장부금액은 제거한다. 대체된 부분의 장부금액을 실무적으로 결정할 수 없는 경우에는, 대체된 부분을 취득하거나 내부적으로 창출한 시점에 대체된 부분의 원가가 얼마였는지 나타내주는 자료로 대체원가를 사용할 수 도 있다(KIFRS1038-115).

[CPA 2016]

박토활동의 결과로 보다 더 접근하기 쉬워진, 광체의 식별된 구성요소에 예상내용연수에 걸쳐 체계 적인 방법에 따라 박토활동자산을 감가상각하거나 상각하는데, 다른 방법이 더 적절하지 않다면 정 액법을 적용한다. (×)

연습문제

문제 10-1 무형자산 전반(완성형)

무형자산기준서에 근거하여 다음 (   )을 완성하시오.

01. 자산의 식별가능성은 자산이 (   )하거나 자산이 (   ) 또는 (   ) 권리에서 발생한다.

02. 무형자산의 정의에서는 (   )과 구별하기 위하여 무형자산이 식별가능할 것을 요구한다.

03. 관련된 모든 요소(예 법적, 규정적, 계약적, 경쟁적, 경제적 또는 기타 요소)의 분석에 근거하여, 그 자산이 순현금유입을 창출할 것으로 기대되는 기간에 대하여 (   )이 없을 경우, 무형자산의 내용연수가 비한정인 것으로 본다.

04. 무형자산의 상각방법은 자산의 경제적 효익이 소비되는 형태를 반영한 방법이어야 한다. 다만, 소비되는 형태를 신뢰성 있게 결정할 수 없는 경우에는 (   )을 사용한다.

05. (   )이란 보유하고 있는 현금과 확정되었거나 확정가능한 화폐금액으로 받을 자산을 말한다.

06. 내용연수가 (   )인 무형자산은 상각하지 않는다.

07. 시장에 대한 지식과 기술적 지식이 저작권, 계약상의 제약이나 법에 의한 종업원의 기밀유지의무 등과 같은 (   )에 의하여 보호된다면, 기업은 그러한 지식에서 얻을 수 있는 미래 경제적 효익을 통제하고 있는 것이다.

08. 기초가 되는 자원에서 유입되는 미래 경제적 효익을 확보할 수 있고 그 효익에 대한 제3자의 접근을 제한할 수 있다면 기업이 자산을 (   )하고 있는 것이다.

09. 무형자산의 상각은 자산이 (   )한 때부터 시작한다.

10. 무형자산의 잔존가치는 해당 자산의 장부금액과 같거나 큰 금액으로 증가할 수도 있다. 이 경우에는 자산의 잔존가치가 이후에 장부금액보다 작은 금액으로 감소될 때까지는 무형자산의 상각액은 (   )이 된다.

해답

01. 분리가능, 계약상, 법적	02. 영업권
03. 예측가능한 제한	04. 정액법
05. 화폐성자산	06. 비한정
07. 법적 권리	08. 통제
09. 사용가능	10. 영(0)

문제 10-2 무형자산 전반(진위형)

> 무형자산기준서에 근거하여 맞으면 'ㅇ' 틀리면 '×' 표시하시오.

01. 권리의 법적 집행가능성이 통제의 필요조건이다.(   )

02. 무형자산은 재화의 생산이나 용역의 제공, 타인에 대한 임대 또는 관리 등을 위하여 보유하고 있는 물리적 실체는 없지만 식별가능한 비화폐성자산을 말한다.(   )

03. 컴퓨터로 제어되는 기계장치가 특정 컴퓨터소프트웨어가 없으면 가동이 불가능한 경우에는 그 소프트웨어를 관련된 하드웨어의 일부로 보아 유형자산으로 회계처리한다.(   )

04. 연구와 개발활동으로 인하여 물리적 형체(예 시제품)가 있는 자산이 만들어지면, 그 자산의 물리적 요소는 유형자산으로 인식한다.(   )

05. 내부적으로 창출한 영업권은 자산으로 인식한다.(   )

06. 이미 비용으로 인식한 지출은 무형자산의 취득원가로 인식할 수 없다.(   )

07. 자산의 내용연수를 추정하는 시점에 평가된 표준적인 성능수준을 유지하기 위하여 필요한 지출을 초과하는 계획된 미래지출에 근거하여 무형자산의 내용연수가 비한정이라고 결론을 내릴 수 있다.(   )

08. 무형자산의 내용연수는 다음과 같은 경제적 요인과 법적 요인에 의해 결정된 기간 중 짧은 기간으로 한다.(   )

09. 내부적으로 창출한 브랜드, 제호, 출판표제, 고객 목록과 이와 실질이 유사한 항목은 무형자산으로 인식하지 아니한다.(   )

10. 무형자산을 창출하기 위한 내부 프로젝트를 연구단계와 개발단계로 구분할 수 없는 경우에는 그 프로젝트에서 발생한 지출은 모두 개발단계에서 발생한 것으로 본다.(   )

11. 자산의 공정가치를 신뢰성 있게 측정할 수 있다면, 사업결합 전에 그 자산을 피취득자가 인식하였는지 여부에 관계없이, 취득자는 취득일에 피취득자의 무형자산을 영업권과 분리하여 인식한다.(   )

해답

01	02	03	04	05	06	07	08	09	10	11
×	×	○	×	×	○	×	○	○	×	○

01. 다른 방법으로도 미래 경제적 효익을 통제할 수 있기 때문에 권리의 법적 집행가능성이 통제의 필요조건은 아니다(KIFRS1038-13).

02. 무형자산이란 물리적 실체는 없지만 식별가능한 비화폐성자산을 말한다(KIFRS1038-8). '재화의 생산이나 용역의 제공, 타인에 대한 임대 또는 관리 등을 위하여 보유하고 있는'과 같은 보유목적이 삭제되었다.

04. 연구와 개발활동으로 인하여 물리적 형체(예 □시제품)가 있는 자산이 만들어지더라도, 그 자산의 물리적 요소는 무형자산 요소 즉, 내재된 지식에 부수적인 것으로 본다(KIFRS1038-5).

05. 내부적으로 창출한 영업권은 자산으로 인식하지 아니한다(KIFRS1038-48,49).

07. 자산의 내용연수를 추정하는 시점에 평가된 표준적인 성능수준을 유지하기 위하여 필요한 지출을 초과하는 계획된 미래지출에 근거하여 무형자산의 내용연수가 비한정이라는 결론을 내려서는 안 된다(KIFRS1038-91).

10. 무형자산을 창출하기 위한 내부 프로젝트를 연구단계와 개발단계로 구분할 수 없는 경우에는 그 프로젝트에서 발생한 지출은 모두 연구단계에서 발생한 것으로 본다(KIFRS1038-53).

문제 10-3 무형자산 전반

무형자산기준서의 내용에 따라 다음 물음에 답하시오.

≪물음≫

1. 다음 무형자산 중 재평가모형을 적용할 수 있으면 'T', 적용할 수 없으면 'F'를 쓰시오.
   ① 정부보조를 통하여 취득하고 명목상 금액으로 인식한 무형자산( )
   ② 이전에 자산으로 인식하지 않은 무형자산( )
   ③ 취득원가가 아닌 금액으로 최초 인식한 무형자산을 최초로 인식( )

2. 다음 항목 중 내부적으로 창출한 무형자산의 취득원가에 포함되면, 'T' 제외되면 'F'를 쓰시오.
   ① 무형자산의 창출에 사용되었거나 소비된 재료원가, 용역원가( )
   ② 무형자산을 운용하는 직원의 교육훈련과 관련된 지출( )

③ 무형자산의 창출을 위하여 발생한 종업원급여( )

④ 법적 권리를 등록하기 위한 수수료( )

⑤ 무형자산의 창출에 사용된 특허권과 라이선스의 상각비( )

⑥ 무형자산이 계획된 성과를 달성하기 전에 발생한 명백한 비효율로 인한 손실과 초기 영업손실( )

3. 다음은 연구활동 또는 개발활동의 예에 해당된다. 다음 항목에 대하여 연구활동에 해당되면 'R', 개발활동에 해당되면 'D'라고 쓰시오.

① 재료, 장치, 제품, 공정, 시스템이나 용역에 대한 여러 가지 대체안을 탐색하는 활동( )

② 새롭거나 개선된 재료, 장치, 제품, 공정, 시스템이나 용역에 대한 여러 가지 대체안을 제안, 설계, 평가, 최종 선택하는 활동( )

③ 생산이나 사용 전의 시제품과 모형을 설계, 제작, 시험하는 활동( )

④ 새로운 기술과 관련된 공구, 지그, 주형, 금형 등을 설계하는 활동( )

⑤ 새로운 지식을 얻고자 하는 활동( )

⑥ 상업적 생산 목적으로 실현가능한 경제적 규모가 아닌 시험공장을 설계, 건설, 가동하는 활동( )

⑦ 신규 또는 개선된 재료, 장치, 제품, 공정, 시스템이나 용역에 대하여 최종적으로 선정된 안을 설계, 제작, 시험하는 활동( )

⑧ 연구결과나 기타 지식을 탐색, 평가, 최종 선택, 응용하는 활동( )

4. 다음 빈칸에 해당되면 'ㅇ', 해당되지 않으면 'ㅡ'라 써서 빈칸을 완성하시오.

구 분	물리적 실체 없음	식별가능함	비화폐성자산
무형자산			
영 업 권			
유형자산			
수취채권			

해답

1. ① T (KIFRS1038-77) ② F (KIFRS1038-76) ③ F (KIFRS1038-76)

2. ① T ② F ③ T ④ T ⑤ T ⑥ F

3. ① R ② R ③ D ④ D ⑤ R ⑥ D ⑦ D ⑧ R

※ 간편 구분법

[지식, 대체안 → 연구활동], [설계 → 개발활동]

4.

구 분	물리적 실체 없음	식별가능함	비화폐성자산
무형자산	○	○	○
영 업 권	○	×	○
유형자산	×	○	○
수취채권	○	○	×

문제 10-4 개발비^(CTA2차 2004)

> 갑회사(회계기간 : 1월 1일 ~ 12월 31일)는 20×1년부터 개시한 저공해 디젤엔진개발 프로젝트를 20×3년초에 완료하여 즉시 동 신기술을 사용하기 시작하였다. 다음은 동 프로젝트 관련 연구개발 지출 내역이다.
>
> | | 연구비 | 개발비 |
> |---|---|---|
> | 20×1년 지출 | ₩200,000 | ₩2,000,000 |
> | 20×2년 지출 | | 4,000,000 |
>
> 갑회사는 20×3년 7월 1일 디젤엔진 관련 신기술에 대하여 특허권을 획득하였으며, 특허권획득과 정에서 ₩100,000을 지출하였다. 갑회사는 10년에 걸쳐 정액법을 적용하여 무형자산을 상각한다.

≪물음≫

1. 무형자산으로 인식되었던 개발비에 대하여 특허권을 획득하여 법적권리가 확보되었을 때 개발비 잔액을 산업재산권으로 대체하지 않고 계속 개발비로서 잔여기간에 걸쳐 상각하는 회계처리의 이론적 근거를 제시하시오.

2. 20×3년 말과 20×4년 말 현재 디젤엔진 신기술의 회수가능액을 각각 ₩4,500,000, ₩5,000,000으로 추정하였으며, 20×3년 말에는 손상차손이 발생하였다고 판단하였다. 20×4년도 손상차손환입금액을 각각 계산하시오.

제10장

해답

1. 개발비 미상각잔액을 산업재산권으로 대체안하는 이유

① 산업재산권과 개발활동은 일대일 대응이 되지 않는 경우가 많다. 즉 하나의 개발과제에서 여러 개의 산업재산권이 출원되기도 하며, 여러 개의 개발과제가 하나의 산업재산권을 형성하기도 한다. 이런 경우에는 당해 산업재산권의 원가를 식별하기 어렵다.

② 개발비와 산업재산권은 효익이 기대되는 기간이 다를 수 있기 때문에 관련된 개발비 미상각잔액을 산업재산권으로 대체한다면 원래의 내용연수와 달라지게 되어 상각금액이 달라지게 된다.

2. 무형자산의 감액회계

손상차손(20×3년) = $6,000,000 \times 9/10 - 4,500,000 = ₩900,000$

손상차손환입(20×4년) = $Min[①,②] - 4,500,000 \times 8/9 = 4,800,000 - 4,000,000$
$$= ₩800,000$$

① 회수가능액 : 5,000,000

② 감액하지 않은 경우의 장부금액 : $6,000,000 \times 8/10 = 4,800,000$

[참고] 관련 분개

⟨20×3.12.31⟩

(차) 무형자산상각비	600,000 *1	(대) 개 발 비	600,000

*1. 6,000,000/10 = 600,000

(차) 무형자산손상차손	900,000 *1	(대) 개 발 비	900,000

*1. (6,000,000 − 600,000) − 4,500,000 = ₩900,000

⟨20×4.12.31⟩

(차) 무형자산상각비	500,000 *1	(대) 개 발 비	500,000

*1. 4,500,000/9 = 600,000

(차) 개 발 비	800,000	(대) 무형자산손상차손환입	800,000 *1

*1. Min[①,②] − (4,500,000 − 500,000) = 4,800,000 − 4,000,000 = ₩800,000
　　① 회수가능액 : 5,000,000
　　② 감액하지 않은 경우의 장부금액 : 6,000,000×8/10 = 4,800,000

제11장 투자부동산

제1절 의의

1. 투자부동산의 요건

투자부동산(Investment Property)은 임대수익이나 시세차익 또는 두 가지 모두를 얻기 위하여 소유자나 금융리스의 이용자가 보유하고 있는 부동산[토지, 건물(또는 건물의 일부분) 또는 두 가지 모두]을 말한다(KIFRS1040-5).

따라서 보유목적이 임대수익이나 시세차익이 아닌 다음의 목적으로 보유하는 부동산은 투자부동산이 아니다(KIFRS1040-5).

① 재화의 생산이나 용역의 제공 또는 관리목적에 사용
② 정상적인 영업과정에서의 판매

즉, 부동산은 보유목적에 따라 다음과 같이 분류된다.

- 임대수익 목적 : 투자부동산
- 시세차익 목적 : 투자부동산
- 재화의 생산이나 용역의 제공 또는 관리 목적 : 유형자산(자가사용부동산[1]이라고 함)
- 정상적인 영업과정에서의 판매 목적 : 재고자산

이러한 투자부동산의 예를 들면 다음과 같다(KIFRS1040-8).

① 장기 시세차익을 얻기 위하여 보유하고 있는 토지
② 장래 사용목적을 결정하지 못한 채로 보유하고 있는 토지(만약 토지를 자가사용할지 또는 정상적인 영업과정에서 단기간에 판매할지를 결정하지 못한 경우 당해 토지는 시세차익을 얻기 위하여 보유하고 있는 것으로 본다)

---

1) owner occupied property

③ 직접 소유(또는 금융리스를 통해 보유)하고 운용리스로 제공하고 있는 건물

④ 운용리스로 제공하기 위하여 보유하고 있는 미사용 건물

⑤ 미래에 투자부동산으로 사용하기 위하여 건설 또는 개발중인 부동산[2]

위의 투자부동산의 예를 정리하면 다음과 같다.

> • 투자수익＝시세차익, 임대수익
>   (1) 시세차익 목적
>   ① 해당 목적 보유 토지
>   ② 보유 목적 미결정 토지(시세차익목적간주)
>   (2) 임대수익 목적
>   ① 운용리스로 제공하고 있는 건물
>   ② 운용리스로 제공할 건물(리스＝임대)
>   (3) 기타
>   ① 투자부동산으로 사용하기 위해 건설 또는 개발중인 부동산

[CCB 2011]

장래 사용목적을 결정하지 못한 채로 보유하고 있는 토지는 자가사용부동산으로 회계처리한다. (×)

반면, 다음 항목은 투자부동산이 아니다(KIFRS1040-9).

① 정상적인 영업과정에서 판매하기 위한 부동산이나 이를 위하여 건설 또는 개발 중인 부동산 : 재고자산으로 분류. 예를 들면 가까운 장래에 판매하거나 개발하여 판매하기 위한 목적으로만 취득한 부동산이 있다.

② 자가사용부동산 : 유형자산으로 분류. ㉠ 미래에 자가사용하기 위한 부동산, ㉡ 미래에 개발 후 자가사용할 부동산, ㉢ 종업원이 사용[3]하고 있는 부동산(종업원이 시장가격으로 임차료를 지급하고 있는지 여부는 관계없음), ㉣ 처분예정인 자가사용부동산을 포함한다.

③ 제3자를 위하여 건설 또는 개발 중인 부동산(제3자가 자산을 인식한다.)

④ 금융리스로 제공한 부동산(금융리스제공자는 리스자산을 인식하지 않는다.)

[APP 2010]

투자부동산이 아닌 것은? 제3자를 위하여 건설 또는 개발 중인 부동산

---

2) 재개발중인 투자부동산을 기준서의 적용범위 포함하면서 건설중인 투자부동산을 제외하는 것은 비일관성을 가져온다. 또한 공정가치 측정치의 사용에 대한 경험의 증가로 기업들의 투자부동산의 공정가치를 보다 신뢰성있게 측정할 수 있다. 이러한 측면에서 연차개선에서 건설중인 투자부동산을 포함하도록 기준서의 적용범위가 개정되었다.

3) (저자주) 부동산의 보유목적이 복리후생이지 투자수익이 아니다.

[CPA 2011]

투자부동산이 아닌 것은? 금융리스로 제공한 부동산

처분예정인 부동산의 분류는 다음과 같다.

① 처분예정 자가사용부동산 : 투자부동산으로 분류하지 않는다. 즉 분류변경하지 아니하고 계속 자가사용부동산으로 분류한다.
② 처분예정 투자부동산 : 투자부동산으로 분류한다[4].

부동산은 다음과 같이 분류된다.

분류	투자부동산	유형자산	재고자산
보유 목적	임대수익, 시세차익	사용	판매
특징	• 소유권이 없어도 가능 　금융리스이용자의 임대 • 권리도 가능 　운용리스이용자의 임대	• 종업원이 사용하고 있는 부동산(종업원이 시장가격으로 임차료를 지급하여도)	

부동산 임대, 금융리스, 운용리스와 관련하여 투자부동산 분류여부를 그림으로 표시하면 다음과 같다.

① 임대

② 금융리스

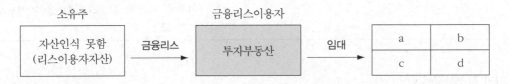

③ 운용리스

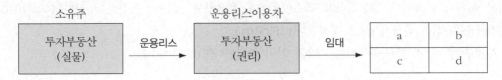

제11장

---

[4] 투자부동산을 개발하지 않고 처분하려는 경우에는 재무상태표에서 제거될 때까지 재무상태표에 투자부동산으로 분류한다(KIFRS1040-58).

2. 개별 항목

(1) 운용리스이용자가 보유하는 부동산에 대한 권리

운용리스에서 리스이용자가 보유하는 부동산에 대한 권리(운용리스부동산에 대한 권리)는 다음과 같이 적용한다(KIFRS1040-6).

- 부동산이 투자부동산의 정의를 충족하고 리스이용자가 공정가치모형으로 평가하는 경우에만, 투자부동산으로 분류하고 회계처리 할 수 있다.
- 부동산에 대한 권리를 투자부동산으로 인식할 것인지는 각 부동산 별로 결정할 수 있다.
- 부동산에 대한 권리 중 어느 하나라도 투자부동산으로 인식한다면 투자부동산으로 분류된 모든 부동산에 대하여 공정가치모형을 적용하여야 한다.

리스이용자가 운용리스 부동산에 대한 권리를 자산으로 인식할 수 있기 위하여 충족할 요건은 다음과 같다.

- 당해 운용리스 부동산에 대한 권리가 투자부동산의 정의(임대수익·시세차익 획득 목적)에 부합
- 당해 운용리스 부동산에 대한 권리를 포함하여 보유하고 있는 모든 투자부동산을 공정가치로 평가(운용리스 부동산에 대한 권리 중 하나라도 공정가치로 인식하는 경우 보유한 다른 모든 투자부동산에 대하여 공정가치 평가만 허용된다. 평가방법을 선택할 수 없다.)

리스이용자의 운용리스 부동산에 대한 권리의 회계처리

K-IFRS	K-GAAP
• 일정요건을 충족하면 리스이용자도 운용리스 부동산에 대한 권리를 자산으로 인식할 수 있음.	• 운용리스이용자는 운용리스 부동산을 자산으로 인식할 수 없으며, 부동산에 대한 사용 권리를 얻기 위하여 지급한 선급리스료만을 자산으로 인식할 수 있음.

(2) 자가사용부동산

자가사용부동산(owner occupied property)은 재화나 용역의 생산이나 제공 또는 관리목적에 사용하기 위하여 소유자나 금융리스의 리스이용자가 보유하고 있는 부동산을 말한다(KIFRS1040-5). 자가사용부동산은 유형자산으로 분류된다(KIFRS1040-7).

투자부동산과 자가사용부동산은 다음과 같이 구별된다(KIFRS1040-7).

- 투자부동산은 임대수익이나 시세차익을 얻기 위하여 보유하는 부동산이다. 투자부동산은 기업이 보유하고 있는 다른 자산과 거의 독립적으로 현금흐름을 창출한다.
- 자가사용부동산의 경우 재화의 생산이나 용역의 제공(또는 관리목적에 부동산의 사용)에서 창

출된 현금흐름은 당해 부동산에만 귀속되는 것이 아니라 생산이나 공급과정에서 사용된 다른 자산에도 귀속된다.

(3) 이중 목적

부동산 중 일부분은 임대수익이나 시세차익을 얻기 위하여 보유하고, 일부분은 재화의 생산이나 용역의 제공 또는 관리목적에 사용하기 위하여 보유할 수 있다. 이 경우 다음과 같이 분리하여 회계처리한다(KIFRS1040-10).

- 부분별로 분리하여 매각(또는 금융리스로 제공)할 수 있으면 각 부분을 분리하여 회계처리한다.
- 부분별로 분리하여 매각할 수 없다면 재화나 용역의 생산이나 제공 또는 관리목적에 사용하기 위하여 보유하는 부분이 경미한 경우에만 당해 부동산을 투자부동산으로 분류한다.[5]

이중목적보유 부동산의 분류를 정리하면 다음과 같다.

부분별로 매각 가능	임대수익 또는 시세차익 목적 부분은 투자부동산으로, 자가사용부분은 자가사용부동산으로 각각 분류	
부분별로 매각 불가	자가사용부분 경미함	전체를 투자부동산으로 분류
	자가사용부분 경미하지 아니함	전체를 자가사용부동산으로 분류

제11장

[CTA 2010]

부동산 중 일부는 시세차익을 얻기 위하여 보유하고, 일부분은 재화의 생산에 사용하기 위하여 보유하고 있으나, 이를 부분별로 나누어 매각할 수 없다면, 재화의 생산에 사용하기 위하여 보유하는 부분이 중요하다고 하더라도 전체 부동산을 투자부동산으로 분류한다. (×)

(4) 부동산 사용자에게 용역을 제공하는 경우

부동산 소유자가 부동산 사용자에게 부수적인 용역을 제공하는 경우가 있다. 전체 계약에서 그러한 용역의 비중이 중요하지 않다면 부동산 소유자는 당해 부동산을 투자부동산으로 분류한다. 예를 들면 사무실 건물의 소유자가 그 건물을 사용하는 리스이용자에게 보안과 관리용역을 제공[6]하는 경우이다(KIFRS1040-11).

다른 경우에는, 부동산 사용자에게 제공하는 용역이 중요한 경우가 있다. 예를 들면 호텔을 소유하고 직접 경영하는 경우, 투숙객에게 제공하는 용역은 전체 계약에서 중요한 비중을 차지한다. 그러므로 소

---

5) 부분별로 분리하여 매각할 수 없다면 임대수익이나 시세차익을 얻기 위하여 보유하는 부분이 재화나 용역의 생산이나 제공 또는 관리목적에 사용하기 위하여 보유하는 부분이 보다 큰 경우에 당해 부동산을 투자부동산으로 분류한다.(틀림)

6) 제공하는 보안과 관리용역은 전체계약에서 중요한 비중이 아니다. 따라서 투자부동산으로 분류된다.

유자가 직접 경영하는 호텔은 투자부동산이 아니며 자가사용부동산[7]이다(KIFRS1040-12).

부수적으로 제공하는 용역이 관련 부동산이 투자부동산으로 볼 수 없을 정도로 중요한 지를 판단하기 어려운 경우가 있다. 예를 들면 호텔 소유자가 제3자와 관리계약을 맺어 일부 책임을 이전하는 경우이다. 관리계약의 조건은 매우 다양하다. 관리계약의 조건에 따라 부동산 소유자의 지위는 실질적으로 수동적인 투자자에 지나지 않을 수도 있고, 단순히 일상적인 기능만을 외주하여 여전히 호텔운영에서 발생하는 현금흐름 변동 위험에 중요하게 노출될 수도 있다(KIFRS1040-13).

(5) 지배기업 또는 다른 종속기업에게 부동산을 리스하는 경우

지배기업 또는 다른 종속기업에게 부동산을 리스하는 경우, 이러한 부동산은 연결재무제표와 개별재무제표에 다음과 같이 분류된다(KIFRS1040-15).

- 해당 부동산은 연결재무제표에 투자부동산으로 분류할 수 없다. 경제적 실체 관점에서 당해 부동산은 자가사용부동산이기 때문이다.
- 반면, 해당 부동산을 소유하고 있는 개별기업 관점에서는 그 부동산이 투자부동산의 정의를 충족한다면 투자부동산이다. 이 경우 리스제공자의 개별재무제표에 당해 자산을 투자부동산으로 분류하여 회계처리한다.

상기 내용을 그림으로 표시하면 다음과 같다.

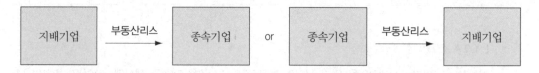

- 연결재무제표에서는 투자부동산으로 분류할 수 없다. 그 이유는 리스제공자와 리스이용자가 모두 연결실체(지배기업＋종속기업)이므로 해당 부동산은 자가사용부동산이기 때문이다.
- 지배기업의 별도재무제표 또는 종속기업의 개별재무제표에서는 투자부동산의 정의를 충족하면 투자부동산으로 분류한다.

3. 인식조건

투자부동산은 다음의 조건을 모두 충족할 때 자산으로 인식한다(KIFRS1040-16).

① 투자부동산에서 발생하는 미래 경제적 효익의 유입가능성이 높다.
② 투자부동산의 원가를 신뢰성 있게 측정할 수 있다.

---

7) 호텔업은 임대업이 아니라 숙박업이다.

제 2 절 최초 측정

1. 원가의 측정

투자부동산의 원가는 인식기준에 따라 발생시점에 평가한다. 투자부동산의 원가에는 취득하기 위하여 최초로 발생한 원가와 후속적으로 발생한 추가원가, 대체원가 또는 유지원가를 포함한다(KIFRS1040 -17).

(1) 유지원가

부동산과 관련하여 일상적으로 발생하는 유지원가는 투자부동산의 장부금액에 인식하지 아니한다. 이러한 원가는 발생하였을 때 당기손익으로 인식한다. 일상적인 유지원가는 주로 노무원가와 소모품원가이며 경미한 부품의 원가를 포함할 수도 있다. 이러한 지출의 목적은 자산을 '수선유지'하는 데 있다(KIFRS1040-18).

(2) 대체원가

투자부동산의 일부분은 대체를 통하여 취득될 수 있다. 예를 들면 원래의 벽을 인테리어 벽으로 바꾸는 경우에는 대체하는 데 소요되는 원가가 인식기준을 충족한다면 원가발생 시점에 투자부동산의 장부금액에 인식하고, 대체되는 부분의 장부금액은 제거 규정에 따라 제거한다(KIFRS1040-19).

제11장

(3) 거래원가

투자부동산은 최초 인식시점에 원가로 측정한다. 거래원가는 최초 측정에 포함한다(KIFRS1040-20). 구입한 투자부동산의 원가는 구입금액과 구입에 직접 관련이 있는 지출로 구성된다. 직접 관련이 있는 지출의 예를 들면 법률용역의 대가로 전문가에게 지급하는 수수료, 부동산 구입과 관련된 세금 및 그 밖의 거래원가 등이 있다(KIFRS1040-21).

(4) 차입원가

자가건설한 투자부동산의 원가는 건설 또는 개발이 완료된 시점까지의 투입원가이다. 건설이나 개발이 완료될 때까지는 유형자산기준서를 적용한다. 건설이나 개발이 완료되는 시점에 투자부동산으로 재분류하고 투자부동산기준서를 적용한다(KIFRS1040-22).

(5) 원가에서 제외되는 항목

다음의 항목은 투자부동산의 원가에 포함하지 아니한다(KIFRS1040-23).

① 경영진이 의도하는 방식으로 부동산을 운영하는 데 필요한 상태에 이르게 하는 데 직접 관련이

없는 초기원가

② 계획된 사용수준에 도달하기 전에 발생하는 부동산의 운영손실

③ 건설이나 개발 과정에서 발생한 비정상인 원재료, 인력 및 기타 자원의 낭비 금액

2. 후불조건 취득 관련 원가

투자부동산을 후불조건으로 취득하는 경우의 원가는 취득시점의 현금가격상당액으로 한다. 현금가격 상당액과 실제 총지급액의 차액은 신용기간 동안의 이자비용으로 인식한다(KIFRS1040-24).

3. 부동산에 대한 권리 관련 원가

리스계약으로 보유한 부동산에 대한 권리를 투자부동산으로 분류하는 경우 인식시점에서 원가는 다음과 같이 결정된다.

- 당해 투자부동산의 최초 원가는 금융리스와 같이 동 자산의 공정가치와 최소리스료의 현재가치 중 작은 금액으로 인식한다. 동시에 동일한 금액을 부채로 인식한다(KIFRS1040-25).
- 지급한 리스할증금은 최소리스료의 일부분이므로 자산의 원가에 포함하나, 이미 지급되었으므로 부채에는 포함하지 아니한다(KIFRS1040-26).
- 공정가치로 평가하는 대상은 부동산 자체가 아닌 부동산에 대한 권리이다(KIFRS1040-26).

[CTA 2015]

리스계약으로 보유한 부동산에 대한 권리를 투자부동산으로 분류하는 경우, 당해 투자부동산의 최초 원가는 금융리스와 같이 동 자산의 공정가치와 리스총투자의 현재가치 중 작은 금액으로 인식한다. (×)

상기 내용을 식으로 표시하면 다음과 같다.

> 투자부동산으로 인식하는 부동산에 대한 권리의 최초원가＝ Min[①,②]＋지급한 리스할증금*
>
> ① 부동산에 대한 권리(부동산 자체가 아님에 유의)의 공정가치
> ② 최소리스료의 현재가치
>
> * 지급한 리스할증금은 최소리스료의 일부이므로 자산의 원가에는 포함하나, 이미 지급되었으므로 부채에 는 포함되지 않는다. 따라서 지급한 리스할증금이 있는 경우에 다음 식이 성립된다.
>
> 투자부동산의 최초원가＝리스부채 최초 인식액＋지급한 리스할증금

4. 교환거래 관련 원가

하나 이상의 비화폐성자산, 또는 화폐성자산과 비화폐성자산이 결합된 대가와 교환하여 하나 이상의

투자부동산을 취득하는 경우가 있다. 다음의 논의는 하나의 비화폐성자산과 다른 비화폐성자산의 교환에 대하여 언급하지만, 위에서 설명한 모든 교환에도 적용한다. 그러한 투자부동산의 원가는 다음 중 하나에 해당하는 경우를 제외하고는 공정가치로 측정한다(KIFRS1040-27).

① 교환거래에 상업적 실질이 결여되어 있다.
② 취득한 자산과 제공한 자산 중 어느 자산에 대해서도 공정가치를 신뢰성 있게 측정할 수 없다.

교환거래에서 제공한 자산을 즉시 재무상태표에서 제거할 수 없더라도 취득한 자산은 위와 동일한 방법으로 측정한다. 취득한 자산을 공정가치로 측정하지 않는 경우에는 제공한 자산의 장부금액으로 원가를 측정한다.

교환거래의 결과 미래 현금흐름이 얼마나 변동될 것인지를 고려하여 해당 교환거래에 상업적 실질이 있는지를 결정한다. 다음 ① 또는 ②에 해당하면서 ③을 충족하는 경우에 교환거래는 상업적 실질이 있다(KIFRS1040-28).

① 취득한 자산과 관련된 현금흐름의 구성(위험, 시기, 금액)이 제공한 자산과 관련된 현금흐름의 구성과 다르다.
② 교환거래의 영향을 받는 영업 일부의 기업특유가치가 교환거래의 결과로 변동한다.
③ 위 ① 또는 ②에서의 차이가 교환된 자산의 공정가치에 비하여 중요하다.

교환거래에 상업적 실질이 있는지 여부를 결정할 때 교환거래의 영향을 받는 영업 일부의 기업특유가치는 세후현금흐름을 반영하여야 한다. 세부적인 계산과정을 거치지 않고도 이러한 분석의 결과를 쉽게 알 수도 있다.

자산의 공정가치는 다음 중 하나에 해당하는 경우에 신뢰성 있게 측정할 수 있다(KIFRS1040-29).

① 합리적인 공정가치 측정치 범위의 편차가 자산가치에 비하여 유의적이지 않다.
② 그 범위 내의 다양한 추정치의 확률을 합리적으로 평가할 수 있고 공정가치를 측정할 때 사용할 수 있다.

취득한 자산이나 제공한 자산의 공정가치를 신뢰성 있게 측정할 수 있다면, 취득한 자산의 공정가치가 더 명백한 경우를 제외하고는 취득한 자산의 원가를 제공한 자산의 공정가치로 측정한다.

제3절 후속 측정

1. 회계정책

(1) 공정가치와 원가 중 선택

문단 32A(부채의 상환)와 문단 34(부동산권리)의 예외규정을 제외하고, 공정가치모형과 원가모형 중 하나를 선택하여 모든 투자부동산에 적용한다(KIFRS1040-30).

부동산의 평가

K-IFRS	K-GAAP
• 임대수익이나 시세차익의 목적으로 보유하고 있는 부동산에 대하여 원가모형 또는 공정가치모형 중 선택하여 보유한 투자부동산 모두 동일한 방법으로 평가함	• 임대수익을 얻기 위한 목적으로 보유한 부동산에 대하여는 상각후원가로, 시세차익 목적으로 보유하고 있는 부동산에 대해서는 취득원가로 평가함.

회계변경 및 오류기준서에서는 회계정책의 변경으로 거래, 그 밖의 사건이나 상황을 더욱 적절하게 표시하게 되는 경우에만 자발적인 회계정책의 변경을 허용하고 있다. 공정가치모형에서 원가모형으로 변경하는 것은 더욱 적절하게 표시하게 될 가능성이 매우 낮다(KIFRS1040-31).

모든 기업은 투자부동산의 측정(공정가치모형을 사용하는 기업)이나 공시(원가모형을 사용하는 기업)를 위하여 공정가치를 측정하여야 한다. 이 경우 평가 대상 투자부동산의 소재 지역에서 최근에 유사한 부동산을 평가한 경험이 있고 전문적 자격이 있는 독립된 평가인의 가치평가에 기초하여 공정가치를 측정할 것을 권고하나 반드시 의무적으로 할 필요는 없다(KIFRS1040-32).

(2) 두 범주별 평가

다음 두 범주의 투자부동산은 각 범주별로 다음과 같이 평가한다(KIFRS1040-32A).

① Group1 : 투자부동산을 포함한 특정 자산군의 공정가치와 연동하는 수익 또는 그 자산군에서 얻는 수익으로 상환하는 부채와 연계되어 있는 모든 투자부동산은 공정가치모형 또는 원가모형을 선택하여 평가한다.

② Group2 : 위 ①에서 어떤 방법을 선택하였는지 상관없이 그 밖의 모든 투자부동산에 대해서는 공정가치모형 또는 원가모형을 선택하여 평가한다.

상기 내용을 그림으로 표시하면 다음과 같다.

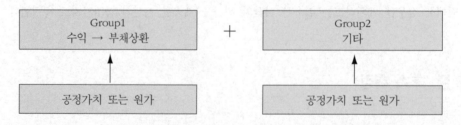

보험자 등이 부동산 펀드를 내부에서 운영하는 경우 계약에 따라 펀드를 단위지분으로 구분하여 투자자가 소유하는 지분과 기업이 소유하는 지분으로 구성할 수 있다. 문단 32A에 따라 펀드의 투자부동산 중 일부는 원가모형으로 일부는 공정가치모형으로 평가할 수 없다(KIFRS1040-32B).

문단 32A의 두 범주의 투자부동산에 대하여 각각 다른 방법으로 측정하고 있다면, 두 범주 사이에 부동산 매매를 할 경우 그 매매는 매매시점의 공정가치로 인식하고 공정가치변동누계액은 당기손익으로 인식한다. 따라서 공정가치모형을 적용하는 자산의 범주에서 원가모형을 적용하는 자산의 범주로 투자부동산을 매각하는 경우, 매각시점의 부동산 공정가치는 새롭게 원가모형을 적용하는 부동산의 간주원가 (deemed cost)가 된다(KIFRS1040-32C).

2. 공정가치모형

공정가치는 측정일에 시장참여자 사이의 정상거래에서 자산을 매도하면서 수취하거나 부채를 이전하면서 지급하게 될 가격이다(KIFRS1040-5).

(1) 공정가치를 신뢰성 있게 결정할 수 있는 경우

- 투자부동산에 대하여 공정가치모형을 선택한 경우에는 최초 인식 후 모든 투자부동산을 공정가치로 측정한다. 다만, 공정가치를 신뢰성있게 측정할 수 없는 경우는 제외한다(KIFRS1040-33).
- 운용리스에서 리스이용자가 보유하는 부동산에 대한 권리를 투자부동산으로 분류하는 경우, 원가모형은 선택할 수 없으며 공정가치모형만 적용한다(KIFRS1040-34).
- 투자부동산의 공정가치 변동으로 발생하는 손익은 발생한 기간의 당기손익에 반영한다 (KIFRS1040-35).

평가모형을 비교하여 정리하면 다음과 같다.

과목	평가모형	평가시기	평가손익	감가상각여부
유형자산	재평가모형	주기적	당기손익, 기타포괄손익	○
투자부동산	공정가치모형	매년	당기손익	×

(2) 공정가치를 신뢰성 있게 결정하기 어려운 경우

1) 공정가치 평가 예외(건설중인 투자부동산 제외)

기업은 투자부동산의 공정가치를 계속하여 신뢰성 있게 측정할 수 있다고 추정한다. 그러나 예외적인 경우에 처음으로 취득(또는 부동산의 사용목적 변경으로 처음으로 투자부동산으로 분류)한 투자부동산의 공정가치를 계속하여 신뢰성 있게 측정하기가 어려울 것이라는 명백한 증거가 있을 수 있다. 이런 경우는 비교할 수 있는 부동산의 시장이 활성화되어 있지 않고(예를 들어, 최근 거래가 거의 없거나, 공시가격이 현행 가격이 아니거나, 관찰되는 거래가격이 매도자가 강제적으로 매도했음을 나타내는 경우) 신뢰성 있는 대체적 공정가치의 측정치(예를 들면 할인현금흐름 예측에 근거)를 사용할 수 없는 경우에만 발생한다(KIFRS1040-53).

만약 기업이 투자부동산(건설중인 투자부동산 제외)의 공정가치를 계속하여 신뢰성 있게 측정할 수

없다고 결정하면, 기업회계기준서 제1016호의 원가모형을 사용하여 그 투자부동산을 측정한다. 투자
부동산의 잔존가치는 영(0)으로 가정하며, 해당 투자부동산은 처분할 때까지 기업회계기준서 제1016
호를 적용한다(KIFRS1040-53).

2) 공정가치 평가 예외(건설중인 투자부동산)

만일 기업이 건설중인 투자부동산의 공정가치를 신뢰성 있게 측정할 수 없지만, 건설이 완료된 시점
에서는 공정가치를 신뢰성 있게 측정할 수 있다고 기대하는 경우에는, 공정가치를 신뢰성 있게 측정할
수 있는 시점과 건설이 완료되는 시점 중 빠른 시점까지는 건설중인 투자부동산을 원가로 측정한다
(KIFRS1040-53).

종전에 원가로 측정되고 있는 건설중인 투자부동산의 공정가치를 신뢰성 있게 측정할 수 있게 되면
기업은 그 부동산을 공정가치로 측정한다. 일단 그 부동산의 건설이 완료되면, 공정가치는 신뢰성 있게
측정가능할 수 있다고 가정한다. 만약 그러하지 아니하면, 그 부동산은 기업회계기준서 제1016호에
따라 원가모형을 사용하여 회계처리 한다(KIFRS1040-53A).

건설중인 투자부동산의 공정가치가 신뢰성 있게 측정될 수 있다는 가정은 오직 최초 인식시점에만
반박될 수 있다. 건설중인 투자부동산을 공정가치로 측정한 기업은 완성된 투자부동산의 공정가치가
신뢰성 있게 측정될 수 없다고 결론지을 수 없다(KIFRS1040-53B).

> **[CTA 2015]**
>
> 건설중인 투자부동산의 공정가치가 신뢰성 있게 측정될 수 있다는 가정은 오직 최초 인식시점 이후
> 에만 반박될 수 있다. (×)

건설중인 투자부동산과 완성된 투자부동산의 측정기준을 정리하면 다음과 같다.

사례	건설중인 투자부동산	완성된 투자부동산	인정	비고
1	원가	원가	○	측정기준의 유지
2	원가	공정가치	○	측정기준의 개선
3	공정가치	공정가치	○	측정기준의 유지
4	공정가치	원가	×	측정기준의 개악*

* 상대적으로 측정하기 어려운 건설중인 투자부동산을 공정가치로 측정할 수 있다고 하면서 건설중인 투자부동산 보다
측정이 용이한 완성된 투자부동산을 공정가치로 측정할 수 없다고 주장하는 것은 인정되기 어렵다.

3) 평가모형 적용

위와 같은 이유로 예외적인 경우에 해당하여 투자부동산을 유형자산기준서의 원가모형으로 측정하더
라도 그 밖의 모든 투자부동산은 공정가치로 측정한다. 즉 예외적인 경우에 해당하여 하나의 투자부동산
에 대하여 원가모형을 적용하더라도 건설중인 투자부동산을 포함하여 그 밖의 모든 투자부동산에 대하

여는 계속하여 공정가치모형을 적용한다(KIFRS1040-54).

투자부동산을 공정가치로 측정해 온 경우라면 비교할만한 시장의 거래가 줄어들거나 시장가격 정보를 쉽게 얻을 수 없게 되더라도, 당해 부동산을 처분할 때까지 또는 자가사용부동산으로 대체하거나 정상적인 영업과정에서 판매하기 위하여 개발을 시작하기 전까지는 계속하여 공정가치로 측정한다(KIFRS1040-55).

> **[CTA 2015]**
>
> 투자부동산을 공정가치로 측정해 온 경우라면 비교할만한 시장의 거래가 줄어들거나 시장가격 정보를 쉽게 얻을 수 없게 된다면, 원가모형을 적용하여 측정한다. (×)

공정가치모형을 정리하면 다음과 같다.

구분	평가	감가상각여부
공정가치를 신뢰성 측정 가능	○*1	×
공정가치를 신뢰성 측정 불가	×	○*2

*1. 공정가치측정시 거래원가를 차감하지 아니한다.
*2. 잔존가치＝0, 유형자산기준서적용

개별 부동산의 분류 및 평가에 대하여 정리하면 다음과 같다.

구 분	투자부동산분류	평가
임대수익목적 부동산 A	○	공정가치*3
시세차익목적 부동산 B	○	공정가치*3
부동산 권리 C	○*1	공정가치*2
부동산 권리 D	×*1	원가

*1. 부동산에 대한 권리를 투자부동산으로 인식할 것인지는 각 부동산별로 결정
*2. 부동산에 대한 권리는 공정가치만 적용가능
*3. 부동산에 대한 권리를 투자부동산으로 분류하는 경우 공정가치모형만 적용가능

 예제 11-1 공정가치 측정

12월 결산법인인 ㈜다인은 20×1년 1월 1일 임대목적으로 건물 2채를 취득하여 투자부동산으로 분류하였다. 다음은 취득한 건물에 대한 내역이다. 회사는 투자부동산에 대하여 공정가치모형으로 평가하고, 유형자산에 대하여 정액법으로 감가상각한다.

구분	취득원가	잔존가치	내용연수
건물A	₩500,000	₩50,000	20년
건물B	₩400,000	₩40,000	20년

제11장

건물B의 20×1년 12월 31일 현재 공정가치는 ₩410,000이다. 반면, 건물A는 비교할 만한 시장거래의 발생빈도가 낮고 신뢰성 있는 공정가치의 대체적 추정방법(예를 들면 미래현금흐름을 할인하는 방법)이 가능하지 않아 공정가치를 추정할 수없는 상황이다.

≪물음≫

1. 20×1년 12월 31일의 건물A에 대한 회계처리(분개)를 하시오.
2. 20×1년 12월 31일의 건물B에 대한 회계처리(분개)를 하시오.

해답

1.

(차) 감가상각비	25,000 [1]	(대) 감가상각누계액	25,000

[1]. 500,000/20 = 25,000

※ 처음으로 취득한 투자부동산의 공정가치를 계속하여 신뢰성 있게 결정하기가 어려운 경우는 잔존가치는 영(0)으로 가정하여 감가상각한다(KIFRS1040-53).

2.

(차) 투자부동산	10,000	(대) 투자부동산평가이익	10,000 [1]

[1]. 410,000 − 400,000 = 10,000

(3) 공정가치의 측정

1) 공정가치의 개념

다른 무엇보다 기업회계기준서 제1113호에 따라 투자부동산의 공정가치는 현재 체결된 리스계약의 임대수익 및 그 밖의 가정을 반드시 반영해야 한다. 여기에서 가정은 시장참여자가 투자부동산의 가격을 결정할 때 현재의 시장 상황에 기초하여 사용할 수 있는 가정을 말한다(KIFRS1040-40).

2) 부동산에 대한 권리

필요한 경우에 리스계약으로 보유한 부동산에 대한 권리를 공정가치로 재측정한다. 리스계약이 시장이자율에 근거하여 체결되었다면, 리스계약으로 보유한 부동산에 대한 권리의 취득시점의 공정가치, 즉 모든 기대 리스료 지급(인식된 부채와 관련된 지급액 포함)을 차감한 순액은 영(0)이다. 이러한 공정가치는 회계처리 목적상 리스기준서에 따라 리스자산과 리스부채를 공정가치로 인식하거나, 최소리스료의 현재가치로 인식하거나에 관계없이 변하지 아니한다. 따라서 측정한 원가를 공정가치로 재측정하는 것은, 다른 시점에서 측정하지 않는 한, 어떠한 최초 손익이 발생하지 아니한다. 그러나 최초 인식 후, 공정가치모형을 적용하는 경우에는 손익이 발생한다(KIFRS1040-41).

3) 투자부동산의 공정가치에 포함여부

투자부동산의 공정가치는 별도로 분리하여 인식한 자산이나 부채와 이중으로 계산되지 않도록 한다. 이러한 예는 다음과 같다(KIFRS1040-50).

① 승강기 또는 공기조절장치 같은 시설물은 보통 건물을 구성하는 설비이므로 별도의 유형자산으로 인식하기보다는 일반적으로 투자부동산의 공정가치에 포함한다.

② 가구가 구비된 사무실을 리스하는 경우, 임대수익은 가구가 구비된 사무실이라는 점이 반영되어 결정되기 때문에 사무실의 공정가치에는 일반적으로 가구의 공정가치가 포함되어 있다. 가구가 투자부동산의 공정가치에 포함된 경우 가구를 별도의 자산으로 구분하여 인식하지 아니한다.

③ 투자부동산의 공정가치는 선수운용리스료수익이나 미수운용리스료수익을 포함하지 아니한다. 이는 별도의 부채나 자산으로 인식하기 때문이다.

④ 리스로 보유한 투자부동산의 공정가치는 기대현금흐름(지불할 것으로 예상되는 조정리스료 포함)을 반영한다. 따라서 부동산을 모든 현금흐름유입액에서 현금유출액을 차감한 순액으로 평가한다면, 회계처리 목적상 투자부동산의 공정가치를 산정하기 위해서는 인식된 리스부채를 가산할 필요가 있다.

 예제 11-2 공정가치의 측정

㈜다인정공는 보유하고 있는 투자부동산(건물)을 공정가치로 평가한 결과 그 금액은 ₩500,000이었다. 이 금액에는 다음 금액이 포함되어 있지 않다.

구 분	공정가치 또는 현재가치
① 사무실에 있는 가구	₩30,000
② 승강기	20,000
③ 에어콘	10,000
④ 미수임대수익	15,000

≪물음≫

상기 자료를 이용하여 투자부동산의 공정가치를 계산하시오.

해답

공정가치(조정전)	₩500,000
① 사무실에 있는 가구	30,000
② 승강기	20,000
③ 에어콘	10,000
합계	₩560,000

제11장

> ④ 투자부동산의 공정가치는 선수운용리스료수익이나 미수운용리스료수익을 포함하지 아니한다(KIFRS1040-50).

3. 원가모형

최초 인식 이후 투자부동산의 평가방법을 원가모형으로 선택한 경우에는 다음과 같이 측정 및 공시한다.

- 모든 투자부동산에 대하여 유형자산기준서에 따라 원가모형으로 측정한다(KIFRS1040-56).
- 다만, 매각예정으로 분류되는 기준을 충족하는(또는 매각예정으로 분류되는 처분자산집단에 포함되는) 투자부동산은 기업회계기준서 제1105호에 따라 측정(즉, 유형자산기준서에 의한 원가모형을 적용하지 않는다)한다(KIFRS1040-56).
- 원가모형을 적용하는 경우 투자부동산의 공정가치를 주석으로 공시한다(KIFRS1040-79). 따라서, 공정가치모형이나 원가모형이나 공정가치는 공시된다.

공정가치모형과 원가모형을 요약하면 다음과 같다.

1. 공정가치 모형
   - 공정가치를 신뢰성있게 측정할 수 없는 자산은 원가모형 적용('잔존가치=0'으로 하여 유형자산기준서를 적용하여 감가상각)
   - 공정가치로 평가하여 평가손익은 당기손익으로 인식
   - 감가상각을 하지 아니함
   - 부동산권리를 투자부동산으로 인식하는 경우 공정가치모형만 적용
2. 원가모형
   - 유형자산기준서를 적용하여 감가상각
   - 공정가치를 주석으로 공시

제 4 절   계정대체

1. 대체의 발생

부동산의 사용목적 변경이 다음과 같은 사실로 입증되는 경우에만 투자부동산의 대체가 발생한다(KIFRS1040-57).

① 자가사용을 개시하는 경우 투자부동산을 자가사용부동산으로 대체한다.

② 자가사용을 종료하는 경우 자가사용부동산을 투자부동산으로 대체한다.

③ 정상적인 영업과정에서 판매하기 위한 개발을 시작하는 경우 투자부동산을 재고자산으로 대체한다.

④ 제3자에게 운용리스 제공하는 경우 재고자산을 투자부동산으로 대체한다.

[CCB 2014]

자가사용부동산을 제3자에게 운용리스로 제공하는 경우에는 당해 부동산을 재고자산으로 대체한다. (×)

판매를 목적으로 개발을 시작하는 것과 같이 사용목적의 변경이 입증 되는 경우에만 투자부동산에서 재고자산으로 대체한다. 그러므로 투자부동산을 개발하지 않고 처분하려는 경우에는 재무상태표에서 제거될 때까지 재무상태표에 투자부동산으로 분류하며 재고자산으로 대체하지 않는다. 이와 유사하게 투자부동산을 재개발하여 미래에도 투자부동산으로 사용하고자 하는 경우에도 재개발기간 동안 계속 투자부동산으로 분류하며 자가사용부동산으로 대체하지 않는다(KIFRS1040-58).

[CTA 2015]

투자부동산을 재개발하여 미래에도 투자부동산으로 사용하고자 하는 경우에도 재개발기간 동안 자가사용부동산으로 대체한다. (×)

투자부동산을 다음과 같은 경우로 구분하여 이하 설명한다.

구분	대체전	대체후
case 1	원가모형	?
case 2	공정가치모형	?
case 3	?	공정가치모형

2. case1 : 원가모형으로 평가한 투자부동산의 대체

투자부동산을 원가모형으로 평가하는 경우에는 투자부동산, 자가사용부동산, 재고자산 사이에 대체가 발생할 때에 대체 전 자산의 장부금액을 승계하며 측정이나 주석공시 목적으로 자산의 원가를 변경하지 않는다(KIFRS1040-59).

[CCB 2014]

투자부동산을 원가모형으로 평가하는 경우에는 투자부동산, 자가사용부동산, 재고자산 사이에 대체가 발생할 때에 대체 전 자산의 공정가치를 승계한다. (×)

3. case2 : 공정가치모형으로 평가한 투자부동산의 대체

공정가치로 평가한 투자부동산을 자가사용부동산이나 재고자산으로 대체하는 경우, 유형자산기준서 또는 재고자산기준서에 따른 후속적인 회계를 위한 간주원가는 사용목적 변경시점의 공정가치가 된다 (KIFRS1040-60).

4. case3 : 공정가치모형으로 평가하는 투자부동산으로 대체

인식과 측정은 다음과 같다.

- 자가사용부동산을 공정가치로 평가하는 투자부동산으로 대체하는 경우, 사용목적 변경시점까지 유형자산기준서를 적용한다. 사용목적 변경시점의 유형자산기준서에 의한 부동산의 장부금액과 공정가치의 차액은 유형자산기준서에 따라 재평가회계처리와 동일한 방법으로 회계처리한다 (KIFRS1040-61).
- 재고자산을 공정가치로 평가하는 투자부동산으로 대체하는 경우, 재고자산의 장부금액과 대체시점의 공정가치의 차액은 당기손익으로 인식[8]한다(KIFRS1040-63).
- 공정가치로 평가하게 될 자가건설 투자부동산(a self-constructed investment property)의 건설이나 개발이 완료되면 해당일의 공정가치와 기존 장부금액의 차액은 당기손익으로 인식한다 (KIFRS1040-65).

[CCB 2014]

공정가치로 평가하게 될 자가건설 투자부동산의 건설이나 개발이 완료되면 해당일의 공정가치와 기존 장부금액의 차액은 기타포괄손익으로 인식한다. (×)

[APP 2016]

재고자산을 공정가치로 평가하는 투자부동산으로 대체하는 경우, 재고자산의 장부금액과 대체시점의 공정가치의 차액은 기타포괄손익으로 인식한다. (×)

자가사용부동산을 공정가치로 평가하는 투자부동산으로 대체하는 시점까지 그 부동산을 감가상각하고, 발생한 손상차손을 인식한다. 사용목적 변경시점의 유형자산기준서에 의한 부동산의 장부금액과 공정가치의 차액은 유형자산기준서에 따라 재평가회계처리와 동일한 방법으로 다음과 같이 회계처리한다 (KIFRS1040-62).

① 부동산 장부금액의 감소분은 당기손익으로 인식한다. 다만, 부동산의 장부금액에 재평가잉여금이 포함되어 있다면 그 금액을 한도로 하여 기타포괄손익으로 인식하고 재평가잉여금을 감소시킨다.

---

8) 재고자산을 공정가치로 평가하는 투자부동산으로 대체하는 회계처리는 재고자산을 매각하는 경우의 회계처리와 일관성이 있다(KIFRS1040-64).

② 부동산 장부금액의 증가분은 다음과 같이 회계처리한다.

 ㉠ 이전에 인식한 손상차손을 한도로 하여 당기손익으로 인식한다. 손익으로 인식하는 금액은 손상차손을 인식하지 않았다면 현재 부동산 장부금액(감가상각 차감 후)이 되었을 금액으로 회복시키는데 필요한 금액을 초과할 수 없다.

 ㉡ 증가분 중 잔여 금액은 재평가잉여금으로 하여 기타포괄손익으로 인식하고 재평가잉여금을 증가시킨다. 후속적으로 투자부동산을 처분할 때에 자본에 포함된 재평가잉여금은 이익잉여금으로 대체될 수 있다. 이때 재평가잉여금은 당기손익의 인식과정을 거치지 않고 직접 이익잉여금으로 대체한다.

[CCB 2014]

 자가사용부동산을 공정가치로 평가하는 투자부동산으로 대체하는 시점까지 그 부동산을 감가상각하고, 발생한 손상차손은 인식하지 않는다. (×)

상기 계정대체에 대한 회계처리를 정리하면 다음과 같다.

(상황)

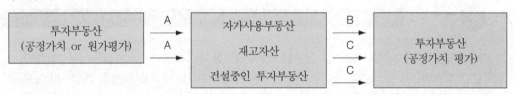

※ A, B, C는 아래와 연결됨

(1) 투자부동산에서 다른 자산(자가사용부동산, 재고자산)으로 대체하는 경우
 A. 투자부동산을 원가모형으로 평가하는 경우에는 투자부동산, 자가사용부동산, 재고자산 사이에 대체가 발생할 때에 대체 전 자산의 장부금액을 승계하며 측정이나 주석공시 목적으로 자산의 원가를 변경하지 않는다.
 A. 공정가치로 평가한 투자부동산을 자가사용부동산이나 재고자산으로 대체하는 경우, 유형자산기준서 또는 재고자산기준서에 따른 후속적인 회계를 위한 간주원가는 사용목적 변경시점의 공정가치가 된다.

(2) 다른 자산에서 공정가치로 평가하는 투자부동산으로 대체하는 경우
 B. 자가사용부동산을 공정가치로 평가하는 투자부동산으로 대체하는 경우, 사용목적 변경시점까지 유형자산기준서를 적용한다. 사용목적 변경시점의 유형자산기준서에 의한 부동산의 장부금액과 공정가치의 차액은 유형자산기준서에 따라 재평가회계처리와 동일한 방법으로 회계처리한다.
 C. 재고자산을 공정가치로 평가하는 투자부동산으로 대체하는 경우, 재고자산의 장부금액과 대체시점의 공정가치의 차액은 당기손익으로 인식한다.
 C. 공정가치로 평가하게 될 자가건설 투자부동산의 건설이나 개발이 완료되면 해당일의 공정가치와 기존 장부금액의 차액은 당기손익으로 인식한다.

제11장

[정리]

(1) 투자부동산에서 다른 자산(자가사용부동산, 재고자산)으로 대체하는 경우

대체하는 투자부동산의 평가	대체금액
원가	장부금액
공정가치	대체시점의 공정가치

(2) 다른 자산에서 공정가치로 평가하는 투자부동산으로 대체하는 경우

대체전 과목	'공정가치 – 장부금액'의 인식
자가사용부동산	재평가회계처리와 동일하게 +이면 기타포괄이익 −이면 당기손익
재고자산	당기손익
건설중인 투자부동산	당기손익

 예제 11-3   자가사용부동산에서 투자부동산으로 대체

㈜다빈자동차는 20×1년 1월 1일 건물을 ₩100,000에 취득하였다. 동 건물은 잔존가치없이 20년간 정액법으로 상각된다. ㈜다빈자동차는 동 건물을 본사사옥으로 사용할 예정이며, 원가모형으로 건물을 평가하였다.

㈜다빈자동차는 20×5년 1월 1일 동 건물을 임대목적으로 사용할 것이므로 동 건물을 유형자산에서 투자부동산으로 대체하였다. 대체일까지 동 건물에 대하여 인식한 손상차손은 없다. ㈜다빈자동차는 투자부동산을 공정가치모형으로 평가한다.

≪물음≫

각 물음은 독립적이라고 가정하고 물음에 답하시오.

1. 대체일 현재 동 건물의 공정가치가 ₩50,000인 경우 대체에 대한 회계처리(분개)를 하시오.
2. 대체일 현재 동 건물의 공정가치가 ₩90,000인 경우 대체에 대한 회계처리(분개)를 하시오.

해답

1.

(차) 투자부동산	50,000	(대) 건 물	100,000
감가상각누계액	20,000 [*1]		
재평가손실	30,000		

[*1]. 100,000 × 4/20 = 20,000

2.

| (차) 투자부동산 | 90,000 | (대) 건　　물 | 100,000 |
| 감가상각누계액 | 20,000 | 재평가잉여금 | 10,000 |

 예제 11-4 자가사용부동산에서 투자부동산으로 대체

㈜다인은 20×1년 1월 1일 건물을 ₩200,000에 취득하였다. 동 건물은 잔존가치없이 20년간 정액법으로 상각되었다. ㈜다인은 동 건물은 판매를 위하여 직접사용할 예정이며, 원가모형으로 평가된다. ㈜다인은 20×5년 12월 31일 동 건물을 임대목적으로 사용할 것이므로 동 건물을 유형자산에서 투자부동산으로 대체하였다. 대체일까지 동 건물에 대하여 인식한 손상차손은 없다. 투자부동산은 공정가치모형으로 평가된다. ㈜다인은 재평가잉여금을 미처분이익잉여금으로 대체가 허용되면 대체한다.

≪물음≫
1. 대체일 현재 동 건물의 공정가치가 ₩170,000인 경우 대체에 대한 회계처리(분개)를 하시오. (단, 감가상각비 분개는 생략한다.)
2. 20×6년 12월 31일 현재 투자부동산의 공정가치는 ₩160,000이다. 동 공정가치는 처분시 처분비용 ₩1,000을 차감하지 않은 금액이다. 20×6년 12월 31일 현재 투자부동산과 관련된 회계처리(분개)를 하시오.
3. ㈜다인은 20×7년 3월 27일에 동 투자부동산을 ₩165,000에 처분하였다. 처분시 수수료 ₩1,000을 지급하였다. 처분시 관련 회계처리(분개)를 하시오.
4. 제시된 상황과 물음 '1'에서 '3'을 반영하여 동 건물에 대한 회계처리가 연도별 세전이익에 미치는 영향을 계산하여 다음 표의 빈칸을 완성하시오.

회계연도	세전이익 영향
20×5년	①
20×6년	②
20×7년	③

※ 답안 작성 예시 : ₩100 증가, ₩100 감소, 불변

 해답

1.

| (차) 투자부동산 | 170,000 | (대) 건　　물 | 200,000 |
| 감가상각누계액 | 50,000 [*1] | 재평가잉여금 | 20,000 |

[*1]. 200,000 × 5/20 = 50,000

제11장

2.

(차) 투자부동산평가손실	10,000 *1	(대) 투자부동산	10,000

*1. $170,000 - 160,000 = 10,000$

※ 공정가치는 매각이나 다른 형태의 처분으로 발생할 수 있는 거래원가를 차감하지 않고 산정한다 (KIFRS1040-37).

3.

(차) 현　　금	164,000	(대) 투자부동산	160,000
		투자부동산처분이익	4,000

(차) 재평가잉여금	20,000 *1	(대) 이익잉여금	20,000

*1. 투자부동산을 처분할 때에 자본(기타포괄손익누계액)에 포함된 재평가잉여금은 이익잉여금으로 대체될 수 있다(KIFRS1040-62).

4.

회계연도	세전이익 영향
20×5년	① ₩10,000 감소
20×6년	② ₩10,000 감소
20×7년	③ ₩4,000 증가

① 감가상각비 = $200,000/20 = 10,000$
② 투자부동산평가손실
③ 투자부동산처분이익

제5절　처 분

투자부동산을 처분하거나, 투자부동산의 사용을 영구히 중지하고 처분으로도 더 이상의 경제적 효익을 기대할 수 없는 경우에는 재무상태표에서 제거한다(KIFRS1040-66).

투자부동산은 매각하거나 금융리스계약의 체결을 통하여 처분할 수 있다. 처분시 적용할 KIFRS는 다음과 같다(KIFRS1040-67).

- 투자부동산의 처분시점은 재화판매에 대한 수익인식을 다루고 있는 수익기준서를 적용하며 동 기준서의 관련 실무지침을 고려한다.
- 금융리스계약으로 처분하거나 판매후리스계약을 체결하는 경우에는 리스기준서를 적용한다.

투자부동산의 일부에 대한 대체하는 부분의 원가를 자산의 장부금액으로 인식하는 경우 대체되는 부분의 장부금액은 다음과 같이 계산되어 재무상태표에서 제거한다(KIFRS1040-68).

- 원가모형을 적용하는 투자부동산의 경우 대체되는 부분이 개별적으로 감가상각되는 부분이 아닐 수 있다. 이 경우 대체되는 부분의 장부금액을 결정하기 어렵다면 대체하는 원가를 이용하여 대체되는 부분의 취득 또는 건설시점의 원가를 추정할 수 있다.
- 공정가치모형을 적용하는 투자부동산의 경우에는 대체되는 부분의 공정가치 감소액이 얼마인지 식별하기 어렵다면, 대체되는 부분의 공정가치 감소액을 투자부동산의 장부금액과 대체하는 원가의 합계 금액에서 대체 후 재측정(대체를 수반하지 않는 추가취득의 경우에 요구하는 것과 같이)한 투자부동산의 공정가치를 차감하여 추정할 수 있다.

투자부동산의 폐기나 처분으로 발생하는 손익은 순처분금액과 장부금액의 차액이며 폐기나 처분이 발생한 기간에 당기손익으로 인식(리스기준서에서 판매후리스계약에 대하여 다르게 요구하고 있는 경우는 제외)한다(KIFRS1040-69).

투자부동산의 처분 대가는 최초에 공정가치로 인식한다. 특히 지급이 이연되는 경우에는 수취하는 대가의 현금등가액으로 인식한다. 수령하는 명목금액과 현금등가액의 차액은 유효이자율법을 사용하여 이자수익으로 인식한다(KIFRS1040-70).

투자부동산을 처분한 후에 부담하는 부채가 있으면 충당부채기준서나 기타 관련 KIFRS를 적용한다(KIFRS1040-71).

투자부동산의 손상, 멸실 또는 포기로 제3자에게서 받는 보상은 받을 수 있게 되는 시점[9]에 당기손익으로 인식한다(KIFRS1040-72). 투자부동산의 손상은 자산손상기준서에 따라 인식한다(KIFRS1040-73).

제11장

---

9) "받은 시점"이 아님에 유의한다. 이는 유형자산과 동일하다(KIFRS1016-66).

연습문제

문제 11-1 투자부동산 전반(완성형)

> 기업회계기준서 제1040호인 '투자부동산'에 근거하여 다음 (   )을 완성하시오.

01. 투자부동산은 (   )이나 (   )을 얻기 위하여 보유하는 부동산이다. 투자부동산은 기업이 보유하고 있는 다른 자산과 거의 (   )으로 현금흐름을 창출한다.

02. 부동산에 대한 권리 중 어느 하나라도 투자부동산으로 인식한다면 투자부동산으로 분류된 모든 부동산에 대하여 (   )모형을 적용하여야 한다.

03. 호텔을 소유하고 직접 경영하는 경우, 투숙객에게 제공하는 용역은 전체 계약에서 중요한 비중을 차지한다. 그러므로 소유자가 직접 경영하는 호텔은 (   )부동산이다.

04. 리스계약으로 보유한 부동산에 대한 권리를 투자부동산으로 분류하는 경우 당해 투자부동산의 최초 원가는 금융리스와 같이 동 자산의 (   )와 (   )의 현재가치 중 작은 금액으로 인식한다. 동시에 동일한 금액을 부채로 인식한다. 지급한 (   )은 최소리스료의 일부분이므로 자산의 원가에 포함하나, 이미 지급되었으므로 부채에는 포함하지 아니한다.

05. 예외규정을 제외하고, (   )모형과 (   )모형 중 하나를 선택하여 모든 투자부동산에 적용한다.

06. 투자부동산의 공정가치 변동으로 발생하는 손익은 발생한 기간의 (   )에 반영한다.

07. 처음으로 취득한 투자부동산의 공정가치를 계속하여 신뢰성 있게 결정하기가 어려울 것이라는 명백한 증거가 있는 경우는 투자부동산에 대한 평가는 유형자산기준서의 원가모형을 적용한다. 투자부동산의 잔존가치는 (   )으로 가정하며, 당해 투자부동산은 처분할 때까지 유형자산기준서를 적용한다.

08. 투자부동산은 임대수익이나 시세차익을 얻기 위하여 보유하는 부동산이다. 투자부동산은 기업이 보유하고 있는 다른 자산과 거의 (   ) 현금흐름을 창출한다.

09. 자가사용부동산을 공정가치로 평가하는 투자부동산으로 대체하는 경우, 사용목적 변경시점까지 유형자산기준서를 적용한다. 사용목적 변경시점의 유형자산기준서에 의한 부동산의 장부금액과 공정가치의 차액은 기업회계기준서 제1016호 '유형자산'에 따라 (   )회계처리와 동일한 방

법으로 회계처리한다.

10. 재고자산을 공정가치로 평가하는 투자부동산으로 대체하는 경우, 재고자산의 장부금액과 대체시점의 공정가치의 차액은 (   )으로 인식한다.

11. 원가모형을 적용하는 경우 투자부동산의 (   )를 주석으로 공시한다.

12. 만일 기업이 건설중인 투자부동산의 공정가치를 신뢰성 있게 결정할 수 없지만, 건설이 완료된 시점에서는 공정가치를 신뢰성 있게 결정할 수 있다고 기대하는 경우에는, (   )를 신뢰성 있게 결정할 수 있는 시점과 건설이 (   )되는 시점 중 빠른 시점까지는 건설중인 투자부동산을 원가로 측정한다.

🔊 해답

01. 임대수익, 시세차익, 독립적	02. 공정가치
03. 자가사용	04. 공정가치, 최소리스료, 리스할증금
05. 공정가치, 원가	06. 당기손익
07. 영(0)	08. 독립적으로
09. 재평가	10. 당기손익
11. 공정가치	12. 공정가치, 완료

제11장

문제 11-2 투자부동산 전반

기업회계기준서 제1040호인 투자부동산에 관한 다음 물음에 답하시오.

≪물음≫

다음 설명이 기업회계기준서 제1040호인 투자부동산과 일치하면 'T', 일치하지 않으면 'F'를 쓰시오.

1. 투자부동산에는 처분예정인 자가사용부동산을 포함한다.
2. 투자부동산은 최초 인식시점에 원가로 측정한다. 거래원가는 최초 측정에 포함한다.
3. 부동산에 대한 권리 중 어느 하나라도 투자부동산으로 인식한다면 투자부동산으로 분류된 모든 부동산에 대하여 공정가치모형을 적용하여야 한다.
4. 펀드의 투자부동산 중 일부는 원가모형으로 일부는 공정가치모형으로 평가할 수 있다.
5. 계획된 사용수준에 도달하기 전에 발생하는 부동산의 운영손실은 투자부동산의 원가에 포함되지 않는다.
6. 운용리스에서 리스이용자가 보유하는 부동산에 대한 권리를 투자부동산으로 분류하는 경우, 원가모형은 선택할 수 없으며 공정가치모형만 적용한다.

7. 공정가치모형에서 원가모형으로 변경하는 것은 더욱 적절하게 표시하게 될 가능성이 매우 낮다.

8. 투자부동산을 원가모형으로 평가하는 경우에는 투자부동산, 자가사용부동산, 재고자산 사이에 대체가 발생할 때에 대체 전 자산의 장부금액을 승계하며 측정이나 주석공시 목적으로 자산의 원가를 변경하지 않는다.

9. 원가모형을 적용하는 경우 투자부동산의 공정가치를 주석으로 공시한다. 따라서, 공정가치모형이나 원가모형이나 공정가치는 공시된다.

10. 투자부동산의 공정가치 변동으로 발생하는 손익은 발생한 기간의 당기손익에 반영한다.

11. 자가사용부동산을 공정가치로 평가하는 투자부동산으로 대체하는 경우, 사용목적 변경시점까지 유형자산기준서를 적용한다. 사용목적 변경시점의 유형자산기준서에 의한 부동산의 장부금액과 공정가치의 차액은 당기손익으로 인식한다.

12. 투자부동산을 공정가치로 측정해 온 경우 비교할만한 시장의 거래가 줄어들거나 시장가격 정보를 쉽게 얻을 수 없게 되면, 그 시점부터 원가로 측정하고 당해 투자부동산을 처분할 때까지 기업회계기준서 제1016호 '유형자산'을 적용한다.

🔊 해답

1. F : 처분예정인 자가사용부동산은 투자부동산에서 제외된다(KIFRS1040-9).

2. T : (KIFRS1040-20)

3. T : (KIFRS1040-6)

4. F : 펀드의 투자부동산 중 일부는 원가모형으로 일부는 공정가치모형으로 평가할 수 없다 (KIFRS1040-32B).

5. T : (KIFRS1040-23)

6. T : (KIFRS1040-34)

7. T : (KIFRS1040-31)

8. T : (KIFRS1040-59)

9. T : (KIFRS1040-79)

10. T : (KIFRS1040-35)

11. F : 자가사용부동산을 공정가치로 평가하는 투자부동산으로 대체하는 경우, 사용목적 변경시점까지 유형자산기준서를 적용한다. 사용목적 변경시점의 유형자산기준서에 의한 부동산의 장부금액과 공정가치의 차액은 유형자산기준서에 따라 재평가회계처리와 동일한 방법으로 회계처리한다(KIFRS1040-61).

12. F : 투자부동산을 공정가치로 측정해 온 경우라면 비교할만한 시장의 거래가 줄어들거나 시장가격 정보를 쉽게 얻을 수 없게 되더라도, 당해 부동산을 처분할 때까지 또는 자가사용부동산으로 대체하거나 정상적인 영업과정에서 판매하기 위하여 개발을 시작하기 전까지는 계속하여 공정가치로 측정한다(KIFRS1040-55).

문제 11-3 투자부동산 전반

기업회계기준서 제1040호인 투자부동산에 관한 다음 물음에 답하시오.

≪물음≫

1. 투자부동산과 자가사용부동산을 차이점을 기술하시오.

2. 리스이용자가 운용리스 부동산에 대한 권리를 자산으로 인식할 수 있기 위하여 충족할 요건 2가지를 기술하시오.

3. 아래 (   )에 적합한 것이 '투자' 또는 '자가사용' 중 어느 것인지 쓰시오.
   ① 소유자가 직접 경영하는 호텔은 (   )부동산이다.
   ② 지배기업 또는 다른 종속기업에게 부동산을 리스하는 경우, 해당 부동산은 연결재무제표에 (   )부동산으로 분류한다.
   ③ 기존의 투자부동산을 계속하여 투자부동산으로 사용할 목적으로 재개발 과정에 있는 경우에는 (   )부동산에 해당된다.
   ④ 토지를 자가사용할지 또는 정상적인 영업과정에서 단기간에 판매할지를 결정하지 못한 경우 당해 토지는 (   )부동산에 해당된다.

4. 교환으로 취득하는 투자부동산의 원가는 원칙적으로 공정가치로 측정하지만, 예외적으로 공정가치로 측정하지 않는 경우가 있다. 그 경우 2가지를 기술하시오.

5. 리스계약으로 보유한 부동산에 대한 권리를 투자부동산으로 분류하는 경우 당해 투자부동산의 최초 원가는 어떻게 결정되는 지를 기술하시오.

🔖 해답

1.

① 보유목적
투자부동산은 임대수익이나 시세차익을 얻기 위하여 보유하는 부동산이다.
반면, 자가사용부동사은 재화의 생산이나 용역의 제공(또는 관리목적에 부동산의 사용)할 목적으로 보유하는 부동산이다.

② 독립적인 현금흐름 창출 여부
투자부동산은 기업이 보유하고 있는 다른 자산과 거의 독립적으로 현금흐름을 창출한다.
반면, 자가사용부동산의 경우 재화의 생산이나 용역의 제공(또는 관리목적에 부동산의 사용)에서 창출된 현금흐름은 당해 부동산에만 귀속되는 것이 아니라 생산이나 공급과정에서 사용된 다른 자산에도 귀속된다.

2.

① 당해 운용리스 부동산에 대한 권리가 투자부동산의 정의(임대수익·시세차익 획득 목적)에 부합할 것.

② 당해 운용리스 부동산에 대한 권리를 포함하여 보유하고 있는 모든 투자부동산을 공정가치로 평가할 것.

3.

① 자가사용   ② 자가사용   ③ 투자   ④ 투자

토지를 자가사용할지 또는 정상적인 영업과정에서 단기간에 판매할지를 결정하지 못한 경우 당해 토지는 시세차익을 얻기 위하여 보유하고 있는 것으로 본다(KIFRS1040-8).

4. (KIFRS1040-27)

① 교환거래에 상업적 실질이 결여되어 있다.

② 취득한 자산과 제공한 자산 중 어느 자산에 대해서도 공정가치를 신뢰성 있게 측정할 수 없다.

5. 당해 투자부동산의 최초 원가는 금융리스와 같이 동 자산의 공정가치와 최소리스료의 현재가치 중 작은 금액으로 인식한다(KIFRS1040-25).

문제 11-4 자가사용부동산에서 투자부동산으로 대체

12월 결산법인인 ㈜다빈전자는 20×1년 1월 1일 유형자산으로 분류된 건물을 투자부동산으로 대체하였다. 대체시점의 건물의 장부금액은 ₩200,000(건물 : ₩300,000, 감가상각누계액 : ₩100,000)이었다. 회사는 투자부동산을 공정가치로 평가한다. ㈜다빈전자는 재평가잉여금을 미처분이익잉여금으로 대체가 허용되면 대체한다.

구 분	상황1	상황2
20×1년 1월 1일 건물의 공정가치	₩170,000	₩220,000
20×1년 12월 31일 건물의 공정가치*1	215,000	190,000
20×2년 11월 7일 처분가격*2	190,000	210,000

*1. 처분시 수수료 ₩1,000이 차감되지 않은 금액이다.
*2. 처분시 수수료 ₩1,000이 차감되지 않은 금액이다.

≪물음≫

다음 각 물음은 독립적이다.

1. '상황1'의 경우 다음 일자의 투자부동산과 관련된 회계처리(분개)를 하시오.
   ① 20×1년 1월 1일 ② 20×1년 12월 31일 ③ 20×2년 11월 7일

2. '상황2'의 경우 다음 일자의 투자부동산과 관련된 회계처리(분개)를 하시오.
　　① 20×1년 1월 1일　　② 20×1년 12월 31일　　③ 20×2년 11월 7일

해답

1.

① 20×1년 1월 1일

(차) 투자부동산	170,000	(대) 건　　물	300,000
감가상각누계액	100,000		
재평가손실	30,000		

② 20×1년 12월 31일

(차) 투자부동산	45,000	(대) 투자부동산평가이익	45,000 [1]

[1]. 215,000 − 170,000 = 45,000

③ 20×2년 11월 7일

(차) 현　　금	189,000	(대) 투자부동산	215,000
투자부동산처분손실	26,000		

2.

① 20×1년 1월 1일

(차) 투자부동산	220,000	(대) 건　　물	300,000
감가상각누계액	100,000	재평가잉여금	20,000

② 20×1년 12월 31일

(차) 투자부동산평가손실	30,000 [1]	(대) 투자부동산	30,000

[1]. 220,000 − 190,000 = 30,000

③ 20×2년 11월 7일

(차) 현　　금	209,000	(대) 투자부동산	190,000
		투자부동산처분이익	19,000

※ 다음 분개는 선택이다.

(차) 재평가잉여금	20,000	(대) 미처분이익잉여금	20,000

제11장

제 12 장 │ 차입원가

제1절 개 요

1. 차입원가의 인식

적격자산의 취득, 건설 또는 제조와 직접 관련된 차입원가는 당해 자산 원가의 일부로 자본화 (capitalization)하여야 한다. 기타 차입원가는 발생기간에 비용으로 인식하여야 한다(KIFRS1023-8).

차입원가는 미래경제적 효익의 발생가능성이 높고 신뢰성 있게 측정가능할 경우에 자산 원가의 일부로 자본화한다(KIFRS1023-9).

다만, 기업회계기준서 제1029호 '초인플레이션 경제에서의 재무보고'를 적용하는 경우 해당 기간의 인플레이션을 보상하기 위한 차입원가 부분은 발생한 기간에 비용으로 인식한다(KIFRS1023-9).

차입원가의 자본화

K–IFRS	K–GAAP
• 차입원가는 자본화가 의무임.	• 차입원가는 비용처리가 원칙이며, 특정 조건을 충족하면 자본화를 허용함.

2. 적격자산 : 자본화대상자산

적격자산(qualifying asset)이란 의도된 용도로 사용하거나 판매가능한 상태에 이르게 하는 데 상당한 기간을 필요로 하는 자산으로서, 다음 자산은 경우에 따라 적격자산이 될 수 있다(KIFRS1023-7).

① 재고자산   ② 제조설비자산   ③ 전력생산설비
④ 무형자산   ⑤ 투자부동산

금융자산, 그리고 단기간 내에 생산되거나 제조되는 재고자산은 적격자산에 해당하지 아니한다. 취득시점에 의도된 용도로 사용할 수 있거나 판매가능한 상태에 있는 자산인 경우에도 적격자산에 해당하지 아니한다.

적격자산

K-IFRS	K-GAAP
• 의도된 용도로 사용할 수 있거나 판매가능한 상태에 이르게 하는 데 상당한 기간을 필요로 하는 자산으로 정의함.	• 제조, 매입, 건설, 또는 개발이 개시된 날로부터 의도된 용도로 사용하거나 판매할 수 있는 상태가 될 때까지 1년 이상의 기간이 소요되는 재고자산과 유형자산, 무형자산 및 투자자산으로 정의함.

3. 차입원가

차입원가(Borrowing Costs)란 자금의 차입과 관련하여 발생하는 이자 및 기타 원가로서, 차입원가는 다음과 같은 항목을 포함할 수 있다(KIFRS1023-6).

① 기업회계기준서 제1039호 '금융상품 : 인식과 측정'에 기술된 유효이자율법을 사용하여 계산된 이자비용
② 기업회계기준서 제1017호 '리스'에 따라 인식하는 금융리스 관련 금융원가
③ 외화차입금과 관련되는 외환차이 중 이자원가의 조정으로 볼 수 있는 부분

차입원가 해당 항목

K-IFRS	K-GAAP
• 우측 항목의 예시를 제시하고 있지 않음.	• 채권·채무의 현재가치평가 및 채권·채무조정에 따른 현재가치할인차금상각액과 차입금 등에 이자율위험회피회계가 적용되는 경우 위험회피수단의 평가손익과 거래손익을 차입원가에 해당하는 예시에 포함.

제12장

반면, 다음 항목은 차입원가에서 제외된다(KIFRS1023-3).

> 자본(부채로 분류되지 않는 우선주자본금 포함)의 실제원가 또는 내재원가(actual or imputed cost of equity)

또한 다음 자산의 취득, 건설 또는 제조와 직접 관련되는 차입원가에는 차입원가기준서를 반드시 적용하여야 하는 것은 아니다(KIFRS1023-4).

① 공정가치로 측정되는 적격자산(예 생물자산)
② 반복적으로 대량 생산되거나 제조되는 재고자산

4. 자본화기간

(1) 자본화의 개시

차입원가는 자본화 개시일에 적격자산 원가로 처리한다. 자본화 개시일은 최초로 다음 조건을 모두 충족시키는 날이다(KIFRS1023-17).

① 적격자산에 대하여 지출하고 있다.
② 차입원가를 발생시키고 있다.
③ 적격자산을 의도된 용도로 사용하거나 판매가능한 상태에 이르게 하는 데 필요한 활동을 수행하고 있다.

이를 다음과 같은 그림으로 표시하여 정리하면 이해하기 쉽다.

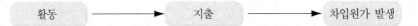

적격자산을 의도된 용도로 사용하거나 판매가능한 상태에 이르게 하는 데 필요한 활동은 당해 자산의 물리적인 제작뿐만 아니라 그 이전단계에서 이루어진 기술 및 관리상의 활동도 포함한다. 예를 들어, 물리적인 제작 전에 각종 인허가를 얻기 위한 활동[1] 등을 들 수 있다. 그러나 자산의 상태에 변화를 가져오는 생산 또는 개발이 이루어지지 아니하는 상황에서 단지 당해 자산의 보유는 필요한 활동으로 보지 아니한다. 예를 들어, 토지가 개발되고 있는 경우 개발과 관련된 활동이 진행되고 있는 기간 동안 발생한 차입원가는 자본화 대상에 해당한다. 그러나 건설목적으로 취득한 토지를 별다른 개발활동 없이 보유하는 동안 발생한 차입원가는 자본화조건을 충족하지 못한다(KIFRS1023-19).

(2) 자본화의 중단

적격자산에 대한 적극적인 개발활동을 중단한 기간에는 차입원가의 자본화를 중단한다(KIFRS1023-20).
자산을 의도된 용도로 사용하거나 판매가능한 상태에 이르게 하는 데 필요한 활동을 중단한 기간에도 차입원가는 발생할 수 있으나, 이러한 차입원가는 미완성된 자산을 보유함에 따라 발생하는 비용으로서 자본화조건을 충족하지 못한다. 반면 상당한 기술 및 관리활동을 진행하고 있는 기간에는 차입원가의 자본화를 중단하지 아니한다. 또한 자산을 의도된 용도로 사용하거나 판매가능한 상태에 이르기 위한 과정에 있어 일시적인 지연이 필수적인 경우에도 차입원가의 자본화를 중단하지 아니한다. 예를 들어, 건설기간동안 해당 지역의 하천수위가 높아지는 현상이 일반적이어서 교량건설이 지연되는 경우에는 차입원가의 자본화를 중단하지 아니한다(KIFRS1023-21).

(3) 자본화의 종료

적격자산을 의도된 용도로 사용하거나 판매가능한 상태에 이르게 하는 데 필요한 거의 모든 활동이

---

1) 롯데물산은 1994년부터 잠실 제2롯데월드를 신축하려는 계획을 추진한 지 14년 만에 사업허가를 받았다.

완료된 시점에 차입원가의 자본화를 종료한다(KIFRS1023-22).

- 적격자산이 물리적으로 완성된 경우라면 일상적인 건설 관련 후속 관리업무 등이 진행되고 있더라도 당해 자산을 의도된 용도로 사용할 수 있거나 판매가능한 상태에 있는 것으로 본다(KIFRS1023-23).
- 구입자 또는 사용자의 요청에 따른 내장공사 등의 중요하지 않은 작업만이 남아 있는 경우라면 거의 모든 건설활동이 종료된 것으로 본다(KIFRS1023-23).
- 적격자산의 건설활동을 여러 부분으로 나누어 완성하고, 남아있는 부분의 건설활동을 계속 진행하고 있더라도 이미 완성된 부분이 사용가능하다면, 당해 부분을 의도된 용도로 사용하거나 판매가능한 상태에 이르게 하는 데 필요한 거의 모든 활동을 완료한 시점에 차입원가의 자본화를 종료한다(KIFRS1023-24). 그 예로는 각각의 건물별로 사용가능한 여러 동의 건물로 구성된 복합업무시설을 들 수 있다(KIFRS1023-25).
- 개별부분이 사용되기 위해 자산전체의 건설활동이 완료되어야 하는 적격자산의 예로는 제철소와 같이 동일한 장소에서 여러 생산부문별 공정이 순차적으로 이루어지는 여러 생산공정을 갖춘 산업설비를 들 수 있다(KIFRS1023-25).

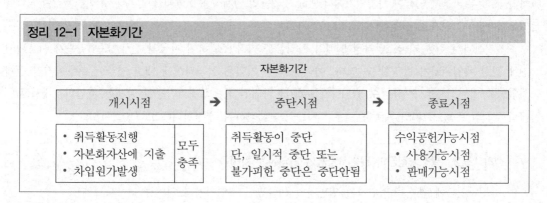

정리 12-1 자본화기간

5. 공 시

다음 사항을 재무제표의 주석으로 공시한다(KIFRS1023-26).

- 회계기간 중 자본화된 차입원가의 금액
- 자본화가능차입원가를 산정하기 위하여 사용된 자본화이자율

공시사항

K-IFRS	K-GAAP
• 자본화만을 허용하고 있으므로 우측의 비교내용의 주석공시를 요구 하지 않음.	• 차입원가를 자본화한 경우 기간비용으로 회계처리했을 때와 비교하여 포괄손익계산서와 재무상태표의 주요 항목에 미치게 될 영향에 대한 주석공시를 요구함.

제2절 차입원가의 자본화

1. 자본화가능 차입원가

적격자산의 취득, 건설 또는 제조와 직접 관련된 차입원가는 당해 적격자산과 관련된 지출이 발생하지 아니하였다면 부담하지 않았을 차입원가이다(KIFRS1023-10).

- 차입원가의 자본화는 특정차입금에 대한 차입원가와 일반차입금에 대한 차입원가로 나누어 산정한다.
- 특정차입금이 있는 경우에는 특정차입금에 대한 차입원가를 먼저 자본화한 후에 일반차입금에 대한 차입원가를 산정하여 자본화한다.

2. 특정차입금의 차입원가

적격자산을 취득하기 위한 목적으로 특정하여 차입한 자금(특정차입금)에 한하여, 회계기간동안 그 차입금으로부터 실제 발생한 차입원가에서 당해 차입금의 일시적 운용에서 생긴 투자수익을 차감한 금액을 자본화가능차입원가로 결정한다(KIFRS1023-12).

적격자산과 관련한 자금조달약정에 따라 차입금을 미리 조달하여 자금의 전부 또는 일부가 사용되기 전에 관련 차입원가가 발생할 수 있다. 이러한 경우 기업은 적격자산에 대한 지출이 이루어지기 전에 차입금을 일시적으로 운용할 수 있다. 자본화가능차입원가는 회계기간동안 발생한 차입원가에서 차입금의 일시적 운용으로부터 획득한 모든 투자수익을 차감하여 결정한다(KIFRS1023-13).

정리 12-2	특정차입금과 일반차입금의 차입원가 차이

특정차입금에 관련 차입원가와 일반차입금에 관련 차입원가의 차이는 다음과 같다.

- 특정차입금 관련 차입원가는 자금의 일시적 운용에서 생긴 수익을 차감하지만, 일반차입금 관련 차입원가는 자금의 일시적 운용에서 생긴 수익은 차감하지 아니한다.
- 특정차입금 관련 차입원가는 한도 없이 자본화하지만, 일반차입금 관련 차입원가는 발생한 차입원가을 한도로 하여 자본화한다.

[CPA 2000]

일반차입금 범위내에서 자본화할 차입원가는 일반차입금에서 발생한 차입원가에서 일시투자수익을 차감한 금액으로 한다. (×)

3. 일반차입금의 차입원가

일반적인 목적으로 자금(일반차입금)을 차입하고 이를 적격자산의 취득을 위해 사용하는 경우에 한하여 당해 자산 관련 지출액에 자본화이자율(capitalization rate)을 적용하는 방식으로 자본화가능차입원가를 결정한다. 자본화이자율은 회계기간동안 차입한 자금(적격자산을 취득하기 위해 특정 목적으로 차입한 자금 제외)으로부터 발생된 차입원가를 가중평균하여 산정한다. 회계기간동안 자본화한 차입원가는 당해 기간동안 실제 발생한 차입원가(자본화이자율 계산식의 분자)를 초과할 수 없다(KIFRS1023-14).

> • "일반차입금 사용 지출액 〉 자본화이자율의 분모(연평균 일반차입금)"인 경우
>   일반차입금 사용 지출액×자본화이자율 〉 자본화이자율 계산식의 분자(한도)
>   ⇒ "일반차입금 사용 지출액×자본화이자율"로 계산한 금액이 한도를 초과하므로
>   일반차입금 자본화 차입원가＝자본화이자율의 분자(실제 발생한 일반차입금 차입원가)

따라서 일반차입금 자본화 차입원가는 다음과 같이 계산된다.

상 황	일반차입금 자본화 차입원가
한도내 : 일반차입금 사용 지출액 〈 연평균 일반차입금[*1]	일반차입금 사용 지출액×자본화이자율
한도초과: 일반차입금 사용 지출액 〉 연평균 일반차입금[*1]	실제 발생한 일반차입금 차입원가[*2]

[*1]. 자본화이자율 계산식의 분모   [*2]. 자본화이자율 계산식의 분자

쉬어가기… **[휴일 혼자 식사]**

실제발생이자를 초과하여 자본화하면 발생하지 않은 이자를 자본화게 된다. 이것은 휴일에 혼자 식사를 하고 설거지를 하는데 숟가락이 두 개 나온 것과 같다. 귀신과 식사를 한 것인가?

제12장

차입원가의 가중평균을 산정함에 있어 지배기업과 종속기업의 모든 차입금을 포함하는 것이 적절할 수도 있고, 개별 종속기업의 차입금에 적용되는 차입원가의 가중평균을 사용하는 것이 적절할 수도 있다(KIFRS1023-15).

적격자산에 대한 지출액은 현금의 지급, 다른 자산의 제공, 차입원가를 부담하는 부채의 발생 등에 따른 지출액을 의미한다. 적격자산과 관련하여 수취하는 정부보조금과 건설 등의 진행에 따라 수취하는 금액은 적격자산에 대한 지출액에서 차감한다. 회계기간동안 적격자산의 평균장부금액(이미 자본화된 차입원가 포함[2])은 일반적으로 자본화이자율을 적용하고자 하는 당해 기간동안 지출액의 적절한 근사치이다(KIFRS1023-18).

---

2) including borrowing costs previously capitalized

전기이전 자본화된 차입원가 자본화대상지출액 포함 여부

K-IFRS	K-GAAP
• 전기 이전에 자본화된 차입원가는 당기 자본화 대상자산의 평균지출액에 포함됨.	• 전기 이전에 자본화된 차입원가는 당기 자본화 대상자산의 평균지출액에 포함되지 않음.

적격자산의 장부금액 또는 예상최종원가가 회수가능액 또는 순실현가능가치를 초과하는 경우 자산손상을 기록한다. 경우에 따라서는 기록된 자산손상 금액을 환입한다(KIFRS1023-16).

4. 차입원가의 자본화과정

차입원가자본화과정은 다음과 같은 5단계를 거친다.
① 평균지출액 계산
② 자본화이자율 계산
③ 특정차입금에서 자본화할 차입원가 계산
④ 일반차입금에서 자본화할 차입원가 계산
⑤ 자본화할 차입원가 계산 : ③ + ④

차입원가자본화 계산과정을 그림으로 나타내면 다음과 같다.

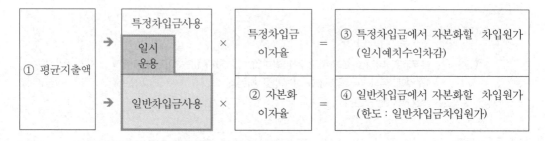

〈일반적인 계산순서〉
※ ① → ② → ③ → ④ → ⑤자본화할 차입원가(＝③+④)

다음과 같은 방법으로 간편하게 계산될 수 있다.[3]

---

3) 특히 객관식문제를 해결하는데 시간을 단축하면서 발생가능한 계산오류를 줄일 수 있다.

[Powerful Method]

평균지출액	연평균차입금 사용액		이자율	자본화할 차입원가	(한도)
①	특정차입금 (일시예치)	②	⑤	⑧＝②×⑤	
		(－)③	⑥	⑨＝③×⑥	
	일반차입금	④＝①－(②－③)	⑦	⑩＝④×⑦	⑪
계				⑫＝⑧－⑨＋Min[⑩, ⑪]	

단, ⑪＝일반차입금에서 발생한 차입원가으로서, 자본화이자율의 계산시 분자에 표시되는 금액이다.

 예제 12-1　차입원가 자본화

㈜다인디자인은 20×1년 1월 1일에 본사사옥을 신축하기 위하여 ㈜대주건설과 도급계약을 체결하였다. 이와 관련된 지출내역과 차입내역은 다음과 같다.

(1) 지출내역

일　자	금　액
20×1.　1.　1	₩50,000,000
20×1.　7.　1	60,000,000
20×1.　10.　1	40,000,000

단, 본사사옥은 20×2년 12월 31일에 완공되었다.

(2) 차입내역

차입금	차입일	금　액	만기일	이자율
A	20×1.　1.　1	₩60,000,000	20×1.12.31	10%
B	20×1.　1.　1	100,000,000	20×1.12.31	12%
C	20×1.　7.　1	50,000,000	20×2.　6.30	8%

단, 차입금A는 본사사옥 신축을 위하여 개별적으로 차입되었으며, 이 중 ₩10,000,000은 6개월간 8%로 금융기관에 예치한 후 사용되었다.

≪물음≫

1. 20×1년 자본화대상자산에 대한 평균지출액을 계산하시오.
2. 20×1년도의 자본화이자율을 계산하시오.
3. 특정차입금에서 자본화할 차입원가를 계산하시오.
4. 일반차입금에서 자본화할 차입원가의 한도를 계산하시오.
5. 일반차입금에서 자본화할 차입원가를 계산하시오.

제12장

6. 연평균지출액 ₩200,000,000이라고 가정하고 20×1년 자본화할 차입원가를 계산하시오.(단,
   연평균지출액 관련 자료이외는 변동이 없다고 가정한다.)

 해답

1. 자본화대상자산에 대한 평균지출액

지출일	지출액	자본화기간	평균지출액
20×1. 1. 1	50,000,000	12/12	50,000,000
20×1. 7. 1	60,000,000	6/12	30,000,000
20×1. 10. 1	40,000,000	3/12	10,000,000
합 계	150,000,000		90,000,000

2. 자본화이자율의 계산

특정차입금을 제외한 일반적으로 차입되어 사용된 차입금에 대하여 적용할 자본화이자
율은 다음과 같이 산정한다.

차입금	차입액	차입기간	연평균차입금액	이자율	차입원가
B	100,000,000	12/12	100,000,000	12%	12,000,000
C	50,000,000	6/12	25,000,000	8%	2,000,000
합 계			125,000,000		14,000,000

$$\text{자본화이자율} = \frac{\text{총차입원가}}{\text{연평균차입금총액}} = \frac{14,000,000}{125,000,000} = 11.2\%$$

3. 특정차입금에서 자본화할 차입원가

당기중발생한 차입원가(A)	$60,000,000 \times 0.1 =$	₩6,000,000
일시투자수익(B)	$10,000,000 \times 0.08 \times 6/12 =$	400,000
자본화할 차입원가(A − B)		₩5,600,000

4. 일반차입금에서 자본화할 차입원가의 한도

차입금 B	$100,000,000 \times 12\% =$	₩12,000,000
차입금 C	$50,000,000 \times 8\% \times 6/12 =$	2,000,000
합 계		₩14,000,000

5. 일반차입금에서 자본화할 차입원가

자본화할 차입원가=$[90,000,000 - (60,000,000 \times 12/12 - 10,000,000 \times 6/12)] \times 11.2\%$

$= ₩3,920,000$

⇒ 한도 14,000,000이내의 금액이므로 ₩3,920,000이다.

[Powerful Method]

평균지출액	연평균차입금 사용액		이자율	자본화할 차입원가	(한도)
90,000,000	특정차입금 (일시예치)	60,000,000	10.0%	6,000,000	
		(5,000,000)	8.0%	(400,000)	
	일반차입금	35,000,000	11.2%	3,920,000	(14,000,000)
계				9,520,000	

- 평균지출액 : 50,000,000 × 12/12 + 60,000,000 × 6/12 + 40,000,000 × 3/12
  = 90,000,000

- 자본화이자율

	연평균차입금ⓐ	이자율	이자금액ⓑ	자본화이자율(ⓑ/ⓐ)
B	100,000,000	12%	12,000,000	
C	25,000,000	8%	2,000,000	
계	125,000,000		14,000,000	11.2%

6.

[Powerful Method]

평균지출액	연평균차입금 사용액		이자율	자본화할 차입원가
200,000,000	특정차입금 (일시예치)	60,000,000	10.0%	6,000,000
		(5,000,000)	8.0%	(400,000)
	일반차입금	145,000,000		14,000,000
계				19,600,000

일반차입금 지출액 ₩145,000,000이 연평균 일반차입금 ₩125,000,00보다 크므로 일반차입금에서 자본화할 차입원가는 실제 발생한 일반차입금 차입원가 ₩14,000,000이다.

예제 12-2 차입원가 자본화

㈜다인건설은 기업부설연구소 건설을 위해 다음과 같이 지출하였다.

20×1년 1월 1일 :	₩400,000
20×1년 10월 1일 :	1,000,000
20×2년 4월 1일 :	1,300,000
합 계	₩2,700,000

㈜다인건설의 지출액 중 20×1년 10월 1일의 지출액 ₩1,000,000에는 기업부설연구소 건설과 관련하여 정부보조금 ₩200,000이 포함되어 있다. ㈜다인건설은 자산관련정부보조금을 보조금을 사용하여 취득한 자산의 장부금액을 결정할 때 차감하여 표시한다. 기업부설연구소는 20×2년

9월 30일에 준공되었다.

㈜다인건설의 20×1년도의 차입금은 다음과 같으며, 20×2년도에 신규로 조달한 차입금은 없다.

차입금	차입일	차입금액	상환일	이자율	이자지급조건
a	20×1. 1. 1	₩500,000	20×2. 9. 30	6%	단리 / 매년말 지급
b	20×1. 7. 1	1,500,000	20×3. 12. 31	8%	단리 / 매년말 지급
c	20×1. 1. 1	1,000,000	20×2. 12. 31	11.5%	단리 / 매년말 지급

이들 차입금 중 차입금a는 사옥건설 목적을 위하여 개별적으로 차입(특정차입금)되었으며 이중 ₩100,000은 20×1년 1월 1일부터 9월 30일 동안 연 4%(단리)이자지급조건의 정기예금에 예치하였다. 차입금b, c는 일반 목적으로 차입(일반차입금)되었다.

≪물음≫

1. 다음 빈칸에 해당되는 금액을 계산하시오. 계산근거도 제시하시오.

	20×1년	20×2년
자본화대상자산에 대한 평균지출액	①	⑥
자본화이자율	②	⑦
특정차입금에서 자본화할 차입원가	③	⑧
일반차입금에서 자본화할 차입원가의 한도	④	⑨
일반차입금에서 자본화할 차입원가	⑤	⑩

2. 공장건물은 20년간 잔존가치 없이 정액법으로 감가상각한다. 공장건물의 취득원가를 계산하고, 20×2년 공장건물의 감가상각비와 20×2년 12월 31일 현재의 공장건물의 장부금액을 계산하시오.

3. 차입원가자본화를 함으로써 차입원가자본화를 하지 않은 경우에 비하여 20×2년 세전이익이 얼마나 증가하는 지 계산하시오.

4. 차입금b가 없다고 가정하고 20×2년에 자본화할 차입원가를 다시 계산하시오.

해답

1.

	20×1년	20×2년
자본화대상자산에 대한 평균지출액	① ₩600,000	⑥ ₩1,583,375
자본화이자율	② 10%	⑦ 9.4%
특정차입금에서 자본화할 차입원가	③ ₩27,000	⑧ ₩22,500
일반차입금에서 자본화할 차입원가의 한도	④ ₩175,000	⑨ ₩235,000
일반차입금에서 자본화할 차입원가	⑤ ₩17,500	⑩ ₩113,587

① 자본화대상자산에 대한 평균지출액

지출일	지출액	자본화기간	평균지출액
20×1. 1. 1	₩400,000	12/12	₩400,000
20×1. 7. 1	800,000*	3/12	200,000
합 계	₩1,200,000		₩600,000

* 1,000,000 − 200,000 = 800,000

② 자본화이자율의 계산

차입금	차입액	차입기간	연평균차입금액	이자율	차입원가
B	1,500,000	6/12	₩750,000	8%	₩60,000
C	1,000,000	12/12	1,000,000	11.5%	115,000
합 계			₩1,750,000		₩175,000

$$자본화이자율 = \frac{총차입원가}{연평균차입금총액} = \frac{₩175,000}{₩1,750,000} = 10\%$$

③ 특정차입금에서 자본화할 차입원가

당기 중 발생한 차입원가(A)	500,000 × 0.06 =	₩30,000
일시투자수익(B)	100,000 × 9/12 × 0.04 =	3,000
자본화할 차입원가(A−B)		₩27,000

④ 일반차입금에서 자본화할 차입원가의 한도 :

차입금 B	1,500,000 × 6/12 × 0.1 =	₩60,000
차입금 C	1,000,000 × 0.115 =	115,000
합 계		₩175,000

⑤ 일반차입금에서 자본화할 차입원가

$$[600,000 - (500,000 × 12/12 - 100,000 × 9/12)] × 0.1 = ₩17,500$$

⇒ 한도 ₩175,000이내의 금액이므로 ₩17,500이다.

⑥ 자본화대상자산에 대한 평균지출액

지출일	지출액	자본화기간	평균지출액
20×2. 1. 1	₩1,244,500*1	9/12	₩933,375
20×2. 4. 1	1,300,000	6/12	650,000
합 계	₩2,544,500		₩1,583,375

*1. 400,000 + 1,000,000 − 200,000 + 44,500 = 1,244,500

제12장

⑦ 자본화이자율의 계산

차입금	차입액	차입기간	연평균차입금액	이자율	차입원가
B	1,500,000	12/12	₩1,500,000	8%	₩120,000
C	1,000,000	12/12	1,000,000	11.5%	115,000
합 계			₩2,500,000		₩235,000

$$자본화이자율 = \frac{총차입원가}{연평균차입금총액} = \frac{₩235,000}{₩2,500,000} = 9.4\%$$

⑧ 특정차입금에서 자본화할 차입원가

당기 중 발생한 차입원가(A)	$500,000 \times 9/12 \times 0.06 =$	₩22,500
일시투자수익(B)		—
자본화할 차입원가(A−B)		₩22,500

⑨ 일반차입금에서 자본화할 차입원가의 한도 :

차입금 B	$1,500,000 \times 0.8 =$	₩120,000
차입금 C	$1,000,000 \times 0.115 =$	115,000
합 계		₩235,000

⑩ 일반차입금에서 자본화할 차입원가

$$[1,583,375 - 500,000 \times 9/12] \times 0.094 = ₩113,587$$
$$\Rightarrow 한도\ ₩235,000\ 이내의\ 금액이므로\ ₩113,587이다.$$

2.

(1) 공장건물의 취득원가 :

도급공사비 지출액	₩2,700,000	
자본화된 차입원가(20×1년)	44,500	(= 27,000 + 17,500)
자본화된 차입원가(20×2년)	136,087	(= 22,500 + 113,587)
합계	₩2,880,587	

(2) 20×2년 감가상각비 $= (2,880,587 - 200,000) \times (1/20) \times (3/12) = ₩33,507$

(3) 20×2년말 장부금액 $= (2,880,587 - 200,000) - 33,507 = ₩2,647,080$

3.

이자비용 감소(세전이익증가)	₩136,087	= 22,500 + 113,587
감가상각비 증가(세전이익감소)*	(2,257)	= (44,500 + 136,087) × (1/20) × (3/12)
세전이익 증가	₩133,830	

* 감가상각비증가 = 33,507 − 2,500,000 × (1/20) × (3/12) = 2,257

4.

(1) 특정차입금에서 자본화할 차입원가 $= 500,000 \times 9/12 \times 0.06 = 22,500$

(2) 일반차입금에서 자본화할 차입원가 $= \text{Min}[\text{ⓐ}, \text{ⓑ}] = 115,000$

    ⓐ $(1,583,375 - 500,000 \times 9/12) \times 0.115 = 138,963$

    ⓑ $1,000,000 \times 0.115 = 115,000$

(3) 자본화할 차입원가 $= 22,500 + 115,000 = ₩137,500$

[해답] [Powerful Method] **20×1년**

평균지출액	연평균차입금 사용액		이자율	자본화할 차입원가	(한도)
600,000	특정차입금	500,000	6%	30,000	
	(일시예치)	(75,000)	4%	(3,000)	
	일반차입금	175,000	10%	17,500	(175,000)
계				44,500	

평균지출액 : $400,000 \times 12/12 + (1,000,000 - 200,000) \times 3/12 = 600,000$

자본화이자율 $= \dfrac{60,000 + 115,000}{1,500,000 \times 6/12 + 1,000,000} = \dfrac{175,000}{1,750,000} = 10\%$

[Powerful Method] **20×2년**

평균지출액	연평균차입금 사용액		이자율	자본화할 차입원가	(한도)
1,583,375	특정차입금	375,000	6%	22,500	
	(일시예치)	(—)		(—)	
	일반차입금	1,208,375	9.4%	113,587	(235,000)
계				136,087	

평균지출액 : $(1,200,000 + 44,500) \times 9/12 + 1,300,000 \times 6/12 = 1,583,375$

특정차입금사용액 $= 500,000 \times 9/12 = 375,000$

자본화이자율 $= \dfrac{120,000 + 115,000}{1,500,000 + 1,000,000} = \dfrac{235,000}{2,500,000} = 9.4\%$

제12장

제 3 절   특정외화차입금의 차입원가 자본화[4]

차입원가에는 외화차입금과 관련되는 외환차이 중 이자원가의 조정으로 볼 수 있는 부분이 포함된다 (KIFRS1023-6).

외환차이(외환차이)

K-IFRS	K-GAAP
• 외화차입금과 관련되는 외환차이(환율변동손익) 중 이자원가의 조정으로 볼 수 있는 부분이 차입원가에 해당할 수 있다는 내용만 규정함.	• 외환차이(환율변동손익)에 대한 용어정의 및 외화차입금과 관련된 외환차이(외환차이) 중 이자비용의 조정으로 볼 수 있는 부분에 대한 산정기준을 규정함.

(1) 외환차이

- 외환차이는 외화차입금에서 발생하는 외환차손(익)과 외화환산손실(이익)의 합계금액을 말한다.
- 외화차입금에 개별적으로 대응되는 관련 외화예금이 있을 경우에는 이에 대한 외환이익(손)과 외화환산이익(손실)의 합계 금액을 가감한다.

외환차이의 자본화는 외환손실과 외환이익으로 구분하여 다음과 같이 자본화한다.

(2) 외환손실이 발생한 특정외화차입금의 차입원가자본화

- 외환손실 중 이자원가의 조정으로 볼 수 있는 부분은 자본화대상 차입원가에 포함한다.
- 외환차이 중 이자원가의 조정으로 볼 수 있는 부분은 해당 외화차입금에 대한 이자원가에 외화차입금과 관련된 외환차이를 가감한 금액이 유사한 조건의 원화차입금에 대한 이자율 또는 원화차입금의 가중평균이자율을 적용하여 계산한 이자원가를 초과하지 않는 범위까지의 금액을 말한다.

(3) 외환이익이 발생한 경우 특정차입금의 차입원가자본화

- 자본화대상 차입원가에 가산할 금액은 없다.
- 외화차입금에 대한 이자원가의 범위내에서 외환이익은 외화차입금의 이자원가에서 차감된다.

외화차입금이자원가와 외환차이에 따른 차입원가자본화대상 이자원가의 계산을 사례별로 그림으로 정리하면 다음과 같다.

---

[4] K-IFRS에는 산정기준을 제시하지 아니하므로 K-GAAP의 내용을 표시한다.

〈case 1〉 외환손실이 발생한 경우(1) : $이자원가 + 외환손실 〉 ₩이자원가(한도)

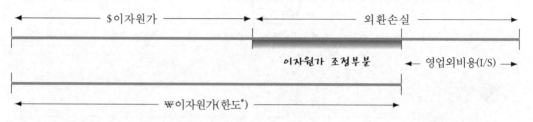

* $이자원가과 외환손실의 합계액의 자본화대상 차입원가 한도이다.

〈case 2〉 외환손실이 발생한 경우(2) : $이자원가 + 외환손실 〈 ₩이자원가(한도)

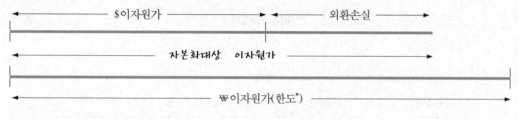

* $이자원가과 외환손실의 합계액의 자본화대상 차입원가 한도이다.

〈case3〉 외환이익이 발생한 경우(1) : $이자원가 〉 외환이익

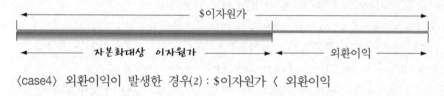

〈case4〉 외환이익이 발생한 경우(2) : $이자원가 〈 외환이익

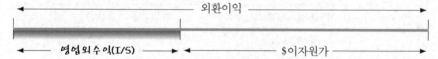

예제 12-3   외환차이 중 이자원가의 조정으로 볼 수 있는 부분 계산

㈜다빈은 20×1년 초 연리 5%, 매년말 이자지급조건으로 $1,000을 차입하였다. 차입시 환율은 ₩1,000/$이다. 회사가 차입한 외화차입금과 유사한 원화차입금은 연리 10%, 매년말 이자지급 조건이다.

≪물음≫

20×1년 말 환율은 다음과 같다고 가정하고, 각 사례별로 차입원가자본화 관련하여 외화차입금의 외환차이 중 이자원가의 조정으로 볼 수 있는 부분과 자본화대상차입원가를 각각 계산하시오.

구 분	사례1	사례2	사례3	사례4
결산일(20×1.12.31)의 환율	₩1,200/$1	₩1,030/$1	₩980/$1	₩900/$1

해답

구 분	사례1	사례2	사례3	사례4
자본화대상차입원가	₩100,000	₩81,500	₩29,000	—
외환차이중 이자원가의 조정부분	40,000	30,000	—	—

〈사례1〉 $이자원가＋외환손실 〉 ₩이자원가(한도)

외환차이 중 이자원가의 조정으로 볼 수 있는 부분 계산

1. 이자원가과 외화환산손실(외환손실) 계산

외화환산손실 : $1,000 × (₩1,200 − ₩1,000) = ₩200,000(a)

외화차입금의 이자원가 : $1,000 × ₩1,200(이자지급시점 또는 발생시점의 환율) × 5%
= ₩60,000(b)

2. 외환손실 중 이자원가의 조정으로 볼 수 있는 부분 계산

유사조건 원화차입금의 이자원가(＝자본화할 수 있는 차입원가의 한도)

$1,000 × ₩1,000(기초부터 존재하는 외화차입금은 기초의 환율, 회계기간 중 조달된 외화차입금에 대해서는 차입당시의 환율) × 10%(원화이자율) = ₩100,000(c)

이자원가의 조정으로 볼 수 있는 외환손실 = 100,000(c) − 60,000(b) = ₩40,000

구 분	기초(환율 : 1,000/$)	기말(환율 : 1,200/$)	
	차입액(이자율)	이자원가	외화환산손익
외화차입금	$1,000(5%)	₩60,000	손실 ₩200,000
유사조건원화차입금	₩1,000,000(10%)	₩100,000	
이자원가 조정으로 볼 수 있는 부분	(한도) ₩40,000		

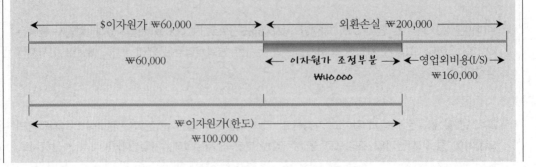

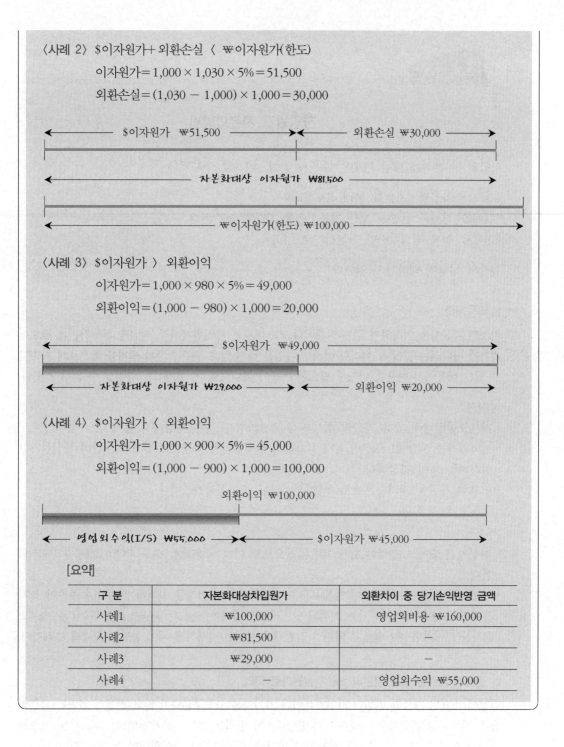

〈사례 2〉 $이자원가+ 외환손실 〈 ₩이자원가(한도)

　　　이자원가＝$1,000 \times 1,030 \times 5\% = 51,500$

　　　외환손실＝$(1,030 - 1,000) \times 1,000 = 30,000$

〈사례 3〉 $이자원가 〉 외환이익

　　　이자원가＝$1,000 \times 980 \times 5\% = 49,000$

　　　외환이익＝$(1,000 - 980) \times 1,000 = 20,000$

〈사례 4〉 $이자원가 〈 외환이익

　　　이자원가＝$1,000 \times 900 \times 5\% = 45,000$

　　　외환이익＝$(1,000 - 900) \times 1,000 = 100,000$

[요약]

구 분	자본화대상차입원가	외환차이 중 당기손익반영 금액
사례1	₩100,000	영업외비용 ₩160,000
사례2	₩81,500	─
사례3	₩29,000	─
사례4	─	영업외수익 ₩55,000

차입원가 자본화방법

차입원가자본화에 대한 견해는 다음과 같이 3가지로 구분된다.

〈견해1〉 차입원가자본화 반대(비용처리)
〈견해2〉 건설과 관련된 모든 자본비용을 자산원가로 처리
〈견해3〉 실제 건설이자만 자산원가로 처리

각각의 견해에 대하여 설명한다.

1. 비용처리

이자의 자산성을 인정하지 않는 견해이다. 즉, 이자는 차입원가이지, 자산을 취득하는데 필요한 원가가 아니라는 것이다. 이러한 이자는 차입을 하지 않고 주주가 추가 출자를 함으로써 회피할 수 있는 비용이기 때문에 반드시 필요한 비용이 아니므로 그 원가성을 인정할 수 없다고 한다.

[주장근거]
• 자본조달방법에 따라 자산의 취득원가가 달라지는 것은 타당하지 않다.
• 이자원가는 본질적으로 차입원가며 자산의 취득원가가 아니므로 발생한 기간의 차입원가로 처리하는 것이 타당하다.
• 필요한 자금을 자기자본으로 조달시 이자원가는 회피가능하다.

[한계점]
• 건설기간 중에는 수익이 발생하지 않았으므로 이를 비용화할 경우 수익비용대응원칙에 위배된다.
• 자본조달원천과는 상관없이 자본비용은 발생한다. 즉, 이자를 회피하기 위하여 주주가 추가 출자하는 경우에 이자원가는 회피되지만, 주주가 추가로 제공되는 자금에 대한 기회비용으로써의 이자를 고려하면 자기자본에 대한 차입원가가 여전히 발생하게 되어 동일한 결과를 초래한다.

2. 건설과 관련된 모든 자본비용을 자산원가로 처리

건설에 소요된 자금의 원천이 타인자본이건 자기자본이건 구분하지 않고 건설과 관련된 자본비용을 자산의 취득원가로 처리하는 방법이다. 이 방법은 경제학적 기회비용에 기초를 둔 것으로 자금의 이자도 반드시 필요한 원가이기 때문에 취득원가에 가산하여야 한다는 것이다.

[주장근거]
• 자산의 취득원가는 자산을 취득하기 위하여 포기한 재화 및 용역의 가치가 되어야 한다.

- 의도한 사용목적으로 설치될 때까지 지출한 모든 비용을 당해 자산의 취득원가로 처리해야 하므로 건설관련이자는 자본조달방법에 관계없이 모두(내재적 자본비용까지 포함) 취득원가로 처리한다.

[한계점]
- 기회비용으로서의 이자는 측정이 주관적이다.
- 역사적 원가주의에 기초를 두고 있는 전통회계와 배치된다. 즉, 역사적원가회계에서는 기회비용을 원가로 인정되지 않고 있다.

3. 실제 건설이자만 자산원가로 처리
실제로 발생한 건설이자만 자산의 취득원가로 처리하는 방법이다.

[주장근거]
- 취득하지 않았다면 회피가능한 원가이다.
- 역사적 원가주의에 근거하여 자산의 취득원가를 결정하는 현행회계에 부합된다.
- 수익비용대응원칙에 충실하다.

[한계점]
- 동일한 용역잠재력을 가진 자산이라도 타인자본으로 조달정도에 따라 자산의 금액이 달라짐에 따라 기업간 재무구조에 따라 기업간 비교가능성이 저하된다.
- 자기자본비용은 자본화하지 않고 타인자본비용만 자본화하는 것은 일관성이 없다.

제12장

연습문제

문제 12-1 차입원가 자본화

> 12월 결산법인이 ㈜다빈건설은 공장을 신축 중에 있다. ㈜다빈건설은 차입원가를 자본화하여 자산의 취득원가를 결정하는 회계방침을 적용하고 있다. 동 공장신축공사는 20×3년 초부터 시작되었으며, 20×3년 1월 1일에 ₩400,000과 7월 1일에 ₩600,000이 동 공사에 지출되었다. 동 공사와 관련된 차입금 내역은 다음과 같다.
>
> | 차입금 | 차입일 | 차입금액 | 상환일 | 이자율 |
> |---|---|---|---|---|
> | A | 20×3년 1월 1일 | ₩500,000 | 20×4년 12월 31일 | 7% |
> | B | 20×1년 1월 1일 | 800,000 | 20×3년 7월 1일 | 12% |
> | C | 20×3년 1월 1일 | 1,100,000 | 20×4년 12월 31일 | 9% |
>
> 차입금A는 동 공사를 위하여 개별적으로 차입되었으며, 이 중 ₩100,000은 6개월간 4%으로 금융기관에 예치 후 사용되었다.

≪물음≫

㈜다빈건설이 동 공사에 대하여 20×3년에 자본화할 차입원가를 계산하시오.

 해답

평균지출액	연평균차입금 사용액		이자율	자본화할 차입원가	한도
700,000*1	특정차입금 (일시예치)	₩500,000	7%	₩35,000	
		(50,000)	4%	(2,000)	
	일반차입금	250,000	9.8%*2	24,500	147,000
계				₩57,500	

*1 평균지출액 : 400,000 × 12/12 + 600,000 × 6/12 = 700,000

*2 자본화이자율

	연평균차입금ⓐ	이자율	이자금액ⓑ	자본화이자율(ⓑ/ⓐ)
B	₩400,000[1]	12%	₩48,000	
C	1,100,000	9%	99,000	
계	₩1,500,000		₩147,000	9.8%

[1] 800,000×6/12＝400,000 (차입기간 : 20×3.1.1 － 20×3.7.1)

문제 12-2 차입원가자본화(CPA1차 2006)

㈜연세는 20×1년 1월 1일 공장건설을 시작하였으며 이와 관련하여 같은 날 \$2,000을 차입하였다. 20×1년 1월 1일의 환율은 ₩1,000/\$1이었고 차입조건은 이자율 연 5%에 매년 말 이자를 지급하는 것이다. 이와 유사한 조건의 국내 원화 차입금 이자율은 연 10%이다. ㈜연세는 공장건설 과정에서 발생하는 차입원가를 자본화하고 있으며, 공장건설은 20×2년에 완료될 예정이다.

≪물음≫

1. 20×1년 12월 31일 환율이 ₩1,200/\$1인 경우 발생하는 외환환산손익 중 20×1년도 당기손익에 반영되는 금액을 계산하시오.
2. 20×1년 12월 31일 환율이 ₩900/\$1인 경우 발생하는 외환환산손익 중 20×1년도 당기손익에 반영되는 금액을 계산하시오.

해답

1. 환율이 ₩1,200/\$1인 경우

① 원화차입금이자원가＝외화차입금 × 기초환율 × 원화차입금이자율
$$=2,000 \times 1,000 \times 10\% = 200,000$$
② 외화차입금이자원가＝외화차입금 × 기말환율 × 외화차입금이자율
$$=2,000 \times 1,200 \times 5\% = 120,000$$
이자원가의 조정으로 볼 수 있는 부분＝① － ②＝200,000 － 120,000＝80,000
환율변동손실＝(1,200 － 1,000) × 2,000＝ 400,000
이자원가의 조정으로 볼 수 없는 부분(영업외비용)＝400,000 － 80,000＝320,000

2. 환율이 ₩900/\$1인 경우

환율변동이익＝(1,000 － 900) × 2,000＝ 200,000
외화차입금이자원가＝외화차입금×기말환율×외화차입금이자율
$$=2,000 \times 900 \times 5\% = 90,000$$
환율변동이익(영업외수익)＝환율변동이익 － 외화차입금이자원가
$$=200,000 － 90,000 = 110,000$$

문제 12-3 차입원가자본화(CTA1차 2002수정)

12월 결산법인인 다빈상사는 사옥을 건설하기 위하여 20×1년 1월 1일 한국건설회사와 공사도급 계약을 체결하였다. 다빈상사는 사옥건설을 위해 다음과 같이 지출하고, 20×2년 6월 30일 준공하였다.

20×1. 1. 1	₩180,000
20×2. 1. 1	70,000
합 계	₩250,000

다빈상사의 20×1년도의 차입금중 차입금A는 특정차입금, 차입금B,C는 일반차입금이며, 20×2년도에 신규로 조달된 차입금은 없다.

차입금	차입일	차입금액	상환일	이자율
A	20×1.1.1	₩50,000	20×2. 6.30	연 12%(단리)
B	20×0.1.1	₩60,000	20×2.12.31	연 8%(단리)
C	20×0.1.1	₩80,000	20×3.12.31	연 11.5%(단리)

다빈상사는 유형자산의 취득과 관련된 차입원가를 취득원가에 가산한다.

≪물음≫

1. 20×1회계연도에 자본화할 차입원가를 계산하시오.
2. 20×2회계연도에 자본화할 차입원가를 계산하시오.
3. 사옥의 준공시점에 계상될 건물의 취득원가를 계산하시오.

해답

1. 20×1회계연도에 자본화할 차입원가

① 평균지출액 = 180,000 × 12/12 = 180,000

② 특정차입금 차입원가자본화 = 50,000 × 12% = 6,000

③ 일반차입금 차입원가자본화 = 적은금액[㉠,㉡] = 10,000

㉠ (180,000 − 50,000) × 10%주) = 13,000

㉡ 60,000 × 8% + ₩80,000 × 11.5% = 14,000

주) 일반차입금의 자본화이자율 : (60,000 × 8% + 80,000 × 11.5%)/(60,000 + 80,000) = 10%

④ 20×1년 차입원가자본화 = ② + ③ = ₩19,000

2. 20×2회계연도에 자본화할 차입원가

① 평균지출액 = (250,000 + 19,000) × 6/12 = 134,500

② 특정차입금 차입원가자본화 = 50,000 × 6/12 × 12% = 3,000

③ 일반차입금 차입원가자본화 = 적은금액[㉠, ㉡] = 10,950

         ⓐ $(134,500 - 50,000 \times 6/12) \times 10\%^{주)} = 10,950$

         ⓑ $60,000 \times 8\% + 80,000 \times 11.5\% = ₩14,000$

        주) 일반차입금의 자본화이자율 : $(60,000 \times 8\% + 80,000 \times 11.5\%)/(60,000 + 80,000) = 10\%$

    ④ 20×2년 차입원가자본화 $= ② + ③ = ₩13,950$

3. 20×2년 건물취득원가

지출액	₩250,000
20×1년 차입원가자본화	19,000
20×2년 차입원가자본화	13,950
취득원가	₩282,950

문제 12-4 차입원가자본화(CTA1차 2006)

12월말 결산법인인 다빈상사는 보유하고 있던 토지에 사옥을 건설하기 위하여 20×2년 1월 1일 한국건설회사와 ₩250,000에 공사도급계약을 체결하였다. 사옥은 20×3년 6월 30일 준공하였으며, 다빈상사는 20×2년 중에 ₩180,000, 20×3년 1월 1일 ₩70,000을 공사비로 지출하였다. 한편, 다빈상사의 차입금의 내역은 다음과 같으며, 이중 차입금 A는 사옥건설 목적을 위하여 개별적으로 차입(특정차입금)하였으며, 차입금 B와 C는 일반 목적으로 차입(일반차입금)된 것이다. 단, 20×3년도에 신규로 조달한 차입금은 없으며, 이자는 매년말 혹은 상환일에 후급하는 조건이다.

차입금	차입일	차입금액	상환일	이자율 및 이자지급조건
A	20×2. 1. 1.	₩50,000	20×3. 6.30	연 12%(단리)
B	20×1. 1. 1.	60,000	20×3.12.31	연 8%(단리)
C	20×1. 1. 1.	80,000	20×4.12.31	연 11.5%(단리)

다빈상사는 차입금에서 발생한 차입원가를 취득원가에 가산하는 회계처리를 하고 있으며, 사옥의 건설과 관련하여 20×2회계연도에 자본화한 차입원가가 ₩11,000라고 할 경우 사옥의 준공시점에서 계상될 건물의 취득원가는 얼마인가?

해답

평균지출액	연평균차입금 사용액		이자율	자본화할 차입원가	한도
	특정차입금	₩25,000	12%	₩3,000	
130,500^{*1}	(일시예치)	(—)	-%	(—)	
	일반차입금	105,500	10%^{*2}	10,550	14,000
계				₩13,550	

*1. 평균지출액 : $(180,000 + 70,000 + 11,000) \times 6/12 = 130,500$

*2. 자본화이자율

	연평균차입금ⓐ	이자율	이자금액ⓑ	자본화이자율(ⓑ/ⓐ)
B	₩60,000	8%	₩4,800	
C	80,000	11.5%	9,200	
계	₩140,000		₩14,000	10%

따라서, 건물의 취득원가는 다음과 같다.

건설원가	180,000 + 70,000 =	₩250,000
20×2년 자본화한 차입원가		11,000
20×3년 자본화한 차입원가		13,550
		₩274,550

제13장 자산손상

제1절 의 의

1. 자산손상회계의 필요성

자산은 KIFRS에 따라 다르게 측정된다. 자산의 측정은 크게 원가측정과 공정가치로 구분되며, 공정가치 측정의 경우 다시 평가손익을 당기손익인식과 기타포괄손익인식으로 구분될 수 있다. 예를 들어 취득원가가 ₩1,000인 자산의 기말공정가치가 ₩200이라고 한다면 자산과 당기손익으로 인식되는 금액은 측정기준과 평가손익의 인식에 따라 다음과 같이 표시된다.

자산 구분		기말자산금액	당기손익인식액
측정기준	평가손익인식		
원 가	−	₩1,000	−
공정가치	당기손익	200	(₩800)
공정가치	기타포괄손익	200	−

상기와 같이 자산의 가치가 크게 하락하는 경우에는 자산금액은 공정가치로 표시하고, 공정가치와 원가와의 차이금액은 적극적으로 손익에 반영하는 것이 적절할 것이다. 이러한 회계처리가 자산손상회계처리이다. 공정가치로 평가하고, 그 평가손익을 인식하는 자산(예 당기손익식금융자산등)은 이미 자산손상 회계처리와 동일한 효과를 가지므로 별도의 손상회계는 필요하지 않다. 하지만 원가로 측정하는 자산 또는 공정가치로 측정하되 그 평가손익을 당기손익이 아닌 기타포괄손익 등으로 처리하는 자산은 원칙적으로 자산손상회계처리가 필요하게 된다.

자산 구분		자산손상회계전ⓐ		자산손상회계후ⓑ		차이ⓑ − ⓐ		자산손상 회계필요
측정기준	평가손익	자산금액	당기손익	자산금액	당기손익	자산금액	당기손익	
원 가	−	₩1,000	−	₩200	(₩800)	(₩800)	(₩800)	Yes
공정가치	당기손익	200	(₩800)	200	(₩800)	−	−	No
공정가치	기타포괄손익	200	−	200	(₩800)	−	(₩800)	Yes

2. 용어의 정의

손상차손기준서에서 사용하는 용어의 정의는 다음과 같다(KIFRS1036-6).

① 현금창출단위(CGU : Cash Generating Unit) : 다른 자산이나 자산집단에서의 현금유입과는 거의 독립적인 현금유입(cash inflow)을 창출하는 식별가능한 최소자산집단

② 공동자산(corporate assets) : 검토대상 현금창출단위와 그 밖의 현금창출단위 모두의 미래현금흐름에 기여하는 자산. 단, 영업권은 제외한다.

③ 손상차손(IL : Impairment Loss) : 자산이나 현금창출단위의 장부금액이 회수가능액을 초과하는 금액

④ 회수가능액(RA : Recoverable Amount) : 자산 또는 현금창출단위의 처분부대원가를 차감한 공정가치와 사용가치 중 큰 금액

⑤ 공정가치(fair value) : 측정일에 시장참여자 사이의 정상거래에서 자산을 매도하면서 수취하거나 부채를 이전하면서 지급하게 될 가격

⑥ 사용가치(value in use) : 자산이나 현금창출단위에서 창출될 것으로 기대되는 미래현금흐름의 현재가치

⑦ 처분부대원가(costs of disposal) : 자산 또는 현금창출단위의 처분에 직접 귀속되는 증분원가. 단, 금융원가 및 법인세비용은 제외한다.

3. 적용대상 자산

(1) 금융자산

금융자산의 손상에 대하여 적용할 기준서를 표시하면 다음과 같다(KIFRS1036-4).

금융자산	
종속기업, 관계기업, 공동약정으로 분류되는 금융자산	기타 금융자산
손상차손 기준서 적용	KIFRS 1039 적용

(2) 재평가모형으로 측정하는 자산

자산손상기준서는 기업회계기준서 제1016호 '유형자산'과 기업회계기준서 제1038호 '무형자산'에서의 재평가모형과 같이 다른 한국채택국제회계기준서에 따라 재평가금액(즉, 재평가일의 공정가치에서 이후의 감가상각 누계액과 손상차손누계액을 차감한 공정가치)을 장부금액으로 하는 자산에는 적용한다. 자산의 공정가치와 그 자산의 처분부대원가를 차감한 공정가치 사이에 유일한 차이는 자산의 처분에 소요되는 직접증분원가이다(KIFRS1036-5).

- 처분부대원가가 미미한 경우, 재평가되는 자산의 회수가능액은 재평가금액에 근사하거나 이보다 크다. 이러한 경우 재평가규정을 적용한 후라면 재평가된 자산이 손상되었을 가능성은 희박하고 따라서 회수가능액을 추정할 필요가 없다.
- 처분부대원가가 미미하지 않은 경우, 재평가된 자산의 처분부대원가를 차감한 공정가치는 항상 그 자산의 공정가치보다 작다. 따라서 이 경우 해당 자산의 사용가치가 재평가금액보다 작다면 재평가된 자산은 손상된 것이다. 이러한 경우 재평가 요구사항을 적용한 후에 자산이 손상되었는지를 결정하기 위해 자산손상기준서를 적용한다.

4. 적용배제

손상차손기준서가 적용되지 않는 자산은 다음과 같다(KIFRS1036-2).

손상기준서 배제항목	관련 KIFRS	자산손상기준서에 없는 적용 내용 등
재고자산	제1002호	순실현가치로 측정
건설계약에서 발생한 자산	제1011호	추정공사손실
이연법인세자산	제1012호	차감할 일시적차이의 소멸가능성
종업원급여에서 발생한 자산	제1019호	확정급여자산의 측정
KIFRS 적용범위에 포함되는 금융자산	제1039호	회수가능액 측정 등
공정가치로 측정되는 투자부동산	제1040호	평가손익을 당기손익에 반영[1]
공정가치에서 추정 처분부대원가를 차감한 금액으로 측정되는 측정되는 농림어업활동과 관련된 생물자산	제1041호	평가손익을 당기손익에 반영[1]
이연신계약비와 보험계약에 의한 보험자의 계약상 권리에서 발생한 무형자산	제1104호	재보험자산의 손상
매각예정으로 분류되는 비유동자산 · 처분자산집단	제1105호	순공정가치로 평가 (사용가치 적용 안 함)

[1]. 공정가치평가와 평가손익을 당기손익에 반영하는 회계처리는 손상기준서의 손상과 유사한 결과를 가져오므로 별도의 손상기준서의 적용이 필요하지 않는다.

5. 손상차손기준서의 구성

손상차손기준서에서 규정하고 내용은 다음과 같다(KIFRS1036-7).

① 회수가능액을 결정하여야 하는 시점
② 회수가능액 측정
③ 손상차손의 인식과 측정. 영업권을 제외한 개별 자산의 손상차손 인식과 측정과, 영업권과 현금창출단위의 손상차손 인식과 측정을 구분함

제13장

④ 과거기간에 인식한 손상차손 환입. 개별 자산, 현금창출단위 및 영업권.

⑤ 손상차손과 손상차손환입에 대한 공시사항. 손상검사를 위하여 내용연수가 비한정인 무형자산이
   배분된 현금창출단위에 대해서 추가적인 공시.

제 2 절 손상가능성이 있는 자산의 식별

1. 개 요

자산의 장부금액이 회수가능액을 초과할 때 자산은 손상된 것이다. 자산손상을 시사하는 징후가 있
으면 정식으로 회수가능액을 추정하여야 한다. 그러나 자산손상을 시사하는 징후가 없으면 문단 10에
서 정하고 있는 경우를 제외하고는 정식으로 회수가능액을 추정할 필요가 없다(KIFRS1036-8). 손상차
손 인식과정을 표시하면 다음 그림과 같다.

그림 13-1 ● **자산손상인식 전개도**

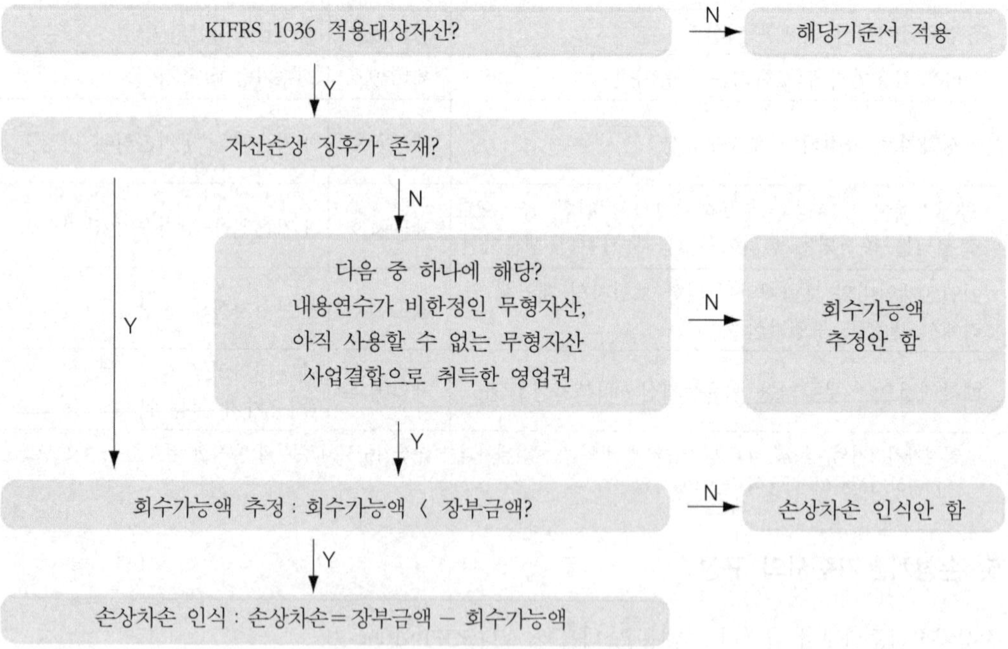

2. 자산손상 징후 검토시 고려사항

자산손상을 시사하는 징후가 있는지를 검토할 때는 최소한 다음을 고려한다[1](KIFRS1036-12).

(1) 외부정보

① 회계기간 중에 자산의 시장가치가 시간의 경과나 정상적인 사용에 따라 하락할 것으로 기대되는 수준보다 유의적으로 더 하락하였다는 관측가능한 징후가 있다.

② 기업 경영상의 기술·시장·경제·법률 환경이나 해당 자산을 사용하여 재화나 용역을 공급하는 시장에서 기업에 불리한 영향을 미치는 유의적 변화가 회계기간 중에 발생하였거나 가까운 미래에 발생할 것으로 예상된다.

③ 시장이자율(시장에서 형성되는 그 밖의 투자수익률을 포함한다. 이하 같다)이 회계기간 중에 상승하여 자산의 사용가치를 계산하는 데 사용되는 할인율에 영향을 미쳐 자산의 회수가능액을 중요하게 감소시킬 가능성이 있다.

④ 기업의 순자산 장부금액이 당해 시가총액보다 크다.

(2) 내부정보

① 자산이 진부화되거나 물리적으로 손상된 증거가 있다.

② 회계기간 중에 기업에 불리한 영향을 미치는 유의적 변화가 자산의 사용범위 및 사용방법에서 발생하였거나 가까운 미래에 발생할 것으로 예상된다. 이러한 변화에는 자산의 유휴화, 당해 자산을 사용하는 영업부문을 중단하거나 구조조정하는 계획, 예상 시점보다 앞서 자산을 처분하는 계획 그리고 비한정 내용연수를 유한 내용연수로 재평가하는 것 등을 포함한다.[2]

③ 자산의 경제적 성과가 기대수준에 미치지 못하거나 못할 것으로 예상되는 증거를 내부보고를 통해 얻을 수 있다.

내부보고를 통해 발견할 수 있는 자산손상을 시사하는 증거의 예는 다음과 같다(KIFRS1036-14).

① 자산의 매입, 운영 및 관리에 쓰이는 현금지출액이 당초 예상수준을 중요하게 초과한다.

② 자산에서 발생하는 실제 순현금흐름이나 실제 영업손익이 당초 예상수준에 비해 중요하게 악화된다.

③ 자산에서 발생할 것으로 예상되는 순현금흐름이나 예상 영업손익이 중요하게 악화된다.

④ 자산에서 발생하는 순현금흐름 또는 영업손익 각각의 당기 실적치와 미래 예상치를 합산한 결과, 순현금유출이나 영업손실이 발생할 것으로 예상된다.

---

1) 여기서 자산손상을 시사하는 징후가 모두 열거되어 있지 아니하다. 따라서 자산손상을 시사하는 다른 징후가 있는 경우에도 회수가능액을 추정한다(KIFRS1036-13).

2) 자산이 매각예정(또는 매각예정으로 분류되는 처분집단에 포함)으로 분류되는 조건을 만족한다면, 자산손상기준서의 적용범위에서 제외하고 기업회계기준서 제1105호 '매각예정비유동자산과 중단영업'에 따라 회계처리한다.

3. 자산손상 검토주기

매 보고기간말마다 자산손상을 시사하는 징후가 있는지를 검토한다. 만약 그러한 징후가 있다면 당해 자산의 회수가능액을 추정한다(KIFRS1036-9).

다만, 다음의 경우에는 자산손상을 시사하는 징후가 있는지에 관계없이 회수가능액을 추정하고 장부금액과 비교하여 매년 손상검사(impairment test)를 한다(KIFRS1036-10).

- 내용연수가 비한정인 무형자산
- 아직 사용할 수 없는 무형자산[3]
- 사업결합으로 취득한 영업권

상기 자산 모두 상각자산이 아니다. 아직 사용할 수 없는 무형자산은 의무적 회수가능액 추정대상자산이지만, 아직 사용할 수 없는 유형자산은 이에 해당되지 않음에 유의하여야 한다. 아직 사용할 수 없는 무형자산의 예로 무형자산의 인식기준을 충족하면서 개발이 진행중인 개발비가 있다.

내용연수가 비한정인 무형자산 또는 아직 사용할 수 없는 무형자산에 대한 손상검사는 다음과 같이 이루어진다(KIFRS1036-10).

- 손상검사는 회계연도 중 어느 때라도 할 수 있으며 매년 같은 시기에 실시한다.
- 서로 다른 무형자산에 대해서는 각기 다른 시점에서 손상검사를 할 수 있다.
- 다만, 회계연도 중에 이러한 무형자산을 최초로 인식한 경우에는 당해 회계연도 말 전에 손상검사를 한다[4].

손상징후와 회수가능액 추정을 정리하면 다음과 같다.

대상 자산 구분	회수가능액 추정
• 내용연수가 비한정인 무형자산 • 아직 사용할 수 없는 무형자산 • 사업결합으로 취득한 영업권	• 손상징후 유무에 관계없이 회수가능액 추정함
• 기타 자산	• 손상징후가 있으면 회수가능액 추정함 • 손상징후가 없으면 회수가능액 추정안 함

---

3) 무형자산을 사용할 수 있기 전에는 당해 장부금액을 회수하기에 충분한 미래 경제적 효익을 창출할 수 있을지가 더욱 불확실하다. 따라서 자산손상기준서는 아직 사용할 수 없는 무형자산에 대해서 최소한 매년 손상검사를 하도록 요구한다 (KIFRS1036-11).

4) 따라서 매년 7월 1일에 손상검사를 하는 경우에 비한정무형자산을 10월 1일에 취득하더라도 취득연도에는 비록 손상검사시기를 경과하였지만 해당 자산에 대하여 손상검사를 하여야 한다.

예제 13-1 내용연수가 비한정인 자산 등의 자산손상검사

㈜다빈의 자산손상과 관련된 자료는 다음과 같다.

- 회사의 회계기간은 1월 1일부터 12월 31일까지이다.
- 회사는 모든 자산에 대하여 매년 6월 30일에 자산손상검사를 실시한다.
- 자산손상과 관련된 자산의 내역은 다음과 같다.

구분	취득일	비고
특허권A	20×1. 1. 1	5년간 상각
특허권B	20×1. 1. 1	내용연수 비한정
특허권C	20×2. 7. 31	5년간 상각
건 물	?	취득 중
개발비	?	개발 중
영업권A	20×1. 1. 1	
영업권B	20×2. 9. 30	

- 회사는 20×2년 6월 30일 현재 보유중인 자산 모두에 대하여 손상징후 검토를 실시하였다.

≪물음≫

1. 20×2년 7월 1일부터 12월 31일까지 기간에 의무적으로 손상징후 검사를 실시하여야 할 자산을 결정하시오.
2. 상기 자산 모두 20×2년 손상징후 검사결과 자산손상 징후는 없다. 20×2년 회계연도에 의무적으로 회수가능액을 추정해야할 자산을 결정하시오.

 해답

1. 영업권B : 영업권B는 손상검사시점이후에 취득하였지만, 회계연도 중에 사업결합으로 취득한 영업권을 최초로 인식한 경우에는 당해 회계연도 말 전에 손상검사를 한다. 반면, 특허권C도 손상검사시점 이후에 취득하였지만 추가 손상검사의무는 없다.

2.
- 특허권B : 내용연수가 비한정인 무형자산
- 개발비 : 아직 사용할 수 없는 무형자산
- 영업권A, 영업권B : 사업결합으로 취득한 영업권
※ 아직 사용할 수 없는 유형자산은 의무적 회수가능액추정 대상자산이 아니다.

제13장

4. 내용연수가 비한정인 자산 등

내용연수가 비한정인 무형자산, 아직 사용할 수 없는 무형자산 및 영업권에 대해서는 최소한 매년 손상검사를 하는 경우에도 자산의 회수가능액을 추정할지 여부는 중요성을 고려하여 결정한다. 예를 들어, 이전에 실시한 손상검사의 결과로 자산의 회수가능액이 장부금액을 중요하게 초과한다고 추정된 경우, 당해 초과액을 소멸시키는 사건이 발생하지 않았다면 자산의 회수가능액을 재추정할 필요가 없다. 마찬가지로 과거의 분석결과로 자산의 회수가능액이 손상징후에 민감하게 영향을 받지 않는다는 것을 알 수도 있다(KIFRS1036-15).

위의 예시로서 시장이자율이 회계기간 중에 상승하였다 하더라도 다음과 같은 경우에는 정식으로 자산의 회수가능액을 추정할 필요가 없다(KIFRS1036-16).

① 자산의 사용가치를 계산하는 데 사용되는 할인율이 시장이자율의 상승에 의해 영향을 받을 가능성이 거의 없는 경우. 예를 들어, 단기 시장이자율의 상승은 잔여내용연수가 긴 자산의 할인율에 중요한 영향을 미치지 않을 수 있다.

② 자산의 사용가치를 계산하는 데 사용되는 할인율이 시장이자율의 상승에 의해 영향을 받을 가능성은 있지만, 회수가능액에 대한 과거의 민감도분석을 통해 다음 ㉠ 또는 ㉡의 결과를 얻을 수 있는 경우

㉠ 미래현금흐름도 증가할 것으로 예상되어 결과적으로 자산의 회수가능액이 중요하게 감소할 가능성이 거의 없다. 기업이 시장이자율의 상승으로 인한 영향을 보상하기 위해 수익을 조정한다는 것을 입증할 수 있는 경우를 예로 들 수 있다.

㉡ 회수가능액의 감소가 중요한 손상차손을 초래할 가능성이 거의 없다.

자산손상을 시사하는 징후가 있다면 이는 비록 당해 자산에 대해 손상차손을 인식하지 않더라도 자산의 잔여내용연수, 감가상각(상각)방법 또는 잔존가치를 당해 자산에 적용되는 KIFRS에 따라 검토하여 이를 조정할 필요가 있음을 나타내는 것일 수 있다(KIFRS1036-17).

제3절   회수가능액의 측정

1. 일반원칙

(1) 처분부대원가를 차감한 공정가치, 사용가치

회수가능액을 측정할 때에 항상 처분부대원가를 차감한 공정가치와 사용가치 모두를 추정할 필요는 없다. 처분부대원가를 차감한 공정가치나 사용가치 중 하나의 금액이 장부금액을 초과한다면 자산이 손상되지 않았으므로 다른 금액을 추정할 필요가 없다(KIFRS1036-19).

처분부대원가를 차감한 공정가치는 동일한 자산이 활성시장에서 거래되지 않아 활성시장의 공시가격

이 없는 경우에도 측정할 수 있다. 그러나 현행 시장 상황에서 측정일에 시장참여자 사이에 이루어지는 자산을 매도하는 정상거래가 일어나는 경우의 가격을 신뢰성 있게 추정할 근거가 없어서 처분부대원가를 차감한 공정가치를 측정하지 못할 수 있다. 이 경우 당해 자산의 회수가능액은 사용가치로 측정할 수 있다(KIFRS1036-20).

자산의 사용가치가 처분부대원가를 차감한 공정가치를 중요하게 초과한다고 확신할 수 없다면 자산의 회수가능액은 처분부대원가를 차감한 공정가치로 측정될 것이다. 처분목적으로 보유하고 있는 자산의 경우가 통상 여기에 해당할 것이다. 왜냐하면, 처분 전까지 자산의 계속적인 사용으로 유입될 미래 현금흐름이 중요하지 않아 자산의 사용가치의 대부분이 순처분대가로 구성될 것이기 때문이다(KIFRS1036-21).

(2) 회수가능액 측정단위

개별 자산의 현금유입(cash inflows)[5]이 다른 자산이나 자산집단에서의 현금유입과 거의 독립적으로 창출된다면 회수가능액은 개별 자산별로 결정한다. 만약 독립적으로 창출되지 않는다면 회수가능액을 당해 자산이 속한 현금창출단위별(CGU)로 결정한다. 다만, 다음의 ① 또는 ②의 경우를 제외한다(KIFRS1036-22).

① 자산의 처분부대원가를 차감한 공정가치가 장부금액을 초과하는 경우
② 자산의 사용가치가 처분부대원가를 차감한 공정가치와 거의 같을 것으로 추정되고 처분부대원가를 차감한 공정가치를 측정할 수 있는 경우

경우에 따라서 처분부대원가를 차감한 공정가치나 사용가치를 결정함에 있어 자산손상기준서에서 예시한 상세한 계산에 대한 합리적 근사치는 추정치, 평균값 및 개산에 의한 간편법으로 구할 수 있다(KIFRS1036-23).

그림 13-2 • 회수가능가액 측정단위

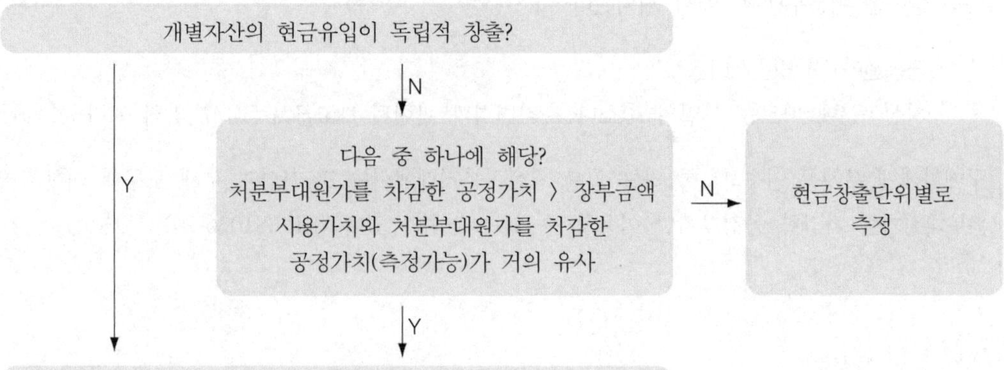

---

5) 현금흐름의 독립적 창출은 현금유입만 고려하고 현금유출은 고려하지 않음에 유의하여야 한다.

2. 내용연수가 비한정인 무형자산의 회수가능액 측정

내용연수가 비한정인 무형자산에 대해 손상을 시사하는 징후가 있는지와 관계없이 최소한 매년 회수가능액과 장부금액을 비교하여 손상검사를 한다. 그러나 다음을 모두 충족하는 경우에는 내용연수가 비한정인 무형자산의 회수가능액에 대해 최근에 실시한 상세한 계산결과를 당기의 손상검사에 이용할 수 있다(KIFRS1036-24).

① 내용연수가 비한정인 무형자산을 계속 사용하는 동안 창출되는 현금유입이 다른 자산이나 자산집단의 현금유입과 거의 독립적이지 못하기 때문에 그 무형자산이 포함되는 현금창출단위의 일부로서 당해 무형자산에 대한 손상검사를 하는 경우, 당해 현금창출단위를 구성하는 자산과 부채가 최근의 회수가능액을 계산한 후로 중요하게 변동하지 않았다.
② 최근에 실시한 계산결과에 따른 회수가능액이 장부금액을 상당히 초과하였다.
③ 최근 회수가능액을 계산한 후에 발생한 사건과 변화된 상황을 분석해 볼 때, 현재시점의 회수가능액이 장부금액에 미달할 가능성이 아주 낮다.

3. 처분부대원가를 차감한 공정가치

처분부대원가는 처분부대원가를 차감한 공정가치(fair value less costs to sell)[6]를 측정할 때 차감하여 반영한다. 다만, 이미 부채로 인식된 처분부대원가는 제외한다.(KIFRS1036-28).

처분부대원가는 다음과 같다.

- 자산 또는 현금창출단위의 처분에 직접 귀속되는 증분원가를 말한다.
- ㉠법률원가, 인지세 및 이와 유사한 거래세, 자산제거원가, 자산을 매각가능한 상태로 만드는 과정과 직접 관련된 증분원가 등

다음 항목은 처분부대원가에서 제외된다.

- 금융원가 및 법인세비용
- 자산처분에 따르는 사업의 축소나 조직변경과 관련된 해고급여 및 그 밖의 원가

구매자에게 부채를 인수하도록 하는 일부 자산처분거래에서는 그 자산과 부채 모두에 대한 단일의 처분부대원가를 차감한 공정가치만 이용할 수 있는 경우가 있다[7](KIFRS1036-29).

---

6) 순공정가치(net fair value)에서 처분부대원가를 차감한 공정가치(fair value less costs to sell)로 명칭을 변경하였다.
7) 문단 78에서는 이러한 경우의 회계처리방법에 대해 규정한다.

4. 사용가치

자산의 사용가치 계산에 다음을 반영한다(KIFRS1036-30).

① 자산에서 창출될 것으로 기대되는 미래현금흐름의 추정치
② 미래현금흐름의 금액 및 시기의 변동가능성에 대한 기대치
③ 현행 무위험시장이자율로 표현되는 화폐의 시간가치
④ 자산의 본질적 불확실성에 대한 보상가격
⑤ 자산에서 창출될 것으로 기대되는 미래현금흐름의 가격을 결정할 때 시장참여자들이 반영하는 비유동성과 같은 그 밖의 요소들

자산의 사용가치를 추정할 때는 다음의 단계를 거친다(KIFRS1036-31).

> **사용가치=PV=CF × 현가계수(r, n)**
>
> ① CF추정 : 자산의 계속적인 사용과 최종 처분에서 기대되는 미래 현금유입과 현금유출의 추정
> ② r추정 : ①의 미래현금흐름을 적절한 할인율로 할인
> ※ PV : 현재가치, CF : 현금흐름, r : 할인율, n : 기간

미래현금흐름의 금액 및 시기의 변동가능성에 대한 기대치를 미래현금흐름 또는 할인율 중 어느 것에서 조정하여 반영하더라도 그 결과는 미래현금흐름의 기대현재가치, 즉 발생가능한 모든 결과의 가중평균값을 반영한다(KIFRS1036-32).

5. 미래현금흐름 추정치의 근거

제13장

사용가치는 다음과 같이 측정한다(KIFRS1036-33).

① 현금흐름은 자산의 잔여내용연수동안의 경제상황에 대한 경영진의 최선의 추정치가 반영된 합리적이고 객관적인 가정을 기초로 추정한다. 이 때 내부증거보다 외부증거에 더 큰 비중을 둔다.
② 현금흐름은 경영진이 승인한 최근의 재무예산/예측을 기초로 추정한다. 그러나 미래의 구조조정 또는 자산 성능의 향상에서 발생할 것으로 기대되는 추정 미래 현금유입이나 현금유출은 제외한다. 이러한 재무예산/예측에 기초한 추정 대상 기간은 정당한 사유가 없는 한 최장 5년으로 한다.
③ 최근 재무예산/예측의 대상 기간 후의 성장률은 고정되거나 계속 감소한다고 가정하여 현금흐름을 추정하며, 이러한 성장률은 기업의 제품, 기업이 속한 산업, 기업이 영업을 하는 국가 및 자산이 사용되는 시장의 장기평균성장률을 초과할 수 없다. 다만, 정당한 사유가 있다면 증가하는 성장률을 사용하거나 장기평균성장률을 초과하는 성장률을 사용할 수 있다.

경영진은 과거에 추정한 현금흐름과 실제 발생한 현금흐름이 차이가 나는 이유를 분석하여 현행 현

금흐름추정의 기초가 되는 가정이 합리적인지를 평가한다. 실제현금흐름이 창출될 때에는 존재하지 않았던 후속적인 사건이나 상황의 영향을 고려할 때 적절하다면, 경영진은 현행 현금흐름추정의 기초가 되는 가정이 과거 실제 발생한 결과와 일관성이 있도록 한다(KIFRS1036-34).

일반적으로 5년을 초과하는 기간의 미래현금흐름에 대해서는 상세하고 신뢰성 있는 재무예산/예측을 이용하기 어렵다. 따라서 경영진의 미래현금흐름 추정치는 향후 최장 5년에 대한 최근의 재무예산/예측에 기초한다. 그러나 경영진이 미래현금흐름 추정에 대한 신뢰성을 확신하고 과거의 경험에 비추어 5년을 초과하는 기간의 미래현금흐름을 정확하게 예측할 수 있는 능력을 보일 수 있다면 5년을 초과하는 기간에 대한 재무예산/예측에 근거하여 현금흐름을 추정할 수 있다(KIFRS1036-35).

자산의 내용연수말까지의 현금흐름을 추정할 때 재무예산/예측의 범위를 벗어나는 후속년도에 대해서는, 재무예산/예측에 근거한 현금흐름추정에 일정한 성장률을 적용하여 추정한다. 제품 또는 산업의 수명주기와 관련된 객관적인 정보에 부합하지 않는 한 후속년도에 대해 적용되는 성장률은 증가할 수 없고 일정하거나 감소하여야 한다. 경우에 따라서는 성장률이 영(0)이 되거나 음(−)의 값이 될 수도 있다(KIFRS1036-36).

환경이 유리한 경우에는 경쟁자의 시장진입으로 기업의 성장이 둔화될 수 있다. 이 경우에는 기업의 제품, 기업이 속한 산업, 기업이 영업을 하는 국가 및 자산이 사용되는 시장의 역사적인 장기(예 20년) 평균성장률을 초과하여 성장할 가능성이 낮다(KIFRS1036-37).

6. 미래현금흐름 추정치의 구성

(1) 미래현금흐름 구성항목

미래현금흐름 추정치는 다음을 포함한다(KIFRS1036-39).

① 자산의 계속 사용으로 인한 현금유입에 대한 추정
② 자산의 계속 사용으로 인한 현금유입을 창출하기 위해 필수적으로 발생하고(자산의 사용준비를 위한 현금유출 포함) 자산에 직접 귀속되거나 합리적이고 일관된 기준에 따라 당해 자산에 배분될 수 있는 현금유출에 대한 추정
③ 내용연수말에 당해 자산의 처분으로 수취(또는 지급)될 순현금흐름

다음은 현금유출을 추정할 때 유출항목에 포함될 항목과 관련된 것이다.

- 현금유출을 추정할 때에는 자산사용에 직접 귀속되거나 합리적이고 일관된 기준에 따라 배분될 수 있는 미래의 간접비용과 일상적 관리유지비용을 포함한다(KIFRS1036-41).
- 자산이 사용가능하거나 매각가능한 상태가 되기 전에 발생하는 모든 현금유출이 자산의 장부금액에 완전히 반영되지 않은 경우에는, 추가로 발생할 것으로 예상되는 현금유출을 미래현금유출 추정치에 포함한다. 예를 들어, 건설 중인 건물이나 아직 완료되지 않은 개발프로젝트가 이에 해당한다(KIFRS1036-42).

(2) 미래현금흐름 추정치에서 제외되는 항목

미래현금흐름 추정치에는 포함되지 않는 항목은 표 13-1과 같다(KIFRS1036-43,44,50,51).

표 13-1 • 미래현금흐름 추정치에서 제외되는 항목

배제 항목	배제 이유
검토대상 자산의 현금유입과 거의 독립적인 현금유입을 창출하는 자산으로부터의 현금유입(예: 수취채권과 같은 금융자산)	이중계산을 방지
이미 부채로 인식된 의무와 관련하여 발생하는 현금유출(예: 매입채무, 퇴직급여채무, 충당부채)	이중계산을 방지
재무활동으로부터의 현금 유입이나 유출	화폐의 시간가치는 미래현금흐름 추정치를 할인함으로써 고려됨(할인율에 기 반영됨)
법인세환급액 또는 법인세납부액	할인율이 세전기준으로 결정되기 때문에 미래현금흐름도 세전기준으로 추정
아직 확약되지 않은 미래의 구조조정, 자산 성능의 향상으로 예상되는 현금흐름	미래현금흐름은 자산의 현재 상태를 근거로 추정

자산의 현재 상태를 근거로 미래현금흐름을 추정하기 때문에 사용가치는 다음 사항을 반영하지 아니한다(KIFRS1036-45).

① 아직 확약되지 않은 미래의 구조조정 때문에 발생할 것으로 예상하는 미래현금유출이나 관련된 원가절감(예: 임금감소) 또는 효익
② 자산의 성능을 향상시키는 과정에서 발생할 미래현금유출, 또는 그러한 향상으로 발생할 것으로 예상하는 미래현금유입

제13장

(3) 고려사항

1) 인플레이션

일반적인 인플레이션에 따른 가격상승에 대한 일관된 가정을 미래현금흐름과 할인율의 추정치에 반영해야 한다(KIFRS1036-40).

- 할인율에 인플레이션효과가 반영될 경우 미래현금흐름은 명목금액으로 추정한다.
- 할인율에 인플레이션효과가 반영되지 않을 경우 미래현금흐름은 실질금액으로 추정한다.
- 다만, 미래현금흐름이 실질금액으로 추정되는 경우에도 인플레이션과 관계없는 자산의 실질가격의 등락은 미래현금흐름 추정치에 고려한다.

2) 구조조정

구조조정이란 경영진의 계획과 통제 하에 사업의 범위 또는 사업수행방식을 중요하게 변화시키는 일련의 절차를 말한다(KIFRS1036-46). 기업이 구조조정을 확약하면 일부 자산이 구조조정의 영향을 받을 수 있다. 기업이 구조조정을 확약한 경우에는 다음을 고려한다(KIFRS1036-47).

① 경영진이 승인한 최근의 재무예산/예측을 근거로 자산의 사용가치를 결정한다. 이 때 구조조정으로 예상되는 원가절감이나 그 밖의 효익을 반영하여 미래 현금유입 및 현금유출을 추정한다.

② 구조조정으로 예상되는 미래현금유출의 추정액은 구조조정충당부채에 포함한다.

3) 자산의 현재 상태에서 현금흐름

미래현금흐름을 추정할 때 자산의 현재 상태에서 기대되는 경제적 효익 수준을 유지하기 위해 필요한 미래현금유출을 반영한다. 현금창출단위가 서로 다른 내용연수의 자산으로 구성되어 있고, 당해 자산 모두가 현금창출단위의 계속적인 영업에 필수적인 경우가 있다. 이러한 현금창출단위의 미래현금흐름을 추정할 때 상대적으로 내용연수가 짧은 자산의 대체는 현금창출단위에 대한 일상적인 관리유지의 일부로 본다. 이와 유사하게 개별 자산이 내용연수가 서로 다른 항목으로 구성되어 있는 경우에도 자산의 미래현금흐름을 추정할 때 상대적으로 내용연수가 짧은 항목의 대체는 일상적인 관리유지의 일부로 본다(KIFRS1036-49).

기업이 자산의 성능을 향상시키는 현금유출을 하기 전까지는 그 현금유출과 관련된 경제적 효익의 증가로 향후 발생할 것으로 예상되는 추정미래현금유입은 미래현금흐름추정치에 포함하지 아니한다(KIFRS1036-48).

4) 내용연수말 자산처분

내용연수말에 자산의 처분으로 수취(또는 지급)할 순현금흐름의 추정치는 합리적인 판단력과 거래의사가 있는 독립된 당사자 사이의 거래에서 자산의 매각으로부터 수취할 것으로 예상되는 금액에서 추정처분부대원가를 차감한 금액으로 한다.(KIFRS1036-52)

자산의 내용연수 종료시점에서 자산처분으로 수취(또는 지급)할 순현금흐름은 다음의 사항을 제외하고는 자산의 처분부대원가를 차감한 공정가치와 유사한 방법으로 추정한다(KIFRS1036-53).

① 내용연수가 종료되었고 당해 자산이 사용될 환경과 유사한 조건에서 운용되었던 유사한 자산에 대해 추정일 현재 형성된 가격을 사용한다.

② 위 ①의 가격에 일반적인 인플레이션에 따른 미래 가격 상승과 특정 가격 등락을 모두 조정한다. 그러나 당해 자산을 계속 사용하는 동안에 창출되는 미래현금흐름과 할인율의 추정치에 일반적인 인플레이션효과를 제외하였다면 자산의 처분으로 인한 순현금흐름 추정치에서도 그 효과를 제외한다.

공정가치는 사용가치와 다르다. 공정가치는 시장참여자가 가격을 결정할 때 이용할 가정을 반영한다. 반면에, 사용가치는 해당 기업에만 특정될 수 있으나 일반 기업에는 적용되지 않을 수 있는 요소의 영향을 반영한다. 예를 들어, 공정가치는 시장참여자에게 일반적으로 이용가능하지 않는 한, 다음 요소를 반영하지 않는다(KIFRS1036-53A).

① 자산을 그룹화하여 생기는 추가적인 가치(⑩ 서로 다른 위치에 있는 부동산이 함께 자산군을 이루어 생기는 추가적인 가치)
② 측정 자산과 다른 자산 간에 나타나는 시너지효과
③ 자산의 현재 소유자에게만 특별히 적용되는 법적 권리 또는 법적 제약
④ 자산의 현재 소유자에게만 특별히 적용되는 세금 혜택 또는 부담

(4) 외화표시 미래현금흐름

미래현금흐름은 창출될 통화로 추정하고 그 통화에 대한 적절한 할인율을 사용하여 할인한다. 외화로 표시되는 현재가치는 사용가치계산 시점의 현물환율을 적용하여 환산한다(KIFRS1036-54).

7. 할인율

할인율은 다음에 대한 현행 시장의 평가를 반영한 세전할인율로 한다(KIFRS1036-55).

① 화폐의 시간가치
② 미래현금흐름을 추정할 때 조정되지 아니한 자산의 고유위험

화폐의 시간가치와 자산의 고유위험에 대한 시장의 평가를 반영한 할인율은, 그 자산이 창출할 것으로 기대되는 현금흐름의 금액과 발생시기 및 위험이 동일한 현금흐름을 창출하는 투자안을 선택하는 경우 투자자들이 요구하는 수익률과 같다. 이러한 할인율은 유사한 자산에 대해 현행 시장거래에서 형성되는 내재이자율, 또는 용역잠재력이나 위험의 측면에서 평가대상 자산과 유사한 단일의 자산(또는 자산의 포트폴리오)을 보유하고 있는 상장기업의 가중평균자본비용을 이용하여 추정한다. 그러나 미래현금흐름 추정치에서 조정한 위험은 자산의 사용가치를 측정하는 데 사용되는 할인율에 반영하지 아니한다. 그렇지 않으면 어떤 가정의 효과는 이중계산될 것이다(KIFRS1036-56).

제13장

제 4 절   손상차손의 인식과 측정

이 절에서는 영업권을 제외한 개별 자산의 손상차손 인식과 측정에 대하여 설명한다.
자산의 회수가능액이 장부금액에 미달하는 경우 자산의 장부금액을 회수가능액으로 감소시킨다. 이 때 당해 감소금액은 손상차손에 해당한다(KIFRS1036-59).

손상차손(IL) = 장부금액(CA) − 회수가능액(RA)

손상차손은 다음과 같이 처리한다(KIFRS1036-60,61).

- 재평가되지 않는 자산의 손상차손은 당기손익으로 인식한다.
- 재평가되는 자산의 손상차손은 재평가감소액으로 처리하여, 당해 자산에서 발생한 재평가잉여금에 해당하는 금액까지는 기타포괄손익으로 인식한다. 재평가되는 자산의 손상차손을 기타포괄손익으로 인식하는 경우 그 자산의 재평가잉여금을 감소시킨다.

예제 13-2 재평가되는 자산의 손상차손

㈜다빈이 보유한 건물 및 기계장치와 관련된 자료는 다음과 같다.

구 분	장부금액	재평가잉여금	회수가능액
건 물	₩10,000	₩2,000	₩5,000
기계장치	3,000	−	2,000

≪물음≫

건물과 기계장치에 대한 손상차손을 인식하는 회계처리(분개)를 하시오.

해답

(차) 손상차손	3,000	(대) 손상차손누계액*1	5,000
재평가잉여금	2,000		

*1 또는, 건물

(차) 손상차손	1,000	(대) 손상차손누계액	1,000

*1. 또는, 기계장치

손상차손으로 추정된 금액이 관련 자산의 장부금액보다 클 때 다른 KIFRS에서 특별히 요구하는 경우에만 부채를 인식한다(KIFRS1036-62).

수정된 장부금액에서 잔존가치를 차감한 금액을 자산의 잔여내용연수에 걸쳐 체계적인 방법으로 배분하기 위해서, 손상차손을 인식한 후에 감가상각비 또는 상각비를 조정한다(KIFRS1036-63).

손상차손을 인식한 경우 법인세기준서에 따라 수정된 장부금액과 세무기준액을 비교하여 관련 이연법인세 자산이나 부채를 결정한다(KIFRS1036-64).

제 5 절   현금창출단위와 영업권

이 절은 자산이 속하는 현금창출단위를 식별하고 현금창출단위와 영업권의 장부금액을 결정하며 현금창출단위와 영업권의 손상차손을 인식하는 방법을 설명한다.

1. 자산이 속하는 현금창출단위의 식별

자산손상을 시사하는 징후가 있다면 개별 자산별로 회수가능액을 추정한다. 만약 개별 자산의 회수가능액을 추정할 수 없다년 그 사산이 속하는 현금창출단위(이하 '자산의 현금창출단위'라 함)의 회수가능액을 결정한다(KIFRS1036-66).

다음의 ①과 ②에 모두 해당하는 경우 개별 자산의 회수가능액을 결정할 수 없고, 사용가치 즉, 회수가능액은 자산의 현금창출단위에 대해서만 결정할 수 있다(KIFRS1036-67).

① 자산의 사용가치가 그 처분부대원가를 차감한 공정가치에 근사하게 추정될 수 없다(예를 들어, 자산을 계속 사용하는 동안에 창출되는 미래현금흐름이 무시할 수 있는 수준이라고 추정할 수 없는 경우).

② 자산이 다른 자산의 현금흐름과 거의 독립적인 현금흐름을 창출하지 아니한다.

 예제 13-3 자산의 현금창출단위

(상황) 광업기업은 채광활동을 지원하기 위해 사설철로를 소유하고 있다. 이 사설철로는 폐기물 가치로만 매각될 수 있고, 사설철로는 광산의 다른 자산이 창출하는 현금유입과 거의 독립적인 현금유입을 창출하지는 않는다.

(회수가능액의 식별단위) 이 사설철로의 회수가능액은 추정할 수 없다. 왜냐하면 사설철로의 사용가치를 개별적으로 결정할 수 없고 그 사용가치가 폐기물가치와 다를 가능성이 높기 때문이다. 따라서 기업은 사설철로를 포함하는 현금창출단위, 즉 광산 전체의 회수가능액을 추정한다.

자산의 현금창출단위는 다른 자산이나 자산집단으로부터의 현금유입과 거의 독립적인 현금유입을 창출하는 자산집단(해당 자산 포함)으로서 식별가능한 최소단위이다. 자산의 현금창출단위를 식별하기 위해서는 판단이 필요하다. 개별 자산의 회수가능액을 결정할 수 없는 경우에는 거의 독립적인 현금유입을 창출하는 최저 수준의 자산집단을 식별한다(KIFRS1036-68).

예제 13-4 현금창출단위의 식별

(상황) 버스기업은 시청과의 계약에 의해 시내버스 운송서비스를 제공하고 있다. 이 계약에 의하면 기업은 다섯 개 노선에 대해 최소한 일정수준 이상의 서비스를 제공하여야 한다. 각 노선에 투입된 자산과 각 노선에서 창출되는 현금흐름은 개별적으로 식별가능하다. 그런데 이중 하나의 노선에서 심각한 손실이 발생하고 있다.

(현금창출단위의 식별) 기업은 각 노선에 대해 최소한 일정수준 이상의 서비스를 제공하여야 하므로 다섯 개 노선 중 어느 하나를 폐지할 수 있는 선택권을 갖고 있지 않다. 따라서 다른 자산이나 자산집단의 현금유입과 거의 독립적이고 식별가능한 현금유입의 최저 수준은 다섯 개 노선이 함께 창출하는 현금유입이 된다. 따라서 각 노선에 대한 현금창출단위는 버스기업 전체가 된다.

현금유입은 기업 외부로부터 수취하는 현금 및 현금성자산의 유입을 말한다. 자산이나 자산집단에서 창출되는 현금유입이 다른 자산이나 자산집단으로부터의 현금유입과 거의 독립적인지를 식별하기 위해서는 경영진이 기업의 영업을 감독하는 방법(예를 들어, 제품라인, 사업, 지역 등으로 구분하여 감독하는 경우) 또는 경영진이 기업의 자산 및 영업에 대하여 유지 또는 처분 여부를 결정하는 방법을 포함하여 다양한 요인을 고려한다(KIFRS1036-69).

자산이나 자산집단이 생산하는 산출물을 거래하는 활성시장이 존재하는 경우에는, 당해 산출물의 일부 또는 전부가 기업 내부에서 사용된다 하더라도 그 자산이나 자산집단을 하나의 현금창출단위로 식별한다. 자산이나 현금창출단위가 창출하는 현금유입이 내부이전가격의 영향을 받는 경우에는, 독립된 당사자 사이의 거래에서 형성될 미래 가격에 대한 경영진의 최선의 추정치를 사용하여 다음을 추정한다(KIFRS1036-70).

① 당해 산출물을 생산하는 자산이나 현금창출단위의 사용가치를 결정하는 데 사용되는 미래현금유입
② 내부이전가격의 영향을 받는 다른 자산이나 현금창출단위의 사용가치를 결정하는 데 사용되는 미래현금유출

자산이나 자산집단이 생산하는 산출물의 전부 또는 일부를 기업의 다른 현금창출단위가 사용하더라도(예를 들어, 제조공정상 중간단계에 있는 제품) 기업이 당해 산출물을 활성시장에서 판매할 수 있다면 그 자산이나 자산집단은 별도의 현금창출단위를 형성한다. 왜냐하면 그 자산이나 자산집단이 다른 자산이나 자산집단의 현금유입과 거의 독립적인 현금유입을 창출할 수 있기 때문이다. 이러한 산출물을 생산하는 현금창출단위 또는 내부이전가격의 영향을 받는 다른 자산이나 현금창출단위에 관련된 재무예산/예측 정보를 사용하는 경우에, 당해 정보에 포함된 내부이전가격이 독립된 당사자 사이의 거래에서 형성될 생산물의 미래 가격에 대한 경영진의 최선의 추정치를 반영하고 있지 않다면 그 정보를 적절

히 조정한다(KIFRS1036-71).

현금창출단위는 동일 자산이나 동일 유형의 자산에 대해서는 변경할 정당한 사유가 없는 한 매 회계기간마다 일관되게 식별한다(KIFRS1036-72).

자산이 속하는 현금창출단위를 전기와 다르게 식별하거나 현금창출단위를 구성하는 자산의 유형이 변동한 경우에, 당해 현금창출단위에서 손상차손 또는 손상차손환입이 발생하였다면 당해 현금창출단위와 관련되는 정보를 공시한다(KIFRS1036-73).

2. 현금창출단위의 회수가능액과 장부금액

현금창출단위의 회수가능액은 그 현금창출단위의 처분부대원가를 차감한 공정가치와 사용가치 중 큰 금액으로 한다(KIFRS1036-74). 현금창출단위의 장부금액은 현금창출단위의 회수가능액을 결정하는 방법과 일관되게 결정한다(KIFRS1036-75). 현금창출단위의 장부금액은 다음을 고려한다(KIFRS1036-76).

① 현금창출단위에 직접 귀속되거나 합리적이고 일관된 기준에 따라 배분될 수 있고, 현금창출단위의 사용가치를 결정하는 데 사용되는 미래현금유입을 창출하는 자산의 장부금액을 포함한다.
② 현금창출단위의 장부금액에는 이미 인식된 부채의 장부금액을 포함하지 아니한다. 다만, 이미 인식된 부채를 고려하지 않고서는 현금창출단위의 회수가능액을 결정할 수 없는 경우를 제외한다.

이는 현금창출단위의 처분부대원가를 차감한 공정가치와 사용가치를 결정할 때 현금창출단위에 포함되지 않는 자산 및 이미 인식된 부채와 관련된 현금흐름을 제외하기 때문이다.

회수가능성을 평가할 목적으로 자산집단을 구성하는 경우 현금창출단위에는 관련 현금유입을 직접 창출하거나 그러한 현금유입 창출에 사용되는 모든 자산을 포함한다. 그렇지 않으면 현금창출단위가 실제로 손상되었더라도 충분히 회수가능한 것으로 보일 수 있다. 경우에 따라서는 자산이 현금창출단위의 미래현금흐름에 기여하더라도 현금창출단위에 합리적이고 일관되게 배분되지 못할 수 있다. 이러한 자산의 예로는 영업권이나 본사자산과 같은 공동자산이 있다(KIFRS1036-77).

현금창출단위의 회수가능액을 결정하기 위해 이미 인식된 부채를 고려해야 하는 경우가 있다. 현금창출단위를 처분하는 거래에서 구매자가 관련 부채를 인수하는 경우가 여기에 해당한다. 이 경우 현금창출단위의 처분부대원가를 차감한 공정가치(또는 최종 처분과정에서 유입될 것으로 추정되는 현금흐름)는 현금창출단위를 구성하는 자산과 부채의 일괄처분 시 매각가격에서 처분부대원가를 차감한 금액이다. 현금창출단위의 장부금액과 회수가능액의 의미있는 비교를 위해서 부채의 장부금액은 현금창출단위의 장부금액과 사용가치를 결정할 때 차감한다(KIFRS1036-78).

제13장

예제 13-5 현금창출단위의 회수가능액과 장부금액

(상황) 기업은 채광사업이 완료된 후 법령상 광산현장을 복구하여야 한다. 복구원가에는 채광사업 시작 전에 제거하는 표토의 복구원가도 포함된다. 표토를 복구하는 데 소요되는 원가는 처음에 표토를 제거할 때 충당부채로 인식한다. 동 충당부채금액은 광산 취득원가의 일부로 인식되고 광산의 내용연수에 걸쳐 감가상각된다. 복구충당부채의 장부금액은 500원이고, 이는 복구원가의 현재가치와 일치한다.

(현금창출단위의 식별) 기업은 광산에 대해 손상검사를 한다. 광산이 속하는 현금창출단위는 광산 전체이다. 기업은 여러 원매자로부터 광산을 약 800원에 매입하겠다는 제의를 받고 있다. 이 가격에는 구매자가 부담하게 될 표토복구의무가 반영되어 있다. 광산의 처분부대원가는 미미하다. 복구원가를 고려하지 아니할 경우 광산의 사용가치는 대략 1,200원이며, 광산의 장부금액은 1,000원이다.

(현금창출단위의 회수가능액과 장부금액) 현금창출단위의 처분부대원가를 차감한 공정가치는 800원이다. 이 금액에는 이미 충당부채로 인식된 복구원가가 반영되어 있다. 복구원가를 고려할 경우 현금창출단위의 사용가치는 700원(1,200원에서 500원을 차감)으로 추정된다. 당해 현금창출단위의 장부금액은 500원인데, 이는 광산의 장부금액(1,000원)에서 복구충당부채의 장부금액(500원)을 차감한 금액이다. 따라서 현금창출단위의 회수가능액은 장부금액을 초과한다.

[요약]
- 현금창출단위 : 광산 전체
- 현금창출단위의 처분부대원가를 차감한 공정가치 : 800원
- 현금창출단위의 사용가치 : 700원 (=1,200원 - 500원)
- 현금창출단위의 장부금액 : 500원 (=1,000원 - 500원)
- 회수가능액(800원)이 장부금액(500원)을 초과하므로 손상차손을 인식하지 않는다.

실무적인 이유로 현금창출단위의 회수가능액은 현금창출단위에 포함되지 않는 자산(채권 또는 기타 금융자산 등)과 이미 인식된 부채(매입채무, 퇴직급여채무, 충당부채 등)를 고려하여 결정하는 경우가 있다. 이 경우 현금창출단위의 장부금액은 그 자산의 장부금액만큼 증가하고 그 부채의 장부금액만큼 감소한다(KIFRS1036-79).

3. 영업권

(1) 영업권의 현금창출단위에 대한 배분

손상검사 목적상 사업결합으로 취득한 영업권은 사업결합으로 인한 시너지효과의 혜택을 받게 될 것으로 기대되는 각 현금창출단위나 현금창출단위집단에 취득일로부터 배분된다. 이는 배분대상 현금창

출단위나 현금창출단위집단에 피취득자의 다른 자산이나 부채가 할당되어 있는지와 관계없이 이루어진다. 또한 영업권이 배분되는 각 현금창출단위나 현금창출단위집단은 다음을 모두 충족하여야 한다(KIFRS1036-80).

① 내부관리목적상 영업권을 감독하는 기업 내 최저 수준이어야 한다.
② 기업회계기준서 제1108호 '영업부문' 문단 5에 따라 정의되는 통합 전 영업부문보다 크지 않아야한다.

사업결합으로 취득하는 영업권은 취득자가 개별적으로 식별하여 별도로 인식할 수 없는 자산에서 미래경제적 효익이 유입될 것을 기대하여 지급한 금액을 의미한다. 영업권은 다른 자산이나 자산집단과 독립적인 현금흐름을 창출하지 못하며, 종종 여러 개 현금창출단위의 현금흐름에 기여하기도 한다. 경우에 따라서는 영업권이 자의적이지 않은 기준에 따라 개별 현금창출단위에 배분될 수는 없고 현금창출단위집단에만 배분될 수 있다. 따라서 내부관리목적상 영업권을 감독하는 최저 수준은, 영업권과 관련되어 있지만 합리적이고 일관된 기준에 따라 영업권이 배분될 수 없는 여러 개의 현금창출단위로 구성될 수 있다. 이러한 여러 개의 현금창출단위는 현금창출단위집단을 구성한다(KIFRS1036-81).

문단 80의 규정을 적용하면 결과적으로 영업권은 기업의 영업관리방식이 반영되어 있고 영업권과 자연스럽게 관련지어 지는 수준에서 손상검사가 이루어진다. 따라서 일반적으로 영업권에 대한 손상검사를 하기 위해 추가로 보고체계를 개발할 필요는 없다(KIFRS1036-82).

손상검사를 목적으로 영업권이 배분되는 현금창출단위는 환율변동효과기준서에 따라 외화환산손익을 측정하기 위하여 영업권이 배분되는 수준과 일치되지 않을 수 있다. 예를 들어, 환율변동효과기준서에 따라 외화환산손익을 측정할 목적으로 영업권을 상대적으로 낮은 수준으로 배분하는 경우, 영업권이 내부관리목적으로 그 수준에서 감독되지 않는다면 동일한 수준에서 영업권의 손상을 검사할 필요가 없다(KIFRS1036-83).

사업결합으로 취득한 영업권의 최초 배분을 사업결합이 이루어진 회계연도 말 이전에 완료할 수 없는 경우, 취득일 후 최초로 개시하는 회계연도 말까지 그 영업권의 최초 배분을 완료하여야 한다(KIFRS1036-84).

KIFRS 제1103호 '사업결합'에 의하면 사업결합거래에 대한 최초 회계처리가 사업결합이 이루어진 회계기간 말까지 잠정적으로만 결정되는 경우에는, ① 우선 잠정적인 가치를 사용하여 사업결합거래에 대해 회계처리한다. ② 이 후 취득일로부터 12개월 이내에 사업결합거래에 대한 최초 회계처리가 확정될 때 그 확정결과를 당초의 잠정적인 회계처리에 조정하여 인식한다. 따라서 이러한 경우에는 사업결합으로 취득한 영업권의 최초 배분도 사업결합이 이루어진 회계연도 말 이전에 완료될 수 없으므로 이러한 상황에 대한 정보를 공시한다(KIFRS1036-85).

영업권이 배분된 현금창출단위 내의 영업을 처분하는 경우, 처분되는 영업과 관련된 영업권은, ① 처분손익을 결정할 때 그 영업의 장부금액에 포함하며, ② 좀 더 합리적인 다른 방법이 처분되는 단위와 관련된 영업권을 더 잘 반영한다는 것을 기업이 입증할 수 있는 경우를 제외하고는 현금창출단위

내에 존속하는 부분과 처분되는 부분의 상대적인 가치를 기준으로 측정한다(KIFRS1036-86).

 예제 13-6 영업권의 현금창출단위에 대한 배분

(상황) 기업은 영업권이 배분된 현금창출단위에 포함되는 영업을 100원에 매각하였다. 배분된 영업권은 자의적인 기준에 의하지 않는 한 당해 현금창출단위보다 더 낮은 수준의 자산집단과 관련하여 식별할 수 없다. 존속하는 현금창출단위의 회수가능액은 300원이다.

(영업권의 현금창출단위에 대한 배분) 현금창출단위에 배분된 영업권을 자의적인 기준에 의하지 않는 한 당해 현금창출단위보다 더 낮은 수준의 자산집단과 관련하여 식별할 수는 없으므로, 처분되는 영업과 관련된 영업권은 현금창출단위 내에 존속하는 영업과 처분되는 영업의 상대적인 가치를 기준으로 측정한다. 따라서 현금창출단위에 배분된 영업권 중 25%는 매각된 영업의 장부금액에 포함한다.

[정리]

구 분	존 속	매 각	합
영업부문가치	300원	100원	400원
영업권 배분 비율	75%	25%	100%

영업권이 배분된 하나 이상의 현금창출단위의 구성을 변경하는 방식으로 조직변경을 하는 경우에는 그 영향을 받는 모든 현금창출단위에 영업권을 재배분한다. 이러한 재배분은 좀 더 합리적인 다른 방법이 재구성된 단위와 관련된 영업권을 더 잘 반영한다는 것을 기업이 입증할 수 있는 경우를 제외하고는 현금창출단위 내의 영업을 처분하는 경우와 같이 상대적인 가치를 기준으로 한다(KIFRS1036-87).

 예제 13-7 영업권의 현금창출단위에 대한 재배분

(상황) 현금창출단위 A에는 이미 영업권이 배분되어 있으며 배분된 영업권은 자의적인 기준에 의하지 않는 한 당해 현금창출단위보다 더 낮은 수준의 자산집단과 관련하여 식별할 수 없다. 그런데 현금창출단위 A가 분할되어 3개의 다른 현금창출단위 B, C 및 D와 각각 통합되었다.

(영업권의 현금창출단위에 대한 배분) 현금창출단위 A에 배분된 영업권을 자의적인 기준에 의하지 않는 한 현금창출단위 A보다 더 낮은 수준의 자산집단과 관련하여 식별할 수는 없으므로, 현금창출단위 A에 배분된 영업권은 통합되기 전 현금창출단위 A를 구성하는 3개 분할부분의 상대적인 가치를 기준으로 현금창출단위 B, C 및 D에 재배분한다.

(2) 영업권을 포함하는 현금창출단위의 손상검사

영업권과 관련되어 있지만 영업권이 배분되지 않은 현금창출단위에 대해서는, 손상을 시사하는 징후가 있을 때마다 영업권을 제외한 현금창출단위의 장부금액과 회수가능액을 비교하여 손상검사를 한다 (KIFRS1036-88).

현금창출단위의 장부금액에 내용연수가 비한정인 무형자산 또는 아직 사용할 수 없는 무형자산이 포함되고 그러한 무형자산에 대한 손상검사가 현금창출단위의 일부로서만 실시될 수 있다면, 그 현금창출단위의 손상검사는 매년 실시한다(KIFRS1036-89).

영업권이 배분된 현금창출단위에 대해서는, 매년, 그리고 손상을 시사하는 징후가 있을 때마다 영업권을 포함한 현금창출단위의 장부금액과 회수가능액을 비교하여 손상검사를 한다. 현금창출단위의 회수가능액이 장부금액을 초과하는 경우에는 그 현금창출단위와 배분된 영업권에 대해서는 손상차손이 발생하지 아니한 것으로 본다. 그러나 현금창출단위의 장부금액이 회수가능액을 초과하는 경우에는 손상차손을 인식한다(KIFRS1036-90).

(3) 손상검사의 시기

영업권이 배분된 현금창출단위에 대한 손상검사는 다음과 같이 한다(KIFRS1036-96).

- 매년 손상검사를 한다.
- 손상검사는 회계연도 중 어느 때라도 할 수 있으며 매년 같은 시기에 실시한다. 서로 다른 현금창출단위에 대해서는 각기 다른 시점에서 손상검사를 할 수 있다.
- 다만, 현금창출단위에 배분된 영업권의 일부 또는 전부를 당해 회계연도 중에 일어난 사업결합에서 취득한 경우, 현금창출단위는 당해 회계연도 말 전에 손상검사를 한다.

(4) 손상검사의 순서

영업권이 배분된 현금창출단위에 속하는 자산에 대해서 당해 현금창출단위와 동일한 시점에 손상검사를 하는 경우에는, 영업권을 포함하는 당해 현금창출단위보다 그 자산에 대한 손상검사를 먼저 실시한다. 마찬가지로 영업권이 배분된 현금창출단위집단에 속하는 현금창출단위에 대해서 당해 현금창출단위집단과 동일한 시점에 손상검사를 하는 경우에도, 영업권을 포함하는 현금창출단위집단보다 그 현금창출단위에 대한 손상검사를 먼저 실시한다(KIFRS1036-97).

영업권이 배분된 현금창출단위의 손상검사를 하는 시점에서 당해 현금창출단위 내의 자산에 대해 손상을 시사하는 징후가 있을 수도 있다. 이러한 경우에는 당해 현금창출단위에 대해 손상검사를 하기 전에 먼저 자산에 대해 손상검사를 하여 손상차손을 인식한다. 이와 유사하게 영업권이 배분된 현금창출단위집단의 손상검사를 하는 시점에서 당해 현금창출단위집단 내의 현금창출단위에 대해 손상을 시사하는 징후가 있을 수 있다. 이러한 경우에도 당해 현금창출단위집단에 대해 손상검사를 하기 전에 먼저 현금창출단위에 대해 손상검사를 하여 손상차손을 인식한다(KIFRS1036-98).

제13장

예제 13-8 손상검사의 순서

현금창출단위 Y의 장부금액은 ₩1,000이다. 동 장부금액에는 영업권 ₩100과 기계장치 ₩3 00이 포함되어있다. 신기술의 개발로 성능이 향상된 기계장치가 출시되어 손상검사를 실시하였 다. 손상검사를 실시한 결과 동 기계장치의 회수가능액이 ₩180으로 측정되었고 현금창출단위 Y에의 회수가능액이 ₩850으로 측정되었다.

≪물음≫

현금창출단위 Y의 손상차손인식에 대하여 설명하시오.

 해답

먼저 기계장치의 장부금액 ₩300과 회수가능액 ₩180의 차이 ₩120을 기계장치의 손상 차손으로 인식한다.

다음 기계장치의 손상차손 ₩120을 제외한 현금창출단위의 장부금액 ₩880과 회수가능 액 ₩850의 차이 ₩30을 손상차손으로 인식한다. 이 경우 손상차손 30은 영업권에 먼저 배분되므로 영업권의 손상차손 ₩30을 인식한다.

영업권이 배분된 현금창출단위의 회수가능액에 대해 직전 회계기간에 실시한 최근의 상세한 계산결 과는 다음의 요건을 모두 충족하는 경우 당기에 그 현금창출단위의 손상검사를 할 때 이용할 수 있다 (KIFRS1036-99).

① 최근의 회수가능액을 계산한 후로, 현금창출단위를 구성하는 자산과 부채가 중요하게 변동하지 않았다.

② 최근 계산결과에 따른 회수가능액이 장부금액을 상당히 초과하였다.

③ 최근의 회수가능액을 계산한 후로 발생한 사건과 변화된 상황을 분석해 볼 때, 현재시점의 회수가 능액이 장부금액에 미달할 가능성이 아주 낮다.

(5) 공동자산

공동자산(corporate assets)에는 본사 또는 부문의 건물, 전산설비 및 연구소와 같이 기업이나 부문 전체의 공용자산을 포함한다. 공동자산은 다른 자산이나 자산집단과 독립적으로 현금유입을 창출하지 못하며 그 장부금액을 검토대상이 되는 하나의 현금창출단위에 전부 귀속시킬 수 없다는 특성이 있다 (KIFRS1036-100).

공동자산은 개별적인 현금유입을 창출하지 못하기 때문에 당해 공동자산에 대한 경영진의 처분 의사 결정이 없는 한 개별 공동자산의 회수가능액은 결정될 수 없다. 따라서 공동자산이 손상되었다는 징후 가 있는 경우 당해 공동자산이 속하는 현금창출단위나 현금창출단위집단의 회수가능액을 결정하고, 회수가능액과 이에 상응하는 장부금액을 비교하여 손상차손이 발생한 경우에는 손상차손을 인식한다 (KIFRS1036-101).

현금창출단위의 손상검사를 할 때에는 검토대상 현금창출단위와 관련된 모든 공동자산을 식별한다 (KIFRS1036-102).

① 공동자산의 장부금액을 합리적이고 일관된 기준에 따라 현금창출단위에 배분할 수 있는 경우에 는, 배분된 공동자산의 장부금액이 포함된 당해 현금창출단위의 장부금액을 그 회수가능액과 비교한다.
② 공동자산의 장부금액을 합리적이고 일관된 기준에 따라 현금창출단위에 배분할 수 없는 경우에는 다음과 같이 회계처리한다.
　㉠ 공동자산을 제외한 현금창출단위의 장부금액을 회수가능액과 비교한다.
　㉡ 검토대상 현금창출단위를 포함하면서 공동자산의 장부금액이 합리적이고 일관된 기준에 따라 배분될 수 있는 최소 현금창출단위집단을 식별한다.
　㉢ 위 ㉡에서 식별된 현금창출단위집단의 장부금액을 그 회수가능액과 비교한다. 이때 비교대 상 장부금액에는 당해 현금창출단위집단에 배분된 공동자산의 장부금액을 포함한다.

4. 현금창출단위의 손상차손

현금창출단위(또는 영업권이나 공동자산이 배분된 최소 현금창출단위집단)의 회수가능액이 장부금액 에 미달하는 경우에는 손상차손을 인식한다. 손상차손은 다음과 같은 순서로 배분하여 현금창출단위(또 는 현금창출단위집단)에 속하는 자산의 장부금액을 감소시킨다(KIFRS1036-104).

① 우선, 현금창출단위(또는 현금창출단위집단)에 배분된 영업권의 장부금액을 감소시킨다.
② 그 다음 현금창출단위(또는 현금창출단위집단)에 속하는 다른 자산에 각각 장부금액(회수가능액 이 아님에 유의)에 비례하여 배분한다.

이러한 장부금액의 감소는 개별 자산의 손상차손으로 회계처리한다.

현금창출단위(또는 현금창출단위집단)의 손상차손을 배분할 때 개별 자산의 장부금액은 다음 중 가 장 큰 금액 이하로 감소시킬 수 없다(KIFRS1036-105).

① 처분부대원가를 차감한 공정가치(측정할 수 있는 경우)
② 사용가치(결정가능한 경우)
③ 영(0)

이러한 제약으로 인해 특정 자산에 배분되지 않은 손상차손은 현금창출단위(또는 현금창출단위집단) 내의 다른 자산에 각각 장부금액에 비례하여 배분한다.

손상차손배분과정을 요약하면 다음과 같다.

$$CGU : CA > RA \Rightarrow IL = CA - RA$$

IL 배분순서

① 영업권

② 'CA > RA'인 개별자산의 CA에 비례하여 배분

   제약 : 배분후 개별자산 CA ≥ Max[RA, 0]

③ 상기제약으로 배분 못한 IL 추가배분

※ CGU : 현금창출단위, CA : 장부금액, RA : 회수가능액, IL : 손상차손

앞의 손상차손배분과정을 그림으로 표시하면 다음과 같다.

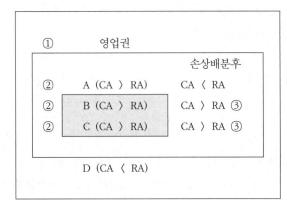

손상차손(현금창출단위)＝CA－RA

배분순서 : ① → ② → ③

① 영업권에 손상차손 우선배분

② 개별자산(CA>RA)에 손상차손 배분

   개별자산 A, B, C : CA > RA

   개별자산 D : CA < RA

③ A에 초과배분액을 B, C에 추가배분

   개별자산A : 손상차손배분후 CA < RA

   초과분(RA－CA)을 B와 C에 배분

예를 들어 위의 계산과정을 표시하면 다음과 같다.

현금창출단위H에 대한 장부금액과 회수가능액을 다음과 같다.

자산구분	20×1.12.31	
	손상검사전장부금액	회수가능액
영업권	100	?
A	500	440
B	200	100
C	300	210
D	400	450
합계	1,500	1,200

현금창출단위H의 손상차손＝1,500 － 1,200 ＝₩300

손상차손 ₩300을 개별자산에 배분하는 과정은 다음과 같다.

자산구분	20×1.12.31		손상차손배분					최종 장부금액
	장부금액	회수가능액	1차	2차	2차조정	합계	
영업권	100	?	① 100	—	—	100	—
A	500	440	—	② 100	③ (40)	60	440
B	200	100	—	② 40	③ 16	56	144
C	300	210	—	② 60	③ 24	84	216
D	400	450	—	—	—	—	400
합계	1,500	1,200	① 100	② 200	③—	400	1,200

 예제 13-4 영업권이 배분된 현금창출단위의 손상차손

㈜다빈은 최소현금창출단위 A에 대한 손상검사를 실시한 결과 최소현금창출단위 A의 회수가능액은 ₩1,600인 것으로 계산되었다. 최소현금창출단위 A의 손상차손인식과 관련 자료는 다음과 같다.

자산구분	20×1.12.31	
	손상검사전 장부금액	회수가능액
토　지	₩900	₩950
건　물	500	400
기계장치	300	100
라이선스	200	50
영업권	100	?
합　계	2,000	

《물음》

㈜다빈이 현금창출단위 A에 대한 손상차손을 인식한 후 개별자산의 장부금액을 계산하시오.

 해답

최소현금창출단위 A의 손상차손 = 2,000 − 1,600 = ₩400

자산구분	20×1.12.31		손상차손배분					최종 장부금액
	장부금액	회수가능액	1차	2차	2차조정	합계	
토　지	₩900	₩950	—	② —	—	—	₩900
건　물	500	400	—	③ 150	④ −50	100	400
기계장치	300	100	—	③ 90	④ 30	120	180
라이선스	200	50	—	③ 60	④ 20	80	120
영업권	100	?	① 100	—	—	100	0
합　계	₩2,000		① ₩100	③ ₩300	0	₩400	₩1,600

제13장

① 우선, 현금창출단위에 배분된 영업권의 장부금액(100)을 감소시킨다.
② 토지는 회수가능액(950)이 장부금액(900)보다 더 크기 때문에 손상차손을 배분하지 않는다.
③ 건물, 기계장치, 라이선스의 장부금액 비례로 손상차손 300을 배분한다.

$$건물 = 300 \times \frac{500}{500 + 300 + 200} = 150$$

$$기계장치 = 300 \times \frac{300}{500 + 300 + 200} = 90$$

$$라이선스 = 300 \times \frac{200}{500 + 300 + 200} = 60$$

④ 손상차손을 배분할 때 개별 자산의 장부금액은 회수가능액 이하로 감소시킬 수 없다. 건물에 150을 배분한 후의 장부금액은 350이 되어 회수가능액 400이하가 되므로 건물에 100만 배분하고 나머지 50은 나머지 개별자산에 추가배분한다.

현금창출단위 내 개별 자산의 회수가능액을 실무적으로 추정할 수 없는 경우에 현금창출단위 내 영업권을 제외한 다른 자산에 손상차손을 자의적으로 배분하도록 하고 있는데, 이는 현금창출단위 내의 모든 자산이 함께 현금흐름을 창출하고 있기 때문이다(KIFRS1036-106).

현금창출단위 내 개별 자산의 회수가능액을 결정할 수 없는 경우에는 다음과 같이 회계처리한다(KIFRS1036-107).

① 개별 자산의 처분부대원가를 차감한 공정가치와 문단 104와 105에서 기술된 절차에 따라 배분한 결과치 중에서 큰 금액이 장부금액보다 작은 경우에는 개별 자산에 대해 손상차손을 인식한다.
② 관련 현금창출단위에서 손상차손이 발생하지 아니한 경우에는 개별 자산에 대해 손상차손을 인식하지 아니한다. 이는 개별 자산의 처분부대원가를 차감한 공정가치가 장부금액보다 작은 경우에도 적용된다.

예제 13-10 현금창출단위의 손상차손

(상황) 기계장치가 물리적으로 손상되었고 손상되기 전 만큼은 아니지만 여전히 가동되고 있다. 기계장치의 처분부대원가를 차감한 공정가치는 장부금액에 미달한다. 이 기계장치는 독립적인 현금유입을 창출하지 못한다. 당해 기계장치를 포함하면서 다른 자산의 현금유입과 거의 독립적인 현금유입을 창출하는 식별가능한 최소 자산집단은 기계장치가 속한 생산라인이다. 당해 생산라인의 회수가능액을 감안하면 생산라인 전체에서는 손상이 발생하지 않은 것으로 판단된다.

(가정1) 경영진이 승인한 재무예산/예측에 따르면 경영진은 당해 기계장치를 대체할 계획을 가지고 있지 않다.

기계장치 자체의 회수가능액은 다음의 이유에서 추정될 수 없다.

① 기계장치의 사용가치가 처분부대원가를 차감한 공정가치와 다를 수 있다.

② 기계장치의 사용가치는 그 기계장치가 속하는 현금창출단위(생산라인)에 대해서만 결정될 수 있다.

(손상차손인식여부) 생산라인에서 손상이 발생하지 않았으므로 기계장치에 대해서 손상차손을 인식하지 않는다. 그러나 그 기계장치에 대한 감가상각기간이나 감가상각방법을 재검토할 필요가 있을 수는 있다. 당해 기계장치의 추정 잔여내용연수를 반영하기 위하여 감가상각기간을 단축하거나 경제적 효익이 소비되는 형태를 반영하기 위한 방법으로 가속감가상각방법을 적용할 수도 있기 때문이다.

(가정2) 경영진이 승인한 재무예산/예측에 따르면 경영진은 가까운 장래에 기계장치를 대체할 계획을 가지고 있다. 대체시점까지 당해 기계장치를 계속 사용하는 동안에 창출될 것으로 기대되는 현금흐름은 미미한 것으로 추정된다.

(손상차손인식여부) 당해 기계장치의 사용가치는 처분부대원가를 차감한 공정가치와 거의 같을 것으로 추정된다. 따라서 당해 기계장치의 회수가능액은 결정가능하고 동 기계장치가 속하는 현금창출단위(생산라인) 수준에서 고려할 필요는 없다. 기계장치의 처분부대원가를 차감한 공정가치가 장부금액에 미달하기 때문에 당해 기계장치에 대하여 손상차손을 인식한다.

현금창출단위에서 발생한 손상차손을 문단 104와 105에 따라 배분하여 인식한 후 잔여손상차손이 있다면 다른 KIFRS에서 특별히 정하고 있는 경우에 한하여 부채로 인식한다(KIFRS1036-108).

제 6 절 손상차손환입

1. 일반 개념

이 절에서는 자산이나 현금창출단위에 대하여 과거기간에 인식한 손상차손을 환입하는 경우에 대하여 설명한다. 여기서 자산이라는 용어를 사용하고 있지만 개별 자산뿐만 아니라 현금창출단위에도 동일하게 적용한다. 손상차손기준서는 ① 개별 자산, ② 현금창출단위 및 ③ 영업권으로 구분하여 추가로 규정한다(KIFRS1036-109).

매 보고기간말마다 영업권을 제외한 자산에 대해 과거에 인식한 손상차손이 더 이상 존재하지 않거나 감소된 것을 시사하는 징후가 있는지를 검토한다. 징후가 있는 경우 당해 자산의 회수가능액을 추정한다(KIFRS1036-110).

영업권을 제외한 자산에 대해 과거에 인식한 손상차손이 더 이상 존재하지 않거나 감소된 것을 시사하는 징후가 있는지를 검토할 때에는 최소한 다음을 고려한다(KIFRS1036-111).

(1) 외부정보

① 자산의 시장가치가 회계기간 중에 유의적으로 증가하였다는 관측가능한 징후가 있다.
② 기업 경영상의 기술·시장·경제·법률 환경이나 해당 자산을 사용하여 재화나 용역을 공급하는 시장에서 당해 기업에 유리한 영향을 미치는 유의적 변화가 회계기간 중에 발생하였거나 가까운 미래에 발생할 것으로 예상된다.
③ 시장이자율이 회계기간 중에 하락하여 자산의 사용가치를 계산하는 데 사용되는 할인율에 영향을 미쳐 자산의 회수가능액을 중요하게 증가시킬 가능성이 있다.

(2) 내부정보

① 기업에 유리한 영향을 미치는 유의적 변화가 자산의 사용범 위 및 사용방법에서 회계기간 중에 발생하였거나 가까운 미래에 발생할 것으로 예상된다. 이러한 변화에는 자산의 성능을 향상시키거나 자산이 속하는 영업을 구조조정하는 경우가 포함된다.
② 자산의 경제적 성과가 기대수준을 초과하거나 초과할 것으로 예상되는 증거를 내부보고를 통해 얻을 수 있다.

위에서 예시하는 손상차손환입을 시사하는 징후는 손상을 시사하는 징후와 대칭적이다(KIFRS1036-112).

영업권을 제외한 자산에 대하여 과거기간에 인식한 손상차손은 직전 손상차손의 인식시점 이후 회수가능액을 결정하는 데 사용된 추정치에 변화가 있는 경우에만 환입한다. 손상차손이 환입되는 경우에는 자산의 장부금액을 다음 금액 중 작은 금액으로 증가시키고, 증가금액은 손상차손환입에 해당한다(KIFRS1036-114).

① 회수가능액
② 과거에 손상차손을 인식하기 전 장부금액의 감가상각 또는 상각 후 잔액

손상차손환입은 손상차손을 인식한 후 당해 자산의 사용이나 매각에서 추정되는 용역잠재력의 증가를 반영한다. 용역잠재력을 증가시키는 추정치의 변경을 예들 들면 다음과 같다(KIFRS1036-115).

① 회수가능액 측정기준(처분부대원가를 차감한 공정가치 또는 사용가치)의 변경
② 회수가능액을 사용가치로 결정하는 경우 추정된 미래현금흐름의 금액, 발생시기 또는 할인율의 변경
③ 회수가능액을 처분부대원가를 차감한 공정가치로 결정하는 경우 처분부대원가를 차감한 공정가치의 구성요소에 대한 추정치의 변경

단순히 미래현금유입 시기가 가까워질수록 현재가치가 증가하는 이유만으로 자산의 사용가치는 장부금액보다 커질 수 있다. 그러나 이 경우는 자산의 용역잠재력이 증가한 것으로 볼 수 없다. 따라서 회수가능액이 장부금액보다 커지는 경우라 할지라도 시간의 경과(때때로 할인액의 '상각'이라고 한다)에 따른 현재가치의 증가만으로는 손상차손을 환입하지 아니한다(KIFRS1036-116).

자산 구분	손상차손환입 인식여부	손상차손환입의 회계처리
영업권	No	N/A
재평가되는 자산	Yes	기타포괄손익(재평가잉여금) 단, 과거에 당기손익으로 인식한 부분까지는 당기손익
기타자산	Yes	당기손익

2. 개별 자산의 손상차손환입

(1) 손상차손환입액 계산

영업권을 제외한 자산의 손상차손환입으로 증가된 장부금액은 과거에 손상차손을 인식하기 전 장부금액의 감가상각 또는 상각 후 잔액을 초과할 수 없다(KIFRS1036-117).

과거에 손상차손을 인식하기 전 장부금액의 감가상각 또는 상각 후 잔액을 초과하여 자산(영업권 제외)의 장부금액이 증가한다면 그 초과증가액은 재평가에 해당한다. 이러한 재평가의 회계처리는 당해 자산에 대한 KIFRS를 적용한다(KIFRS1036-118).

(2) 회계처리

영업권을 제외한 자산의 손상차손환입은 즉시 당기손익으로 인식한다. 다만, 영업권을 제외한 자산이 다른 KIFRS(예 KIFRS 제1016호의 재평가모형)에 따라 재평가금액을 장부금액으로 하는 경우에는 재평가되는 자산손상차손환입은 당해 다른 KIFRS에 따라 재평가증가액으로 처리한다(KIFRS1036-119).

재평가되는 자산의 손상차손환입은 기타포괄손익으로 인식하고 그만큼 해당 자산의 재평가잉여금을 증가시킨다. 그러나 당해 재평가자산의 손상차손을 과거에 당기손익으로 인식한 부분까지는 그 손상차손환입도 당기손익으로 인식한다(KIFRS1036-120).

 예제 13-11 재평가되는 자산의 손상차손 및 손상차손환입

㈜다빈은 보유 토지에 대하여 재평가모형으로 측정한다. 회사는 20×3년 손상검사를 수행한 결과 손상차손을 인식할 상황이 발생하였음을 발견하였다. 또한, 20×4년에는 손상차손을 인식한 자산의 용역잠재력이 커져 손상차손환입을 인식하여야 한다. 손상차손과 손상차손환입 인식과 관련된 자료는 다음과 같다.

제13장

자산구분	취득원가	재평가금액	회수가능액	
	20×1.1.1	20×1.12.31	20×3.12.31	20×4.12.31
토지A	₩500	₩700	₩400	₩600
토지B	500	900	600	800
토지C	500	450	200	550

≪물음≫

1. 20×3년 12월 31일에 ㈜다빈의 손상차손 관련 회계처리(분개)를 하시오.
2. 20×4년 12월 31일에 ㈜다빈의 손상차손환입 관련 회계처리(분개)를 하시오.
3. 상기 상황이 자산별, 연도별 당기손익에 미치는 영향을 나타내는 다음 표의 빈칸을 완성하시오.

자산구분	20×3년	20×4년
토지A		
토지B		
토지C		

※ 100 증가는 '+100', 100 감소는 '−100'으로 표시할 것.

해답

1.

(차) 재평가잉여금	200	(대) 토지A	300
손상차손	100		

(차) 재평가잉여금	300	(대) 토지B	300

(차) 손상차손	250	(대) 토지C	250

2.

(차) 토지A	200	(대) 재평가잉여금	100
		손상차손환입	100

(차) 토지B	200	(대) 재평가잉여금	300

(차) 토지C	350	(대) 재평가차익	50 [*1]
		재평가잉여금	50 [*1]
		손상차손환입	250

[*1]. 과거에 손상차손을 인식하기 전 장부금액의 감가상각 또는 상각 후 잔액을 초과하여 자산(영업권 제외)의 장부금액이 증가한다면 그 초과증가액은 재평가에 해당한다(KIFRS1036-118).

3.

자산구분	20×3년	20×4년
토지A	−100	+100
토지B	0	0
토지C	−250	+300[*1]

[*1]. 250(손상차손환입) + 50(재평가차익) = 300

 예제 13-12 손상차손환입

㈜다인은 매년 12월 31일에 모든 자산에 대하여 손상검사를 실시한다. 회사는 20×1년 12월 31일에 다음과 같이 손상차손을 인식하였다.

- 영업권 : ₩500
- 토지 : ₩2,000
- 기계장치 : ₩2,000

손상차손 인식전에 토지에 대한 재평가잉여금은 ₩3,000이다. 기계장치는 20×1년 1월 1일에 취득하여 5년간 잔존가치없이 정액법으로 감가상각된다.

회사는 20×2년 12월 31일에 손상검사를 실시한 결과 20×1년에 인식한 손상차손이 모두 회복될 것으로 판단하였다.

≪물음≫

1. 20×1년 12월 31일에 손상차손에 관한 회계처리(분개)를 하시오.
2. 20×2년 12월 31일에 손상차손환입에 관한 회계처리(분개)를 하시오.

 해답

1.

(차) 손상차손	500	(대) 영업권	500

(차) 재평가잉여금	2,000	(대) 손상차손누계액(토지)	2,000

(차) 손상차손	2,000	(대) 손상차손누계액(기계장치)	2,000

2.

(차) 손상차손누계액(토지)	2,000	(대) 재평가잉여금	2,000

제13장

> | (차) 손상차손누계액(기계장치) | 1,500 | (대) 손상차손환입 | 1,500 [*1] |
>
> *1. $2,000 \times 3/4 = 1,500$ or $2,000 - 2,000 \div 4 = 1,500$

수정된 장부금액에서 잔존가치를 차감한 금액을 자산의 잔여내용연수에 걸쳐 체계적인 방법으로 배분하기 위해서, 손상차손환입을 인식한 후에는 감가상각비 또는 상각비를 조정한다(KIFRS1036-121).

3. 현금창출단위의 손상차손환입

현금창출단위의 손상차손환입은 현금창출단위를 구성하는 자산들(영업권 제외)의 장부금액에 비례하여 배분한다. 이러한 장부금액의 증가는 개별 자산의 손상차손환입으로 회계처리한다(KIFRS1036-122).

현금창출단위의 손상차손환입을 배분할 때 개별 자산의 장부금액은 다음 중 작은 금액을 초과하여 증가시킬 수 없다(KIFRS1036-123).

① 회수가능액(결정가능한 경우)
② 과거기간에 손상차손을 인식하지 않았다면 현재 기록되어 있을 장부금액(감가상각 또는 상각 후)

이러한 제약으로 인해 특정 자산에 배분되지 않은 손상차손환입액은 현금창출단위 내의 영업권을 제외한 다른 자산에 각각 장부금액에 비례하여 배분한다.

4. 영업권의 손상차손환입

영업권에 대해 인식한 손상차손은 후속기간에 환입할 수 없다(KIFRS1036-124).

내부창출영업권의 인식을 금지한다. 따라서 영업권에 대해 손상차손환입이 허용된다면, 영업권 회수가능액의 후속 증가액 중에서 얼마만큼이 현금창출단위 내의 내부창출영업권의 증가가 아니라 취득한 영업권의 회복에 귀속되는지를 밝혀낼 필요가 있을 것이다. 그러나 이러한 작업이 거의 불가능하다. 취득한 영업권과 내부창출영업권이 동일한 현금흐름에 공동으로 기여하기 때문에 취득한 영업권의 회수가능액이 추후 증가하더라도 내부창출영업권의 증가액과 분간할 수 없다. 설사 손상차손의 원인이 되었던 특정 외부사건이 반전되었다고 하더라도 그 반전의 효과만큼 취득한 영업권의 회수가능액이 증가하였다고 결정하기가 거의 불가능하다. 따라서 영업권에 대해서 손상차손환입을 금지한다(KIFRS1036-BC189).

영업권에 대해 손상차손을 인식하고 난 후 후속기간에 증가된 회수가능액은 사업결합으로 취득한 영업권의 손상차손환입액이 아니라 내부적으로 창출된 영업권 증가액일 것이다. 무형자산기준서에 따르면 내부적으로 창출된 영업권은 자산으로 인식하지 아니한다.(KIFRS1036-125).

연습문제

문제 13-1 자산손상 전반(완성형)

자산손상기준서에 근거하여 다음 (   )을 완성하시오.

01. 현금창출단위는 독립적인 (   )을 창출하는 식별가능한 최소자산집단이다.

02. 공정가치는 측정일에 (   ) 사이의 (   )에서 자산을 매도하면서 수취하거나 부채를 이전하면서 지급하게 될 가격이다.

03. 처분부대원가가 미미하지 않은 경우, 재평가된 자산의 처분부대원가를 차감한 공정가치는 항상 그 자산의 공정가치보다 작다. 따라서 이 경우 해당 자산의 (   )가 재평가금액보다 작다면 재평가된 자산은 손상된 것이다.

04. 회수가능액은 자산 또는 현금창출단위의 (   )와 (   ) 중 큰 금액으로 정의된다.

05. 할인율에 인플레이션효과가 반영될 경우 미래현금흐름은 (   )으로 추정한다. 반면, 할인율에 인플레이션효과가 반영되지 않을 경우 미래현금흐름은 (   )으로 추정한다.

06. 재평가되지 않는 자산의 손상차손은 (   )으로 인식한다. 재평가되는 자산의 손상차손은 당해 자산에서 발생한 (   )에 해당하는 금액까지는 기타포괄손익으로 인식한다. 재평가되는 자산의 손상차손을 기타포괄손익으로 인식하는 경우 그 자산의 (   )을 감소시킨다.

07. 영업권을 제외한 자산에 대하여 과거기간에 인식한 손상차손은 직전 손상차손의 인식시점 이후 회수가능액을 결정하는 데 사용된 (   )에 변화가 있는 경우에만 환입한다.

08. (   )에 대해 인식한 손상차손은 후속기간에 환입할 수 없다

09. 미래현금흐름 추정치에서 조정한 위험은 자산의 (   )를 측정하는 데 사용되는 할인율에 반영하지 아니한다.

10. 영업권과 관련된 손상차손은 각각 지배기업지분과 비지배지분에 귀속될 금액으로 구분하고 (   )만 영업권 손상차손으로 인식한다.

11. 최근 재무예산/예측의 대상 기간 후의 성장률은 (   )되거나 계속 (   )한다고 가정하여 현금흐름을 추정한다.

제13장

12. 할인율이 세전기준으로 결정되기 때문에 (   ) 또는 (   )은 현금유입 또는 현금유출 항목에서 제외된다.

13. 미래현금흐름은 자산의 (   ) 상태를 근거로 추정한다. 미래현금흐름 추정치는 아직 확약되지 않은 미래의 구조조정이나 자산 성능의 향상사유로 발생할 것으로 예상되는 현금유입이나 유출을 포함하지 아니한다.

14. (   ), (   ), (   )은 자산손상을 시사하는 징후가 있는지에 관계없이 회수가능액을 추정하고 장부금액과 비교하여 매년 손상검사를 한다.
공정가치로 측정되는 투자부동산은 손상차손기준서의 적용대상이다.

해답

01. 현금유입	02. 시장참여자, 정상거래
03. 사용가치	04. 처분부대원가를 차감한 공정가치, 사용가치
05. 명목금액, 실질금액	06. 당기손익, 재평가잉여금, 재평가잉여금
07. 추정치	08. 영업권
09. 사용가치	10. 지배기업지분
11. 고정, 감소	12. 법인세환급액, 법인세납부액
13. 현재	
14. 내용연수가 비한정인 무형자산, 아직 사용할 수 없는 무형자산, 사업결합으로 취득한 영업권	

문제 13-2 자산손상 전반(진위형)

> 기업회계기준서 제1036호 '자산손상'에 근거하여 맞으면 'ㅇ' 틀리면 'ㅅ' 표시하시오.

01. 순자산손상을 시사하는 징후가 있어 회수가능액을 추정하는 경우 공정가치가 장부금액을 초과한다면 사용가치를 추정할 필요가 없다.

02. 손상차손으로 추정된 금액이 관련 자산의 장부금액보다 클 때 손상차손으로 추정된 금액이 장부금액을 초과한 금액은 부채로 인식한다.

03. 시간의 경과에 따른 현재가치의 증가로 회수가능액이 장부금액보다 커지면 손상차손을 환입할 수 있다.

04. 종속기업, 관계기업, 공동약정으로 분류되는 금융자산은 손상차손기준서의 적용대상이다.

05. 내용연수가 비한정인 무형자산은 자산손상을 시사하는 징후가 있는지에 관계없이 회수가능액을 추정하고 장부금액과 비교하여 매년 손상검사를 한다.

06. 투자부동산은 손상차손기준서의 적용대상이 아니다.

07. 손상검사는 회계연도 중 어느 때라도 할 수 있으며 매년 같은 시기에 실시한다. 서로 다른 현금 창출단위에 대해서는 각기 다른 시점에서 손상검사를 할 수 있다.

08. 영업권에 대해 손상차손을 인식하고 난 후 후속기간에 증가된 회수가능액은 사업결합으로 취득한 영업권의 손상차손환입액에 해당된다.

09. 처분부대원가가 미미한 경우라도 재평가규정을 적용한 후라면 재평가된 자산이 손상되었을 가능성이 있으므로 회수가능액을 추정하여야 한다.

10. 영업권이 배분된 현금창출단위에 속하는 자산에 대해서 당해 현금창출단위와 동일한 시점에 손상검사를 하는 경우에는, 그 자산보다 영업권을 포함하는 당해 현금창출단위에 대한 손상검사를 먼저 실시한다.

11. 현금창출단위에 손상차손은 현금창출단위에 배분된 영업권의 장부금액을 감소시킨후 현금창출단위에 속하는 다른 자산에 각각 회수가능액에 비례하여 배분한다.

12. 현금창출단위의 미래현금흐름을 추정할 때 상대적으로 내용연수가 짧은 자산의 대체는 현금창출단위에 대한 일상적인 관리유지의 일부로 본다.

13. 기업이 자산의 성능을 향상시키는 현금유출을 하기 전까지는 그 현금유출과 관련된 경제적 효익의 증가로 향후 발생할 것으로 예상되는 추정미래현금유입은 미래현금흐름추정치에 포함하지 아니한다.

14. 미래현금흐름을 추정할 때 재무활동으로부터의 현금 유입이나 유출은 포함되는 반면에 법인세환급액 또는 법인세납부액은 제외된다. 영업권이 배분된 현금창출단위에 대해서는 매년 손상검사를 한다.

해답

01	02	03	04	05	06	07
○	×	×	○	○	×	○
08	09	10	11	12	13	14
×	×	×	×	○	○	×

01. 처분부대원가를 차감한 공정가치나 사용가치 중 하나의 금액이 장부금액을 초과한다면 자산이 손상되지 않았으므로 다른 금액을 추정할 필요가 없다(KIFRS1036-19).

02. 손상차손으로 추정된 금액이 관련 자산의 장부금액보다 클 때 다른 KIFRS에서 특별히 요구하는 경우에만 부채를 인식한다(KIFRS1036-62).

03. 회수가능액이 장부금액보다 커지는 경우라 할지라도 시간의 경과에 따른 현재가치의 증가만으로는 손상차손을 환입하지 아니한다(KIFRS1036-116).

제13장

04. (KIFRS1036-48)

05. (KIFRS1036-10)

06. 공정가치로 측정되는 투자부동산은 손상차손기준서의 적용대상이 아니다. 즉, 원가모형으로 측정되는 투자부동산은 손상차손기준서의 적용대상이다(KIFRS1036-4).

07. (KIFRS1036-96)

08. 영업권에 대해 손상차손을 인식하고 난 후 후속기간에 증가된 회수가능액은 사업결합으로 취득한 영업권의 손상차손환입액이 아니라 내부적으로 창출된 영업권 증가액일 것이다(KIFRS1036-125).

09. 처분부대원가가 미미한 경우, 재평가되는 자산의 회수가능액은 재평가금액에 근사하거나 이보다 크다. 이러한 경우 재평가규정을 적용한 후라면 재평가된 자산이 손상되었을 가능성은 희박하고 따라서 회수가능액을 추정할 필요가 없다(KIFRS1036-125).

10. 영업권이 배분된 현금창출단위에 속하는 자산에 대해서 당해 현금창출단위와 동일한 시점에 손상검사를 하는 경우에는, 영업권을 포함하는 당해 현금창출단위보다 그 자산에 대한 손상검사를 먼저 실시한다(KIFRS1036-97).

11. 현금창출단위에 손상차손은 현금창출단위에 배분된 영업권의 장부금액을 감소시킨후 현금창출단위에 속하는 다른 자산에 각각 장부금액(←회수가능액)에 비례하여 배분한다(KIFRS1036-104).

12. (KIFRS1036-19)

13. (KIFRS1036-45)

14. 미래현금흐름을 추정할 때 재무활동으로부터의 현금 유입과 법인세환급액 또는 법인세납부액 모두 제외된다(KIFRS1036-50).

문제 13-3 영업권이 배분된 현금창출단위의 손상차손

㈜교대는 최소현금창출단위 A에 대한 손상검사를 실시한 결과 최소현금창출단위 A의 회수가능액은 ₩8,000인 것으로 계산되었다. 최소현금창출단위 A의 손상차손인식과 관련 자료는 다음과 같다.

자산구분	20×1.12.31	
	손상검사전 장부금액	회수가능액
토 지	₩5,000	₩5,500
건 물	3,500	2,400
기계장치	1,000	200
특 허 권	500	0
영 업 권	400	?
합 계	₩10,400	

≪물음≫

㈜교대가 현금창출단위 A에 대한 손상차손을 인식한 후 개별자산의 장부금액을 계산하시오.

해답

최소현금창출단위 A의 손상차손＝10,400 − 8,000＝₩2,400

자산구분	20×1.12.31		손상차손배분				최종 장부금액
	장부금액	회수가능액	1차	2차	2차조정	합계	
토　　지	₩5,000	₩5,500	－	－	－	－	5,000
건　　물	3,500	2,400	－	①1,400	－300	1,100	2,400
기계장치	1,000	200	－	②400	④200	600	400
라이선스	500	0	6	③200	⑤100	300	200
영업권	400	?	400	－	－	－	－
합　　계	10,400		400	2,000	－	2,400	8,000

① $2,000 \times \dfrac{3,500}{3,500 + 1,000 + 500} = 1,400$

② $2,000 \times \dfrac{1,000}{3,500 + 1,000 + 500} = 400$

③ $2,000 \times \dfrac{500}{3,500 + 1,000 + 500} = 200$

④ $300 \times \dfrac{1,000}{1,000 + 500} = 200$

⑤ $300 \times \dfrac{500}{1,000 + 500} = 100$

제13장

문제 13-4 재평가되는 자산의 손상차손 및 손상차손환입

㈜다빈은 보유 토지에 대하여 재평가모형으로 측정한다. 회사는 20×3년 손상검사를 수행한 결과 손상차손을 인식할 상황이 발생하였음을 발견하였다. 또한, 20×4년에는 손상차손을 인식한 자산의 용역잠재력이 커져 손상차손환입을 인식하여야 한다. 손상차손과 손상차손환입 인식과 관련된 자료는 다음과 같다.

자산구분	취득원가	재평가금액	회수가능액	
	20×1.1.1	20×1.12.31	20×3.12.31	20×4.12.31
토지A	₩1,000	₩1,500	₩900	₩1,200
토지B	1,000	800	600	700

≪물음≫

1. 20×3년 12월 31일에 ㈜다빈의 손상차손 관련 회계처리(분개)를 하시오.
2. 20×4년 12월 31일에 ㈜다빈의 손상차손환입 관련 회계처리(분개)를 하시오.
3. 상기 상황이 자산별, 연도별 당기손익에 미치는 영향을 나타내는 다음 표의 빈칸을 완성하시오.

자산구분	20×3년	20×4년
토지A		
토지B		

※ 100 증가는 '+100', 100 감소는 '−100'으로 표시할 것.

🔊 해답

1.

(차) 재평가잉여금	500	(대) 토지A	600
손상차손	100		

(차) 손상차손	200	(대) 토지B	200

2.

(차) 토지A	300	(대) 재평가잉여금	200
		손상차손환입	100

(차) 토지B	100	(대) 손상차손환입	100

3.

자산구분	20×3년	20×4년
토지A	−100	+100
토지B	−200	+100

제14장 │ 금융부채

부채는 금융부채와 비금융부채로 크게 구분된다. 금융부채는 14장에서 K-IFRS 제1032호(금융상품)의 규정과 금융상품 중 제일 중요한 과목인 사채에 대하여 설명한다. 비금융부채는 15장에서 K-IFRS 제1037호(충당부채, 우발부채 및 우발자산)에 대하여 설명된다.

부채의 구분 {
  금융부채 : 사채 중심으로 설명 (K-IFRS 1032)
  비금융부채 : 충당부채를 중심으로 설명 (K-IFRS 1037)
}

제1절 개 요

1. 금융부채의 범위

(1) 현금 등을 지급할 계약상의 의무

거래상대방에게 현금 등 금융자산을 인도하기로 한 계약상 의무는 금융부채이다(KIFRS1032-11). 미래에 현금을 지급할 계약상 의무에 해당하는 금융부채의 일반적인 예는 다음과 같다(KIFRS1032-AG4).

매입채무, 지급어음, 차입금, 사채

(2) 불리한 조건의 교환으로 인한 계약상의 의무

잠재적으로 불리한 조건으로 거래상대방과 금융자산이나 금융부채를 교환하기로 한 계약상 의무는 금융부채이다(KIFRS1032-11).

제14장

(3) 자기지분상품으로 결제하는 특정계약

자기지분상품으로 결제하거나 결제할 수 있는 다음 중 하나의 계약은 금융부채이다(KIFRS1032-11).

- 인도할 자기지분상품의 수량이 변동가능한 비파생상품
- 확정 수량의 자기지분상품에 대하여 확정금액의 현금 등 금융자산을 교환하여 결제하는 방법이 아닌 방법으로 결제되거나 결제될 수 있는 파생상품. 이 경우에 자기지분상품을 미래에 수취하거나 인도하기 위한 계약 자체는 자기지분상품에 해당하지 않는다. 이러한 목적상, 기업이 동일 종류의 비파생 자기지분상품을 보유하고 있는 기존소유주 모두에게 주식인수권, 옵션 또는 주식매입권을 지분비율대로 비례하여 부여하는 경우, 어떤 통화로든 확정금액으로 확정수량의 자기지분상품을 취득하는 주식인수권, 옵션, 또는 주식매입권은 지분상품이다.

자기지분상품으로 결제하는 계약을 금융부채와 지분상품으로 구분하는 한국채택국제회계기준의 제1032호의 표현은 다음과 같다.

변동가능한 수량의 자기지분사품을 인도할 계약상 의무	가 있는 비파생상품 : 금융부채(문단11)
	가 없는 비파생상품 : 지분상품(문단16)
확정 수량의 자기지분상품에 대하여 확정금액의 현금 등 금융자산을 교환하여 결제하는 방법	인 파생상품 : 지분상품(문단16)
	이 아닌 파생상품 : 금융부채(문단11)

상기 규정을 간단하게 요약하면 다음과 같다.

- 확정금액의 대가로 확정수량의 자기지분상품을 인도할 의무가 있는 계약은 지분상품이고,
- 기타의 계약은 금융부채이다.

(4) 발행자의 영구적 채무상품(perpetual debt instruments)

'영구적' 채무상품(예 '영구적'인 공채, 사채 및 자본성격의 채권(perpetual bonds, debentures and capital notes))의 발행자는 한정되지 않은 미래 기간의 확정일자에 이자의 명목으로 일정 금액을 지급할 계약상 의무가 있는 반면에, 원금을 지급할 의무가 없거나, 또는 상환가능성을 매우 낮게 하거나 매우 먼 미래에 상환하게 하는 조건으로 원금을 지급할 의무를 보유한다. 예를 들면, 기업은 1,000원의 액면금액에 대하여 연 8%의 이자율을 적용한 금액에 상당하는 연간 지급액을 영구적으로 지급하는 것을 조건으로 하는 금융상품을 발행할 수 있다. 이러한 금융상품의 발행시점에 시장이자율이 8%라고 가정하면, 보유자는 최초인식시점에 1,000원의 공정가치(현재가치)를 가지는 일련의 미래 이자금액을 지급할 계약상 의무를 부담하게 된다. 이러한 금융상품의 발행자[1]가 부담하는 의무

---

1) 반면 이러한 금융상품의 보유자는 금융자산을 보유하게 된다.

는 금융부채이다(KIFRS1032-AG6).

(5) 금융상품을 인도 또는 교환하는 계약상 의무

금융상품을 인도 또는 교환하는 계약상 의무는 그 자체로 금융부채이다. 연쇄적인 계약상 의무가 궁극적으로는 현금을 지급하게 되거나 지분상품을 발행하게 되는 경우, 당해 계약상 의무는 금융부채의 정의를 충족한다(KIFRS1032-AG7).

(6) 조건부 의무

계약상 의무의 이행에 필요한 요건은 절대적일 수도 있으며, 미래 사건의 발생 여부를 조건으로 할 수도 있다. 예를 들면, 금융보증은 자금차입자가 채무를 불이행하는 경우에 보증인이 자금대여자에게 지급할 계약상 의무이다. 이러한 계약상 의무는 보증인의 의무 이행이 자금차입자의 채무불이행이라는 미래 사건의 발생을 조건으로 하고 있더라도, 보증의 부담이라는 과거 사건이나 거래의 결과로 존재한다. 조건부 의무는 이에 관련되는 부채가 항상 재무제표에 인식되지 않더라도, 금융부채의 정의를 충족한다. 이러한 조건부 의무 중에는 K-IFRS 제1104호의 적용범위에 포함되는 보험계약이 있을 수 있다(KIFRS1032-AG8).

(7) 금융리스의 지급의무

금융리스의 경우 대출약정에 따른 원금과 이자의 지급액을 혼합한 것과 실질적으로 동일한 일련의 지급액을 지급할 의무가 리스이용자에게 있다. 따라서 금융리스이용자의 금융리스는 금융부채에 해당된다.

반면에 운용리스는 일종의 미완성 계약으로서 리스이용자는 미래 기간에 자산을 사용하게 하는 대가로 용역수수료와 유사한 대가를 지급하게 된다. 따라서 운용리스이용자의 운용리스는 금융부채에 해당되지 않는다. 다만, 운용리스의 경우에도 지급기일이 도래하였으나 아직 지급되지 않은 개별적인 지급액은 리스이용자에게는 금융부채에 해당한다(KIFRS1032-AG9).

제14장

2. 비금융부채

(1) 현금 등 금융자산을 지급할 의무가 아닌 부채

선수수익과 대부분의 품질보증의무와 같은 항목은 현금 등 금융자산을 지급할 계약상 의무가 아니라 재화나 용역의 인도를 통하여 당해 항목과 관련된 경제적 효익이 유출될 것이므로 금융부채가 아니다(KIFRS1032-AG11).

(2) 계약에 의하지 않은 부채

다음과 같은 계약에 의하지 않은 부채는 금융부채가 아니다(KIFRS1032-AG12).

- 정부가 부과하는 법적 물음에 따라 발생하는 법인세와 관련된 부채[2]
- K-IFRS 제1037호 '충당부채, 우발부채 및 우발자산'에서 정의하고 있는 의제의무

금융부채와 비금융부채의 구분

금융부채	금융자산을 인도할	계약상 의무
비금융부채	금융자산을 인도할 의무가 없는	계약에 의하지 않은 의무
	선수수익, 대부분의 품질보증의무 관련 부채	의제의무 관련 부채 : 충당부채 법인세 관련 부채 : 당기법인세부채

제 2 절   금융부채와 지분상품의 구분

금융상품의 발행자는 계약의 실질과 금융부채, 금융자산 및 지분상품의 정의에 따라 최초인식시점에 금융상품이나 금융상품의 구성요소를 금융자산, 금융부채 또는 지분상품으로 분류하여야 한다 (KIFRS1032-15). 지분상품은 기업의 자산에서 모든 부채를 차감한 후의 잔여지분을 나타내는 모든 계약을 말한다(KIFRS1032-11).

1. 풋가능 금융상품

(1) 개요

풋가능 금융상품(puttable instrument)은 금융상품의 보유자가 발행자에게 당해 금융상품의 환매를 요구하여 현금 등 금융자산을 수취할 권리가 부여된 금융상품 또는 불확실한 미래 사건이 발생하거나 금융상품 보유자가 사망하거나 퇴직하는 경우 발행자에게 자동으로 환매되는 금융상품을 말한다(KIFRS1032-11).

풋가능 금융상품은 풋이 행사되면 발행자가 현금 등 금융자산으로 그 금융상품을 재매입하거나 상환해야 하는 계약상 의무를 포함한다. 금융부채의 정의에 대한 예외로서, 그러한 의무를 포함하는 금융상품이 다음의 특성을 모두 가지고 있는 경우에는 지분상품으로 분류된다(KIFRS1032-16A).

> (1) 발행자가 청산되는 경우, 보유자에게 지분비율에 따른 발행자 순자산에 대한 권리가 부여된다.
> 발행자 순자산은 발행자의 자산에 대한 그 밖의 모든 청구권을 차감한 후의 잔여 자산이다. 지분
> 비율은 다음에 따라 결정된다.
> (개) 청산시 발행자 순자산을 동일한 금액의 단위로 나눈 후,
> (내) 그 금액에 금융상품 보유자가 보유한 단위 수를 곱한다.

---

2) 법인세와 관련된 회계처리는 K-IFRS 제1012호에서 다루고 있다.

(2) 그 금융상품은 그 밖의 모든 종류의 금융상품보다 후순위인 금융상품의 종류에 포함된다. 그러한 금융상품의 종류에 포함되기 위해서는 해당 금융상품이 다음의 조건을 모두 충족하여야 한다.
   (개) 청산시 발행자의 자산에 대한 그 밖의 청구권에 우선하지 않는다.
   (내) 그 밖의 모든 종류의 금융상품보다 후순위인 금융상품의 종류에 포함되기 전에 또 다른 금융 상품으로 전환될 필요가 없다.
(3) 그 밖의 모든 종류의 금융상품보다 후순위인 금융상품의 종류에 포함되는 모든 금융상품은 동일한 특성을 갖는다. 예를 들어, 해당 금융상품이 모두 풋가능하여야 하며, 재매입가격이나 상환가격을 계산하기 위해 사용된 공식이나 그 밖의 방법이 해당 종류의 모든 금융상품에 대하여 동일하다.
(4) 발행자가 현금 등 금융자산으로 그 금융상품을 재매입하거나 상환해야 하는 계약상 의무를 제외하고는, 그 금융상품은 거래상대방에게 현금 등 금융자산을 인도하거나 발행자에게 잠재적으로 불리한 조건으로 거래상대방과 금융자산이나 금융부채를 교환하는 계약상 의무를 포함하지 않으며, 금융부채의 정의의 하위 문단 (2)에서 설명되고 있는 자기지분상품으로 결제되거나 결제될 수 있는 계약이 아니다.
(5) 금융상품의 존속기간에 걸쳐 그 금융상품에 귀속되는 총기대현금흐름은 실질적으로 그 해당기간 중 발행자의 당기손익, 인식된 순자산의 변동 또는 인식 및 미인식된 순자산의 공정가치 변동(해당 금융상품의 효과는 제외)에 기초한다.

금융상품이 지분상품으로 분류되기 위해서는, 해당 금융상품은 위의 특성을 모두 가져야 할 뿐만 아니라, 발행자는 다음 모두에 해당하는 그 밖의 금융상품이나 계약을 보유하지 않아야 한다 (KIFRS1032-16B).

(1) 총현금흐름이 실질적으로 발행자의 당기손익, 인식된 순자산의 변동 또는 인식 및 미인식된 순자산의 공정가치 변동(그러한 금융상품이나 계약의 효과는 제외)에 기초한다.
(2) 풋가능 금융상품 보유자의 잔여 수익을 실질적으로 제한하거나 고정시키는 효과가 있다.

이 조건을 적용하는 목적상, 발행자는 문단 16A에 기술된 금융상품 보유자와의 비금융 계약은 고려하지 않는다. 이 경우 비금융 계약은, 금융상품을 보유하지 않은 자와 발행자 사이에서 발생할 수 있는 동등한 계약의 계약조건과 유사한 계약조건을 갖고 있는 계약을 의미한다. 발행자가 이 조건이 충족된다고 결정할 수 없다면, 그 풋가능 금융상품은 지분상품으로 분류하지 않는다.

□ 개정사항
풋가능 금융상품과 청산시에만 계약상 의무가 있는 금융상품의 분류 : 기업회계기준서 제1032호 (2007년 제정)에서는 계약상 의무의 유무로 부채와 자본을 분류하였으나, 이번 개정에서는 풋가능 금융상품 또는 청산시에만 계약상 의무가 있는 금융상품이 비록 금융부채의 정의에 해당되더라도 해당 금융상품이 특정조건을 만족하는 경우 자본으로 분류하고 있다.

제14장

(2) 발행자가 청산되는 경우에만 거래상대방에게 지분비율에 따라 발행자 순자산을 인도해야 하는 의무를 발행자에게 부과하는 금융상품이나 금융상품의 요소

일부 금융상품은 발행자가 청산되는 경우에만 거래상대방에게 지분비율에 따라 발행자 순자산을 인도해야 하는 계약상 의무를 포함한다. 그러한 의무는 (1) 청산의 발생이 확실하고 그 청산을 발행자가 통제할 수 없거나(예 존속기간이 정해진 기업) (2) 청산의 발생이 불확실하지만 그 청산을 해당 금융상품 보유자가 선택할 수 있기 때문에 생겨난다. 금융부채의 정의에 대한 예외로서, 그러한 의무를 포함하는 금융상품이 다음의 특성을 모두 가지고 있는 경우에는 지분상품으로 분류된다(KIFRS1032-16C).

---

(1) 발행자가 청산되는 경우, 보유자에게 지분비율에 따른 발행자 순자산에 대한 권리가 부여된다. 발행자 순자산은 발행자의 자산에 대한 그 밖의 모든 청구권을 차감한 후의 잔여 자산이다. 지분비율은 다음에 따라 결정된다.
  (개) 청산시 발행자 순자산을 동일한 금액의 단위로 나눈 후,
  (내) 그 금액에 금융상품 보유자가 보유한 단위 수를 곱한다.
(2) 그 금융상품은 그 밖의 모든 종류의 금융상품보다 후순위인 금융상품의 종류에 포함된다. 그러한 금융상품의 종류에 포함되기 위해서는 해당 금융상품이 다음의 조건을 모두 충족하여야 한다.
  (개) 청산시 발행자의 자산에 대한 그 밖의 청구권에 우선하지 않는다.
  (내) 그 밖의 모든 종류의 금융상품보다 후순위인 금융상품의 종류에 포함되기 전에 또 다른 금융상품으로 전환될 필요가 없다.
(3) 그 밖의 모든 종류의 금융상품보다 후순위인 금융상품의 종류에 포함되는 모든 금융상품은, 발행자가 청산되는 경우 지분비율에 따라 발행자 순자산을 인도해야 하는 동일한 계약상 의무를 가지고 있어야만 한다.

금융상품이 지분상품으로 분류되기 위해서는, 해당 금융상품은 위의 특성을 모두 가져야 할 뿐만 아니라, 발행자는 다음 모두에 해당하는 그 밖의 금융상품이나 계약을 보유하지 않아야 한다 (KIFRS1032-16D).

---

(1) 총현금흐름이 실질적으로 발행자의 당기손익, 인식된 순자산의 변동 또는 인식 및 미인식된 순자산의 공정가치 변동(그러한 금융상품이나 계약의 효과는 제외)에 기초한다.
(2) 풋가능 금융상품 보유자의 잔여 수익을 실질적으로 제한하거나 고정시키는 효과가 있다.

이 조건을 적용하는 목적상, 발행자는 문단 16C에 기술된 금융상품 보유자와의 비금융 계약은 고려하지 않는다. 이 경우 비금융 계약은, 금융상품을 보유하지 않은 자와 발행자 사이에서 발생할 수 있는 동등한 계약의 계약조건과 유사한 계약조건을 갖고 있는 계약을 의미한다. 발행자가 이 조건이 충족된다고 결정할 수 없다면, 그 풋가능 금융상품은 지분상품으로 분류하지 않는다.

(3) 풋가능 금융상품과 발행자가 청산되는 경우에만 거래상대방에게 지분비율에 따라 발행자 순 자산을 인도해야 하는 의무를 발행자에게 부과하는 금융상품의 재분류

발행자는 금융상품이 문단 16A와 16B 또는 문단 16C와 16D에 기술하고 있는 모든 특성을 가지고 있으며 동 문단에 기술하고 있는 조건을 충족하는 시점부터, 해당 문단에 따라 당해 금융상품을 지분상품으로 분류한다. 발행자는 금융상품이 더 이상 해당 문단에서 설명하는 특성을 모두 갖고 있지 않거나 동 문단에서 설명하는 조건을 더 이상 충족하지 못하는 시점부터 그 금융상품을 재분류한다. 예를 들어, 발행자가 발행된 풋가능하지 않은 금융상품을 모두 상환한 후, 남아 있는 풋가능 금융상품이 문단 16A 의 모든 특성을 가지고 있으며 문단 16B의 모든 조건을 충족한다면, 발행자는 풋가능하지 않은 금융상품을 상환하는 시점부터 당해 풋가능 금융상품을 지분상품으로 재분류한다(KIFRS1032-16E).

발행자는 문단 16E에 따라 금융상품을 재분류하는 경우 다음과 같이 회계처리한다(KIFRS1032-16F).

---

(1) 금융상품이 더 이상 문단 16A와 16B 또는 문단 16C와 16D에 기술하고 있는 모든 특성을 갖고 있지 않거나 동 문단에 기술하고 있는 조건을 더 이상 충족하지 못하는 시점부터 그 지분상품을 금융부채로 재분류한다. 이 금융부채는 재분류일의 해당 금융상품의 공정가치(장부금액이 아님에 유의)로 측정한다. 발행자는 재분류일의 지분상품의 장부금액과 금융부채의 공정가치의 차이를 자본(당기손익이 아님에 유의)으로 인식한다.

(2) 금융상품이 문단 16A와 16B 또는 문단 16C와 16D에 기술하고 있는 모든 특성을 가지고 있으며 동 문단에 기술하고 있는 조건을 충족하는 시점부터 그 금융부채를 자본으로 재분류한다. 지분상품은 재분류일의 금융부채의 장부금액으로 측정한다.

---

2. 현금 등 금융자산을 인도하기로 한 계약상 의무가 없는 경우

금융부채와 지분상품을 구분하는 중요한 특성은, 금융상품의 거래당사자인 발행자가 금융상품의 다른 거래당사자인 보유자에게 현금 등 금융자산을 인도하거나 발행자에게 잠재적으로 불리한 조건으로 보유자와 금융자산이나 금융부채를 교환하는 계약상 의무의 존재 여부이다. 지분상품의 보유자가 지분비율에 따라 배당이나 그 밖의 배분을 수취할 자격이 있다는 자체만으로는 발행자가 보유자에게 현금 등 금융자산을 반드시 인도하여야 하는 것은 아니다. 따라서 발행자가 그러한 배분을 해야 할 계약상 의무를 지는 것은 아니다(KIFRS1032-17).

금융상품은 법적 형식이 아니라 실질에 따라 재무상태표에 분류되어야 한다. 일반적으로 실질과 법적 형식이 일치하지만 반드시 그러한 것은 아니다. 어떤 금융상품은 지분상품의 법적 형식을 가지고 있지만 실질적으로는 금융부채에 해당되는 경우가 있고, 어떤 금융상품은 지분상품의 특성과 금융부채의 특성이 결합되어 있는 경우도 있다(KIFRS1032-18). 이러한 예로 우선주와 '풋가능 금융상품'이 있다.

제14장

(1) 우선주

다음의 우선주는 금융부채이다.

- 상환우선주(redeemable preferred stock) : 우선주의 발행자가 보유자에게 확정되거나 확정가능한 미래의 시점에 확정되거나 확정가능한 금액을 의무적으로 상환해야 하는 우선주
- 상환청구권이 보유자에게 있는 상환청구가능우선주: 우선주의 보유자가 발행자에게 특정일이나 그 이후에 확정되거나 확정가능한 금액의 상환을 청구할 수 있는 권리를 보유하고 있는 우선주

상환우선주의 분류

K-IFRS	K-GAAP
• 상환우선주의 경우 발행자가 의무적으로 상환하여야 하는 계약상 의무를 부담하거나 보유자가 상환을 청구할 수 있는 권리를 보유한다면, 금융부채로 분류함.	• 모든 상환우선주는 지분상품으로 분류함.

(2) 풋가능 금융상품

금융상품의 보유자가 발행자에게 당해 금융상품의 환매를 요구하여 현금 등 금융자산을 수취할 권리가 부여된 금융상품('풋가능 금융상품')은 금융부채이다(문단 16A와 16B 또는 문단 16C와 16D에 따라 지분상품으로 분류되는 금융상품은 제외한다). 이러한 현금 등 금융자산의 금액이 지수 또는 다른 항목의 변동에 기초하여 증가하거나 감소될 수 있는 경우에도 이러한 금융상품은 금융부채이다. 보유자가 발행자에게 금융상품의 환매를 요구하여 현금 등 금융자산을 수취할 권리를 보유한다는 것은 풋가능 금융상품이 금융부채의 정의를 충족한다는 것을 의미한다(지분상품으로 분류되는 금융상품은 제외한다). 예를 들어 개방형 뮤추얼펀드, 단위형 투자신탁, 파트너십 및 일부 조합의 경우, 지분보유자나 조합원은 보유자지분을 언제든지 현금으로 상환받을 권리를 보유하고 있으므로 지분보유자나 조합원의 지분은 부채로 분류되는 결과를 가져온다(지분상품으로 분류되는 금융상품은 제외한다). 이러한 금융상품을 금융부채로 분류하더라도, 일부 뮤추얼펀드와 단위형 투자신탁 등과 같이 실질적으로 불입된 자본이 없는 기업이 재무제표에 '지분보유자 귀속 순자산' 또는 '지분보유자 귀속 순자산 변동액'과 같은 용어를 사용할 수 있으며, 자본의 정의를 충족하는 적립금 등과 같은 항목과 자본의 정의를 충족하지 못하는 풋가능 금융상품으로 구성되는 총조합원지분의 내역을 추가적으로 공시할 수 있다.

(3) 무조건적인 권리

계약상 의무를 결제하기 위한 현금 등 금융자산의 인도를 회피할 수 있는 무조건적인 권리(unconditional right)를 기업이 가지고 있지 않은 경우, 이러한 의무는 금융부채의 정의를 충족한다. 예를 들면 다음과 같다(KIFRS1032-19).

① 외화의 획득이 곤란하거나 감독기구에서 지급승인을 받을 필요가 있는 등 금융상품의 발행자가 의무를 이행할 능력에 제약이 있더라도, 이러한 제약은 당해 발행자의 계약상 의무나 당해 금융상품 보유자의 계약상 권리에 영향을 미치지 아니한다.

② 거래상대방이 상환을 요구할 수 있는 권리를 행사하는 경우에 발생하는 계약상 의무는 금융부채이다. 이는 발행자가 현금 등 금융자산의 인도를 회피할 수 있는 무조건적인 권리를 가지고 있지 않기 때문이다.

(4) 계약상 의무

현금 등 금융자산을 인도해야 하는 계약상 의무를 명시적으로 설정하지 않은 금융상품이더라도 계약조건 등을 통해 간접적으로 계약상 의무를 설정할 수 있다. 예를 들면 다음과 같다(KIFRS1032-20).

① 배분을 하지 못하거나 당해 금융상품을 상환하지 못한다면, 결제해야 하는 비금융의무를 포함하는 금융상품. 비금융의무의 결제를 통해 현금 등 금융자산의 인도를 회피할 수 있는 금융상품은 금융부채이다.

② 결제시점에 기업이 다음 중 하나를 인도해야 하는 금융상품은 금융부채이다.
  ㉠ 현금 등 금융자산
  ㉡ 위 ㉠의 현금 등 금융자산의 가치를 실질적으로 초과하는 가치로 결정된 기업 자신의 주식

기업이 현금 등 금융자산을 인도해야 하는 명시적인 계약상 의무를 부담하는 것은 아니지만, 주식으로 결제할 가치는 현금으로 결제할 가치에 상당하는 것이다. 어느 경우에도 보유자는 최소한 현금으로 결제할 가치와 동일한 금액 이상을 수취할 수 있도록 실질적인 보증을 제공받고 있는 것이다.

(5) 여러 가지 권리가 부여된 우선주

여러 가지 권리가 부여된 우선주를 발행할 수 있다. 이러한 우선주가 금융부채인지 지분상품인지를 결정하기 위하여, 발행자는 우선주에 부여된 특정 권리를 평가하여 우선주가 금융부채의 본질적인 성격을 가지고 있는지를 파악하여야 한다(KIFRS1032-AG25).

- 특정 시점에 상환하거나 보유자의 선택에 의하여 상환하여야 하는 우선주(put option 존재)는 발행자가 보유자에게 금융자산을 이전해야 할 의무가 있으므로 금융부채의 성격을 가지고 있다. 계약에 따라 상환이 청구되었을 때 발행자가 자금의 부족, 법령의 제한 또는 불충분한 이익이나 적립금 등으로 인하여 우선주를 상환할 의무를 이행하지 못할 잠재적 가능성이 있더라도, 계약상 의무를 무효화하지는 않는다(KIFRS1032-AG25).

- 현금으로 상환할 수 있는 권리가 발행자에게 있는 우선주(call option 존재)는 발행자가 주식의 보유자에게 금융자산을 이전해야 할 현재의무가 없으므로 금융부채의 정의를 충족하지 못한다. 이러한 경우 발행자가 우선주의 상환 여부를 재량으로 결정할 수 있다. 그러나 우선주를 발행한 기업이 이러한 선택권을 행사하여 주주들에게 우선주를 상환하겠다는 의도를 통상 공식적

으로 통지하게 되면 의무가 발생할 수 있다(KIFRS1032-AG25).
- 상환우선주가 아닌 경우 우선주에 부가된 그 밖의 권리에 따라 적절하게 분류한다. 계약의 실질에 대한 평가와 금융부채 및 지분상품의 정의에 기초하여 분류한다. 배분의 누적여부와 관계없이 우선주의 보유자에 대한 배분을 발행자의 재량으로 결정하는 경우 그 우선주는 지분상품이다 (KIFRS1032-AG26).

따라서 상환청구가능우선주는 상환청구권의 보유자에 따라 다음과 같이 분류된다.

> - 상환청구권이 보유자에게 있는 경우 : 금융부채(금융자산을 이전할 현재의무 있음)
> - 상환청구권이 발행자에게 있는 경우 : 지분상품(금융자산을 이전할 현재의무 없음)

다음과 같은 사항은 우선주를 금융부채 또는 지분상품으로 분류하는 결정에 영향을 미치지 아니한다 (KIFRS1032-AG26).

① 과거의 배당실적
② 미래의 배당의도
③ 우선주에 대한 배당이 이루어지지 않는 경우에 발생가능한 발행자의 보통주 가격에 대한 부정적인 영향(우선주에 대한 배당이 이루어지지 않는다면 보통주에 대해서도 배당이 제한되기 때문)
④ 발행자의 적립금 금액
⑤ 특정기간의 당기순손익에 대한 발행자의 예상
⑥ 특정기간의 당기순손익 금액에 대한 발행자의 영향력 행사가능 여부

(6) 연결재무제표에서의 회계처리

연결재무제표에서 종속기업의 자본과 이익에 대한 제3자 지분인 비지배지분은 기업회계기준서 제1001호와 기업회계기준서 제1110호에 따라 표시한다.

연결재무제표에서 금융상품이나 금융상품의 구성요소를 분류하는 경우 기업은 연결실체의 입장에서 금융상품의 보유자와의 모든 조건을 고려하여, 당해 금융상품과 관련하여 현금 등 금융자산을 인도하거나, 금융부채로 분류되는 결과를 초래하는 그 밖의 방법으로 결제할 의무가 연결실체에게 있는지를 결정하여야 한다. 연결실체 내의 종속기업이 금융상품을 발행하고 지배기업 또는 연결실체 내의 다른 기업이 당해 금융상품의 보유자와 직접 추가적인 계약조건(⑩ 보증)에 합의한 경우 연결실체는 상환이나 배분에 대하여 재량권을 가지지 못한다. 종속기업이 이러한 추가적인 계약조건을 고려하지 않고 개별재무제표에서 당해 금융상품을 적절하게 분류하였더라도, 연결실체 전체의 관점에서 계약과 거래의 내용이 연결재무제표에 확실히 반영될 수 있도록 연결실체 내의 다른 기업과 금융상품의 보유자간에 체결된 약정의 효과를 고려하여야 한다. 이러한 의무 또는 결제규정이 있는 경우에는 그 의무를 포함하고 있는 금융상품의 구성요소 또는 금융상품을 연결재무제표에서 금융부채로 분류한다(KIFRS1032-AG29).

발행자에게 계약상 의무를 부과하는 일부 유형의 금융상품은 문단 16A와 16B 또는 문단 16C와 16D에 따라 지분상품으로 분류된다. 이러한 문단에 따른 분류는, 그러한 문단이 없다면 이 기준서에서 금융상품의 분류에 적용되는 원칙에 대한 예외이다. 이러한 예외는 연결재무제표의 비지배지분의 분류에까지 확장되어 적용되지는 않는다. 따라서 문단 16A와 16B 또는 문단 16C와 16D에 따라 별도재무제표 또는 개별재무제표에서 지분상품으로 분류되는 금융상품[3]이 비지배지분인 경우 연결실체의 연결재무제표에서는 부채로 분류된다(KIFRS1032-AG29A).

3. 자기지분상품을 통한 결제

기업 자신의 주식 등의 수량과 교환되는 대가의 금액이 모두 확정되는 경우에만 지분상품으로 분류하고, 그 밖의 경우에는 기업 자신의 주식 등을 결제수단으로 사용(uses its own equity instruments as a means to settle)하는 것이므로 금융부채로 분류한다.

문단 22A에 기술된 계약을 제외하고는, 기업이 확정 금액의 현금 등 금융자산을 대가로 확정 수량의 자기지분상품을 수취하거나 인도하여 결제되는 계약은 지분상품이다. 예를 들면 다음과 같다 (KIFRS1032-22).

- 상대방에게 확정된 가격이나 확정된 사채의 액면금액으로 확정된 수량의 발행자 주식을 매입할 수 있는 권리가 부여된 주식옵션(share option)을 발행한 경우, 당해 옵션은 지분상품이다.
- 시장이자율의 변동에 따라 계약의 공정가치가 변동되더라도, 이러한 시장이자율의 변동이 계약의 결제시점에 ① 지급하거나 수취할 현금 등 금융자산의 금액이나 ② 수취하거나 인도할 지분상품의 수량에 영향을 미치지 않는다면, 당해 계약은 지분상품이다.

수취한 대가(예 기업 자신의 주식에 대한 옵션이나 주식매입권의 발행에 대하여 수취하는 프리미엄)는 자본에 직접 가산한다. 지급한 대가(예 옵션의 매입에 대하여 지급한 프리미엄)는 자본에서 직접 차감한다. 지분상품의 공정가치 변동은 재무제표에 인식하지 않는다(KIFRS1032-22).

계약의 결제시 발행자가 수취하거나 인도해야 할 자기지분상품이, 문단 16A의 모든 특성과 문단 16B의 조건을 충족하는 풋가능 금융상품이거나, 발행자가 청산되는 경우에만 거래상대방에게 지분비율에 따라 발행자 순자산을 인도해야 하는 의무를 발행자에게 부과하는 금융상품으로서, 문단 16C의 특성과 문단 16D의 조건을 충족하는 금융상품이라면, 그 계약은 금융자산이나 금융부채이다. 이러한 계약은 발행자가 확정 금액의 현금 등 금융자산을 대가로 확정 수량의 그러한 금융상품을 수취하거나 인도하여 결제되는 계약을 포함한다(KIFRS1032-22A).

(1) 확정금액 대 변동수량

단순히 자기지분상품을 수취하거나 인도하게 된다고 해서 그러한 계약이 지분상품이 되는 것은 아니

---

3) 지분상품 특성조건을 충족하여 지분상품으로 분류된 금융상품(예, 풋가능 금융상품)

다. 기업은 수취하거나 인도해야 할 자기지분상품의 공정가치가 계약상 권리나 의무의 금액과 일치하도록 수량이 변동하는 기업 자신의 주식이나 그 밖의 지분상품을 수취할 권리 또는 인도할 의무를 가질 수 있다. 이러한 계약상 권리나 의무의 금액은 확정 금액일 수도 있으며, 자기지분상품의 시장가격이 아닌 다른 변수(예 이자율, 일반상품가격 또는 금융상품의 가격 등)의 변동의 전부 또는 일부에 따라 변동하는 금액일 수도 있다. 예를 들어 다음의 계약은 변동가능한 수량의 자기지분상품을 계약의 결제수단으로 사용하였기 때문에 기업이 자기지분상품을 인도하여 당해 계약을 결제해야 하거나 결제할 수 있더라도 금융부채이다(KIFRS1032-21).

① 100원과 동일한 공정가치에 해당하는 자기지분상품을 인도할 계약
② 100온스의 금과 동일한 공정가치에 해당하는 자기지분상품을 인도할 계약

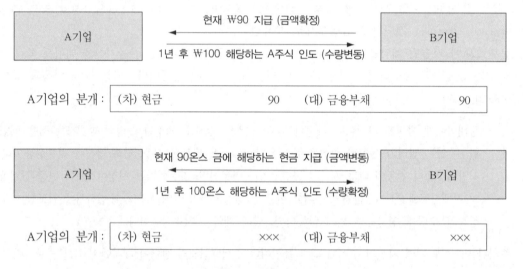

기업이 변동가능한 수량의 자기지분상품을 계약의 결제수단으로 사용하는 경우, 이러한 계약은 지분상품이 아니다. 따라서 그 계약은 자산에서 모든 부채를 차감한 후의 잔여지분을 나타내지 못한다(KIFRS1032-21).

기업이 현금 등 금융자산으로 자기지분상품을 매입할 의무가 포함된 계약의 경우 상환금액(예 매입선도가격, 옵션계약의 행사가격 등)의 현재가치에 해당하는 금융부채가 발생하며 계약 자체가 지분상품인 경우에도 그러하다. 이러한 예로는 자기지분상품에 대한 매입선도계약의 경우로서, 현금으로 자기지분상품을 매입할 의무를 들 수 있다. 이러한 금융부채를 K-IFRS 제1039호에 따라 최초로 인식하는 시점에, 금융부채의 공정가치(상환금액의 현재가치)를 자본에서 부채로 재분류한다. 최초 인식이후에는 K-IFRS 제1039호에 따라 당해 금융부채를 측정한다. 자기지분상품을 인도하지 않고 이러한 계약이 종료되는 경우 당해 금융부채의 장부금액은 자본으로 재분류한다. 자기지분상품을 매입하여야 하는 의무가 상대방의 권리행사 여부에 따라 결정되는 경우에도 상환금액의 현재가치에 해당하는 금융부채는 발생한다. 이러한 예로는 상대방이 자기지분상품을 확정 금액으로 기업에게 매도할 수 있는 권리가 부여된 풋옵션을 발행한 경우를 들 수 있다(KIFRS1032-23).

[CTA 2010]

자기지분상품을 현금 등 금융자산으로 매입할 의무가 포함된 계약의 경우 그 의무가 상대방의 권리
행사 여부에 따라 결정되는 경우에는 지분상품으로 분류한다. (×)

(2) 변동금액 대 확정수량

확정되지 않은 금액의 현금 등 금융자산을 대가로 확정된 수량의 자기지분상품을 인도하거나 수취하
여 결제되는 계약은 금융자산이나 금융부채이다. 이러한 계약의 예로는 향후 금 100온스의 가치에 해당
하는 현금을 대가로 자기지분상품 100주를 인도하는 계약을 들 수 있다(KIFRS1032-24).

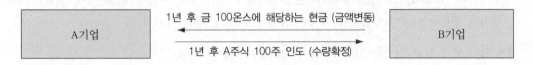

향후 금 100온스의 가치에 해당하는 현금을 대가로 자기지분상품 100주를 인도하는 계약은 다음과
같이 금융자산이나 금융부채로 인식한다.

> • 금 100온스의 가치 〉 자기지분상품 100주의 가치 : 차액을 금융자산으로 인식
> • 자기지분상품 100주의 가치 〉 금 100온스의 가치 : 차액을 금융부채로 인식

자기지분상품을 기초로 하는 여러 가지 유형의 계약에 대한 분류방법의 예시는 다음과 같다
(KIFRS1032-AG27).

① 미래에 확정 금액의 현금 등 금융자산을 대가로 하거나 대가 없이 확정 수량의 기업 자신의 주식
을 수취하거나 인도하여 결제되는 계약은 지분상품이다. 따라서 이러한 계약으로 인하여 수취하
거나 지급한 대가는 자본에 직접 가산하거나 차감한다. 이러한 예로는 상대방에게 확정 금액을
대가로 확정 수량의 발행자 주식을 매입할 수 있는 권리를 부여하는 주식옵션을 매도하는 경우를
들 수 있다. 그러나 확정되거나 확정가능한 시점 또는 보유자의 요구에 의하여 발행자가 현금 등
금융자산으로 기업 자신의 주식을 매입(상환)하여야 하는 계약의 경우에는 상환금액의 현재가치
에 해당하는 금액을 금융부채로 인식한다. 이러한 예로는 확정 금액의 현금으로 발행자가 확정
수량의 기업 자신의 주식을 매입하여야 하는 선도계약에 따른 기업의 의무를 들 수 있다.

② 발행자가 매입하여야 하는 주식의 수가 확정되지 않거나 기업 자신의 주식을 매입해야 하는 의무
가 상대방의 권리 행사여부에 따라 결정되는 조건부 의무인 경우에도, 발행자가 현금으로 기업
자신의 주식을 매입하는 의무로 인하여 상환금액의 현재가치에 해당하는 금융부채가 발생한다.
조건부 의무의 예로는 상대방의 권리 행사에 따라 기업 자신의 주식을 매입해야 하는 옵션을 발행한
경우를 들 수 있다.

③ 현금 등 금융자산으로 결제될 계약은, 수취하거나 인도할 현금 등 금융자산의 금액이 자기지분상

품의 시장가격 변동에 따라 변동하더라도, 금융자산 또는 금융부채이다. 이러한 예로는 현금으로 차액결제되는 주식옵션을 들 수 있다.

④ 계약을 결제하기 위하여 수취하거나 인도할 기업 자신의 주식 수량이 기초변수(예 일반상품가격)의 변동에 따라 결정되는 금액이나 확정 금액과 동일한 가치를 가지도록 결정되는 계약은 금융자산이나 금융부채이다. 이러한 예로는 기초자산인 금을 매입하기로 하는 옵션을 매도하는 경우로서 옵션이 행사되면 옵션계약의 가치와 동일한 가치에 해당하는 수량의 자기지분상품으로 순액결제하는 경우를 들 수 있다. 이러한 계약은 기초변수가 금이 아니라 기업 자신의 주식 가격인 경우에도 금융자산이나 금융부채이다. 마찬가지로 확정 수량의 기업 자신의 주식으로 결제되지만 결제금액이 기초변수의 변동에 따라 결정되는 금액 또는 확정 금액과 동일하도록 당해 주식에 부가된 권리의 내용이 변동되는 계약은 금융자산 또는 금융부채이다.

자기지분상품을 통한 결제계약을 요약하여 정리하면 다음과 같다.

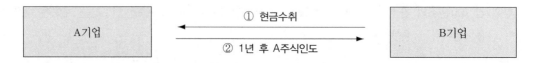

구분	비파생상품		파생상품			
	유형1	유형2	유형1	유형2	유형3	유형4
① 대가	기수취	기수취	변동가능	변동가능	확정	확정
② A주식수량	변동가능	확정	변동가능	확정	변동가능	확정
A기업 인식	금융부채	지분상품	금융자산 또는 금융부채			지분상품

상기 요약을 유형별로 표시하면 다음과 같다.

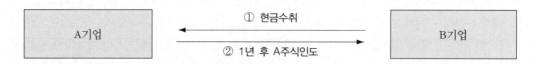

구분	비파생상품			파생상품	
	사례1	사례2	사례3	사례4	사례5
① 현금	현재 90원	현재 금 90온스 해당 현금	현재 100원	1년 후 100온스 해당 현금	1년 후 100원
② A주식수량	100원 해당 수량	금100온스 해당 수량	100주	100주	100주
A기업 인식	금융부채	금융부채	지분상품	금융자산 또는 금융부채	지분상품

4. 조건부 결제규정(contingent settlement provisions)

주가지수, 소비자물가지수, 이자율 또는 과세조건의 변동이나 발행자의 미래 수익, 순이익 또는 부채비율과 같이 금융상품의 발행자와 보유자 모두가 통제할 수 없는 불확실한 미래의 사건의 발생여부나 불확실한 상황의 결과에 따라 현금 등 금융자산을 인도하여 결제되거나 금융부채로 분류되는 결과를 초래하는 그 밖의 방법으로 결제되는 금융상품이 있다. 이 경우에 발행자는 현금 등 금융자산의 인도를 회피할 수 있고 금융부채로 분류되는 결과를 초래하는 그 밖의 결제방법을 회피할 수 있는 무조건적인 권리를 가지고 있지 않다. 따라서 이러한 금융상품은 다음의 경우를 제외하고는 금융부채이다(KIFRS1032-25).

① 현금 등 금융자산을 인도하는 결제방법이나 금융부채로 분류되는 결과를 초래하는 그 밖의 결제방법과 관련된 조건부 결제규정이 실질적으로 유효하지 않은 경우
② 발행자가 청산되는 경우에만, 현금 등 금융자산을 인도하는 방법으로 (또는 금융부채로 분류되는 결과를 초래하는 기타의 방법으로) 의무를 결제하도록 요구할 수 있는 경우

따라서 현금으로 결제하거나 변동가능한 수량의 기업 자신의 주식으로 결제하여야 하는 경우가 지극히 드물고 예외적이어서 가능성이 매우 낮은 사건이 발생하는 경우로 국한되는 계약은 지분상품이다. 마찬가지로 발행자가 통제할 수 없는 특정 상황에서는 확정 수량의 기업 자신의 주식으로 결제하는 것이 계약에 의하여 배제될 수 있지만, 그러한 상황이 일어날 가능성이 실질적으로는 없는 경우에는 지분상품으로 분류하는 것이 적절하다(KIFRS1032-AG28).

5. 결제옵션(settlement option)

여러 가지 결제방법(예 현금 차액결제 또는 현금과 주식의 교환)중 발행자나 보유자가 결제방법을 선택할 수 있는 파생금융상품은 금융자산이나 금융부채이다. 다만, 어떤 결제방법이 적용되더라도 지분상품이 되는 경우에는 그러하지 아니하다(KIFRS1032-26).

결제옵션이 있는 파생금융상품으로서 금융부채인 예를 들면 다음과 같다(KIFRS1032-27).

- 발행자가 현금으로 차액결제하는 방법과 현금과 기업 자신의 주식을 교환하여 결제하는 방법 중에서 선택할 수 있는 주식옵션은 금융부채이다.
- 기업 자신의 주식을 대가로 비금융항목을 매입하거나 매도하는 일부 계약은 비금융항목을 인도하여 결제되거나 현금 등 금융상품으로 차액결제될 수 있기 때문에 이러한 계약은 지분상품이 아니라 금융자산이나 금융부채에 해당한다.

제14장

제 3 절   금융부채의 분류

금융부채는 당기손익인식금융부채와 그 밖의 부채로 분류한다(KIFRS1039-9).

1. 당기손익인식금융부채

당기손익인식금융부채는 다음 중 하나의 조건을 충족하는 금융부채를 말한다.

① 단기매매항목으로 분류된다.
② 최초 인식시점에 당기손익인식항목으로 지정한다.

해당 조건에 대하여 설명한다.

(1) 단기매매항목으로 분류

금융부채는 다음 중 하나에 해당하면 단기매매항목으로 분류된다.

① 주로 단기간 내에 재매입할 목적으로 부담한다.
② 최초 인식시점에 최근의 실제 운용형태가 단기적 이익획득 목적이라는 증거가 있으며, 그리고 공동으로 관리되는 특정 금융상품 포트폴리오의 일부이다.
③ 파생상품이다(다만, 금융보증계약[4]인 파생상품이나 위험회피수단으로 지정되고 위험회피에 효과적인 파생상품은 제외한다).

단기매매는 일반적으로 매입과 매도가 적극적이고 빈번하게 이루어지는 것을 말하며, 단기매매금융상품은 일반적으로 단기간 내의 매매차익을 얻기 위하여 취득한 금융상품을 말한다(KIFRS1039-AG14).
단기매매금융부채의 예는 다음과 같다(KIFRS1039-AG15).

① 단기간 내에 재매입할 의도로 발행하는 금융부채(예 공정가치 변동에 따라 발행자가 단기간 내에 재매입할 수 있으며 공시가격이 있는 채무상품)
② 최근의 실제 운용형태가 단기적 이익획득 목적이라는 증거가 있고 공동으로 관리되는 특정 금융상품 포트폴리오를 구성하는 금융부채
③ 위험회피수단으로 회계처리하지 아니하는 파생상품부채
④ 공매자(차입한 금융자산을 매도하고 아직 보유하고 있지 아니한 자)가 차입한 금융자산을 인도할 의무

---

4) 금융보증계약은 채무상품의 최초 계약조건이나 변경된 계약조건에 따라 지급기일에 특정 채무자가 지급하지 못하여 보유자가 입은 손실을 보상하기 위해 발행자가 특정금액을 지급하여야 하는 계약이다.

부채가 단기매매활동의 자금조달에 사용된다는 사실만으로는 당해 부채를 단기매매금융부채로 분류할 수 없다.

'단기매매' 범주는 측정목적을 위한 범주[5]이며, 주된 보유 목적이 단기매매가 아닐 수도 있는 금융부채를 포함한다(KIFRS1039-BC38B). 만약 금융부채를 주로 단기매매목적으로 보유하고 있다면 그 만기에 상관없이 유동부채로 표시해야 한다. 그러나 금융보증계약이 아닌 파생상품 또는 지정된 위험회피수단이 아닌 파생상품과 같이, 단기매매목적으로 보유하는 것이 아닌 금융부채는 결제일에 기초하여 유동 또는 비유동으로 표시해야 한다. 예를 들어 만기가 12개월 이상이고 보고기간 후 12개월 이상 보유할 것으로 기대되는 파생상품부채는 비유동자산으로 표시해야 한다(KIFRS1039-BC38C).

(2) 최초 인식시점에 당기손익인식항목으로 지정

당기손익인식항목으로 지정할 수 있는 경우는 다음과 같다.

① 다음 중 하나 이상을 충족하여 더 목적적합한 정보를 제공하는 경우[6]
  • 당기손익인식항목으로 지정하면, 서로 다른 기준에 따라 부채를 측정하거나 그에 따른 손익을 인식함으로써 발생할 수 있는 인식이나 측정상의 불일치(회계불일치)가 제거되거나 유의적으로 감소된다.
  • 문서화된 위험관리나 투자전략에 따라, 금융상품집합(금융자산, 금융부채 또는 금융자산과 금융부채의 조합으로 구성된 집합)을 공정가치기준으로 관리하고 그 성과를 평가하며 그 정보를 이사회, 대표이사 등 주요경영진에게 공정가치기준에 근거하여 내부적으로 제공한다.
② 내재파생상품을 포함하는 복합계약 전체. 다만, 다음의 경우를 제외한다.
  • 내재파생상품으로 인해 변경되는 복합계약의 현금흐름의 변동이 유의적이지 아니한 경우
  • 유사한 복합계약을 고려할 때, 별도로 상세하게 분석하지 않아도 내재파생상품의 분리가 금지된 것을 명백하게 알 수 있는 경우.

보유한 지분상품이 활성시장에서 공시되는 시장가격이 없고 공정가치를 신뢰성 있게 측정할 수 없는 경우에는 당기손익인식항목으로 지정할 수 없다.

제14장

---

5) 파생상품(금융보증계약인 파생상품이나 위험회피수단으로 지정되고 위험회피에 효과적인 파생상품 제외)은 단기 보유목적이 아니어도 단기매매금융부채로 분류하여 평가손익을 당기손익으로 인식한다.

6) 당기손익인식항목으로 지정한 금융자산과 금융부채에 관한 내용(위의 조건을 어떻게 충족하였는지에 대한 내용 포함)을 공시하여야 한다. 위의 ㈏에 해당하는 금융상품의 경우, 당기손익인식항목으로 지정하는 것이 어떻게 문서화된 위험관리와 투자전략에 부합하는지에 대한 설명 등을 주석에 포함하여야 한다.

제4절 금융부채의 최초 측정 및 후속 측정

1. 최초 측정

금융부채는 최초 인식시 공정가치로 측정한다. 다만, 당기손익인식금융부채가 아닌 경우 당해 금융부채의 발행과 직접 관련되는 거래원가는 최초 인식하는 공정가치에서 차감("가산"이 아님에 유의)하여 측정한다(KIFRS1039-43). 그러나 최초 인식 시 금융부채의 공정가치가 거래가격과 다른 경우에는 문단 AG76을 적용한다(KIFRS1039-43A).

최초인식시 금융상품의 공정가치의 최선의 추정치는 일반적으로 거래가격(즉, 제공하거나 수취한 대가의 공정가치)이다. 만일 기업이 최초 인식 시 문단 43A에 언급된 바와 같이 공정가치가 거래가격과 다르다고 결정한다면, 금융상품을 그 날짜에 다음과 같이 회계처리한다(KIFRS1039-AG76).

(1) 그러한 공정가치가 동일한 자산이나 부채에 대한 활성시장의 공시가격(즉 수준 1 투입변수)에 의해 입증되거나 관측가능한 시장의 자료만을 사용하는 평가기법에 기초한다면, 문단 43에서 요구하는 측정치로 회계처리한다. 최초 인식시의 공정가치와 거래가격 간의 차이는 손익으로 인식한다.

(2) 그 밖의 모든 경우에는 최초 인식 시점의 공정가치와 거래가격 간의 차이를 이연하기 위해 문단 43에서 요구하는 측정치에서 그러한 차이를 조정하여 회계처리한다. 최초 인식 후에는, 시장참여자가 자산이나 부채의 가격을 결정하는데 고려하는 요소(시간 포함)의 변동에서 발생하는 정도까지만 이연된 차이를 손익으로 인식한다.

금융부채의 후속 측정과 손익의 후속 인식은 금융자산인식측정기준서에 따라 회계처리한다(KIFRS1039-AG76A).

당기손익인식금융상품의 발행을 위한 거래원가[7]는 당기비용으로 회계처리한다. 최초 인식할 금액을 정리하면 다음과 같다.

구분	최초측정
당기손익인식[*1]	공정가치
당기손익미인식	공정가치－거래원가

*1. 거래원가는 당기비용으로 처리

---

[7] 거래원가는 금융자산이나 금융부채의 취득, 발행 또는 처분과 직접 관련된 증분원가이다. 증분원가는 금융상품의 취득, 발행 또는 처분이 없었다면 발생하지 않았을 원가를 말한다. 거래원가에는 대리인(판매대리인 역할을 하는 종업원을 포함), 고문, 중개인 및 판매자에게 지급하는 수수료와 중개수수료, 감독기관과 증권거래소의 부과금 및 양도세 등이 포함된다. 거래원가에는 채무할증액이나 채무할인액, 금융원가나 내부 관리·보유원가는 포함되지 아니한다.(KIFRS1039-AG13)

2. 후속 측정

최초 인식 후 모든 금융부채는 유효이자율법을 사용하여 상각후원가로 측정한다. 다만, 다음의 금융부채는 상각후원가로 측정하지 않는다(KIFRS1039-47).

[상각후원가로 측정하지 않은 금융부채]

① 당기손익인식금융부채 : 파생상품부채를 포함한 이러한 부채는 공정가치로 측정한다. 다만, 동일한 상품에 대한 활성시장의 공시가격(즉 수준 1 투입변수)이 없고 공정가치를 신뢰성 있게 측정할 수 없는 지분상품과 연계되어 있으며 그 지분상품의 인도로 결제되어야 하는 파생상품부채는 원가로 측정한다.

② 금융자산의 양도가 제거 조건을 충족하지 못하거나 지속적관여접근법이 적용되는 경우에 발생하는 금융부채

③ 금융보증계약(financial guarantee contracts) : 최초 인식 후 이러한 계약의 발행자는 다음 중 큰 금액으로 측정한다.
　　㉠ '충당부채, 우발부채 및 우발자산' 기준서에 따라 결정된 금액
　　㉡ 최초 인식금액에서 상각누계액을 차감한 금액

④ 시장이자율보다 낮은 이자율로 대출하기로 한 약정 : 최초 인식 후, 이러한 약정의 발행자는 당해 약정을 다음 중 큰 금액으로 측정한다.
　　㉠ '충당부채, 우발부채 및 우발자산' 기준서에 따라 결정된 금액
　　㉡ 최초 인식금액에서 상각누계액을 차감한 금액

3. 금융보증계약

금융보증계약은 채무상품의 최초 계약조건이나 변경된 계약조건에 따라 지급기일에 특정 채무자가 지급하지 못하여 보유자가 입은 손실을 보상하기 위해 발행자가 특정금액을 지급하여야 하는 계약이다 (KIFRS1039-9). 금융보증계약을 도해하면 다음과 같다.

제14장

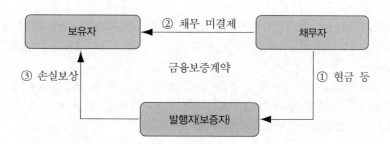

금융보증계약 발행자(보증자)는 채무자로부터 수취한 현금을 금융보증부채로 인식한다. 발행자는 금융보증부채를 최초 인식 후 다음과 같은 금액으로 후속 측정한다.

금융보증부채 = Max[①, ②]
　① 충당부채 기준서에 따라 결정된 금액,　　　② 최초인식금액 − 상각누계액

후속 측정 관련 회계처리는 다음과 같다.

- 부채가 증가하는 경우 : (차) 금융보증비용　×××　　(대) 금융보증부채 ×××
- 부채가 감소하는 경우 : (차) 금융보증부채　×××　　(대) 금융보증수익 ×××

금융부채의 측정

K-IFRS	K-GAAP
• KIFRS은 다음의 예외항목과 그 측정기준을 명시하고 있다. ㈎ 당기손익인식금융부채, ㈏ 금융자산의 양도가 제거 조건을 충족하지 못하거나 지속적관여접근법이 적용될 때 발생하는 금융부채, ㈐ 금융보증계약, ㈑ 시장이자율보다 낮은 이자율로 대출하기로 한 약정	• 모든 금융부채를 상각후원가로 측정하는 것을 원칙으로 함.

 예제 14-1 금융보증계약

㈜다빈은 20×1년 1월 1일에 ㈜서울과 금융보증계약을 체결하고 ₩4,000을 수취하였다. 보증기간은 4년이다. ㈜다빈의 회계기간은 1월 1일부터 12월 31일까지이다. 금융보증계약의 최초 인식금액은 정액법으로 상각한다고 가정한다.

각 물음은 독립적이다.

≪물음≫

1. ㈜다빈이 20×1년 1월 1일에 행할 회계처리(분개)를 하시오.

2. ㈜다빈은 20×1년 12월 31일 현재 보증위험이 거의 없다고 판단하였다. 기업회계기준서 제1037호에 따라 측정된 금액은 없다. ㈜다빈이 20×1년 12월 31일에 행할 회계처리(분개)를 하시오.

3. ㈜다빈은 20×1년 12월 31일 현재 보증위험이 높다고 판단하였다. 기업회계기준서 제1037호에 따라 측정된 금액은 ₩6,000이다. ㈜다빈이 20×1년 12월 31일에 행할 회계처리(분개)를 하시오.

4. '물음3'의 가정이 유효하다고 하고, ㈜다빈은 20×2년 12월 31일 현재 보증위험이 거의 없다 판단하였다. 기업회계기준서 제1037호에 따라 측정된 금액은 없다. ㈜다빈이 20×2년 12월 31일에 행할 회계처리(분개)를 하시오.

 해답

1.

(차) 현　　금	4,000	(대) 금융보증계약	4,000

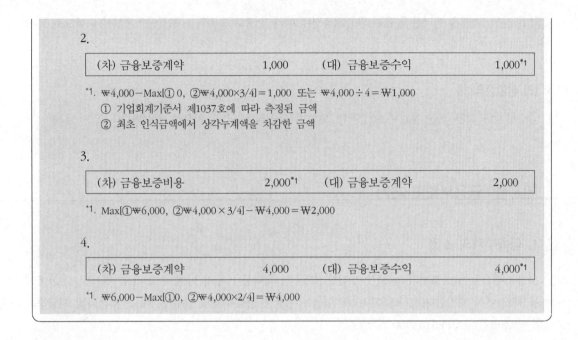

2.

(차) 금융보증계약	1,000	(대) 금융보증수익	1,000[*1]

[*1]. ₩4,000 − Max[① 0, ② ₩4,000×3/4] = 1,000 또는 ₩4,000 ÷ 4 = ₩1,000
   ① 기업회계기준서 제1037호에 따라 측정된 금액
   ② 최초 인식금액에서 상각누계액을 차감한 금액

3.

(차) 금융보증비용	2,000[*1]	(대) 금융보증계약	2,000

[*1]. Max[① ₩6,000, ② ₩4,000 × 3/4] − ₩4,000 = ₩2,000

4.

(차) 금융보증계약	4,000	(대) 금융보증수익	4,000[*1]

[*1]. ₩6,000 − Max[① 0, ② ₩4,000×2/4] = ₩4,000

4. 관련 손익

금융부채인 금융상품이나 금융상품의 구성요소와 관련하여 발생하는 이자, 배당, 손익은 수익 또는 비용으로 당기손익에서 인식한다. 기업이 지분상품의 보유자에게 일정 금액을 배분하는 경우, 그 배분금액을 자본에서 직접 인식한다. 자본거래의 거래원가는 자본에서 직접 차감한다(KIFRS1032-35).

지분상품의 보유자에 대한 배분과 자본거래의 거래원가와 관련된 법인세는 기업회계기준서 제1012호 '법인세'에 따라 회계처리한다(KIFRS1032-35A).

(1) 비용으로 분류하는 배당

부채로 인식된 주식에 대하여 지급한 배당은 사채에 대한 이자와 동일하게 비용으로 인식한다(KIFRS1032-36).

비용으로 분류하는 배당은 포괄손익계산서에서 다른 부채에서 발생하는 이자와 함께 표시하거나 별도 항목으로 표시할 수 있다. 어떤 경우에는 이자와 배당에 대한 세무상 손금인정 여부 등의 차이로 인하여, 이자와 배당을 포괄손익계산서의 별도 항목으로 공시하는 것이 바람직할 수 있다(KIFRS1032-40).

(2) 금융부채의 장부금액 변동과 관련된 손익

금융부채의 장부금액 변동과 관련된 손익은 당기손익으로 인식한다. 금융부채가 기업의 자산에 대한 잔여지분과 교환하여 현금 등 금융자산의 지급을 요구할 수 있는 금융상품인 경우에도 당해 금융부채의 장부금액 변동과 관련된 손익은 당기손익으로 인식한다. 기업의 경영성과를 적절하게 설명하기 위하여

제14장

필요한 경우, 기업은 이러한 금융부채의 재측정에 따라 발생하는 손익을 포괄손익계산서에 별도로 표시한다(KIFRS1032-41).

(3) 상환손익 등

금융부채의 상환 또는 차환과 관련하여 발생하는 손익은 당기손익으로 인식한다(KIFRS1032-36).

제5절 금융부채의 제거

1. 금융부채의 소멸

금융부채(또는 금융부채의 일부)는 소멸한 경우(즉, 계약상 의무가 이행, 취소 또는 만료된 경우)에만 재무상태표에서 제거한다(KIFRS1039-39). 금융부채(또는 금융부채의 일부)는 다음 중 하나에 해당하는 경우에 소멸한다(KIFRS1039-AG57).

① 채무자가 일반적으로 현금, 그 밖의 금융자산, 재화 또는 용역을 채권자에게 제공하여 부채의 전부나 일부를 이행한 경우
② 채무자가 채권자에게서 또는 법적 절차에 따라 부채의 전부 또는 일부에 대한 1차적 의무를 법적으로 유효하게 면제받은 경우(채무자가 보증을 제공하는 경우에도 이 조건은 여전히 충족될 수 있다).

채무상품의 발행자가 당해 금융상품을 재매입한다면, 발행자가 당해 금융상품에 대한 시장조성자이거나 당해 금융상품을 단기간 내에 재매도할 의도가 있더라도 당해 금융부채는 소멸한다(KIFRS1039-AG58).

채무자가 제3자(예 신탁)에게 지급('사실상 해제'라 함)하였더라도 법적면제의 효력이 없다면, 채권자에 대한 채무자의 1차적 의무가 면제되지 아니한다(KIFRS1039-AG59).

채무자가 의무를 인수하는 제3자에게 그 대가를 지급하고, 제3자가 당해 채무를 인수하였다는 사실을 채권자에게 통지한 경우에도, 문단 AG57②의 조건이 충족되지 아니하면 채무자는 당해 채무를 제거하지 아니한다. 채무자가 의무를 인수하는 제3자에게 그 대가를 지급하고 당해 채무에 대하여 채권자에게서 법적면제를 받는다면, 채무자는 당해 채무를 소멸시킨다. 그러나 채무자가 채무에 대한 대가를 제3자에게 지급하기로 제3자와 약정하거나 채무자가 채무에 대한 대가를 최초의 채권자에게 지급하기로 제3자와 약정한다면, 채무자는 제3자에 대한 새로운 채무를 인식한다(KIFRS1039-AG60).

법적절차나 채권자에 의해 채무가 법적으로 면제되어 부채가 제거되더라도, 양도자산이 제거 조건을 충족하지 못하면, 양도자는 새로운 부채를 인식하게 될 수 있다.(KIFRS1039-AG61).

2. 조건의 변경

다음의 경우에는 최초의 금융부채를 제거하고 새로운 금융부채를 인식한다(KIFRS1039-40).

① 기존 차입자와 대여자가 실질적으로 다른 조건으로 채무상품을 교환한 경우
② 기존 금융부채(또는 금융부채의 일부)의 조건이 실질적으로 변경된 경우(채무자의 재무적 어려움으로 인한 경우와 그렇지 아니한 경우를 포함)

새로운 조건에 따른 현금흐름의 현재가치와 최초 금융부채의 잔여현금흐름의 현재가치의 차이가 적어도 10% 이상이라면, 계약조건이 실질적으로 달라진 것이다. 이때 새로운 조건에 따른 현금흐름에는 지급한 수수료에서 수취한 수수료를 차감한 수수료 순액이 포함되며, 현금흐름을 할인할 때에는 최초의 유효이자율을 사용한다. 채무상품의 교환이나 계약조건의 변경을 금융부채의 소멸로 회계처리한다면, 발생한 원가나 수수료는 금융부채의 소멸에 따른 손익의 일부로 인식한다. 채무상품의 교환이나 계약조건의 변경을 금융부채의 소멸로 회계처리하지 아니하면, 발생한 원가나 수수료는 부채의 장부금액에서 조정하며, 변경된 부채의 잔여기간에 상각한다(KIFRS1039-AG62).

3. 제거손익 인식

소멸하거나 제3자에게 양도한 금융부채(또는 금융부채의 일부)의 장부금액과 지급한 대가(양도한 비현금자산이나 부담한 부채를 포함)의 차액은 당기손익으로 인식한다(KIFRS1039-41).

금융부채의 일부를 재매입하는 경우, 금융부채의 장부금액은 계속 인식되는 부분과 제거되는 부분에 대해 재매입일 현재 각 부분의 상대적 공정가치를 기준으로 배분한다. 다음 ①과 ②의 차액은 당기손익으로 인식한다(KIFRS1039-42).

① 제거되는 부분에 배분된 금융부채의 장부금액
② 제거되는 부분에 대하여 지급한 대가(양도한 비현금자산이나 부담한 부채를 포함)

제거손익＝CA − 지급대가 : 당기손익(NI)
금융부채 일부 재매입시 제거손익＝제거부분CA − 제거부분지급대가
※ CA : 금융부채의 장부금액

채권자가 채무자의 현재지급의무를 면제하였으나, 주채무의 인수자가 지급을 이행하지 못한다면 당해 채무자가 지급해야 하는 보증의무를 부담하는 경우가 있다. 이러한 상황에서 채무자는 당해 보증의무를 다음과 같이 처리한다(KIFRS1039-AG63).

① 보증의무의 공정가치에 근거하여 새로운 금융부채를 인식한다.
② ㉠ 지급한 대가와 ㉡ 최초 금융부채의 장부금액에서 새로운 금융부채의 공정가치를 차감한 금액과의 차이를 손익으로 인식한다.

제6절 금융자산과 금융부채의 상계

1. 상계조건

다음 조건(상계조건)을 모두 충족하는 경우에만 단일의 현금흐름을 창출하는 하나의 금융상품으로 간주하여 금융자산과 금융부채를 상계하고 재무상태표에 순액으로 표시한다(KIFRS1032-42).

① 상계권리 : 인식한 자산과 부채에 대해 법적으로 집행가능한 상계권리를 현재 보유하고 있다.
② 상계의도 : 순액으로 결제하거나, 자산을 실현하는 동시에 부채를 결제할 의도를 가지고 있다.

금융상품표시기준서는 금융자산과 금융부채를 순액으로 표시하는 것이 둘 이상의 별도의 금융상품의 결제에 따른 기업의 예상미래현금흐름을 반영하는 경우에, 당해 금융자산과 금융부채를 순액으로 표시할 것을 요구한다. 단일의 순액으로 수취하거나 지급할 권리와 의도가 있는 경우에는 실질적으로 단일의 금융자산이나 금융부채를 가지고 있는 것이다. 이러한 경우가 아니라면 자원의 특성이나 의무의 특성에 일관되게 금융자산과 금융부채를 각각 별도로 표시한다(KIFRS1032-43).

두 개의 금융상품을 동시에 결제하는 것은 조직화된 금융시장의 청산소의 운영을 통하거나 당사자 사이의 직접 교환으로 이루어질 수 있다. 이러한 경우 그 현금흐름은 실질적으로 단일의 순액과 동일하며, 신용위험이나 유동성위험에 대한 노출정도는 없다. 이와는 달리, 별도의 금액을 수취하고 지급함으로써 두 개의 금융상품을 결제하는 경우에는 자산의 전체 금액에 대한 신용위험이나 부채의 전체 금액에 대한 유동성위험에 노출되게 된다. 이러한 위험에 대한 노출기간이 매우 짧다고 하더라도 중요할 수 있으므로, 두 거래가 동시에 발생하는 경우에만 금융자산의 실현과 금융부채의 결제가 동일한 시점에 이루어지는 것으로 본다(KIFRS1032-48).

2. 상계권리

상계의 권리는 계약 등에 따라 채권자에게 지급할 금액의 전체 또는 일부를 당해 채권자에게서 받을 금액으로 충당함으로써 결제하거나 소멸시킬 수 있는 채무자의 법적 권리이다. 통상적인 경우는 아니지만 제3자를 포함하는 당사자 사이의 합의를 통하여 채무자의 상계 권리를 명확하게 설정하는 경우, 채무자는 채권자에게 지급할 금액을 제3자에게서 받을 금액으로 충당할 수 있는 법적 권리를 보유할 수 있다. 상계의 권리는 법적 권리이기 때문에 당해 권리를 보호하는 조건이 법적 관할구역에 따라 다를 수 있으며, 당사자들 사이의 관계에 적용되는 법률을 고려할 필요가 있다(KIFRS1032-45).

금융자산과 금융부채에 대해 법적으로 집행가능한 상계권리는 금융자산과 금융부채에 관련된 권리와 의무에 영향을 미치고, 신용위험과 유동성위험에 대한 기업의 노출정도에 영향을 미칠 수 있다. 그러나 이러한 권리의 존재 자체가 상계의 충분조건은 아니다. 이러한 권리를 행사하거나 동시에 결제할 의도가 없는 경우, 기업의 미래현금흐름의 규모와 시기는 영향을 받지 않는다. 금융자산과 금융부채를 순액기준으로 결제할 법적 권리가 없는 경우에는 거래당사자의 일방 또는 모두가 순액기준으로 결제하려는 의도를 가지고 있더라도, 개별적인 금융자산과 금융부채에 관련된 권리와 의무가 변경되지 않으므로, 그 의도만으로는 상계를 정당화하는 충분조건이 될 수 없다(KIFRS1032-46).

특정 자산과 부채의 결제에 관한 기업의 의도는 정상적인 영업관행이나 금융시장의 물음에 따라 영향을 받을 수 있으며, 차액결제하거나 동시에 결제할 수 있는 능력을 제약하는 그 밖의 상황에 의하여 영향을 받을 수 있다(KIFRS1032-47).

- 상계의 권리는 채무자의 법적 권리이다(채권자의 권리가 아니다).
- 법적으로 집행가능한 상계권리는 상계의 충분조건은 아니다.
- 거래당사자의 일방 또는 모두가 순액기준으로 결제하려는 의도만으로는 상계를 정당화하는 충분조건이 될 수 없다.

상계권리는 현재 이용가능하거나 미래사건에 좌우될 수 있다(예를 들어 상계권리가 거래상대방 중 일방의 채무불이행, 지급불능 또는 파산 등과 같은 어떤 미래사건이 일어나는 경우에만 발생하거나 행사될 수 있다). 상계권리가 미래사건에 좌우되지 않더라도 거래상대방 중 일방이나 모두의 정상적인 사업과정의 경우, 채무불이행의 경우, 지급불능이나 파산의 경우 중 어느 하나의 경우에만 법적으로 집행가능할 수도 있다(KIFRS1032-AG38A).

"법적으로 집행가능한 상계권리를 현재 보유하고 있어야만 한다"는 상계권리가 다음 사항을 모두 충족해야 한다는 것을 의미한다(KIFRS1032-AG38B).

---

(1) 미래사건에 좌우되지 않아야만 한다.
(2) 기업 자신과 거래상대방 모두의 다음 모든 상황에서 법적으로 집행가능해야 한다.
　　㈎ 정상적인 사업과정의 경우
　　㈏ 채무불이행의 경우
　　㈐ 지급불능이나 파산의 경우

(상계권리 행사에 부가된 모든 조건과 상계권리가 채무불이행의 경우, 지급불능이나 파산의 경우에 유지될 수 있는지를 포함한) 상계권리의 성격과 범위는 법적 관할구역에 따라 다를 수도 있다. 따라서 상계권리가 정상적인 사업과정 이외의 경우에 자동적으로 이용가능하다고 가정할 수 없다. 예를 들어, 어떤 관할구역의 파산이나 지급불능 관련 법규는 특정 상황에서 파산이나 지급불능 사건 발생시 상계권리를 금지하거나 제한할 수 있다(KIFRS1032-AG38C).

상계권리가 그 기업 자신과 거래상대방 모두의 정상적인 사업과정의 경우, 채무불이행의 경우와 지급불능이나 파산의 경우에 법적으로 집행가능한지를 확인하기 위해 당사자간 관계에 적용가능한 법률(예 계약조항, 계약의 준거법 또는 당사자에게 적용될 수 있는 채무불이행, 지급불능이나 파산에 관한 법률)을 고려할 필요가 있다(KIFRS1032-AG38D).

3. 상계의도

차액으로 결제하거나 자산을 실현하는 동시에 부채를 결제할 의도를 가지고 있어야만 한다. 비록 차

제14장

액으로 결제할 권리를 보유하고 있다 하더라도, 여전히 자산의 실현과는 별개로 부채를 결제할 수 있다 (KIFRS1032-AG38E).

결제 결과가 실질적으로 차액결제와 동일한 방식으로 금액을 결제할 수 있는 경우, 문단 42(2)의 차액결제 기준을 충족할 것이다. 이는 총액결제방식이 신용위험과 유동성위험을 제거하거나 경미한 수준으로 완화하고, 단일의 결제과정이나 결제주기 내에서 채권과 채무를 처리하는 특성을 가지고 있는 경우에만 존재할 것이다. 예를 들어 다음의 특성을 모두 가지는 총액결제 시스템은 문단 42(2)의 차액결제 기준을 충족할 것이다(KIFRS1032-AG38A).

---

(1) 상계에 적합한 금융자산과 금융부채가 동일한 시점에 처리를 위해 제출된다.
(2) 일단 금융자산과 금융부채가 처리를 위해 제출되면, 당사자들은 결제의무의 이행을 확약한다.
(3) 금융자산과 금융부채가 처리를 위해 제출되면, 그러한 금융자산과 금융부채에서 발생하는 현금흐름이 변동할 가능성은 없다(아래 (4) 처리 실패 경우는 제외).
(4) 유가증권을 담보로 하는 자산과 부채는 유가증권의 이전이나 이와 유사한 방식(예 증권·대금 동시결제)으로 결제될 것이며, 따라서 유가증권을 이전하지 못하는 경우 그 유가증권을 담보로 하는 관련 채권이나 채무도 처리되지 못할 것이다(이와 반대의 경우도 성립).
(5) (4)에 요약된 바와 같이 실패하는 모든 거래는 결제될 때까지 처리과정이 반복될 것이다.
(6) 결제는 동일한 결제기관(예 결제은행, 중앙은행 또는 중앙예탁결제기관)을 통해 수행된다.
(7) 결제일에 각 당사자를 위해 지급이 처리되도록 충분한 당좌대월액을 제공할 수 있는 일중(당좌)대출제도가 구비되어 있고, 이러한 일중(당좌)대출제도는 요청시 유효하게 될 것이 거의 확실하다.

❑ 개정사항

1. 기준 : '법적으로 집행가능한 상계권리를 현재 보유하고 있다'의 의미의 명확화 : 기업회계기준서 제1032호(2012년 개정)에서는 '법적으로 집행가능한 상계권리'가 기업 자신과 거래상대방 모두의 정상적인 사업과정 뿐만 아니라 채무불이행의 경우와 지급불능 또는 파산의 경우에 법적으로 집행 가능해야 할 것을 명확히 하였다. 또한 '현재 보유하고 있다'의 의미가 상계권리의 집행이 미래 사건에 좌우되지 않아야 한다는 것을 명확히 하였다.
2. 기준: '차액으로 결제하거나, 자산을 실현하는 동시에 부채를 결제할 의도를 가지고 있다'의 의미의 명확화 : 기업회계기준서 제1032호(2012년 개정)에서는 차액결제의 원칙과 동시 결제의 의미를 명확히 하고 차액결제에 대한 기준을 충족시킬 특성을 가진 총액결제 시스템의 예를 포함하여 현행 기준을 보다 명확히 하였다.

---

4. 일괄상계약정

동일한 상대방과 복수의 금융상품거래를 수행한 기업이 상대방과 '일괄상계약정(master netting arrangement)'을 체결하는 경우가 있다. 이러한 일괄상계약정에 포함된 계약 중 하나의 채무가 불이행되거나 중단되는 경우에 일괄상계약정에 포함된 모든 금융상품이 단일의 금액으로 차액결제될 수 있다. 거래상대방이 채무를 이행하지 못하는 파산이나 이와 유사한 상황에서 발생가능한 손실에 대비하기 위하여 금융기관들은 통상적으로 이러한 일괄상계약정을 사용한다. 법적 구속력이 있으며, 개별적인 금융자산의 실현과 개별적인 금융부채의 결제에 영향을 주는 상계의 권리가 일괄상계약정에 따라 발생할 수 있다. 그러나 이러한 경우는 채무불이행의 특정사건이 발생되는 경우 또는 정상적인 영업활동과정에서는 일반적으로 발생되지 않을 것으로 예상되는 그 밖의 상황이 발생하는 경우에 국한되는 것이 일반적이다. 일괄상계약정이 상계조건을 모두 충족하지 않는 경우에는 상계할 수 없다(KIFRS1032-50).

5. 제거와 상계

제거의 조건을 충족하지 않는 금융자산의 양도에 관한 회계처리의 경우 양도된 자산과 이와 관련된 부채는 상계하지 아니한다.

인식한 금융자산과 금융부채를 상계하여 순액으로 표시하는 것과 금융자산이나 금융부채를 제거하는 것은 다음과 같이 다르다(KIFRS1032-44).

- 금융자산과 금융부채를 상계하면 손익이 발생하지 않는다.
- 그러나 금융상품을 제거하는 경우에는 이미 인식한 항목이 재무상태표에서 제거될 뿐만 아니라 손익도 발생할 수 있다.

상기 내용을 정리하면 다음과 같다.

구 분	손익발생	회계처리	
금융자산과 금융부채 상계	불가	(차) 금융부채	(대) 금융자산
금융자산 또는 금융부채 제거	가능	(차) 현 금	(대) 금융자산
			제거손익
		(차) 금융부채	(대) 현 금
			제거손익

제14장

6. 상계조건을 충족하지 못하는 경우

상계조건을 충족하지 않으며 상계가 적절하지 않은 일반적인 경우는 다음과 같다(KIFRS1032-49).

① 서로 다른 복수의 금융상품을 사용하여 단일의 금융상품('합성금융상품') 특성을 만드는 경우
② 주요 위험에 동일한 노출정도를 가지고 있는 금융상품에서 발생하는 금융자산과 금융부채(⑩ 선도계약이나 기타 파생상품의 포트폴리오에 속하는 자산과 부채)가 각각 다른 거래상대방을 가지는 경우
③ 금융자산이나 비금융자산이 상환청구권이 없는 금융부채에 대한 담보로 제공되는 경우
④ 특정 금융자산에 의한 결제를 채권자가 수락하지 않은 상태에서 채무자가 의무를 이행할 목적으로 당해 금융자산을 신탁한 경우(⑩ 감채기금의 설정)

⑤ 손실을 발생시키는 사건의 결과로 발생한 의무를 보험계약에 따른 청구에 의하여 제3자가 보전할
   것으로 예상되는 경우

금융상품기준서는 다른 금융상품 특성을 만들기 위하여 취득하여 보유하고 있는 별도의 금융상품의
집합인 '합성금융상품'에 대하여 특별한 회계처리방법을 제시하고 있지 않다. 예를 들면, 변동 금액을
수취하고 확정 금액을 지급하는 이자율스왑과 변동금리부 장기채무를 결합하면, 고정금리부 장기채무
를 합성할 수 있다. '합성금융상품'을 구성하는 개별 금융상품은 각각의 조건을 보유한 계약상 권리 또
는 의무를 나타내며 개별적으로 양도하거나 결제할 수 있다. 각각의 금융상품은 다른 금융상품이 노출
되어 있는 위험과 다른 위험에 노출될 수 있다. 따라서 '합성금융상품'에 포함된 하나의 금융상품이 자산
이고 다른 하나의 금융상품이 부채인 경우에 당해 자산과 부채가 상계기준을 충족시키는 경우가 아니라
면, 자산과 부채를 상계하여 재무상태표에 순액으로 표시하지 아니한다(KIFRS1032-AG39).

제7절 사 채

1. 사채발행

(1) 사채발행유형

A사채의 권면에 표시된 이자율이 연 8%인데 시장이자율은 연 10%라고 하자. 시장이자율은 투자
자의 요구수익률이다. 투자자는 A사채를 액면금액으로 취득하지 않으려고 한다. 왜냐하면, 다른 곳에
투자하면 10%의 수익률을 얻을 수 있는데 반하여 A사채에 투자하면 8%의 수익률을 얻기 때문이다.
A사채에 투자를 유도하려면 A사채도 10%의 수익률을 얻을 수 있도록 하여야 하는데 수익률은 이자
수익을 투자원금으로 나누어서 계산되는데 수익률을 높이려면 이자수익을 증가하거나 투자원금을 낮추
어야 한다. 사채는 표시증권이므로 (액면)이자율을 수정할 수 없으므로 투자원금을 낮추어서 시장이자
율과 동일하게 하여야 한다. 투자원금이 사채의 발행금액이 된다. 이와 같이 시장이자율이 액면이자율
보다 큰 경우에는 사채발행금액이 액면금액에 미달하게 되는 데 이를 할인발행이라고 한다. 반면, 시장
이자율이 액면이자율보다 작은 경우에는 사채발행금액이 액면금액보다 크게 되는 데 이를 할증발행이
라고 한다. 즉, 사채발행당시 사채의 액면이자율과 시장이자율의 차이에 의해 액면금액과 발행금액과의
차이가 발생한다. 발행당시의 이자율에 따른 사채발행유형은 다음과 같다.

상 황	발행형태	사채상환기간중 총이자비용
① 시장이자율 = 액면이자율	액면발행	현금지급이자액과 동일함
② 시장이자율 〉 액면이자율	할인발행	현금지급이자액 + 사채할인발행차금
③ 시장이자율 〈 액면이자율	할증발행	현금지급이자액 − 사채할증발행차금

액면이자율, 표시이자율, 표면이자율, 쿠폰이자율은 모두 같은 개념이다. 액면금액에 액면이자율을 곱하여 현금이자("액면이자"라고도 함)를 계산하는데 사용된다.

(2) 사채발행금액

사채발행금액은 사채발행으로 수취한 금액에 사채발행비(사채발행수수료와 사채발행과 관련하여 직접 발생한 기타비용)를 차감한 후의 금액을 말한다. 사채발행으로 수취할 금액은 사채의 현금흐름(액면이자합계와 액면금액)을 시장이자율로 할인한 금액이다. 따라서 사채발행금액은 다음과 같은 식으로 계산된다.

> 사채발행금액 = 총액면이자의 현재가치* + 액면금액의 현재가치* − 사채발행비
> = 시장이자율로 현재가치 계산된 사채금액 − 사채발행비
>
> * 현재가치계산에는 시장이자율이 사용됨 (시장이자율의 현가계수를 적용함)

(3) 유효이자율 · 시장이자율 · 표시이자율의 관계

사채발행비가 발생하면 유효이자율이 시장이자율과 같지 않기 때문에 사채발행금액을 기초로 하여 **시행착오**(trial and error)법으로 유효이자율을 계산하여야 한다. 사채발행비가 발생하면 유효이자율이 시장이자율보다 더 크다. 즉, 사채할인발행시 이자율간의 관계는 다음과 같다.

- 사채발행비가 있는 경우 : 유효이자율 〉 시장이자율 〉 표시이자율
- 사채발행비가 없는 경우 : 유효이자율 = 시장이자율 〉 표시이자율

> 사채발행금액 = CF × 현가계수(시장이자율, n) − 사채발행비
> = CF × 현가계수(유효이자율, n)

제14장

 예제 14-2 사채발행금액 계산

다인패션㈜는 20×1년 1월 1일에 액면 ₩100,000인 사채(만기 : 20×3년 12월 31일, 표시이자율 : 연 8%, 이자지급일 : 매년말1회)를 발행하였다. 발행당시의 시장이자율은 연 10%이다. 사채발행수수료로 ₩2,354를 지출하였다. 10%의 1원의 3기간 단일금액현가계수는 0.75130이고, 10%의 1원의 3기간 연금현가계수는 2.48680이다.

≪물음≫
1. 사채발행금액을 계산하시오.
2. 유효이자율을 계산하시오.

해답

1. 사채발행금액 :

   = 100,000 × 8% × 연금현가계수(10%, 3년) + 100,000 × 단일현가계수(10%, 3년) − 사채발행비

   = 8,000 × 2.4868 + 100,000 × 0.7513 − 2,354

   = 92,670

2. 유효이자율

   92,670 = 100,000 × 8% × 연금현가계수(x %, 3년) + 100,000 × 단일현가계수(x %, 3년)

   위의 식에 시행착오법으로 10% 이상의 할인율을 대입하여 계산한 결과, x % = 11%

   따라서 동 사채는 11%로 사채이자비용 및 사채할인발행차금상각액을 계산하여야 한다.

(3) 사채발행차금

사채발행금액과 액면금액의 차액은 사채할인발행차금 또는 사채할증발행차금으로 하여 당해 사채의 액면금액에서 차감 또는 부가하는 형식으로 기재한다). 사채할인발행차금은 선급이자의 성격으로서 사채의 만기까지 상각하여 이자비용으로 인식된다. 즉, 사채할인발행차금은 사채발행회사가 현금으로 지급하는 이자 이외에 추가적으로 부담해야 할 이자비용을 의미한다. 사채할인발행시의 분개를 다음과 같이 구분하여 표시할 수 있다.

차변		대변	
현 금	××× [1]	사 채	×××
사채할인발행차금	×××	현 금	××× [2]

[1]. 만기에 액면금액을 지급하므로 발행시 액면금액으로 현금을 수취해야 한다.
[2]. 투자자의 요구수익률(시장이자율)보다 낮은 액면이자를 지급하므로 발행시 부족된 이자를 지급한다. 사채는 표시증권으로 발행이후에 사채권면에 표시된 이자만 지급된다. 즉, 부족된 이자는 발행시에만 보상할 수 있다. 따라서 사채할인발행차금은 선급이자의 성격을 지닌다.

2. 사채발행차금상각 및 사채이자 계산

사채발행차금을 상각하는 방법에는 정액법과 유효이자율법이 있다. 사채발행차금상각은 사채이자에 가감된다. 즉, 사채할인발행차금상각은 사채이자에 가산되고, 사채할증발행차금환입은 사채이자에서 차감된다.

구 분	분 개		사채이자	사채장부금액
사채할인발행차금상각	(차)사채이자	(대)사채할인발행차금	증가	증가
사채할증발행차금환입	(차)사채할증발행차금	(대)사채이자	감소	감소

3. 유효이자율법

유효이자율법은 매년 이자비용부담률(채무인경우) 또는 이자수익률(채권인 경우)을 유효이자율로 일정하게 하는 방법이다. 이런 점에서 정액법보다 더 우수한 방법이라 할 수 있다. 유효이자율이란 사채의 미래현금흐름의 현재가치와 취득금액을 동일하게 하는 이자율을 말한다.

[유효이자율법의 기본개념 이해]

이자수익 또는 이자비용을 계산하는 방법이다. 이자가 발생하는 채권과 채무를 대상으로 한다. 엄격하게 말하면 장기채권, 장기채무를 대상으로 한다. 유효이자율법은 다음과 같이 매년 투자수익률을 유효이자율로 일정하게 이자수익 또는 이자비용을 계산히는 방법이디.

〈채권인 경우〉

$$투자수익률 = \frac{이자수익}{기초채권장부금액} = 유효이자율(매년\ 일정)$$

〈채무인 경우〉

$$이자비용부담률 = \frac{이자비용}{기초채무장부금액} = 유효이자율(매년\ 일정)$$

위 식에서 이자수익과 이자비용을 계산하는 식을 유도하면 다음과 같다.

- 이자수익 = 기초채권장부금액 × 유효이자율
- 이자비용 = 기초채무장부금액 × 유효이자율

(1) 이자비용과 사채의 기말장부금액 계산식

구 분	이자비용(기초CA×r)	사채의 기말장부금액(기초CA×(1+r)－I)
20×1년	$PV \times r$	$(PV \times (1+r) - I$
20×2년	$(PV \times (1+r) - I) \times r$	$(PV \times (1+r) - I) \times (1+r) - I$

단, PV : 발행금액, r : 유효이자율, I : 액면이자, CA : 장부금액

(2) 적용과정

순 서	내 용	계산식
1단계	이자비용계산	이자비용 = 기초장부금액 × 유효이자율
2단계	상각액계산	① 사채할인발행차금상각액 = 이자비용 － 현금지급액 ② 사채할증발행차금환입액 = 현금지급액 － 이자비용
3단계	장부금액조정	① 기말장부금액 = 기초장부금액 ＋ 사채할인발행차금상각액 ② 기말장부금액 = 기초장부금액 － 사채할증발행차금환입액

예제 14-3 유효이자율법(사채할인발행)

㈜다빈은 20×1년 1월 1일에 액면 ₩100,000인 사채(만기 : 20×3년 12월 31일, 표시이자율 : 연 8%, 이자지급일 : 매년말1회)를 ₩95,024에 발행하였다. 발행당시의 시장이자율은 연 10%이다. 사채발행비는 발생하지 아니하였다.

≪물음≫

1. 유효이자율법에 따른 사채할인발행차금상각표를 작성하시오.
2. 유효이자율법에 의한 20×1년의 회계처리(분개)를 하시오.
3. 다음 빈칸을 완성하시오.

구 분	이자비용	사채의 기말장부금액
20×1년		
20×2년		

해답

사채발행금액은 다음과 같이 계산되었다.
사채발행금액＝100,000×8%×연금현가계수(10%, 3년)＋100,000×단일현가계수(10%, 3년)
＝8,000×2.4868＋100,000×0.7513＝95,024

1. 사채할인발행차금상각표(유효이자율법)

연도	이자비용(A) (기초E×10%)	현금이자(B) (100,000×8%)	사채발행차금상각액 (C) (A − B)	사채할인발행차금 (D) (전기D − C)	사채장부금액(E) (100,000 − D)
20×1.1. 1				₩4,976	₩95,024
20×1.12.31	₩9,502	₩8,000	₩1,502	3,474	96,526
20×2.12.31	9,653	8,000	1,653	1,821	98,179
20×3.12.31	9,821	8,000	1,821	−	100,000

주) 상환일이 속하는 회계기간인 20×3년 이자비용은 "98,179×10%＝9,820"과 같이 계산하지 않는다. 그 이유는 발행금액 계산시 반올림에러(rounding error)가 있어 이를 상환일이 속하는 회계기간에 수정반영하여야 사채기간 종료시점에 사채발행차금잔액이 "0"이 된다. 즉, 상환일이 속하는 회계기간의 이자비용은 "액면이자＋사채할인발행차금상각액"으로 역산하여 계산되며, 사채할인발행차금상각액은 전기말 사채할인발행차금잔액(1,821)이 된다.

2. 분개

〈20×1.1.1〉

(차) 현 금	95,024	(대) 사 채	100,000
사채할인발행차금	4,976		

〈20×1.12.31〉

| (차) 이자비용 | 9,502 | (대) 현　　금 | 8,000 |
| | | 사채할인발행차금 | 1,502 |

3.

구　분	이자비용	사채의 기말장부금액
20×1년	$95,024 \times 0.1 = 9,502$	$95,024 \times 1.1 - 8,000 = 96,526$
20×2년	$(95,024 \times 1.1 - 8,000) \times 0.1 = 9,653$	$(95,024 \times 1.1 - 8,000) \times 1.1 - 8,000 = 98,179$

 예제 14-4 유효이자율법(사채할증발행)

㈜다빈은 20×1년 1월 1일에 액면 ₩100,000인 사채(만기:20×3년 12월 31일, 표시이자율: 연 12%, 이자지급일 : 매년 말 1회)를 ₩104,972에 발행하였다. 발행당시의 시장이자율은 연 10%이다. 사채발행비는 발생하지 아니하였다.

≪물음≫

1. 유효이자율법에 따른 사채할증발행차금상각표를 작성하시오.
2. 유효이자율법에 의한 20×1년의 회계처리(분개)를 하시오.
3. 다음 빈칸을 완성하시오.

구　분	이자비용	사채의 기말장부금액
20×1년		
20×2년		

 해답

사채발행금액은 다음과 같이 계산되었다.

사채발행금액 = $100,000 \times 12\% \times$ 연금현가계수(10%, 3년) + 100,000
　　　　　　　× 단일현가계수(10%, 3년)
　　　　　　 = $12,000 \times 2.4868 + 100,000 \times 0.7513 = 104,972$

1. 사채할인발행차금상각표(유효이자율법)

연도	이자비용(A) (기초E×10%)	현금이자(B) (100,000×12%)	사채발행차금 환입액(C) (B−A)	사채할증 발행차금(D) (전기D−C)	사채장부금액(E) (100,000+D)
20×1.1. 1				₩4,972	₩104,972
20×1.12.31	₩10,497	₩12,000	₩1,503	3,469	103,469
20×2.12.31	10,347	12,000	1,653	1,816	101,816
20×3.12.31	10,184	12,000	1,816	－	100,000

제14장

2. 분개

〈20×1.1.1〉

(차) 현　　금	104,972	(대) 사　　채	100,000
		사채할증발행차금	4,972

〈20×1.12.31〉

(차) 이자비용	10,497	(대) 현　　금	12,000
사채할증발행차금	1,503		

3.

구 분	이자비용	사채의 기말장부금액
20×1년	$104{,}972 \times 0.1 = 10{,}497$	$104{,}972 \times 1.1 - 12{,}000 = 103{,}469$
20×2년	$(104{,}972 \times 1.1 - 12{,}000) \times 0.1$ $= 10{,}347$	$(104{,}972 \times 1.1 - 12{,}000) \times 1.1 - 12{,}000$ $= 101{,}816$

(2) 특 징

구 분	내 용
매년 이자비용	할증발행시 기간경과에 따라 이자비용 감소 (장부금액이 감소하기 때문)
	할인발행시 기간경과에 따라 이자비용 증가 (장부금액이 증가하기 때문)
매년 상각액	할인차금상각↑ = (사채의 장부금액↑×유효이자율)↑ − 액면금액×액면이자율
	할증차금환입↑ = 액면금액×액면이자율 − (사채의 장부금액↓×유효이자율)↓

(3) 할인발행과 할증발행 비교

구 분	사채할인발행	사채할증발행
매년장부금액	장부금액↑	장부금액↓
매년이자비용	증가(장부금액↑×유효이자율)	감소 (장부금액↓×유효이자율)
매년발행차금상각	증가(상각액↑ = 이자비용↑ − 현금이자)	증가(상각액↑ = 현금이자 − 이자비용↓)

유효이자율법을 적용하는 경우 매년 사채할인발행차금상각과 사채할증발행차금환입이 증가하는 이유를 다음과 같은 분개로 확인할 수 있다.

구분	차변		대변	
할인발행	이자비용	매년증가	현금	매년일정
			사채할인발행차금	**매년증가** [1]
할증발행	이자비용	매년감소	현금	매년일정
	사채할증발행차금	**매년증가** [1]		

[1] 대차를 일치시키는 금액

4. 정액법[8]

정액법은 사채발행차금을 균등액으로 상각(환입)하는 방법이다. 정액법의 적용과정은 다음과 같다.

순 서	내 용	계 산 식
1단계	상각액계산	연간상각(환입)액 $= \dfrac{\text{총할인(할증)발행차금}}{\text{사채기간}}$
2단계	이자비용계산	① 이자비용 = 액면이자 + 사채할인발행차금상각액 ② 이자비용 = 액면이자 − 사채할증발행차금환입액
3단계	장부금액조정	① 기말장부금액 = 기초장부금액 + 사채할인발행차금상각액 ② 기말장부금액 = 기초장부금액 − 사채할증발행차금환입액

 예제 14-5 정액법

㈜다빈은 20×1년 1월 1일에 액면 ₩100,000인 사채(만기 : 20×3년 12월 31일, 표시이자율 : 연 8%, 이자지급일 : 매년말1회)를 ₩95,024에 발행하였다. 발행당시의 유효이자율은 연 10%이다. 사채발행비는 발생하지 아니하였다.

≪물음≫
1. 정액법에 따른 사채할인발행차금상각표를 작성하시오.
2. 정액법에 의한 20×1년의 회계처리(분개)를 하시오.

해답

1. 사채할인발행차금상각표(정액법)

연도	현금이자(A) (100,000×8%)	사채발행차금상각액(B) (100,000 − 95,024)÷3	사채이자 (A+B)	사채할인발행차금 (D) (전기D − B)	사채장부금액(E) (100,000 − D)
20×1. 1. 1				₩4,976	₩95,024
20×1.12.31	₩8,000	1,659	9,659	3,317	96,683
20×2.12.31	8,000	1,659	9,659	1,658	98,342
20×3.12.31	8,000	1,658	9,658	0	100,000

2. 분개
⟨20×1.1.1⟩

(차) 현 금	96,024	(대) 사 채	100,000
사채할인발행차금	4,976		

제14장

---

8) (필자주) 출제비중 낮으므로 참고용으로 활용

$\mathbb{W}\langle20\times1.12.31\rangle$

(차) 이자비용	9,659	(대) 현 금	8,000
		사채할인발행차금	1,659

5. 유효이자율법과 정액법 비교

(1) 계산순서

① 정액법 : 사채발행차금상각액계산후 이자비용을 계산한다.

② 유효이자율법 : 이자비용계산후 사채발행차금상각액을 계산한다.

(2) 사채의 연도별 비교

구 분		할인발행	할증발행
① 장부금액		증가	감소
② 이자비용[1]	정 액 법	불변	불변
	유효이자율법	증가	감소
③ 상각액	정 액 법	불변	불변
	유효이자율법	증가	증가
④ 실효이자율[2]	정 액 법	감소	증가
	유효이자율법	불변	불변
⑤ 초기이자비용		정액법 〉유효이자율법	정액법 〈 유효이자율법
⑥ 초기상각액[3]		정액법 〉유효이자율법	정액법 〉유효이자율법

[1]. 이자비용= 현금이자 + 사채할인발행차금상각
　　 이자비용= 현금이자 − 사채할증발행차금상각

[2]. 실효이자율= 이자비용 ÷ 기초사채의 장부금액

[3]. 정액법과 유효이자율법간의 사채발행차금상각액 크기 비교

이자비용계산식	이자비용과 사채발행차금상각의 관계
이자비용↑ = 현금이자 + 사채할인발행차금상각↑	이자비용이 더 큰 방법이 사채할인발행차금상각도 더 크다.
이자비용↑ = 현금이자 − 사채할증발행차금상각↓	이자비용이 더 큰 방법이 사채할증발행차금상각은 더 작다.

그림 14-1 ● 기간별 이자비용 도표

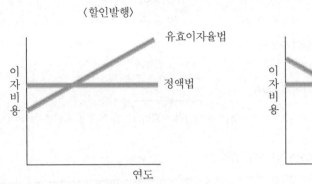

〈할인발행〉

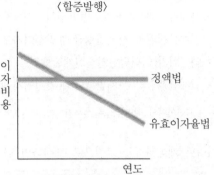

〈할증발행〉

이자비용 크기를 비교하면 다음과 같다.

구분	할인발행	할증발행
초기이자비용	정액법 〉 유효이자율법	정액법 〈 유효이자율법
만기이자비용	정액법 〈 유효이자율법	정액법 〉 유효이자율법

6. 권면발행일 후 발행

대부분의 사채는 사채권면에 표시된 발행일("사채권면발행일"이라함)에 사채가 실제로 발행되며, 그 발행금액은 액면이자의 현가와 액면금액의 현가의 합으로 계산된다. 한편, 사채의 실제발행일이 사채권면발행일과 일치하지 않은 경우, 즉 사채권면발행일 후 일정기간이 경과하여 사채가 발행되면 다음과 같은 계산과정을 거쳐 발행금액이 결정된다.

① 사채권면발행일에서의 사채의 현재가치를 계산한다. 현재가치를 계산할 때 권면발행일의 유효이자율을 사용하지 아니하고, 실제발행일의 유효이자율을 사용한다.

② 사채권면발행일로부터 실제사채발행일까지의 사채가치의 증가액을 계산한다. 사채가치의 증가액은 사채권면발행일부터 실제사채발행일까지의 유효이자이다. 즉, ①에서 계산된 현재가치에 유효이자율과 사채권면발행일로부터 실제사채발행일까지의 기간을 곱하여 계산된다.

③ ①과 ②를 합한 금액이 사채의 발행금액(발생이자포함)이면서 현금수취액이 된다.

④ 사채권면발행일부터 실제발행일까지의 액면이자 발생액을 계산한다. 사채는 표시증권이므로 권면발행일이후에 발행되어도 이자계산은 권면발행일부터 시작되기 때문이다.

⑤ ③에서 ④를 차감한 금액이 사채의 발행금액(발생이자제외)이 된다.

이를 계산식으로 표시하면 다음과 같다.

제14장

- 사채권면발행일의 발행금액* ×××
- 사채가치의 증가액(권면발행일~실제발행일) (+)×××
- 실제발행일의 사채발행금액(발생이자포함)* ×××
- 액면이자(권면발행일~실제발행일) (−)×××
- 실제발행일의 사채발행금액(발생이자제외) ×××

* 총액면이자와 액면금액을 실제발행일의 유효이자율(사채권면발행일의 유효이자율이 아님)로 할인한 가액이다.

이러한 계산과정을 그림으로 표시하면 다음과 같다.

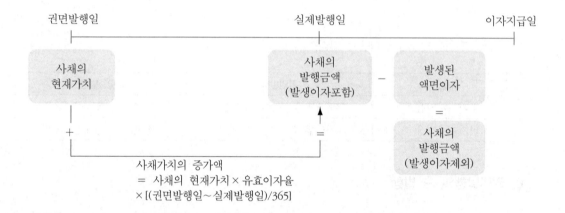

[권면발행일 후 발행시 주요 항목 계산식]

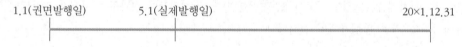

① 5.1발행금액＝1.1발행금액 ＋ (발행금액×r － 액면금액 × 표시이자율) × 4/12
② 5.1현금수취액＝1.1발행금액×(1 ＋ r×4/12)
③ 20×1년 이자비용(5.1~12.31)＝1.1발행금액×r×8/12
④ 20×1.12.31 장부금액＝1.1발행금액 ＋ (발행금액×r － 액면금액 × 표시이자율)
　　　　　　　　　 ＝1.1발행금액×(1 ＋ r) － 액면금액× 표시이자율

※ r : 유효이자율(5.1 현재)

20×1년 이자비용(5.1~12.31)은 1.1부터 12.31까지 이자비용에서 1.1부터 4.30까지의 이자비용을 차감하여 계산한다. 이를 도해하면 다음과 같다.

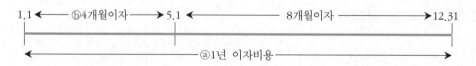

이자비용(5.1~12.31) = ⓐ이자비용(1.1~12.31) − ⓑ이자비용(1.1~4.30)

$$= 1.1발행금액 \times r - 1.1발행금액 \times r \times 4/12$$

$$= 1.1발행금액 \times r \times 8/12$$

권면발행일 후 발행시 만기까지 총이자비용을 계산하는 식을 표시하면 다음과 같다.

[권면발행일 후 발행 시 만기까지 총이자비용 계산식(할인발행가정)]

방법1	방법2
+ 액면이자합계	+ 액면이자합계
+ 사채할인발행차금(권면발행일현재)	+ 사채할인발행차금(실제발행일현재)
− 유효이자(권면발행일 ~ 실제발행일)	− 액면이자(권면발행일 ~ 실제발행일)

 예제 14-6 권면발행일 후 발행

㈜다빈자동차는 액면금액 ₩10,000, 액면이자율 연 8%, 만기 20×3년 12월 31일, 이자지급일 매년 말인 사채를 20×1년 4월 1일에 발행하였다. 이 사채의 권면발행일은 20×1년 1월 1일이다. 권면발행일의 시장이자율은 연 9%이고, 사채발행당시의 시장이자율은 연 10%이다. 9%의 1원의 3기간 단일금액현가계수는 0.7722이고, 10%의 1원의 3기간 연금현가계수는 2.53130이다. 10%의 1원의 3기간 단일금액현가계수는 0.75130이고, 10%의 1원의 3기간 연금현가계수는 2.4868이다.

≪물음≫
1. 사채의 발행금액(이자수취분 제외)을 계산하시오.
2. 사채발행시의 회계처리(분개)를 하시오.
3. 20×1년 12월 31일의 회계처리(분개)를 하시오.
4. 20×2년 이자비용을 계산하시오.
5. 만기까지 인식해야할 총이자비용을 계산하시오.

해답

1.

20×1년 1월 1일의 발행금액	10,000 × 8% × 2.4868 + 10,000 × 0.7513 =	₩9,502
3개월간의 사채가치의 증가액	9,502 × 10% × 1/4 =	238
20×1년 4월 1일의 사채발행금액(이자포함)*		₩9,740
3개월간의 액면이자	10,000 × 8% × 1/4 =	200
20×1년 4월 1일의 사채발행금액(이자제외)		₩9,540

* 현금수취액

2.

(차) 현 금	9,740	(대) 사 채	10,000
사채할인발행차금	460	미지급이자	200

3.

(차) 미지급이자	200	(대) 현 금	800
이자비용	713 [*1]	사채할인발행차금	113

*1. $9,502 \times 10\% \times 9/12 = 713$

4. 20×2년 이자비용 $= (9,502 \times 1.1 - 10,000 \times 0.08) \times 0.1 = 965$

5.

액면이자합계	$800 \times 3 =$	₩2,400
사채할인발행차금(권면발행일현재)		498
유효이자(권면발행일~실제발행일)		(238)
만기까지 총이자비용		₩2,660

[별해]

액면이자합계	$800 \times 3 =$	₩2,400
사채할인발행차금(실제발행일현재)		460
액면이자(권면발행일~실제발행일)	$800 \times 3/12 =$	(200)
만기까지 총이자비용		₩2,660

7. 1년에 이자를 2번 지급하는 사채

액면이자율이 연 8%, 만기가 3년 후, 시장이자율이 연 10%, 이자지급일이 매년 말인 사채(연초발행)의 현재가치(= 발행금액)는 다음과 같이 계산된다.

> 현재가치 = 액면금액 × 8% × 연금현가계수(10%, 3년) + 액면금액 × 단일현가계수(10%, 3년)

만일, 위 사채가 이자지급일이 6월말과 12월말로 1년에 2번 지급하는 것으로 이자지급조건만 변경되었다면 사채의 현재가치(= 발행금액)는 다음과 같이 계산된다.

> 현재가치 = 액면금액 × 4% × 연금현가계수(5%, 6년) + 액면금액 × 단일현가계수(5%, 6년)

위 산식에서 알 수 있듯이 이자율(=할인율)은 연이자율 10%을 2로 나눈 5%가 되며, 기간은 3년에 2를 곱하여 6년이 된다. 여기서 만기가 3년 후인데 6년이라고 표시하면 어폐(語弊)가 있을 수 있으므로 6년 대신 6기간 또는 6회로 표시하는 것이 더 바람직하다. 여기서 6의 의미는 현금흐름이 발행하는 횟수를 의미한다.

- 연2회 지급시 현가계수 선택 : 이자율=연이자율÷2, 기간=n×2
- 연4회 지급시 현가계수 선택 : 이자율=연이자율÷4, 기간=n×4

 예제 14-7 1년에 이자를 2번 지급하는 사채

20×1년 1월 1일 다음과 같은 조건의 회사채를 발행하였다.

(1) 액면금액　　　₩2,000,000
(2) 액면이자율　　연 10%
(3) 시장이자율　　연 12%
(4) 만기(5년후)　　20×5.12.31
(5) 이자지급일　　6.30, 12.31 (1년에 2회)

연금현가계수는 다음과 같다.

기간 \ 할인율	6%	12%
4년	3.47	3.03
5년	4.21	3.60
9년	6.80	5.33
10년	7.36	5.65

≪물음≫

1. 사채의 발행금액을 계산하시오.
2. 이자지급일인 20×1년 6월 30일과 12월 31일의 회계처리(분개)를 하시오.
3. 20×1년 이자비용을 계산하시오.
4. 20×2년 1월 1일 ₩1,900,000에 상환시 상환손익을 계산하시오.
5. 20×2년 4월 1일 경과이자를 포함하여 ₩1,900,000에 상환시 상환손익을 계산하시오.

 해답

1. 발행금액=2,000,000×5%×연금현가계수(6%, 10기간)
　　　　　　　+2,000,000×단일현가계수(6%, 10기간)
　　　　　=2,000,000×5%×7.36+2,000,000×0.56
　　　　　=736,000+1,120,000=1,856,000

[오답] 현가 = 2,000,000 × 10% × 3.6 + 2,000,000 × 0.57
$$= 720,000 + 1,140,000 = 1,860,000$$

[참고] n년 후 단일현가계수 = n년간 연금현가계수 − (n − 1)년간 연금현가계수

2. 이자지급일의 분개

〈20×1년 6월 30일〉

(차) 이자비용	111,360 [*1]	(대) 현 금	100,000
		사채할인발행차금	11,360

*1. 1,856,000 × 6% = 111,360

〈20×1년 12월 31일〉

(차) 이자비용	112,042 [*1]	(대) 현 금	100,000
		사채할인발행차금	12,042

*1. (1,856,000 + 11,360) × 6% = 112,042

3.

상반기 이자비용	1,856,000 × 6%	₩111,360
하반기 이자비용	(1,856,000 × 1.06 − 100,000) × 6%	112,042
이자비용 계		₩223,402

4. 상환시 장부금액 = (1,856,000 × 1.06 − 100,000) × 1.06 − 100,000
$$= 1,879,402$$
 상환손익 = 1,879,402 − 1,900,000 = (−)20,598(손실)

5. 상환시 장부금액 = ((1,856,000 × 1.06 − 100,000) × 1.06 − 100,000) × (1 + 0.06 × 3/6)
$$= 1,935,784$$
 상환손익 = 1,935,784 − 1,900,000 = 35,784(이익)

8. 사채의 상환

(1) 사채상환의 구분

　사채의 상환(redemption of bond)은 만기상환과 만기전상환으로 구분된다. 사채는 만기에 일시에 상환하는 일반사채(term bonds)가 일반적이다.

　사채가 만기에 상환되면 상환금액과 장부금액이 액면금액으로 일치하여 사채상환손익이 발생하지 않는다. 일반사채와 달리 수의(隨意)상환사채(callable bonds)는 발행회사가 만기일 이전에 사채를 상환

할 수 있는 권리가 부여된 사채이다. 이러한 수의상환사채를 발행한 회사가 만기전에 사채를 상환하면 사채상환손익이 발생하게 된다.

구분	상환손익	이유	참고
만기상환	➜ 상환손익 = 0	상환금액 = 장부금액 = 액면금액	
조기(만기전)상환	➜ 상환손익 ≠ 0	상환금액 ≠ 장부금액	☞ 사채상환문제

⇒ 사채상환문제는 조기상환을 다룬다.

(2) 사채상환손익 계산

조기상환인 경우에는 상환시점에서의 사채의 장부금액과 상환금액을 비교하여 상환손익이 계산된다. 사채상환손익은 다음과 같이 계산하면 간편하게 계산된다.

정리 14-1 사채상환손익 계산

> 사채상환손익 = 사채의 장부금액* − 사채 상환금액 : +이면 이익, −이면 손실
>
> * 유효이자율법을 적용한 금액(상각후원가,AC)

[Powerful Method] 상각후원가(AC) 계산식

> 1차년도말AC = HC × (1 + r) − I
> 2차년도말AC = 1차년도말AC × (1 + r) − I
>   = {HC × (1 + r) − I} × (1 + r) − I
> ※ HC : 발행금액   r : 유효이자율   I : 표시이자 = 액면금액 × 표시이자율
> [저자주] 일반적으로 1차년도말AC와 2차년도말AC 계산식이면 충분하다.

○ 이자지급 후 일정기간 경과후 상환

사채의 상환문제는 다음과 같이 4가지 경우로 구분된다.

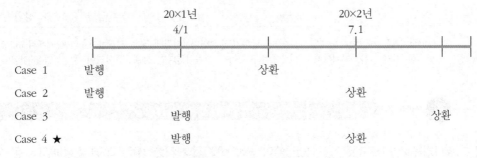

Case 3과 Case 4의 경우 권면발행일의 현재가치를 계산하여 상환일까지의 유효이자율법을 적용한 상각후원가를 계산한다.

Case 2과 Case 4의 경우 상환일의 상각후원가는 경과이자를 포함한 금액으로 계산한다.

[방법1]

사채상환손익 = 사채상환금액(경과이자포함) − 사채의 장부금액(경과이자포함)*

$$* \text{ 사채의 기초장부금액} \times (1+r \times \frac{\text{기초부터 상환일까지 월수}}{12})$$

(예시) 20×1년에 발행한 사채(이자 매년말 지급)를 20×2년 7월 1일에 경과이자를 포함하여 상환하는 경우에 상환손익을 계산하는 과정으로 그림으로 표시하면 다음과 같다.

20×1년		20×2년 7.1		
PV		장부금액	×××	(이자포함)*
		(−)상환금액	×××	(이자포함)
		상환손익	×××	

$$* \text{ 장부금액}(20\times2.7.1\text{이자포함}) = (PV \times (1 + r) - I) \times (1 + r \times 6/12)$$
$$r : \text{유효이자율} \qquad I : \text{표시이자} = \text{액면금액} \times \text{표시이자율}$$

[방법2]

사채상환손익 = 사채상환금액(경과이자 제외) − 사채의 장부금액(경과이자 제외)

⇒ 이 방법은 경과이자를 계산하여 사채상환금액에서 차감하고, 사채의 장부금액 계산시에도 고려하여야 하므로 [방법1]보다는 비효율적인 방법이다.

(3) 이자율변동에 따른 상환손익

사채발행당시 보다 사채상환당시 시장이자율이 상승하면 사채금액(상환금액)은 하락하여 상환이익이 발생된다.

시장이자율	사채의 시장가격(= 상환금액)	상환손익
상승	[CF ÷ r↑] → 하락	장부금액 − 상환금액 〉 0 → 상환이익
하락	[CF ÷ r↓] → 상승	장부금액 − 상환금액 〈 0 → 상환손실

※ IMF시기에는 시장이자율이 30% 수준에 달하기도 하였다. 이렇게 높은 시장이자율의 상태에서 IMF전에 사채를 발행한 기업이 자사발행사채를 시장에서 구입하여 상환하였다면 사채상환이익이 발생하였을 것이다.

 예제 14-8 만기전 사채상환(1) − 이자지급일 직후 상환

㈜다빈은 20×1년 1월 1일 액면금액이 ₩100,000인 사채를 ₩96,526에 발행하였다. 동 사채의 발행당시의 유효이자율은 연 10%이며, 액면이자율은 연 8%이고, 동 사채는 유효이자율법으로 상각하여왔다. ㈜다빈은 동 사채를 20×2년 1월 1일에 ₩99,000에 상환하였다.

≪물음≫

1. 20×2년 1월 1일의 사채상환손익을 계산하시오.
2. 상환 관련 회계처리(분개)를 하시오.

 해답

1. 사채상환손익 = 사채 장부금액 - 상환금액
   $$= 98,179^* - 99,000 = (-)821$$
   * $(100,000 - 3,474) \times 1.1 - 8,000 = 98,179$

2. 분개

(차) 사 채	100,000	(대) 현 금	99,000
사채상환손실	821	사채할인발행차금	1,821

 예제 14-4 만기전 사채상환(2) - 이자지급일 후 일정기간 경과후 상환

㈜다빈자동차는 액면금액 ₩1,000,000, 액면이자율 연 6%, 만기 20×3년 12월 31일, 이자지급일 매년 말인 사채를 20×1년 4월 1일에 발행하였다. 이 사채의 권면발행일은 20×1년 1월 1일이다. 사채발행당시의 시장이자율은 연 10%이다. 10%의 1원의 3기간 단일현가계수는 0.7513이고, 10%의 1원의 3기간 연금현가계수는 2.4868이다. 20×2년 5월 1일에 경과이자를 포함하여 ₩1,000,000에 상환하였다.

≪물음≫

1. 발행시 회계처리(분개)를 하시오.
2. 20×2년 12월 31일의 회계처리(분개)를 하시오.
3. 사채상환손익을 계산하시오.
4. 사채상환시 회계처리(분개)를 하시오.

 해답

1. ⟨20×1년 4월 1일⟩

(차) 현 금	923,021 *1	(대) 사 채	1,000,000
사채할인발행차금	91,979	미지급이자	15,000 *2

*1. 발행금액(20×1.1.1) = $1,000,000 \times 0.7513 + 1,000,000 \times 6\% \times 2.4868 = 900,508$
   현금수취액 = $900,508 \times (1 + 0.1 \times 3/12) = 923,021$
*2. $1,000,000 \times 6\% \times 3/12 = 15,000$

제14장

2. 〈20×1년 12월 31일〉

| (차) 이자비용 | 67,538 [*1] | (대) 현　금 | 60,000 |
| 　미지급이자 | 15,000 | 　사채할인발행차금 | 22,538 |

[*1]. $900,508 \times 10\% \times 9/12 = 67,538$

3. 장부금액(경과이자포함, 20×2.5.1) = $(900,508 \times 1.1 - 1,000,000 \times 6\%) \times (1 + 10\% \times 4/12)$

$$= 961,578$$

사채상환손익 = 장부금액 − 상환금액

$$= 961,578 - 1,000,000 = (-)38,422(손실)$$

4. 〈20×2년 5월 1일〉

(차) 이자비용	31,019 [*1]	(대) 현　금	1,000,000
사　　채	1,000,000	사채할인발행차금	69,441 [*2]
사채상환손실	38,422		

[*1]. $(900,508 \times 1.1 - 1,000,000 \times 6\%) \times 10\% \times 4/12 = 31,019$
[*2]. $91,979 - 22,538 = 69,441$

(4) 연속상환사채

연속상환사채(serial bonds)는 만기에 액면금액을 일시에 상환하는 일반사채(일시상환사채 : term bonds)와는 달리, 액면금액을 일정기간에 거쳐 분할하여 상환되는 사채이다. 연속상환사채의 경우 매년 사채의 원금이 분할상환되므로 지급되는 이자는 매년 감소한다. 연속상환사채에 대하여도 유효이자율법을 적용한다(KIFRS1039- 47).

	1년 후		2년 후		3년 후	
일반사채	이자	=	이자	=	이자	연금형식
(일시상환사채)					원금	
연속상환사채	이자	>	이자	>	이자	비연금형식
	원금		원금		원금	

이론적으로 연속상환사채의 사채발행차금상각에 유효이자율법 이외에 미상환잔액비례법(bonds outstanding method)이 적용될 수 있다. 미상환잔액비례법에서는 매연도의 기초미상환잔액이 매연도의 기초미상환잔액의 합계액에서 차지하는 비율을 구한 후, 이 비율에 발행시의 사채발행차금을 곱하여 매연도의 사채발행차금상각액을 계산한다.

표 14-1 • 이자비용과 상각액 계산순서[9]

계산순서	방법
이자비용 ⇨ 상각액	유효이자율법
상각액 ⇨ 이자비용	정액법, 미상환잔액비례법

✎ 예제 14-1 미상환잔액비례법

㈜다인은 20×1년 1월 1일 액면금액 ₩3,000,000, 이자율 연 10%, 매년말 이자지급조건의 연속상환사채를 발행하였다. 20×1년부터 3년에 걸쳐 매년밀에 ₩1,000,000씩 상환되며, 사채발행시의 유효이자율은 연 12%이다. 12%의 1원의 1기간 단일금액현가계수는 0.8929, 12%의 1원의 2기간 단일금액현가계수는 0.7972, 12%의 1원의 3기간 단일금액현가계수는 0.7118이다.

≪물음≫

1. 사채의 발행금액을 계산하시오.
2. 미상환잔액비례법을 이용하여 매년말 사채할인발행차금상각명세표를 작성하고, 20×1년 12월 31일의 회계처리(분개)를 하시오.
3. 다음 빈칸을 완성하시오.

구 분	20×1년 이자비용	20×2년 이자비용
유효이자율법		
미상환잔액비례법		

🖥 해답

1. 사채발행금액계산

구 분	20×1년 12월 31일	20×2년 12월 31일	20×3년 12월 31일	현재가치합
사채상환액	₩1,000,000	₩1,000,000	₩1,000,000	
이자지급액	300,000	200,000	100,000	
계	₩1,300,000	₩1,200,000	₩1,100,000	
현가계수	0.8929	0.7972	0.7118	
현재가치	₩1,160,770	₩956,640	₩782,980	₩2,900,390

따라서 발행금액은 ₩2,900,390이다.

제14장

---

9) 계산순서를 잘 숙지하면 문제를 신속하게 해결할 수 있다.

2. 사채할인발행차금상각 - 미상환잔액비례법

연 도	기초미상환잔액	비율ⓐ10)	상각액ⓑ	현금이자	이자비용
20×1년	₩3,000,000	(3/6)	₩49,805	₩300,000	₩349,805
20×2년	2,000,000	(2/6)	33,203	200,000	233,203
20×3년	1,000,000	(1/6)	16,602	100,000	116,602
계	₩6,000,000	(6/6)	₩99,610	₩600,000	₩699,610

ⓐ 각 연도 기초미상환잔액 ÷ 기초미상환잔액합계
ⓑ 발행시 사채할인발행차금 × 각 연도 비율

〈20×1년 12월 31일의 분개〉

(차) 사 채	1,000,000	(대) 현 금	1,300,000
이자비용	349,805	사채할인발행차금	49,805

3.

구 분	20×1년 이자비용	20×2년 이자비용
유효이자율법	① ₩348,047	② ₩233,812
미상환잔액비례법	③ ₩349,805	④ ₩233,203

① $2,900,390 \times 0.12 = 348,047$
② $(2,900,390 \times 1.12 - 1,300,000) \times 0.12 = 233,812$
③ $300,000 + 99,610 \times 3/6 = 349,805$
④ $200,000 + 99,610 \times 2/6 = 233,203$

[연구] 유효이자율법과 미상환잔액비례법 기간별 이자비용 비교

구 분	20×1년 이자비용	20×2년 이자비용
유효이자율법	₩348,047	₩233,812
미상환잔액비례법	349,805	233,203
차이	1,758	609

두 방법 간 기간별 이자비용을 비교하면 금액차이는 적다는 것을 확인할 수 있다.

[연구] 균등분할상환조건의 연속상환사채에 미상환잔액비례법 적용

균등분할상환조건의 연속상환사채에 적용되는 미상환잔액비례법은 연수합계법과 유사하다. 위의 문제에서 매년 사채발행차금 상각액을 다음과 같이 전환하여 연수합계법으로 계산한 감가상각비와 동일한 금액이 된다.

- 취득원가＝사채발행차금＝₩99,610
- 잔존가치＝0
- 내용연수＝상환기간＝3
- 상각방법＝연수합계법

연수합계법에 의한 매년 감가상각비는 다음과 같다.

- 1차연도 상각액＝₩99,610×3/6＝₩49,805
- 2차연도 상각액＝₩99,610×2/6＝₩33,203
- 3차연도 상각액＝₩99,610×1/6＝₩16,602

사채기간(발행일부터 만기까지 기간)이 N이고, 매년말 균등상환조건인 연속상환사채의 매년 사채발행차금상각액과 액면이자는 다음과 같이 계산된다.

구분	사채발행차금상각액	액면이자
1차연도	사채발행차금 $\times (N/\Sigma N)$	액면금액 $\times$ 액면이자율
2차연도	사채발행차금 $\times \{(N-1)/\Sigma N\}$	액면금액 $\times \{(N-1)/N\} \times$ 액면이자율
:	:	:
n차연도	사채발행차금 $\times (1/\Sigma N)$	액면금액 $\times (1/N) \times$ 액면이자율

단, ΣN는 연수합계를 말한다. 즉, "$\Sigma N = 1 + 2 + \cdots + N$"이다.
위의 예제를 앞서 설명한 계산식으로 표시하면 다음과 같다.

구분	사채발행차금상각액	액면이자
1차연도	$99,610 \times 3/6 = 49,805$	$3,000,000 \times 10\% = 300,000$
2차연도	$99,610 \times 2/6 = 33,203$	$3,000,000 \times 2/6 \times 10\% = 200,000$
3차연도	$99,610 \times 1/6 = 16,602$	$3,000,000 \times 1/3 \times 10\% = 100,000$

제14장

(5) 자기사채

기업실체가 기발행된 사채를 재취득하여 보유하고 있는 경우 그 사채를 자기사채(treasury bonds)라고 한다. 자기사채는 소각될 수도 있고 아니면 재매각(재발행)될 수도 있다. 자기사채를 취득한 경우에는 이에 상당하는 액면금액과 사채발행차금 등을 당해 계정과목에서 직접 차감하고, 장부금액과 취득금액의 차이는 사채상환이익 또는 사채상환손실의 과목으로 하여 당기손익으로 처리한다. 즉, 자기사채를

---

10) 균등분할상환조건의 연속상환사채에 적용되는 미상환잔액비례법은 연수합계법과 방법이 유사하다.

취득하는 경우에 취득목적이 소각목적이든 단기보유목적이든 취득목적에 관계없이 사채에서 차감하고, 상환손익을 계상한다.

자기사채의 회계처리를 표시하면 다음과 같다.

자기사채의 거래	성격	회계처리			
		차변		대변	
취득	사채상환으로 본다*1	사 채	×××	현 금	×××
		(사채발행차금)	×××	(사채상환손익)	×××
소각	취득시 소각처리함*2		분개없음		
처분	신사채의 발행으로 본다*3)	현 금	×××	사 채	×××
		(사채할인발행차금)	×××	(사채할증발행차금)	×××

*1. 자기사채의 취득 : 사채상환으로 보아 사채를 차감한다. (사채상환손익인식)
*2. 자기사채의 소각 : 회계처리 없다. (취득시 상환처리하였음)
*3. 자기사채의 처분 : 새로운 사채를 발행한 것으로 처리한다. (사채ㆍ사채발행차금계상)

 예제 14-11 자기사채

㈜다인은 20×1년 1월 1일 사채장부금액이 ₩96,000인 자기사채(액면금액 ₩100,000, 사채할인발행차금 ₩4,000)를 ₩97,000에 취득하여 20×1년 2월 1일에 액면 ₩50,000에 상응하는 사채를 소각하였고, 20×1년 3월 27일에 액면 ₩50,000에 상응하는 사채를 ₩49,000에 처분하였다.

≪물음≫
1. 20×1년 1월 1일의 회계처리(분개)를 하시오.
2. 20×1년 2월 1일의 회계처리(분개)를 하시오.
3. 20×1년 3월 1일의 회계처리(분개)를 하시오.

 해답

1. 자기사채의 취득

(차) 사 채	100,000	(대) 현 금	97,000
사채상환손실	1,000	사채할인발행차금	4,000

2. 자기사채의 소각 : 분개없음
3. 자기사채의 처분

(차) 현 금	49,000	(대) 사 채	50,000
사채할인발행차금	1,000		

한편, 자기사채의 자산성을 인정해야하는 견해도 있는데 이에 대한 근거와 비판을 정리하면 다음과 같다.

정리 14-2 | 자기사채의 자산성에 대한 견해

- 자기사채의 자산성을 인정하는 견해의 근거
  - 자기사채도 다른 유가증권과 마찬가지로 처분하면 현금의 유입을 얻을 수 있으므로 다른 유가증권과 구분할 필요 없이 동일하게 자산으로 인정하여야 한다.
- 자기사채의 자산성을 인정하는 견해의 비판
  - 미래에 자기사채를 재발행(재매각)한다는 보장이 없다. 즉, 자기사채가 소각될 수도 있다.
  - 회사가 자기부채를 소유한다는 것은 논리적으로 모순이 있다.
  - 이자지급이 불가능하고, 이자지급청구권이 소멸되었으므로 자산으로 볼 수 없다.

---

(6) 사채의 차환

사채의 차환은 새로운 사채를 발행하여 유입된 자금으로 구사채를 상환하는 것을 말한다. 사채의 차환에서 발생하는 손익은 ⓐ 당기손익처리, ⓑ 구사채의 잔존상각기간동안 상각, ⓒ 신사채의 상환기간동안 상각하는 방법이 있는데 기업회계기준에서는 일반사채상환과 동일하게 당기손익으로 처리한다.

9. 외화표시 사채

해외에서 달러나 엔화 등의 외화금액으로 사채를 발행하는 경우 외화금액으로 유효이자율법을 적용하여 이자비용과 사채발행차금을 상각한다. 매년말 이자지급조건의 사채할인발행을 가정하면 외화표시 이자비용은 외화표시 표시이자와 외화표시 사채할인발행차금상각액의 합계액인데, 외화표시 이자비용과 외화표시 표시이자와 외화표시 사채할인발행차금상각액에 적용되는 환율은 다르다. 즉, 외화표시 이자비용과 외호표시 사채발행차금상각에는 모두 평균환율을 적용하고, 외화표시 표시이자에는 지급시의 환율(연말지급인 경우 마감환율)을 적용하여 원화금액을 계산한다. 이 때 대차가 일치하지 않는데, 대차일치금액이 이자비용에 대한 외환차이가 된다. 외화표시 사채는 화폐성항목이므로 기말에 마감환율로 환산하여 외환차이를 인식한다. 보고기간말 외화사채와 외화사채발행차금에 마감환율을 적용하여 외화환산을 하고, 대차일치금액을 외환차이로 인식한다.

위의 내용을 정리하면 외화표시 사채의 회계처리는 다음과 같이 3단계로 구분된다.

(1단계) 외화기준으로 유효이자율법을 적용 : 외화기준으로 유효이자율법을 적용하여 이자비용, 표시이자 및 사채발행차금상각액을 계산한다.

(2단계) 이자비용 외화환산 : 외화표시 이자비용(평균환율적용), 외화표시 표시이자(마감환율적용) 및 외화표시 사채발행차금상각액(평균환율적용)을 원화로 환산하여 인식하고, 대차 일치금액을 외환차이로 인식한다.

(3단계) 사채와 사채발행차금 외화환산 : 외화표시 사채와 외화표시 사채발행차금에 마감환율 적용하여 원화로 환산하여 인식하고, 대차 일치금액을 외환차이로 인식한다.

제14장

정리 14-3 **기말이자지급조건인 외화표시 사채 할인발행**

1. 이자비용과 이자비용에 대한 외환차이 계산

구분	외화금액	×	환율	=	원화금액
표시이자	××× ②		마감환율		××× ⑤
사채할인발행차금상각액	××× ③		평균환율		××× ⑥
표시이자에 대한 외환손실					××× ⑦
이자비용	××× ①		평균환율		××× ④

①~⑦ : 계산순서

2. 사채와 사채할인발행차금에 대한 외환차이 계산

외화표시 사채와 외화표시 사채발행차금에 마감환율 적용하여 원화로 환산하고, 대차 일치금액을 외환차이로 인식한다.

 예제 14-12 **외화표시사채**

㈜다인은 20×1년 1월 1일에 표시이자율 연 6%, 만기 3년으로 해외사채 ¥1,000,000을 발행하였다. 이자는 매년 말에 지급되는 조건이며 발행당시 유효이자율은 연 10%이었고, 이에 따라 발행금액은 ¥으로 결정되었다. 20×1년 1월 1일과 20×1년 12월 31일의 환율이 각각 ₩9.00/¥, ₩9.50/¥이고, 20×1년 평균환율은 ₩9.30/¥이었다. 정상연금 ₩1의 현재가치(3기간)은 2.4868이고, 단일금액 ₩1의 현재가치(3기간)은 0.7513이다. ㈜다빈의 기능통화 및 표시통화는 원화이다. 이자비용에 평균환율을 사용하는 것은 현물환율에 대한 신뢰성 있는 근사치라고 가정한다.

≪물음≫

1. 사채발행금액을 계산하시오.
2. 외화기준 사채할인발행차금상각표를 작성하시오.
3. 20×1년 1월 1일 사채발행시 관련 회계처리(분개)를 하시오.
4. 20×1년 12월 31일의 관련 회계처리(분개)를 하시오.

해답

1. 사채발행금액(¥) = 1,000,000 × 6% × 2.4868 + 1,000,000 × 0.7513 = ¥900,508

   사채발행금액(₩) = ¥900,508×9 = ₩8,104,572

2. 외화기준 사채할인발행차금상각표

연도	사채이자(A) (기초E×10%)	현금이자(B) (1,000,000×6%)	사채발행차금 상각액(C) (A − B)	사채할인발행차금 (D) (전기D − C)	사채장부금액(E) (1,000,000 − D)
20×1.1. 1				₩99,492	₩900,508
20×1.12.31	₩90,051	₩60,000	₩30,051	69,441	930,559
20×2.12.31	93,056	60,000	33,056	36,385	963,615
20×3.12.31	96,385	60,000	36,385	—	1,000,000

3. 20×1.1.1의 관련분개

| (차) 현   금 | 8,104,572 | (대) 사   채 | 9,000,000 |
| 사채할인발행차금 | 895,428 | | |

4. 20×1.12.31의 관련분개

(차) 이자비용	837,474 [*1]	(대) 현 금	570,000 [*2]
외환손실	468,265	사 채	500,000 [*3]
		사채할인발행차금	235,739 [*4]

[*1]. 이자비용($¥$) = $¥900,508 × 10%$ = $¥90,051$
　　　이자비용($₩$) = $¥90,051 × ₩9.3/¥$ = $₩837,474$
[*2]. $¥1,000,000 × 6% × ₩9.5/¥$ = $₩570,000$
[*3]. $¥1,000,000 × (₩9.5/¥ - ₩9/¥)$ = $₩500,000$
[*4]. 기말잔액 - 기초잔액 = $¥69,441 × ₩9.5/¥ - ₩895,428$ = $(-)₩235,739$(감소)

[참고] 외화사채는 화폐성항목이므로 마감환율로 환산한다.

[분석 1] 이자비용과 표시이자에 대한 외환차이 계산

과목	외화금액	환율		원화금액
표시이자	$¥60,000$ [*2]	9.5	기말	$₩570,000$
사채할인발행차금상각액	30,051	9.3	평균	279,474
표시이자에 대한 외환손실				(12,000)
이자비용	$¥90,051$ [*1]	9.3	평균	$₩837,474$

[*1]. $¥900,508 × 10%$ = $¥90,051$　　[*2]. $¥1,000,000 × 6%$ = $¥60,000$

[분석 2] 외환차이 구분

① 이자비용과 이자비용에 대한 외환차이 인식

| (차) 이자비용 | 837,474 [*1] | (대) 현   금 | 570,000 [*2] |
| 외환손실 | 12,000 [*4] | 사채할인발행차금 | 279,474 [*3] |

[*1]. $¥90,051 × ₩9.3/¥$(평균환율) = $₩837,474$
[*2]. $¥60,000 × ₩9.5/¥$(마감환율) = $₩570,000$
[*3]. $¥30,051 × ₩9.3/¥$(평균환율) = $₩279,474$
[*4]. $¥60,000 × (₩9.3/¥$[평균환율] $- ₩9.5/¥$[마감환율]$)$ = $₩12,000$

위 ①의 회계처리는 아래 ①-1과 ①-2의 회계처리가 결합된 것이다.
①-1 현금이자에 대한 외환차이 인식

| (차) 이자비용 | 558,000 [*1] | (대) 현   금 | 570,000 [*2] |
| 외환손실 | 12,000 [*3] | | |

[*1]. $¥60,000 × ₩9.3/¥$(평균환율) = $₩558,000$

*2. ¥60,000 × ₩9.5/¥(마감환율) = ₩570,000
*3. ¥60,000 × (₩9.3/¥[평균환율] − ₩9.5/¥[마감환율] = ₩12,000

①-2 사채할인차금상각액에 대한 이자비용 인식

(차) 이자비용	279,474*1	(대) 사채할인발행차금	279,474

*1. ¥30,051 × ₩9.3/¥(평균환율) = ₩279,474

② 사채에 대한 외환차이 인식

(차) 사채할인발행차금	43,735*2	(대) 사 채	500,000*1
외환손실	456,265		

*1. ¥1,000,000 × (₩9.5/¥ − ₩9/¥) = ₩500,000
*2. 기말환산금액 − 환산전 잔액 = ¥69,441 × ₩9.5/¥ − (₩895,428 − ₩279,474) = ₩43,735

[분석 3] 이자비용, 외환차이

구분	외화금액	환율		원화금액	과목
기초상각후원가	¥900,508	9.0	초	₩8,104,572	
유효이자	90,051*1	9.3	평균	837,474	이자비용(당기손익)
표시이자	(60,000)	9.5	말	(570,000)	현금
외환차이				468,265	외환손실(당기손익)
기말상각후원가	¥930,559	9.5	말	₩8,840,311	

*1. ¥900,508 × 10% = ¥90,051

연습문제

문제 14-1 권면발행일 후 발행(CPA2차 2000)

갑사는 20×1년 1월 1일 액면 ₩300,000(표시이자율 연 10%, 매년말 지급)의 사채를 회사의 사정으로 인하여 2월 1일에 실제로 발행하게 되었다. 사채의 만기는 20×4년 12월 31일이고 갑사와 유사한 동종업종의 시장이자율은 연 12%이다. 갑사는 유효이자율법에 의해 사채할인차금을 처리한다. 갑사는 20×4년 6월 1일 동 사채를 ₩305,000에 매입하여 상환하였다.

현가계수표

기간	10%	12%
1	0.90909	0.89286
2	0.82645	0.79719
3	0.75131	0.71178
4	0.68301	0.63552

≪물음≫

1. 20×1년 2월 1일 발행시의 회계처리(분개)를 하시오.
2. 유효이자율법에 의한 사채상각표를 작성하고 20×1년 12월 31일의 회계처리(분개)를 표시하시오.
3. 20×4년 6월 1일 매입상환시의 회계처리(분개)를 표시하시오.
4. 만일 20×4년 매입상환시 ₩4,000의 상환이익이 발생하였다면 이는 사채발행시의 시장이자율에 비하여 상환시의 이자율이 어떻게 되었는지를 기술하고 그 이유를 설명하시오.

 해답

1. 사채발행시의 분개

(차) 현　　　금	284,595*2	(대) 사　　　채	300,000
사채할인발행차금	17,905*3	미지급이자	2,500*1

*1. 300,000×10%×(1/12) = 2,500

*2. 사채발행금액(20×1년 1월 1일기준)
= 300,000 × 10% × (0.89286 + 0.79719 + 0.71178 + 0.63552) + 300,000 × 0.63552 = 281,777
현금수취액
= 사채발행금액(20×1년 1월 1일기준) + 사채가치증가(1개월간)
= 281,777 + 281,777 × 12% × (1/12) = 284,595

*3. 사채발행금액(20×1년 2월 1일기준)
= 현금수취액 − 발생이자(1개월간)
= 284,277 − 300,000 × 10% × (1/12) = 282,095
사채할인발행차금 = 300,000 − 282,095 = 17,905

2. 유효이자율법

(1) 사채상각표

일자	사채이자비용	현금이자	상각액	미상각할인발행차금	사채장부금액
20×1. 1. 1				₩18,223	₩281,777
20×1.12.31	₩33,813	₩30,000	₩3,813	14,410	285,590
20×2.12.31	34,271	30,000	4,271	10,139	289,861
20×3.12.31	34,783	30,000	4,783	5,356	294,644
20×4.12.31	35,356*1	30,000	5,356		300,000

*1. 30,000 + 5,356(전기말 사채할인발행차금잔액) = 35,356

(2) 20×1.12.31의 분개

(차) 미지급이자	2,500	(대) 현　　　금	30,000
이자비용	30,995*1	사채할인발행차금	3,495

*1. 281,777 × 12% × 11/12 = 30,995

3. 20×4.6.1

(차) 이자비용	14,732	(대) 미지급이자	12,500
		사채할인발행차금	2,232

(차) 미지급이자	12,500	(대) 현　　　금	305,000
사　　　채	300,000	사채할인발행차금	3,124
		사채상환이익	4,376

4. 사채 발생시의 시장이자율이 비하여 사채 상환시의 시장이자율이 상승하면 사채상환이익이 발생한다. 시장이자율이 상승하면 사채의 시장가격이 하락하는데, 사채의 시장가격이 사채의 상환금액이므로 사채의 장부금액보다 낮은 금액으로 상환할 수 있어 사채상환이익 생기게 된다.

문제 14-2 사 채

㈜다빈은 20×1년 1월 1일 액면금액 ₩1,000,000, 이자율 연 8%, 3년만기의 사채를 발행하였다. 이자지급일은 매년 6월 30일과 12월 31일이고 발행당시의 시장이자율은 연 10%이다. 회사는 유효이자율법을 적용하여 사채발행차금을 상각한다. 현재가치계수는 다음과 같다.

할인율	1원의 현가		1원의 정상연금현가	
	3기간	6기간	3기간	6기간
4%	0.8890	0.7903	2.7751	5.2421
5%	0.8638	0.7462	2.7232	5.0757
8%	0.7938	0.6302	2.5771	4.6229
10%	0.7513	0.5645	2.4868	4.3553

≪물음≫

1. 사채의 발행금액을 계산하시오.
2. 20×1년 1월 1일의 사채 발행시의 회계처리(분개)를 하시오.
3. 20×1년 6월 30일 이자지급시의 회계처리(분개)를 하시오.
4. 20×1년 12월 31일 이자지급시의 회계처리(분개)를 하시오.
5. 20×2년 1월 1일에 사채를 ₩990,000에 상환시 회계처리(분개)를 하시오.
6. 20×2년 1월 1일 사채상환시에 시장이자율이 연 12%라고 한다면 사채상환이익이 발생하는지 아니면 사채상환손실이 발생하는지 설명하시오.
7. 사채발행차금의 상각방법에는 정액법과 유효이자율법이 있다. 유효이자율법이 정액법보다 더 우수한 방법이라고 한다. 유효이자율법의 이론적 우수성에 대하여 설명하시오.

해답

1. 사채발행금액계산

총이자현가	1,000,000 × 4% × 5.0757*1 =	₩203,028
액면현가	1,000,000 × 0.7462*2 =	746,200
합계		₩949,228

*1. 6년, 5%의 연금현가계수   *2. 6년, 5%의 단일금액현가계수

2. 발행시의 분개

(차) 현 금	949,228	(대) 사 채	1,000,000
사채할인발행차금	50,772		

3. 20×1년 6월 30일 이자지급시

(차) 사채이자비용	47,461 *1	(대) 현 금	40,000
		사채할인발행차금	7,461

*1. 949,228 × 5% = 47,461

4. 20×1년 12월 31일 이자지급시

(차) 사채이자비용	47,834 [*1]	(대) 현　　　금	40,000
		사채할인발행차금	7,834

[*1]. $(949,228 + 7,461) \times 5\% = 47,834$

5. 20×2년 1월 1일 사채상환시

(차) 사　　　채	1,000,000	(대) 현　　　금	990,000
사채상환손실	25,477	사채할인발행차금	35,477 [*1]

[*1]. $50,772 - 7,461 - 7,834 = 35,477$

6. 시장이자율이 사채발행시에 비하여 사채상환시에 상승한다면 사채의 장부금액보다 사채의 시장가액(즉, 상환금액)이 하락하게 된다. 따라서 사채의 장부금액보다 사채상환금액이 작으므로 사채상환이익이 발생한다.

7. 유효이자율법에서는 회사가 실질적으로 부담하는 이자율인 유효이자율로 이자비용을 인식한다. 유효이자율법에 의하면 내년 부담이자율(이자비용/기초사채장부금액)이 매년 유효이자율로 일정하다. 반면에 정액법에서는 매년 부담이자율이 변동하게된다. 사채의 부담이자율은 투자채권의 투자수익률과 같은 개념이므로 매년 투자수익률이 일정하게 이자수익과 이자비용을 인식하면 경영성과를 적절하게 표시된다.

문제 14-3　연속상환사채

㈜다인은 20×1년 1월 1일 액면금액 ₩3,000,000, 이자율 연 8%, 매년말 이자지급조건의 연속상환사채를 발행하였다. 20×1년부터 3년에 걸쳐 매년말에 ₩1,000,000씩 상환되며, 사채발행시의 유효이자율은 연 10%이다. 10%의 현재가치계수는 다음과 같다.

기간	단일금액 1원의 현재가치	정상연금 1원의 현재가치
1년	0.9091	0.9091
2년	0.8264	1.7355
3년	0.7513	2.4868

≪물음≫

1. 사채의 발행금액을 계산하고, 발행시의 회계처리(분개)를 하시오.
2. 미상환잔액비례법을 이용하여 매년말 사채할인발행차금명세표를 작성하고, 20×1년 12월 31일의 회계처리(분개)를 하시오.

![해답]

1.

(1) 사채발행금액계산

구분	20×1년 12월 31일	20×2년 12월 31일	20×3년 12월 31일	현재가치합
사채상환액	₩1,000,000	₩1,000,000	₩1,000,000	
이자지급액	₩240,000	₩160,000	₩80,000	
계	₩1,240,000	₩1,160,000	₩1,080,000	
현가계수	0.9091	0.8264	0.7513	
현재가치	₩1,127,284	₩958,624	₩811,404	₩2,897,312

따라서 발행금액은 ₩2,897,312이다.

(2) 발행시의 분개

(차) 현　　　금	2,897,312	(대) 사　　　채	3,000,000
사채할인발행차금	102,688		

2.

(1) 사채할인발행차금상각명세표 – 미상환잔액비례법

일자	기초미상환잔액	비율ⓐ	상각액ⓑ	현금이자	사채이자비용
20×1년	₩3,000,000	(3/6)	₩51,344	₩240,000	₩291,344
20×2년	2,000,000	(2/6)	34,229	160,000	194,229
20×3년	1,000,000	(1/6)	17,115	80,000	97,115
계	₩6,000,000	(6/6)	₩102,688	₩480,000	₩582,688

ⓐ 각 연도 기초미상환잔액 ÷ 기초미상환잔액합계
ⓑ 발행시 사채할인발행차금 × 각 연도 비율

(2) 20×1년 12월 31일의 분개

(차) 사　　　채	1,000,000	(대) 현　　　금	1,240,000
사채이자비용	291,344	사채할인발행차금	51,344

제 15 장 │ 충당부채

제1절 의 의

1. 회계상 의무

부채란 과거사건에 의하여 발생하였으며 경제적 효익이 내재된 자원이 기업으로부터 유출됨으로써 이행될 것으로 기대되는 현재의무를 말한다. 이 현재의무에는 법적의무뿐만 아니라 의제의무도 포함된다. 법적의무(legal obligation)란 다음 중 하나에 의하여 발생하는 의무를 말한다.

① 명시적 또는 묵시적 조항에 따른 계약
② 법률
③ 기타 법적 효력

반면, 의제의무(constructive obligation)는 기업의 다음 행위에 따라 발생하는 의무를 말한다.

① 과거의 실무관행, 발표된 경영방침 또는 구체적이고 유효한 약속 등을 통하여 기업이 특정 책임을 부담하겠다는 것을 상대방에게 표명함
② 그 결과 기업이 당해 책임을 이행할 것이라는 정당한 기대를 상대방이 가지게 함

여기서 당해 의무를 이행하는 것 외에는 실질적인 대안이 없는 법적의무 또는 의제의무를 발생시키는 사건을 의무발생사건이라고 한다.

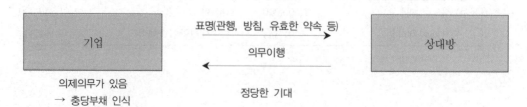

2. 충당부채의 정의

충당부채(provision)[1]는 지출의 시기 또는 금액이 불확실한 부채(a liability of uncertain timing or amount)를 말한다. 이러한 충당부채는 결제에 필요한 미래지출의 시기 또는 금액의 불확실성으로 인하여 매입채무와 미지급비용과 같은 기타 부채와 구별된다(KIFRS1037-11).

① 매입채무는 공급받았거나 제공받은 재화나 용역에 대하여 송장을 받았거나 공급자와 공식적으로 합의한 경우에 지급하여야 하는 부채이다.

② 미지급비용은 공급받은 재화나 제공받은 용역에 대하여, 아직 그 대가를 지급하지 않았거나, 송장을 받지 않았거나 공급자와 공식적으로 합의하지 못한 경우에 지급하여야 하는 부채(미지급유급휴가비용과 관련된 금액과 같이 종업원에게 지급의무가 있는 금액 포함)이다. 미지급비용도 지급시기 또는 금액을 추정할 필요가 있는 경우가 있지만 일반적으로 충당부채보다는 불확실성이 훨씬 작다.

충당부채는 별도로 보고되는 반면 미지급비용은 흔히 매입채무와 기타 부채의 일부분으로 보고된다.

3. 확정부채, 충당부채 및 우발부채

부채는 확정부채, 충당부채 및 우발부채로 구분될 수 있으며, 각 부채별 성격(구분 기준이 된다)은 다음과 같다.

구분	지출시기, 금액	부채인식기준	부채인식
확정부채	지출시기와 금액 확실	충족	인식
충당부채	지출시기 또는 금액 불확실	충족	인식
우발부채	지출시기 또는 금액 불확실	미충족	인식 안 함

- 확정부채와 충당부채의 차이 : 확정부채는 지출시기와 금액이 거의 확실한 반면 충당부채는 기출시기 또는 금액이 불확실하다.
- 충당부채와 우발부채의 공통점 : 지출시기 또는 금액이 불확실하다.
- 충당부채와 우발부채의 차이점 : 충당부채는 부채의 인식기준을 충족하여 부채로 인식하고, 우발부채는 부채의 인식기준을 충족하지 못하여 부채로 인식하지 않는다.

우발부채에 대하여는 후술한다.

제15장

---

1) 일부 국가에서는 충당부채라는 용어를 감가상각, 자산손상 및 대손 항목 등과 관련하여 사용하고 있다. 이런 항목(충당금)은 자산 장부금액의 조정에 해당하는 것이며, 충당부채기준서에서는 다루지 아니한다(KIFRS1037-7).

제 2 절 인 식

충당부채와 우발부채의 인식도는 다음과 같다.

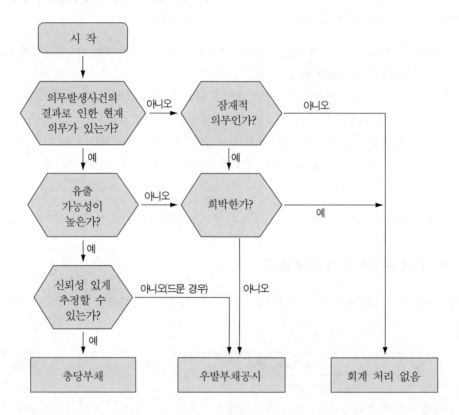

주석 : 드문 경우이지만 현재의무 존재여부가 불분명한 경우가 있다. 이러한 경우, 이용할 수 있는 모든 증거를 고려하여 보고기간말에 현재의무가 존재할 가능성이 존재하지 아니할 가능성 보다 높은 경우에는 과거사건이 현재의무를 발생시킨 것으로 간주한다.

이에 대하여 설명한다.

1. 충당부채의 인식

충당부채는 다음의 요건을 모두 충족하는 경우에 인식한다(KIFRS1037-14).

① 과거사건의 결과로 현재의무(법적의무 또는 의제의무)가 존재한다.
② 당해 의무를 이행하기 위하여 경제적 효익이 내재된 자원이 유출될 가능성이 높다.
③ 당해 의무의 이행에 소요되는 금액을 신뢰성 있게 추정할 수 있다.

[APP 2016]

충당부채를 인식하기 위해서는 당해 의무를 이행하기 위하여 경제적효익을 갖는 자원이 유출될 가능성이 매우 높아야 한다. (×)

위의 요건을 충족하지 못할 경우에는 어떠한 충당부채도 인식할 수 없다.

(1) 현재의무(present obligation)

드문 경우이지만 현재의무의 존재여부가 불분명한 경우가 있다. 이러한 경우 이용할 수 있는 모든 증거를 고려하여 보고기간말에 현재의무가 존재할 가능성이 존재하지 아니할 가능성보다 높은 경우(50% 초과 = 과반수)에는 과거사건이 현재의무를 발생시킨 것으로 간주한다(KIFRS1037-15).

과거사건이 현재의무를 발생시켰는지의 여부는 대부분의 경우 분명하다. 드문 경우이지만 소송이 진행 중인 경우와 같이 어떤 사건이 실제로 발생하였는지 혹은 당해 사건으로 현재의무가 발생하였는지의 여부가 분명하지 아니한 경우가 있다. 이러한 경우에는 모든 이용가능한 증거(예를 들어, 전문가의 의견을 포함)를 고려함으로써 보고기간말 현재 의무가 존재하는지를 결정한다. 고려해야 할 증거에는 보고기간후사건이 제공하는 추가적인 증거도 포함된다. 고려한 증거를 바탕으로 다음과 같이 처리한다(KIFRS1037-16).

① 보고기간말에 현재의무가 존재할 가능성이 존재하지 않을 가능성보다 높고 인식기준을 충족하는 경우에는 충당부채를 인식한다.
② 보고기간말에 현재의무가 존재하지 아니할 가능성이 높더라도 경제적 효익이 내재된 자원의 유출 가능성이 아주 낮지 않는 한 우발부채로 공시한다.

(2) 과거사건(Past Event)

현재의무를 발생시키는 과거사건을 의무발생사건(an obligating event)이라고 한다. 의무발생사건이 되기 위해서는 당해 사건으로부터 발생된 의무를 이행하는 것 외에는 실질적인 대안이 없어야 한다. 이러한 경우는 다음 ① 또는 ②의 경우에만 해당한다(KIFRS1037-17).

① 의무의 이행을 법적으로 강제할 수 있는 경우
② 의제의무와 관련해서는 기업이 당해 의무를 이행할 것이라는 정당한 기대를 상대방이 가지게 되는 경우

재무제표는 미래 시점의 예상 재무상태가 아니라 보고기간말의 재무상태를 표시하는 것이므로, 미래 영업을 위하여 발생하게 될 비용에 대하여는 충당부채를 인식하지 아니한다. 재무상태표에 인식되는 부채는 보고기간말에 존재하는 부채에 국한한다(KIFRS1037-18).

제15장

[CPA 2011]

재무제표는 재무제표이용자들의 현재 및 미래 의사결정에 유용한 정보를 제공하는 데에 그 목적이 있다. 따라서 미래영업을 위하여 발생하게 될 원가에 대해서 충당부채로 인식한다. (×)

충당부채로 인식되기 위해서는 과거사건으로 인한 의무가 기업의 미래행위(즉, 미래 사업행위)와 독립적이어야 한다. 예를 들면 다음과 같다(KIFRS1037-19).

- 불법적인 환경오염으로 인한 범칙금이나 환경정화비용의 경우에는 기업의 미래행위에 관계없이 당해 의무의 이행에 경제적 효익이 내재된 자원의 유출이 수반되므로 충당부채를 인식한다.
- 유류설비 또는 원자력 발전소에 의하여 이미 발생한 피해에 대하여 기업의 복구의무가 있는 범위 내에서 유류설비 또는 원자력 발전소의 사후처리원가와 관련된 충당부채를 인식한다.
- 반면, 법에서 정하는 환경기준을 충족시키기 위해서 또는 상업적 압력 때문에 공장에 특정 정화장치를 설치하기 위한 비용지출(expenditure)[2]을 계획하고 있거나 그런 비용지출이 필요한 경우에는 공장운영방식을 바꾸는 등의 미래행위를 통하여 미래의 지출을 회피할 수 있으므로 당해 지출은 현재의무가 아니며 충당부채도 인식하지 아니한다.

[CPA 2005]

환경관련 법에서 정하는 환경기준을 충족하기 위해서 공장건물에 정화장치를 설치해야 할 경우 당해 설치에 소요될 비용을 충당부채로 인식하여야 한다. (×)

[CCB 2012]

충당부채로 인식되기 위해서는 과거사건으로 인한 의무가 기업의 미래행위와 관련되어야 한다. (×)

의무는 언제나 당해 의무의 이행대상이 되는 상대방이 존재하게 된다. 그러나 의무의 상대방이 누구인지 반드시 알아야 하는 것은 아니며 경우에 따라서는 일반 대중도 상대방이 될 수 있다. 의무는 반드시 상대방에 대한 확약(a commitment to another party)을 수반하게 되므로, 경영진 또는 이사회의 결정으로 기업이 자신의 책임을 이행할 것이라는 정당한 기대를 상대방이 가질 수 있을 정도로 충분히 구체적인 방법으로 보고기간말 이전에 상대방에게 의사전달되어야만 당해 결정은 의제의무를 발생시키는 것으로 본다(KIFRS1037-20).

어떤 사건은 발생 당시에는 현재의무를 발생시키지 아니하나 추후에 의무를 발생시킬 수 있다. 법규가 제·개정됨으로써 의무가 발생하거나 기업의 행위(예 충분할 정도로 구체적인 대외공표)에 따라 추후에 의제의무가 발생하는 경우가 있기 때문이다. 예를 들어, 발생한 환경오염에 대하여 지금 당장 복구할 의무가 없는 경우에도 추후 새로운 법규가 그러한 환경오염을 복구하도록 강제하거나 기업이 그러한 복구의무를 의제의무로서 공식적으로 수용한다면, 당해 법규의 제·개정시점 또는 기업의 공식적인

---

2) 비용지출보다는 지출이 더 적절한 표현이다(저자주).

수용시점에 그 환경오염은 의무발생사건이 된다(KIFRS1037-21).

입법 예고된 법규의 세부사항이 아직 확정되지 않은 경우에는 당해 법규안대로 제정될 것이 거의 확실한 때에만 의무가 발생한 것으로 본다. 그러한 의무는 법적의무(의제의무가 아니라)로 간주한다. 법규제정을 둘러싼 수많은 서로 다른 상황으로 인하여 법규제정을 거의 확실하게 예측할 수 있는 특정 사건을 지정하는 것은 불가능하다. 일반적으로 특정 법규가 제정되기 전까지는 당해 법규제정에 대해 거의 확실하게 확신을 갖기 어렵다(KIFRS1037-22).

현재의무를 정리하면 다음과 같다.

> - 미래행위와 독립적으로 존재한다.
> - 회피불가능하다. 따라서 지출계획(수선비 지출계획, 정화장치 취득 지출계획)은 법적으로 강제되어도 회피가능하므로 현재의무가 아니다.
> - 의무이행외(피해복구, 법칙금 납부 등)에는 현실적인 대안이 없다.

(3) 경제적 효익을 갖는 자원의 유출가능성이 높다(probable)

부채로 인식하기 위해서는 현재의무가 존재하여야 할 뿐만 아니라 당해 의무의 이행을 위하여 경제적 효익이 내재된 자원의 유출가능성이 높아야 한다. 특정 사건이 발생할 가능성이 발생하지 아니할 가능성보다 높은 경우에 자원의 유출 또는 기타 사건의 가능성이 높다고 본다.[3] 자원의 유출가능성의 정도에 따라 다음과 같이 보고한다(KIFRS1037-23).

- 자원의 유출가능성이 높은 경우에는 충당부채를 인식한다.
- 현재의무의 존재가능성이 높지 아니한 경우에는 우발부채를 공시한다.
- 다만, 당해 의무의 이행을 위하여 경제적 효익이 내재된 자원의 유출가능성이 아주 낮은 경우에는 공시하지 아니한다.

금액을 신뢰성있게 추정할 수 있다고 가정하고 유출입가능성에 따른 공시여부를 정리하면 다음과 같다.

	0%　　　　20%	50%	100%
유출가능성(문단23) :	미공시	우발부채주석공시	충당부채인식
유입가능성(문단33,34) :	미공시		우발자산주석공시 | 자산인식

제품보증 또는 이와 유사한 계약 등 다수의 유사한 의무가 있는 경우 의무이행에 필요한 자원의 유출가능성은 당해 유사한 의무 전체를 고려하여 결정한다. 비록 개별항목의 의무이행에 필요한 자원의 유출가능성이 높지 않더라도 전체적인 의무이행을 위하여 필요한 자원의 유출가능성이 높을 경우에는(기타

---

3) '가능성이 높은 경우'에 대한 이 기준서의 해석이 다른 한국채택국제회계기준서에도 반드시 적용되는 것은 아님

인식기준이 충족된다면) 충당부채를 인식한다(KIFRS1037-24).

> • 다수 유사의무(예) 제품보증 등) 유출가능성 판단
> ① 개별적으로 판단하지 아니하고 전체적으로 판단
> ② 개별적으로 높지 않더라도 전체적으로 높으면 충당부채를 인식

(4) 의무에 대한 신뢰성 있는 추정(a reliable estimate)

추정치를 사용하는 것은 재무제표 작성의 필수적인 과정이며 재무제표의 신뢰성을 손상시키지 아니한다. 충당부채의 성격상 다른 재무상태표 항목에 비하여 불확실성이 더 크므로 그에 대한 추정치의 사용은 특히 필수적이다. 극히 드문 경우를 제외하고는 가능한 결과의 범위를 결정할 수 있으므로 충당부채를 인식할 때 충분히 신뢰성 있는 금액을 추정할 수 있다(KIFRS1037-25).

극히 드문 경우로 신뢰성 있는 금액의 추정이 불가능한 경우에는 부채로 인식하지 아니하고 우발부채로서 공시한다(KIFRS1037-26).

2. 우발부채(contingent liabilities)의 인식

(1) 우발부채의 정의

우발부채는 다음의 ① 또는 ②에 해당하는 의무를 말한다(KIFRS1037-7).

① 과거사건에 의하여 발생하였으나, 기업이 전적으로 통제할 수 없는 하나 이상의 불확실한 미래사건의 발생 여부에 의하여서만 그 존재가 확인되는 잠재적 의무
② 과거사건에 의하여 발생하였으나 다음 ㉠ 또는 ㉡의 경우에 해당하여 인식하지 아니하는 현재의무
  ㉠ 당해 의무를 이행하기 위하여 경제적 효익이 내재된 자원이 유출될 가능성이 높지 아니한 경우
  ㉡ 당해 의무를 이행하여야 할 금액을 신뢰성 있게 측정할 수 없는 경우

상기의 정의를 부채의 인식기준에 관련하여 정리하면 다음과 같다.

인식기준	① 잠재적 의무	② 현재의무
현재의무	×	○
효익 유출가능성 높고, 신뢰성있게 측정	?	×

① 현재의무가 아니므로 부채의 정의를 충족 못함
② 부채의 정의를 충족하나 부채의 인식기준을 충족 못함

상기와 같이 부채인식기준을 충족하지 못하는 잠재적의무 또는 현재의무를 우발부채로 정의한다.

(2) 우발부채의 회계처리

우발부채는 부채로 인식하지 아니한다(KIFRS1037-27). 의무를 이행하기 위하여 경제적 효익이 내재된 자원의 유출가능성이 아주 낮지 않다면, 우발부채를 공시한다(KIFRS1037-28).

> **[CPA 2008]**
>
> 우발부채도 유동부채와 비유동부채로 분류하여 재무상태표의 부채로 인식한다. (×)

제3자와 연대하여 의무를 지는 경우에는 이행할 전체의무 중 제3자가 이행할 것으로 기대되는 부분을 우발부채로 처리한다. 신뢰성 있게 추정할 수 없는 극히 드문 경우를 제외하고는 당해 의무 중에서 경제적 효익이 내재된 자원의 유출가능성이 높은 부분에 대하여 충당부채를 인식한다(KIFRS1037-29).

예를 들면, 제3자와 연대보증계약을 체결하고 보증제공을 받은 자가 채무를 이행하지 못하여 보증제공자가 이행의무를 지는 경우 회사가 직접 이행해야 하는 부분인, 전체 금액의 2분의 1은 충당부채로 인식하고 제3자가 이행할 부분인 나머지 금액(전체 금액의 2분의 1)은 우발부채로 처리한다. 왜냐하면 제3자가 이행하지 못하는 경우에는 회사에게 이행책임이 있을 것이기 때문이다. 우발자산은 자산으로 인식하지 아니하고 자원의 유입가능성이 높은 경우에만 주석에 기재한다.

우발부채는 당초에 예상하지 못한 상황에 따라 변화할 수 있으므로, 경제적 효익이 내재된 자원의 유출가능성이 높아졌는지 여부를 결정하기 위하여 지속적으로 검토한다. 과거에 우발부채로 처리하였더라도 미래경제적 효익의 유출가능성이 높아진 경우에는 그러한 가능성의 변화가 발생한 기간의 재무제표에 충당부채로 인식한다(신뢰성 있게 추정할 수 없는 극히 드문 경우는 제외)(KIFRS1037-30).

> **[CCB 2015]**
>
> 과거에 우발부채로 처리하였다면 미래경제적효익의 유출가능성이 높아진 경우에도 충당부채로 인식할 수 없다. (×)

3. 충당부채와 우발부채의 관계

일반적으로 모든 충당부채는 결제에 필요한 지출의 시기나 금액이 불확실하므로 우발적이라고 할 수 있다.

그러나 기업이 전적으로 통제할 수 없는 하나 이상의 불확실한 미래사건의 발생 여부에 의해서만 부채나 자산의 존재가 확인되기 때문에 재무제표에 부채나 자산으로 인식할 수 없는 경우에 한정하여 '우발'이라는 용어를 사용한다. 또한 부채의 인식기준을 충족하지 못하기 때문에 부채로 인식하지 아니하는 경우에 '우발부채'라는 용어를 사용한다(KIFRS1037-12).

충당부채와 우발부채는 다음과 같이 구별된다(KIFRS1037-35).

① 충당부채는 현재의무이고 이를 이행하기 위하여 경제적 효익이 내재된 자원이 유출될 가능성이 높고 당해 금액을 신뢰성 있게 추정할 수 있으므로 부채로 인식한다.

② 우발부채는 다음 ㉠ 또는 ㉡의 이유 때문에 부채로 인식하지 아니한다.

㉠ 경제적 효익이 내재된 자원의 유출을 초래할 현재의무가 있는지의 여부가 아직 확인되지 아니한 잠재적 의무이다.

㉡ 현재의무이지만 당해 의무를 이행하기 위하여 경제적 효익이 내재된 자원이 유출될 가능성이 높지 아니하거나 당해 금액을 신뢰성 있게 추정할 수 없어서 인식기준을 충족하지 못한다.

정리 15-1 충당부채와 우발부채

과거사건의 결과로 (1) 현재의무 또는 (2) 기업이 전적으로 통제할 수는 없는 하나 이상의 불확실한 미래사건의 발생여부에 의하여서만 그 존재가 확인되는 잠재적 의무를 이행하는 데 경제적효익을 갖는 자원이 유출될 수 있는 경우 상황별 인식 및 공시를 요약하면 다음과 같다.

자원유출 가능성이 높은 현재 의무가 존재한다.	자원유출 가능성이 높지 않은 잠재적 의무 또는 현재의무가 존재한다.	자원유출 가능성이 희박한 잠재적 의무 또는 현재의무가 존재한다.
충당부채를 인식한다.	충당부채를 인식하지 아니한다.	충당부채를 인식하지 아니한다.
충당부채에 대한 공시를 하여야 한다.	우발부채에 대한 공시를 하여야 한다.	요구되는 공시사항이 없다.

다시 정리하면 충당부채와 우발부채는 자원유출가능성의 정도와 금액추정의 신뢰성에 따라 다음과 같이 인식여부가 결정된다.

금액추정가능성 자원유출가능성	신뢰성 있게 추정가능	추정불가능
가능성이 높음(확률 50%초과)	충당부채 인식	우발부채로 주석공시
가능성이 어느 정도 있음	우발부채로 주석공시	우발부채로 주석공시
가능성이 거의 없음	공시하지 않음	공시하지 않음

4. 우발자산(contingent assets)의 인식

(1) 우발자산의 정의

우발자산은 과거사건에 의하여 발생하였으나 기업이 전적으로 통제할 수 없는 하나 이상의 불확실한 미래사건의 발생 여부에 의하여서만 그 존재가 확인되는 잠재적 자산을 말한다(KIFRS1037-7).

일반적으로 우발자산은 경제적 효익의 유입가능성을 발생시키는, 사전에 계획되지 아니하였거나 기타 예기하지 못한 사건으로부터 발생한다. 그러한 예로는 기업이 제기하였으나 그 결과가 불확실한 소송을 들 수 있다(KIFRS1037-32).

(2) 우발자산의 회계처리

우발자산은 자산으로 인식하지 아니한다(KIFRS1037-31). 미래에 전혀 실현되지 아니할 수도 있는 수익을 인식하는 결과를 초래할 수 있기 때문에 우발자산은 재무제표에 인식하지 아니한다. 그러나 수익의 실현이 거의 확실시 된다면 관련자산은 더 이상 우발자산이 아니며, 따라서 당해 자산을 인식하는 것이 타당하다(KIFRS1037-33).

우발자산은 경제적 효익의 유입가능성이 높은 경우에만 공시한다(KIFRS1037-34).

[CTA 2015]

우발자산은 경제적효익의 유입가능성이 높아지더라도 공시하지 않는다. (×)

우발자산은 관련 상황변화가 적절하게 재무제표에 반영될 수 있도록 지속적으로 검토한다. 상황변화로 인하여 경제적 효익이 유입될 것이 거의 확실시 되는 경우에는 그러한 상황변화가 발생한 기간의 재무제표에 그 자산과 관련 이익을 인식한다. 경제적 효익의 유입가능성이 높아진 경우에는 우발자산을 공시한다(KIFRS1037-35).

정리 15-2	우발자산

과거사건의 결과로 기업이 전적으로 통제할 수는 없는 하나 이상의 불확실한 미래 사건의 발생여부에 의하여서만 그 존재가 확인되는 잠재적 자산의 경우 상황별 인식 및 공시를 요약하면 다음과 같다.

경제적효익의 유입이 사실상 확실하다.	경제적효익의 유입가능성은 높지만 거의 확실하지는 않다.	경제적효익의 유입가능성이 높지 않다.
이 자산은 우발자산이 아니다.	어떠한 자산도 인식하지 않는다.	어떠한 자산도 인식하지 않는다.
	공시를 하여야 한다.	요구되는 공시사항이 없다.

제15장

다시 우발자산의 인식을 요약하면 다음과 같다.

금액추정가능성 / 자원유입가능성	신뢰성 있게 추정가능	추정불가능
가능성이 높음주)	우발자산으로 주석공시	우발자산으로 주석공시
가능성이 높지가 않음	공시하지 않음	공시하지 않음

주) 우발자산은 자산으로 인식하지 아니하고, 자원이 유입될 것이 거의 확실한 경우에는 그러한 상황변화가 발생한 기간에 관련 자산과 이익을 인식한다.

제3절 측 정

1. 최선의 추정치(best estimate)

(1) 의 의

충당부채로 인식하는 금액은 현재의무를 보고기간말에 이행하기 위하여 소요되는 지출에 대한 최선의 추정치이어야 한다(KIFRS1037-36).

현재의무를 이행하기 위하여 소요되는 지출에 대한 최선의 추정치는 보고기간말에 의무를 이행하거나 제3자에게 이전시키는 경우에 합리적으로 지급하여야 하는 금액이다. 보고기간말에 의무를 이행하거나 제3자에게 이전하는 것이 불가능하거나 과다한 비용이 소요되는 경우가 흔히 있다. 그러나 그러한 경우에도 의무를 이행하거나 이전시키기 위하여 합리적으로 지급하여야 할 금액의 추정액은 현재의 의무를 보고기간말에 이행하는 데 소요될 지출에 대한 최선의 추정치가 된다(KIFRS1037-37).

결과 및 재무적 효과의 추정은 유사한 거래에 대한 과거의 경험, 독립적인 전문가의 보고서 및 보고기간후사건에 의해 확인할 수 있는 추가적 증거 등을 종합적으로 고려하여 경영자가 판단한다(KIFRS1037-38). 충당부채의 법인세효과 및 변동은 기업회계기준서 제1012호 '법인세'에 따라 회계처리하므로 충당부채는 세전 금액으로 측정한다(KIFRS1037-41).

충당부채는 기대가치와 최빈치로 측정할 수 있다. 이에 대하여 설명한다.

(2) 기대가치로 측정

충당부채로 인식하여야 하는 금액과 관련된 불확실성은 상황에 따라 판단한다. 측정하고자 하는 충당부채가 다수의 항목과 관련되는 경우에 당해 의무는 모든 가능한 결과와 그와 관련된 확률을 가중평균하여 추정한다. 이러한 통계적 추정방법을 '기대가치'라고 한다. 따라서 특정금액의 손실이 발생할 확률(예를 들어, 60% 또는 90%)에 따라 충당부채로 인식하는 금액은 다르게 된다. 가능한 결과가 연속적인 범위 내에 분포하고 각각의 발생확률이 동일할 경우(uniform distribution)에는 당해 범위의 중간 값을 사용한다(KIFRS1037-39).

예제 15-1 | 최선의 추정치 – 기대가치기준

구입 후 첫 6개월 이내에 제조상 결함으로 인하여 발생하는 수선비용을 보장하는 보증서와 함께 재화를 판매하는 기업이 있다. 판매한 모든 생산품에서 중요하지 아니한 결함이 발생할 경우에는 1백만원의 수선비용이 발생한다. 판매한 모든 생산품에서 중요한 결함이 발생할 경우에는 4백만원의 수선비용이 발생한다. 기업의 과거경험 및 미래예상에 따르면 내년도에 판매될 재화 중에서 75%는 전혀 결함이 발생하지 아니하는 반면, 20%는 중요하지 아니한 결함, 나머지 5%는 중요한 결함이 발생할 것으로 예상된다.

≪물음≫

수선의무와 관련하여 충당부채로 인식할 금액을 기대가치로 계산하시오.

 해답

    수선비용의 기대가치 = (75%×0) + (20%×1백만원) + (5%×4백만원) = 400,000원

    [참고] 기업은 보증의무와 관련된 자원의 유출가능성을 판단할 때 당해 의무 전체에 대하여 판단한다.

(3) 최빈치(mode)로 측정

하나의 의무를 측정하는 경우에는 가장 가능성이 높은 단일의 결과(최빈치)가 당해 부채에 대한 최선의 추정치가 될 수 있으나, 그러한 경우에도 기타 가능한 결과들도 고려한다. 만약 기타 가능한 결과들이 가장 가능성이 높은 결과보다 대부분 높거나(**최빈치가 최저금액을 의미함**) 낮다면(**최빈치가 최고금액을 의미함**) 최선의 추정치도 높거나 낮은 금액일 것이다. 예를 들어, 고객을 위하여 건설한 주요 설비의 중대한 결함을 해결하여야 하는 경우에, 가장 가능성이 높은 결과는 한 차례의 시도로 1000원의 원가를 들여 수선하는 것이다. 그러나 추가 수선이 필요할 가능성이 높다면 보다 많은 금액을 충당부채로 인식하여야 한다(KIFRS1037-40).

> 최빈치가 양 극단인 경우 조정하여 적용한다. 즉, 양극단 최빈치는 적용할 수 없다.

 예제 15-2 | 최선의 추정치 – 최빈치

㈜한국석유화학은 인근 토지를 오염시켜 오염된 토지를 정화할 의무가 발생하였다. ㈜한국석유화학은 오염된 토지를 정화하는 비용을 추정하기 위하여 3개의 경제연구소에 의뢰한바 다음과 같은 결과를 얻었다.

제15장

정화비용별 확률			
정화비용	A연구소	B연구소	C연구소
₩10,000	15%	35%	10%
20,000	40%	30%	30%
30,000	25%	15%	25%
40,000	20%	20%	35%

㈜한국석유화학은 기대가치기준이외의 방법으로 충당부채를 측정한다고 가정하고 다음 물음에 답하시오.

≪물음≫

1. A연구소의 결과를 이용하여 정화비용 관련 충당부채로 인식할 금액을 계산하시오.
2. B연구소의 결과를 이용하여 정화비용 관련 충당부채로 인식할 금액을 계산하시오.
3. C연구소의 결과를 이용하여 정화비용 관련 충당부채로 인식할 금액을 계산하시오.

 해답

　1. ₩20,000　　　　　　　　2. ₩10,000보다 더 큰 금액

　3. ₩40,000보다 더 적은 금액

2. 위험과 불확실성

충당부채에 대한 최선의 추정치를 구할 때에는 관련된 사건과 상황에 대한 불가피한 위험과 불확실성을 고려한다(KIFRS1037-42). 위험은 결과의 변동성을 의미한다. 위험조정으로 인하여 측정되는 부채금액은 증가할 수 있다. 불확실한 상황에서는 수익 또는 자산을 과대 계상하거나 비용 또는 부채를 과소 계상하지 않도록 주의하여야 한다. 그러나 불확실성을 이유로 과도한 충당부채를 계상하거나 부채를 고의적으로 과대표시하는 것은 정당화되지 아니한다. 예를 들어, 특정한 부정적 결과에 대해 예상원가를 신중하게 추정하였다면 고의적으로 당해 결과의 발생가능성이 실제보다 더 높은 것처럼 회계처리해서는 안된다. 위험과 불확실성의 이중조정으로 인하여 충당부채가 과대 계상되지 아니하도록 주의하여야 한다(KIFRS1037-43).

3. 현재가치

화폐의 시간가치 효과가 중요한 경우 충당부채는 의무를 이행하기 위하여 예상되는 지출액의 현재가치로 평가한다(KIFRS1037-45). 화폐의 시간가치로 인하여 동일한 금액이라도 보고기간 후에 즉시 지급하는 충당부채의 부담이 더 늦게 지급하는 충당부채에 비하여 더 크다. 따라서 그 차이가 중요한 경우에는 현재가치로 평가한 금액으로 충당부채를 인식한다(KIFRS1037-46).

할인율은 부채의 특유 위험과 화폐의 시간가치에 대한 현행 시장의 평가를 반영한 세전 이율이다. 이 할인율에 반영되는 위험에는 미래 현금흐름을 추정할 때 고려된 위험은 반영하지 아니한다 (KIFRS1037-47). 현재가치로 평가한 충당부채의 할인율 변동효과를 주석공시 항목으로 규정하고 있는데, 이는 충당부채 평가시 현행 할인율을 적용[4]하도록 규정하는 것으로 판단된다.

4. 미래사건

현재의무를 이행하기 위하여 소요되는 지출 금액에 영향을 미치는 미래사건이 발생할 것이라는 충분하고 객관적인 증거가 있는 경우에는 그러한 미래사건을 감안하여 충당부채 금액을 추정한다(KIFRS1037-48).

충당부채를 측정하는 데 있어서 예상되는 미래사건은 특히 중요할 수 있다. 예를 들어, 내용연수 종료 후에 부담하여야 하는 오염지역의 정화에 필요한 원가는 미래의 기술변화에 따라 감소할 수 있다. 이 경우 부채 인식금액은 정화시점에 이용할 수 있는 기술에 대한 모든 이용가능한 증거를 기초로 하여 자격을 갖춘 독립적인 전문가의 합리적인 예측을 반영한다. 예를 들어, 현재 기술의 적용시 축적된 경험과 관련된 예상되는 원가감소나 과거에 수행된 것보다 광범위하고 복잡한 오염정화작업에 현재의 기술 적용시 예상되는 원가를 반영하는 것이 적절하다. 그러나 충분하고 객관적인 증거가 있지 아니하는 한 정화와 관련된 전혀 새로운 기술개발을 예상하여서는 아니 된다(KIFRS1037-49).

충분하고 객관적인 증거로 볼 때 새로운 법규가 제정될 것이 거의 확실시 된다면 당해 법규의 효과를 고려하여 충당부채를 측정한다. 실무에서 일어나는 수많은 상황들로 인하여 충분하고 객관적인 증거를 제공하는 단일 사건을 개별 상황마다 일일이 지정하는 것은 불가능하다. 따라서 새로운 법규가 요구하게 될 사항과 당해 법규가 적당한 시기 내에 제정되어 시행될 것이 거의 확실한지 여부에 대한 증거가 있어야 한다. 일반적으로 새로운 법규가 제정되기 전까지는 충분하고 객관적인 증거가 존재하지 아니한다(KIFRS1037-50).

5. 예상되는 자산처분

자산의 예상처분이익은 충당부채를 측정하는 데 고려하지 아니한다(KIFRS1037-51). 예상되는 자산처분이 충당부채를 발생시킨 사건과 밀접하게 관련되었더라도 당해 자산의 예상처분이익은 충당부채를

---

4) K-GAAP 제17호는 후속 측정시 당해 충당부채의 현재가치 평가에 사용한 할인율은 변동되지 않는 것으로 보고 당초에 사용한 할인율을 계속 적용하도록 규정하고 있다.

측정하는 데 고려하지 아니한다. 자산의 예상처분이익은 당해 자산과 관련된 회계처리를 다루고 있는
한국채택국제회계기준서에서 규정하고 있는 시점에 인식한다(KIFRS1037-52).

> **[CPA 2008, CCB 2010]**
>
> 충당부채를 발생시킨 사건과 밀접하게 관련된 자산의 처분차익이 예상되는 경우에 당해 처분차익은
> 충당부채금액을 측정하는 데 차감한다. (×)

예를 들어 구조조정과 관련하여 소요되는 비용이 ₩100,000이며, 구조조정에는 보유중인 토지(장부
금액 ₩50,000, 시가 ₩80,000)의 매각이 예정되어있다면 다음과 같이 회계처리한다.

대안	차변		대변		KIFRS
대안1	구조조정비용	70,000	구조조정충당부채	70,000	→ 채택 안 함
대안2	구조조정비용	100,000	구조조정충당부채	100,000	→ 채택함

구조조정과 관련 충당부채측정에 대하여 정리하면 다음과 같다.

처분대상	예상손익	충당부채측정
사람	해고비용	충당부채 측정에 포함
부동산	예상처분이익	충당부채 측정에 고려 안 함

제4절 충당부채의 변제, 변동, 사용

1. 충당부채의 변제(제3자에 의한 변제)

기업이 의무이행을 위하여 지급한 금액을 보험약정이나 보증계약 등에 따라 제3자가 보전하여 주거
나, 기업이 지급할 금액을 제3자가 직접 지급하는 경우가 있다(KIFRS1037-55). 이와 같이 충당부채를
결제하기 위하여 필요한 지출액의 일부 또는 전부를 제3자가 변제할 것이 예상되는 경우 기업이 의무를
이행한다면 변제를 받을 것이 거의 확실시 되는 때에 한하여 변제금액을 인식하고 별도의 자산으로 회
계처리한다. 다만, 자산으로 인식하는 금액은 관련 충당부채 금액을 초과할 수 없다(KIFRS1037-53).

대부분의 경우 기업은 전체 의무 금액에 대하여 책임이 있으므로 제3자가 변제할 수 없게 될 경우 당
해 전체 금액을 이행해야 할 책임을 진다. 이 경우 전체 의무금액을 충당부채로 인식하고 기업이 의무를
이행한다면 변제를 받을 것이 거의 확실시 되는 때에 한하여 당해 예상변제금액을 별도의 자산으로 인
식[5]한다(KIFRS1037-56).

---

5) 이와 같이 제3자가 변제할 금액을 충당부채와 별도로 인식하는 이유는 충당부채와 성격상 구별되는 변제에 대한 회계정
보를 별도로 제공할 필요가 있고, 변제의 다양한 조건과 불확실성 때문에 충당부채에서 직접 차감하게 되면 기업간 회계

충당부채와 관련하여 포괄손익계산서에 인식된 비용은 제3자의 변제와 관련하여 인식한 금액과 상계하여 표시할 수 있다(KIFRS1037-54).

제3자가 지급하지 아니하더라도 기업이 당해 금액을 지급할 의무가 없는 경우에는 충당부채에 포함하지 아니한다(KIFRS1037-57).

[APP 2010]

> 어떤 의무에 대하여 제3자와 연대하여 의무를 지는 경우 이행할 의무 중 회사가 이행할 것으로 기대되는 부분은 우발부채로 처리하고, 제3자가 이행할 것으로 기대되는 부분은 충당부채로 인식한다. (×)

어떤 의무에 대하여 제3자와 연대하여 의무를 지는 경우에 이행하여야 하는 전체의무 중에서 제3자가 이행할 것으로 기대되는 부분에 한하여 우발부채로 처리한다(KIFRS1037-58).

제3자에 의한 변제와 관련된 인식을 정리하면 다음과 같다.

변제가능성	현재의무가 존재함	현재의무 없음
확실함	• 재무상태표 : 별도의 자산으로 인식(총액주의) • 손익계산서 : 비용과 상계(순액주의)가능 • 관련 자산은 충당부채를 초과할 수 없음 • 변제액 주석공시	아무런 회계처리가 필요 없음
확실하지 않음	• 변제액은 자산으로 인식되지 않음 • 변제 가능성 주석 공시	

정리 15-3 제3자 변제에 대한 요약

충당부채를 결제하기 위하여 필요한 지출액의 일부 또는 전부를 제3자가 변제할 것이 예상되는 경우 상황별 인식 및 공시를 요약하면 다음과 같다.

제3자가 변제할 지출에 대해 어떠한 의무도 없다.	변제될 것으로 예상되는 금액에 대한 의무가 기업에게 있으며 충당부채를 이행하면 변제받을 것이 거의 확실하다.	변제될 것으로 예상되는 금액에 대한 의무가 기업에게 있으며 충당부채를 이행하면 변제받을 것이 거의 확실하지는 않다.
변제될 금액에 대해 어떠한 부채도 부담하지 않는다.	변제금액을 재무상태표에서 별도의 자산으로 인식하고 포괄손익계산서에서는 비용과 상계할 수 있다. 예상되는 변제에 대해 인식하는 자산의 금액은 관련 부채를 초과하지 않는다.	변제예상금액은 자산으로 인식하지 않는다.
요구되는 공시사항이 없다.	변제로 인식되는 금액 및 이와 관련된 사항을 공시한다.	변제예상금액을 공시한다.

제15장

정보의 비교가능성이 저해될 수 있기 때문이다.

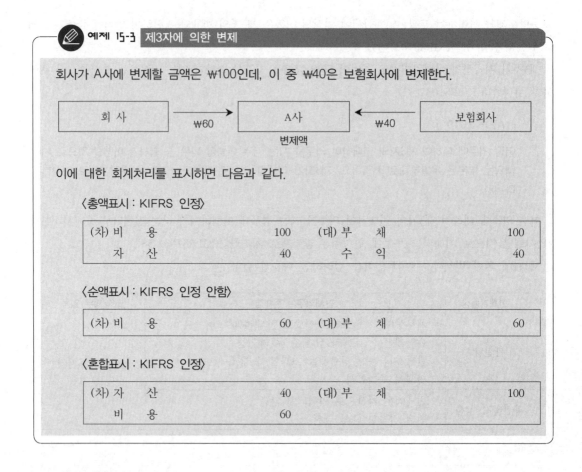

예제 15-3 제3자에 의한 변제

회사가 A사에 변제할 금액은 ₩100인데, 이 중 ₩40은 보험회사에 변제한다.

회 사		A사		보험회사
	→ ₩60	변제액	← ₩40	

이에 대한 회계처리를 표시하면 다음과 같다.

〈총액표시 : KIFRS 인정〉

(차) 비 용	100	(대) 부 채	100
자 산	40	수 익	40

〈순액표시 : KIFRS 인정 안함〉

(차) 비 용	60	(대) 부 채	60

〈혼합표시 : KIFRS 인정〉

(차) 자 산	40	(대) 부 채	100
비 용	60		

2. 충당부채의 변동

매 보고기간말마다 충당부채의 잔액을 검토하고, 보고기간말 현재 최선의 추정치를 반영하여 조정한다. 의무이행을 위하여 경제적 효익이 내재된 자원이 유출될 가능성이 더 이상 높지 아니한 경우에는 관련 충당부채를 환입한다(KIFRS1037-59). 유출가능성이 50%이하가 되는 경우의 회계처리는 다음과 같다.

(차) 충당부채	×××	(대) 충당부채환입	×××

충당부채를 현재가치로 평가하여 표시하는 경우에는 장부금액을 기간 경과에 따라 증가시키고 해당 증가 금액은 차입원가[6]로 인식한다(KIFRS1037-60). 이에 대한 회계처리는 다음과 같다.

(차) 차입원가	×××	(대) 충당부채	×××

---

6) 충당부채전입액이 아니라

3. 충당부채의 사용

충당부채는 최초 인식과 관련있는 지출에만 사용한다(KIFRS1037-61).

당초 충당부채에 관련된 지출에 대해서만 그 충당부채를 사용한다. 그 이유는 당초에 다른 목적으로 인식된 충당부채를 어떤 지출에 대하여 사용하게 되면 다른 두 사건의 영향이 적절하게 표시되지 않게 되기 때문이다(KIFRS1037-62).

제 5 절 인식과 측정기준의 적용

1. 미래의 예상 영업손실

미래의 예상 영업손실(future operating losses)은 충당부채로 인식하지 아니한다(KIFRS1037-63). 미래의 예상 영업손실은 부채의 정의에 부합하지 아니할 뿐만 아니라 충당부채의 인식기준을 충족시키지 못한다(KIFRS1037-64). 미래에 영업손실이 예상되는 경우에는 영업과 관련된 자산에 손상이 발생하였을 가능성이 있으므로 손상검사를 수행한다(KIFRS1037-65).

2. 손실부담계약

(1) 정 의

손실부담계약(onerous contract)은 계약상의 의무에 따라 발생하는 회피 불가능한 원가가 당해 계약에 의하여 얻을 것으로 기대되는 경제적 효익을 초과하는 계약이다(KIFRS1037-7).

> **손실 = 회피불가능원가 − 계약으로 기대되는 경제적 효익**
> 손실부담계약 : 위와 같은 손실을 초래하는 계약

여기서 회피 불가능한 원가(unavoidable cost)는 계약을 해지하기 위한 최소순원가로서 다음과 같이 계산된다(KIFRS1037-68).

> **회피불가능원가 = Min[①, ②]**
> ① 계약이행원가 : 계약을 이행하기 위하여 소요되는 원가
> ② 계약해지원가 : 계약을 이행하지 못하였을 때 지급하여야 할 보상금 또는 위약금

운용리스조건으로 임차한 자산을 더 이상 사용할 수 없게 되는 운용리스계약이 손실부담계약의 예가 된다. 이 경우 계약해지금지조건이 부과된 경우가 일반적이므로 해지시 위약금을 부담하여야 하기 때문에 해지시 계약해지원가가 발생한다.

제15장

(2) 회계처리

손실부담계약을 체결하고 있는 경우에는 관련된 현재의무를 충당부채로 인식하고 측정한다 (KIFRS1037-66). 손실부담계약에 대한 충당부채를 인식하기 전에 당해 손실부담계약을 이행하기 위하여 사용하는 자산에서 발생한 손상차손을 먼저 인식한다(KIFRS1037-69).

[CTA 2015]

손실부담계약을 체결하고 있는 경우에는 관련된 현재의무를 충당부채로 인식하지 않는다. (×)

 예제 15-4 손실부담계약 – 운용리스

㈜SDU는 20×1년 1월 1일 기계장치를 계약해지금지의 운용리스조건으로 임차하여 사용하다가 20×3년 1월 1일에 매출부진으로 앞으로 임차한 운용리스자산을 더 이상 사용하지 못할 것으로 예상하였다. 만일 ㈜A가 운용리스계약을 해지하면 잔여리스료의 현재가치의 60%를 위약금으로 리스제공자에게 지급하여야 한다. 동 리스는 매년말 ₩100,000씩 지급되며 리스기간은 20×5년 12월 31일에 종료된다. 리스에 적용될 내재이자율은 연 10%이며, 10% 3년 단일현가계수는 0.75130이고, 10% 3년 연금현가계수는 2.4868이다.
또한, 임차한 리스자산은 다른 회사에 재리스를 할 수 있는데 이 경우 재리스를 하면 3년간 매년말에 리스료로 ₩30,000을 받을 수 있다.

≪물음≫

㈜SDU가 20×1년 1월 1일에 손실부담계약과 관련하여 인식하여야할 충당부채금액을 계산하시오.

해답

회피불가능원가=Min[①, ②]=149,076
① 계약이행원가 : $(100,000 - 30,000) \times 2.4868 = 174,076$
② 계약해지원가 : $100,000 \times 2.4868 \times 60\% = 149,208$

충당부채금액=149,076 − 0 = 149,076

---

(3) 미이행계약

통상적인 구매주문과 같이 상대방에게 보상 없이 해약할 수 있는 계약은 아무런 의무가 발생하지 아니한다. 반면 당사자 간에 권리와 의무를 발생시키는 계약도 있으며 그런 계약이 특정 사건으로 인하여 손실부담계약이 될 경우 충당부채를 인식한다. 손실을 부담하지 아니하는 미이행계약은 충당부채기준서의 적용대상이 아니다(KIFRS1037-67).

미이행계약은 계약당사자 쌍방 모두가 계약상의 의무를 전혀 이행하지 아니하였거나 의무의 일부만을 동일한 정도로 이행한 계약을 말한다. 충당부채기준서는 미이행계약에는 적용하지 아니하되, 미이행계약이 손실부담계약인 경우에는 적용한다(KIFRS1037-3).

3. 구조조정

(1) 구조조정의 의의

구조조정은 경영진의 계획과 통제에 따라 사업의 범위 또는 사업수행방식을 중요하게 변화시키는 일련의 절차를 말한다(KIFRS1037-7).

구조조정의 정의에 해당할 수 있는 사건의 예는 다음과 같다(KIFRS1037-70).

① 일부 사업의 매각 또는 폐쇄
② 특정 국가 또는 특정 지역에 소재하는 사업체를 폐쇄하거나 다른 나라 또는 다른 지역으로 이전하는 경우
③ 특정 경영진 계층을 조직에서 없애는 등과 같은 조직구조의 변경
④ 영업의 성격과 목적에 중대한 변화를 초래하는 근본적인 사업구조조정

(2) 인식기준

구조조정과 관련된 충당부채는 일반적인 인식기준을 모두 충족하는 경우에만 인식한다. (KIFRS1037-71). 구조조정에 대한 의제의무는 다음의 요건을 모두 충족하는 경우에만 발생된다(KIFRS1037-72).

① 구조조정에 대한 공식적이며 구체적인 계획에 의하여 적어도 아래에 열거하는 내용을 모두 확인할 수 있어야 한다.
    ㉠ 구조조정 대상이 되는 사업 또는 사업의 일부
    ㉡ 구조조정의 영향을 받는 주사업장 소재지
    ㉢ 해고에 따른 보상을 받게 될 것으로 예상되는 종업원의 근무지, 역할 및 대략적인 인원
    ㉣ 구조조정에 소요되는 지출
    ㉤ 구조조정계획의 이행시기
② 기업이 구조조정 계획의 이행에 착수하였거나 구조조정의 주요 내용을 공표함으로써 구조조정의 영향을 받을 당사자가 기업이 구조조정을 이행할 것이라는 정당한 기대를 가져야 한다.

위의 구조조정충당부채의 인식기준을 그림으로 표시하면 다음과 같다.

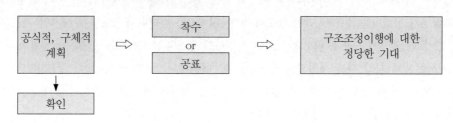

제15장

구조조정계획의 이행에 착수한 증거로 볼 수 있는 사례는 공장의 해체, 자산의 매각, 구조조정계획에 관한 주요 내용의 공표 등을 들 수 있다. 구조조정과 관련된 소비자, 공급자 및 종업원(또는 노동조합 대표)과 같은 당사자들이 기업이 구조조정을 이행할 것이라는 정당한 기대를 가지게 할 정도로 충분히 구체적인 구조조정계획(구조조정계획의 주요 내용을 포함)의 공표가 있는 경우에만 당해 구조조정과 관련된 의제의무가 발생한다(KIFRS1037-73).

영향을 받을 당사자에게 알려졌을 때 의제의무가 발생할 수 있는 충분한 구조조정계획이 되기 위해서는 당해 구조조정이 가능한 신속하게 착수될 수 있도록 계획되어야 하며 구조조정계획의 내용이 중요하게 변경될 여지가 없을 정도로 빠른 시기에 구조조정이 완결되어야 한다. 구조조정의 착수가 상당히 지연되거나 비합리적으로 장기간이 소요될 것으로 예상되는 경우에는 구조조정계획이 변경될 가능성이 있으므로 현재 기업이 구조조정을 이행할 것이라는 정당한 기대가 형성되었다고 볼 수 없다(KIFRS1037-74).

보고기간말 전에 경영진 또는 이사회가 구조조정계획을 수립하였더라도 보고기간말 전에 다음 중 적어도 하나에 해당하는 사건이 발생하지 아니하였다면 보고기간말에 의제의무가 발생하지 아니한 것으로 본다(KIFRS1037-75).

① 구조조정계획의 착수
② 구조조정의 영향을 받을 당사자가 기업이 구조조정을 이행할 것이라는 정당한 기대를 가질 정도로 구조조정계획의 주요 내용을 충분히 구체적으로 공표

의제의무는 경영진의 결정만으로 발생하지는 않지만 그런 결정 이전의 사건과 함께 고려하였을 때 발생할 수 있다. 예를 들어, 종업원 대표와 해고급여를 위한 협상이나 원매자와 사업매각을 위한 협상은 이사회의 승인을 조건으로 종결될 수 있다. 이사회의 승인을 얻고 당해 승인사실을 협상 상대방에게 전달하였으며 문단 72의 요건을 충족하는 경우에는 구조조정과 관련된 의제의무가 발생한 것으로 본다(KIFRS1037-76).

일부 국가에서는 경영진이 아닌 다른 이익단체(例 종업원)의 대표를 포함하여 구성된 이사회에 최종 권한이 주어지거나, 이사회의 결정이 이루어지기 전에 이익단체 대표에게 통보하는 것이 필요할 수 있다. 이런 경우 이사회의 결정은 이익단체 대표에 대한 의사전달을 수반하게 되므로 그 결정에 따라 구조조정에 대한 의제의무가 발생할 수 있다(KIFRS1037-77).

기업이 매각의 이행을 약정하기 전까지, 즉 구속력 있는 매각계약을 체결하기 전에는 사업매각과 관련된 의무가 발생하지 아니한다(KIFRS1037-78).

사업매각 결정을 하고 그 결정을 대외에 공표하더라도 원매자와 구속력 있는 매각계약을 체결할 때까지는 매각의 이행이 약정된 것이 아니다. 구속력 있는 매각계약을 체결할 때까지는 이미 내린 의사결정을 번복할 수도 있고 기업이 제시하는 조건에 맞는 원매자가 나타나지 않을 경우에 다른 방안을 강구할 수도 있기 때문이다. 구조조정의 일환으로 특정사업의 매각을 계획하는 경우 기업회계기준서 제1036호 '자산손상'에 따라 당해 사업과 관련된 자산에 대한 손상 여부를 검토한다. 사업매각이 구조조정의 한 부분인 경우에는 사업매각과 관련된 구속력 있는 계약을 체결하기 전이라도 구조조정의 다른 부분에서 의제의무가 발생할 수 있다(KIFRS1037-79).

(3) 구조조정충당부채로 인식할 수 있는 지출

구조조정충당부채(restructuring provision)로 인식할 수 있는 지출은 구조조정과 관련하여 직접 발생하여야 하고 다음의 요건을 모두 충족하여야 한다(KIFRS1037-80).

① 구조조정과 관련하여 필수적으로 발생하는 지출
② 기업의 계속적인 활동과 관련 없는 지출

다음과 관련하여 발생하는 지출은 미래의 영업활동과 관련된 것이므로 구조조정충당부채에 포함하지 아니한다(KIFRS1037-81).

① 계속 근무하는 직원에 대한 교육 훈련과 재배치
② 마케팅
③ 새로운 제도와 물류체제의 구축에 대한 투자

구조조정을 완료하는 날까지 발생할 것으로 예상되는 영업손실은 충당부채로 인식하지 아니한다. 단, 손실부담계약과 관련된 예상영업손실은 충당부채로 인식한다(KIFRS1037-82).

미이행계약과 예상영업손실을 충당부채로 인식여부를 정리하면 다음과 같다.

구 분	손실부담계약과 무관	손실부담계약과 관련
미이행계약(문단67)	충당부채인식 미인식	충당부채인식
예상영업손실(문단82)	충당부채인식 미인식	충당부채인식

구조조정의 일환으로 자산의 매각을 계획하는 경우라도 구조조정과 관련된 자산의 예상처분이익은 구조조정충당부채를 측정하는 데 반영하지 아니한다(KIFRS1037-83).

 예제 15-5 구조조정충당부채^(CPA 2007)

결산일이 12월 31일인 ㈜SDU는 비누제품 사업부를 폐쇄하기로 결정하고, 20x1년 12월 20일 이사회에서 구조조정계획을 승인한 후, 주요 내용을 구체적으로 공표하였다. 구조조정과 관련하여 예상되는 지출이나 손실은 다음과 같다.

- 해고직원들의 퇴직금 : ₩3,000,000
- 구조조정 완료시까지 예상되는 영업손실 : ₩2,000,000
- 구조조정 관련 자산 예상처분이익 : ₩700,000

≪물음≫
㈜DSU가 20×1년도 재무제표에 구조조정충당부채로 인식할 금액을 계산하시오.

제15장

해답

구 분	금액	구조조정충당부채
해고직원들의 퇴직금	₩3,000,000	₩3,000,000
구조조정 완료시까지 예상되는 영업손실	2,000,000	-
구조조정 관련 자산 예상처분이익	700,000	-
합 계	₩5,700,000	₩3,000,000

제 6 절 공 시

1. 유형별 공시

충당부채의 유형별로 다음의 내용을 공시한다. 비교표시 정보는 생략할 수 있다(KIFRS1037-84).

① 기초와 기말 장부금액
② 당기에 추가된 충당부채 금액(기존 충당부채의 증가금액 포함)
③ 당기에 사용된 금액(즉, 발생하여 충당부채에서 차감한 금액)
④ 당기에 환입된 금액
⑤ 현재가치로 평가한 충당부채의 기간 경과에 따른 당기 증가금액 및 할인율 변동에 따른 효과

또한, 충당부채의 유형별로 다음의 내용도 공시한다(KIFRS1037-85).

① 충당부채의 성격과 경제적 효익의 유출이 예상되는 시기
② 유출될 경제적 효익의 금액과 시기에 대한 불확실성 정도
③ 제3자에 의한 변제예상금액 및 그와 관련하여 인식한 자산 금액

2. 우발부채관련 공시

의무를 이행하기 위한 자원의 유출가능성이 아주 낮지 않는 한, 우발부채의 유형별로 당해 성격을 공시하고 실무적으로 적용할 수 있는 경우에는 다음의 내용을 공시한다(KIFRS1037-86).

① 재무적 영향의 추정금액
② 자원의 유출 금액 및 시기와 관련된 불확실성 정도
③ 변제의 가능성

3. 우발자산관련 공시

경제적 효익의 유입가능성이 높은 우발자산은 보고기간말에 당해 성격에 대한 간결한 설명을 공시하고 실무적으로 적용할 수 있는 경우에는 재무적 영향의 추정금액을 공시한다(KIFRS1037-89). 우발자산을 공시할 때에는 그로부터 수익이 발생할 가능성이 있다는 오해를 주지 않도록 주의한다(KIFRS1037-90).

4. 공시관련 유의사항

어떤 충당부채와 우발부채가 하나의 유형으로 통합될 수 있는지를 결정하는 데에 있어서 당해 항목의 성격이 물음을 충족하기 위하여 하나의 주석항목으로 기재될 수 있을 만큼 충분히 유사한지를 고려한다. 따라서 다양한 제품의 보증과 관련된 충당부채는 하나의 유형으로 통합하여 표시할 수 있으나 그러한 제품 보증과 관련된 것이더라도 법적 소송 중에 있는 것은 별도의 유형으로 분리하여 표시하는 것이 적정할 것이다(KIFRS1037-87). 동일한 상황과 관련하여 충당부채와 우발부채가 함께 발생되는 경우에는 당해 충당부채와 우발부채의 상호관계를 나타낼 수 있는 방식으로 규정한 사항을 공시한다(KIFRS1037-88).

우발부채와 우발자산 관련 정보 중에서 실무적인 이유로 공시하지 못한 사항이 있는 경우에는 당해 사실을 공시한다(KIFRS1037-91).

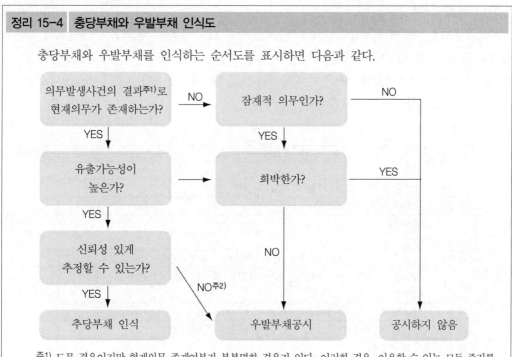

정리 15-4 충당부채와 우발부채 인식도

충당부채와 우발부채를 인식하는 순서도를 표시하면 다음과 같다.

주1) 드문 경우이지만 현재의무 존재여부가 불분명한 경우가 있다. 이러한 경우, 이용할 수 있는 모든 증거를 고려하여 보고기간말에 현재의무가 존재할 가능성이 존재하지 아니할 가능성 보다 높은 경우에는 과거 사건이 현재의무를 발생시킨 것으로 간주한다.
주2) 아주 드물게 발생함.

제15장

극히 드문 경우이지만 요구되는 모든 사항 또는 일부 사항을 공시하는 것이 당해 충당부채, 우발부채 및 우발자산과 관련하여 진행 중인 상대방과의 분쟁에 현저하게 불리한 영향을 미칠 것으로 예상되는 경우에는 그에 관한 공시를 생략할 수 있다. 다만, 당해 분쟁의 전반적인 성격과 공시를 생략한 사실 및 사유는 공시하여야 한다(KIFRS1037-92).

위와 같은 공시 예외사항에 대한 공시 사례를 제시하면 [정리 15-4]와 같다.

〈상황〉

기업이 특허권을 침해하였다고 주장하며 1억원의 손해배상을 청구한 경쟁회사와 분쟁 중에 있다. 기업은 최선의 추정치로 충당부채를 인식하였으나 기업회계기준서 제1027호의 문단 84와 85에서 요구하는 정보를 공시하지 않는다. 다음과 같은 정보를 공시한다.

〈공시내용〉

특허권을 침해했다고 주장하며 1억원의 배상을 청구한 경쟁회사와의 분쟁과 관련하여 소송이 진행 중입니다. 일반적으로는 기업회계기준서 제1037호 '충당부채, 우발부채 및 우발자산'에 따라 공시가 요구되는 정보이지만 그러한 정보가 소송결과에 현저하게 불리한 영향을 미칠 것으로 예상될 수 있기 때문에 공시하지 않았습니다. 회사의 이사들은 회사가 승소할 수 있을 것이라고 보고 있습니다.

5. 사례별 인식

사례에서 모든 기업의 회계연도 말은 12월 31일이다. 모든 경우에, 예상되는 유출금액에 대한 신뢰성 있는 추정이 가능한 것으로 가정한다. 일부 사례에서는 기술된 상황이 자산손상을 초래하였을 수도 있지만, 본 사례에서는 그러한 측면은 다루지 아니한다. 화폐의 시간가치 효과가 중요한 경우에는 언급된 '최선의 추정치'란 현재가치를 말한다.

○ **요약**

사례		충당부채 인식
사례 1	제품 보증	○
사례 2A	오염된 토지 : 법률 제정이 거의 확실한 경우	○
사례 2B	오염된 토지 : 의제의무	○
사례 3	해저유전	○
사례 4	환불정책	○
사례 5A	사업부의 폐쇄 : 보고기간말 전에 이행하지 않은 경우	×
사례 5B	사업부의 폐쇄 : 보고기간말 전에 사업부 폐쇄에 관하여 의사소통과 이행 착수를 한 경우	○
사례 6	법규정에 따른 매연여과장치 설치	×
사례 7	법인세 제도의 변경으로 인한 종업원 교육훈련	×
사례 8	손실부담계약	○
사례 9	단일보증	×, ○
사례 10	소송사건	×
사례 11A	수선원가 : 법률적인 물음이 아님	×
사례 11B	수선원가 : 법률적인 요구가 있는 경우	×

(사례 1) 제품보증

제조자는 제품을 판매하는 시점에 구매자에게 제품보증을 약속한다. 판매 후 3년 안에 제조상 결함이 명백한 경우 제조자는 판매 계약조건에 따라서 수선해 주거나 대체해 준다. 과거 경험에 비추어 보면 제품보증에 따라 일부 청구가 있을 가능성이 높다. 즉, 청구될 가능성이 청구되지 않을 가능성보다 높다.

- 과거 의무발생사건의 결과로 인한 현재의무 : 의무발생사건은 제품의 보증판매이며, 이는 법적의무를 발생시킨다.
- 당해 의무를 이행하기 위해 경제적효익을 갖는 자원의 유출 : 제품보증을 전체적으로 볼 때 가능성이 높다.
- 결론 : 충당부채는 보고기간말 전에 판매된 제품의 보증을 이행하는 원가에 대한 최선의 추정치로 인식된다.

(사례 2A) 오염된 토지 : 법률 제정이 거의 확실한 경우

기업은 석유사업을 영위하는 중이며 오염을 유발하고 있지만 사업이 운영되고 있는 특정 국가의 법률이 요구하는 경우에만 오염된 토지를 정화한다. 이러한 사업이 운영되고 있는 한 국가에서 오염된 토지를 정화하여야 한다는 법규가 제정되지 않았고, 기업은 몇 년에 걸쳐 그 국가의 토지를 오염시켜 왔었다. 이미 오염된 토지를 정화하는 것을 의무화하는 법률 초안이 연말 후에 곧 제정될 것이 20×0년 12월 31일 현재 거의 확실하다.

- 과거 의무발생사건의 결과로 인한 현재의무 : 토지 정화를 요구하는 법률 제정이 거의 확실하므로 의무발생사건은 토지의 오염이다.
- 당해 의무를 이행하기 위해 경제적효익을 갖는 자원의 유출 : 가능성이 높다.
- 결론 : 토지정화 원가에 대한 최선의 추정치로 충당부채를 인식한다.

(사례 2B) 오염된 토지와 의제의무

환경관련 법규가 없는 국가에서 기업이 오염을 유발하는 석유사업을 운영하고 있다. 그러나 기업은 사업을 운영하면서 오염시킨 토지를 정화할 의무를 부담한다는 환경정책을 대외적으로 표방하고 있다. 당해 기업은 대외에 표방한 그 정책을 준수한 사실이 있다.

- 과거 의무발생사건의 결과로 인한 현재의무 : 기업이 준수한 행위가 오염에 의해 영향을 받은 상대방에게 오염된 토지를 기업이 정화할 것이라는 정당한 기대를 가지도록 하기 때문에 토지오염은 의제의무를 발생시키며, 이는 의무발생사건이 된다.
- 당해 의무를 이행하기 위해 경제적효익을 갖는 자원의 유출 : 가능성이 높다.
- 결론 : 토지정화 원가에 대한 최선의 추정치로 충당부채를 인식한다.

(사례 3) 해저유전

기업은 해저유전을 운영하고 있으며, 그에 관한 면허계약에 의하면 석유 생산 종료시에는 유정굴착장치를 제거하고 해저를 원상 복구하여야 한다. 최종적인 원상 복구원가의 90%는 유정굴착장치를 제거

하고, 그 장치의 건설로 인해 발생한 해저손상부분을 원상 복구하는 데 관련된다. 나머지 10%의 원상 복구원가는 석유의 채굴로 인해 발생한다. 보고기간말에 굴착장치는 건설되었으나 석유는 채굴되지 않은 상태이다.

- 과거 의무발생사건의 결과로 인한 현재의무 : 유정굴착장치의 건설은 굴착장치 제거와 해저 원상 복구조건의 면허에 의해 법적의무를 발생시키므로 의무발생사건이다. 그러나 보고기간말에, 석유의 채굴로 인한 해저손상부분을 정화할 의무는 없다.
- 당해 의무를 이행하기 위해 경제적효익을 갖는 자원의 유출 : 가능성이 높다.
- 결론 : 유정굴착장치 제거 및 그 장치건설로 인한 해저손상부분의 원상 복구에 관련된 원가(최종 원가의 90%)에 대한 최선의 추정치로 충당부채를 인식한다. 이러한 원가는 유정굴착장치의 원가에 포함된다. 석유 채굴로 인하여 발생하는 나머지 10%의 원가는 석유를 채굴하는 때에 부채로 인식한다.

(사례 4) 환불정책

한 소매상은 고객이 제품에 만족하지 못한 경우에는 법적의무가 없더라도 환불을 해주는 정책을 견지하고 있다. 이러한 환불정책은 널리 알려져 있다.

- 과거 의무발생사건의 결과로 인한 현재의무 : 이러한 소매상의 행위로 인해 소매상이 판매한 제품을 환불해 줄 것이라는 정당한 기대를 고객이 가지게 되므로 제품판매는 의제의무를 발생시키는 의무발생사건이 된다.
- 당해 의무를 이행하기 위해 경제적효익을 갖는 자원의 유출 : 가능성이 높다. 일정비율의 제품이 반품되어 환불된다.
- 결론 : 환불원가에 대한 최선의 추정치로 충당부채를 인식한다.

(사례 5A) 사업부의 폐쇄 : 보고기간말 전에 이행하지 않은 경우

20×0년 12월 12일, 이사회에서 한 사업부를 폐쇄하기로 결정하였다. 보고기간말(20×0년 12월 31일) 전에 이러한 의사결정에 영향을 받는 당사자들에게 알리지 않았고 이러한 결정을 수행하기 위한 어떠한 절차도 수행되지 않았다.

- 과거 의무발생사건의 결과로 인한 현재의무 : 의무발생사건이 일어나지 않았고 따라서 아무런 의무가 없다.
- 결론 : 당부채를 인식하지 아니한다.

(사례 5B) 사업부의 폐쇄

보고기간말 전에 사업부 폐쇄에 관하여 의사소통과 이행착수를 한 경우

20×0년 12월 12일, 이사회는 특정한 제품을 생산하는 하나의 사업부를 폐쇄하기로 결정하였다. 20×0년 12월 20일에 사업부의 폐쇄를 위한 구체적인 계획에 대하여 이사회의 동의를 얻었고, 고객들에게 다른 제품공급처를 찾도록 촉구하는 서한을 보냈으며, 사업부의 종업원들에게는 감원이 통보되었다.

- 과거 의무발생사건의 결과로 인한 현재의무 : 사업부를 폐쇄하기로 하는 이사회의 결정사항을 알림으로써 고객과 종업원들에게 그에 대한 정당한 기대를 가지게 하므로, 결정사항을 알리는 것은 의무발생사건이 되며 그날부터 의제의무가 발생된다.
- 당해 의무를 이행하기 위해 경제적효익을 갖는 자원의 유출 : 가능성이 높다.
- 결론 : 20×0년 12월 31일, 사업부 폐쇄에 따른 원가에 대한 최선의 추정치로 충당부채를 인식한다.

(사례 6) 법규정에 따른 매연여과장치 설치

새로운 법규에 따라 20×1년 6월까지 매연여과장치를 공장에 설치하여야 한다. 기업은 지금까지 매연여과장치를 설치하지 않고 있다.

(1) 보고기간말인 20×0년 12월 31일 현재
- 과거 의무발생사건의 결과로 인한 현재의무 : 그 법규에 따르는 매연여과장치의 설치원가나 벌금에 대한 의무발생사건이 없으므로 의무는 존재하지 않는다.
- 결론 : 매연여과장치의 설치원가에 대해 충당부채를 인식하지 아니한다.

(2) 보고기간말인 20×1년 12월 31일 현재
- 과거 의무발생사건의 결과로 인한 현재의무 : 의무발생사건(매연여과장치 설치)이 발생하지 않았기 때문에 매연여과장치 설치원가에 대한 의무는 여전히 없으나 공장이 법규를 위반하는 의무발생사건이 발생하였기 때문에 법규에 따른 벌과금을 지급해야 하는 의무는 발생할 수 있다.
- 당해 의무를 이행하기 위해 경제적효익을 갖는 자원의 유출 : 법규위반으로 인한 벌과금이 발생할 가능성에 대한 평가는 법규의 구체적인 내용과 집행강도에 따라 다르다.
- 결론 : 매연여과장치 설치에 소요되는 원가에 대한 충당부채는 인식하지 않는다. 그러나 벌과금이 부과될 가능성이 그렇지 않을 가능성보다 높은 경우에는 이에 대한 최선의 추정치로 충당부채를 인식한다.

(사례 7) 법인세제도의 변경으로 인한 종업원 교육훈련

정부는 법인세 제도에 대한 많은 변경을 도입하였다. 이러한 변경으로 인하여 금융서비스 부분의 기업은 금융서비스규정의 지속적인 준수를 확보하게 하기 위해 다수의 관리 종업원과 판매 종업원을 교육훈련할 필요가 있을 것이다. 보고기간말 현재 종업원에 대해 어떠한 교육훈련도 하지 않고 있다.

- 과거 의무발생사건의 결과로 인한 현재의무 : 의무발생사건(교육훈련)이 발생하지 않았으므로 의무는 없다.
- 결론 : 충당부채를 인식하지 아니한다.

(사례 8) 손실부담계약

운용리스에 따라 리스하고 있는 공장을 수익성 있게 운영하여 오다가 20×0년 12월 중에 새로운 공장으로 영업장소를 이전하게 되었다. 기존 공장에 대한 리스기간은 이후 4년간 계속되고 취소할 수 없으며 당해 공장을 다른 이용자에게 재임대할 수도 없다.

- 과거 의무발생사건의 결과로 인한 현재의무 : 법적의무를 발생시키는 리스계약 체결이 의무발생 사건이 된다.
- 당해 의무를 이행하기 위해 경제적효익을 갖는 자원의 유출 : 리스가 손실부담계약이 되는 경우, 경제적효익을 갖는 자원이 유출될 가능성이 높다(리스가 손실부담계약이 될 때까지는 그 리스를 기업회계기준서 제1017호 '리스'에 따라 회계처리 한다).
- 결론 : 회피 불가능한 리스료에 대한 최선의 추정치로 충당부채를 인식한다.

(사례 9) 단일보증

20×0년 12월 31일에 기업 A는 그 당시 재무상태가 안정적인 기업 B의 일부 차입금에 대해 보증을 제공하였다. 20×1연도에 기업 B의 재무상태가 악화되어 기업 B는 20×1년 6월 30일 채권자로부터의 보호를 위한 절차를 신청하였다.

이 계약은 기업회계기준서 제1104호 '보험계약'에서의 보험계약의 정의를 충족하지만 기업회계기준 서 제1039호 '금융상품 : 인식과 측정'의 금융보증계약의 정의 또한 충족하기 때문에 기업회계기준서 제 1039호의 적용범위에 해당한다. 만일 발행자가 당해 계약을 보험계약으로 간주한다는 것을 사전에 명백히 하고 보험계약에 적용 가능한 회계처리를 하였다면, 그 발행자는 이러한 금융보증계약에 대해 기업회계기준서 제1039호나 기업회계기준서 제1104호를 선택하여 적용할 수 있다. 기업회계기준서 제1104호는 최소한의 특정 물음을 충족하는 경우에는 발행자가 기존의 회계정책을 보험계약에 계속 적용하는 것을 허용한다. 또한 기업회계기준서 제1104호는 특정 기준을 충족하는 회계정책 변경을 허용한다. 다음의 사례는 기업회계기준서 제1039호의 적용범위에 해당하는 금융보증계약에 대한, 기업회계기준서 제1104호에 따라 허용되고 또한 기업회계기준서 제1039호의 규정을 준수하게 되는 회계정책에 해당한다.

(1) 20×0년 12월 31일
- 과거 의무발생사건의 결과로 인한 현재의무 : 보증을 제공하는 것은 법적의무를 발생시키므로 보증의 제공은 의무발생사건이 된다.
- 당해 의무를 이행하기 위해 경제적효익을 갖는 자원의 유출 : 20×0년 12월 31일, 효익의 유출 가능성이 높지 않다.
- 결론 : 이 보증은 공정가치로 인식한다.

(2) 20×1년 12월 31일
- 과거 의무발생사건의 결과로 인한 현재의무 : 보증을 제공하는 것은 법적의무를 발생시키므로 보증의 제공은 의무발생사건이 된다.
- 당해 의무를 이행하기 위해 경제적효익을 갖는 자원의 유출 : 20×1년 12월 31일, 당해 의무를 이행하기 위하여 경제적효익을 갖는 자원이 유출될 가능성이 높다.
- 결론 : 보증은 후속적으로 다음 중 큰 금액으로 측정된다.
  ① 의무에 대한 최선의 추정치
  ② 최초 인식금액에서, 적절한 경우, 기업회계기준서 제1018호 '수익'에 따른 상각누계액을 차감한 금액

(사례 10) 소송사건

20×년에 피로연 후에 10명이 사망하였는데, 기업이 판매한 제품에서 식중독이 일어났을 가능성이 있다. 기업에게 손해배상을 청구하는 법적절차가 시작되었으나, 기업은 그러한 책임에 대해 이의를 제기하였다. 법률전문가는 20×0년 12월 31일로 종료하는 연차재무제표의 발행승인일까지는 기업의 책임이 밝혀지지 않을 가능성이 높다고 조언하였다. 그러나 20×1년 12월 31일로 종료하는 연차재무제표를 작성할 때에는 법률전문가는 상황의 진전에 따라 기업이 책임지게 될 가능성이 높다고 조언하였다.

(1) 20×0년 12월 31일
- 과거 의무발생사건의 결과로 인한 현재의무 : 재무제표가 승인되는 시점에 이용가능한 증거에 근거하여 볼 때 과거 사건에 따른 의무는 없다.
- 결론 : 충당부채를 인식하지 아니한다. 유출될 가능성이 희박하지 않다면 그러한 사항을 우발부채로 공시한다.

(2) 20×1년 12월 31일
- 과거 의무발생사건의 결과로 인한 현재의무 : 이용가능한 증거에 근거하여 볼 때 현재의무가 존재한다.
- 당해 의무를 이행하기 위해 경제적효익을 갖는 자원의 유출 : 가능성이 높다.
- 결론 : 의무를 이행하기 위한 금액에 대한 최선의 추정치로 충당부채를 인식한다.

(사례 11) 수선유지

어떤 자산은 일상적인 유지 외에도 몇 년 마다 대수선 및 주요 부품의 교체를 위해 상당한 지출이 요구된다. 기업회계기준서 제1016호 '유형자산'은 각 구성요소가 다른 내용연수를 가진 경우 또는 다른 형태로 효익을 제공하는 경우에 자산에 대한 지출금액을 각 구성요소에 배분하는 지침을 제시한다.

(사례 11A) 수선원가 : 법률적인 물음이 아님

기술적인 이유로 5년마다 대체할 필요가 있는 내벽을 갖고 있는 용광로가 있다. 보고기간말에 이 내벽은 3년 동안 사용되었다.

- 과거 의무발생사건의 결과로 인한 현재의무 : 현재의무는 없다.
- 결론 : 충당부채를 인식하지 아니한다.
- 보고기간말에는 내벽을 교체하는 의무는 기업의 미래행위에 대해 독립적으로 존재하지 아니하므로 내벽의 교체원가는 인식하지 아니한다. 그러한 지출여부는 용광로를 그대로 계속 운영할 것인지 아니면 내벽을 교체할 것 인지에 대한 기업의 의사결정에 달려 있다. 충당부채로 인식하는 대신에 5년에 걸쳐 감가상각을 하는 것이 내벽의 사용을 반영해준다. 그러한 내벽교체 원가는 자본화하고 각각 새로운 내벽의 사용에 따라 후속 5년간에 걸쳐 감가상각을 한다.

(사례11B) 수선원가 : 법률적인 요구가 있는 경우

항공사는 법률에 따라 항공기를 3년에 한 번씩 분해수리하여야 한다.

제15장

- 과거 의무발생사건의 결과로 인한 현재의무 : 현재의무는 없다.
- 결론 : 충당부채를 인식하지 아니한다.
- 사례 11A에서 설비교체 원가에 대해 충당부채를 인식하지 않았던 것과 같은 이유로 항공기 분해수리 원가도 충당부채를 인식하지 않는다. 기업이 미래에 항공기를 매각하는 등의 미래행위로써 미래지출을 회피할 수 있으므로 기업의 미래행위에 대해 독립적인 의무는 존재하지 않기 때문에 법률적 물음인 분해수리원가에 대해 부채를 발생시키지 않는다. 충당부채로 인식하는 대신 유지원가의 미래 발생을 반영한다. 즉, 예상되는 유지원가에 상당하는 금액을 3년에 걸쳐 감가상각한다.

제7절 판매보증충당부채

기업이 판매한 제품의 결함에 대하여 사후적인 수리 등을 보증한 경우를 판매보증(제품보증, product warranty)이라고 한다. 판매보증에 대한 회계처리방법을 요약하면 다음과 같다.

판매보증에 대한 회계처리방법을 요약하면 다음과 같다.

표 15-1 • 판매보증에 대한 회계처리방법

구 분		내 용
현금기준법		판매보증행위가 이루어지는 시점에서 비용처리
발생기준법	보증비용인식법(발생법)	보증용역에서는 수익이 창출되지 않는다고 본다.
	보증수익인식법(이연법)	보증용역에서는 수익이 창출된다고 본다.

(1) 보증비용인식법

보증용역에 대하여는 수익이 창출되지 않는다고 보아, 제품의 판매가격 전액을 수익으로 인식하고, 제품판매로부터 발생할 판매보증비용을 추정하여 판매보증비용과 판매보증충당부채를 인식하는 방법이다.

판매보증을 한 기업은 판매한 제품으로 인해 사후적으로 부담이 예상되는 보증비용에 충당하기 위하여 판매보증충당부채를 설정한다.

(2) 보증수익인식법

판매보증을 제공하는 제품판매에서 발생하는 수익에는 제품매출과 보증용역수익이 있다고 본다. 제품판매가격 중 용역수익에 해당하는 부분은 제품매출로 인식하지 아니하고 이연처리된 후에 보증용역이 제공되는 시점에서 보증수익으로 인식하는 방법이다.

표 15-2 • 회계처리 비교

거래시점	보증비용인식법				보증수익인식법			
	차변		대변		차변		대변	
① 제품판매	현　금	×××	매　출	×××	현　금	×××	매　출	×××
							이연판매보증수익	×××
② 결산시	판매보증비	×××	판매보증충당부채	×××	－ 분개없음 －			
③ 보증비발생	판매보증충당부채	×××	현　금	×××	판매보증비	×××	현　금	×××
					이연판매보증수익	×××	판매보증수익	×××

 예제 15-6 보증비용인식법과 보증수익인식법

㈜다빈자동차는 20×1년에 자동차를 대당 ₩2,000에 300대를 현금판매하였다. 자동차는 3년간 무상보증을 받을 수 있으며, 과거경험상 대당 ₩80의 보증비용이 발생한다고 추정된다. 20×1년에 실제 발생된 보증비용은 ₩7,000이다. 보증용역에서 수익이 발생한다면 대당 ₩100의 보증수익이 제품판매가격에 포함되었다고 본다.

≪물음≫

1. 보증비용인식법으로 관련된 회계처리(분개)를 하시오.
2. 보증수익인식법으로 관련된 회계처리(분개)를 하시오.

해답

1. 보증비용인식법

일자	차변		대변	
제품판매시	현　금	600,000	매　출	600,000
	판매보증비	24,000 [*1]	판매보증충당부채	24,000
실제보증비 발생시	판매보증충당부채	7,000	현　금	7,000

　　*1. 300대 × ₩80 ＝ ₩24,000

2. 보증수익인식법

일자	차변		대변	
제품판매시	현　금	600,000	매　출	570,000
			이연판매보증수익	30,000
실제보증비 발생시	판매보증비	7,000	현　금	7,000
	이연판매보증수익	8,750	판매보증수익	8,750 [*1]

　　*1. 7,000÷(80/100)＝8,750

제15장

예제 15-7 판매보증충당부채

20×1년에 설립하여 제품판매를 시작한 ㈜다빈은 판매제품에 대하여 3년간 제품보증을 하고 있다. 과거 제품보증자료에 의하면 보증비용은 매출한 해에 3%, 다음해에 4% 그 다음해에 2%로 추정된다. 지난 3년간 매출액과 실제 제품보증과 관련된 비용은 다음과 같다.

	매 출 액	실제 제품보증비
20×1년	₩200,000	₩10,000
20×2년	400,000	18,000
20×3년	500,000	23,000

≪물음≫

1. 20×3년 손익계산서에 표시할 판매보증비용을 계산하시오.
2. 20×3년 말 재무상태표에 표시할 판매보증충당부채잔액을 계산하시오.
3. 20×3년 관련 회계처리(분개)를 하시오. 단, 보증비는 현금으로 지출된다고 가정한다.

 해답

1. 20×3년 판매보증비용＝500,000 × (3% ＋ 4% ＋ 2%)＝₩45,000

2. 20×3년말 판매보증충당부채잔액
   ＝(200,000 ＋ 400,000 ＋ 500,000) × 9% － (10,000 ＋ 18,000 ＋ 23,000)
   ＝₩48,000

3. 20×3년 관련분개

〈실제 판매보증비 지출〉

(차) 판매보증충당부채	23,000	(대) 현 금	23,000

〈충당부채 인식〉

(차) 판매보증비	45,000	(대) 판매보증충당부채	45,000

연습문제

문제 15-1 충당부채, 우발부채 및 우발자산 전반(진위형)

> 기업회계기준서 제1037호 인 충당부채, 우발부채 및 우발자산에 근거하여 맞으면 'ㅇ' 틀리면 'x' 표시하시오.

01. 이용할 수 있는 모든 증거를 고려하여 보고기간말에 현재의무가 존재할 가능성이 존재하지 아니할 가능성보다 높은 경우에는 과거사건이 현재의무를 발생시킨 것으로 간주한다.

02. 미래영업을 위하여 발생하게 될 비용에 대하여는 충당부채를 인식하지 아니한다.

03. 법에서 정하는 환경기준을 충족시키기 위해서 또는 상업적 압력 때문에 공장에 특정 정화장치를 설치하기 위한 비용지출을 계획하고 있거나 그런 비용지출이 필요한 경우에는 당해 지출은 충당부채로 인식한다.

04. 현재의무를 발생시키는 과거사건을 의무발생사건이라고 한다. 의무발생사건이 되기 위해서는 당해 사건으로부터 발생된 의무를 이행하는 것 외에는 실질적인 대안이 없어야 한다.

05. 불법적인 환경오염으로 인한 범칙금이나 환경정화비용의 경우에는 충당부채를 인식한다.

06. 현재의무를 이행하기 위하여 소요되는 지출 금액에 영향을 미치는 미래사건이 발생할 것이라는 충분하고 객관적인 증거가 있는 경우에는 그러한 미래사건을 감안하여 충당부채 금액을 추정한다.

07. 충분하고 객관적인 증거로 볼 때 새로운 법규가 제정될 것이 거의 확실시 된다면 당해 법규의 효과를 고려하여 충당부채를 측정한다.

08. 자산의 예상처분이익은 충당부채를 측정하는 데 고려하지 아니한다.

09. 충당부채를 결제하기 위하여 필요한 지출액의 일부 또는 전부를 제3자가 변제할 것이 예상되는 경우 기업이 의무를 이행한다면 변제를 받을 것이 거의 확실시 되는 때에 한하여 제3자 변제금액을 충당부채와 상계처리한다.

10. 충당부채와 관련하여 포괄손익계산서에 인식된 비용은 제3자의 변제와 관련하여 인식한 금액과 상계하여 표시할 수 있다.

제15장

11. 의무이행을 위하여 경제적 효익이 내재된 자원이 유출될 가능성이 더 이상 높지 아니한 경우에는 관련 충당부채를 환입한다.

12. 미래의 예상 영업손실은 충당부채로 인식한다.

13. 당초 충당부채에 관련된 지출에 대해서만 그 충당부채를 사용한다.

14. 우발자산을 공시할 때에는 그로부터 수익이 발생할 가능성이 있음을 공시하여야 한다.

15. 기업이 매각의 이행을 약정하기 전까지, 즉 구속력 있는 매각계약을 체결하기 전에는 사업매각과 관련된 의무가 발생하지 아니한다.

16. 요구되는 모든 사항 또는 일부 사항을 공시하는 것이 당해 충당부채, 우발부채 및 우발자산과 관련하여 진행 중인 상대방과의 분쟁에 현저하게 불리한 영향을 미칠 것으로 예상되는 경우에는 그에 관한 공시를 생략할 수 있다.

17. 매 보고기간말마다 충당부채의 잔액을 검토하고, 보고기간말 현재 최선의 추정치를 반영하여 조정한다.

18. 손실부담계약은 계약상의 의무에 따라 발생하는 회피 불가능한 원가가 당해 계약에 의하여 얻을 것으로 기대되는 경제적 효익을 초과하는 계약이다. 여기서 회피 불가능한 원가는 계약이행원가와 계약해지원가 중 큰 금액으로 계산된다.

19. 손실부담계약에 대한 충당부채를 인식하기 전에 당해 손실부담계약을 이행하기 위하여 사용하는 자산에서 발생한 손상차손을 먼저 인식한다.

20. 하나의 의무를 측정하는 경우에는 가장 가능성이 높은 단일의 결과가 당해 부채에 대한 최선의 추정치가 될 수 있으며, 그러한 경우에 기타 가능한 결과들은 고려하지 아니한다.

해답

01	02	03	04	05	06	07	08	09	10
○	○	×	○	○	○	○	○	×	○

11	12	13	14	15	16	17	18	19	20
○	×	○	×	○	○	○	×	○	×

03. 법에서 정하는 환경기준을 충족시키기 위해서 또는 상업적 압력 때문에 공장에 특정 정화장치를 설치하기 위한 비용지출을 계획하고 있거나 그런 비용지출이 필요한 경우에는 공장운영방식을 바꾸는 등의 미래행위를 통하여 미래의 지출을 회피할 수 있으므로 당해 지출은 현재의무가 아니며 충당부채도 인식하지 아니한다(KIFRS1037-19).

09. 충당부채를 결제하기 위하여 필요한 지출액의 일부 또는 전부를 제3자가 변제할 것이 예상되는 경우 기업이 의무를 이행한다면 변제를 받을 것이 거의 확실시 되는 때에 한하

여 변제금액을 인식하고 별도의 자산으로 회계처리한다. 다만, 자산으로 인식하는 금액은 관련 충당부채 금액을 초과할 수 없다(KIFRS1037-53).

12. 미래의 예상 영업손실은 충당부채로 인식하지 아니한다(KIFRS1037-63)

14. 우발자산을 공시할 때에는 그로부터 수익이 발생할 가능성이 있다는 오해를 주지 않도록 주의한다(KIFRS1037-90).

18. 큰 금액 → 작은 금액 (KIFRS1037-68)

20. 하나의 의무를 측정하는 경우에는 가장 가능성이 높은 단일의 결과가 당해 부채에 대한 최선의 추정치가 될 수 있으나, 그러한 경우에도 기타 가능한 결과들도 고려한다. (KIFRS1037-40).

문제 15-2 충당부채

12월 결산법인인 ㈜서울은 계속적인 판매부진으로 구조조정을 실시하려 한다. 다음은 20×2년에 실시할 구조조정 등과 관련된 내용이다.

- 40% 인원 감축에 따라 지급될 퇴직위로금이 ₩50,000으로 추산된다.
- 장부금액이 ₩100,000이 본사건물을 매각하면 ₩130,000을 매각대금으로 회수 할 수 있을 것으로 예상된다.
- 20×2년 영업손실은 ₩15,000으로 예상된다.
- 사용중인 운용리스 설비는 더 이상 사용할 수 없게 되었다. 운용리스 해지시 ₩15,000을 지출해야 하며, 잔여운용리스료의 현재가치는 ₩10,000이다.

㈜서울의 이사회는 20×1년 말에 상기와 같은 구조조정 계획을 발표하고 이행에 착수하였다.

≪물음≫

1. ㈜서울이 20×1년 12월 31일에 재무상태표에 충당부채로 인식할 금액의 총액을 계산하시오.
2. 손실부담계약에 대하여 약술하시오.

해답

1.

구조조정비용		₩50,000
손실부담계약	Min[15,000, 10,000] =	10,000
합 계		₩60,000

2. 손실부담계약은 계약상의 의무이행에서 발생하는 회피 불가능한 원가가 그 계약에 의하여 받을 것으로 기대되는 경제적 효익을 초과하는 당해 계약을 말한다. 여기서 회피 불가능한 원가가 당해 계약에 의하여 얻을 것으로 기대되는 경제적 효익을 초과하는 계약을 말하며, 계약을 해지하기 위한 최소순원가로서 계약을 이행하기 위하여 소요되는 원가와 계약을 이행하지 못하였을 때 지급하여야 할 보상금 또는 위약금 중 작은 금액을 말한다.

문제 15-3 충당부채

> 기업회계기준서 제1037호인 충당부채와 우발부채·우발자산에 따라 다음에 답하시오.

≪물음≫

1. ㈜양천건설은 수주한 공사를 완성한 이후에 하자보수를 한번(₩3,000,000 소요)에 그칠 확률이 10%이고 2회(₩5,000,000)에 걸쳐 하자보수할 확률이 30%, 3회(₩8,000,000)가 40%, 4회 이상 (₩10,000,000)이 20%로 추정된다. 하자보수는 2년 후에 실시되며, 만기가 2년인 회사의 신용위험을 반영한 조정금리를 가산하여 산출한 이자율은 10%이고, 회사의 세율은 20%이다. 충당부채의 금액을 최빈치(mode)로 추정하는 경우 충당부채금액을 계산하고, 부분 재무상태표에 충당부채를 표시하시오. 단, 현가계수는 다음과 같다.

	2년, 단일현가계수	2년, 연금현가계수
8%	0.8573	1.7833
10%	0.8264	1.7355

2. ≪물음1≫에서 충당부채의 금액을 최빈치(mode)이외의 다른 방법으로 추정하여 계산하시오.

3. 다음 빈칸에 각 사례에 대하여 충당부채를 인식하여야 하는 경우에는 'ㅇ'를, 충당부채를 인식하지 않은 경우에는 '×'를 각각 표시하시오.

사례	충당부채 인식 여부
법적의무가 없는 대수선의 경우	①
법적의무가 있는 대수선의 경우	②
법적의무가 있는 오염토지 복구의 경우	③
의제의무가 있는 오염토지 복구의 경우	④

🖥️ **해답**

1. 충당부채 : 8,000,000 × 0.8264(단일계수 10%, 2기간) = ₩6,611,200

   〈부분 재무상태표에 표시〉

   하자보수충당부채 ₩6,611,200

2. **기대치 기준으로 계산**

   충당부채의 명목가치 = 3,000,000 × 0.1 + 5,000,000 × 0.3 + 8,000,000 × 0.4 + 10,000,000 × 0.2

   　　　　　　　　　 = ₩7,000,000

   충당부채의 현재가치 = ₩7,000,000 × 0.8264(단일계수 10%, 2기간) = ₩5,748,800

3. ① ×　　② ×　　③ ○　　④ ○

제16장 | 지분상품(자본)

제1절 개요

1. 자본의 일반개념

자본은 기업실체의 자산총액에서 부채총액을 차감한 잔여액 또는 순자산으로서 기업실체의 자산에 대한 소유주의 청구권을 말한다. 다음과 같은 용어는 자본과 동일한 의미로 사용된다.

- 소유자지분 또는 주주지분 : 기업의 자산에 대한 주주의 청구권
- 잔여지분[1] : 지분 − 채권자지분
- 순자산 : 자산 − 부채
- 자기자본 : 총자본[2](자산) = 타인자본(부채) + 자기자본(자본)

자본은 평가의 대상이 아니다. 재무상태표에 표시되는 자본의 총액은 회계기준에 의해 자산 및 부채를 인식, 측정함에 따라 종속적으로 결정된다.

따라서 재무상태표상의 자본의 총액은 주식의 시가총액과는 일치하지 않는 것이 일반적이다. 회사가 보유하고 있는 자기주식에 대하여 기말에 자기주식을 시가로 평가하지 않는 이유가 바로 자본은 평가대상이 아니기 때문이다.

K-GAAP에 의하면 자본은 자본금, 자본잉여금, 자본조정, 기타포괄손익누계액 및 이익잉여금으로 구분된다. 여기서 자본금, 자본잉여금 및 자본조정은 자본거래의 잔액이고, 기타포괄손익누계액과 이익잉여금은 손익거래의 잔액이다. 자본 구성을 표시하면 다음과 같다.

---

1) 잔여지분과 잔여지분이론과는 구분하여야 한다. 잔여지분이론에서의 잔여지분은 보통주지분만을 의미하므로, 주주지분에서 우선주지분을 차감한 것이 된다. (회계주체이론 참조)
2) 자본이 타인자본인 부채를 포함하는 개념으로 사용되기도 하지만, 이러한 경우 자본은 총자본이라고 하여 소유주지분인 자기자본과 구분하여 사용하는 것이 일반적이다.

자본거래	Ⅰ. 자 본 금	보통주자본금, 우선주자본금
	Ⅱ. 자본잉여금	주식발행초과금, 감자차익, 자기주식처분이익 등
	Ⅲ. 자 본 조 정	자기주식, 주식선택권 등
손익거래	Ⅳ. 기타포괄손익누계액	매도가능금융자산평가손익, 해외사업환산손익, 파생상품평가손익(현금흐름위험회피회계) 등
	Ⅴ. 이익잉여금	법정적립금, 임의적립금, 미처분이익잉여금

기업회계기준서에는 자본의 분류 및 자본의 개별항목에 대한 별도의 규정이 없다. 다만, 기업회계기준서 제1001호 '재무제표 표시'의 실무적용지침에 있는 재무제표 표시의 예시에 의하면 자본을 납입자본, 이익잉여금 및 기타자본구성요소로 구분하고 있다. 이 또한 예시에 불과하므로 자본은 다양하게 분류(분류의 유연성)될 수 있다고 본다. K-GAAP과 K-IFRS의 자본분류를 연결하면다음과 같다.

K-GAAP의 자본 중분류	K-IFRS의 자본 중분류
1. 자본금	1. 납입자본 또는 자본금
2. 이익잉여금	2. 이익잉여금
3. 자본잉여금	
4. 자본조정	3. 기타자본구성 또는 기타적립금
5. 기타포괄손익누계액	

2. 지분상품 개념(K-IFRS)

지분상품(equity instrument)은 기업[3]의 자산에서 모든 부채를 차감한 후의 잔여지분을 나타내는 모든 계약을 말한다(KIFRS1032-11). 확정 금액의 현금 등 금융자산을 대가로 확정 수량의 자기지분상품을 발행하거나 매입할 의무는 지분상품이다. 지분상품의 예는 다음과 같다(KIFRS1032-AG13).

① 중도상환이 불가능한 보통주(non-puttable ordinary shares)
② 일부 유형의 우선주
③ 보유자에게 확정 금액의 현금 등 금융자산을 대가로 확정 수량의 중도상환이 불가능한 발행자의 보통주를 청약이나 매입으로 취득할 수 있는 권리를 부여한 주식매입권이나 매도콜옵션(written call option)

그러나 이러한 계약에 기업이 현금 등 금융자산을 지급할 의무가 포함되는 경우 상환금액의 현재가치에 해당하는 금융부채가 발생한다. 주주에 배분하기로 한 공식적인 행위에 따라 주주에 대한 법적 의무가 성립되는 경우에는, 중도상환이 불가능한 보통주의 발행자도 부채를 부담하게 된다. 이러한 경우의 예

제16장

---

3) '기업'은 개인, 파트너십, 회사, 신탁 및 정부기관을 포괄하는 의미이다(KIFRS1032-14).

로는 ① 배당을 선언한 경우 또는 ② 기업이 청산을 진행하여 부채를 상환한 이후 잔여재산을 주주들에게 배분할 수 있는 경우를 들 수 있다(KIFRS1032-AG13).

매입콜옵션(purchased call option)이나 이와 유사한 계약으로서 확정 금액의 현금 등 금융자산을 인도하는 대가로 확정 수량의 자기지분상품을 재매입하는 권리를 부여하는 계약은 기업의 금융자산이 아니며, 이러한 계약의 대가로 지급한 금액은 자본에서 차감한다(KIFRS1032-AG14).

금융상품의 발행자는 계약의 실질과 정의에 따라 최초인식시점에 금융상품이나 금융상품의 구성요소를 금융자산, 금융부채 또는 지분상품으로 분류하여야 한다(KIFRS1032-15).

금융상품의 발행자의 경우, 다음의 두 가지 조건을 모두 충족하는 금융상품만이 지분상품이다(KIFRS1032-16).

① 다음의 계약상 의무를 포함하지 아니한다.
　　㉠ 거래상대방에게 현금 등 금융자산을 인도하기로 하는 계약상 의무
　　㉡ 발행자에게 잠재적으로 불리한 조건으로 거래상대방과 금융자산이나 금융부채를 교환하는 계약상 의무
② 자기지분상품으로 결제하거나 결제할 수 있는 계약으로서, 다음 중 하나에 해당한다.
　　㉠ 변동가능한 수량의 자기지분상품을 인도할 계약상 의무가 없는 비파생상품
　　㉡ 확정 수량의 자기지분상품에 대하여 확정 금액의 현금 등 금융자산의 교환을 통해서만 결제할 파생상품. 이 경우에 자기지분상품을 미래에 수취하거나 인도하기 위한 계약 자체는 자기지분상품에 해당하지 않는다[4].

3. 이자, 배당, 손익의 회계처리(K-IFRS)

(1) 개 요

지분상품에 발생하는 손익 등은 다음과 같이 회계처리한다(KIFRS1032-35).

- 기업이 지분상품의 보유자에게 일정 금액을 배분하는 경우, 그 배분금액을 자본에서 직접 차감한다.
- 자본거래의 거래원가는 자본에서 직접 차감한다.

지분상품의 보유자에 대한 배분과 자본거래의 거래원가와 관련된 법인세는 기업회계기준서 제1012호 '법인세'에 따라 회계처리한다(KIFRS1032-35A).

금융상품의 분류결과(금융부채 또는 지분상품)에 따라 당해 금융상품과 관련하여 발생하는 이자, 배당, 손익이 당기손익으로 반영되는지가 결정된다(KIFRS1032-36).

---

[4] 계약상 의무(파생금융상품에서 발생하는 계약상 의무를 포함한다)에 따라 자기지분상품을 미래에 수취하거나 인도하는 결과가 발생하더라도, 위 ①과 ②의 조건을 충족하지 않는 계약상 의무는 지분상품이 아니다.

- 지분상품의 상환 또는 차환은 자본의 변동으로 인식한다.
- 지분상품의 공정가치 변동은 재무제표에 인식하지 아니한다[5].

(2) 지분상품의 거래원가

일반적으로 자기지분상품을 발행하거나 취득하는 과정에서 다양한 원가가 발생한다. 이러한 원가는 등록 및 기타 감독과 관련된 수수료, 법률, 회계 및 기타 자문수수료, 주권인쇄비 및 인지세 등을 포함한다. 이러한 지분상품의 거래원가 중 당해 자본거래가 없었다면 회피가능하고 당해 자본거래에 직접 관련되어 발생한 증분원가에 대해서는 자본에서 차감하여 회계처리한다. 다만, 중도에 포기한 자본거래의 원가는 비용으로 인식한다(KIFRS1032-37).

회계기간에 자본에서 차감하여 회계처리한 거래원가의 금액은 기업회계기준서 제1001호에 따라 별도로 공시한다(KIFRS1032-39).

제2절   주식발행의 회계처리

1. 할인발행 및 할증발행

주식의 발행은 발행금액과 액면금액을 비교하여 발행금액이 액면금액을 초과하면 할증발행, 발행금액이 액면금액에 미달하면 할인발행, 발행금액과 액면금액이 일치하면 액면발행으로 분류한다. 주식을 발행하는 경우 액면금액에 해당하는 금액은 자본금으로 표시하고, 할증발행의 경우에는 액면금액을 초과하는 발행금액은 주식발행초과금(자본잉여금계정)으로, 할인발행의 경우에는 액면금액에 미달하는 발행금액은 주식할인발행차금(자본조정 차감계정)으로 표시된다. 주식의 할증발행과 할인발행의 회계처리는 다음과 같다.

〈할증발행〉

(차) 현 금	×××	(대) 자 본 금	×××
		주식발행초과금	×××

〈할인발행〉

(차) 현 금	×××	(대) 자 본 금	×××
주식할인발행차금	×××		

---

5) 지분상품은 자산 또는 부채의 평가에 의하여 종속적으로 결정되기 때문이다.

주의할 점은 주식의 할증발행뿐만 아니라 주식의 할인발행도 자본의 실질적 증가를 가져온다는 것이다. 여기서 자본의 실질적 증가란 자본총액이 증가함을 말한다.

주식을 발행하는 경우 주주모집광고비, 주권인쇄비, 금융기관수수료 등 주식발행비용이 발생한다. 이러한 주식발행비용은 주식의 발행금액에서 차감된다. 따라서 액면금액으로 주식으로 발행하더라도 주식발행비가 발생[6]하면 발행금액이 액면금액에 미달하여 주식할인발행차금이 표시된다.

2. 주식청약에 의한 주식발행

주식청약(stock subscription)이란 투자자가 주식의 인수에 따른 계약금을 지불하고 나머지 잔액은 미래의 일정시점에서 지불할 것을 서명·날인하는 것을 말한다.

(1) 주식청약에 대한 견해

이러한 주식청약에 대하여 다음과 같이 두 개의 견해가 대립되고 있다.

구 분	내 용
미이행계약으로 보는 견해	청약에 관련된 계약은 쌍방이 미이행계약상태이므로 주금이 완납되어 주권이 발행되기 전에는 이 계약을 인식하지 않아야 한다. 따라서 청약시 수령한 계약금에 대하여 현금을 차기하고 신주청약증거금을 대기하는 회계처리만 한다.
회계사상으로 보는 견해	주식청약은 회계사상으로 인식할 요건을 충족하였기 때문에 증자거래가 발생하는 회계처리를 하여야 한다. 따라서 청약시 자본금계정이 대기된다.

(2) K-GAAP의 규정

K-GAAP에서는 청약기일이 경과된 신주청약증거금중 신주납입금으로 충당될 금액은 자본조정에 표시토록 규정하고 있어 미이행계약적 견해를 따르고 있다. 주식청약과 관련된 회계처리는 다음과 같다.

거래시점		차변		대변	
청약	→	현 금	×××	신주청약증거금	×××
완납	→	현 금	×××	자 본 금	×××
		신주청약증거금	×××	주식발행초과금	×××

청약기일이 경과된 신주청약증거금 중 신주납입금으로 충당될 금액은 신주납입금 납입일의 익일에 자본금 등으로 대체한다. 또한, 신주인수권자의 신주인수권 행사로 신주를 발행하는 경우 신주인수권자가 주금을 납입하는 시점에서 재무제표의 자본금으로 계상한다.

---

6) 현실적으로 주식발행비는 발생한다.

예제 16-1 청약에 의한 주식발행

㈜다인은 신규투자자금을 조성하기 위하여 신주발행을 결정하였다. 회사는 주당액면금액이 ₩5,000인 보통주 100주를 주당 ₩9,000에 청약받는다고 증권시장에 공표하였다. 청약조항에 의하면 청약금의 20%를 청약시에 납입하고, 2개월 후에 잔금을 불입하도록 되어있다. 100주 모두 청약되고 잔금도 모두 납입되었다. 잔금이 납입되는 날에 주식이 발행되었다.

≪물음≫
청약시와 잔금 납입시의 회계처리(분개)를 다음 견해에 따라 표시하시오.

1. 미이행계약으로 보는 견해
2. 회계사상으로 보는 견해

 해답

1. 미이행계약으로 보는 견해

거래시점	차변		대변	
청약	현 금	180,000 *1	신주청약증거금	180,000
완납	현 금	720,000	보통주자본금	500,000
	신주청약증거금	180,000	주식발행초과금	400,000

*1. 100주 × 9,000/주 × 0.2 = 180,000

2. 회계사상으로 보는 견해

거래시점	차변		대변	
청약	현 금	180,000	주식청약자본금	500,000
	주식청약미수금	720,000	신주청약증거금	400,000
완납	현 금	720,000	주식청약미수금	720,000
	주식청약자본금	500,000	보통주자본금	500,000

제16장

3. 보통주와 우선주의 일괄발행

보통주와 우선주를 일괄하여 발행하는 경우에는 다음과 같은 비례법(proportional method) 또는 증분법(incremental method)으로 금액을 결정한다.

① 비례법 : 시가로 안분
② 증분법 : 시가를 알 수 없는 주식 = 총발행금액 − 각 주식의 시가 합

예제 16-2 보통주와 우선주의 일괄발행

㈜다인은 액면금액이 ₩5,000인 보통주식 200주와 액면금액이 ₩5,000인 우선주식 100주를 ₩2,300,000에 일괄발행하였다.

≪물음≫

다음의 경우에 보통주식과 우선주식의 발행금액을 각각 계산하고, 발행관련 분개를 하시오.

1. 보통주의 주당시가가 ₩9,000이고, 우선주의 주당시가가 ₩6,000인 경우
2. 보통주의 주당시가가 ₩9,000이지만, 우선주의 주당시가는 알 수 없는 경우

해답

1. 비례법

구 분	주식수	주당시가	시가총액	비율	배분액
보통주	200	9,000	1,800,000	75%	1,725,000
우선주	100	6,000	600,000	25%	575,000
합 계			2,400,000	100%	2,300,000

〈분개〉

(차) 현 금	2,300,000	(대) 보통주자본금	1,000,000
		우선주자본금	500,000
		주식발행초과금(보통주)	725,000
		주식발행초과금(우선주)	75,000

2. 증분법

보통주식 배분액 = 200 × 9,000 = 1,800,000
우선주식 배분액 = 2,300,000 − 1,800,000 = 500,000

〈분개〉

(차) 현 금	2,300,000	(대) 보통주자본금	1,000,000
		우선주자본금	500,000
		주식발행초과금	800,000

제3절 자기주식

1. 본 질

자기주식은 아직 소각되지 않은 것이며 재발행(또는 매각)될 수 있다는 점에서 상환된 주식과는 다르며, 기발행주식을 취득하였다는 점에서 미발행주식과 다른 것이다. 자기주식에 대하여 자산으로 보는 견해와 미발행주식으로 보는 견해가 대립되고 있다.

(1) 자산으로 보는 견해

1) 주장근거

- 자기주식을 처분하면 현금이 유입되기 때문에 자기주식이 미래의 경제적 효익을 제공한다. 즉, 자기주식은 처분시 현금이 유입되므로 다른 유가증권과 동일하게 자산으로 처리하여야 한다.

2) 한계점

- 자기주식을 자산으로 보는 경우 회사가 자산의 일부를 소유하는 모순이 발생한다.
- 자기주식을 처분하면 현금이 유입될 수 있지만 단순히 처분가능성만으로 자기주식이 미래의 경제적 효익을 제공한다고는 보는 것은 무리가 있다.

(2) 미발행주식으로 보는 견해

1) 주장근거

- 자기주식은 의결권이 부여되지 아니하며, 신주인수권도 없기 때문에 자산으로 볼 수 없다.
- 회사가 자기 자신의 일부를 소유한다고 보는 것은 타당하지 않다.
- 자기주식의 처분가능성만으로 경제적 효익을 제공한다고 보기는 어렵다.

K-IFRS에서는 "자기주식은 자본에서 차감한다"고 규정하고 있어 미발행주식으로 보는 견해를 따르고 있다. 즉, 자기주식의 자산성은 어떠한 경우에도 인정하지 않는다.

제16장

2. K-IFRS 규정

자기주식(treasury shares)은 기업이 자기지분상품(own equity instruments)을 재취득하는 경우 이러한 지분상품을 말한다. 자기주식은 다음과 같이 회계처리한다.

- 자기주식은 자본에서 차감한다(KIFRS1032-33).

- 기업이나 연결실체 내의 다른 기업이 이러한 자기주식을 취득하여 보유하는 경우 지급하거나 수취한 대가는 자본에서 직접 인식한다(KIFRS1032-33).

  즉, 자기지분상품은 취득한 이유에 관계없이 금융자산으로 인식할 수 없다(KIFRS1032-AG36).

- 금융회사가 고객을 대신하여 자기지분상품을 보유하고 있는 것과 같이 타인을 대신하여 자기지분상품을 보유하고 있는 경우에는 기업이 대리인으로서의 역할을 수행한 것이므로 취득한 자기지분상품을 재무상태표에 포함하지 않는다(KIFRS1032-AG36).

- 자기지분상품을 매입 또는 매도하거나 발행 또는 소각하는 경우의 손익은 당기손익으로 인식하지 아니한다(KIFRS1032-33).

- 보유하는 자기주식의 금액은 재무상태표나 주석에 별도로 공시한다. 기업이 자기지분상품을 특수관계자에게서 재취득한 경우에는 기업회계기준서 제1024호 '특수관계자 공시'에 따라 공시한다(KIFRS1032-34).

3. 자기주식거래에 대한 회계처리

자기주식은 자본에서 차감표시된다. 자기주식은 취득원가로 표시되며, 원칙적으로 원가법에 기초하고 있다. 자기주식처분시 회계처리는 다음과 같다.

구 분	내 용
① 처분금액 〉 자기주식금액	차액을 자기주식처분이익으로 하여 자본잉여금에 표시한다. 자기주식처분손실이 있는 경우 상계후 잔액으로 표시된다.
② 처분금액 〈 자기주식금액	차액을 자기주식처분손실로 하여 자본조정(차감계정)에 표시한다. 자기주식처분이익이 있는 경우 상계후 잔액으로 표시된다.

관련 과목의 분류는 다음과 같다.

- 자기주식 : 자본차감계정
- 자기주식처분이익 : 자본잉여금
- 자기주식처분손실 : 자본차감계정

자기주식의 취득, 처분 및 소각의 회계처리는 다음과 같다.

구분	세구분	회계처리			
		차변		대변	
(1)취득		→ 자기주식	×××	현　　금	×××
(2)처분	처분금액 〉 취득원가 （현금）　（자기주식）	→ 현　　금	×××	자기주식 자기주식처분이익	××× ×××
	처분금액 〈 취득원가 （현금）　（자기주식）	→ 현　　금 자기주식처분이익 자기주식처분손실	××× ××× *1 ××× *2	자기주식	×××
		*1. 잔액이 있는 경우에 계상한다. *2. 자기주식처분이익과 먼저 상계한 후 잔액으로 한다.			
(3)소각	액면금액 〉 취득원가 （자본금）　（자기주식）	→ 자 본 금	×××	자기주식 감자차익	××× ×××
	액면금액 〈 취득원가 （자본금）　（자기주식）	→ 자 본 금 감자차익 감자차손	××× ××× *1 ××× *2	자기주식	×××
		*1. 잔액이 있는 경우에 계상한다. *2. 감자차익과 먼저 상계한 후 잔액으로 한다.			

 예제 16-3 자기주식의 처분과 소각

㈜다빈의 20×1년 주식발행 및 자기주식거래 내역은 다음과 같다.

- 20×1년 2월 1일 : 100주를 주당 ₩7,000에 발행(액면 ₩5,000)하다.
- 20×1년 3월 1일 : 자기주식 3주를 주당 ₩8,000에 취득하다.
- 20×1년 4월 1일 : 자기주식 1주를 주당 ₩9,000에 처분하다.
- 20×1년 5월 1일 : 자기주식 1주를 주당 ₩6,000에 처분하다.
- 20×1년 7월 1일 : 자기주식 1주를 소각하다.

≪물음≫

상기 거래를 회계처리(분개)하시오.

제16장

해답

일자	차변		대변	
3. 1	자기주식	24,000	현　금	24,000
4. 1	현　금	9,000	자기주식	8,000
			자기주식처분이익	1,000
5. 1	현　금	6,000	자기주식	8,000
	자기주식처분이익	1,000		
	자기주식처분손실	1,000		
7. 1	자본금	5,000	자기주식	8,000
	감자차손	3,000		

　자기주식도 재고자산과 마찬가지로 원가흐름에 대한 가정(선입선출법, 후입선출법, 총평균법, 이동평균법 등)이 필요하다. 기업회계기준에는 자기주식의 원가흐름에 대한 가정 즉, 단가산정방법에 대하여 명시적인 규정이 없다.

예제 16-4　자기주식의 원가흐름가정

㈜다빈은 20×1년 12월 31일에 200주(액면 ₩5,000)를 주당 ₩5,000에 발행하면서 설립된 회사이다.

다음은 ㈜다빈의 20×2년 자기주식거래 내역이다.

- 20×2년 3월 1일 : 자기주식 30주를 주당 ₩7,000에 취득하였다.
- 20×2년 4월 1일 : 자기주식 30주를 ₩8,000에 취득하였다.
- 20×2년 5월 1일 : 자기주식 40주를 ₩8,500에 처분하였다.
- 20×2년 7월 1일 : 자기주식 10주를 ₩5,500에 처분하였다.
- 20×2년 9월 1일 : 자기주식 10주를 소각하였다.

㈜다빈은 자기주식의 매각시 선입선출법에 따라 회계처리하고 있다.

《물음》

상기 거래를 회계처리(분개)하시오.

해답

일자	차변		대변	
3. 1	자기주식	210,000	현 금	210,000
4. 1	자기주식	240,000	현 금	240,000
5. 1	현 금	340,000	자기주식	290,000 *1
			자기주식처분이익	50,000
7. 1	현 금	55,000	자기주식	80,000
	자기주식처분이익	25,000		
9. 1	자 본 금	50,000	자기주식	80,000
	감자차손	30,000		

*1. 7,000 × 30 + 8,000 × 10 = 290,000

참고 16-1 자기주식회계처리방법 : 원가법과 액면금액법

자기주식의 회계처리방법에는 원가법과 액면금액법이 있다. 원가법에서는 자기주식의 취득목적이 처분에 있다고 보며, 자기주식을 처분하는 경우에 처분손익을 계산하기 위하여 자기주식을 취득원가로 표시한다. 액면금액법에서는 자기주식의 취득목적이 소각에 있다고 보아, 자기주식 취득시에 소각과 유사한 분개(단, 공식적인 소각이 아니어서 자본금은 감소되지 아니한다. 대신에 자기주식이 계상된다)가 이루어지며, 자기주식은 자본금과 동일하게 액면금액으로 표시된다. 한국채택국제회계기준에서는 원가법을 채택하고 있다.

구 분	내 용	비 고
원가법	자기주식을 취득원가로 표시	한국채택국제회계기준
액면금액법	자기주식을 액면금액으로 표시	

Ⅰ. 원가법

원가법의 기본가정은 다음과 같다.

• 단일거래개념 : 취득과 처분(재발행)은 연속된 거래이다.
• 취득목적 : 처분(재발행)

원가법에 의한 취득, 처분 및 소각의 회계처리는 다음과 같다.

구분	세구분	회계처리			
		차변		대변	
① 취득		→ 자기주식	×××	현　금	×××
② 처분 (재발행)	처분금액 〉 취득원가 (현금)　　(자기주식)	→ 현　금	×××	자기주식 자기주식자본잉여금	××× ×××
	처분금액 〈 취득원가 (현금)　　(자기주식)	→ 현　금 자기주식자본잉여금 이익잉여금	××× ×××[1] ×××[2]	자기주식	×××
		[1]. 잔액이 있는 경우에 계상한다. [2]. 자기주식자본잉여금이 부족한 경우에 계상한다.			
③ 소각	최초발행금액 〉 취득원가 (자본금＋주발초)　(자기주식)	→ 자 본 금 주식발행초과금	××× ×××	자기주식 자기주식자본잉여금	××× ×××
	최초발행금액 〈 취득원가 (자본금＋주발초)　(자기주식)	→ 자 본 금 주식발행초과금 이익잉여금	××× ××× ×××[1]	자기주식	×××
		[1]. 취득원가 − 최초발행금액			

Ⅱ. 액면금액법

• 이중거래개념 : 취득과 처분(재발행)은 독립(별개)된 거래이다.
• 취득시 : 주식소각거래
• 처분시 : 신주발행거래
• 취득목적 : 소각

액면금액법에 의한 취득, 처분 및 소각의 회계처리는 다음과 같다.

구분	세구분	회계처리			
		차변		대변	
① 취득	최초발행금액 〉 취득원가 (자기주식+주발초) (현금)	→ 자기주식 주식발행초과금	××× ×××	현 금 자기주식자본잉여금	××× ×××
	최초발행금액 〈 취득원가 (자기주식+주발초) (현금)	→ 자기주식 주식발행초과금 이익잉여금	××× ××× ×××*1	현 금	×××

*1. 취득원가 – 최초발행금액

② 처분 (재발행)	처분금액 〉 액면금액 (현금) (자기주식)	→ 현 금	×××	자기주식 주식발행초과금	××× ×××
	처분금액 〈 액면금액 (현금) (자기주식)	→ 현 금 자기주식자본잉여금 이익잉여금	××× ×××*1 ×××*2	자기주식	×××

*1. 잔액이 있는 경우에 계상한다.
*2. 자기주식자본잉여금이 부족한 경우에 계상한다.

③ 소각		→ 자 본 금	×××	자기주식	×××

회계처리방법별 중점거래는 다음과 같다.

주식 발행	→	자기주식 취득	소각목적	액면금액법	→	소각	중요문제 : 취득시 회계처리
			처분목적	원 가 법		처분	중요문제 : 처분시 회계처리

[point] 원가법은 처분시, 액면금액법은 취득시가 핵심적인 회계처리 사항이다.

4. 자기주식거래의 영향

자기주식의 취득과 처분시 분개는 다음과 같다.

거래시점	차변		대변	
자기주식의 취득	자기주식	×××	현 금	×××
자기주식의 처분	현 금	×××	자기주식 자기주식처분손익	××× ×××

취득된 자기주식은 자본에서 차감표시, 주당이익계산시 유통주식수를 감소시키는 결과를 초래한다. 이러한 자기주식거래가 미치는 영향을 정리하면 다음의 표와 같다.

표 16-1 • 자기주식거래의 영향

구 분	자본	부채비율	순운전자본	주당이익
자기주식의 취득	감소	증가(← 자본감소)	감소(← 현금감소)	증가(← 분모감소)
자기주식의 처분	증가	감소(← 자본증가)	증가(← 현금증가)	감소(← 분모증가)

5. 자기주식의 무상수증

자기주식은 취득금액으로 인식하는데 자기주식을 무상으로 수증한다면 취득에 따른 자산의 유출이나 부채의 부담이 발생하지 아니하므로 자기주식으로 인식할 금액은 없다. 무상으로 취득한 자산의 취득원가는 공정가치로 인식한다. 그러나 자기주식은 자산이 아닌 자본의 차감항목이다. 자본은 자산에서 부채를 차감한 잔여자산으로서, 자본항목 자체는 평가의 대상이 아니다. 따라서 자기주식의 무상수증시에는 별도의 회계처리가 필요하지 아니하며 주석으로 그 내용을 공시한다. 무상수증자기주식을 처분하는 경우에는 처분에 따른 현금 등의 유입액에서 처분직접비용을 차감한 잔액을 자기주식처분이익으로 인식한다. 이에 대한 회계처리는 다음과 같다.

〈자기주식의 무상수증〉
– 분개없음

〈무상수증 자기주식 처분〉

(차) 현 금	×××	(대) 자기주식처분이익	×××[*1]

[*1]. 자기주식처분이익 = 처분금액 – 처분비용

 예제 16-5 자기주식의 무상수증

㈜다인의 대주주는 회사의 투자재원을 마련하기 위하여 회사주식 100주(주당액면금액 ₩5,000, 시가 ₩7,000)를 20×1년 3월 27일에 회사에 기부하였다. 회사는 11월 7일에 동 주식을 주당 ₩8,000에 전부 처분하였다. 처분 시 수수료 ₩10,000을 지급하였다.

≪물음≫
20×1년 3월 27일과 11월 27일의 회계처리(분개)를 하시오.

 해답

1. 3월 27일 : 분개 내용 없음
2. 11월 27일

(차) 현 금	790,000	(대) 자기주식처분이익	790,000[*1]

[*1]. 8,000 × 100 – 10,000 = 790,000

제 4 절 자본잉여금

1. 과목 및 인식

자본잉여금에는 주식발행초과금, 감자차익, 자기주식처분이익, 전환권대가, 신주인수권대가 등이 있다.

구 분	내 용
주식발행초과금	주식발행금액이 액면금액을 초과하는 경우 그 초과하는 금액이다.
감자차익	자본감소의 경우에 소각된 주식의 액면금액이 주식의 소각, 주금의 반환에 요한 금액과 결손의 보전에 충당한 금액을 초과한 때에 그 초과금액으로 한다.
자기주식처분이익	자기주식처분금액 - 자기주식취득원가
전환권대가	전환사채의 발행금액에서 전환권이 없는 일반사채의 공정가치를 차감한 금액이다.
신주인수권대가	신주인수권부사채의 발행금액에서 신주인수권이 없는 일반사채의 공정가치를 차감한 금액이다

일반기업회계기준에 의하면 자본잉여금의 (−)표시를 인정하지 아니하고, 자본잉여금이 (−)인 "부의 자본잉여금"은 자본조정에 표시토록 규정하고 있다.

자본잉여금		자본조정(−)	회계처리
주식발행초과금	↔	주식할인발행차금	발생순서에 관계없이 상계후 잔액으로 표시한다. 즉, 자본거래와 손익거래 구분원칙이 임시계정 (자본조정(-))의 조기 정리보다 우선한다.[7]
감자차익	↔	감자차손	
자기주식처분이익	↔	자기주식처분손실	

자본잉여금	←	자본조정(−)	→	미처분이익잉여금
자본잉여금과 상계가능 (1순위)	구현	잉여금구분원칙	위배	이익잉여금처분하여 상각 (2순위)

제16장

자본거래에서 발생한 자본잉여금과 손익거래에서 발생한 이익잉여금은 구분표시되어야 하는데 그 구분표시의 중요한 이유는 다음과 같다.

---

7) 예를 들면, 주식발행초과금이 ₩1,000이 있는 상태에서, 주식할인발행차금 ₩1,500이 발생하면, 주식할인발행차금 ₩1,000과 주식발행초과금 ₩1,000이 상계되어, 주식할인발행차금 ₩500만 자본조정에 표시된다. 또한, 주식할인발행차금 ₩1,000이 있는 상태에서 주식발행초과금 ₩1,500이 발생하면, 주식발행초과금 ₩1,000과 주식할인발행차금 ₩1,000이 상계되어, 주식발행초과금 ₩500만 자본잉여금에 표시된다. 따라서 관련 계정이 동시에 표시되지 않는다.

- 배당가능이익과 배당불가능잉여금에 관한 정보를 구분 공시한다. 즉, 배당가능잉여금은 손익거래에서 발생한 이익잉여금으로 제한된다.
- 자본유지에 충실하기 위해서 구분이 중요하다. 자본거래에서 발생한 잉여금은 배당가능재원으로 사용하게 되면 자본의 충실을 도모할 수 없게 된다. 따라서 자본거래는 자본잉여금으로 처리하여 배당가능재원으로 사용하는 것을 방지하여야 한다.
- 이익 처분시 우선순위에 관한 정보를 제공한다.

자본잉여금은 다음과 같은 요인에 의하여 감소한다.

- 무상증자
- 결손보전
- 주식할인발행차금, 감자차손, 자기주식처분손실과 상계
- 청산배당

자기주식의 처분금액이 취득금액을 초과하는 경우에 그 차액을 자기주식처분이익으로 계상된다. 자기주식처분이익은 이후에 계상되는 자기주식처분손실과 상계되어 소멸된다. 자기주식거래에서 자본잉여금은 증가 또는 감소할 수 있으나, 이익잉여금은 감소할 수 있어도 결코 증가할 수는 없다. 그 이유는 자본거래에 배당가능자원인 이익잉여금이 증가될 수 없기 때문이다.

2. 주식발행초과금과 주식할인발행차금

주식할인발행차금은 자본에서 차감하는 형식으로 표시하는 자본조정항목이다. 주식할인발행차금의 강제 상각규정은 상법에서 삭제되었다.

 예제 16-6 주식할인발행차금

㈜다인의 보통주 1주의 액면금액은 ₩5,000이며, 20×1년 1월 1일 현재 주식발행초과금 및 주식할인발행차금잔액은 없다. ㈜다인은 20×1년 중에 다음과 같이 주식을 발행하였다.

- 2월 1일 : 1,000주를 주당 ₩5,500에 발행하였다.
- 3월 27일 : 1,000주를 주당 ₩4,000에 발행하였다.
- 4월 7일 : 1,000주를 주당 ₩5,200에 발행하였다.

회사의 주주총회일은 20×2년 3월 5일이다.

≪물음≫

주식발행과 주식할인발행차금상각과 관련된 분개를 하시오.

거래시점	차변		대변	
20×1년 2월 1일	현 금	5,500,000	자 본 금	5,000,000
			주식발행초과금	500,000
20×1년 3월 27일	현 금	4,000,000	자 본 금	5,000,000
	주식발행초과금	500,000		
	주식할인발행차금	500,000		
20×1년 4월 7일	현 금	5,200,000	자 본 금	5,000,000
			주식할인발행차금	200,000

[CTA 2004]

미상계된 주식할인발행차금은 자본조정으로 계상하고 향후 발생하는 주식발행초과금과 상계하여 처리하며 이익잉여금으로 상계할 수 없다. (×)

3. 감자차익과 감자차손

감자는 증자와 대립되는 개념이다. 여기서 감자는 자본을 감소시키는 것이 아니라 자본금을 감소시키는 것을 의미한다. 마찬가지로 증자는 자본을 증가시키는 것이 아니라 자본금을 증가시키는 것이다. 감자의 자본금을 감소시키는 방법은 발행주식수를 감소시키는 방법과 발행주식수는 변동하지 않고 1주당액면금액을 감소시키는 방법이 있다. 감자는 사업규모를 줄이거나 결손을 보전하기 위하여 실시된다.

(1) 감자의 종류

주식의 소각인 감자는 순자산의 감소여부에 따라 실질적 감자와 형식적 감자로 구분된다.

- **실질적 감자** : 주주에게 주식의 소각대가로 현금 등을 지급함으로써 기업의 순자산의 감소를 초래하는 경우를 말한다.
- **형식적 감자** : 주주에게 주식의 소각대가를 지급하지 않아 기업의 순자산의 변동없이 명목상으로 자본금을 감소시키는 경우를 말한다. 결손보전을 위한 계산상 감자가 이에 해당된다.

	감자	증자
자본금	감소	증가
자 본	감소 : 유상 *1	증가 : 유상 *1
	불변 : 무상 *2	불변 : 무상 *2

*1. 실질적 감자, 증자   *2. 형식적 감자, 증자

제16장

(2) 감자에 대한 회계처리

감자를 하는 경우 최초 발행시 인식한 자본금을 감소[8]시킨다. 감자에 대한 회계처리를 표시하면 다음과 같다.

〈실질적 감자의 회계처리〉

(차) 자 본 금	×××	(대) 현 금 ×××
(감자차익)	×××	(감자차손) ×××

〈형식적 감자의 회계처리〉

(차) 자 본 금	×××	(대) 미처리결손금 ×××
		감자차익 ×××

실질적 감자와 형식적 감자 모두에서 감자차익이 발생할 수 있다. 하지만 감자차손은 실질적 감자에서만 발생하고, 형식적 감자에서는 발생할 수 없다.

구 분	자본금	자본	감자차익	감자차손
실질적 감자	감소	감소	발생가능	발생가능
형식적 감자	감소	불변	발생가능	발생불가

[CPA 2005]

실질적 감자와 형식적 감자에서 감자차익과 감자차손이 모두 발생할 수 있다. (×)

(3) 감자차손익의 계산

실질적 감자인 경우 감자차손익의 계산은 다음과 같이 계산된다.

> 감자차손익＝소각된 주식의 액면금액 － 주식매입금액

감자차익은 감자차손과 상계 후 잔액을 자본잉여금으로 한다. 감자차손은 감자차익과 우선 상계하고, 상계 후 잔액은 자본조정(－)으로 계상 한다. 이익잉여금(결손금) 처분(처리)으로 상각되지 않은 감자차손은 향후 발생하는 감자차익과 우선적으로 상계한다.

---

8) 주식발행초과금은 감소되지 아니한다.

예제 16-7 실질적 감자와 형식적 감자

㈜흥청과 ㈜망청은 각각 다음과 같은 감자를 실시하였다.

- ㈜흥청은 10,000주를 1주당 ₩4,000(액면금액 : ₩5,000)에 매입 소각하다.
- ㈜망청은 결손금 ₩100,000을 보전하기 위해 액면금액 ₩1,000의 주식 300주를 1주당 액면 ₩500의 주식으로 변경하다.
- ㈜흥청과 ㈜망청이 발행한 주식의 주당 발행금액은 액면금액인 ₩5,000이라고 가정한다.

≪물음≫
감자와 관련된 회계처리(분개)를 하시오.

 해답

1. 자본이 ₩40,000,000만큼 감소하므로 실질적 감자이다.

(차) 자 본 금	50,000,000	(대) 현 금	40,000,000
		감자차익	10,000,000

2. 순자산이 변동이 없으므로 형식적 감자이다.

(차) 자 본 금	150,000 *1	(대) 미처리결손금	100,000
		감자차익	50,000

*1. $(1,000 - 500) \times 300 = 150,000$

〈형식적 감자에 의한 자본계정의 변동〉

감자전 자본		감자후 자본	
보통주(액면 : ₩1,000)	₩300,000	보통주(액면 : ₩500)	₩150,000
주식발행초과금	50,000	주식발행초과금	50,000
이월결손금	(100,000)	감자차익	50,000
자본계	₩250,000	자본계	₩250,000

제16장

제 5 절 자본조정

K-GAAP에 의한 자본조정은 당해 항목의 성격으로 보아 자본거래에 해당하나 최종 납입된 자본으로 볼 수 없거나 자본의 가감 성격으로 자본금이나 자본잉여금으로 분류할 수 없는 항목이다. 예를 들

면, 자기주식, 주식할인발행차금, 주식선택권, 감자차손 및 자기주식처분손실 등이 포함된다. 자본조정은 다음과 같이 크게 부의 자본잉여금과 기타자본조정으로 구분될 수 있다.

구분	과 목	가감	내 용
부의 자본 잉여금	주식할인발행차금	−	주식발행금액이 액면금액에 미달하는 금액
	감자차손	−	소각된 주식의 취득원가 − 소각된 주식의 액면금액
	자기주식처분손실	−	자기주식취득원가 − 자기주식처분금액
기타 자본 거래	자기주식	−	회사가 이미 발행한 주식을 주주로부터 취득한 경우 취득원가
	주식선택권9)	+	고정가격 또는 결정가능한 가격으로 회사의 주식을 매수할 수 있는 권리
	미교부주식배당금	+	배당선언 후 미교부한 주식배당액
	신주청약증거금	+	청약기일이 경과된 신주청약증거금중 신주납입금으로 충당될 금액

[CPA 2001]

미교부주식배당금은 주식배당을 받는 주주들에게 주식을 교부해야 하는 것이므로 부채로 계상한다.
(×)

제6절   기타포괄손익누계액

1. 과 목

포괄손익은 자본거래를 제외한 자본변동을 말한다. 포괄손익에서 당기순이익을 차감하면 기타포괄손익이 된다.

> - 총포괄손익＝자본변동 − 자본거래＝기말자본 − 기초자본 − 자본거래
> - 기타포괄손익＝포괄손익 − 당기순이익＝자본변동 − 자본거래 − 당기순이익

기타포괄손익누계액은 보고기간말 현재의 기타포괄손익의 잔액이다. 기타포괄손익누계액은 다음과 같은 과목으로 구성된다.

① 매도가능금융자산평가손익 : 매도가능금융자산을 공정가치로 평가시 발생하는 손익10)
② 해외사업환산손익 : 해외사업장의 재무제표 환산으로 인한 손익11)

---

9) 제31장 주식기준보상에서 설명된다.
10) 제7장 '금융자산'에서 설명된다.
11) 제33장 '환율변동효과'에서 설명된다.

③ 현금흐름위험회피 파생상품평가손익 : 위험회피에 효과적인 부분.[12] 반면, 위험회피에 비효과적인 부분은 당기손익에 반영한다.

④ 재평가잉여금 : 유형자산 등을 공정가치로 평가하여 발생한 손익[13]

⑤ 확정급여제도의 재측정요소[14]

2. 포괄손익계산서

포괄손익(comprehensive income)은 일정 기간 동안 주주와의 자본거래를 제외한 모든 거래나 사건에서 인식한 자본의 변동을 말한다. 포괄손익을 보고하는 목적은 주주와의 자본거래를 제외한 인식된 거래와 기타 경제적 사건으로 인하여 발생한 모든 순자산의 변동을 측정하기 위한 것이다.

이론적으로 포괄손익을 표시하는 방법은 크게 나누어서 세 가지로 구분할 수 있다.

〈방법1〉 손익및포괄손익계산서 작성 : 손익 및 포괄손익 계산서(statement of income and compre-hensive income)를 작성하는 것인데, 기존의 손익계산서를 확장하여 기존의 당기순손익뿐만 아니라 기타포괄손익을 가산하여 그 합계인 포괄손익을 표시하는 방법이다.

〈방법2〉 포괄손익계산서 작성 : 손익계산서(statement of income)와 포괄손익계산서(statement of comprehensive income)를 별도로 작성하는 방법인데, 기존의 손익계산서 외에 별도의 재무성과보고서를 새로이 도입하여 여기에서 포괄손익을 표시하게 된다. 포괄손익 계산서는 손익계산서상의 당기순손익에서 출발하여 기타포괄손익을 가산하여 포괄손익을 산출하게 된다.

〈방법3〉 자본변동표에 포함 : 자본변동표(statement of changes in equity)를 이용한 방법으로서, 자본변동표의 구조를 개편하여 당기순손익과 기타포괄손익의 합인 포괄손익을 별도로 표시하는 방법이다. 포괄손익을 별도 항목으로 두고 이익잉여금과 기타포괄손익으로 구분하여 기타포괄손익에는 해당항목의 변동내용을 집계한다.

K-IFRS에서는 상기 방법 중 〈방법 1〉과 〈방법 2〉로 표시하는 것만을 인정하고 있다. 왜냐하면 포괄손익을 손익계산서 형식으로 나타내는 것이 자본변동표에 표시하는 것보다 개념적으로 우월하며, 그러한 표시방법이 포괄주의 이익개념(all-inclusive income concept)과 일관성을 가지기 때문이다. 자본변동표는 자본의 기초잔액과 기말잔액과의 변동내용을 설명하는 보고서로서 손익계산서와 재무상태표의 산술적 연계성(arithmetic integrity) 확보를 주목적으로 하는 재무제표이기 때문에 경영성과의 보고가 자본변동표의 주목적은 아니라는 것이 일반적인 견해이다.

K-IFRS에서는 포괄손익계산서의 양식을 제시하지 않고 있다. 두 개의 보고서가 작성되는 경우에 포괄손익계산서의 양식을 예시하면 다음과 같다.

---

12) 제34장 '파생상품회계'에서 설명된다.

13) 제 9장 '유형자산'에서 설명된다.

14) 제27장 '종업원급여'에서 설명된다.

제16장

포괄손익계산서

제×기 20××년×월×일부터   20××년×월×일까지
제×기 20××년×월×일부터   20××년×월×일까지

회사명   (단위 : 원)

구 분	당 기	전 기
당기순손익	×××	×××
회계정책변경누적효과[1]	×××	×××
기타포괄손익	×××	×××
매도가능증권평가손익		
해외사업환산손익		
현금흐름위험회피 파생상품평가손익		
……		
총포괄손익	×××	×××

[1]. 회계정책의 변경에 대하여 소급적용하지 않고 회계정책 변경의 누적효과를 기초 이익잉여금에 일시에 반영하는 경우

 예제 16-9 포괄손익계산서의 작성

20×1년 ㈜다빈과 관련된 자료는 다음과 같다.

(1) 20×1년 당기순이익은 ₩1,000,000이다. 세율은 30%이다.
(2) 20×1년의 전기오류수정손실은 ₩100,000(중요한 오류 : ₩90,000, 중요하지 않은 오류 : ₩10,000)
(3) 기초에 ₩500,000에 취득한 매도가능금융자산의 기말 공정가치는 ₩600,000이다.
(4) 20×1년 현금흐름위험회피회계 파생상품평가이익은 ₩250,000인데, 위험회피에 효과적인 부분은
    ₩150,000이고, 위험회피에 비효과적인 부분은 ₩100,000이다.
(5) 회사는 12월 결산법인이고, 상장회사이다.

≪물음≫
두 개의 보고서 작성되는 경우에 포괄손익계산서를 작성하시오. 단, 20×1년 당기분만 작성한다.

 해답

구 분		당기(20×1년)
당기순이익		₩1,000,000
기타포괄이익 :		175,000
매도가능증금융자산평가손익	70,000	
현금흐름위험회피 파생상품평가손익	105,000	
총포괄이익		₩1,175,000

제7절 이익잉여금

1. 과 목

K-GAAP에 의하면, 이익잉여금은 기처분이익잉여금(법정적립금, 임의적립금)과 미처분이익잉여금으로 구분된다. 재무상태표에 표시되는 이익잉여금은 당기의 이익잉여금처분계산서 또는 결손금처리계산서의 처분사항을 반영하지 않은 처분전 상태의 금액으로 한다.

구 분	내 용
(1) 법정적립금[15]	이익준비금
(2) 임의적립금	정관의 규정 또는 주주총회의 결의로 적립된 금액으로서 사업확장적립금·감채적립금·배당평균적립금·결손보전적립금 및 세법상 적립하여 일정기간이 경과한 후 환입될 준비금 등으로 한다.
(3) 미처분이익잉여금	당기 이익잉여금처분계산서의 이익잉여금처분전 상태의 금액으로 한다.

2. 이익잉여금의 증감

(1) 이익잉여금의 증감원인

이익잉여금을 증가시키거나 감소시키는 항목들을 표시하면 다음과 같다.

이익잉여금

감 소	증 가
1. 당기순손실	1. 당기순이익
2. 배당 :	2. 전기오류수정이익(중요오류)
・ 결산배당 : 현금배당, 주식배당, 현물배당	3. 회계정책변경누적효과(순자산증가)
・ 중간배당	
3. 전기오류수정손실(중요오류)	
4. 회계정책변경누적효과(순자산감소)	

적립(이익준비금 적립, 기타법정적립금 적립, 임의적립금 적립)과 임의적립금의 이입은 이익잉여금총액은 불변이나 미처분이익잉여금의 증감을 초래하는 요소이다.

(2) 중간배당

상법에 의하면 년 1회의 결산기를 정한 회사는 영업년도 중 1회에 한하여 이사회의 결의로 일정한 날을 정하여 그날의 주주에 대하여 금전으로 이익을 배당("중간배당"이라 한다)할 수 있다(상법 제462

[15] 종전에 기타법정적립금이었던 기업발전적립금과 기업합리화적립금은 세법의 개정으로 더 이상 법정적립금이 아니다.

조의 3①). 이를 정리하면 다음과 같다.

- 중간배당은 영업연도 중 1회에 한하여 할 수 있다.
- 중간배당은 금전배당만 가능하다. 따라서 주식배당은 할 수 없다.
- 중간배당은 이사회결의로 할 수 있다. 즉 연차배당과 달리 주주총회결의 사항이 아니다. 이는 이익잉여금처분의 예외로 볼 수 있다.
- 전기말 이익잉여금을 재원으로 한다. 따라서 전기말이 결손금인 경우에 상반기의 순이익을 재원을 중간배당을 할 수 없다.

3. 법정적립금

법정적립금(legal reserves)은 법에 의하여 설정된 적립금을 의미하지 않는다. 법정적립금은 처분이 자본전입 또는 결손보전에만 사용할 수 있는 적립금을 말한다. 즉, 법정적립금은 배당이 불가능한 적립금이며, 법정적립금에는 이익준비금이 있다. 따라서 처분이 가능한 세법상 준비금은 법정적립금이 아닌 임의적립금으로 분류된다.

이익준비금은 상법의 규정에 의해 이익준비금이 자본금의 50%에 미달한 경우에 매 결산기에 금전에 의한 이익배당액의 1/10 이상의 금액을 적립하여야 한다.

$$\text{이익준비금의 최소적립액} = \text{적은 금액} \begin{cases} \text{현금배당액의 } 10\% \\ \text{자본금의 } 50\% - \text{이익준비금잔액} \end{cases}$$

자본금 ₩100,000이고, 이익준비금 ₩40,000인 상황에서 배당액별 최소 이익준비금설정액은 다음과 같다.

사례	현금배당	주식배당	이익준비금설정액
1	30,000	—	Min[①30,000 × 0.1, ②100,000 × 0.5 − 40,000] = 3,000
2	30,000	30,000	Min[①30,000 × 0.1, ②100,000 × 0.5 − 40,000] = 3,000
3	70,000	70,000	Min[①70,000 × 0.1, ②100,000 × 0.5 − 40,000] = 7,000
4	120,000	120,000	Min[①120,000 × 0.1, ②100,000 × 0.5 − 40,000] = 10,000

4. 임의적립금

임의적립금(voluntary reserves)은 적극적적립금과 소극적적립금으로 구분된다. 법인세비용 등을 이연할 목적으로 적립하여 일정기간 경과 후 환입할 준비금(예 R&D준비금 등)이 포함된다.

(1) 적극적적립금

미래에 지출될 자금(예 사업확장자금, 신축자금등)에 대비하여 자금의 유출을 제한하기 위하여 설정하는 적립금이다. 적립에 보다 충실한 적립금으로 자기금융적적립금이다. 적립의 대상이 되는 회계적 사건이나 거래가 미처분이익잉여금감소와는 무관한 것이다. 적극적적립금에는 사업확장적립금, 신축적립금, 감채적립금 등이 있다. 이러한 적립금은 자금지출(사업확장, 신축, 감채)와 관련되어있으나, 이익잉여금감소와는 관련이 없다.

(2) 소극적적립금

미래에 발행할 손실 등으로 미처분이익잉여금이 감소되는 것을 방지하기 위하여 설정하는 적립금이다. 실제 손실이 발생하거나 자산이 감소되는 경우에 소극적적립금이 미처분이익잉여금으로 대체되어 당기순이익이 감소되더라도 미처분이익잉여금잔액에 미치는 영향을 상쇄시킨다. 예를 들어, 재해손실이 발생하면 당기순이익이 감소하여 미처분이익잉여금이 감소하게 되는데, 이 경우 재해손실적립금이 환입되어 미처분이익잉여금이 증가되고 결과적으로 재해손실에 따른 미처분이익잉여금의 변동은 없게 된다.

〈① 재해손실 발생〉

(차) 재해손실	×××	(대) 현 금 등	×××

〈② 재해손실적립금 환입〉

(차) 재해손실적립금	×××	(대) 재해손실적립금환입	×××

① + ② = 미처분이익잉여금감소(재해손실) + 미처분이익잉여금증가(재해손실적립금환입)
　　　= 미처분이익잉여금불변

소극적적립금은 부채성적립금에 해당되며, 소극적적립금에는 손실보전적립금, 재해손실적립금, 배당평균적립금, 퇴직급여적립금 등이 있다. 이러한 적립금은 손실, 재해손실, 배당, 퇴직급여 등 미처분이익잉여금이 감소하는 거래나 사건과 관련이 있다.

제16장

(3) 적립금의 적립의 의미

적립금의 설정은 이익잉여금의 일부를 별도로 분리함으로써 이익잉여금의 사외유출을 막는데 지나지 않는다. 즉, 이익잉여금의 사외유출을 제한한다는 신호행위이다. 따라서 감채적립금을 적립하면 감채기금이 조성되는 것이 아니라 별도로 기금을 조성해야 자금이 조성되는 것이다.

(4) 임의적립금의 적립과 이입

임의적립금의 적립과 이입은 이익잉여금 내에서의 변동이므로 이익잉여금총액에 영향을 미치지 않는다.

구 분	①임의적립금	+ ②미처분이익잉여금	= 이익잉여금과 자본(①+②)
(1) 임의적립금의 적립	증 가	감 소	불 변
(2) 임의적립금의 이입	감 소	증 가	불 변

5. 배당금

(1) 현금배당

표 16-2 ◦ 현금배당관련 회계처리 및 순운전자본의 변동

거래시점	차변		대변		순운전자본
① 결산일	− 분개없음 −				불변
② 현금배당기준일	− 분개없음 −				불변
③ 현금배당결의일	미처분이익잉여금	×××	미지급배당금	×××	감소
④ 현금배당지급일	미지급배당금	×××	현 금	×××	불변

(2) 청산배당

청산배당(liquidating dividends)은 납입자본의 일부를 배당하는 것을 말한다. 청산배당은 이익배당이 아니라 주주가 납입한 자본의 일부를 환급하는 배당이므로 청산배당에 해당하는 금액은 **자본잉여금**에 **차기한다.** 예를 들어 20×1년 12월 31일 현재 이익잉여금잔액이 ₩4,000,000이고 자본잉여금이 ₩3,000,000인 ㈜다인광업은 20×2년 3월 27일 정기주추총회에서 ₩5,000,000의 현금배당을 선언하였다면 이익잉여금잔액 ₩4,000,000을 초과한 배당액 ₩1,000,000이 청산배당에 해당된다. 이에 대한 분개는 다음과 같다.

(차) 미처분이익잉여금	4,000,000	(대) 미지급배당금	5,000,000
자본잉여금	1,000,000		

청산배당은 다음과 같은 경우에 발생한다.

- 광산업 등의 추출산업을 영위하는 회사가 이익잉여금에 천연자원의 감모상각비를 합한 금액을 배당하는 경우
- 청산중인 회사가 주주에게 자산을 분배하는 경우
- 회계오류로 인하여 과대계상된 이익잉여금을 배당하는 경우

(3) 주식배당

주식배당(stock dividends)은 현금이 아닌 주식으로 배당하는 것을 말하는데, 이익잉여금을 영구히 자본화시킬 목적으로 주식배당을 한다. 주식배당은 자본의 구성항목인 납입자본과 이익잉여금간의 재분류에 불과한 것으로 이익잉여금의 자본전입으로 이익잉여금이 감소하고 감소한 이익잉여금만큼 납입자본이 증가하여 자본총계의 변동은 없다. 주식발행으로 발행주식수는 증가하지만 기존 주주의 지분비율이나 자산 및 부채에 미치는 영향은 없다.

주식배당의 장점과 단점을 정리하면 다음과 같다.

> ○ **장 점**
> • **재무구조 및 현금흐름을 개선**할 수 있다. 즉, 주주의 배당요구를 충족시키면서 현금유출을 방지할 수 있다.
> • 사외유통주식수를 증가시켜 **주식거래를 활성화**시킬 수 있다.
> • 자본금의 증가로 인해 **대외신뢰도가 향상**된다.
>
> ○ **단 점**
> • 발행주식수의 증가로 **배당압력이 가중**된다.
> • 특수관계인(내부자 거래)의 **주가조작 또는 투기목적으로 악용될 가능성**이 있다.

주식배당을 실시한 기업의 회계처리방법으로는 이론적으로 시가법과 액면금액법이 있다.

① **시가법**(market value method) : 주식배당을 결의한 날에 배당되는 주식의 시가를 주식의 발행금액으로 하여 이익잉여금을 자본금과 주식발행초과금으로 대체시키는 방법이다. 시가법은 주식배당을 회사 **이익의 분배로 간주**하여 주식의 시가에 해당하는 금액이 배당으로 지급되었다고 보는 입장이다.

② **액면금액법**(par value method) : 주식배당으로 분배되는 주식의 액면금액에 해당하는 금액을 이익잉여금에서 자본금으로 대체시키는 방법이다. 액면금액법의 주장은 **투자자의 입장에서 주식배당을 수익으로 볼 수 없다**는 데 근거를 두고 있다.

주식배당시 자본화할 금액에 대하여 기업회계기준에서는 특별한 규정이 없다. 다만, 상법에서는 이익배당총액의 1/2 범위 내에서 주식배당[16]을 할 수 있으며, 액면금액으로 주식배당을 하도록 규정하고 있다(상법462조의2②).

투자자가 수취하는 주식배당의 성격에 대한 회계주체이론의 견해는 다음과 같다.

① **기업실체이론** : 기업의 자산이 외부로 유출되어야만 주주이익으로 본다. 따라서 현금배당은 주주

제16장

---

16) 단, 특별법인 증권거래법에서는 이익배당총액의 100% 범위 내에서 주식배당을 할 수 있다. 증권거래법 제191조의3에 의하면, "주권상장법인 또는 코스닥상장법인은 상법 제462조의2제1항 단서의 규정에 불구하고 이익의 배당을 이익배당총액에 상당하는 금액까지 새로이 발행하는 주식으로써 할 수 있다. 다만, 당해 주식의 시가가 액면액에 미달되는 경우에는 그러하지 아니하다."

이익으로 보지만, 주식배당은 동일지분을 더 많은 주식수로 나눈 결과에 지나지 않으므로 주주이익이 아니라는 견해가 지배적이다.

② **소유주이론(자본주이론)** : 회사의 이익이 바로 소유주의 이익이므로 수익창출과정에서 발생한 기업의 이익은 배당으로 지급하건 안하건 이미 소유주의 이익이다. 따라서 현금배당은 이미 자본주에게 귀속된 이익을 소유주인 주주가 인출한 것에 불과하며, 주식배당은 주주지분의 재분류에 불과하므로 주주이익이 아니다.

K-GAAP에 의하면 주식배당을 포함하여 자본잉여금과 이익잉여금의 자본전입에 의한 주식 및 출자의 취득은 자산의 증가로 보지 않는다고 규정하고 있다. 기업실체이론, 소유주이론 및 기업회계기준 모두 주식배당을 투자자의 이익으로 보지 않고 있다.

(4) 주식분할

주식분할(stock splits)은 하나의 주식을 여러 가지 동일주식으로 분할하는 것이다. 주식분할은 주식 1주의 시장가치를 하락시킴으로써 주식을 보다 광범위하게 분산시키고 주식의 시장성(유통성)을 향상시키기 위하여 시도된다. 주식분할의 영향은 다음과 같다.

① 분개할 사항이 없기 때문에 모든 계정은 불변이다.
② 다만, 발행주식수는 증가하고, 주당액면금액은 감소한다. 이것은 회계처리사항이 아니고, 비망기록사항이다.

(5) 주식분할과 주식배당과의 비교

유통주식의 주당시가를 하락시켜 주식의 시장성을 증대(거래가 용이)시킬 의도에서 주식을 분할하는 것을 주식분할이라고 하고, 기업의 이익잉여금을 영구적으로 자본화시키려는 의도에서 주식을 분배하는 것을 주식배당이라 한다.

주식분할과 주식배당의 공통점은 다음과 같다.

- 발행주식수가 증가된다.
- 발행주식수가 증가되어 주당순이익을 감소시키는 희석화현상을 초래한다.
- 총자산 및 자본규모는 변동없다.

표 16-3 • **주식배당과 주식분할의 차이점**

구 분	주 식 배 당	주 식 분 할
목적	잉여금의 자본화	주식의 시장성 증대
회계처리	있다	없다
자본금	증가	불변
자본잉여금	증가[17] 또는 불변[18]	불변
이익잉여금	감소	불변
주당 액면금액	불변	감소

표 16-4 • 주식배당과 무상증자의 비교

구 분	재 원	의결기관	대립개념	발행자 회계처리	취득자 회계처리
주식배당	배당가능잉여금	주주총회	현금배당	자본의 재분류	없음(단가조정)
무상증자	배당불가능잉여금	이 사 회	유상증자	자본의 재분류	없음(단가조정)

표 16-5 • 주식배당, 무상증자, 주식분할, 주식병합의 비교

구 분	주식배당		무상증자	주식분할 (주식병합)
	시가법	액면금액법		
발행주식수	증가	증가	증가	증가(감소)
주당액면금액	불변	불변	불변	감소(증가)
총자본	불변	불변	불변	불변(불변)
〈자본항목〉				
자 본 금	증가	증가	증가	불변(불변)
자본잉여금	증가[*1] or 불변[*2]	불변	감소(자본잉여금재원)	불변(불변)
이익잉여금	감소(시가만큼)	감소(액면금액만큼)	감소(법정적립금재원)	불변(불변)

[*1]. 주식의 시가 〉 액면금액   [*2]. 주식의 시가= 액면금액

6. 우선주

우선주(preferred stock)는 배당이나 잔여재산처분에 있어서 보통주에 우선되는 권리를 가지는 주식을 말한다. 우선주는 배당에 대한 권리에 따라 과년도 부족배당분도 배당받을 권리가 있는 누적적 우선주와 잔여배당에 참가할 수 있는 참가적 우선주 등으로 구분된다. 이에 대하여 설명한다.

(1) 누적적 우선주

특정연도에 결손 등의 사유로 이익배당을 받지 못한 경우에도 차기이후에 이익을 배당하는 경우에 보통주배당에 우선하여 과거 부족배당분을 우선하여 지급받을 수 있는 권리가 부여된 우선주이다. 이러한 권리가 부여되지 않은 우선주를 비누적적 우선주라고 한다.

누적적 우선주(cumulative preferred stock)를 발행한 경우에 과거에 배당을 하지 아니한 경우에 그 이후 회계연도에 배당을 할 때 미지급된 배당을 지급하여야 하는데 이와 같이 누적적우선주에 대하여 미지급된 배당을 연체배당금(dividend in arrears)이라고 한다. 연체배당금은 배당을 선언하기 전에는 부채로 기록되지 않고, 배당을 선언한 시점에 부채로 인식된다.

제16장

---

17) 시가배당(시가〉액면금액)인 경우에 해당된다.

18) 액면배당인 경우에 해당된다.

(2) 참가적 우선주

정해진 우선주 배당률의 배당을 초과하여 보통주와 함께 이익배당에 참여할 권리가 부여된 우선주를 말한다. 참가적 우선주(participating preferred stock)의 배당은 우선배당과 참가배당으로 구분된다. 우선배당은 우선주자본금의 정해진 배당률을 곱하여 계산된다. 참가배당은 총배당액에서 우선주자본금과 보통주자본금에 동일한 배당률(우선주의 정해진 배당률을 의미한다)을 곱하여 계산된 금액(우선주와 보통주의 우선배당액 합계를 의미한다)을 차감하여 잔여배당을 계산한다. 이 잔여배당에 대하여 우선주자본금과 보통주자본금에 비례하여 각각 우선주와 보통주에 배분한 금액이 참가배당이다. 결국 이렇게 배당액을 산정하면 우선주와 보통주의 배당률은 동일(우선주배당금/우선주자본금＝보통주배당금/보통주자본금)하게 된다. 참가적 우선주는 추가적 이익배당에 참가할 수 있는 정도에 따라 다시 완전참가적(fully participating) 우선주와 부분참가적(partially participating) 우선주로 구분된다. 예들 들면 5% 우선주가 8%까지 부분참가적이라면, 5%의 우선배당을 받고 추가적으로 3%까지 더 배당을 받을 수 있으나, 8%을 초과하여서는 배당에 참가할 수 없다. 반면에 5% 우선주가 완전참가적이라면 추가배당(참가배당)에 대하여 한도없이 배당을 받을 수 있다.

우선적 권리의 내용이 '보통주 배당률＋1%'이면 참가적 우선주로 본다. 그 이유는 우선배당(1%) 이외의 나머지 배당에 있어서 보통주와 동등하게 참여할 뿐 아니라, 배당 결의를 하지 아니한 이익에 대하여도 향후 추가적인 배당을 하는 경우 우선주는 보통주와 동등하게 이익분배에 참여할 수 있기 때문이다.

표 16-6 • 우선주 배당액 계산식

우선주의 종류	우선주배당액
(1) 비누적적·비참가적 우선주	우선주자본금×우선주배당률
(2) 누적적·비참가적 우선주	우선주자본금×우선주배당률×(1 ＋ 연체배당연수)
(3) 비누적적·참가적 우선주	배당액×(우선주자본금÷총자본금)
(4) 누적적·참가적 우선주	① 연체배당＝우선주자본금×우선주배당률×연체배당연수 ② 참가배당＝(배당액 － ① 연체배당)×(우선주자본금÷총자본금) 　우선주배당액＝① 연체배당 ＋ ② 참가배당

누적적·참가적 우선주가 있는 경우에는 다음과 같은 배당계산표를 이용하면 편리하다.

표 16-7 • 배당계산표(누적적·참가적 우선주인 경우에 유용함)

구 분	자 본 금	우선배당	참가배당	배 당 합
우선주(배당률)	×××	×××[1]	×××[3]	×××
보통주	×××	×××[2]	×××	×××
합계	×××	×××	×××	×××

[1]. 우선주 우선배당 : 우선주자본금×우선주배당률×(연체배당연수 ＋ 1)

[2]. 보통주 우선배당 : 보통주자본금×우선주배당률

*3. 참가적 우선주인 경우에 연체배당후 잔액을 자본금비례로 안분한 금액이다
- (총배당 − 우선배당합) × {우선주자본금/(우선주자본금 + 보통주자본금)}
- (총배당 − 우선배당합) × {보통주자본금/(우선주자본금 + 보통주자본금)}

　여기서, 기본배당금을 지급한 후 잔여배당금이 남는 경우(대부분 이에 해당됨)에 연체배당과 참가배당의 합으로 우선주의 배당금을 신속하게 계산할 수 있다.

표 16-8 ● 배당계산표(누적적 · 참가적 우선주인 경우에 유용함)

구 분	자 본 금	연체배당	참가배당	배 당 합
우선주(배당률)	×××	×××*1	×××*2	×××
보통주	×××	−	×××	×××
합계	×××	×××	×××	×××

*1. 연체배당 계산 : 우선주자본금 × 우선주배당률 × 연체배당연수
*2. 참가적 우선주인 경우에 연체배당 후 잔액을 자본금비례로 안분한 금액이다
- (총배당 − 연체배당) × {우선주자본금/(우선주자본금 + 보통주자본금)}
- (총배당 − 연체배당) × {보통주자본금/(우선주자본금 + 보통주자본금)}

 예제 16-1° 우선주배당금 계산

1. 20×3년 12월 31일의 자본금 현황은 다음과 같다.
   - 8%의 우선주(200주, 주당액면금액 : ₩5,000) : ₩1,000,000
   - 보통주(300주, 주당액면금액 : ₩5,000) : ₩1,500,000

2. 20×1년과 20×2년에는 배당이 없었다.
3. 20×3년도 배당액이 ₩600,000이다.

≪물음≫
우선주의 종류가 다음과 같은 상황에서의 보통주와 우선주의 배당금을 각각 계산하시오.

1. 비누적적 · 비참가적 우선주
2. 비누적적 · 참가적 우선주
3. 누적적 · 비참가적 우선주
4. 누적적 · 완전참가적 우선주
5. 누적적 · 부분참가적(15%까지) 우선주

 해답

　　1. 우선주배당액 = 1,000,000 × 8% = 80,000
　　　　보통주배당액 = 600,000 − 80,000 = 520,000

제16장

2. 우선주배당액 = 600,000 × 40%* = 240,000

   * 1,000,000 ÷ (1,000,000 + 1,500,000)

  보통주배당액 = 600,000 − 240,000 = 360,000

3. 우선주배당액 = 1,000,000 × 8% × 3(년) = 240,000

  보통주배당액 = 600,000 − 240,000 = 360,000

4. 배당계산표

구분	자본금		연체배당	참가배당	배당합
우선주(8%)	1,000,000	(40%)	160,000[*1]	176,000[*2]	336,000
보통주	1,500,000	(60%)	−	264,000	264,000
합계	2,500,000		160,000	440,000	600,000

*1. 1,000,000 × 8% × 2 = 160,000   *2. 440,000 × 40% = 176,000

5. 배당표

구분	자본금		연체배당	참가배당	배당합
우선주(8%)	1,000,000	(40%)	160,000	150,000 [*1]	310,000
보통주	1,500,000	(60%)	−	290,000	290,000
합계	2,500,000		160,000	440,000	600,000

*1. Min[440,000 × 40% = 176,000, 1,000,000 × 15% = 150,000] = 150,000

[Powerful Method]

5. 부분참가적 우선주가 참가배당이 한도초과에 해당되는 경우에는 다음과 같이 간단하게 계산할 수 있다.

우선주배당액 = ₩1,000,000 × (8% × 2 + 15%) = ₩310,000

[Powerful Method] 누적적 · 부분참가적우선주(한도적용)의 배당액 계산식

우선주배당액 = 우선주 액면금액 × (확정배당률×연체배당년수 + 한도배당률)

제8절 전환우선주

1. 발행시 회계처리(전환가치무인식법)

전환우선주는 우선주와 보통주의 두 가지 요소로 구성된 복합증권이다. 우선주와 보통주는 의결권행사, 이익배당 및 잔여재산분배청구권에서 차이가 있을 뿐 지분증권(즉, 모두 자본항목)이라는 점에서는 차이가 없다.

따라서 전환우선주의 발행시는 전환권의 가치를 인식하지 아니하고 일반우선주와 동일하게 회계처리한다.

전환우선주 $\begin{cases} \text{우선주 : 자본} \\ \text{보통주 : 자본} \end{cases}$ 둘 다 자본 ⇒ 구분 실익 없다.

2. 전환권 행사시 회계처리(장부금액법)

전환우선주가 보통주로 전환되는 경우에는 우선주와 보통주 모두 지분증권이라는 점에서 경제적 실질이 크게 달라지지 않기 때문에 보통주의 발행금액은 **전환우선주의 장부금액**으로 한다.

전환우선주의 전환으로 발행되는 보통주의 발행금액을 발행시점의 시가로 기록하는 방법(시가법)이 있다.

발행자 입장에서 보면 장부금액법과 시가법 모두 자본총계는 동일하며, 다만 자본잉여금과 이익잉여금 금액에 차이가 있다.

 예제 16-11 전환우선주

㈜다인은 20×1년 3월 27일에 주당액면가 ₩10,000인 전환우선주 100주를 주당 ₩13,000에 발행하였다. 전환우선주 1주는 보통주식 1주로 전환되는 조건이다. 전환우선주 발행 당시 전환권이 없는 일반우선주의 주당 시가는 ₩12,000이었다. 20×2년 2월 1일에 이 전환우선주 100주가 주당액면가 ₩5,000인 보통주로 전환되었다. 전환당시 보통주의 주당시가는 ₩15,000, 전환우선주의 주당시가는 ₩14,000이었다.

≪물음≫
㈜다인이 전환우선주의 발행시와 전환시 각각 행할 회계처리(분개)를 하시오.

제16장

해답

〈발행〉

| (차) 현　　금 | 1,300,000 | (대) 우선주자본금 | 1,000,000 |
| | | 주식발행초과금-우선주 | 300,000 |

〈전환〉

| (차) 우선주자본금 | 1,000,000 | (대) 보통주자본금 | 500,000 |
| 주식발행초과금-우선주 | 300,000 | 주식발행초과금-보통주 | 800,000 |

제 9 절 이익잉여금처분계산서

이익잉여금처분계산서(또는 결손금처리계산서)는 이익잉여금의 처분사항(또는 결손금의 처리사항)을 명확히 보고하기 위한 재무보고서이다. K-IFRS에 의하면 이익잉여금처분계산서(또는 결손금처리계산서)는 재무제표가 아니다.

1. 이익잉여금처분계산서의 기본구조

이익잉여금처분계산서는 미처분이익잉여금, 임의적립금등의이입액, 이익잉여금처분액, 차기이월미처분이익잉여금으로 구분하여 표시한다.

표 16-9 ● 이익잉여금처분계산서의 구조

구　조	비　고
Ⅰ. 미처분이익잉여금	= 전기이월미처분이익잉여금 ± 회계정책변경누적효과 ± 전기오류수정손익 - 중간배당 + 당기순이익 ※ 재무상태표에 표시되는 이월이익잉여금
+ 임의적립금이입액	임의적립금을 처분가능이월이익잉여금으로 환원
Ⅱ. 처분가능이월이익잉여금	
- 이익잉여금처분액	배당, 적립, 상각 등
Ⅲ. 차기이월미처분이익잉여금	

(1) 미처분이익잉여금

미처분이익잉여금은 전기이월미처분이익잉여금(또는 전기이월미처리결손금)에 회계정책의 변경으로 인한 누적효과(비교재무제표의 최초회계기간 직전까지의 누적효과), 중요한 전기오류수정손익(비교재무제표의 최초회계기간 직전까지의 누적효과), 중간배당액 및 당기순이익(또는 당기순손실)을 가감하여 산출한다.

이익잉여금의 처분 및 이입은 주주총회에 의하여 확정되는 사항으로 연차보고기간종료일 현재에는 처분 및 이입사항은 하나의 주주총회에 상정할 안건, 즉 미확정상태이다. 이러한 처분 및 이입사항을 연차보고기간종료일에 인식하지 않는다. 이렇게 처리하면 재무상태표에 공시되는 이월이익잉여금은 처분전 금액인 미처분이익잉여금이 된다.

(2) 이익잉여금처분액

현행 상법상으로는 자본거래와 관련된 자본조정(부의 자본잉여금을 의미함. 예: 주식할인발행차금, 감자차손, 자기주식처분손실 등)의 처리가 상법상 주주총회 고유의 권한으로 보여지므로 일반기업회계기준에서는 강제 처분 규정을 두지 않되(강제 처분 규정 삭제[19]), 미처분된 자본조정이 있는 경우 향후 동일거래에서 발생하는 자본잉여금과 우선적으로 상계하는 규정을 두고 있다.

이익잉여금의 처분은 다음과 같이 배당, 적립 및 상각 등으로 크게 구분될 수 있다.

구 분	예
(1) 배당(유출, 유보)	현금배당(현물배당), 주식배당
(2) 적립(유보)	법정적립금 · 임의적립금의 적립
(3) 상각(유보) 등	주식할인발행차금상각, 감자차손상각, 자기주식처분손실상각, 상환주식상환액 등

현금배당(현물배당)과 상환주식의 상환은 사외유출(자본의 실질적인 감소)에 해당되고, 주식배당과 적립은 자본이 불변인 유보에 해당된다.

임의적립금의 적립과 이입의 관계를 표시하면 다음과 같다.

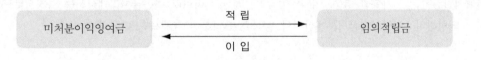

임의적립금의 적립과 이입은 이익잉여금 내에서의 변동이므로 이익잉여금총액은 변동이 없다.

현금배당, 주식배당, 상각, 적립 및 이입이 미처분이익잉여금, 이익잉여금 및 자본에 미치는 영향을 표시하면 다음과 같다.

---

19) (저자주) 회사가 주주총회 결의로 이익잉여금을 처분하여 상각은 허용되는 것으로 판단됨

제16장

구분	미처분이익잉여금	이익잉여금	자본	관련분개
현금배당	감소	감소	감소	ⓐ
주식배당	감소	감소	불변	ⓑ
상 각	감소	감소	불변	ⓒ
적 립	감소	불변	불변	ⓓ
이 입	증가	불변	불변	ⓔ

ⓐ (차) 미처분이익잉여금 ×××   (대) 미지급배당금 ×××

ⓑ (차) 미처분이익잉여금 ×××   (대) 미교부주식배당금 ×××

ⓒ (차) 미처분이익잉여금 ×××   (대) 주식할인발행차금 ×××

ⓓ (차) 미처분이익잉여금 ×××   (대) 법정적립금 ×××

ⓔ (차) 임의적립금 ×××   (대) 미처분이익잉여금 ×××

2. 결손금처리계산서의 기본구조

결손금처리계산서는 미처리결손금, 결손금처리액, 차기이월미처리결손금으로 구분하여 표시한다.

미처리결손금은 전기이월미처리결손금(또는 전기이월미처분이익잉여금)에 회계정책의 변경으로 인한 누적효과(비교재무제표의 최초회계기간 직전까지의 누적효과), 중요한 전기오류수정손익(비교재무제표의 최초회계기간 직전까지의 누적효과), 중간배당액 및 당기순이익(또는 당기순손실)을 가감하여 산출한다.

결손금이 있어도 처분행위가 있으면 '이익잉여금처분계산서'의 명칭을 사용한다. 즉, 결손금이 있다고 하여 전부 '결손금처리계산서'의 명칭을 사용하는 것은 아니다. 회사가 당기에 순손실이 발생하여 임의적립금을 이입하여 보전하였고, 다른 처분은 없었으며, bottom line에 차기이월결손금이 아닌 차기이월이익잉여금이 기록될 경우, 이익잉여금처분계산서 아니라 결손금처리계산서를 명칭으로 사용하는 것이 타당하다. 이익잉여금처분계산서의 양식을 요약하여 표시하면 다음과 같다.

이익잉여금처분계산서

	제 × 기	20××년×월×일부터 20××년×월×일까지		제 × 기	20××년×월×일부터 20××년×월×일까지
	처분예정일	20××년×월×일		처분확정일	20××년×월×일

회사명 (단위 : 원)

구　　　　분	당 기		전 기	
미처분이익잉여금		×××		×××
전기이월미처분이익잉여금	×××		×××	
회계정책변경누적효과	—		×××	
전기오류수정	—		×××	
중간배당액	×××		×××	
당기순이익(또는 당기순손실)	×××		×××	
임의적립금등의이입액		×××		×××
×××적립금	×××		×××	
합　　　계		×××		×××
이익잉여금처분액		×××		×××
이익준비금	×××		×××	
주식할인발행차금상각액	×××		×××	
배당금	×××		×××	
사업확장적립금	×××		×××	
……				
차기이월미처분이익잉여금		×××		×××

제16장

결손금처리계산서의 양식은 다음과 같다.

결손금처리계산서

제 × 기 처리예정일	20××년×월×일부터 20××년×월×일까지 20××년×월×일	제 × 기 처리확정일	20××년×월×일부터 20××년×월×일까지 20××년×월×일

회사명   (단위 : 원)

구 분	당 기	전 기
미처리결손금	×××	×××
전기이월미처분이익잉여금 (또는 전기이월미처리결손금)	×××	×××
회계정책변경누적효과	-	×××
전기오류수정	-	×××
중간배당액	×××	×××
당기순이익(또는 당기순손실)	×××	×××
결손금처리액	×××	×××
임의적립금이입액	×××	×××
법정적립금이입액	×××	×××
자본잉여금이입액	×××	×××
차기이월미처리결손금	×××	×××

제 10 절   자본변동표

자본변동표(statement of changes in equity)는 자본의 크기와 그 변동에 관한 정보를 제공하는 재무보고서로서, 자본을 구성하고 있는 항목의 변동에 대한 포괄적인 정보를 제공한다.

자본변동표에 관한 K-IFRS의 규정은 본서 '제5장 제3절 구조와 내용 4. 자본변동표'에서 설명되어있으니 참조하면 된다.

K-IFRS에서는 자본변동표의 양식을 제시하지 않고 있다. 자본변동표를 예시하면 다음과 같다.

연 결 자 본 변 동 표

제×기 20××년×월×일부터   20××년×월×일까지
제×기 20××년×월×일부터   20××년×월×일까지

회사명   (단위 : 원)

구 분	납입 자본	이익 잉여금	○ ○ ○	총계	비지배지분	총자본
20××.×.×	×××	×××	×××	×××	×××	×××
회계정책변경누적효과		(×××)		(×××)		(×××)
전기오류수정		(×××)		(×××)		(×××)
수정후 잔액	×××	×××	×××	×××	×××	×××
배당		(×××)		(×××)		(×××)
유상증자	×××					×××
총포괄손익		×××		×××	×××	×××
20××.×.×	×××	×××	×××	×××	×××	×××
20××.×.×	×××	×××	×××	×××	×××	×××
회계정책변경누적효과		(×××)		(×××)		(×××)
전기오류수정		(×××)		(×××)		(×××)
수정후 잔액	×××	×××	×××	×××	×××	×××
배당		(×××)		(×××)		(×××)
유상증자	×××					×××
총포괄손익		×××		×××	×××	×××
20××.×.×	×××	×××	×××	×××	×××	×××

제16장

연습문제

문제 16-1 주식발행차금

12월 결산법인인 ㈜다인은 20×1년에 다음과 같이 유상증자를 2번 실시하였다.

1. 3월 27일 : 1,000주를 주당 ₩4,000에 유상증자하면서 주식발행수수료 ₩30,000을 지급하였다.
2. 11월 7일 : 1,000주를 주당 ₩5,500에 유상증자하면서 주식발행수수료 ₩20,000을 지급하였다.

㈜다인의 주당액면금액은 ₩5,000이며 20×1년 초 주식발행초과금잔액은 ₩200,000이 있다.

≪물음≫

1. 유상증자와 관련하여 (1) 3월 27일 (2) 11월 27일 및 (3) 12월 31일의 관련 분개를 하시오.
2. 20×1년 재무상태표에 표시될 주식발행초과금과 주식할인발행차금을 계산하시오.

해답

1.

(1) 3월 27일

(차) 현 금	3,970,000	(대) 자 본 금	5,000,000
주식할인발행차금	1,030,000		
(차) 주식발행초과금	200,000	(대) 주식할인발행차금	200,000

(2) 11월 7일

(차) 현 금	5,480,000	(대) 자 본 금	5,000,000
		주식발행초과금	480,000
(차) 주식발행초과금	480,000	(대) 주식할인발행차금	480,000

(3) 분개할 내용없다.

[보충] 이익잉여금처분사항은 처분결의일(주주총회일)에 분개한다.

2. 주식할인발행차금(20×1.12.31) = 1,030,000 − 200,000 − 480,000 = 350,000

문제 16-2 자기주식^(CPA 2000수정)

㈜다빈은 20×1년 1월 1일 현재 보통주식 600,000주(액면 ₩5,000, 발행가 ₩8,000)를 발행하고 있다. 20×1년에 ㈜다빈의 자기주식과 관련하여 다음과 같은 거래가 발생하였다.

20×1. 3. 1   회사는 주주로부터 시가 ₩11,000인 ㈜다빈의 주식 10,000주를 증여받았다.
　　 5. 1   회사는 시장에서 자사의 주식 8,000주를 주당 ₩10,000에 취득하였다.
　　 7. 1   회사는 시장에서 자사의 주식 10,000주를 주당 ₩11,000에 취득하였다.
　　 8.31   회사는 자사의 주식 10,000주를 주당 ₩12,000에 재발행하였다.
　　10.31   회사는 자사의 주식 9,000주를 수당 ₩8,000에 재발행하였다.
　　11.30   회사는 자사의 주식 5,000주를 소각하였다.

≪물음≫

1. 자기주식의 처리방법에는 원가법과 액면금액법이 있다. 두 방법에 대해 (1) 개념 (2) 재무상태표 표시 (3) 처분손익의 인식에 대해 각각 비교하여 설명하시오.
2. 기업회계기준에 근거하여 갑사의 자기주식과 관련된 일련의 회계처리(분개)를 표시하시오. 단, 단가는 선입선출법을 적용하기로 하며, 기말시점에 이익잉여금처분과 관련된 회계처리는 하지 않기로 한다).
3. 기업회계기준에 근거하여 20×1년도말 ㈜다빈의 자본에 대한 이익잉여금 처분전의 부분재무상태표를 표시하시오.

해답

1.
(1) 원가법은 자기주식의 취득목적이 처분에 있다고 보아 취득과 처분은 연속된 거래로 취급한다. 액면금액법은 자기주식의 취득목적을 소각에 있다고 보아 취득과 처분은 별개의 거래로 취급한다.
(2) 원가법은 자기주식을 취득원가로 하여 자본조정에 차감항목으로 표시하고, 액면금액법은 자기주식을 액면금액으로 하여 자본금 아래에 차감항목으로 표시한다.
(3) 원가법은 처분시 처분금액에서 취득원가를 차감하여 처분손익을 인식한다, 반면에 액면금액은 처분시 처분손익을 인식하지 아니하고 재발행으로 간주하여 현금수취액과 액면금액의 차액을 주식발행차금으로 처리한다.

2.
〈3월 1일〉
– 분개 없음 –

제16장

⟨5월 1일⟩

| (차) 자기주식 | 80,000,000 | (대) 현　금 | 80,000,000 |

⟨7월 1일⟩

| (차) 자기주식 | 110,000,000 | (대) 현　금 | 110,000,000 |

⟨8월 31일⟩

| (차) 현　금 | 120,000,000 | (대) 자기주식처분이익 | 120,000,000 |

⟨10월 31일⟩

| (차) 현　금 | 72,000,000 | (대) 자기주식 | 91,000,000 [*1] |
| 자기주식처분이익 | 19,000,000 | | |

[*1] 10,000주×₩8,000 + 1,000주×₩11,000 = ₩91,000,000

⟨11월 30일⟩

(차) 자 본 금	25,000,000	(대) 자기주식	55,000,000 [*1]
주식발행초과금	15,000,000		
감자차손	15,000,000		

[*1] 5,000주 × ₩11,000 = ₩55,000,000

3.

I. 자본금		₩2,975,000,000 [*1]
II. 자본잉여금		
주식발행초과금	1,785,000,000	
자기주식처분이익	101,000,000 [*2]	1,886,000,000
III. 자본조정		
자기주식	(44,000,000) [*3]	
감자차손	(15,000,000)	(59,000,000)
IV. 기타포괄손익누계액		−
V. 이익잉여금		−
자본총계		₩4,802,000,000

[*1]. 3,000,000,000 − 25,000,000 = ₩2,975,000,000

[*2]. 120,000,000 − 19,000,000 = ₩101,000,000

[*3]. 80,000,000 + 110,000,000 − 91,000,000 − 55,000,000 = ₩44,000,000

문제 16-3 자기주식거래

㈜다빈은 20×1년 1월 1일 현재 보통주식 10,000주(주당액면금액 ₩5,000, 발행가 ₩8,000)를 발행하고 있다. 20×1년 ㈜다빈의 자기주식과 관련하여 다음과 같은 거래가 발생하였다.

(a) 3월 27일 : 주가관리목적으로 1,000주를 주당 ₩9,000에 취득하였다.
(b) 5월 10일 : 자기주식 300주를 주당 ₩9,500에 처분하였다.
(c) 10월 26일 : 자기주식 300주를 주당 ₩6,000에 처분하였다.
(d) 10월 30일 : 자기주식 400주를 소각하였다.

≪물음≫

1. 기업회계기준에 따라 관련된 회계처리(분개)를 하시오.
2. 자기주식 취득이 재무제표에 미치는 영향에 대하여 설명하시오.

해답

1.

(1) 3월 27일

(차) 자기주식	9,000,000	(대) 현　금	9,000,000

(2) 5월 10일

(차) 현　　금	2,850,000	(대) 자기주식	2,700,000
		자기주식처분이익	150,000

(3) 10월 26일

(차) 현　　금	1,800,000	(대) 자기주식	2,700,000
자기주식처분이익	150,000		
자기주식처분손실	750,000		

(4) 10월 30일

(차) 자 본 금	2,000,000	(대) 자기주식	3,600,000
주식발행초과금	1,200,000		
감자차손	400,000		

2. 자기주식을 취득하면 자본이 감소하여 부채비율이 증가하고, 유통주식수가 감소하여 주당 순이익은 증가한다.

제16장

문제 16-4 우선주배당

㈜다빈은 20×1년 1월 1일에 다음과 같은 자본으로 영업을 시작하였으며, 20×3년 12월 31일 현재까지 증자하지 아니하였다.

(1) 보통주자본금(주당액면금액 ₩5,000)   ₩5,000,000
(2) 우선주자본금(8%, 완전참가적, 누적적 : 주당액면금액 ₩5,000)   ₩3,000,000
(3) 우선주자본금(10%,비참가적, 비누적적 : 주당액면금액 ₩5,000) ₩2,000,000

㈜다빈은 20×4년 초에 ₩1,600,000의 배당을 선언하였다. 이전에 배당을 실시한 적은 없다.

≪물음≫

우선주와 보통주에 배당할 금액을 각각 계산하시오.

해답

구분	자본금	연체배당	참가배당	배당합
우선주(8%,완전참가적,누적적)	₩3,000,000	₩480,000[*1]	₩345,000[*4]	825,000
우선주(10%,비참가적,비누적적)	2,000,000	—	200,000[*2]	200,000
보통주	5,000,000	—	575,000[*4]	575,000
합계	₩10,000,000	₩480,000	₩1,120,000	₩1,600,000

[*1]. $3,000,000 \times 8\% \times 2$년 $= 480,000$

[*2]. $2,000,000 \times 10\% = 200,000$

[*3]. $(1,600,000 - 480,000 - 200,000) \times (3,000,000/8,000,000) = 345,000$

[*4]. $(1,600,000 - 480,000 - 200,000) \times (5,000,000/8,000,000) = 575,000$

제17장 복합금융상품

제1절 개요

복합금융상품(compound financial instrument)은 부채요소와 자본요소를 모두 가지고 있는 금융상품을 말한다. 따라서 복합금융상품은 부채와 자본으로 구분하여 인식한다.

이러한 복합금융상품의 일반적인 형태는 발행자의 보통주로 전환할 수 있는 사채와 같이 전환권[1]이 내재되고, 기타 다른 파생상품의 특성은 내재되지 않은 채무상품이다(KIFRS1032-AG31). 주요 복합금융상품에는 다음과 같이 전환사채, 신주인수권부사채 등[2]이 있다.

구 분	내 용
전환사채 (CB, convertible bond)	유가증권의 보유자가 일정한 조건 하에 전환권을 행사할 수 있는 사채로서, 권리를 행사하면 보통주로 전환되는 사채를 말한다.
신주인수권부사채(BW, bonds with stock warrant)	유가증권의 보유자가 일정한 조건 하에 신주인수권을 행사할 수 있는 권리가 부여된 사채를 말한다.

복합금융상품과 관련된 주요 회계처리사항은 다음과 같다.

구 분	쟁점 사항
발행 시 회계처리	전환권가치인식법 vs 전환권가치무인식법(부채법)
이자지급 시 회계처리	유효이자율법
유도전환대가의 회계처리	비용처리 vs 발행금액차감
전환권행사 시 회계처리	장부금액법 vs 시가법
재매입 시 회계처리	부채요소와 자본요소 상환으로 구분
만기상환 시 회계처리	상환손익인식 안 함

제17장

---

1) "전환권"은 유가증권의 보유자가 보통주로의 전환을 청구할 수 있는 권리를 말한다.

2) 자기주식으로 교환되는 교환사채도 이에 해당된다. "교환사채(exchangeable bond)"는 유가증권의 보유자가 사채발행자가 보유하고 있는 유가증권과 교환을 청구할 수 있는 권리가 부여된 사채를 말한다.

상기 내용을 도해하면 다음과 같다.

발행	이자지급	전환권행사	재매입	만기
전환권가치인식법	유효이자율법 적용	장부금액법 적용	매입대가를 부채요	상환손익＝0
전환권대가계산	전환권조정 상각		소와 자본요소로	상환금액＝액면금액
			구분하여 손익인식	＋사채상환할증금

제2절 전환사채 발행자의 회계처리

1. 최초측정(발행)

(1) 자본요소와 부채요소의 분리

비파생금융상품의 발행자[3]는 금융상품의 조건을 평가하여 당해 금융상품이 자본요소와 부채요소를 모두 가지고 있는지를 결정하여야 하며 각 요소별로 금융부채, 금융자산 또는 지분상품으로 분류하여야 한다(KIFRS1032-28).

발행자는 ① 금융부채를 발생시키는 요소와 ② 발행자의 지분상품으로 전환할 수 있는 옵션을 보유자에게 부여하는 요소를 별도로 분리하여 인식한다. 예를 들어, 보유자가 확정 수량의 발행자의 보통주로 전환할 수 있는 사채(ⓔ 전환사채 등)는 또는 이와 유사한 금융상품은 복합금융상품이다. 발행자의 관점에서 이러한 금융상품은 금융부채(현금 등 금융자산을 인도하는 계약)의 요소와 지분상품(확정 수량의 발행자의 보통주로 전환할 수 있는 권리를 정해진 기간 동안 보유자에게 부여하는 콜옵션)의 요소로 구성된다. 이러한 금융상품을 발행하는 거래는 조기상환규정이 있는 채무상품과 주식을 매입할 수 있는 주식매입권을 동시에 발행하는 거래 또는 분리형 주식매입권이 있는 채무상품을 발행하는 거래와 실질적으로 동일한 경제적 효과가 있다. 따라서 이러한 모든 거래들의 경우 발행자는 재무상태표에 부채요소와 자본요소를 분리하여 표시한다(KIFRS1032-29).

지분상품은 기업의 자산에서 모든 부채를 차감한 후의 잔여지분을 나타낸다. 따라서 복합금융상품의 최초 장부금액을 부채요소와 자본요소에 배분하는 경우 자본요소에는 복합금융상품 전체의 공정가치에서 부채요소에 대하여 별도로 결정한 금액을 차감한 잔액을 배분한다(KIFRS1032-31).

- 복합금융상품의 자본요소(ⓔ 보통주 전환권)가 아닌 파생상품의 특성(ⓔ 콜옵션)에 해당하는 가치는 부채요소의 장부금액에 포함한다.
- 최초인식시점에서 부채요소와 자본요소에 배분된 금액의 합계는 항상 금융상품 전체의 공정가치와 동일해야 한다.

---

3) 문단 28은 파생상품이 아닌 복합금융상품의 발행자에 대하여 적용하며 복합금융상품의 보유자의 회계처리는 다루지 않는다. 부채특성과 자본특성이 포함된 복합금융상품에서 내재파생상품의 분리와 관련된 보유자의 회계처리는 기업회계기준서 제1039호에서 다루고 있다(KIFRS1032-AG30).

- 금융상품의 구성요소를 분리하여 인식하는 최초인식시점에는 어떠한 손익도 발생하지 않는다.

보통주로 전환할 수 있는 사채의 발행자는 부채요소와 자본요소를 다음과 같이 결정한다(KIFRS1032-32).

- 먼저, 자본 요소가 결합되지 않은 유사한 사채(내재되어 있는 비자본요소인 파생상품의 특성 포함)의 공정가치를 측정하여 부채요소의 장부금액을 우선 결정한다.
- 그 다음으로 자본요소(금융상품을 보통주로 전환할 수 있는 전환권)의 장부금액은 복합금융상품 전체의 공정가치에서 금융부채의 공정가치를 차감하여 결정한다.

전환권을 행사할 가능성이 변동하는 경우에도 (특히, 특정 보유자의 입장에서 전환권의 행사가 경제적으로 유리해지는 경우에도) 전환상품의 부채요소와 자본요소의 분류를 수정하지 않는다. 예를 들어 전환으로 인해 보유자에게 발생하는 세무효과의 차이 등으로 인하여 보유자는 예상대로 행동하지 않을 수 있다. 더욱이 전환의 가능성은 때에 따라 변동한다. 발행자가 미래에 원리금을 지급할 계약상 의무는 전환, 금융상품 만기의 도래 또는 그 밖의 거래를 통하여 소멸되기 전까지는 미결제된 상태로 유지된다(KIFRS1032-30).

복합금융상품은 다음과 같이 부채요소와 자본요소로 분리하여 재무상태표에 표시한다(KIFRS1032-AG31).

① 부채요소(liability component) : 정해진 원금과 이자금액을 지급해야 하는 발행자의 의무는 금융부채로서 전환사채가 전환되기 전까지 존재한다. 최초인식시점에서 부채요소의 공정가치는 동일한 조건하에서 유사한 신용상태와 실질적으로 동일한 현금흐름을 제공하지만 전환권은 없는 채무상품의 정해진 미래현금흐름(상환할증금 포함[4])을 시장이자율을 적용하여 할인한 현재가치이다.

② 자본요소(equity component) : 지분상품은 부채를 발행자의 자본으로 전환할 수 있는 내재옵션인 전환권이다. 최초 인식시점에 전환권이 외가격[5] 상태에 있더라도 전환권의 가치는 존재한다.

이를 도해하면 다음과 같다.

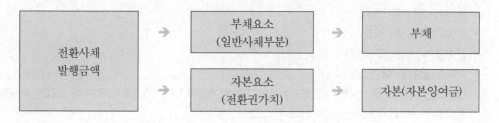

---

4) K-IFRS에 명시적으로 규정하고 있지 않지만 포함하는 것이 타당하다. 상환할증금에 대해서는 후술한다.
5) out of the money(OTM) : 전환가격이 주식가격보다 높은 경우를 말한다.

자본요소에 해당하는 금액은 '전환권대가'라는 과목으로 하여 자본에 표시된다. 전환권대가를 계산식으로 표시하면 다음과 같다.

> 전환권대가＝발행금액 － 미래현금흐름(이자 + 액면 + 상환할증금)의 현가
> ＝발행금액 － 미래현금흐름을 일반사채 시장이자율로 할인한 금액

 참 고   17-1   복합금융상품의 자본요소인식에 대한 논쟁

❏ **전환권가치인식법(자본요소인식법)**
전환권의 가치를 별도로 인식하여야 한다는 주장에 따르면 전환사채는 일반사채와 전환권의 두 가지 성격이 혼합된 증권으로서 회계처리가 형식보다는 경제적 실질에 기초한다는 점에서 전환권의 가치를 별도로 인식하여야 한다는 것이다.

❏ **부채법(자본요소무인식법)**
전환권의 가치를 별도로 인식하지 않아야 한다는 주장의 기본 논리는 전환사채가 순수한 일반사채부분과 전환권으로 구분되어 거래되지 않고 있어, 전환사채는 한 시점에서 순수한 부채이거나 또는 전환이 이루어진 경우에는 자본으로 존재하는 것이지 부채와 자본으로 동시에 존재할 수 없다는 것이다.

 예제 17-1   **원화표시 전환사채 : 상환할증금이 있는 경우**

12월 결산인 ㈜다빈은 20×1년 1월 1일 다음과 같은 조건으로 전환사채를 발행하였다.

- 액면금액 : 10,000백만원
- 표시이자율 : 연 7%
- 일반사채 시장수익률 : 연 15%
- 발행금액 : 10,000백만원
- 이자지급방법 : 매연도말 후급
- 전환조건 : 전환으로 인하여 발행되는 주식 1주(액면금액 : ₩5,000)에 대하여 요구되는 사채발행금액은 ₩20,000(전환가격이라고 한다)으로 한다.
- 전환청구기간 : 사채발행일 이후 1개월 경과일부터 상환기일까지
- 상환기일(만기) : 20×3년 12월 31일
- 원금상환방법 : 상환기일에 액면금액의 116.87%를 일시상환

위의 예제에서 전환권대가를 계산하면 다음과 같다. (단위 : 백만원)

(1) 발행가		10,000
(2) 일반사채의 가치		
이자현가 700 × 2.2832(이자율 15%, 기간 3, 1원의 연금현가)	1,598	
원금 · 상환할증금현가 11,687 × 0.6575(이자율 15%, 기간 3, 1원의 현가)	7,684	9,282
(3) 전환권대가 ((1) − (2))		718

상환할증금지급조건의 액면발행의 경우 발행시 분개는 다음과 같다.

(차) 현 금	×××	(대) 전환사채	×××
전환권조정	×××[*1]	사채상환할증금	×××
		전환권대가	×××

[*1]. 전환권조정＝사채상환할증금 ＋ 전환권대가
　⇒ 계산순서 : 전환권대가를 먼저 계산한 후 마지막으로 전환권조정을 계산한다.

위의 예제에서 발행시(20×1.1.1)의 분개는 다음과 같다.

(차) 현 금	10,000	(대) 전환사채	10,000
전환권조정	2,404[*1]	사채상환할증금	1,686
		전환권대가	718

상환할증금지급조건의 할인발행의 경우 전환사채의 발행구조를 표시하면 다음과 같다.

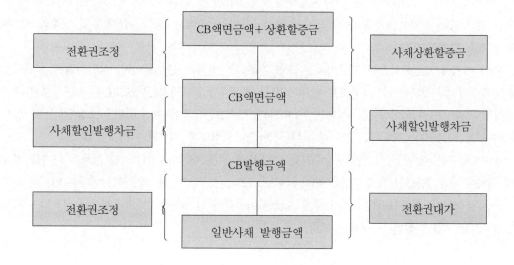

한편, 상환할증금지급조건의 액면발행의 경우 전환사채의 발행구조를 표시하면 다음과 같다.

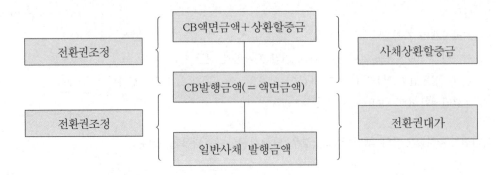

상기와 같이 상환할증금지급조건의 액면발행의 경우를 대상으로 전환사채의 회계처리를 설명한다.

(2) 복합금융상품의 발행과 관련된 거래원가

복합금융상품의 발행과 관련된 거래원가는 배분된 발행금액에 비례하여 부채요소와 자본요소로 배분한다. 둘 이상의 거래와 관련하여 발생한 공동의 거래원가(예 주식을 발행하는 동시에 당해 주식 이외의 다른 주식을 증권거래소에 상장하는 경우의 거래원가)는 유사한 거래와 일관성을 가지는 합리적인 배분기준을 적용하여 각 거래별로 배분한다(KIFRS1032-38).

(3) 상환할증금

상환할증금(call premium)은 전환사채 보유자가 권리행사기간 내에 권리행사를 하지 않을 경우 발행회사가 일정한 수익률6)을 보장하기 위해서 만기에 액면금액에 추가하여 지급하기로 약정한 금액이다. 따라서 보유자가 권리행사를 하여 보통주를 교부받으면 지급할 필요가 없으나 권리행사를 하지 않으면 만기 또는 만기이전(풋옵션7)에 의해서 조기상환의 경우)에 추가로 지급해야 할 일종의 우발부채의 성격을 가지고 있다.

위의 예제에서 전환사채는 표시이자율은 연 7%이고, 만기는 3년 후이며, 상환기일에 액면금액의 116.87%를 일시상환한다는 조건으로 발행되었다. 예제에서 언급되지 않았지만 위 전환사채에 제시된 보장수익률은 연 12%이다. 그 이유는 16.87%의 상환할증금률이 계산되려면 보장수익률이 12%이어야 하기 때문이다. 그렇다면 상환할증금률 16.87%가 어떻게 계산되는 지를 살펴보자.

상환할증금은 이자지급시 만기보장수익률(12%)보다 적은 액면이자율(7%)을 적용한 이자를 지급한데 대하여 사채기간동안 적게 지급된 이자율(매년, 12% - 7% = 5%)에 해당하는 이자를 일시에 만기에 지급된 금액이다. 따라서 매년 5%의 적게 지급된 이자율의 미래가치(미래가치계산에 적용할 이자율은 보장수익률이다)가 상환할증금률이 된다.

---

6) (만기)보장수익률이라고 한다.

7) 상환청구권을 말한다.

	부족 지급된 이자율	3년 후 미래가치
1년 후 이자지급시	5%	$5\% \times 1.12^2 = 6.272\%$
2년 후 이자지급시	5%	$5\% \times 1.12 = 5.6\%$
3년 후 이자지급시	5%	5%
상환할증금률		16.872%

상환할증금의 계산과정은 다음과 같다.

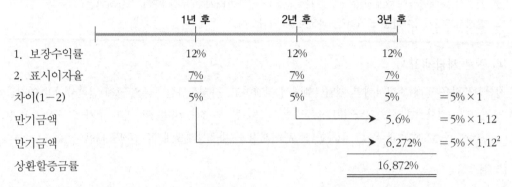

	1년 후	2년 후	3년 후	
1. 보장수익률	12%	12%	12%	
2. 표시이자율	7%	7%	7%	
차이(1-2)	5%	5%	5%	$= 5\% \times 1$
만기금액			5.6%	$= 5\% \times 1.12$
만기금액			6.272%	$= 5\% \times 1.12^2$
상환할증금률			16.872%	

상환할증금률과 상환할증금의 계산식은 다음과 같다.

> 상환할증금률 = (보장수익률 - 표시이자율)[1] × 연금미래계수(보장수익률, 사채기간)
>
> 상환할증금 = 액면금액 × 상환할증금률
>
> [1]. 매년 부족 지급된 이자율

위의 산식에서 알 수 있듯이 보장수익률이 표시이자율보다 큰 경우에만 상환할증금이 지급되며, 보장수익률과 표시이자율이 일치하면 상환할증금이 지급되지 않는다.

한편, 연금미래계수(보장수익률, 사채기간)가 주어지지 않은 경우 다음과 같은 계산식으로 상환할증금률을 계산할 수 있다.

> 상환할증금률 = (보장수익률 - 표시이자율) × $[1 + (1 + \text{보장수익률}) + \cdots + (1 + \text{보장수익률})^{n-1}]$

예를 들어 보장수익률이 연 13%이고, 표시이자율이 연 10%이며, 만기가 3년 후인 경우에 상환할증금률은 다음과 같이 계산된다.

> 상환할증금률 = $(13\% - 10\%) \times (1 + 1.13 + 1.13^2) = 10.2207\%$

전환사채 발행자는 사채발행시 상환할증금 지급가능성을 감안하여 사채의 발행가격을 결정하기 때문에 전환사채의 보유자가 일단 권리행사를 하지 않아 상환할증금을 지급하는 것으로 가정하여 전환권의 대가를 계산한다. 또한 상환할증금을 포함하여 매년 이자비용을 계산하고 상환할증금을 전환사채의 부가계정으로 계상한 후 전환사채보유자가 전환권을 행사하면 상각한다.

□ 상환할증금

1. "보장수익률 〉 표시이자율"인 경우에 발생한다.
2. 만기에 지급한다.(전환되지 않은 전환사채에 대하여만 보상이 이루어지게)
3. 계산식 : 액면금액×(보장수익률-표시이자율)×연금미래계수(보장수익률, 사채기간)
4. 발행시 "사채상환할증금"이라는 과목으로 인식한다.

---

(4) 관련 계정의 표시

전환권조정은 당해 전환사채의 액면금액에서 차감하고, 사채상환할증금은 당해 전환사채의 액면금액에 부가한다. 전환권대가는 기타자본잉여금[8]으로 분류한 후 전환권이 행사되어 추가로 주식을 발행하는 시점에서 주식발행초과금으로 대체한다. 관련계정을 재무상태표에 표시하면 다음과 같다.

[부채]

전환사채	×××
사채할인발행차금(차감)사채할증발행차금(가산)	±×××
사채상환할증금	×××
전환권조정	(×××)
사채의 장부금액	×××

[자본]

[기타자본잉여금]
전환권대가[9]   ×××

위의 예제에서 20×1년 12월 31일 현재 재무상태표에 전환사채와 관련된 계정들은 다음과 같이 표시된다.

20×1년 12월 31일 FPS표시

(단위 : 백만원)

전환사채	10,000
사채상환할증금	1,686
전환권조정	(1,712)
잔액	9,974
전환권대가(기타자본잉여금)	718

---

8) 자본조정이 아니라 자본잉여금에 표시됨에 유의하여야 한다.
9) 전환권대가가 자본조정에 표시되지 않음에 유의하여야 한다.

2. 이자비용 인식

전환사채의 이자비용은 사채의 장부금액에 부채요소측정에 사용한 시장이자율인 유효이자율[10]을 적용하여 계산한다. 사채의 장부금액은 다음과 같이 계산된다.

> 사채의 장부금액＝액면금액 ± 사채발행차금 － 전환권조정
> + 사채상환할증금(상환할증금 지급조건이 있는 경우)

위의 예제에서 전환권조정상각표를 작성하면 다음과 같다.

만기 상환을 가정한 전환권조정상각표

(단위 : 백만원)

구 분		20×1년	20×2년	20×3년
기초장부금액(A)		9,282	9,974	10,770
사채이자비용(B＝A×15%)		1,392	1,496	1,616
현금이자(C)		700	700	700
전환권조정	상각액(D＝B － C)	692	796	916
	잔액	1,712	916	0
기말장부금액		9,974	10,770	11,686

위의 상각표에 근거하여 이자비용을 인식하는 분개를 표시하면 다음과 같다.

〈20×1. 12. 31(이자지급)〉

(차) 이자비용	1,392 [*1]	(대) 현　　금	700
		전환권조정	692

[*1]. $(10,000 + 1,686 - 2,404) \times 15\% = 1,392$

〈20×2. 12. 31(이자지급)〉

(차) 이자비용	1,496 [*1]	(대) 현　　금	700
		전환권조정	796

[*2]. $(10,000 + 1,686 - 1,712) \times 15\% = 1,496$

액면발행의 경우 만기까지 인식할 총이자비용은 액면이자합과 전환권조정의 합계액이 된다. 전환권조정상각은 이자비용으로 인식하면서 소멸되어 만기에 잔액이 "0"이 되기 때문이다.

> 이자비용＝액면이자 + 전환권조정상각액
> 만기까지 총이자비용＝액면이자합 + 전환권조정

제17장

[10) 최초 발행시 전환사채의 장부금액을 계산하는 데 사용된 할인율이다.

3. 전환권 행사

(1) 장부금액법과 시가법

전환사채 발행자가 전환권이 행사되어 발행하는 주식의 발행금액의 결정에 있어서는 전환되는 전환사채의 장부금액으로 기록하는 장부금액법과 전환사채의 시가나 주식의 시가로 기록하는 시가법이 있다. 장부금액법을 사용하면 전환사채의 장부금액이 발행주식의 발행금액이 되므로 전환손익이 발생하지 않는다. 그러나 시가법을 사용하게 되면 전환사채의 시가나 발행주식의 시가와 전환사채의 장부금액과의 차액만큼 전환손익이 발생한다.

장부금액법의 이론적 근거는 전환사채의 발행과 전환을 동일 사건의 연속된 두 요소로 보고 전환을 단지 전환사채의 발행시 약정하였던 조건이 이행된 것으로 보기 때문에 전환손익을 계상하지 않아야 한다는 것이다. 이에 반하여, 시가법은 전환사채의 발행과 전환을 독립된 사건으로 보아 전환할 당시의 경제적 여건의 변화를 반영할 수 있는 시가로 발행주식을 기록하고 전환손익을 인식하여야 한다는 주장이다. 시가법은 경제적 여건의 변화를 보다 잘 반영할 수 있는 장점이 있으나 주식발행과 같은 자본거래에서 손익을 인식하는 모순이 있으며 이익정보가 왜곡될 수 있다는 점에서 장부금액법을 채택하고 있다.

(2) 장부금액법 적용

KIFRS1032 AG32에 의하면 최초인식시점의 자본요소(전환권대가, 신주인수권대가 등)는 자본의 다른 항목(예 : 주식발행초과금)으로 대체될 수 있지만 계속하여 자본으로 유지된다. 전환권이 행사는 시점에 전환권대가를 주식발행초과금으로 대체한다고 가정(이하 이러한 가정 계속 유지)하면, 전환권 행사시 주식의 발행금액은 전환권을 행사한 부분에 해당하는 전환사채의 장부금액과 전환권대가의 합계금액으로 한다. 여기서 전환사채의 장부금액은 다음과 같이 계산된다.

전환사채 액면금액	×××
사채할인발행차금(차감)사채할증발행차금(가산)	±×××
사채상환할증금(상환할증금 지급조건이 있을 경우)	×××
최종이자지급일로부터 전환권행사일까지의 발생이자[1]	(×××)
전환일의 전환사채 장부금액	×××

[1]. 전환권이 회계기간 중에 행사된 경우에는 전환간주일기준이 아니라 실제발행일기준을 적용한다.

표 17-1 ● 장부금액법과 시가법의 비교

구 분	장부금액법	시가법
주식의 발행금액	전환되는 전환사채의 장부금액	전환사채의 시가나 주식의 시가
전환손익	전환사채 의 장부금액이 발행주식의 발행금액이 되므로 전환손익이 발생하지 않는다.	전환사채의 시가나 발행주식의 시가와 전환사채의 장부금액과의 차액만큼 전환손익이 발생한다.
이론적 근거	전환사채의 발행과 전환을 동일 사건의 연속된 두 요소로 보고 전환을 단지 전환사채의 발행시 약정하였던 조건이 이행된 것으로 보기 때문에 전환손익을 계상하지 않아야 한다.	전환사채의 발행과 전환을 독립된 사건으로 보아 전환할 당시의 경제적 여건의 변화를 반영할 수 있는 시가로 발행주식을 기록하고 전환손익을 인식하여야 한다.

전환권이 회계기간 중에 행사된 경우에는 실제 권리가 행사된 날을 기준[11]으로 장부금액을 결정하여 주식의 발행금액을 계산한다.

> **전환권 행사시 주식의 발행금액＝전환사채의 장부금액 ＋ 전환권대가**
>
> ※ 전환사채의 장부금액＝액면금액 ± 사채발행차금 － 전환권조정 ＋ 사채상환할증금
> ＋ 최종이자지급일로부터 전환권행사일까지의 발생이자(전환권이 회계기간 중에 행사된 경우)

전환사채의 권리행사시 분개는 다음과 같다.

(차) 전환권대가	×××	(대) 주식발행초과금	×××
(차) 전환사채	×××	(대) 전환권조정	×××
사채상환할증금	×××	자 본 금	×××
		주식발행초과금	×××[*1]

[*1]. 대차일치금액으로 마지막에 기표된다.

위의 분개를 하나로 정리하면 다음과 같다.

(차) 전환사채	×××	(대) 전환권조정	×××
사채상환할증금	×××	자 본 금	×××
전환권대가	×××	주식발행초과금	×××[*1]

[*1]. 대차일치금액으로 마지막에 기표된다.

위의 예제에서 20×3년 1월 1일 액면 5,000백만원이 전환청구되었다면 관련 분개는 다음과 같다.
〈20×3. 1. 1(전환청구로 신주식 발행)〉

(차) 전환권대가	359[*1]	(대) 주식발행초과금	359
전환사채	5,000	자 본 금	1,250[*3]
사채상환할증금	843[*2]	주식발행초과금	4,135
		전환권조정	458[*4]

[*1]. 전환권대가를 주식발행초과금으로 대체 : 718 × 5,000/10,000＝359
[*2]. 사채상환할증금을 주식발행초과금으로 대체 : 1,686 × 5,000/10,000＝843
[*3]. 발행주식수 : 5,000백만원 ÷ ₩20,000＝250,000주
　　자본금 : 250,000주 × ₩5,000＝1,250백만원
[*4]. 전환권조정 상각 : 916 × 5,000/10,000＝458

위의 권리행사시 분개를 "전환사채, 사채상환할증금 및 전환권조정"을 압축하여 전환사채의 장부금액으로 표시하면 다음과 같다.

---

11) 전환간주일(기초 아니면 기말)이 아님에 유의하여야 한다.

(차) 전환사채의 장부금액	×××*1	(대) 자 본 금	×××
전환권대가	×××	주식발행초과금	×××

*1 전환사채 + 사채상환할증금 − 전환권조정

위의 분개에서 보면 주식발행금액(자본금＋주식발행초과금)은 전환사채의 장부금액과 전환권대가의 합계액으로 계산됨을 확인할 수 있다. 위의 분개에서 권리행사시 주식발행금액 등의 계산식을 전환사채의 장부금액을 포함하여 표시하면 다음과 같다.

> ① 주식발행금액＝자본금 ＋ 주식발행초과금＝전환사채의 장부금액 ＋ 전환권대가
> ② 주식발행초과금 증가＝주식발행금액 － 자본금
> 　　　　　　　　＝전환사채의 장부금액 ＋ 전환권대가 － 자본금
> ③ 자본잉여금 증가＝주식발행초과금 － 전환권대가＝전환사채의 장부금액 － 자본금

위의 식을 이용하여 예제의 권리행사시 주식발행금액 등을 계산하여 보자. 먼저 권리행사시의 전환사채의 장부금액은 $10,770(= 10,000 + 1,686 - 916)$백만원으로 계산된다. 전환사채의 장부금액을 이용한 주식발생금액 등의 계산은 다음과 같다.

① 주식발행금액＝전환사채의 장부금액 ＋ 전환권대가
$$= 10,770 \times 0.5 + 718 \times 0.5 = 5,744$$
② 주식발행초과금 증가＝전환사채의 장부금액 ＋ 전환권대가 － 자본금
$$= 10,770 \times 0.5 + 718 \times 0.5 - 5,000 \times (1/4) = 4,494$$
③ 자본잉여금 증가＝전환사채의 장부금액 － 자본금
$$= 10,770 \times 0.5 - 5,000 \times (1/4) = 4,135$$

예제의 전환권행사 시 분개를 전환사채의 장부금액으로 표시하면 다음과 같다.

(차) 전환사채의 장부금액	5,385*1	(대) 자 본 금	1,250*3
전환권대가	359*2	주식발행초과금	4,494

*1. $10,770 \times 0.5 = 5,385$　　*2. $718 \times 0.5 = 359$　　*3. $5,000 \times (1/4) = 1,250$

(3) 권리행사일

전환권이 회계기간 중에 행사된 경우에는 **실제 권리가 행사된 날을 기준으로** 사채의 장부금액을 결정하여 주식의 발행금액으로 한다.

전환권의 행사에 대하여 권리행사일을 회계연도말 또는 실제 행사일 중 어느 일자로 하느냐에 따라서 사채의 장부금액과 이자비용이 달라진다. 권리가 실제로 행사된 날을 전환일로 보면 전환일까지의 이자비용을 계상하고 사채의 장부금액을 계산한다. 그러나 전환일을 기초 또는 기말로 간주하면 사채이자비용과 사채의 장부금액은 실제 전환일과는 무관하게 결정된다.

　상법에서도 주식의 전환은 청구를 한 때에 효력이 발생하는 것으로 보고 있고, **실제 전환권 또는 신주인수권의 행사일**에 주식발행과 관련된 회계처리가 이루어지므로 실제 권리행사일을 기준으로 사채의 장부금액과 주식의 발행금액을 결정하는 것이 적절하다고 판단된다.

4. 유도전환대가

　발행자는 전환사채의 조기전환을 유도하기 위하여 좀 더 유리한 전환조건을 제시하거나 특정 시점 이전의 전환에 대해서는 추가적인 대가를 지급하는 등의 방법으로 전환사채의 조건을 변경할 수 있다. 조건이 변경되는 시점에 변경된 조건하에서 전환으로 인하여 보유자가 수취하게 되는 대가의 공정가치와 원래의 조건하에서 전환으로 인하여 보유자가 수취하였을 대가의 공정가치의 차이는 손실이며 당기손익으로 인식한다(KIFRS1032-AG35).

> 전환조건변경손실(유도전환대가) : 당기손실 처리
> = 조건변경후 전환으로 수취할 대가의 FV − 조건변경전 전환으로 수취할 대가의 FV
> $$= \left(\frac{\text{액면금액}}{\text{변경후 전환가격}} - \frac{\text{액면금액}}{\text{변경전 전환가격}} \right) \times \text{조건변경시점의 주당 공정가치}$$

유도전환대가

K-IFRS	K-GAAP
• 당기손실 처리	• 주식의 발행금액에서 차감

전환조건변경에 따른 회계처리는 다음과 같다.

전환조건변경방법	전환가격 인하 등		추가적인 대가 지급	
회계처리	(차변)	(대변)	(차변)	(대변)
전환조건변경시점	전환조건변경손실	전환권대가	전환조건변경손실	전환권대가
전환시점	전환권대가	주식발행초과금	전환권대가	현　금

　예제 17-1에서 20×2년 1월 1일 보유자가 전환사채를 조기에 전환하도록 유도하기 위하여, ㈜다빈은 20×2년 3월 1일까지(즉 60일 이내) 전환되는 경우 전환가격을 ₩16,000으로 인하하였다. 전환조건의 변경시점에 ㈜다빈 보통주의 주당 시장가격은 ₩18,000이라고 가정한다. ㈜다빈이 추가적으로 지급하는 대가의 공정가치는 다음과 같이 계산된다.

　변경된 전환조건에 따라 전환사채 보유자에게 발행될 보통주의 수 계산

액면금액	10,000백만원
새로운 전환가격	주당 ₩16,000
전환시 발행될 보통주의 수	625,000주

제17장

최초 전환조건에 따라 전환사채 보유자에게 발행될 보통주의 수 계산

액면금액	10,000백만원
최초 전환가격	주당 ₩20,000
전환시 발행될 보통주의 수	500,000주
전환시 추가적으로 발행될 보통주의 수 625,000−500,000주	125,000주
전환시 추가적으로 발행될 보통주의 가치 주당 ₩18,000×추가 주식 125,000주	2,250백만원

추가적인 대가 2,250백만원은 손실로서 당기손익으로 인식된다.

전환조건변경손실(유도전환대가)는 다음과 같이 간편하게 계산할 수 있다.

$$전환조건변경손실= (\frac{10,000백만원}{16,000} - \frac{10,000백만원}{20,000}) \times 18,000 = 2,250백만원$$

5. 조기상환 또는 재매입

최초의 전환권이 변동되지 않은 상태에서 조기상환이나 재매입을 통하여 만기 전에 전환상품이 소멸되는 경우 조기상환이나 재매입을 위하여 지급한 대가와 거래원가를 거래의 발생시점의 부채요소와 자본요소에 배분한다. 지급한 대가와 거래원가를 각 요소별로 배분하는 방법은 전환사채가 발행되는 시점에 발행금액을 각 요소별로 배분한 방법과 일관되어야 한다(KIFRS1032-AG33).

대가를 배분한 결과로 발생되는 손익은 관련 요소에 적용되는 회계원칙에 따라 다음과 같이 회계처리한다(KIFRS1032-AG34).

① 부채요소에 관련된 손익은 당기손익으로 인식한다.

② 자본요소와 관련된 대가는 자본으로 인식한다.

전환사채를 재매입하는 경우 부채요소와 자본요소로 구분하여 다음과 같이 회계처리(분개)한다.

〈부채요소 재매입〉

(차) 전환사채	×××	(대) 전환권조정	×××
사채상환할증금	×××	현 금	×××
		사채상환손익	××× [*1]

[*1]. 당기손익

〈자본요소 재매입〉

(차) 전환권대가	×××	(대) 현 금	×××
		전환권재매입손익	××× [*1]

[*1]. 자본잉여금 또는 자본조정

위의 예제에서 20×3년 1월 1일에 전환사채 액면금액 5,000백만원을 발행자가 재매입하였다. 재매입금액은 재매입시점의 공정가치인 6,000백만원이다. 재매입시점에서 거래원가 50백만원을 지급하였다. ㈜다

빈 20×3년 1월 1일에 전환권이 없는 사채를 발행한다면 적용되는 유효이자율은 연 12%이다. 재매입시점의 매입금액과 거래원가의 합계인 6,050백만원은 부채요소의 대가와 자본요소의 대가로 다음과 같이 계산된다.

부채요소에 대한 대가＝(5,000 ＋ 350 ＋ 843) ÷ 1.12＝5,529

자본요소에 대한 대가＝6,050 － 5,529＝521

그 다음 부채요소와 자본요소로 구분하여 재매입의 회계처리를 표시하면 다음과 같다.

〈부채요소 재매입〉

(차) 전환사채	5,000	(대) 전환권조정	458
사채상환할증금	843	현　금	5,529
사채상환손실	144 [*1]		

[*1]. 당기손익

상기 분개를 압축분개로 표시하면 다음과 같다.

| (차) 전환사채의 장부금액 | 5,385 [*1] | (대) 현　금 | 5,529 |
| 사채상환손실 | 144 | | |

[*1]. ((9,282×1.15−700)×1.15−700)×0.5＝5,385

〈자본요소 재매입〉

| (차) 전환권대가 | 359 | (대) 현　금 | 521 |
| 전환권재매입손실 | 162 [*1] | | |

[*1]. 자본조정

6. 만기시점에서의 전환 및 상환

(1) 만기시점에서의 전환

만기시점에서 전환사채가 전환되는 경우 발행자의 회계처리는 다음과 같다(KIFRS1032-AG32).

- 부채를 제거하고 자본으로 인식한다.
- 최초인식시점의 자본요소는 자본의 다른 항목으로 대체될 수 있지만 계속하여 자본으로 유지된다. (따라서 전환권 행사시점에 전환권대가를 주식발행초과금으로 대체할 수도 있고, 대체하지 아니할 수도 있다. 마찬가지로 신주인수권 행사시점에 신주인수권대가를 주식발행초과금으로 대체할 수도 있고, 대체하지 아니할 수도 있다.)
- 만기시점에서 전환사채의 전환에 따라 인식할 손익은 없다.

위의 예제에서 만기시점에서 전환권을 행사한 경우 분개를 표시하면 다음과 같다.

〈20×3.12.31(이자지급)〉

| (차) 이자비용 | 808 | (대) 현　금 | 350 |
| | | 전환권조정 | 458 |

제17장

⟨20×3.12.31(액면5,000백만원 전환)⟩

(차) 전환권대가	359	(대) 주식발행초과금	359
전환사채	5,000	자 본 금	1,250
사채상환할증금	843	주식발행초과금	4,593

(2) 만기시점에서의 상환

만기상환 시 상환금액과 장부금액이 일치하여 상환손익이 발생하지 않는다. 상환할증금지급조건인 경우 발행시 상환할증금이 지급될 것으로 가정하고 상환할증금의 현재가치를 부채로 인식한 후 기간 경과시 유효이자율법에 만기에 상환할증금의 명목금액이 되게 조정되어 상환당시 전환사채의 장부금액 은 액면금액과 사채상환할증금의 합계가 된다. 이 금액이 상환금액이다. 위의 예제에서 전환권 행사 후 만기상환까지의 분개를 표시하면 다음과 같다.

⟨20×3.12.31(이자지급)⟩

(차) 이자비용	808	(대) 현 금	350
		전환권조정	458

⟨20×3.12.31(액면5,000백만원 만기상환)⟩

(차) 전환사채	5,000	(대) 현 금	5,843
사채상환할증금	843		

7. 외화표시 전환사채의 외화환산

전환사채는 화폐성항목인 사채와 비화폐성항목인 자본의 중간에 위치한다고 볼 수 있으며, 전환이 된다고 가정하면 비화폐성항목이고, 전환이 안 된다고 가정하면 화폐성항목이 된다.

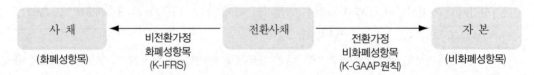

불확실한 미래의 사건의 발생여부나 불확실한 상황의 결과에 따라 결제방법이 결정되는 경우에도 현 금 등의 금융자산의 인도를 회피할 수 있는 무조건적인 권리(unconditional right)[12]를 보유하지 않는 다면 금융부채라는 성격이 변동되지 않는다.

따라서 전환사채는 발행자가 금융자산의 인도를 회피할 수 있는 무조건적인 권리를 보유하지 아니하 므로 화폐성항목인 금융부채이다. 따라서 K-IFRS에서는 전환사채를 화폐성항목으로 보아 외화환산토록 규정하고 있다.

---

12) KIFRS1032-19

외화표시 전환사채의 외화환산

K-IFRS	K-GAAP
• 화폐성항목으로 보아 외화환산함. 즉, 지분상품으로 전환되기 전의 전환사채는 전환가능성의 정도에 관계없이 외화환산 대상임.	• 원칙적으로 비화폐성항목으로 보아 외화환산하지 않음. 즉, 외화표시 전환사채는 원칙적으로 전환청구기간 만료시까지 비화폐성 외화부채로 간주하되, 전환권의 행사가 이루어지지 않을 것이 거의 확실한 경우 화폐성 외화부채로 간주함.

8. 상환의무가 있는 우선주

의무적으로 5년 후에 현금으로 상환되어야 하지만 배당은 상환 전까지 발행자의 재량에 따라 지급되는 비누적적 우선주는 상환금액의 현재가치에 상당하는 부채요소를 가지고 있는 복합금융상품[13]에 해당한다. 이 경우 관련손익은 다음과 같이 회계처리한다(KIFRS1032-AG37).

① 부채요소에 관련된 현재가치할인차금의 상각액은 당기손익으로 인식하고 이자비용으로 분류한다.
② 배당은 자본요소에 관련되므로 이익의 배분으로 인식한다.

이에 대한 회계처리를 정리하여 표시하면 다음과 같다.

정리 17-1 복합금융상품인 우선주

(1) 발행

(차) 현　　　금	×××	(대) 부　　　채	××× [*1]
		자　　　본	×××

[*1] 상환금액의 현재가치

(2) 현재가치할인차금상각

(차) 이자비용	××× [*1]	(대) 부　　　채	×××

[*1] 기초부채장부금액 × 유효이자율

(3) 배당금 지급

(차) 미처분이익잉여금[*1]	×××	(대) 현　　　금	×××

[*1] 또는 미지급배당금

또한, ① 의무적으로 상환하여야 하는 것은 아니지만 보유자의 선택에 따라 상환을 청구할 수 있거나 ② 의무적인 전환에 따라 인도할 보통주의 수량이 기초 변수(예 일반상품)의 변동에 따라 결정되는 금

---

[13] 반면, 우선주의 발행자가 보유자에게 확정되거나 확정가능한 미래의 시점에 확정되거나 확정가능한 금액을 의무적으로 상환해야 하는 우선주는 금융부채이다(KIFRS1032-19).

제17장

액이나 확정 금액과 동일한 가치를 가지도록 결정되는 우선주의 경우에도 동일하게 회계처리한다.

그러나 지급되지 않은 배당이 상환금액에 가산되는 경우에는 금융상품 전체가 부채에 해당하고 배당은 이자비용으로 분류한다.

앞서 설명한 전환사채의 회계처리를 예제로 구성하면 다음과 같다.

 예제 17-2 전환사채의 발행, 이자지급, 전환, 재매입

㈜다인은 20×1년 1월 1일에 액면금액이 ₩1,000,000인 전환사채를 액면발행하였다. 동 사채의 이자율은 연 6%이며 매년말에 지급되고 만기일은 20×3년 12월 31일이다. 전환청구는 만기까지 가능하며, 사채 액면 ₩1,000당 보통주 1주(주당액면금액 : ₩500)로 전환할 수 있다. 발행 당시 전환권이 없는 일반사채의 시장이자율은 연 12%이다.

〈현가계수자료〉

기간	₩1의 현재가치		연금 ₩1의 현재가치	
	할인율 10%	할인율 12%	할인율 10%	할인율 12%
1	0.9091	0.8929	0.9091	0.8929
2	0.8264	0.7972	1.7355	1.6901
3	0.7513	0.7118	2.4868	2.4018

≪물음≫
1. 전환사채 발행시 전환사채의 발행금액을 부채요소와 자본요소로 구분하시오.
2. 20×1년 1월 1일 발행시 회계처리(분개)를 하시오.
3. 20×1년 12월 31일에 이자지급 시 회계처리(분개)를 하시오.
4. 20×2년 1월 1일에 전환사채 액면금액 ₩500,000이 전환청구되어 주식이 발행되었다. 전환청구에 대한 회계처리(분개)를 하시오. (단, 전환권 행사시점에 전환권대가를 주식발행초과금으로 대체한다고 가정한다.)
5. 20×2년 1월 1일에 ㈜다인은 전환사채 액면금액 ₩500,000을 공정가치인 ₩540,000로 재매입하였다. ㈜다인이 20×2년 1월 1일에 2년 만기 전환권이 없는 사채를 발행한다면 연 10%로 유효이자율이 결정된다. 재매입에 대한 회계처리(분개)를 하시오.

 해답

1. 전환권대가(자본요소)의 계산

① 발행가			₩1,000,000
② 일반사채의 가치			
이자현가	(60,000 × 2.4018)	144,108	
원금현가	(1,000,000 × 0.7118)	711,800	855,900
③ 전환권대가			₩144,092

부채요소＝₩855,900,　자본요소＝₩144,092

2. 〈20×1. 1. 1(발행)〉

(차) 현　　금	1,000,000	(대) 전환사채	1,000,000
전환권조정	144,092	전환권대가	144,092

3. 〈20×1. 12. 31(이자지급)〉

(차) 이자비용	102,709 *1	(대) 현　　금	60,000
		전환권조정	42,709

*1. 855,908 × 12% = 102,709

4. 〈20×2. 1. 1(전환청구)〉

(차) 전환사채	500,000	(대) 전환권조정	50,692 *1
전환권대가	72,046 *1	자 본 금	250,000 *3
		주식발행초과금	271,354

*1. 144,092 × (500,000/1,000,000) = 72,046
*2. (144,092 − 42,709) × 0.5 = 50,691
*3. 500,000 × (500/1,000) = 250,000

5. 〈20×2. 1. 1(재매입)〉

재매입대가의 구분

부채요소의 매입대가 = 500,000 × 6% × 1.7355(연금 10%, 2년) + 500,000
$$\times 0.8264(단일\ 10\%,\ 2년)$$
$$= 465,265$$

자본요소의 매입대가 = 540,000 − 465,265 = 74,735

〈부채요소의 재매입〉

(차) 전환사채	500,000	(대) 전환권조정	50,691 *1
사채상환손실	15,956	현　　금	465,265

*1. 144,092 − 42,709 − 50,691 = 51,038

〈자본요소의 재매입〉

(차) 전환권대가	72,046	(대) 현　　금	74,735
전환권재매입손실	2,689		

제17장

전환사채의 회계처리를 정리하면 다음과 같다.

정리 17-2 전환사채 회계처리 요약 : 액면발행 및 상환할증금이 없는 경우

구분	차변		대변	
① 발행	현 금	×××	전환사채	×××
	전환권조정	××× *2	전환권대가	××× *1
② 이자지급	이자비용	××× *3	현 금	×××
			전환권조정	×××
③ 전환권행사	전환사채	×××	전환권조정	×××
	전환권대가	×××	자 본 금	××× *4
			주식발행초과금	××× *4
④ 조기상환	전환사채	×××	현 금	××× *5
재매입	전환권대가	×××		
	전환권재매입손익	×××	현 금	××× *5
⑤ 만기상환	전환사채	×××	현 금	×××

*1. 전환권대가 = 발행금액 − 현금흐름(이자 + 액면)의 현가(할인율 : 일반사채시장이자율)
*2. 전환권조정 = 전환권대가
*3. 기초전환사채장부금액(= 전환사채 + 사채상환할증금 − 전환권조정) × 유효이자율
*4. 주식의 발행금액 = 전환시점의 전환사채장부금액 + 전환권대가
*5. 지급한 대가와 거래원가를 전환사채가 발행되는 시점에 발행금액을 각 요소별로 배분한 방법과 일관되게 부채요소와 자본요소로 배분한다.

정리 17-3 전환사채 회계처리 요약 : 액면발행 및 상환할증금이 있는 경우

구분	차변		대변	
① 발행	현 금	×××	전환사채	×××
	전환권조정	××× *3	사채상환할증금	××× *1
			전환권대가	××× *2
② 이자지급	이자비용	××× *4	현 금	×××
			전환권조정	×××
③ 전환권행사	전환사채	×××	전환권조정	×××
	사채상환할증금	×××	자 본 금	××× *5
	전환권대가	×××	주식발행초과금	××× *5
④ 조기상환	전환사채	×××	현 금	××× *6
재매입	사채상환할증금	×××		
	사채상환손익	×××		
	전환권대가	×××	현 금	××× *6
	전환권재매입손익	×××		

⑤ 만기상환 　　　전환사채 　　　　　　×××　　　　현　금　　　　×××
　　　　　　　　　사채상환할증금 　　　　×××

*1. 사채상환할증금＝액면금액×(보장수익률 － 표시이자율)×연금미래계수(보장수익률, 만기)
*2. 전환권대가＝발행금액 － 현금흐름(이자 ＋ 액면 ＋ 사채상환할증금)의 현가(할인율 : 일반사채시장이자율)
*3. 전환권조정＝사채상환할증금 ＋ 전환권대가
*4. 기초전환사채장부금액(＝ 전환사채 ＋ 사채상환할증금 － 전환권조정)×유효이자율
*5. 주식의 발행금액＝전환시점의 전환사채장부금액 ＋ 전환권대가
*6. 지급한 대가와 거래원가를 전환사채가 발행되는 시점에 발행금액을 각 요소별로 배분한 방법과 일관되게
　　부채요소와 자본요소로 배분한다.

제 3 절   신주인수권부사채 발행자의 회계처리

신주인수권부사채의 회계처리는 기본적으로 전환사채와 유사하다. 다만, 권리가 행사되면 전환사채는 소멸되지만, 신주인수권부사채는 소멸되지 않는 다는 차이로 일부 회계처리가 서로 다르다.

1. 최초측정(발행)

(1) 자본요소와 부채요소의 분리

신주인수권부사채는 부채요소와 자본요소의 구분, 상환할증금의 내용은 전술한 전환사채와 동일하므로 이에 대한 설명은 생략한다. 신주인수권부사채도 부채요소와 자본요소로 구분한다. 이를 도해하면 다음과 같다.

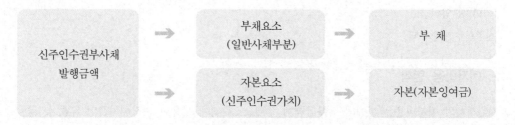

신주인수권부사채의 신주인수권이 분리되어 거래가 이루어지는 분리형신주인수권부사채(bonds with detachable stock warrant)와 신주인수권만이 분리되어 별도로 거래될 수 없는 비분리형신주인권부사채(bonds with nondetachable stock warrant)로 구분된다. 비분리형과 분리형의 신주인수권대가를 계산하는 방식은 다음과 같이 모두 동일하다.

신주인수권대가 = 발행금액 － 미래현금흐름(이자 ＋ 액면 ＋ 상환할증금)의 현가
　　　　　　　 = 발행금액 － 미래현금흐름을 일반사채 시장이자율로 할인한 금액

제17장

상환할증금지급조건의 액면발행의 경우 발행시 분개는 다음과 같다.

(차) 현 금	×××	(대) 신주인수권부사채	×××
신주인수권조정	××× *1	사채상환할증금	×××
		신주인수권대가	×××

*1. 신주인수권조정 = 사채상환할증금 + 신주인수권대가
    ⇒ 계산순서 : 신주인수권대가를 먼저 계산한 후 마지막으로 신주인수권조정을 계산한다.

(2) 관련 계정의 표시

신주인수권조정은 당해 신주인수권부사채의 액면금액에서 차감하고, 사채상환할증금은 당해 신주인수권부사채의 액면금액에 부가한다. 신주인수권대가는 **기타자본잉여금[14]**으로 분류한 후 신주인수권이 행사되어 추가로 주식을 발행하는 시점에서 **주식발행초과금으로 대체**한다.

관련계정을 재무상태표에 표시하면 다음과 같다.

[부채]

신주인수권부사채	×××
사채할인발행차금(차감)사채할증발행차금(가산)	±×××
사채상환할증금	×××
신주인수권조정	(×××)
사채의 장부금액	×××

[자본]

[기타자본잉여금]
신주인수권대가[15]   ×××

2. 이자비용 인식

전환사채의 이자비용은 사채의 장부금액에 부채요소측정에 사용한 시장이자율인 **유효이자율[16]**을 적용하여 계산한다. 사채의 장부금액은 다음과 같이 계산된다.

$$\text{사채의 장부금액} = \text{액면금액} \pm \text{사채발행차금} - \text{신주인수권조정} + \text{사채상환할증금}$$

---

14) 자본조정이아니라 자본잉여금에 표시됨에 유의하여야 한다.

15) 신주인수권대가가 자본조정에 표시되지 않음에 유의하여야 한다.

16) 최초 발행시 전환사채의 장부금액을 계산하는 데 사용된 할인율이다.

3. 신주인수권 행사

신주인수권부사채의 신주인수권이 행사되어도 신주인수권부사채는 소멸(자본으로 대체)되지 않으므로 사채와 관련된 계정인 사채발행차금과 신주인수권조정(신주인수권가치에 관련된 부분에 한함)도 소멸되지 않는다. 신주인수권조정은 신주인수권가치에 해당부분과 사채상환할증금에 해당부분으로 구분된다. 신주인수권이 행사되면 상환할증금이 소멸되므로 상환할증금에 관련된 신주인수권조정은 소멸되고, 신주인수권가치에 관련된 신주인수권조정은 남아있게 된다. 소멸될 상환할증금은 현재가치이어야 신주인수권행사 후 적용되는 유효이자율의 계속성이 유지된다. 즉, 발행시 유효이자율이 신주인수권행사 후에도 계속 적용된다. 상환할증금은 현재가치는 다음과 같이 계산된다.

> 상환할증금의 현재가치 = 상환할증금 − 상환할증금의 현재가치할인차금
> 상환할증금의 현재가치할인차금 = 상환할증금 − 상환할증금의 현재가치
> $= $ 상환할증금 − 상환할증금$/(1 + r)^n$
>
> 단, r은 일반사채시장이자율이고, n은 잔여만기를 의미한다.

여기서 상환할증금의 현재가치할인차금이 소멸될 신주인수권조정이다. 따라서 소멸될 신주인수권조정은 "[상환할증금 − 상환할증금$/(1 +$ 일반사채시장이자율$)$잔여만기]"와 같이 계산된다.

신주인수권 행사시 주식의 발행금액은 신주인수권의 행사에 따라 **납입되는 금액**과 신주인수권을 행사한 부분에 해당하는 **신주인수권대가**의 합계금액으로 한다. 다만, 상환할증금 지급조건이 있는 경우에는 **신주인수권을 행사한 부분에 해당하는 사채상환할증금(사채상환할증금의 현재가치를 의미한다)**을 납입금액에 가산한다.

〈신주인수권 행사시 신주인수권조정의 처리〉

> 신주인수권조정 $\begin{cases} \text{신주인수권가치부분 : 소멸안 함} \\ \text{사채상환할증금부분 : 소멸함 (주식발행금액에 포함)} \end{cases}$

IFRS1032 AG32에 의하면 최초인식시점의 자본요소(전환권대가, 신주인수권대가 등)는 자본의 다른 항목(예: 주식발행초과금)으로 대체될 수 있지만 계속하여 자본으로 유지된다. 신주인수권이 행사는 시점에 신수인권대가를 주식발행초과금으로 대체한다고 가정(이하 이러한 가정 계속 유지)한다.

제17장

정리 17-4 신주인수권행사시 주식의 발행금액 계산식
신주인수권 행사시 주식의 발행금액 = 신주인수권의 행사에 따라 납입되는 금액 + 신주인수권대가 + 사채상환할증금(당해 사채상환 할증금에 관련된 미상각신주인수권조정계정을 차감한 후의 금액) = 납입금액 + 신주인수권대가 + 사채상환할증금 − 신주인수권조정(사채상환할증금관련부분)

= 납입금액 + 신주인수권대가 + 사채상환할증금의 현재가치

= 납입금액 + 신주인수권대가 + 사채상환할증금/$(1 + r)^n$ (여기서, n은 잔여만기)

신주인수권부사채(상환할증금지급조건)의 권리행사시 관련계정의 소멸여부를 표시하면 다음과 같다.

과 목	일반사채관련	신주인수권관련
신주인수권부사채(액면금액)	●(전액)	
사채발행차금	●(전액)	
사채상환할증금		●(전액)
신주인수권조정	●(일부)	●[*1](일부)
신주인수권대가		●(전액)
신주인수권 행사시	소멸안 됨	소멸됨

[*1]. 사채상환할증금에 관련된 미상각신주인수권조정
 = 상환부분에 해당되는 상환할증금－상환부분에 해당되는 상환할증금의 현재가치
 = 상환부분에 해당되는 상환할증금 $\times [1-1/(1 + 일반사채시장이자율)^n]$
 단, n : 잔여만기기간

신주인수권부사채의 권리행사시 분개는 다음과 같다.

(차) 신주인수권대가	×××	(대) 주식발행초과금	×××	
(차) 현 금	×××	(대) 신주인수권조정	×××	
사채상환할증금	×××	자 본 금	×××	
신주인수권대가	×××	주식발행초과금	×××	[*1]

[*1]. 대차일치금액으로 마지막에 기표된다.

위의 분개를 하나로 정리하면 다음과 같다.

(차) 현 금	×××	(대) 신주인수권조정	×××	
사채상환할증금	×××	자 본 금	×××	
신주인수권대가	×××	주식발행초과금	×××	[*1]

[*1]. 대차일치금액으로 마지막에 기표된다.

전환사채와 신주인수권부사채의 권리행사시 주식발행금액을 비교하면 다음과 같다. 단, 액면발행 및 상환할증금지급조건을 가정함

전환사채	신주인수권부사채
＋ 액면금액	＋ 납입금액
＋ 사채상환할증금	＋ 사채상환할증금
－ 전환권조정	－ 신주인수권조정 (사채상환할증금관련부분)
＋ 전환권대가	＋ 신주인수권대가
＝ 주식발행금액	＝ 주식발행금액

신주인수권이 회계기간 중에 행사된 경우에는 **실제 권리가 행사된 날을 기준**[17]으로 장부금액을 결정하여 주식의 발행금액을 계산한다. 신주인수권 행사시 주식의 발행금액에 영향을 미치는 신주인수권부사채의 관련 장부금액은 신주인수권조정의 장부금액(사채상환할증금의 현재가치)이다.

4. 만기상환

만기상환 시 상환금액과 장부금액이 일치하여 상환손익이 발생하지 않는다. 만기상환 시 회계처리는 다음과 같다.

(차) 신주인수권부사채		×××	(대) 현　금		×××
사채상환할증금		×××			

신주인수권부사채의 회계처리(액면발행 및 상환할증금 조건)를 요약하면 다음과 같다.

구분	차변		대변	
발행	현　금	×××	신주인수권부사채	×××
	신주인수권조정	××× [*3]	사채상환할증금	××× [*1]
			신주인수권대가	××× [*2]
이자지급	이자비용	××× [*4]	현　금	×××
			신주인수권조정	×××
신주인수권행사	현　금	×××	신주인수권조정	××× [*6]
	사채상환할증금	×××	자 본 금	××× [*5]
	신주인수권대가	×××	주식발행초과금	××× [*5]
만기상환	신주인수권부사채	×××	현　금	×××
	사채상환할증금	×××		

[*1]. 사채상환할증금 = 액면금액 × (보장수익률 − 표시이자율) × 연금미래계수(보장수익률, 만기)
[*2]. 신주인수권대가 = 발행금액-현금흐름(이자 + 액면 + 사채상환할증금)의 현가 (할인율 : 일반사채시장이자율)
[*3]. 신주인수권조정 = 사채상환할증금 + 신주인수권대가
[*4]. 기초신주인수권부사채장부금액(= 신주인수권부사채 + 사채상환할증금 − 신주인수권조정) × 유효이자율
[*5]. 주식의 발행금액 = 행사가격 + 사채상환할증금의현가 + 신주인수권대가
　　사채상환할증금의현가 = 사채상환할증금 − 신주인수권조정
[*6]. 신주인수권조정 = 사채상환할증금 − 사채상환할증금의현가
　　사채상환할증금의현가 = 사채상환할증금 ÷ $[(1 + 유효이자율)^{잔여만기}]$

---

17) 전환간주일(기초 아니면 기말)이 아님에 유의하여야 한다.

제17장

예제 17-3 신주인수권부사채 : 상환할증금이 없는 경우

1. ㈜다빈은 20×1년 1월 1일에 다음의 조건으로 신주인수권부사채를 발행하였다.
   - 발행금액 : 액면 10,000백만원(액면발행)
   - 표시이자율 : 연 9%
   - 일반사채 시장수익률 : 연 13%
   - 이자지급방법 : 매연도말 후급
   - 신주인수권의 내용
     – 행사비율 : 사채권면액의 100%
     – 행사금액 : ₩15,000/주, 보통주1주의 액면금액 : ₩5,000
     – 행사기간 : 발행일로부터 1개월이 경과한 날부터 상환기일 30일전까지
     – 증서의 분리여부 : 비분리형
   - 상환기일(만기) : 20×3년 12월 31일
   - 원금상환방법 : 상환기일에 일시상환
2. 20×2년 12월 31일에 액면 6,000백만원의 신주인수권이 행사되었다.

≪물음≫
1. 신주인수권대가를 계산하시오.
2. 신주인수권조정 상각표를 작성하시오.
3. 발행시, 이자지급 시, 신주인수권행사 시 및 만기상환 시의 회계처리(분개)를 하시오. (단, 신주인수권 행사시점에 신주인수권대가를 주식발행초과금으로 대체한다고 가정한다.)
4. 20×1년 12월 31일의 부분재무상태표에 신주인수권부사채와 관련 과목을 표시하시오.

 해답

1. 신주인수권 대가의 계산 (단위 : 백만원)
   (1) 발행금액   10,000
   (2) 일반사채금액
       원금현가 : 10,000 × 0.6931(이자율 13%, 기간 3, 1원의 현가)   6,931
       이자현가 : 10,000 × 9% × 2.3612(이자율 13%, 기간 3,1원의 연금현가)   2,125   9,056
   (3) 신주인수권대가 ((1)−(2))   944

2. 만기 상환을 가정한 신수인수권조정상각표 (단위 : 백만원)

구 분		20×1년	20×2년	20×3년
기초장부금액(A)		9,056	9,333	9,646
사채이자비용(B=A×13%)		1,177	1,213	1,254
현금이자(C)		900	900	900
신주인수권조정	상각액(B − C)	277	313	354
	잔액	667	354	0
기말장부금액		9,333	9,646	10,000

3. 관련 분개 (단위 : 백만원)

거래시점	차변		대변	
20×1.1.1 (발행)	현금	10,000	신주인수권부사채	10,000
	신주인수권조정	944	신주인수권대가	944
20×1.12.31 (이자지급)	이자비용	1,177	현　금	900
			신주인수권조정	277
20×2.12.31 (이자지급)	이자비용	1,213	현　금	900
			신주인수권조정	313
20×2.12.31 (신주인수권행사)	신주인수권대가	566	주식발행초과금	566 [*1]
	현　금	6,000	자본금	2,000 [*2]
			주식발행초과금	4,000
20×3.12.31 (이자지급)	이자비용	1,254	현　금	900
			신주인수권조정	354
20×3.12.31(만기상환)	신주인수권부사채	10,000	현　금	10,000

[*1]. 신주인수권대가의 주식발행초과금으로 대체 : 944 × 6,000/10,000 = 566
[*2]. 발행주식수 : 6,000백만원 ÷ ₩15,000 = 400,000주
　자본금 : 400,000주 × ₩5,000 = 2,000백만원

4. 20×1년 12월 31일 부분재무상태표 (단위 : 백만원)

신주인수권부사채	10,000
신주인수권조정	(667)
잔액	9,333
신주인수권대가(기타자본잉여금)	944

예제 17-4　신주인수권부사채 : 상환할증금이 있는 경우

1. ㈜다빈은 20×1년 1월 1일에 다음의 조건으로 신주인수권부사채를 발행하였다.
   - 발행금액 : 액면 10,000백만원(액면발행)
   - 표시이자율 : 연 7%
   - 일반사채 시장수익률 : 연 13%
   - 이자지급방법 : 매연도말 후급
   - 신주인수권의 내용
     - 행사비율 : 사채권면액의 100%
     - 행사가액 : ₩20,000/주 (보통주 1주당 액면금액 ₩5,000)
     - 행사기간 : 발행일로부터 1개월이 경과한 날부터 상환기일 30일전까지
     - 증서의 분리여부 : 비분리형

제17장

- 상환기일(만기) : 20×3년 12월 31일
- 신주인수권미행사시 만기상환금액 : 액면금액의 116.86%
- 원금상환방법 : 상환기일에 일시상환

2. 20×1년 12월 31일에 액면 10,000백만원의 신주인수권이 행사되었다.

≪물음≫

관련 분개를 하시오. (단, 신주인수권 행사시점에 신주인수권대가를 주식발행초과금으로 대체한다고 가정한다.)

해답

(단위 : 백만원)

일자	차변		대변	
20×1.1.1(발행)	현 금	10,000	신주인수권부사채	10,000
	신주인수권조정	1,934	사채상환할증금	1,686
			신주인수권대가	248 *1

$$\text{*1. 신주인수권대가} = \text{발행금액} - \text{현재가치}$$
$$= 10,000 - (700 \times 2.3612 + 11,686 \times 0.6931)$$
$$= 10,000 - 9,752 = 248$$

일자	차변		대변	
20×1.12.31(이자지급)	이자비용	1,268 *1	현 금	700
			신주인수권조정	568

$$\text{*1 이자비용} = 9,752 \times 0.13 = 1,268$$

일자	차변		대변	
20×1.12.31	신주인수권대가	248	주식발행초과금	248
(신주인수권행사)	현 금	10,000	자 본 금	2,500 *1
	사채상환할증금	1,686	신주인수권조정	365 *2
			주식발행초과금	8,821

*1. 자본금 = $10,000 \times (5,000/20,000) = 2,500$
*2. 신주인수권조정 = 상환할증금 − 상환할증금의 현재가치
$$= 1,686 - 1,686/(1.13^2) = 365$$

일자	차변		대변	
20×2.12.31(이자지급)	이자비용	1,170 *1	현 금	700
			신주인수권조정	470

*1. 신주인수권부사채의 장부금액(20×1.1.1) = $10,000 - (1,934 - 568 - 365)$
$$= 8,999$$
이자비용 = $8,999 \times 0.13 = 1,170$

20×3.12.31(이자지급)   이자비용   1,231 *1   현   금   700

                                             신주인수권조정   531

*1. 이자비용 = (8,999 + 470) × 0.13 = 1,231

20×3.12.31(상환)   신주인수권부사채   10,000   현   금   10,000

- 신주인수권조정상각표

구 분		20×1년	20×2년	20×3년
기초장부금액(A)		9,752	8,999	9,469
이자비용(B＝A × 0.13)		1,268	1,170	1,231
현금이자(C)		700	700	700
신주인수권조정	이자비용 인식시 상각액(D＝B − C)	568	470	531
	행사시 상각액	365	—	—
	잔액(E)	1,001	531	—
기말장부금액(10,000−E)		8,999	9,469	10,000

- 연도별 장부금액

구 분	20×1.1.1	20×1.12.31	20×2.12.31	20×3.12.31(상환전)
신주인수권부사채	10,000	10,000	10,000	10,000
사채상환할증금	1,686	—	—	—
신주인수권조정	1,934	1,001	531	—
장부금액	9,752	8,999	9,469	10,000

제17장

연습문제

문제 17-1 복합금융상품 전반(진위형)

> 기업회계기준서 제1032호 '금융상품'에 근거하여 맞으면 'ㅇ' 틀리면 '×' 표시하시오.

01. 전환권을 행사할 가능성이 변동하는 경우에는 전환상품의 부채요소와 자본요소의 분류를 수정한다.

02. 보통주로 전환할 수 있는 사채의 발행자는 먼저, 자본 요소가 결합되지 않은 유사한 사채(내재되어 있는 비자본요소인 파생상품의 특성 포함)의 공정가치를 측정하여 부채요소의 장부금액을 우선 결정한다.

03. 발행자는 전환사채의 조기전환을 유도하기 위하여 좀 더 유리한 전환조건을 제시하거는 경우에 조건이 변경되는 시점에 변경된 조건하에서 전환으로 인하여 보유자가 수취하게 되는 대가의 공정가치와 원래의 조건하에서 전환으로 인하여 보유자가 수취하였을 대가의 공정가치의 차이는 주식의 발행금액에서 차감한다.

04. 만기시점에서 전환사채가 전환되는 경우 발행자가 만기시점에서 전환사채의 전환에 따라 인식할 손익은 없다.

05. 의무적으로 5년 후에 현금으로 상환되어야 하지만 배당은 상환 전까지 발행자의 재량에 따라 지급되는 비누적적 우선주는 채무상품에 해당하므로 배당은 당기손익으로 인식한다.

06. 복합금융상품의 발행과 관련된 거래원가는 발생시점에서 당기손익으로 인식한다.

07. 최초의 전환권이 변동되지 않은 상태에서 조기상환이나 재매입을 통하여 만기 전에 전환상품이 소멸되는 경우 조기상환이나 재매입을 위하여 지급한 대가에서 거래원가와 전환상품의 장부금액을 차감한 금액은 당기손익으로 인식한다.

08. 외화표시 전환사채는 원칙적으로 비화폐성항목으로 보아 외화환산을 하지 않는다.

09. 보유자의 선택에 따라 상환을 청구할 수 있는 우선주가 지급되지 않은 배당이 상환금액에 가산되는 경우에는 동 우선주 전체가 부채에 해당하고 배당은 이자비용으로 분류한다.

10. 지분상품은 부채를 발행자의 자본으로 전환할 수 있는 내재옵션인 전환권이다. 최초 인식시점에 전환권이 외가격[8] 상태에 있더라도 전환권의 가치는 존재한다.

해답

01	02	03	04	05	06	07	08	09	10
×	○	×	○	×	×	×	×	○	○

01. 전환상품의 부채요소와 자본요소의 분류를 수정하지 않는다(KIFRS1032-30).

02. (KIFRS1032-32)

03. 손실이며 당기손익으로 인식한다(KIFRS1032-AG35).

04. (KIFRS1032-AG32)

05. 상환금액의 현재가치에 상당하는 부채요소를 가지고 있는 복합금융상품에 해당하므로, 배당은 자본요소에 관련되므로 이익의 배분으로 인식한다(KIFRS1032-AG37).

06. 복합금융상품의 발행과 관련된 거래원가는 배분된 발행금액에 비례하여 부채요소와 자본요소로 배분한다(KIFRS1032-38).

07. 부채요소에 관련된 손익은 당기손익으로 자본요소와 관련된 대가는 자본으로 인식한다(KIFRS1032-AG34).

08. 외화표시 전환사채는 화폐성항목으로 보아 외화환산한다.

09. (KIFRS1032-AG37)

10. (KIFRS1032-AG31)

문제 17-2 전환사채^(CTA1차 2003수정)

> 20×1년초에 전환사채 ₩500,000(만기 3년, 이자율 연 7%, 이자는 매년말 후급)을 액면발행하였다. 유효이자율은 연 12%, 사채액면 ₩10,000권당 액면금액 ₩5,000인 보통주식 1주를 교부하는 조건이다. 20×2년도초 위의 사채 중 절반이 전환되었다. 단, 단일금액 ₩1의 현가계수(12%, 3년)는 0.7118이고, 정상연금 ₩1의 현가계수(12%, 3년)는 2.4018이다.

≪물음≫

다음 시점에서의 회계처리(분개)를 하시오.

1. 발행 시(20×1.1.1)

2. 이자지급 시(20×1.12.31)

3. 전환권행사 시(20×2.1.1) (단, 전환권 행사시점에 전환권대가를 주식발행초과금으로 대체한다고 가정한다.)

---

18) out of the money(OTM) : 전환가격이 주식가격보다 높은 경우를 말한다.

제17장

해답

1. 20×1.1.1

(차) 현 금	500,000	(대) 전환사채	500,000
전환권조정	60,037	전환권대가	60,037 [*1]

[*1]. 발행금액 - 현재가치(액면 + 총이자)
  $= 500,000 - (500,000 \times 0.07 \times 2.4018 + 500,000 \times 0.7118)$
  $= 500,000 - 439,963 = 60,037$

2. 20×1.12.31

(차) 이자비용	52,796 [*1]	(대) 현 금	35,000
		전환권조정	17,796

[*1]. $439,963 \times 0.12 = 52,796$

3. 20×2.1.1

(차) 전환권대가	30,019	(대) 주식발행초과금	30,019

(차) 전환사채	250,000	(대) 자 본 금	125,000
		전환권조정	21,121 [*1]
		자본잉여금	103,879

[*1]. $(60,037 - 17,796)/2 = 21,121$

문제 17-3 신주인수권부사채(CPA1차 2004수정)

> 12월 결산법인인 ㈜한국은 20×1년 1월 1일 액면 ₩100,000의 분리형 신주인수권부사채를 액면
> 발행하였다. 발행 당시의 일반사채와 신주인수권의 상대적 공정가치비율은 9.5 대 1이었다. 사채
> 의 표시이자율은 연 8%이며 만기는 2006년 12월 31일이다. 상환방법은 상환기일에 신주인수권
> 이 행사되지 않은 부분에 대해 액면금액의 106.6%를 지급하도록 되어있다. 위 신주인수권부사채
> 의 유효이자율은 연 14%이다.

≪물음≫

1. 20×1년 1월 1일 발행 시 회계처리(분개)를 하시오.
2. 20×1년 12월 31일 이자지급 시 회계처리(분개)를 하시오.
3. 20×1년 12월 31일의 신주인수권부사채의 장부금액을 계산하시오.

해답

1. 20×1년 1월 1일(발행)

(차) 현 금	100,000	(대) 신주인수권부사채	100,000
신주인수권조정	16,124	사채상환할증금	6,600
		신주인수권대가	9,524 [*1]

[*1]. 신주인수권대가 = 100,000/10.5 = 9,524

2. 20×1년 12월 31일(이자지급)

(차) 이자비용	12,667 [*1]	(대) 현 금	8,000
		신주인수권조정	4,667

[*1]. (100,000 − 9,524) × 14% = 12,667

3. 20×1.12.31 장부금액 = 100,000 − 9,524 + 4,667 = 95,143

제17장

약어표

약어	원어	뜻
AC	Amortized Cost	상각후원가
CA	Carrying Amount	장부금액
CC	Current Cost	현행원가
CF	Cash Flow	현금흐름
FV	Fair Value	공정가치
HC	Historical Cost	역사적원가
IL	Impairment Loss	손상차손
NI	Net Income	당기순손익
NRV	Net Realizable Value	순실현가능가치
OCI	Other Comprehensive Income	기타포괄손익
PV	Present Value	현재가치
RA	Recoverable Amount	회수가능액
RV	Realizable Value	회수가능액
SP	Selling Price	실현가능가치
SV	Settlement Value	이행가치
TC	Total Cost	총원가
TCI	Total Comprehensive Income	총포괄손익
〈종업원 급여 관련〉		
DC	Defined Contribution	확정기여
DB	Defined Benefit	확정급여
DBC	Defended Benefit Cost	확정급여원가
DBO	Defined Benefit Obligation	확정급여채무
DBL	Defined Benefit Liabilities	확정급여부채
DBA	Defined Benefit Assets	확정급여자산
PA	Plan Assets	사외적립자산
II	Interest Income	이자수익
IC	Interest Cost	이자원가
SC	Service Cost	근무원가
CSC	Current Service Cost	당기근무원가
PSC	Past Service Cost	과거근무원가
AL	Actuarial Losses	보험수리적손실
AG	Actuarial Gains	보험수리적이익

K-IFRS와 본서와의 연결

I. 개념체계

한국채택국제회계기준(K-IFRS)	국제회계기준(IFRS)	본서
재무보고를 위한 개념체계	The Conceptual Framework for Financial Reporting	2장

II. 기업회계기준서

한국채택국제회계기준(K-IFRS)		국제회계기준(IFRS)		본서
제1001호	재무제표 표시	IAS 1	Presentation of Financial Statements	5장
제1002호	재고자산	IAS 2	Inventories	8장
제1007호	현금흐름표	IAS 7	Statement of Cash Flows	41장
제1008호	회계정책, 회계추정의 변경 및 오류	IAS 8	Accounting Policies, Changes in Accounting Estimates and Errors	35장
제1010호	보고기간후사건	IAS 10	Events after the Reporting Period	38장
제1011호	건설계약	IAS 11	Construction Contracts	19장
제1012호	법인세	IAS 12	Income Taxes	30장
제1016호	유형자산	IAS 16	Property, Plant and Equipment	9장
제1017호	리스	IAS 17	Leases	29장
제1018호	수익	IAS 18	Revenue	18장
제1019호	종업원급여	IAS 19	Employee Benefits	27장
제1020호	정부보조금의 회계처리와 정부지원의 공시	IAS 20	Accounting for Government Grants and Disclosure of Government Assistance	24장
제1021호	환율변동효과	IAS 21	The Effects of Changes in Foreign Exchange Rates	33장
제1023호	차입원가	IAS 23	Borrowing Costs	12장
제1024호	특수관계자공시	IAS 24	Related Party Disclosures	37장
제1026호	퇴직급여제도에 의한 회계처리와 보고	IAS 26	Accounting and Reporting by Retirement Benefit Plans	27장

제17장

한국채택국제회계기준(KIFRS)		국제회계기준(IFRS)		본서
제1027호	별도재무제표	IAS 27	Separate Financial Statements	22장
제1028호	관계기업투자과 공동기업에 대한 투자	IAS 28	Investments in Associates and Joint Ventures	20장
제1029호	초인플레이션경제에서의 재무보고	IAS 29	Financial Reporting in Hyperinflationary Economies	33장
제1032호	금융상품 : 표시	IAS 32	Financial Instruments : Presentation	7,14,16, 17,34장
제1033호	주당이익	IAS 33	Earnings per Share	32장
제1034호	중간재무보고	IAS 34	Interim Financial Reporting	36장
제1036호	자산손상	IAS 36	Impairment of Assets	13장
제1037호	충당부채, 우발부채 및 우발자산	IAS 37	Provisions, Contingent Liabilities and Contingent Assets	15장
제1038호	무형자산	IAS 38	Intangible Assets	10장
제1039호	금융상품 : 인식과 측정	IAS 39	Financial Instruments : Recognition and Measurement	7장
제1040호	투자부동산	IAS 40	Investment Property	11장
제1041호	농림어업	IAS 41	Agriculture	25장
제1101호	한국채택국제회계기준의 최초채택	IFRS 1	First-time Adoption of International Financial Reporting Standards	—
제1102호	주식기준보상	IFRS 2	Share-based Payment	31장
제1103호	사업결합	IFRS 3	Business Combinations	23장
제1104호	보험계약	IFRS 4	Insurance Contracts	-
제1105호	매각예정비유동자산과 중단영업	IFRS 5	Non-current Assets Held for Sale and Discontinued Operations	39장
제1106호	광물자원의 탐사와 평가	IFRS 6	Exploration for and Evaluation of Mineral Resources	26장
제1107호	금융상품 : 공시	IFRS 7	Financial Instruments : Disclosures	34장
제1108호	영업부문	IFRS 8	Operating Segments	40장
제1110호	연결재무제표	IFRS 10	Consolidated Financial Statements	22장
제1111호	공동약정	IFRS 11	Joint Arrangements	21장
제1112호	타기업에 대한 지분공시	IFRS 12	Disclosure of Interests in Other Entities	21장
제1113호	공정가치측정	IFRS 13	Fair Value Measurements	28장
제1114호	규제이연계정	IFRS 14	Regulatory deferral accounts	—

□ 저자약력 □

■ 김 정 호

• 연세대학교 경영학과 졸업
• 공인회계사, 세무사
• 육군종합행정학교 경리학처 교관(회계사 장교)
• 증권감독원(현 : 금융감독원) 감리국 근무
• 연세대학교 행정고시 재경직 특강
• 대주회계법인 근무
• 세무공무원사무관특별승진 강의
• 남서울회계학원 원장
• 서울벤처창업스쿨 강사
• AIFA경영아카데미 강사
• 국세공무원교육원 강사
• 지방국세청 강사
(현) 한성학원 강사
(현) 한국생산성본부 강사
(현) 서울디지털대학교 겸임교수
(현) INTAX(조세신보사) 회계분야상담 전문위원
(현) 소프트웨어공제조합 회계분야상담 전문위원
(현) 반석회계법인 대표

〈저서〉
• (제2판) 한풀 객관식 원가관리회계 기출문제집(회경사, 2015.12)
• (제5판) K-IFRS 객관식 회계학 I – 재무회계 기출문제집(회경사, 2015.11)
• (제5판) K-IFRS 중급회계 II (회경사, 2015.5)
• (제3판) K-IFRS 면과락 객관식 회계학 실전모의고사(회경사, 2014.9)
• (제2판) 세무사 제1차시험 2교시 실전모의고사(회경사, 2014.9)
• (제4판) K-IFRS 재무회계연습 II – 기출문제집(회경사, 2013.5)
• (제3판) K-IFRS 객관식 회계학 II – 재무회계 예상문제집(회경사, 2012.11)
• (제3판) K-IFRS 재무회계연습 I – 예상문제집(회경사, 2012.2)

〔제7판〕
K-IFRS 중급회계 I

2009년   6월   4일 초판 1쇄 발행
2016년   4월 18일 7판 1쇄 발행

저 자 김 정 호
발행인 이 진 근
발행처 회 경 사

서울시 구로구 디지털로33길 11, 1008호
(구로동 에이스테크노타워 8차)
전화 : (02) 2025-7840, 7841   FAX : (02) 2025-7842
등록 : 1993년 8월 17일 제16-447호
홈페이지 http://www.macc.co.kr
e-mail : macc7@macc.co.kr

ISBN 978-89-6044-179-8   94320
ISBN 978-89-6044-178-1   94320 (전2권)